Inflation und sanierende Währungsreformen in Brasilien in ordnungsökonomischer Sicht

Europäische Hochschulschriften
Publications Universitaires Européennes
European University Studies

Reihe V
Volks- und Betriebswirtschaft

Série V Series V
Sciences économiques, gestion d'entreprise
Economics and Management

Bd./Vol. 2998

PETER LANG
Frankfurt am Main · Berlin · Bern · Bruxelles · New York · Oxford · Wien

Heiko Wacker

Inflation und sanierende Währungsreformen in Brasilien in ordnungsökonomischer Sicht

Die Währungsreform der Regierung Castello Branco (1964-1967)

PETER LANG
Europäischer Verlag der Wissenschaften

Bibliografische Information Der Deutschen Bibliothek
Die Deutsche Bibliothek verzeichnet diese Publikation in der Deutschen Nationalbibliografie; detaillierte bibliografische Daten sind im Internet über <http://dnb.ddb.de> abrufbar.

Zugl.: Köln, Univ., Diss., 2003

D 38
ISSN 0531-7339
ISBN 3-631-51496-4

www.peterlang.de

Meinen Eltern

Danksagung

Ohne die massive Unterstützung, geistige Anregung, Motivation und Freundschaft zahlreicher Menschen wäre diese Arbeit nicht entstanden. Alle Menschen aufzuzählen, die indirekt zur Fertigstellung dieser Arbeit beigetragen haben, würde den Rahmen dieser Danksagung sprengen. Nur die Wichtigsten seien hier deshalb erwähnt: An erster Stelle danke ich meinen Eltern, die mich und meine Studien immer in jeder Hinsicht voll und ganz unterstützt haben. Ihnen widme ich diese Arbeit. Mein besonderer Dank gilt selbstverständlich meinem Doktorvater, Professor Manfred Feldsieper. Er hat diese Arbeit mit besonderem Interesse betreut und mit vielen wertvollen Anregungen bereichert. An seinem Lehrstuhl an der Universität zu Köln, einem der ganz wenigen in Deutschland, die sich schwerpunktmäßig mit brasilianischer Wirtschaftspolitik beschäftigen, fand ich als Wissenschaftlicher Mitarbeiter die ideale fachliche, geistige, persönliche, freundschaftliche und infra-strukturelle Umgebung zum Schreiben dieser Arbeit. Daneben gilt mein besonderer Dank Professor Werner Baer. Er hat meine Brasilien-Forschungen – schon lange vor der Promotion – durch geistigen Austausch und unzählige praktische Hilfestellungen während meiner Forschungsaufenthalte in Brasilien und den USA immer enorm gefördert. Sehr dankbar bin ich auch meinen engsten Freunden, die mir über schwierige Phasen der Promotion hinweggeholfen haben und mir zudem fundamentale Einsichten über Brasilien (und mich selbst) vermittelt haben, ohne die diese Arbeit in dieser Form nicht möglich gewesen wäre. Nennen möchte ich hier insbesondere Germano do Carmo Neto, Ana Lúcia Magalhães de Barros und Gustavo Borges Rangel. Außerdem bin ich meinen Freunden zu Dank verpflichtet, die mich bei der Fertigstellung des Manuskripts unterstützt haben. Björn Gerstenberger danke ich für die kritische und sehr fachkundige Durchsicht des Manuskripts, Arnd Sartor für die sprachliche Überarbeitung großer Teile der Arbeit und Rogéria Costa Pereira für die Korrektur der portugiesischsprachigen Interviews im Anhang der Arbeit. Herzlich danken möchte ich auch all denjenigen, die mir ihre kostbare Zeit geschenkt und wertvolle Interviews gegeben haben. Sie haben mir auf Grund ihrer eigenen Rolle in der Gestaltung, Weiterführung, Kritik und Erforschung der Währungsreform der Regierung Castello Branco einen sehr persönlichen Zugang zum Thema und seinen individuellen und historischen Bedingungen eröffnet. Zu nennen ist hier an erster Stelle der – leider mittlerweile verstorbene – Roberto de Oliveira Campos († 9. Oktober 2001). Des weiteren danke ich den Professoren Antônio Delfim Netto, Luiz Carlos Bresser Pereira, João Paulo dos Reis Velloso, Rubens Penha Cysne, Manuel Fonseca und Werner Baer. Nicht unerwähnt bleiben darf schließlich, dass es mir nur mit Hilfe von Stipendien des Landes Nordrhein Westfalen, des DAAD und eines einjährigen Forschungsaufenthalts an der Fundação Getúlio Vargas/ Rio de Janeiro möglich war, diese Arbeit zu schreiben.

Köln, im Mai 2003 Heiko Wacker

Vorwort

Brasilien und Inflation waren für 50 Jahre seit dem Ende des 2. Weltkriegs nahezu Synonyme. Denn damals begann ein inflatorischer Entwicklungsprozess in diesem größten Lande Südamerikas, der immer noch nicht vollständig zum Stillstand gekommen ist und dessen langfristige Folgen und Nachwirkungen bis heute noch in der wirtschaftlichen Entwicklung des Landes zu spüren sind. Brasilien kann den zweifelhaften Ruhm für sich beanspruchen als eines der ersten Länder im 20. Jahrhundert an Hyperinflation grenzende Zustände erfahren zu haben, ohne dass dem – wie in anderen Ländern, die Hyperinflationen erleben mussten – kriegerische Entwicklungen und soziale Verwerfungen größten Ausmaßes vorausgegangen waren, wodurch Recht und Ordnung ohnehin schon stark beeinträchtigt und ausgehöhlt waren.

Herr Wacker schildert in der vorliegenden großen und umfangreichen Untersuchung über das Inflationsphänomen in Brasilien das Entstehen dieses außergewöhnlichen Prozesses, der auch im weltweiten Vergleich einmalige Züge und Erscheinungsformen aufweist. Ursprung dieses Prozesses war, wie in vielen anderen Ländern Lateinamerikas, eine unglückliche Kombination von wirtschaftshistorischen Ereignissen und falschen oder falsch verstandenen ökonomischen Ideen. Die große Weltwirtschaftskrise zu Anfang der 30er Jahre des vorigen Jahrhunderts hatte auch Brasilien als damals hauptsächlich Rohstoffe – und vor allem Kaffee – exportierendes Land schwer getroffen. In der Folge führte dies zu einer starken wirtschaftlichen Abschottung und Isolierung des Landes vom Rest der Welt. Ökonomische Begründung fand diese Abschottung im spezifisch lateinamerikanischen Ideengut, das sich in den Auffassungen der sogenannten Strukturalisten und Dependenztheoretiker niederschlug. Im Verbund mit der aus dem Keynesianismus stammenden Auffassung von der „Machbarkeit" der Konjunktur und des wirtschaftlichen Wachstums durch staatliche Aktivitäten und Interventionen entstand ein explosives Gebräu, in dem eine inflationäre Entwicklung als prozessimmanente Notwendigkeit erschien, die entweder keine besondere Beachtung verdiente oder gegebenenfalls sogar aktiv gefördert werden musste, um das wirtschaftliche Wachstum zu stimulieren. Letztlich ist es dieser Kombination von falschen ökonomischen Theorien und der darauf fußenden verfehlten Wirtschaftspolitik zu verdanken, dass große Teile Südamerikas (zu denken ist hier neben Brasilien vor allem auch an Argentinien) wirtschaftlich gegenüber den Vereinigten Staaten und Europa – ganz zu schweigen von den Aufsteigern in Süd- und Ostasien – stark zurückgefallen sind. Erst seit gut einem Jahrzehnt scheint ein langsamer Wandel in den allgemeinen Anschauungen und in der Politik einzusetzen, wobei die Erfolge dieses Wandels wegen der Langfristschäden aus der Vergangenheit bisher eher noch bescheiden ausfallen.

Als dieser beispiellose inflationäre Prozess in Brasilien nach dem 2. Weltkrieg einsetzte, herrschte unter den Wirtschaftsbürgern noch zu einem großen Teil das, was Ökonomen gemeinhin als „Geldillusion" bezeichnen, nämlich der Glaube, dass der reale Wert des Geldes längerfristig einigermaßen stabil ist und dass deswegen spezielle (Kosten verursachende) Sicherungsmaßnahmen gegen eine dauerhafte Geldentwertung nicht notwendig sind. Im zweiten Kapitel seiner Arbeit schildert Herr Wacker umfassend und detailliert die verheerenden Wirkungen, die ein solcher Inflationsprozess auslöst, wenn solche Schutzmechanismen gegen die negativen Verteilungswirkungen der Inflation (noch) nicht vorhanden sind oder nicht genutzt werden können, weil der Staat – zum Schutz seiner Inflationssteuereinnahmen – bestimmte Sicherungsmöglichkeiten gegen inflationäre Folgen (beispielsweise Flucht in stabilere ausländische Währungen) erschwert oder gar verbietet. Ein solcher Inflationsprozess, der vor allem für Geldvermögensgläubiger, sprich Sparer, jedwede Protektionsmöglichkeit ausschließt oder verhindert, hat nicht nur gravierende ökonomische Probleme zur Folge, sondern führt insbesondere auch zu dauerhaften pathologischen sozialen Veränderungen und Erschütterungen, die das Ordnungsgefüge eines Landes und einer Gesellschaft untergraben und zum Einsturz bringen können. In Deutschland haben wir das mit der großen Inflation nach dem 1. Weltkrieg besonders drastisch erlebt. Es kann daher nicht vollständig überraschen, dass dieser verheerende Inflationsprozess in Brasilien auf seinem ersten Höhepunkt im Jahre 1964 dann auch zu einer grundlegenden politischen Umwälzung führte, nämlich der Errichtung einer Militärdiktatur, die das politische Geschehen in Brasilien für rund 20 Jahre bestimmen sollte.

Zwar gelang es diesem Militärregime unter dem ersten Präsidenten Castello Branco zunächst, die Inflation wieder in den Griff zu bekommen. Es kam zu einer 8 Jahre währenden Phase, in der die Inflationsraten von Jahr zu Jahr stark rückläufig waren und gleichzeitig die Wachstumsraten des realen Bruttoinlandsproduktes in die Höhe schnellten. Vom brasilianischen Wirtschaftswunder war damals die Rede. Und nicht zuletzt war dieser Erfolg den Ideen und Konzeptionen zu verdanken, die einer der bedeutendsten Ökonomen Brasiliens im 20. Jahrhundert, der im Jahre 2001 verstorbene Roberto Campos, der als Planungsminister in der Regierung Castello Branco auch politisch an diesem Stabilisierungsvorhaben maßgeblich beteiligt war, einbringen und umsetzen konnte. Letztlich scheiterte dieser Versuch des Militärregimes aber, weil zum einen die grundlegenden Fundamente einer dauerhaften Stabilitätspolitik nicht gelegt werden konnten – etwa die Gestaltung der Geldpolitik durch eine unabhängige Zentralbank -, weil solches dem politischen Selbstverständnis von Militärregimen natürlich nicht entsprach. Zum anderen legte diese Reform durch die Einführung und Zulassung von Sicherungsmöglichkeiten gegen inflationäre Folgen (zunächst nur Indexklauseln im monetären Bereich) aber die Basis dafür, dass bei künftigen inflationären Schocks ein automatisches Schwungrad für die Perpetuierung und

Beschleunigung der Inflation geschaffen wurde, das – sich über das ganze Wirtschaftssystem ausbreitend – dann die langjährige Beharrung von hohen Inflationsraten und sogar hyperinflationäre Exzesse begünstigte und erst möglich machte, weil die verheerenden und willkürlichen Umverteilungswirkungen inflationärer Prozesse so teilweise abgemildert und begrenzt werden konnten.

Das vorliegende Werk von Herrn Wacker behandelt zwar nur eine begrenzte Epoche aus der Geld- und Währungsgeschichte Brasiliens seit dem 2. Weltkrieg, nämlich die Vorgeschichte des ersten großen Währungsstabilisierungsversuchs von 1964 und die unmittelbar daran anschließende Zeit bis zum Ende der 60er Jahre, in der die Wirkungen dieser Reform unmittelbar zum Tragen kommen. Dennoch ist es wohl das umfassendste und zentrale Werk über das brasilianische Inflationsphänomen überhaupt. Es deckt die Ursprünge und Wurzeln auf, die die nachfolgende Periode inflatorischer Exzesse prägen und bestimmen, und es legt die Basis für ein Verständnis dafür, warum sich Brasilien mit einer stabilitätsorientierten Geld- und Währungspolitik bis heute schwer tut, wenngleich sich das inflationäre Ausmaß seit Mitte 1994 (Währungsreform mit Hilfe des sogenannten ‚Plano Real') signifikant von dem der vorausgegangenen fünf Jahrzehnte unterscheidet.

Das vorliegende Buch von Herrn Wacker wird sich meiner Einschätzung nach – auch weltweit gesehen – als das Standardwerk zur brasilianischen Inflation und Inflationsgeschichte etablieren und dürfte somit für alle an Brasilien interessierten Ökonomen zur Pflichtlektüre werden. Ich kann der Arbeit, den Ideen und Auffassungen von Herrn Wacker daher nur eine möglichst weite Verbreitung – auch und vor allem in Brasilien – wünschen.

Köln, im Mai 2003 Univ.-Prof. Dr. Manfred Feldsieper

Inhaltsverzeichnis

Abbildungsverzeichnis

Tabellenverzeichnis

Abkürzungsverzeichnis

ANPES	Associação Nacional de Planejamento Econômico e Social (Nationale Vereinigung wirtschaftlicher und sozialer Planung)
BACEN	Banco Central do Brasil (Brasilianische Zentralbank)
bzw.	beziehungsweise
BIP	Bruttoinlandsprodukt
BNDE	Banco Nacional de Desenvolvimento
BNH	Banco Nacional de Habitação (Nationale Wohnungsbaubank)
BSP	Bruttosozialprodukt
CACEX	Carteira do Comércio Exterior (Außenhandelsabteilung des Banco do Brasil)
CAMOB	Caixa de Mobilização Bancária (Fenster der Bankenmobilisierung des Banco do Brasil)
CARED	Carteira de Redesconto (Rediskontfenster des Banco do Brasil)
CEMIG	Companhia Energética de Minas Gerais
CEPAL	Comisión Económica para America Latina y el Caribe
CESP	Companhia Energética de São Paulo
CHESF	Companhia Hidroelétrica de São Francisco
CIP	Conselho Interministerial de Preços
CMN	Conselho Monetário Nacional (Nationaler Währungsrat)
CNI	Confederação Nacional da Indústria
COHEBE	Companhia Hidroelétrica de Boa Esperança
CONEP	Comissão Nacional de Estímulo à Estabilização de Preços
c.p.	ceteris paribus
CPDOC	Centro de Pesquisa e Documentação de História Contemporânea do Brasil
CVM	Comissão de Valores Mobiliários (Wertpapieraufsichtsamt)
DIIESE	Departamento Intersindical de Estatística e Estudos Socio-Econômicos
ECLA	Economic Commission for Latin America
e.g.	for example
EPEA	Escritório de Planejamento Econômico Aplicado (Büro für Angewandte Wirtschaftsplanung)
et al.	et alii
FAO	Food and Agriculture Organization of the United Nations
FGTS	Fundo de Garantia por Tempo de Serviço
FIRCE	Departamento de Fiscalização e Registro de Capitais Estrangeiros do BACEN (Abteilung für Auslandskapital des BACEN)

FIPE	Fundação do Instituto de Pesquisas Econômicas (da Universidade de São Paulo)
FGV	Fundação Getúlio Vargas
FOB	Free on Board
i.a.	im allgemeinen
i.d.R.	in der Regel
IGP-DI	Índice Geral de Preços - Disponibilidade Interna (Allgemeiner Preisindex - Inlandswaren)
IMF	International Monetary Fund
INCC	Índice Nacional de Preços da Construção Civil (Nationaler Index der Bauwirtschaft)
INPC	Índice Nacional de Preços ao Consumidor (Nationaler Konsumentenpreisindex)
IOF	Imposto sobre Operações Financeiras (Finanzgeschäftssteuer)
IPA	Índice de Preços por Atacado (Großhandelspreisindex)
IPA-DI	Índice de Preços por Atacado - Disponibilidade Interna (Großhandelspreisindex - Inlandswaren)
IPC	Índice de Preços ao Consumidor (Konsumentenpreisindex)
IPC-RJ	Índice de Preços ao Consumidor – Rio de Janeiro (Konsumentenpreisindex Rio de Janeiro)
IPES	Instituto de Pesquisas Econômicas e Sociais
IPMF	Imposto Provisório sobre Movimentação Financeira (temporäre Schecksteuer)
IWF	Internationaler Währungsfonds
ORTN	Obrigações Reajustáveis do Tesouro Nacional
PAEG	Programa de Ação Econômica do Governo (Wirtschaftliches Aktionsprogramm der Regierung)
PEM	Programa de Estabilização Monetária
SCI	Sociedades de Crédito, Financiamento e Investimento
SFH	Sistema Financeiro de Habitação
SUMOC	Superintendência da Moeda e do Crédito (Oberste Währungs- und Kreditbehörde)
USP	Universidade de São Paulo
u.U.	unter Umständen

Einführung in das Thema und seine Bedeutung

I. Inflation, sanierende Währungsreformen und Währungsschnitte in Brasilien

A. Das Inflationsphänomen in Brasilien: ein historischer Rückblick

> **„By most standards, Brazilian inflation has been the most intractable in world history. The time span of high Brazilian inflation is unparalleled."** [Sachs/Zini (1996), S. 13.]

Das 20. Jahrhundert ist im historischen Rückblick in vielerlei Hinsicht ein „Jahrhundert der Extreme".[1] Inflation war eines davon. Kein anderes Jahrhundert hat so extreme inflationäre Verwerfungen hervorgebracht wie das zwanzigste.[2] Entsprechend groß war auch die Zahl an Währungsreformversuchen. Heute lässt sich weltweit auf fast 70 Währungsreformen seit dem Ersten Weltkrieg zurückblicken.[3] Das vergangene Jahrhundert wird deshalb berechtigterweise auch als das *Jahrhundert der Inflation* und das *Jahrhundert der Währungsreform* bezeichnet.[4] Die Inflation war jedoch insofern auch ein *regionenspezifisches Phänomen*, als dass es nicht überall auf der Welt in gleicher Intensität und vor allem nicht mit gleichem Beharrungsvermögen auftrat. Zwar traten stärkere und zum Teil auch extreme Inflationsentwicklungen seit dem Ersten Weltkrieg *weltweit* vermehrt auf, nachdem die „goldene Bremse" des Internationalen Goldstandards mit Kriegsbeginn gelöst und damit dieses strikt regelgebundene und in der Sicherung langfristiger Preisniveaustabilität deshalb extrem effiziente internationale Währungssystem zerstört worden war.[5] Keine Region der Welt kann jedoch auf eine Geldgeschichte zurückblicken, die im 20. Jahrhundert durch eine ähnliche Beharrungskraft starker inflationärer Entwicklungen gekennzeichnet gewesen wäre, wie dies in Lateinamerika der Fall war. Chronische Inflationen, welche zum Teil auch in Hyperinflationen kulminierten, monetäre Instabilitäten mit ihren typischen ordnungszerstörenden Begleiterscheinungen und unzählige, meist gescheiterte Versuche der Inflationsbekämpfung sind feste Bestandteile der lateinamerikanischen Wirtschaftsgeschichte des 20. Jahrhunderts und haben den historischen Werdegang dieser Region in der Moderne im Politischen, im Gesellschaftlichen und im Ökonomischen maßgeblich geprägt.[6] Selbst vor diesem so inflationsträchtigen regionalen Hintergrund der lateinamerikanischen Volkswirtschaften nimmt jedoch ein Land hinsichtlich

---

[1] „By comparison with past centuries, the twentieth has produced extremes. Its earliest part was a benign continuation of the pax of the nineteenth century. But this calm before the storm was followed by World War I, communism, hyperinflation, fascism, depression, genocide, World War II, the atom bomb, and the occupation of Eastern Europe." MUNDELL (2000), S. 327.

[2] „Sustained inflation is a relatively modern phenomenon. Until World War I, the international experience was one of long-run stability of prices: average prices essentially fluctuated around a stationary level, with periods of inflation – usually war related – generally offset by periods of deflation." IMF (1996), S. 100.

[3] Vgl. FREYTAG (2001), S. 2.

[4] „The 20th century is a century of monetary disaster and reform." FREYTAG (2000), S. 102.

[5] Auch die Hyperinflation in Deutschland in den Jahren 1922/23 ist in diesem Zusammenhang zu sehen.

[6] Vgl. ENGELS (1999), S. 116 ff. und CALVO/VÉGH (1999).

der Beharrungskraft und des Tempos des – dort vor allem seit dem Zweiten Weltkrieg in Gang gekommenen – Inflationsprozesses noch eine Sonderstellung ein: Brasilien.

Das Phänomen der brasilianischen Inflation des 20. Jahrhunderts ist in historischer Sicht einzigartig: „By most standards, Brazilian inflation has been the most intractable in world history. The time span of high Brazilian inflation is unparalleled."[7] Kaum ein anderes Phänomen und kaum ein anderer singulärer ökonomischer Faktor hat die brasilianische Währungs- und Wirtschaftsordnung, ihre Institutionen und die Verhaltensweisen der brasilianischen Wirtschaftssubjekte seit dem Zweiten Weltkrieg so stark und in so kontinuierlicher Weise geprägt wie die fortgeschrittene Inflation mit ihren typischen und zum Teil atypischen Folgeerscheinungen. Es überlebte unzählige Regierungen, verschiedene politische Regime (autoritäre und demokratische) und eine Fülle von Stabilisierungsversuchen. Die jüngeren Inflationsexzesse in der brasilianischen Geldgeschichte, welche die Begriffe ‚Brasilien' und ‚Inflation' in unserer Vorstellung zu einem fast untrennbaren Begriffspaar hatten werden lassen, sind uns heute noch besonders gut in Erinnerung. Aber nicht nur die 1980er und der Beginn der 1990er Jahre waren hier durch extreme inflationäre Entwicklungen gekennzeichnet. Weniger bekannt ist, dass es in Brasilien auch schon in den 1950er und 1960er Jahren, also zu Zeiten, die – unter den Bedingungen des Regelwerks des internationalen Festkurs- und Leitwährungssystems von Bretton-Woods – weltweit durch ein recht hohes Maß an Preisniveaustabilität gekennzeichnet waren, zu inflationären Exzessen gekommen war, die im internationalen Vergleich einmalig waren. Vor diesem Hintergrund war die Inflation – auch von einem so prominenten Interpreten des brasilianischen Inflationsphänomens wie BARBOSA (1983) – schon zum festen Bestandteil der brasilianischen Kultur erklärt worden: „Die Inflation ist möglicherweise ein Phänomen, dass so tief in der brasilianischen Wirtschaft verwurzelt ist, dass sie, wie der Fußball und der Karneval, schon ein fundamentales Kennzeichen unserer Gesellschaft darstellt."[8] Der Grad der „Institutionalisierung" der Inflation in der brasilianischen Wirtschafts- und Gesellschaftsordnung war mit der sukzessiven Installation des weltweit umfassendsten und ausgefeiltesten Systems der Indexierung in der brasilianischen Gesetzgebung – ein Prozess, der 1964 einsetzte und im Jahr 1995 mit der Desindexierung endete – zunehmend erhöht worden.

Im historischen Rückblick war es eben dieses Phänomen eines sich beharrlich fortpflanzenden chronischen Inflationsprozesses, das sich – trotz umfangreichster Versuche, die vielfältigen negativen Wirkungen der Inflation zu minimieren – als eines der ganz zentralen Hemmnisse

[7] SACHS/ZINI JR. (1996), S. 13.

[8] BARBOSA (1983), S. 1. Bei allen Ubersetzungen von Zitaten aus dem Portugiesisch-Brasilianischen handelt es sich – sofern nichts Gegenteiliges vermerkt ist – um Übersetzungen des Autors. Auf den Hinweis „Übersetzung des Autors" wird deshalb nachfolgend verzichtet.

der wirtschaftlichen und sozialen Entwicklung Brasiliens in der zweiten Hälfte des 20. Jahrhunderts herausstellen sollte: „Monetary stability has been the most challenging problem [...] in Brazil (...).“[9] Der über weite Strecken des 20. Jahrhunderts höchst unbefriedigende wirtschaftliche Entwicklungspfad, gekennzeichnet durch chronische Zahlungsbilanzprobleme, einen ebenso chronischen Interventionismus in der Außenwirtschafts- und Wechselkursordnung, einen „unausgewogenen“ und nicht an komparativen Kostenvorteilen orientierten Wachstumspfad mit Phasen drastischer Wachstumseinbrüche (zu denken ist hier neben der Stagnationsphase Anfang der 1960er Jahre vor allem auch an das unter wachstumspolitischen Gesichtspunkten „verlorene Jahrzehnt“ der 1980er Jahre), eine der weltweit ausgeprägtesten Einkommensungleichheiten und eine Dauerkrise des brasilianischen Staates und seiner Finanzen, hatte in dem chronischen und fortgeschrittenen Inflationsprozess eine seiner zentralen Ursachen. Auch fundamentale Krisen der politischen Institutionen des Landes, Regierungskrisen und Umwälzungen des politischen Systems im Zuge von Militärputschen und Re-Demokratisierungsprozessen sind hier durch die Inflation und ihre typischen Folge- und Begleiterscheinungen (mit-)ausgelöst worden.[10] Eine Geschichte der brasilianischen Inflation und der (vielen gescheiterten und wenigen erfolgreichen) Versuche, die Inflation zu bekämpfen, ist also zentraler Bestandteil der brasilianischen Geschichte des 20. Jahrhunderts.

Sechs unterschiedliche Perioden lassen sich in der brasilianischen Währungsgeschichte im Hinblick auf die Entwicklung der Inflation und ihre Dynamik abgrenzen:

1. Die Phase von der Unabhängigkeit Brasiliens bis zum Zweiten Weltkrieg (1822-1939)

Die Inflation hat eine lange Geschichte in Brasilien.[11] Obwohl das Problem der chronischen und fortgeschrittenen Inflation das 20. Jahrhundert in ganz besonderer Weise kennzeichnen sollte, ist Geldwertschwund in Lateinamerika und Brasilien nicht ausschließlich ein Phänomen des 20. Jahrhunderts. Der Beginn des brasilianischen Inflationsprozesses wird von Wirtschaftshistorikern bis ins Jahr 1808, dem Jahr der Verlegung des portugiesischen Königshofes nach Brasilien (Rio de Janeiro) und der Gründung des Banco do Brasil, zurückverfolgt. Schon die ersten Jahre nach der Übersiedlung des Königshofes (1808) waren Jahre

---

[9] RONCI (1996), S. 1.

[10] Sowohl der Militärputsch von 1964 als auch die Re-Demokratisierung im Jahr 1985 hatten zentrale Ursachen in einer durch die fortgeschrittene Inflation erodierten Reputation des jeweiligen politischen Regimes.

[11] „In historischer Perspektive ist die Inflation ein seit Jahrhunderten in Brasilien etabliertes Phänomen.“ NEUHAUS (1978), S. 294. „Einer der merkwürdigsten Aspekte der Wirtschaftsgeschichte Brasiliens besteht in der säkularen Tendenz zur Preissteigerung, die bis zu den ersten Jahren des Imperiums zurückverfolgt werden kann.“ CHACEL/SIMONSEN/WALD (1970), S. 29.

relativ hoher Inflationsraten.[12] Schon der brasilianische Kaiser habe in seinen jährlichen Thronreden zur Eröffnung des Parlaments immer wieder die „Teuerung der Lebenshaltungskosten“ angeprangert, die – wie er schon damals richtig erkannt hatte – vor allem die ärmeren Bevölkerungsschichten träfen.[13] Es existiert jedoch nur spärliches und wenig verlässliches statistisches Datenmaterial über die Entwicklung des Preisniveaus im 19. Jahrhundert.[14] Entsprechend koexistieren in der Geschichtsschreibung unterschiedliche Einschätzungen hinsichtlich der tatsächlichen Dynamik des Inflationsgeschehens in dieser Zeit. Während SIMONSEN (1995) – Schätzungen der Preisniveauentwicklung von ONODY (1960) zu Grunde legend – davon ausging, dass das Inflationsphänomen in Brasilien vor dem Zweiten Weltkrieg verhältnismäßig „irrelevant“ war, insbesondere im Vergleich zu den extremen inflationären Entwicklungen Brasiliens im 20. Jahrhundert, kann man auch zu der Schlussfolgerung gelangen, dass die Inflationsentwicklung in Brasilien im 19. Jahrhundert (zumindest phasenweise) im Vergleich zu den unter den Regeln des Goldstandards weltweit sehr niedrigen Inflationsraten schon relativ hoch gewesen sein muss.[15] Ein Indiz für die letztgenannte Hypothese ist, dass die Regeln des Goldstandards nur in Ausnahmefällen eingehalten wurden, „Geldexpansion zur Finanzierung von Regierungsdefiziten und zur

[12] Kein Zweifel besteht darüber, dass die Periode zwischen 1808 und 1830 eine Periode relativ hoher Inflationsraten war, welche Folge einer stark expansiven Geldpolitik des im Jahr 1808 begründeten Banco do Brasil waren. „Die zur Verfügung stehenden Daten zeigen, dass die Zeit 1808/29, die durch ein vollständiges Monopol des Banco do Brasil in (offiziellen) Bankdienstleistungen gekennzeichnet war, eine Zeit hoher Inflationsraten war. Der offizielle Kredit war lediglich auf den Konsum der Regierung gerichtet, anstatt zu wirklich produktiven Wirtschaftsaktivitäten beizutragen.“ PELÁEZ/SUZIGAN (1976), S. 82. Die Inflation war also schon im ersten Moment der Etablierung eines rudimentären Finanzsystems in Brasilien (mit der Gründung des Banco do Brasil) primär die Folge fiskalpolitisch motivierter Manipulationen der Geldordnung gewesen. Vgl. für eine Analyse der monetären Indikatoren Brasiliens im 19. Jahrhundert (seit 1808) PELÁEZ/SUZIGAN (1976). BUESCU (1973) hat versucht, den brasilianischen Inflationsprozess sogar bis zum Ende des 16. Jahrhunderts zurückzuverfolgen und zu dokumentieren.

[13] Im Jahr 1822 war gleichzeitig mit der Unabhängigkeit Brasiliens das brasilianische Kaiserreich etabliert worden, welches erst im Jahr 1889 mit der Verabschiedung einer republikanischen Verfassung abgelöst werden sollte. Vgl. hierzu ZOLLER (2000), S. 132 ff. Vgl. zu den Äußerungen des ersten brasilianischen Kaisers zur Inflation auch CHACEL (1996), S. 268. Die Dekade der 1840er und 1850er scheint hingegen eine deflationäre Phase gewesen zu sein. Vgl. zur Währungspolitik dieser Zeit auch PELÁEZ/SUZIGAN (1976), S. 83.

[14] „Little is known quantitatively about Brazilian inflation before World War I.“ SIMONSEN (1969), S. 134. Ein Versuch der Quantifizierung der brasilianischen Inflation im 19. Jahrhundert geht auf ONODY (1960) zurück. Der von diesem Autor konstruierte Index wurde auf der Basis von Zollstatistiken für 18 Produkte erstellt und bildet in der brasilianischen Geschichtsschreibung bis heute eine zentrale Grundlage der Analysen und Interpretationen der Preisniveauentwicklung in Brasilien im 19. Jahrhundert. Nach den Schätzungen dieses Autors ging die durchschnittliche Inflationsrate im Zeitraum zwischen 1822 und 1889 nicht über 1,5% pro Jahr hinaus.

[15] Vgl. SIMONSEN (1995), S. 12. Vgl. auch CHACEL (1996), S. 268. Ein Indiz für die Richtigkeit letzterer These ist, dass Brasilien – obwohl es seine Parität im Jahr 1846 zum Gold fixiert hatte – de facto nie in der Lage gewesen ist, die Regeln des Goldstandards einzuhalten und in der Praxis über ein System flexibler Wechselkurse verfügte. Vgl. hierzu NEUHAUS (1978). Verlässlicheres statistisches Datenmaterial ist über die Entwicklung der Haushaltsdefizite und der Geldmenge im 19. Jahrhundert vorhanden. Man weiß, dass die brasilianischen Regierungen im 19. Jahrhundert tendenziell hohe Haushaltsdefizite produzierten und die im Umlauf befindliche Währung kontinuierlich ausweiteten. Auch dies kann als Indiz dafür gewertet werden, dass die Inflation schon im 19. Jahrhundert eine größere Rolle gespielt haben könnte, als von ONODY (1960) und SIMONSEN (1995) angenommen.

Stützung des internationalen Kaffeepreises [jedoch] übliche Praxis [war].“[16] Kein Zweifel besteht hingegen darüber, dass Brasilien zwischen 1890 und 1896, also unmittelbar im Anschluss an die Republikgründung (1889), eine Inflations- und Währungskrise größeren Ausmaßes erlebte.[17] Diese Währungskrise, in der Literatur auch als „Encilhamento“ bezeichnet, war Folge fiskalisch motivierter Währungsmanipulationen der Regierung Manoel Deodoro da Fonseca (1889 bis 1891) und ihres Finanzministers Rui Barbosa.[18] „The first years of the Republic brought an inflationary wave, associated with the heavy emissions of paper money during that time.“[19] Konkreter historischer Hintergrund der unsoliden Haushaltspolitik und der monetären Alimentierung der steigenden Haushaltsdefizite waren einerseits die Fortschrittseuphorie der – ganz und gar vom Positivismus in den Bann geschlagenen – ersten republikanischen Regierung und andererseits politische Instabilitäten, welche die junge Republik in einen Bürgerkrieg verwickelt hatten.[20] Nachdem der Inflation unter der Regierung Campos Salles (1898-1902) erfolgreich Einhalt geboten werden konnte und es zu einer Deflation von 7,5% kam, folgte eine Phase von nahezu absoluter Stabilität des Preisniveaus (und des Wechselkurses) bis zum Beginn des Ersten Weltkriegs.[21] Über wirklich verlässliches statistisches Datenmaterial zur Inflationsentwicklung in Brasilien verfügt man jedoch erst für die Zeit ab 1912. In diesem Jahr wurde in der brasilianischen Statistik erstmals ein aggregierter Preisindex, ein Konsumentenpreisindex für die Stadt Rio de Janeiro, erstellt.[22] Folgende Grafik zeigt die Entwicklung dieses Indizes bis ins Jahr 1948. Nach diesem Index stiegen die Lebenshaltungskosten im Zeitraum zwischen 1914 und 1929

---

[16] HENTSCHKE (1999), S. 244.

[17] Ansonsten scheinen die Inflationsraten im 19. Jahrhundert nur selten über 10% pro Jahr hinausgegangen zu sein. Vgl. hierzu GOLDSMITH (1986) und ONODY (1960).

[18] Er wurde auch als „Champion des Papiergeldes“ bezeichnet. ZOLLER (2000), S. 225.

[19] SIMONSEN (1969), S. 135.

[20] „Fortschritt und Ordnung“ („Ordem e Progresso“) war das positivistische Motto unter dem die Gründung der Republik gestanden hatte. Dieser Leitspruch ziert bis heute die brasilianische Nationalfahne. Es kann ZOLLER (2000) nur zugestimmt werden, wenn er feststellt, dass die ersten Jahre der Republik zumindest hinsichtlich der Staatsfinanzen und der Währungsstabilität, jedoch kaum unter dem Begriff der „Ordnung“ zu rubrizieren sind. Vgl. ZOLLER (2000), S. 215. Die Geldmenge war im Jahr 1890 um 51,6% und im Jahr 1891 um weitere 71,8% gestiegen. Vgl. hierzu auch SIMONSEN (1995), S. 12. Die beste Quelle über die monetären Instabilitäten in der Übergangsphase zur Republik ist FRANCO (1987). Vgl. auch LEVY (1980), NEUHAUS (1975), S. 15-26, NEUHAUS (1978), S. 298 ff., VIEIRA (1962), S. 159-203, und GOLDSMITH (1986), S. 106 ff.

[21] Im Zeitraum zwischen 1906 und 1914 war diese Preisstabilität institutionell durch die Einhaltung der Regeln des Goldstandards – beaufsichtigt durch die „Caixa de Conversão“ – untermauert. Vgl. NEUHAUS (1975), S. 27.

[22] Er spiegelt Preisveränderungen in sechs Kategorien von Konsumgütern und Dienstleistungen im Haushalt einer siebenköpfigen Familie mittleren Einkommens (Elternpaar mit 5 Kindern). Die Kategorien sind Ernährung, Wohnung, Hausangestellte, Brennstoff und Licht, Kleidung und Sonstiges. Die Kategorie „Ernährung“ wurde am stärksten gewichtet. Berechnet wurde er auf der Grundlage eines fixen Warenkorbs mit konstanter Gewichtung der einzelnen Bestandteile. Es handelt sich also um einen Laspeyres-Index. Dieser Index war vom „Dienst für Wirtschafts- und Finanzstatistik“ des Finanzministeriums bis Anfang der 1940er Jahre regelmäßig veröffentlicht worden und stellt trotz seines „naiven“ methodologischen Ansatzes wegen seiner Kontinuität und Homogenität einen wichtigen historisch-statistischen Referenzwert dar.

mit einer durchschnittlichen Rate von 8%.[23] Dies sind im Vergleich zu den hyperinflationären Entwicklungen, die zu jener Zeit in Europa zu beobachten waren, relativ geringe Werte.[24] Im Kontext der Großen Depression kam es – wie auch in den Vereinigten Staaten, Deutschland und vielen anderen Ländern der Welt – in Brasilien zu einer Phase der Deflation. Zwischen 1928 und 1931 sank das Preisniveau durchschnittlich jährlich um fast 4%. Nach dem Ende dieser Deflationsphase stieg der Lebenshaltungskostenindex seit 1933 bis ins Jahr 1939 wieder mit einer durchschnittlichen Rate von 7% pro Jahr.

Abbildung 1: Jährliche Inflationsraten 1913-1948 (IPC-RJ)

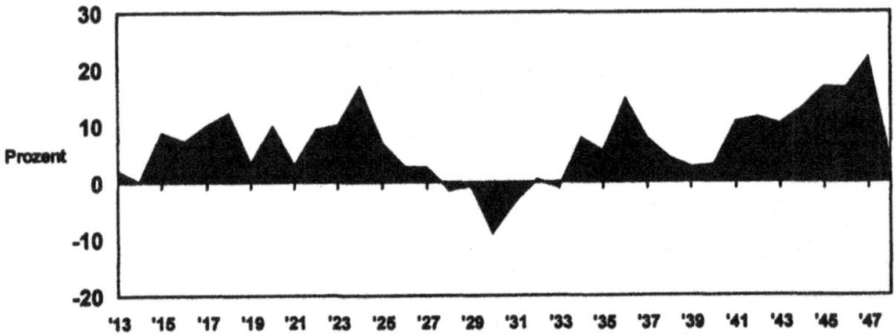

Quelle: ABREU (1990), vgl. die Daten in Tabelle 25 im Anhang.

2. Die Phase chronisch hoher Inflationsraten seit den 1940er Jahren

Erst nachdem die kritische Phase der Großen Depression überwunden war, begann man in Brasilien das Phänomen kennenzulernen, das sich zu seinem „größten ökonomischen Problem in der zweiten Hälfte des 20. Jahrhunderts entwickeln sollte“: die chronische Inflation.[25] Die monetäre Expansion, Folge der Finanzierung von Kriegsausgaben via Geldschöpfung und von Zahlungsbilanzüberschüssen, und gescheiterte Versuche der Inflationsbekämpfung führten dazu, dass die Inflation zwischen 1939 und 1947 ein neues Niveau (durchschnittlich ca. 15%

[23] Die relative „Irrelevanz“ des Inflationsphänomens zu Beginn des 20. Jahrhunderts spiegelt sich auch in der brasilianischen Gesetzgebung jener Zeit wider: Die Tatsache, dass nach dem „Código Civil“ von 1917 im inländischen Zahlungsverkehr Brasiliens Zahlungen sowohl in inländischer als auch in ausländischer Währung gleichermaßen erlaubt waren, ist – neben dem Verweis auf die Vorherrschaft eines relativ liberalen Gedankenguts – auch in Indiz dafür, dass Inflation und Wechselkursabwertungen in jener Zeit keine wirtschaftspolitischen Probleme darstellten.

[24] Anfang der 1920er hatte sich das Inflationsproblem in Europa zum schwerwiegendsten Problem jener Zeit ausgewachsen. In Österreich (1921-22), Russland (1921-24), Deutschland (1922-23), Ungarn (1922-24) und Polen (1923-24) war es zu Hyperinflationen gekommen. Vgl. zur Inflationsentwicklung und ihrer Bekämpfung in Europa in den 1920er Jahren YEAGER (1976), S. 312 ff., und VÉGH (1995). Vgl. zur brasilianischen Inflationsentwicklung in dieser Zeit auch SIMONSEN (1995), S. 12.

[25] SIMONSEN (1995), S. 16.

pro Jahr) erreichte.[26] Im Zeitraum von 1947 bis 1949 konnte die Inflation vorübergehend gebremst werden. Seit 1950 kam es jedoch zu einer erneuten Beschleunigung des Inflationsprozesses. Zwischen 1950 und 1958 oszillierte die Inflation um Jahreswerte von durchschnittlich 17% (IGP-DI).[27] Tendenzen zu einer explosiven Beschleunigung der Inflation waren jedoch bis zu diesem Zeitpunkt noch nicht zu erkennen. Dies änderte sich erst im Jahr 1959: „The inflationary gallop [...] began in 1959, when the government decided to abandon the promising program of monetary stabilization prepared at the end of 1958."[28] Der nun einsetzende enorme Beschleunigungsprozess der Inflation setzte sich bis ins Jahr 1964 fort, als die Inflation ihren vorläufigen historischen Jahreshöchstwert von 91,9% (IGP-DI) erreichte.[29]

Abbildung 2: Jährliche Inflationsraten 1947-1985 (IGP-DI)

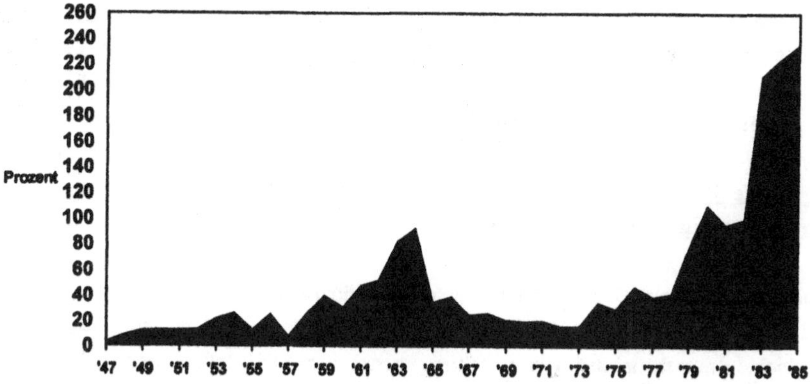

Quelle: BANCO CENTRAL DO BRASIL, Boletim, (verschiedene Ausgaben), vgl. die Daten in Tabelle 26 im Anhang.

---

[26] Vgl. zu den Hintergründen der Inflationsentwicklung in dieser Zeit auch SIMONSEN (1995), S. 16 und NEUHAUS (1978), S. 307.

[27] Der Index IGP-DI (Índice Geral de Preços – Disponibilidade Interna) stellt einen allgemeinen Preisindex dar, der von der Fundação Getúlio Vargas berechnet und veröffentlicht wird. Es handelt sich hierbei um einen „Mischindex", der sich aus drei verschiedenen Indizes zusammensetzt: der hier am stärksten gewichtete Index – er geht mit 60%-iger Gewichtung in den IGP-DI ein – ist der IPA (Índice Geral de Preços por Atacado), ein Großhandelspreisindex. Der IPC (Índice de Preços ao Consumidor), ein Verbraucherpreisindex für die Städte Rio de Janeiro und São Paulo, geht hier mit 30%-iger Gewichtung ein. Der INCC (Índice Nacional de Preços da Construção Civil), ein Preisindex der Baukosten für Immobilien, geht mit einer Gewichtung von 10% in den Index ein.

[28] SIMONSEN (1969), S. 135. Vgl. zum Abbruch eines vielversprechenden Stabilisierungsprogramms im Jahr 1959 die Ausführungen im folgenden Kapitel I.B und im Kapitel II.C.1 des Zweiten Teils der Arbeit.

[29] Vgl. für eine genauere Analyse der Inflationsdynamik in Brasilien am Ende der 1950er und Anfang der 1960er Jahre auch Kapitel D.I des Zweiten Teils.

3. Die Phase der Disinflation im Anschluss an die Währungsreform der Regierung Castello Branco (seit 1964)

Mit Hilfe der Währungs- und Wirtschaftsreform der Regierung Castello Branco (1964-1967), die primärer Gegenstand der vorliegenden Arbeit ist, war es möglich, die Inflationsraten über einen Zeitraum von 9 Jahren graduell zu reduzieren. Die längste Phase kontinuierlich rückläufiger Inflationsraten (Disinflation) in der brasilianischen Geldgeschichte des 20. Jahrhunderts wurde damit eingeleitet.

4. Die Phase erneuter Inflationsbeschleunigung im Anschluss an den ersten Ölpreisschock in den 1970er Jahren

In den Jahren 1973/74 kam es nach dem ersten Ölpreisschock (November 1973), der in Brasilien auf ein inzwischen weitgehend institutionalisiertes Indexierungssystem (das seit 1968 auch das Wechselkursregime umfasste) und eine weitgehend passive (akkomodierende) Geldpolitik traf, zu einer erneuten Inflationsbeschleunigung.[30] Durch den zweiten Ölpreisschock (1979) wurde die Inflation erneut angeheizt.[31]

5. Die Phase explosiver Inflationsbeschleunigung im Zuge heterodoxer Stabilisierungsversuche seit den 1980er Jahren

Eine neue historische Dimension erreichte das brasilianische Inflationsproblem in den 1980er und 1990er Jahren. Die 100%-Marke (Jahreswerte) wurde in der brasilianischen Inflationsgeschichte erstmals in den 1980er Jahren überschritten. Die Inflationsentwicklung dieser Periode lässt sich auf Grund ihrer enormen Volatilität und Beschleunigungstendenz graphisch sinnvoll nur noch in monatlichen Werten darstellen. Das Stadium der extremsten und spektakulärsten aller Inflationstypen, das der Hyperinflation, von dem in der modernen Menschheitsgeschichte nur ca. ein Dutzend Mal Notiz genommen worden ist, wurde hier gleich zweimal erreicht: und zwar in den Jahren 1989 und 1994.[32] Brasilien wurde damit zu einem Sonderfall in der internationalen Währungsgeschichte, wo dieses extremste aller Inflations-

---

[30] Diese Inflationsbeschleunigung verlief seinerzeit parallel zum weltweiten Anstieg der Inflationsraten in Industrie- und Entwicklungsländern.

[31] „Der Ölpreisschock im November 1973, der zu einer Vervierfachung des Ölpreises führte, hatte eine dramatische Wirkung auf Brasilien, das über 80% seines Erdölverbrauchs importieren mußte." BAER/PAIVA (1996), S. 69. Aber auch weltweit war es in Folge der Ölpreisschocks zu starken Inflationsschüben gekommen: „The inflation peaks of 1973-74 and 1979-80 were both associated with steep increases in primary commodity prices, particularly the price of oil." IMF (1996), S. 101. Vgl. zur quantitativen Entwicklung der Inflationsraten in den 1970er Jahren in Industrie- und Entwicklungsländern ebenda, S. 100 ff.

[32] Nach der klassischen Abgrenzung von CAGAN (1956) ist das Stadium der Hyperinflation erreicht, wenn die Inflation Werte von 50% monatlich übersteigt.

stadien nicht – wie üblicherweise – Folge von extremen politischen Verwerfungen oder Kriegszuständen war. Es ist dies eine Phase, die durch sukzessive unechte Währungsreformen und gescheiterte Stabilisierungsversuche – überwiegend heterodoxer Natur – gekennzeichnet war. Diese führten – wie Abbildung 3 deutlich veranschaulicht – letztlich lediglich dazu, dass die Inflation nach dem Abbruch bzw. Scheitern der Reformpakete regelmäßig auf immer höhere Inflationsplateaus katapultiert wurde.

Abbildung 3: Monatliche Inflation Januar 1985 - März 2002 (IGP-DI)

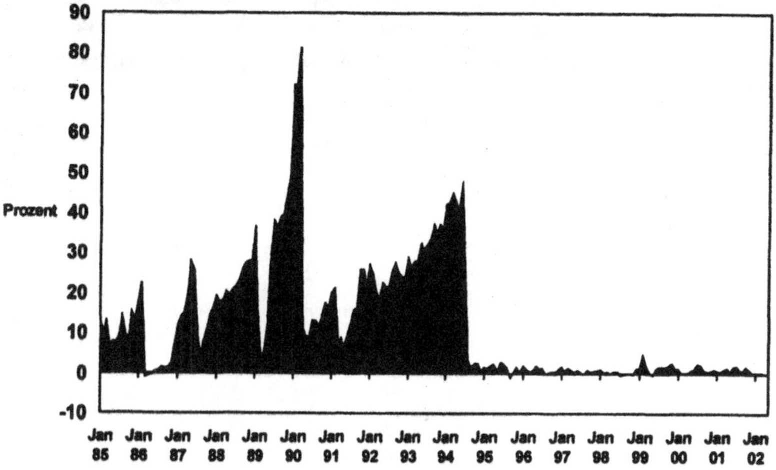

Quelle: BANCO CENTRAL DO BRASIL, Boletim, (verschiedene Ausgaben), vgl. die Daten in Tabelle 27 im Anhang.

6. Die Disinflationsphase im Anschluss an den Plano Real (seit 1994)

Im Juli 1994 begann mit dem Plano Real ein wechselkursorientierter Stabilisierungsplan, mit dessen Hilfe es möglich war, die (Hyper-)Inflation bisher nachhaltig und erfolgreich zu bekämpfen, ein neuer Abschnitt in der Inflations- und Währungsgeschichte Brasiliens, der durch vergleichsweise niedrige Inflationsraten gekennzeichnet ist. Seit 1999 kam es jedoch zu einer erneuten leichten Beschleunigung der Inflation. Sie ist vor allem im Zusammenhang mit der im Jahr 1999 vom Markt erzwungenen Freigabe des Wechselkurses und der in diesem Kontext erfolgten Abwertung zu sehen.

Abbildung 4: Jährliche Inflationsraten 1995 - 2002 (IGP-DI, Verlaufsraten Jan.-Dez.)

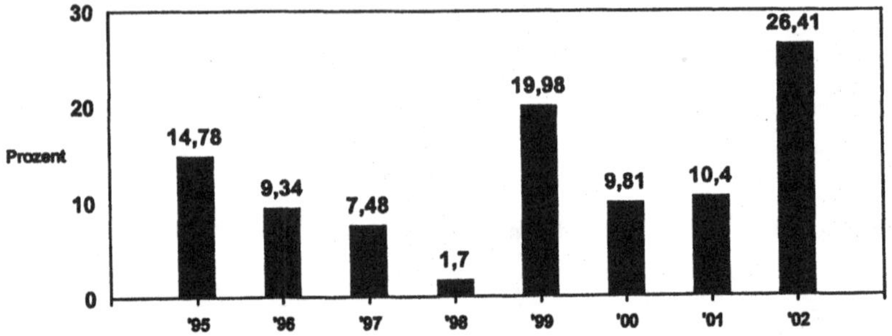

Quelle: BANCO CENTRAL DO BRASIL, Boletim, Ausgabe Mai 2002 und www.bcb.gov.br, vgl. auch die Daten in Tabelle 26 im Anhang.

B. Stabilisierungsversuche, Währungsreformen und Währungsschnitte in Brasilien

„O Brasil não tem moeda" [33]

Angesichts der hohen ökonomischen und gesellschaftlichen Kosten, die mit chronischen und fortgeschrittenen Inflationen einhergehen, vermag es nicht zu verwundern, dass brasilianische Regierungen seit dem Ende des Zweiten Weltkriegs immer wieder versucht haben, die Inflation zu bekämpfen. Verwunderlich ist eher die hohe Frequenz, mit der hier solche Stabilisierungs- und Währungsreformversuche gescheitert sind. Wenn auch die Politische Ökonomie hierfür einige sehr plausible Erklärungen zu liefern vermag, liegt hierin ein bis heute nicht endgültig aufgelöstes Paradox der brasilianischen Wirtschaftsgeschichte des 20. Jahrhunderts. Schon in den 1950er Jahren und Anfang der 1960er Jahre, als das Inflationsproblem zunehmend gravierender geworden war und, nicht zuletzt auf Grund einer noch nicht vorhandenen Anpassung der Wirtschaftsrechnung, des Steuersystems und des Kapitalmarktes an die Inflation, zu schwerwiegenden ökonomischen (distributiven und allokativen) Verzerrungen geführt hatte, waren zahlreiche Versuche unternommen worden, die Inflation unter Kontrolle zu bringen.[34]

Ein erster Stabilisierungsversuch wurde in den 1950er Jahren (Oktober 1953 bis Mai 1954) durch den Minister Horácio Lafer unter der Regierung Vargas durchgeführt. Ein zweiter, kurzlebiger Versuch, der sog. Gudin-Bulhões-Plan (August 1954 bis April 1955), folgte in der Regierungszeit von Café-Filho. Der Lopes-Campos-Plan (Juni 1958 bis Juni 1959) in der Amtszeit von Juscelino Kubitschek (1956-1961) wurde 1959 abgebrochen und markiert den Beginn einer explosiven Beschleunigung der Inflation am Ende der 1950er Jahre. Auch die folgenden Stabilisierungsversuche der Regierungen Jânio Quadros („Plano Mariani-Bulhões", März 1961 bis August 1961) und João Goulart (Plano Trienal, Januar 1963 bis Mai 1963) waren nur von kurzer Dauer und wurden angesichts zunehmenden politischen Widerstandes gegen damit verbundene Reformmaßnahmen schnell abgebrochen. Erst im Jahr 1964 konnte, nachdem die Militärs die Macht im März jenes Jahres an sich gerissen hatten, erstmals eine relativ erfolgreiche sanierende Währungsreform durchgeführt werden.[35] In den 1970er Jahren setzte, vor dem Hintergrund der sich erneut beschleunigenden Inflation, eine neue Welle

[33] SIMONSEN (1993), S. 7 (auf deutsch: „Brasilien hat keine Währung." bzw. „Brasilien hat kein Geld").

[34] Vgl. für einen Überblick über die wichtigsten Stabilisierungspläne zwischen 1953 und 1990 LAL/MAXFIELD (1993). Einen Überblick über die brasilianischen Stabilisierungsprogramme im Zeitraum zwischen 1979 und 1992 gibt BRESSER PEREIRA (1992). Vgl. zu einer vergleichenden Betrachtung der Stabilisierungspläne (vom Plano Cruzado bis zum Plano Real) unter institutionentheoretischen Gesichtspunkten auch BOECKLE (1997). Vgl. zu den vor 1964 durchgeführten Versuchen einer Währungsstabilisierung auch SKIDMORE (2001), S. A 10.

[35] Vgl. zum Begriff der sanierenden Währungsreform auch Kapitel II.A. des Ersten Teils dieser Arbeit.

stabilisierungspolitischer Experimente ein. Bei den seit Ende der 1970er bis Anfang der 1990er Jahre durchgeführten Stabilisierungsprogrammen (Plano Simonsen 1974, Plano Delfim I 1979, Plano Delfim II 1981, Plano Delfim III 1983, Plano Dornelles 1985, Plano Cruzado 1986, Plano Bresser 1987, Plano Arroz com Feijão 1988, Plano Verão 1989, Plano Collor I 1990, Plano Collor II 1991) hatte es sich jedoch, wie auch schon bei den stabilisierungspolitischen Experimenten vor 1964, typischerweise nur um halbherzige, mehr symptom- als ursachenorientierte und inkonsistente Maßnahmenpakete der Inflationsbekämpfung gehandelt, die allesamt weder eine wirklich grundlegende Reform des monetären Sektors noch eine nachhaltige Konsolidierung der öffentlichen Finanzen beinhaltet hatten bzw. aus polit-ökonomischen Motiven vorzeitig abgebrochen werden mussten.[36] Gemessen an den Kriterien der modernen Währungsreformtheorie müssen sie im Rückblick als unglaubwürdig und – soweit überhaupt geld- und währungspolitische Reformmaßnahmen ergriffen wurden – als „unechte Währungsreformen" bezeichnet werden.[37] Das paradoxe Ergebnis dieser Experimente war, dass die Inflation nach Abbruch der Reformversuche i.d.R. lediglich auf immer höhere Plateaus kletterte. „The most remarkable net result of the heterodox plans was to initiate a hyperinflation process."[38] Diese wirtschaftspolitischen Schockprogramme waren zudem mit extrem interventionistischen Maßnahmen wie Preis- und Lohnstopps, Sparkontenblockierungen und ähnlichem verbunden und haben so zu zusätzlichen ökonomischen Verzerrungen, einer weiteren Destabilisierung der Erwartungen und eher zu einer zunehmenden Vernichtung der Reputation der (wirtschafts-)politischen Institutionen als zur Lösung des Inflationsproblems beigetragen.

Ein Indiz für die chronische Erfolglosigkeit der meisten brasilianischen Stabilisierungs- und Währungsreformversuche des 20. Jahrhunderts ist allein schon die große Anzahl von Währungsschnitten, welche in Brasilien vor allem in der zweiten Hälfte des 20. Jahrhunderts zur Reduzierung der mit der Inflation verbundenen „Rechenkosten" notwendig wurden.

---

[36] „All heterodox plans failed because they did not attack the roots of the problem: the fiscal crisis and the confused state of the monetary-fiscal regime." BARBOSA (1998), S. 85.

[37] Vgl. zum Begriff unechter Währungsreformen BÄHR (1994), S. 11.

[38] BARBOSA (1998), S. 85.

Tabelle 1: Währungsschnitte in Brasilien im 19. und 20. Jahrhundert

Währungsschnitte	Rechtliche Grundlage	Abk.	Rechtl. Gültigkt. (Beginn)	Begleiten-der Wirtschafts -plan	Regierung
Die Währung der Kolonialzeit bis 1833 war der **REAL**	„Alvará S/N" vom 01.09.1808	R			
MIL-RÉIS	„Lei" Nr. 59 vom 08.10.1833	Rs	08.10.1833		
Ersetzung des **MIL-RÉIS** durch den **CRUZEIRO**, (Cr$ 1 = mil-réis 1)	„Decreto-Lei" Nr. 4791 vom 05.10.1942	Cr$	01.11.1942		Getúlio Vargas
Abschaffung der „Centavos"	„Decreto-Lei" Nr. 4511 vom 01.12.1964	Cr$	02.12.1964	PAEG	Castello Branco
Einführung des **CRUZEIRO NOVO**, Wiedereinführung der„Centavos", Streichung von 3 Nullen (Cr$ 1000 = NCr$ 1)	„Decreto-Lei" Nr. 1 vom 13.11.1965, „Decreto" Nr. 60190 vom 08.02.1967, „Resolução" Nr. 47 des CMN vom 08.02.1967	NCr$	13.02.1967	PAEG	Castello Branco
Wiedereinführung der Bezeichnung **CRUZEIRO**	„Resolução" Nr. 144 des CMN vom 31.03.1970	Cr$	15.05.1970		Emilio G. Médici
Abschaffung der „Centavos"	„Lei" No. 7214 vom 15.08.1984	Cr$	16.08.1984		João Figueiredo
Einführung des **CRUZADO**, Wieder-einführung der „Centavos", Streichung von 3 Nullen (Cr$ 1000 = Cz$ 1)	„Decreto-Lei" No. 2283 vom 27.02. 1986, „Resolução" No. 1100 des CMN vom 28.02.1986 und „Decreto-Lei" No. 2284 vom 10.03.1986	Cz$	28.02.1986	Cruzado I (Februar 1986) und Cruzado II (Juni 1987)	José Sarney
Einführung des **CRUZADO NOVO**, Streichung von 3 Nullen (Cz$ 1000 = NCz 1)	„Medida Provisória" Nr. 32 vom 15.01.1989, später umgewandelt in „Lei" Nr. 7730 vom 31.01.1989, Resolution Nr. 1565 des CMN vom 16.01.1989	NCz$	16.01.1989	Plano Verão I (Januar 1989) und Plano Verão II (Mai 1989)	José Sarney
Wiedereinführung der Bezeichnung **CRUZEIRO**	„Medida Provisória" Nr. 168 vom 15.03.1990, umgewandelt in das „Lei" Nr. 8024 vom 12.04.1990; „Resolução" Nr. 1689 des CMN vom 18.03.1990.	Cr$	16.03.1990	Plano Collor I (März 1990) und Collor II (Januar 1991)	Fernando Collor de Mello
Einführung des **CRUZEIRO REAL**, Streichung von 3 Nullen (Cr$ 1000 = CR$ 1)	„Medida Provisória" Nr. 336 vom 28.07.1993, umgewandelt in das „Lei" Nr. 8697 vom 27.08.1993, „Resolução" Nr. 2010 des CMN vom 28.07.1993	CR$	01.08.1993	Vorbereitungs-phase des Plano Real (August 1993)	Itamar Franco
Einführung des **REAL** (CR$ 2.750 = R$ 1)	„Medida Provisória" Nr. 542 vom 30.06.1994, „Lei" Nr. 9060 vom 30.06.1995	R$	01.07.1994	Plano Real (Juli 1994)	Itamar Franco

Quelle: Homepage der FGV-Rio (www.fgv.br) und des Banco Central do Brasil (www.bcb.gov.br).

Nur zwei dieser Währungsschnitte wurden – unter politischen und historischen Bedingungen wie sie unterschiedlicher nicht sein könnten – im Rahmen von Maßnahmenpaketen implementiert, die es verdienen, trotz ihrer jeweils spezifischen Unzulänglichkeiten, Inkonsistenzen und Probleme, als sanierende Währungsreform und – gemessen am Kriterium einer nachhaltigen Inflationsbekämpfung – als (relativ) erfolgreich bezeichnet zu werden: 1.) der Plano Real von 1994 und 2.) die Währungsreform der Regierung Castello Branco (1964 bis 1967).

1.) Der Plano Real (1994 bis 1999)

Der wohl spektakulärste Erfolg einer Währungsreform in Brasilen konnte im Rahmen des Plano Real (1994 bis 1999) erzielt werden. Mit Hilfe dieses wechselkursorientierten Stabilisierungsplans war es möglich, den Prozess der chronischen und fortgeschrittenen Inflation, der sich im Jahr 1994 zur Hyperinflation ausgewachsen hatte, erfolgreich und nachhaltig zu beenden und auf vergleichsweise niedrige Jahresinflationswerte zurückzufahren.[39]

In Folge des sich zunehmend verschärfenden Problems der realen Überbewertung, Konsequenz des Wechselkursankers in Verbindung mit den – im Vergleich zu den Haupthandelspartnern noch vergleichsweise – hohen inländischen Inflationsraten („Inflationsreste") und einer mangelnden realwirtschaftlichen Anpassungsflexibilität (die Lohnindexierung war erst zeitlich verzögert aufgelöst worden), erfolgte im Jahr 1999, nachdem die Glaubwürdigkeit des Wechselkursankers am Devisenmarkt zunehmend in Frage gestellt und „getestet" wurde, im Rahmen der „Brasilienkrise" ein geld- und währungspolitischer Strategiewechsel: Der Wechselkursanker wurde fallen gelassen, der Wechselkurs frei gegeben und das seither bestehende System flexibler Wechselkurse (konsistenterweise) durch die Einführung eines Systems des „Inflation-Targeting" flankiert.[40] Obwohl die Abwertung des „Real" zu vorübergehenden Preisauftriebstendenzen geführt hatte, konnte der stabilisierungspolitische Erfolg, der im Rahmen des Plano Real erzielt worden war, so konsolidiert werden.

---

[39] Der Plano Real und seine Inkonsistenzen wurden umfangreich aufgearbeitet. Einen knappen und guten Überblick in deutscher Sprache bieten BAER/PAIVA (1996). Vgl. für eine Darstellung der Wechselkurspolitik im Rahmen des Plano Real und ihrer Probleme auch WACKER (1997). Interessant sind auch die Beiträge FRANCO (1995 und 2000). Von einem der führenden „Köpfe" in der Konzeption des Plano Real geschrieben, wird hier die Wechselkurspolitik des Plano Real vehement verteidigt. Eine kritischere Analyse des Plano Real findet sich in FONSECA (1998).

[40] Das Problem der realen Überbewertung, Folge des wechselkursorientierten Ansatzes, einer mangelnden institutionellen Konsistenz in der Fiskalordnung und Rigiditäten in der Preis- und Lohnbildung, führte zu einer mangelnden Glaubwürdigkeit des Wechselkursankers. Vgl. für eine detaillierte Analyse der brasilianischen Geld- und Währungspolitik seit diesem geld- und währungspolitischen Strategiewechsel FACHADA (2001).

2.) Die Währungsreform der Regierung Castello Branco (1964 bis 1967)

Neben dem Plano Real existiert in der brasilianischen Währungsgeschichte der Nachkriegszeit nur eine weitere Währungsreform, die – gemessen am Kriterium der nachhaltigen Inflationsbekämpfung – als erfolgreich bezeichnet werden kann.[41] Es handelt sich dabei um die Währungsreform der (Militär-) Regierung Castello Branco (1964-1967). Es ist dies die einzige sanierende Währungsreform Brasiliens im 20. Jahrhundert, in deren Kontext eine wirklich grundlegende – wenn aus dem Blickwinkel einer modernen Währungsreformtheorie auch nicht völlig zufriedenstellende – Reform des brasilianischen Geld- und Währungswesens vorgenommen wurde. Sie war in ein umfassendes wirtschaftliches Reformprogramm integriert, welches in Brasilien unter dem Namen PAEG („Programa de Ação Econômica do Governo“) bekannt geworden ist. Die Darstellung und Analyse dieser Währungsreform ist der Gegenstand der vorliegenden Untersuchung.

[41] Es sei in diesem Zusammenhang auf eine weitere erfolgreiche Währungsreform hingewiesen, die Ende des 19. Jahrhunderts in Brasilien durchgeführt worden war. Sie war zur Bekämpfung der Inflations- und Währungskrise in den ersten Jahren der gerade gegründeten brasilianischen Republik (1889) von den Finanzministern Joaquim Murtinho und Leopoldo Bulhões unter der Regierung Campos Salles (1898 bis 1902) durchgeführt worden. Sie kann als die erste erfolgreiche Währungsreform der neueren Geschichte Brasiliens bezeichnet werden. Im Kontext dieser Reform war die Geldmenge um 15% reduziert worden und es kam zu einer Deflation der Lebenshaltungskosten von 7,5%. Vgl. hierzu ausführlicher NEUHAUS (1975), S. 15-26. Vgl. auch NEUHAUS (1978), S. 298. Die monetären Instabilitäten im Vorfeld dieser Währungsreform werden im Detail in der Magisterarbeit von Gustavo Franco dargestellt, welcher später als Zentralbankdirektor die Konzeption und Implementierung des Plano Real maßgeblich mitgestalten sollte. Vgl. FRANCO (1987).

II. Rechtfertigung der Wahl des Gegenstandes

Es existiert schon eine Fülle an Arbeiten zum Problem der Inflationsbekämpfung. Auch die lateinamerikanischen und brasilianischen Varianten dieses Problems wurden schon vielfach untersucht.[42] Eine weitere Arbeit zu diesem Themenkomplex bedarf deshalb zunächst einer Rechtfertigung. Die generelle Bedeutung einer Beschäftigung mit den Phänomenen der Inflation und der Währungsreform in Brasilien für brasilianische Geschichtsschreibung des 20. Jahrhunderts sollte deutlich geworden sein. Worin liegt nun, abgesehen von der Tatsache, dass es sich um die einzige erfolgreiche Währungsreform der brasilianischen Nachkriegszeit außer dem Plano Real handelt, die besondere Bedeutung einer Beschäftigung mit der Währungsreform von 1964?

1. Während schon viel über den Plano Real und seine Probleme und Inkonsistenzen geschrieben worden ist und auch das Scheitern der zahlreichen (heterodoxen) Stabilisierungsversuche der 1980er und Anfang der 1990er Jahre recht umfassend aufgearbeitet worden ist, ist über den PAEG und die brasilianische Währungsreform von 1964 bis heute relativ wenig bekannt. Dies hat u.a. damit zu tun, dass viele Autoren (fälschlicherweise) davon ausgingen, dass aufgrund des besonderen (autoritären) politischen Kontextes dieses Stabilisierungsplans aus dem PAEG keine Lehren für eine Politik der Inflationsbekämpfung unter demokratischen Vorzeichen (also für die brasilianische Wirtschaftspolitik nach 1985) gezogen werden könnten. Wichtige Lektionen, die aus dem PAEG zu ziehen gewesen wären, wurden deshalb bei der Konzeption und Implementierung der späteren Stabilisierungsversuche (angefangen beim „Plano Cruzado" von 1986 bis hin zum „Plano Real" von 1994) nicht berücksichtigt.[43]

2. Wenn über diese Währungsreform geschrieben wurde, so geschah dies meist - unter dem Eindruck des autoritären politischen Kontextes dieser Reform - in ideologisch vorgefasster Weise. Gerade die zeitgenössischen Analysen, aber auch neuere wissenschaftliche Arbeiten, zeichnen sich häufig durch eine stark ideologisch gefärbte Polemik aus.

---

[42] „Inflation is one of the most intensely studied problems in economics in terms of both its general theoretical frameworks and its actual occurrence in specific countries outside and inside Latin America." PAZOS (1972), S. 3. Eine sehr interessante Darstellung des brasilianischen Inflationsphänomens im 20. Jahrhundert und der wichtigsten Stabilisierungsversuche unter Berücksichtigung der neueren inflationstheoretischen Entwicklungen liefert z.B. FONSECA (1995). Vgl. hierzu auch NAZMI (1996), S. 38-70.

[43] Die verbreitete Unkenntnis über die Währungsreform der Regierung Castello Branco hat auch damit zu tun, dass die neuere wirtschaftswissenschaftliche Literatur in und außerhalb Brasiliens sich jüngst – verständlicherweise – auf die Diskussion der akuten und aktuellen Probleme der Inflationsbekämpfung in Brasilien konzentriert hat.

3. Man könnte argumentieren, mit dem stabilisierungspolitischen Erfolg des Plano Real sei die *Frage der Währungsreform* in Brasilien heute allenfalls von wirtschaftshistorischem Interesse. Auch heute noch mangelt es jedoch an institutionellen und ordnungspolitischen Grundlagen nachhaltiger Geldwertstabilität in der brasilianischen Wirtschafts- und Währungsordnung.[44] Gerade die brasilianische Zentralbankverfassung, deren rechtliche Grundlagen in der hier behandelten Währungsreform von 1964 gelegt wurden, weist nach wie vor erhebliche Defizite auf. Vor diesem Hintergrund ist das Problem der Inflation und seiner glaubwürdigen Bekämpfung in Brasilien auch nach dem Stabilisierungserfolg des Plano Real (1994) noch immer aktuell.[45] Eine genaue Analyse der im Jahr 1964 geschaffenen Währungsverfassung – eine solche existiert bis zum heutigen Tage selbst in der brasilianischen Literatur nicht – stellt also auch einen fundamentalen Beitrag zur aktuellen geld- und währungspolitischen Debatte in Brasilien dar. Die vorliegende Arbeit ist deshalb trotz ihrer Vergangenheitsbezogenheit auch zukunftsorientiert und aktuell.

4. Neue historische Quellen ermöglichen heute tiefere Einblicke in wesentliche Zusammenhänge und Hintergründe der Währungsreform von 1964. Insbesondere seit der Redemokratisierung Brasiliens (1985) kann in der wissenschaftlichen Literatur ein verstärktes Interesse an einer historischen Aufarbeitung der Wirtschaftspolitik der militaristischen Phase (1964-1985) festgestellt werden. Vor diesem Hintergrund ist auch das Interesse an der Währungsreform von 1964 wiedererwacht. Der 30. Geburtstag der brasilianischen Zentralbank im Jahr 1994 gab, obwohl dieses Ereignis von der Brisanz und Dramatik der Ereignisse im Zuge des Plano Real weitgehend überschattet wurde, Anlass für neue historiographische Untersuchungen zur Entstehungsgeschichte dieser Institution.[46] Auch die Memoiren von Roberto Campos (1994), dem *zentralen Kopf* in der Konzeption dieser Währungsreform – und abgesehen davon einer der interessantesten und brillantesten Denker und Essayisten Brasiliens im 20. Jahrhundert –, der als Planungsminister die gesamte Wirtschaftsreform von 1964 zu koordinieren hatte, bieten eine Fülle neuer Einsichten in diese so bedeutsame historische Episode der brasilianischen Wirtschaftsgeschichte

[44] Auch heute gilt noch, was Ronci hinsichtlich des Plano Real schon 1996 kritisch feststellte: „The latest attempt to stabilize the national currency, with the introduction of the Real on July 1st, 1994, the fifth currency since 1985, has created an institutional framework that still needs improvement to control effectively the currency issue." RONCI (1996), S. 199.

[45] Ganz abgesehen davon besteht unter den Bedingungen des modernen Papiergeldstandards immer die Gefahr, dass das Ziel der Geldwertstabilität anderen politischen Zielen „geopfert" wird: „In a paper money standard, inflation cannot be regarded as being definitely eradicated." FREYTAG (2000), S. 1.

[46] Hervorzuheben sind hier die Arbeiten des CPDOC (Centro de Pesquisa e Documentação de História Contemporânea do Brasil) der Fundação Getúlio Vargas, welches vor allem durch die Durchführung und Publikation einer großen Anzahl von Interviews mit herausragenden Persönlichkeiten und Politikern einen großen Beitrag zur Rekonstruktion der Geschichte des Militärregimes leistet.

und geben Historikern eine Fülle an Material, dessen Aufarbeitung noch geleistet werden muss.[47] Im Rahmen dieser Dissertation konnten zudem neue historische Quellen erschlossen werden. Der Autor dieser Arbeit hatte die Gelegenheit, Interviews mit einer Reihe von Personen zu führen, die entweder unmittelbar an der Konzeption dieser Währungsreform beteiligt (Roberto Campos) oder aber beratend für die an Konzeption und Durchführung Verantwortlichen tätig waren (João Paulo dos Reis Velloso und Werner Baer), zu den schärfsten zeitgenössischen Kritikern der Reform gezählt haben (Carlos Bresser Pereira), aufbauend auf den Reformen von 1964 bis 1967 Brasilien ins sog. „brasilianische Wirtschaftswunder" Ende der 1960er bis Anfang der 1970er Jahre führten (Delfim Netto, er war Finanzminister der folgenden Militärregierungen und hat die brasilianische Wirtschaftspolitik seit 1967 bis Mitte der 1970er Jahre wie kein anderer bestimmt), oder aber sich wissenschaftlich mit dieser Reform beschäftigt haben (Rubens Penha Cynse und Werner Baer). Diese Interviews befinden sich im Anhang der Arbeit.

5. Die Frage, warum in Brasilien im 20. Jahrhundert so viele Währungsreformversuche scheiterten, ist ein bis heute ungelöstes Paradox der brasilianischen Geldgeschichte. Herkömmliche Ansätze in der Währungsreformtheorie (einschließlich ihrer institutionentheoretischen und polit-ökonomischen Ansätze) erweisen sich als unzureichend, um dieses vollends zu erklären. Ausgehend von der Hypothese der Unzulänglichkeit bestehender Ansätze in der Währungsreformtheorie ist es deshalb auch Anliegen der vorliegenden Arbeit, durch die Entwicklung und Anwendung eines neuen theoretischen Ansatzes zu einem tieferen Verständnis des brasilianischen Inflationsphänomens, seinem enormen Beharrungsvermögen im 20. Jahrhundert und damit zur Klärung des Paradoxes beizutragen, warum hier so viele Währungsreformen scheiterten. Der Ansatz, der zu diesem Zweck entwickelt werden wird, ist ein ordnungsökonomischer Ansatz in der Währungsreformtheorie. Ein solcher erweist sich – dies ist die zentrale Arbeitshypothese der vorliegenden Arbeit – gerade im Rahmen einer Analyse des brasilianischen (und lateinamerikanischen) Inflations- und Währungsreformphänomens des 20. Jahrhunderts als unverzichtbar.

[47] Auch das Ableben Roberto Campos im Jahr 2001 hat zu einer verstärkten Beschäftigung mit seinem umfassenden Lebenswerk als brasilianischem Diplomaten, Wirtschaftspolitiker, Wirtschaftswissenschaftler und Journalisten geführt, wobei die Währungsreform von 1964 – neben seinen z.T. visionären und immer provokanten Ideen – wohl als sein wichtigster und in institutioneller Hinsicht nachhaltigster Nachlass an die Brasilianer einzuschätzen ist.

III. Gang der Untersuchung

Die Arbeit setzt sich aus drei Teilen zusammen: Ein erster Teil dient der Grundlegung theoretischer Überlegungen und Konzepte. Ein zweiter Teil ist der Darstellung und Analyse der Ausgangsbedingungen vor der Währungsreform von 1964 unter Berücksichtigung der zu Grunde gelegten Theorie gewidmet. Im dritten Teil wird die Währungsreform der Regierung Castello Branco (1964-1967) dargestellt und analysiert.

Erster Teil: Theoretische Vorüberlegungen

Die Darstellung und Analyse einer sanierenden Währungsreform bedarf natürlich einer theoretischen Grundlage. Die ersten Überlegungen, die im Rahmen der vorliegenden Arbeit anzustellen sind, beziehen sich deshalb auf die Suche nach geeigneten theoretischen Grundlagen für die Analyse der hier im Mittelpunkt stehenden Währungsreform. Ausgangspunkt der folgenden Überlegungen ist zunächst die ernüchternde Erkenntnis, dass ein ausgereiftes theoretisches Instrumentarium zur Analyse von sanierenden Währungsreformen bis heute nicht existiert. Es mangelt vor allem an einer ordnungsökonomischen Fundierung des Phänomens der Währungsreform und einer umfassenderen Berücksichtigung des Problems der „institutionellen Restriktionen" sanierender Währungsreformprozesse. Ausgehend von der These, dass „institutionelle Restriktionen" am besten in einer ordnungsökonomischen Perspektive in die Analyse einbezogen werden können, wird der vorliegenden Arbeit ein ordnungstheoretischer Ansatz der sanierenden Währungsreform zu Grunde gelegt. Dazu wird auf die grundlegenden Gedanken der Ordnungstheorie Euckens zurückgegriffen. Ein ordnungsökonomischer Blickwinkel hat natürlich bedeutsame Konsequenzen für die zentralen Begriffe der Währungsreformtheorie. Zunächst werden hier deshalb die begrifflichen Grundlagen dieser Arbeit unter besonderer Berücksichtung der ordnungstheoretischen Perspektive gelegt (II.A. bis II.E.). Insbesondere das heute in der einschlägigen geldtheoretischen Literatur im Mittelpunkt stehende Konzept der Glaubwürdigkeit erweist sich in seiner herkömmlichen Fassung für die Theorie sanierender Währungsreformen als unzureichend und bedarf einer ordnungsökonomischen Fundierung und der umfassenden Berücksichtigung des Problems „institutioneller Restriktionen" (II.E.). Aufbauend auf diesen Grundgedanken werden dann die wesentlichen institutionellen Bedingungen und Voraussetzungen einer erfolgreichen sanierenden Währungsreform diskutiert. Natürlich wird hier keine allgemeine Theorie entwickelt, sondern der Blick richtet sich vor allem auf die Faktoren, die von besonderer Relevanz für die zu untersuchende Reform sind.[48]

[48] So konzentriert sich die Diskussion im Folgenden auf die Maßnahmen einer Reform des Zentralbanksystems; das Currency-Board, Formen der Dollarisierung und eine Währungsintegration werden hier nicht berücksichtigt.

In Kapitel III werden zunächst zentrale institutionelle Bedingungen bzw. Voraussetzungen sanierender Währungsreformen außerhalb der Wirtschaftsordnung diskutiert, die in der einschlägigen Literatur häufig vernachlässigt werden. Neben politischen Voraussetzungen werden hier Voraussetzungen auf der Ebene der „Ideen“ und „Paradigmen“, personelle und rechtliche Faktoren diskutiert werden. In Kapitel IV wenden wir uns dann der Währungsreform im engeren Sinne zu. Der Schwerpunkt liegt hier auf der Diskussion institutioneller Reformen in den zentralen Teilordnungen einer Währungsordnung (Geld- und Wechselkursordnung) im Rahmen eines Zentralbanksystems. In Kapitel V wenden wir uns den „institutionellen Konsistenzbedingungen“ sanierender Währungsreformen innerhalb der Wirtschaftsordnung zu. Die für die Glaubwürdigkeit sanierender Währungsreformen bedeutsamen wirtschaftlich-institutionellen Faktoren werden hier diskutiert. Im Einzelnen sind dies die Faktoren „fiskalische Konsistenz“, „Konsistenz des Arbeitsmarktregimes“, „Konsistenz der Außenwirtschaftsordnung“, „wirtschaftlicher Freiheitsgrad“, „Indexierungsmechanismen“ und „externe Hilfe“. Überlegungen zum optimalen Zeitprofil sanierender Währungsreformen schließen den theoretischen Teil ab (Kapitel VI).

Zweiter Teil: Das brasilianische Inflationsphänomen vor 1964 im Licht der Ordnungsökonomie und die Ausgangsbedingungen vor der Währungsreform

Zentrales Ergebnis der theoretischen Vorüberlegungen ist die Erkenntnis, dass es Patentrezepte für sanierende Währungsreformen nicht geben kann. Immer sind die institutionellen, ordnungspolitischen und historischen Ausgangsbedingungen im Vorfeld einer Reform zu berücksichtigen. Vor diesem Hintergrund muss man sich auch hier zunächst den Ausgangsbedingungen vor der Währungsreform von 1964 zuwenden. Dazu soll zunächst ein Eindruck von der enormen Dynamik des brasilianischen Inflationsprozesses im Vorfeld der Währungsreform von 1964 vermittelt werden. Dann werden – unter dem Blickwinkel des hier zu Grunde gelegten ordnungsökonomischen Ansatzes – die Fragen der Inflationsursachen und Inflationswirkungen behandelt. Dabei erweist es sich als unmöglich – dies ergibt sich direkt aus dem Phänomen der Interdependenz –, geradlinige und eindimensionale Ursache- und Wirkungszusammenhänge festzustellen. Vielmehr wird deutlich, dass es sich bei der Inflation um einen *Prozess* handelt, der durch vielschichtige Wirkungsketten und Rückkopplungseffekte gekennzeichnet ist. Im Hinblick auf die Ursachen der Inflation wird sich zeigen, dass ordnungspolitische Faktoren – neben polit-ökonomischen – fundamental für ein Verständnis der Inflation im Vorfeld der brasilianischen Währungsreform von 1964 sind. Auch die *Inflationswirkungen* müssen hier erörtert werden, da aus ihnen zentrale (institutionelle) Restriktionen der Währungsreform von 1964 resultierten. In ordnungsökonomischer Perspektive lässt sich – trotz der Komplexität der ablaufenden Prozesse und bei einer

Abstrahierung von Einzeleffekten – die grundlegende „Stoßrichtung“ des inflationären Wirkungsprozesses erkennen: Es handelte sich um einen Prozess der totalen „Ordnungserosion“, der sich, ausgehend von der monetären und der Fiskalordnung, auf alle wirtschaftlichen Teilordnungen und darüber hinaus auch zunehmend auf die politische und die Gesellschaftsordnung ausbreitete. Bei der Darstellung dieses Prozesses wird es nicht darum gehen, ein vollständiges Bild aller Inflationswirkungen zu liefern, sondern vielmehr darum, die Komplexität und Tragweite dieses zerstörerischen Prozesses zu verdeutlichen. In der Gesamtschau der Ursachen und Wirkungen des Inflationsprozesses entsteht ein Bild der institutionellen und makroökonomischen Ausgangsbedingungen im Vorfeld der Reform von 1964.

Dritter Teil: Die Währungsreform der Regierung Castello Branco (1964-1967)

Im dritten Teil wenden wir uns dann der Währungsreform von 1964 zu. Die Gliederung dieses Teils ergibt sich aus den im theoretischen Teil erarbeiteten Grundlagen: Zunächst werden die politischen Voraussetzungen dieser Reform dargestellt (Kapitel I.A). Dann werden die Voraussetzungen dieser Reform auf der Ebene der „Ideen“ und auf der personellen Ebene analysiert (Kapitel I.B und I.C). Vor allem zwei Ökonomen haben das dieser Reform zu Grunde liegende Konzept maßgeblich geprägt: Roberto Campos und Octávio Gouvêa de Bulhões. Ihre „Ideen“ zur Rolle der Geldwertstabilität und der grundsätzlichen Funktionsweise des Wirtschaftsprozesses in einem Schwellenland wie Brasilien haben der Reform ihre Richtung vorgegeben. Auch diese Faktoren, die im theoretischen Teil als „informelle Restriktionen“ sanierender Währungsreformen modelliert wurden, gilt es hier natürlich zu berücksichtigen. Eine zentrale Frage, die sich im Hinblick auf die Glaubwürdigkeit der Reform stellt, ist, ob es im Vorfeld der Reform zu einem grundlegenden Paradigmenwechsel, also einer Abwendung von den bis dahin dominierenden Ideen der „desenvolvimentistas“ (und damit dem Modell der Importsubstitution) und Strukturalisten, gekommen ist oder nicht. In konzeptioneller Hinsicht von besonderer Bedeutung ist ebenfalls das Zeitprofil der Reform; es wird in Kapitel I.D des Dritten Teils diskutiert. Die Entscheidung zu Gunsten eines Gradualismus war entscheidend für die Konzeption aller weiteren Maßnahmen.

Kapitel II wendet sich der Währungsreform im engeren Sinne zu. In diesem Kapitel wird die im Jahr 1964 eingeführte Zentralbank mit Hilfe des zuvor entwickelten Konzepts der Zentralbankunabhängigkeit analysiert (Kapitel II.A) und zentrale Aspekte der Geldprozesspolitik dargestellt. Die anderen für die Glaubwürdigkeit einer Währungsreform relevanten Regeln der

Geld- und Währungsordnung (Vorschriften für Finanzintermediäre, Kapitalmarkt, Wechselkurs- und Konvertibilitätsregeln) werden anschließend diskutiert.

In Kapitel III werden die flankierenden Maßnahmen der Währungsreform in der Fiskalordnung, der Arbeitsmarktordnung, der Preispolitik skizziert. Auch der Faktor „externe Hilfe" und der Einsatz von Indexierungsmechanismen wird hier thematisiert. Daran anschließend wird eine Wirkungsanalyse der Reformmaßnahmen im Hinblick auf zentrale makroökonomische Indikatoren (Inflation, Zahlungsbilanz, Wachstum und Einkommensverteilung) vorgenommen. In Kapitel IV. wird die Reform und ihre Glaubwürdigkeit abschließend bewertet.

Erster Teil: Theoretische Vorüberlegungen

I. Ein ordnungstheoretischer Ansatz in der Theorie sanierender Währungsreformen

A. Die Bedeutung eines ordnungstheoretischen Ansatzes für die Währungsreformtheorie

Die Analyse einer Währungsreform bedarf natürlich einer theoretischen Grundlage. Während sich die theoretische und wirtschaftsempirische Literatur umfassend mit der Frage der Ursachen der Inflation beschäftigt hat, sind die Gründe für das Scheitern oder Gelingen von Disinflationsprogrammen und sanierenden Währungsreformen in der wissenschaftlichen Literatur weniger eindeutig geklärt.[49] Die konventionellen makroökonomischen Ansätze – seien sie neoklassischer oder keynesianischer Provenienz –, von denen die Theorien zur Inflationsbekämpfung lange dominiert worden waren, haben sich als theoretische Basis für die Entwicklung einer Währungsreformtheorie als unzureichend erwiesen. Ihr fundamentales Problem lag in ihrem „institutionellen Vakuum". Die wichtigsten Anstöße für eine Einbeziehung institutioneller Faktoren in die Währungsreformtheorie gingen jüngst von Ansätzen der Neuen Institutionentheorie und der Politischen Ökonomie aus.[50] Sie bilden die theoretische Grundlage der modernen Währungsreformtheorie.[51] Aber auch sie werden – in der Form, wie sie bisher für die Geld-, Inflations-, und Währungsreformtheorie nutzbar gemacht wurden – der Komplexität des Problems noch nicht vollkommen gerecht.[52] Eine Integration der im Rahmen der Währungsreformtheorie entwickelten Ansätze in ein schlüssiges Gesamtkonzept, aus dem dezidierte und konkrete währungsreformpolitische Empfehlungen für reformwillige Länder gezogen werden könnten, steht vor diesem Hintergrund bis zum heutigen Tage aus.[53]

---

[49] Die wissenschaftliche Literatur beschäftigt sich spätestens seit dem Ersten Weltkrieg intensiv mit dem Phänomen der Inflation, ihren Ursachen und daraus resultierenden wirtschaftlichen Problemen. Mit der zunehmenden Relevanz des Inflationsproblems in den 1970er und 1980er Jahren setzte ein neuer Schub empirischer und theoretischer Untersuchungen zum Inflationsphänomen ein.

[50] Obwohl die Beschäftigung in der Ökonomie mit „Institutionen" nicht neu ist, hat die explizite Einbeziehung des institutionellen Rahmens in die wirtschaftswissenschaftliche Analyse in den vergangenen Jahren zu einer sichtbaren Neuorientierung in den Wirtschaftswissenschaften geführt, die deshalb berechtigterweise auch als „Institutionelle Revolution" bezeichnet wird. RICHTER (1994), S. V. Vgl. zur Bedeutung der „Institutionellen Revolution" in den Wirtschaftswissenschaften und ihren methodologischen Implikationen auch SCHAFFER (2001).

[51] Der Moment des Einzugs der Neuen Institutionentheorie in die monetäre Makroökonomie kann auch als „Geburtsstunde" der modernen Währungsreformtheorie und der Theorie sanierender Währungsreformen bezeichnet werden. Letztere hat sich erst vor diesem Hintergrund zu einem eigenständigen Ansatz in der breiteren Theorie der Inflationsbekämpfung entwickeln können. Vgl. für einen Überblick über die verschiedenen Ansätze in der Theorie zur Inflationsbekämpfung und ihre Anwendung auf den lateinamerikanischen Kontext auch ENGELS (1999).

[52] Wichtige Grundlagen einer modernen Währungsreformtheorie wurden erstmals in der Arbeit von BÄHR (1994) systematisch zusammengefasst.

[53] Vgl. hierzu FREYTAG (2000), S. 197.

Das fundamentale Problem sanierender Währungsreformen und seinem Gegenphänomen, der Inflation, und damit auch das einer entsprechenden Theoriebildung – dies ist zumindest eine zentrale Arbeitshypothese der vorliegenden Arbeit –, resultiert aus dem *Problem der Interdependenz*. Es ist das Interdependenzproblem, welches sanierende Währungsreformen und die Inflation zu extrem komplexen Phänomenen werden lassen.[54] Inflation – darüber besteht heute weitgehender Konsens – ist immer ein primär monetäres Phänomen.[55] Die tieferen Ursachen von chronischen und fortgeschrittenen Inflationsprozessen liegen jedoch i.d.R. außerhalb der monetären Ordnung. Dies ist der Grund, warum sanierende Währungsreformen – sollen sie glaubwürdig sein – über die monetären Reformmaßnahmen hinaus immer auch sog. flankierende Maßnahmen in nicht-monetären Ordnungen enthalten müssen.[56] Konsens besteht heute darüber, dass Reformmaßnahmen in der Fiskalordnung – auf Grund der besonderen Bedeutung der Fiskalpolitik für die Inflationsentstehung – von fundamentaler Bedeutung für die Glaubwürdigkeit sanierender Währungsreformen sind. Weniger Beachtung findet die Tatsache, dass auch Reformen der Güter- und Faktormärkte und der Außenwirtschaftsordnung – je nach institutioneller Ausgangslage – von großer Wichtigkeit sind, um dem Vorhaben Glaubwürdigkeit zu verleihen. Darüber hinaus haben sanierende Währungsreformen immer auch politische (bzw. polit-ökonomische), rechtliche, erkenntnistheoretische, paradigmatische und personelle Voraussetzungen. Die Institutionen in

---

[54] Die Phänomene der Inflation und der Währungsreform erfüllen alle Kriterien „komplexer Phänomene". „Komplexe Phänomene" stellen die wissenschaftliche Theoriebildung typischerweise vor besondere Probleme. HAYEK (1972) formuliert das grundlegende Problem folgendermaßen: „Die Vielzahl selbst des Minimums unterscheidbarer Elemente, die zur Herstellung eines komplexen Phänomens einer bestimmten Art notwendig sind (und deshalb die Vielzahl des Minimums der Anzahl von Daten, die zur Erklärung notwendig sind), ergibt Probleme, die für die mit derartigen Phänomenen befassten Disziplinen beherrschend sind und ihnen ein Gepräge verleiht, das sich sehr von dem solcher Disziplinen unterscheidet, die sich mit einfachen Phänomenen befassen. Die Hauptschwierigkeit der erstgenannten Disziplinen besteht darin, tatsächlich alle Daten festzustellen, die eine individuelle Erscheinungsform des in Frage stehenden Phänomens determinieren, eine Schwierigkeit, die oft rein praktisch, manchmal sogar absolut unüberwindlich ist." HAYEK (1972), S. 15. Vor diesem Hintergrund kann die Entwicklungsgeschichte der Theorie sanierender Währungsreformen als (bisher nicht erfolgreich abgeschlossener) Versuch gelesen werden, der Komplexität ihres Gegenstandes Herr zu werden.

[55] Grundlage der modernen Währungsreformtheorie ist die monetaristische Hypothese, dass Inflation und Währungsreformen primär monetäre Phänomene sind. „Short-run changes in both particular prices and in the general level of prices may have many sources. But long-continued inflation is always and everywhere a monetary phenomenon that arises from a more rapid expansion in the quantity of money than in total output." FRIEDMAN (1974), S. 26. Das theoretische Argument für die monetaristische Inflationshypothese liefert die Quantitätstheorie des Geldes. Empirisch ist der hier postulierte positive Zusammenhang zwischen Geldmengenexpansion und der Inflationsentwicklung hinreichend belegt worden. Vgl. hierzu MC CANDLESS und WEBER (1995), FREYTAG (2000), S. 15 und IMF (1996), S. 114 ff. „The empirical evidence is quite clear about the following two points: inflation is closely tracked by money supply, and inflation – particularly, changes in the rate of inflation – affects real variables." CALVO/VEGH (1997), S. 4. „Hence, although inflation is a phenomenon that results from the interaction of monetary and real phenomena, monetary factors are likely to dominate." CALVO/VEGH (1997), S. 4. Vor diesem Hintergrund werden die zentralen Ansatzpunkte zur Inflationsbekämpfung im monetären Bereich gesehen. Die moderne Währungsreformtheorie steht damit in gewisser Opposition zu strukturalistischen und neo-strukturalistischen Ansätzen, welche die Rolle monetär-institutioneller Maßnahmen im Rahmen einer Inflationsbekämpfung eher unterschätzen.

[56] Es handelt sich deshalb bei sanierenden Währungsreformen immer auch um *umfassende Wirtschaftsreformen.*

diesen Bereichen können bzw. müssen als *institutionelle Restriktionen* sanierender Währungsreformen verstanden werden.

Den polit-ökonomischen Bedingungen und Ursachen der Inflation wird in der neueren Inflations- und Währungsreformtheorie besondere Aufmerksamkeit geschenkt.[57] Auch die Bedeutung (bestimmter) rechtlicher Faktoren wird gesehen. Sie werden vor allem im Rahmen der Diskussion um die „optimale" rechtlich-institutionelle Ausgestaltung der Geld- und Währungsordnung diskutiert. Das Konzept der Glaubwürdigkeit, der Regelbindung und der Zentralbankunabhängigkeit stehen hier im Vordergrund der Diskussion. Es existiert jedoch bis heute keine systematische Berücksichtigung der für (sanierende) Währungsreformen relevanten institutionellen Restriktionen. Zudem bleiben einige wichtige institutionelle Faktoren und Restriktionen, welche die Glaubwürdigkeit von sanierenden Währungsreformen und die tatsächliche Bedeutung der formal-rechtlichen Bedingungen in der Geld- und Währungsordnung beeinflussen, in der neueren Diskussion gänzlich unberücksichtigt. Vor allem zwei Faktoren, die sich insbesondere für eine Analyse der lateinamerikanischen Inflationen des 20. Jahrhunderts als fundamental erweisen, werden in der neueren institutionentheoretischen Literatur vernachlässigt: Dies sind ordnungspolitische Faktoren, womit vor allem die prinzipiellen Gestaltungsprinzipien einer Wirtschaftsordnung angesprochen sind, und paradigmatische Faktoren (Ideen).[58] Ordnungspolitische Faktoren müssen jedoch als eine allen anderen wirtschaftlichen Restriktionen, die sich für die Geldpolitik etwa aus der Fiskalordnung, der Arbeitsmarktordnung, der Außenwirtschaftsordnung etc. ergeben, übergeordnete Grundrestriktion der Geldpolitik und eines Währungsreformprozesses erkannt werden. Die Bedeutung paradigmatischer und wirtschaftsideologischer Faktoren steht im unmittelbaren Zusammenhang zur Bedeutung ordnungspolitischer Faktoren.

Ein mit der Vernachlässigung zentraler Aspekte verbundenes Problem der aktuellen währungsreformtheoretischen Diskussion ist, dass sie durch eine starke Spezialisierung auf Einzelaspekte von sanierenden Währungsreformen geprägt ist. Die einzelnen Maßnahmen und Bereiche sanierender Währungsreformen werden i.d.R. einzeln und analytisch „sauber" voneinander getrennt diskutiert. So wird das Problem der optimalen Geldordnung und das

---

[57] „All proposals for reforming the monetary order start from the established fact that the inflation bias of government fiat money standards is due to a deeply rooted interest of government in inflationary monetary policy. The policy serves to raise probability of political survival. Consequently, to eliminate the inflation bias requires freeing the production and supply of money from government interference." NEUMANN (1992), S. 751. Vgl. für einen Überblick über zentrale polit-ökonomische Ansätze in der Erklärung der Inflation z.B. HAGGARD/KAUFMAN (1992) und BERLEMANN (1999).

[58] „A [...] shortcoming of the macroeconomic literature is the almost entire neglect of institutions or of problems with the economic order." FREYTAG (2000), S. 197.

Konzept der Zentralbankunabhängigkeit häufig losgelöst von der Frage der Konvertibilität oder Fragen des politischen Systems behandelt. Auch andere Politikbereiche, wie beispielsweise die Außenwirtschaftspolitik werden separat diskutiert. Das Phänomen der Interdependenz, durch das alle diese Fragen und Politikbereiche verbunden sind, und die sich daraus für die Konzeption sanierender Währungsreformen und ihrer Einzelmaßnahmen ergebenden Implikationen, werden nur sehr eingeschränkt bzw. teilweise berücksichtigt.[59]

Kurzum: Der Bedeutung der vielfältigen institutionellen Restriktionen der Geld- und Währungspolitik für die Glaubwürdigkeit einer sanierenden Währungsreform wird in den einschlägigen geld- und institutionentheoretischen Ansätzen in der Theorie sanierender Währungsreformen nicht genügend bzw. nur unsystematisch Rechnung getragen. Vor dem Hintergrund der genannten Mängel einschlägiger theoretischer Ansätze in der neuen Geld- und Währungsreformtheorie lautet die zentrale Arbeitshypothese der vorliegenden Arbeit: *Erst wenn die aufs Engste miteinander verknüpften Phänomene der Inflation und der Währungsreform über die Analyse der monetär-institutionellen und polit-ökonomischen Bedingungen hinaus auch als fundamental ordnungsökonomische Probleme gesehen werden und die Interdependenz zwischen der monetären Ordnung und den sie umgebenden wirtschaftlichen und nicht-wirtschaftlichen Ordnungen umfassend berücksichtigt wird, dringt man zum tieferen Kern dieser Phänomene vor. Eine Theorie sanierender Währungsreformen hat dies zu berücksichtigen.*

B. Der ordnungstheoretische Ansatz Euckens als methodologische Grundlage

Ein ökonomischer Ansatz, der sich besonders gut für eine ordnungsökonomische Fundierung des Problems und als methodologische Grundlage einer modernen Währungsreformtheorie eignet, ist der Ansatz von EUCKEN (1952/90).[60] Obwohl dieser Ansatz schon in den 1950er Jahren entwickelt wurde, handelt es sich hier mit Sicherheit um „kein angestaubtes Modell der fünfziger Jahre".[61] Er hat bis heute an Aktualität nichts eingebüßt.[62] Während seine

[59] Ein erster systematischer Versuch einer ordnungsökonomischen Fundierung des währungsreformpolitischen Glaubwürdigkeitskonzeptes wurde von FREYTAG (2000) unternommen.

[60] Es ist das große Verdienst von FREYTAG (2000) auf die prinzipielle Bedeutung institutioneller Restriktionen für die Glaubwürdigkeit sanierender Währungsreformen und die Bedeutung eines ordnungstheoretischen Ansatzes in der Währungsreformtheorie hingewiesen zu haben. „To start with, a promising approach to analyse credibility problems is the ORDO-approach which is based on the Freiburg School of Law and Economics." FREYTAG (2000), S. 25.

[61] ISSING (1999), S. 23.

[62] So ist auch die Erfolgsgeschichte der Deutschen Bundesbank, die zum Vorbild auch der institutionellen Gestaltung der Europäischen Zentralbank wurde, nicht nur in den institutionellen Regelungen dieser Zentralbank zu suchen. Es waren die – maßgeblich vom Ordo-Liberalismus geprägten – institutionellen Bedingungen der

konkreten Vorschläge für die institutionelle Ausgestaltung der Geld- und Währungsordnung durch die historische Entwicklung des (internationalen) Währungswesens wohl obsolet geworden sind – er trat in seinen *Grundsätzen der Wirtschaftspolitik* für die Einführung einer Waren-Reserve-Währung ein –, sind seine grundlegenden Ideen zur Währungspolitik und ihrer Interdependenz mit dem ordnungspolitischen Rahmen von fundamentaler Bedeutung für eine moderne Währungsreformtheorie.[63] „Walter Eucken, der wohl bedeutendste deutsche Ordnungstheoretiker, zählte bekanntlich eine auf Sicherung des Geldwertes gerichtete Währungspolitik zu den positiven, ja zu den konstituierenden Prinzipien der von ihm und seinem ordoliberalen Kreis entworfenen Wettbewerbs- und Gesellschaftsordnung. Und obwohl diese Prinzipien einander bedingen und sich zur Rahmen gebenden Wirtschaftsverfassung ergänzen, nimmt letztlich die Geldwertstabilität – als *conditio sine qua non* – unter ihnen den ersten Rang ein."[64] Neben dem *Primat der Geldwertstabilität*, dem damit verknüpften *Primat der Währungsordnung* und dem *Primat der Ordnungspolitik* (das bei Eucken als Prinzip der „Konstanz der Wirtschaftspolitik" auftaucht) ist es vor allem der Gedanke der Interdependenz, als der tragende Gedanke der Ordnungstheorie Euckens, der ihn für eine Überwindung der genannten Defizite in der neueren Währungsreformtheorie prädestiniert.[65] Dieser Ansatz hat von seinem Forschungsauftrag und seiner Methode her quasi einen komparativen Vorteil in der Analyse des Interdependenzphänomens im Rahmen sanierender Währungsreformen. Es ist dieser Gedanke, der bei Eucken zur Einsicht in die prinzipielle Vernetztheit der Geldpolitik mit anderen wirtschaftspolitischen Bereichen führt. Aber die Interdependenz der Ordnungen macht bei Eucken nicht an den Grenzen der Ökonomie halt. Er führt durch eine umfassende „Analyse der Wechselbeziehungen zwischen Wirtschaft, Staat und Gesellschaft" unmittelbar zur Einsicht in die Einbettung der Geld- und Währungspolitik in die Staats- und Gesellschaftsordnung.[66] Auch außerökonomische Faktoren, die Relevanz für das Inflationsphänomen besitzen, werden vor diesem Hintergrund sichtbar und können in die Analyse einbezogen werden. Der Vorteil dieses Ansatzes in der Analyse von Währungsreformen resultiert nicht zuletzt aus dem ihm zu Grunde liegenden Konstruktivismus.[67] Die neueren und wertvollen institutionentheoretischen und polit-

---

Sozialen Marktwirtschaft, welche die Voraussetzungen dafür geschaffen haben, dass die Vorzüge einer unabhängigen Zentralbank voll (und überhaupt) zum Tragen kommen konnten und ein Primat der Geldwertstabilität institutionalisiert werden konnte.

[63] Einen Überblick über die Ideen Euckens zur Geld- und Währungspolitik und zur Währungsreform geben BERNHOLZ (1989) und ISSING (1989).

[64] ISSING (1999), S. 8. Dieser Autor weist zu Recht darauf hin, dass dieses währungspolitische Primat „zu einem erheblichen Teil von den persönlichen Eindrücken geprägt worden sein (dürfte), die die Vordenker und Gründer der Sozialen Marktwirtschaft mit den historischen Phänomenen der Hyperinflation einerseits und der Deflation andererseits erfahren hatten." Ebenda, S. 8.

[65] „Kennzeichnend für die ordoliberale Schule ist das Denken im Systemzusammenhang und die explizite Anerkennung der Interdependenz von Teilordnungen." Ebenda, S. 8.

[66] Ebenda, S. 10. Vgl. auch ISSING (1997), S. 167.

[67] Ein besonderer Vorteil dieses Ansatzes gegenüber dem (evolutorischen) ordnungstheoretischen Ansatz von Hayek besteht darin, dass der Ansatz Euckens ein konstruktivistischer ist. Im Hinblick auf die Analyse einer

ökonomischen Konzepte und Erkenntnisse, von denen die Währungsreformtheorie heute dominiert wird, können problemlos in ihn integriert werden.[68] Zentrale Einsichten der Neuen Institutionenökonomik – auch wenn dies im englischsprachigen Bereich nicht unbedingt zur Kenntnis genommen worden ist – sind in der Ordnungstheorie Euckens gar schon vorweggenommen worden.[69] Es zeigt sich, dass in der angelsächsischen Literatur einiges „neu entdeckt“ wurde, was schon einmal zum Standardwissen deutscher Ökonomen gehörte. Auch die Ideen der Politischen Ökonomie waren implizit schon Bestandteil der Ordnungstheorie Euckens.[70] Durch eine Differenzierung des der neueren Geldtheorie zu Grunde liegenden Institutionen-Begriffs können in einer ordnungstheoretischen Perspektive zudem auch Ideen und Paradigmen, welche bisher in den Analysen weitgehend unberücksichtigt blieben, als fundamentale Einflussfaktoren in die Analyse einbezogen werden. Die prinzipielle Bedeutung eines ordnungstheoretischen Ansatzes in der Währungsreformtheorie wurde jüngst durch die theoretischen und empirischen Untersuchungen von FREYTAG (2000 und 2001) untermauert.[71]

---

sanierenden Währungs*reform,* in der es letztlich immer um *„Ordnungskonstitution" und „Ordnungskonstruktion"* geht, eignet sich ein solcher *konstruktivistischer Ansatz* besser als methodologische Grundlage als der *evolutorische Ansatz* Hayeks. Die Ordnungstheorie hatte schon zu Zeiten, als die traditionelle – vom neoklassischen Paradigma beherrschte – Wirtschaftstheorie noch durch ein „institutionelles Vakuum“ gekennzeichnet war, morphologische Überlegungen über die Zusammenhänge zwischen Institutionen, Ordnungen und der Wirtschaftsleistung in einer Volkswirtschaft angestellt.

[68] Eine Integration der institutionentheoretischen Ansätze und der Politischen Ökonomie in die Ordnungstheorie erweist sich auf Grund der ausgeprägten konzeptionellen und methodologischen Gemeinsamkeiten als unproblematisch: „Wie die ordoliberale Schule um Walter Eucken – allerdings ohne erkennbaren Bezug zu dieser – hat auch die Forschungsrichtung der Neuen Institutionenökonomik („new institutional economics“) auf die Bedeutung der rechtlichen Regelungen für die Wirtschaftsprozesse hingewiesen. Beide Forschungsrichtungen teilen das Erkenntnisinteresse, die Regelsysteme, die das Verhalten der Wirtschaftssubjekte wesentlich mitbestimmen, in die wirtschaftswissenschaftliche Untersuchung einzubeziehen und so das „institutionelle Vakuum“ der neoklassischen Ökonomie zu füllen. Sie versuchen beide, durch die ausdrückliche Berücksichtigung institutioneller Regelungen die empirische Aussagekraft und die Anwendungsmöglichkeiten des neoklassischen Paradigmas zu vergrößern.“ BOECKLE (1997), S. 26.

[69] „Die zentrale Botschaft von Euckens Ordnungstheorie, dass nämlich je nach Beschaffenheit des institutionellen Umfeldes wirtschaftliche Prozesse völlig unterschiedliche Bedeutung erlangen und völlig andere Entwicklungen nehmen (z.B. Eucken 1952/90:24), wurde erst vor wenigen Jahrzehnten vom amerikanischen „mainstream“ wiederentdeckt. Dies gilt zumindest für die Vertreter der „Neuen Institutionenökonomik“ [...].“ STREIT/WOHLGEMUTH (1999), S. 12.

[70] So liegt z.B. auch der Begründung Euckens einer Notwendigkeit der Regelbindung in der Geldpolitik (er nennt dies „Automatismus“) schon ein polit-ökonomisches Argument zu Grunde. „Eine gute Währungsverfassung sollte jedoch nicht nur so konstruiert sein, daß sie den Geldwert möglichst stabil hält. Sie sollte darüber hinaus noch eine weitere Bedingung erfüllen. Wie die Wettbewerbsordnung sollte sie möglichst automatisch funktionieren [...], vor allem, weil die Erfahrung zeigt, daß eine Währungsverfassung, die den Leitern der Geldpolitik freie Hand läßt, diesen mehr zutraut, als ihnen im allgemeinen zugetraut werden kann. Unkenntnis, Schwäche gegenüber Interessengruppen und der öffentlichen Meinung, falsche Theorien, alles das beeinflußt diese Leiter sehr zum Schaden der ihnen anvertrauten Aufgabe.“ EUCKEN (1952/90), S. 257.

[71] „Consequently, the final and outstanding objective of this endeavour is to provide for policy options that enable governments of countries with monetary problems to choose the monetary regime with the highest probability of success. We have argued that this is given when the economic order or, to put it differently, the institutional setting is considered. Both theory and evidence have supported this argument.“ FREYTAG (2000), S. 202.

II. Grundlegende Begriffe und Konzepte einer ordnungsökonomisch fundierten Theorie sanierender Währungsreformen

Ein ordnungstheoretischer Ansatz hat bedeutsame Implikationen für die Begriffe der Währungsreformtheorie. Schon der Begriff der sanierenden Währungsreform ist entsprechend weit zu fassen. Aber auch das Konzept der Glaubwürdigkeit, das heute im Zentrum der modernen Währungsreformtheorie steht, erweist sich in der bisher üblicherweise verwendeten Form für eine Analyse sanierender Währungsreformen als unzureichend. Gleiches gilt für die zentralen *Konzepte der Regelbindung* und *der Institution*. Sie alle bedürfen einer ordnungsökonomischen Fundierung und einer hinreichenden Berücksichtigung der Interdependenzproblematik.

A. Sanierende Währungsreformen: Begriff und Zielsystem

Zentraler Untersuchungsgegenstand der vorliegenden Arbeit ist eine sanierende Währungsreform. In Anlehnung an BÄHR (1994) ist darunter eine solche grundlegende Reform der Institutionen der Geld- und Währungsordnung eines Landes (bzw. eines Währungsraumes) zu verstehen, die primär der Bekämpfung einer fortgeschrittenen Inflation und der Rekonstitution der im Zuge eines fortgeschrittenen Inflationsprozesses erodierten Glaubwürdigkeit einer Geld- und Währungsordnung dient.[72]

Der entscheidende Unterschied der *sanierenden Währungsreform* zu anderen Währungsreformtypen, wie der *konstituierenden* und der *manipulierenden* Währungsreform, liegt in ihrem besonderen primären und begriffsbestimmenden Ziel: Es besteht in der nachhaltigen Beendigung eines fortgeschrittenen Inflationsprozesses bzw. der Senkung der Inflation „auf das geringste durchhaltbare Niveau [...]".[73] Ein solches „Primat der Geldwertstabilität" im

[72] Vgl. BÄHR (1994), S. 44. Ein ähnlicher Währungsreformbegriff findet sich auch bei NEUMANN (1992), S. 751. In der einschlägigen Literatur werden synonym zum Begriff der sanierenden Währungsreform auch die Begriffe Währungssanierung, Währungshärtung und Währungsstabilisierung verwendet. Der Währungsreformbegriff Bährs und Neumanns unterscheidet sich fundamental von anderen Begriffen, die ebenfalls Prozesse und Maßnahmen einer Inflationsbekämpfung bezeichnen, wie etwa „Stabilisierungsplan" oder „Stabilisierungspolitik". Der wesentliche Unterschied besteht darin, dass der Begriff der „Währungsreform" ordnungspolitischer Natur ist und den Prozess der Inflationsbekämpfung primär als Akt einer institutionellen Reform definiert, während die anderen Begriffe eher prozesspolitisch ausgerichtet sind und sich auf prozesspolitische Maßnahmen der Geld-, Wechselkurs-, Fiskal- und Einkommenspolitik richten, die mit dem Ziel der „Stabilisierung" ergriffen werden.

[73] BUCH/KOOP/SCHWEICKERT/WOLF (1995), S. 19. Von einer konstituierenden Währungsreform spricht man a) im Fall einer Schaffung einer (neuen) Einheitswährung in einem vorher monetär desintegrierten Währungsraum, einer Erweiterung eines Währungsgebietes (es handelt sich also in beiden Fällen um monetäre

Rahmen sanierender Währungsreformen lässt sich aus den negativen ökonomischen (und sozialen) Folgen der Inflation, den indirekten Folgekosten einer Nichtbekämpfung der Inflation und aus den ordnungstheoretischen Überlegungen EUCKENS (1990) ableiten.[74] Das vollständige Zielsystem sanierender Währungsreformen ist jedoch sehr viel komplexer und die „Bestimmung des Zielsystems für die monetäre Steuerung ist durchaus nicht trivial."[75]

Eine typische – und für die Zielbestimmung sanierender Währungsreformen entscheidende – Folgewirkung eines fortgeschrittenen Inflationsprozesses besteht in der Erosion der monetären Ordnung, also dem sukzessiven Verlust der Geldfunktionen seitens des nationalen Geldes, und dem Verlust des Vertrauens in das entsprechende Geld und seine Institutionen; ein Prozess der im Extremfall bis zur Repudierung des Geldes voranschreitet. Zweites, mit dem Primärziel unmittelbar verknüpftes Ziel einer sanierenden Währungsreform ist deshalb die Wiederherstellung der Geldfunktionen und die **Zurückgewinnung des Vertrauens in die Institutionen der Währungsordnung.**[76]

Zudem ist mit Blick auf die Ableitung des Zielsystems zu berücksichtigen, dass Disinflationsprozesse immer mit Kosten in Form von (vorübergehenden) negativen Wachstums- und Beschäftigungseffekten einhergehen.[77] Die wichtigste Nebenbedingung, die es – nicht zuletzt um politische und gesellschaftliche Reformwiderstände zu minimieren und damit die Erfolgswahrscheinlichkeit der Reform zu erhöhen – ebenfalls im Rahmen sanierender Währungsreformen zu berücksichtigen gilt, besteht deshalb in der **„Minimierung der Anpassungskosten und Vermeidung einer lang anhaltenden und gravierenden Stabilisierungskrise"**[78]. Die unvermeidbaren (temporären) negativen Wachstums- und Beschäftigungseffekte der Reform, in der Literatur auch als *Opferrate* bezeichnet, sind also möglichst gering zu halten.[79]

Integrationsprozesse; aktuelles Beispiel ist die Bildung der Europäischen Währungsunion) und b) im Fall der Schaffung einer neuen Währung in Folge monetärer Desintregrationsprozesse bzw. Staatenneugründungen (wie etwa im Fall der Währungsreformen der Splitterländer der ehemaligen Sowjetunion). Manipulierende Währungsreformen werden primär aus fiskalpolitischen Überlegungen – meistens zur Finanzierung staatlicher Haushaltsdefizite – durchgeführt.

[74] Vgl. zur ordnungsökonomischen Begründung des Primats der Geldwertstabilität EUCKEN (1952/90) und ISSING (1997). Vor dem Hintergrund der hohen Kosten fortgeschrittener Inflationsprozesse und auf Grund der so zentralen Bedeutung der Geld- und Währungsordnung für das Funktionieren einer modernen, arbeitsteiligen Geldwirtschaft, kann die Sanierung eines zerrütteten Geld- und Währungswesens gar als der ordnungspolitische Vorgang par excellence in einem modernen Gemeinwesen bezeichnet werden. Vgl. zur Frage der Inflationskosten auch Kapitel II.C. des ersten Teils dieser Arbeit.

[75] BUCH/KOOP/SCHWEICKERT/WOLF (1995), S. 18.

[76] An dieser Zielformulierung wird schon deutlich, dass es sich bei Währungsreformen immer auch um ein fundamental geldpsychologisches Problem handelt.

[77] Vgl. hierzu auch ISSING (1985).

[78] BÄHR (1994), S. 177.

[79] Vgl. für eine vergleichende empirische Analyse der Output-Kosten einer Stabilisierung nach Hyperinflationen und chronischen Inflationen VÉGH (1995).

Eine wichtige Vorbedingung hierfür ist – zumindest auf mittelfristige Sicht – auch die **Herstellung eines gleichgewichtigen realen Wechselkurses**. Es ist zu berücksichtigen, dass neben der Geldwertstabilisierung in Entwicklungsländern auch strukturelle Anpassungsprozesse zu bewältigen sind.[80] Mit einer überbewerteten Währung gehen zahlreiche negative ökonomische Wirkungen einher. Zu denken ist hier an die Verzerrung der Produktionsstrukturen durch eine Diskriminierung handelbarer Güter und eine Begünstigung von import- und kapitalintensiven Produktionslinien, die mit der Beeinträchtigung der Wettbewerbsfähigkeit typischerweise einhergehende Verschärfung von Protektionsstrategien, das Entstehen von Zahlungsbilanzkrisen, welche entweder einen Devisenabfluss oder eine Zunahme der Auslandsverschuldung bedingen, Schuldenkrisen und Kapitalfluchtstendenzen.[81] Alle diese Effekte untergraben die Glaubwürdigkeit einer Währungsreform und konterkarieren den strukturellen Anpassungsbedarf in Entwicklungsländern. Folglich muss neben „der Glaubwürdigkeit [...] auch die Effizienz der Geld- und Wechselkurspolitik beachtet werden."[82] Auch das – am außenwirtschaftlichen Gleichgewicht orientierte – Ziel eines gleichgewichtigen Realwechselkurses ist deshalb in das monetäre Zielssystem sanierender Währungsreformen aufzunehmen.[83]

Das Zielsystem sanierender Währungsreformen ist aber mit der Beschreibung der monetären Ziele noch nicht hinreichend geklärt. In einer ordnungsökonomischen Perspektive besteht die zentrale Voraussetzung der Erreichung der genannten Primärziele (Primat der Geldwertstabilität, Vertrauensbildung, „Minimierung der Anpassungskosten") darin, dass bestehende *institutionelle Restriktionen* einer am Ziel der Geldwertstabilität orientierten Geldpolitik im Vorfeld bzw. im Rahmen der Reform ausgeräumt werden. Anders ausgedrückt: Es muss *institutionelle Konsistenz* zwischen einem Primat der Geldwertstabilität und seiner institutionellen Absicherung in der Geld- und Währungsordnung einerseits und den umliegenden Ordnungen andererseits hergestellt werden. Das Ziel, **institutionelle Konsistenz** auch außerhalb der Geld- und Währungsordnung herzustellen, führt somit zu der Notwendigkeit, in das Zielsystem sanierender Währungsreformen auch nicht-monetäre Ziele (wie etwa die Beseitigung fiskalischer, lohnpolitischer oder struktureller bzw. übergeordneter ordnungspolitischer Restriktionen) aufzunehmen.[84]

---

80 Vgl. SCHWEICKERT (1993), S. 3.
81 Vgl. BUCH/KOOP/SCHWEICKERT/WOLF (1995), S. 20.
82 SCHWEICKERT (1993), S. 3.
83 Vgl. hierzu SCHWEICKERT (1998), S. 423, und BUCH/KOOP/SCHWEICKERT/WOLF (1995), S. 21. Letztgenannte Autoren betrachten vor diesem Hintergrund die Vermeidung bzw. den Abbau von Inflation und Überbewertung als „gleichwertige" Ziele einer sanierenden Währungsreform.
84 Es ist vor allem die Nebenbedingung der Herstellung „institutioneller Konsistenz", die das Zielsystem sanierender Währungsreformen u.U. sehr komplex werden lässt und der Grund dafür ist, dass Währungsreformen auch immer flankierende Maßnahmen außerhalb der monetären Ordnung beinhalten müssen, die auf die monetären Reformmaßnahmen abzustimmen sind.

Abbildung 5: Das Zielsystem sanierender Währungsreformen

Das Zielsystem sanierender Währungsreformen

I. Monetäres Zielsystem

1. Primat der Geldwertstabilität
2. Konstitution einer glaubwürdigen und konsistenten Geld- und Währungsordnung
3. Herstellung eines (mittelfristig) gleichgewichtigen realen Wechselkurses

II. Nebenbedingungen

1. Minimierung der Anpassungskosten
2. Herstellung institutioneller Konsistenz (außerhalb der monetären Ordnung)

Eigene Zusammenstellung.

Damit wären die wichtigsten Ziele sanierender Währungsreformen abgeleitet. Wie jedoch dieses hier zunächst allgemein beschriebene Zielsystem mit seinen Nebenbedingungen im Rahmen einer konkreten Währungsreform optimal zu operationalisieren ist, und welche konkreten flankierenden Maßnahmen im Rahmen einer solchen Reform im Sinne der Herstellung institutioneller Konsistenz im Einzelnen einzuleiten sind, hängt von den spezifischen institutionellen Ausgangsbedingungen im Vorfeld der Reform, den u.U. spezifischen Inflationsursachen und den konkret eingetretenen Folgewirkungen und Begleiterscheinungen des relevanten Inflationsprozesses ab. Ein vollständiges und allgemeingültiges Zielsystem sanierender Währungsreformen kann daher nicht a priori abgeleitet werden.

B. Inflation

Primäres Ziel sanierender Währungsreformen ist die nachhaltige und glaubwürdige Bekämpfung der Inflation. Unterschiedliche Inflationstypen verlangen nach unterschiedlichen währungsreformpolitischen Konzeptionen ihrer Bekämpfung. Voraussetzung einer Währungsreformtheorie und der Analyse einer konkreten Reform ist damit selbstredend auch die Klärung des Begriffs der Inflation und seine Typologisierung.[85] Der Begriff der Inflation wird gemeinhin als anhaltender Anstieg des Preisniveaus einer Volkswirtschaft bzw. als permanentes Absinken der Kaufkraft des Geldes definiert.[86] Unterschiedliche Klassifikationskriterien existieren zur genaueren Abgrenzung von Inflationsprozessen. Schon diese allgemeine Definition des Inflationsbegriffes bezieht sich genau genommen nur auf einen bestimmten Inflationstyp, und zwar den der „offenen Preisinflation". Das *Tempo* eines solchen Inflationsprozesses lässt sich – wenn sich auch bestimmte Messungenauigkeiten niemals ganz vermeiden lassen – relativ einfach anhand der Entwicklung bestimmter Preisindizes messen. Abzugrenzen von diesem Phänomen ist der Fall der „zurückgestauten Inflation". Hier wird eine Erhöhung des Preisniveaus durch administrative Eingriffe in das Preissystem (z.B. in Form von Preis- und Lohnkontrollen) unterdrückt, wodurch die „Messung" einer solchen Inflation erheblich erschwert wird.[87] Neben dieser Typologie existieren Klassifizierungskriterien zur Kennzeichnung der *Inflationsintensität* (bzw. des Inflationstempos), der *Zeitdauer der Inflationsphase* und der *Variabilität der Inflationsraten.*

Hinsichtlich des Tempos bzw. des Stadiums einer *offenen Inflation* kann in Anlehnung an Issing (1993) zwischen schleichender, trabender, galoppierender und Hyperinflation unterschieden werden.[88] Andere Autoren unterscheiden zwischen „moderater Inflation", „Hochinflation" und „Hyperinflation".[89] Problematisch ist, dass die Festlegung des

---

[85] Vgl. für eine schematische Übersicht über verschiedene Inflationsbegriffe und ihre Kriterien auch ISSING (1993a), S. 186.

[86] Ein solcher Inflationsbegriff findet sich z.B. bei POHL (1981), S. 5. oder LAIDLER/PARKIN (1975), S. 741.

[87] „Eine exakte Kennzeichnung des erreichten Inflationsstadiums ist für die Erscheinungsform der zurückgestauten Inflation besonders schwierig, da es an geeigneten Messkonzepten zur Bestimmung ihres quantitativen Ausmaßes mangelt." BÄHR (1994), S. 98. Vgl. zu den Unterschieden und Gemeinsamkeiten sanierender Währungsreformen nach zurückgestauter und offener Inflation BÄHR (1994). In der Realität treten diese Inflationstypen nicht nur in ihren idealtypischen Reinformen auf. Vielmehr existieren auch Mischformen, in denen ein Teil des Inflationsprozesses sich offen in Preisniveausteigerungen niederschlägt, während die Inflationsentwicklung in bestimmten Segmenten zurückgestaut wird.

[88] Vgl. ISSING (1993), S. 183. HOLTFRERICH (1980) schlägt folgende Abgrenzung vor: schleichende (bis 10% pro Jahr), trabende (10-50% pro Jahr), galoppierende Inflation (ab 50% im Jahr). Für den Fall der Hyperinflation hat sich die Abgrenzung von CAGAN (1956) durchgesetzt, nach der man von Hyperinflation spricht, sobald die monatliche Inflationsrate 50% überschreitet. CAGAN (1956) definiert weiterhin, dass die Hyperinflation erst dann als beendet gelten kann, wenn die monatliche Inflationsrate für eine Zeitspanne von mindestens einem Jahr weniger als 50% betragen hat.

[89] DORNBUSCH/FISCHER (1993) sprechen von moderater Inflation, wenn in einer Zeitspanne von mindestens drei aufeinanderfolgenden Jahren jährliche Inflationsraten zwischen 15% und 30% gemessen werden.

Übergangs von einem Inflationsstadium zum nächsten letztlich bei Abgrenzungen, die sich an bestimmten Nominalwerten der Inflationsentwicklung orientieren, immer willkürlich bleibt. Eine andere (weniger arbiträre) Möglichkeit der Abgrenzung unterschiedlicher Inflationsstadien, die gleichzeitig auch ein operationales Kriterium für die Einteilung von Entwicklungsstadien zurückgestauter Inflationen darstellt, lässt sich aus der Entwicklung der realen Geldmenge ableiten, welche typischerweise im Zuge eines fortschreitenden Inflationsprozesses sinkt.[90] BÄHR (1994) nimmt in Anlehnung an BERNHOLZ (1985) diesbezüglich folgende Abgrenzung vor: Solange die reale Geldmenge noch über dem vorinflationären Niveau liegt, spricht man von *moderater Inflation.* Sobald sie bei starken Preissteigerungen unter das vorinflationäre Niveau sinkt, beginnt das Stadium der *fortgeschrittenen Inflation.* Wird das extreme Stadium der *Hyperinflation* erreicht, reduziert sich die reale Geldmenge auf einen „Bruchteil der vorinflationären Menge".[91]

Zur Kennzeichnung der *Dauer* eines Inflationsprozesses kann zwischen chronischer Inflation, einem einmaligen (bzw. sporadischen) und einem vorübergehenden Preisanstieg unterschieden werden.[92] Für besonders lang andauernde Inflationsprozesse wurde von PAZOS (1972), im Rahmen seiner Untersuchungen zum lateinamerikanischen Inflationsphänomen, der Begriff der *chronischen Inflation* geprägt.[93] Im Gegensatz zur Hyperinflation, die sich im Allgemeinen durch geringe Rigiditäten (in der Preis- und Lohnsetzung) auszeichnet und typischerweise nur einige Monate andauert, weist eine chronische Inflation starke Beharrungstendenzen auf und kann mehrere Jahrzehnte andauern.[94] Vorübergehend ist eine Erhöhung des Preisniveaus dann zu nennen, wenn sie durch ein Wiederabsinken des Preisniveaus rückgängig gemacht wird.[95] Für eine Theorie sanierender Währungsreformen sind neben einer Typologisierung des Inflationsbegriffes auch die Fragen nach den Ursachen und Wirkungen der Inflation relevant. Auch die Beantwortung dieser Fragen kann abschließend nur unter Berücksichtigung ordnungsökonomischer Aspekte erfolgen.

---

[90] Zu Beginn eines Inflationsprozesses steigt die nominale Geldmenge i.d.R. schneller als das Preisniveau, „weil die Wirtschaftssubjekte noch unzureichende Erfahrungen mit der Inflation haben und ihre Kassenhaltung nur mit Verzögerung anpassen." BÄHR (1994), S. 20. Während die reale Geldmenge zu Beginn der Inflation also noch steigt, beginnt sie mit fortschreitender Inflationsentwicklung zu sinken. In einem fortgeschrittenen Inflationsstadium übersteigt die Wachstumsrate des Preisindizes jedoch die des nominalen Geldangebots. Auf dieses Phänomen hat schon BRESCIANI-TURRONI (1937/68) hingewiesen.

[91] Vgl. BÄHR (1994), S. 20 und BERNHOLZ (1985), S. 2 f.

[92] Vgl. ISSING (1993a), S. 183.

[93] Auch SIMONSEN (1964) hatte schon von *chronischer Inflation* gesprochen. Heute ist auch der Begriff der „Beharrungsinflation" (Portugiesisch: „inflação inercial") gängig. Vgl. zu diesem Begriff auch ENGELS (1999), S. 13 ff.

[94] Verbreitet ist die Definition von HARBERGER (1981). Er definiert eine chronische Inflation als einen Prozess, in dem ein jährlicher Anstieg des Konsumentenpreisindex von mindestens 20% über einen Zeitraum von mindestens vier Jahren fortbesteht.

[95] Vgl. ISSING (1993a), S. 183. Solche sich abwechselnde Phasen von Preiserhöhungen und Preissenkungen waren typisch für das Regime des Goldstandards (bis 1914).

C. Ursachen und Wirkungen der Inflation in ordnungstheoretischer Sicht

Die Fragen nach den Ursachen und Wirkungen inflationärer Prozesse sind grundlegend für eine moderne Theorie sanierender Währungsreformen; die vorhandene Menge an Literatur zu diesen Themenbereichen ist enorm. Die Analyse in der einschlägigen Literatur ist jedoch von einer starken Zersplitterung dieser Probleme in ihre Einzelteile bestimmt, während das Phänomen der Interdependenz auch hier meist aus dem Blickfeld gedrängt wird. Auch diese Fragen sind jedoch immer unter ordnungstheoretischen Gesichtspunkten zu beleuchten. Die Fokussierung des Interdependenzproblems – konzeptioneller Kern der Euckenschen Ordnungstheorie – macht unmittelbar deutlich, dass monokausale Erklärungsversuche in der Frage der Inflationsursachen ins Leere gehen müssen. Vielmehr sind zahlreiche Faktoren, zahlreiche Interdependenzen und zirkuläre Wirkungszusammenhänge kennzeichnend für das komplexe Phänomen der Inflation.[96] Zwar ist Inflation unbestreitbar immer ein primär monetäres Phänomen und damit auch ein Problem, dessen Lösung weitgehend eine Frage adäquater institutioneller Bedingungen des Geldschöpfungsprozesses ist. Die tieferen Ursachen und Triebkräfte einer dauerhaft übermäßig expansiven Geldmengenausdehnung sind aber in aller Regel *außerhalb* der monetären Ordnung zu suchen. Diese können in unterschiedlichen historischen Kontexten selbstverständlich unterschiedlicher Natur sein. In vielen Fällen können sie aber – und dies gilt insbesondere für die sog. Transformationsländer und die Schwellen- und Entwicklungsländer Lateinamerikas – bis auf die fundamentalen Ordnungs- und Gestaltungsprinzipien einer Wirtschafts- und Gesellschaftsordnung selbst zurückgeführt werden. In der traditionellen Literatur zur Frage der Inflationsursachen (und den damit verknüpften Fragen der Inflationswirkungen und der Inflationsbekämpfung) wurde die Bedeutung der ordnungspolitischen Bedingungen bisher sträflich vernachlässigt. Während in der einschlägigen theoretischen Literatur die Wirkungen einzelner Institutionen (Zentralbankunabhängigkeit oder Indexierungsmechanismen) auf die Inflation ausführlich dokumentiert sind, wird vernachlässigt, dass die Inflationsneigung in einem Wirtschaftsraum letztlich durch die Anreizmechanismen vorprogrammiert wird, die für die Wirtschaftspolitik (einschließlich der Geld- und Finanzpolitik) vom Ordnungsrahmen einer Wirtschaft ausgehen. Wenn natürlich auch schon die Gestaltung einer Geldordnung und ihr Verhältnis zur Finanzordnung an sich Rückschlüsse auf die Inflationsneigung in einem Währungsraum zulässt, so sind es der ordnungspolitische Rahmen und die grundlegenden in einer Wirtschaftsordnung

---

[96] Dies deckt sich mit den Ergebnissen der modernen Inflationstheorie. Vgl. z.B. CALVO/VÉGH (1999), S. 3 ff., für eine Diskussion der Ursachen chronischer Inflation. Folgen und Ursachen eines Inflationsprozesses sind entsprechend auch nicht immer analytisch „sauber" voneinander zu trennen. Es handelt sich immer um einen kumulativen und dynamischen Prozess, in dem es interdependente und zirkuläre (sich selbst verstärkende) Wirkungszusammenhänge gibt, die sich der simplen Struktur einfacher Ursache-Wirkungsschemata entziehen. Dies ist nicht zuletzt der Grund, warum Inflationsprozessen und deren Bekämpfung als komplexe Phänomene zu klassifizieren sind, die eines entsprechend komplexen theoretischen Analyse-Instrumentariums bedürfen.

verankerten Ziele und Ordnungsprinzipien, welche den einzelnen wirtschaftlichen Teilordnungen (einschließlich der Geldordnung) ihre Funktion im Gesamtsystem zuweisen und damit letztlich auch die Inflationsneigung in einem Währungsraum maßgeblich bestimmen. In der Sprache der Neuen Institutionentheorie kann der Ordnungsrahmen deshalb als eine zentrale, allen anderen wirtschaftlichen Restriktionen der Geldpolitik übergeordnete, formale Restriktion des Geldschöpfungsprozesses gesehen werden. Die Logik des Inflations-Bias einer Wirtschaftsordnung erschließt sich deshalb letztlich nur in einer ordnungspolitischen Perspektive. Vor allem das Phänomen der chronischen Inflation und seiner Bekämpfung sind vor diesem Hintergrund immer auch Probleme der Ordnungspolitik. Neben der politischen Ordnung – als zentraler Bedingungsfaktor des Inflations-Bias einer Wirtschaftsordnung – und polit-ökonomischen Zusammenhängen, die es selbstverständlich auch im Rahmen eines ordnungsökonomischen Ansatzes zu berücksichtigen gilt, sind hier entsprechend ordnungspolitische Aspekte von fundamentaler Bedeutung für ein Verständnis des Phänomens. Insofern ist auch die Rolle, die dem Geld in unterschiedlichen Wirtschaftsordnungen und vor dem Hintergrund unterschiedlicher Ideen, Paradigmen und Ideologien zugewiesen wird, hier immer explizit zu berücksichtigen. Gerade „Ideen“ und „Paradigmen“ werden in ihrer Bedeutung für die Entstehung von Inflationsprozessen und währungspolitische Reformprozesse – nicht zuletzt auf Grund des zu eng gefassten Institutionenbegriffs der modernen Geld- und Währungsreformtheorie – stark unterschätzt. Sie können – ebenso wie formale Institutionen – bedeutsame Restriktionen eines Währungsreformprozesses darstellen und letztlich die Glaubwürdigkeit einer solchen Reform massiv untergraben.

Auch die Frage der Inflationswirkungen – deren Beantwortung ebenfalls Voraussetzung einer adäquaten Implementierung einer Währungsreform ist – ist im Lichte der Ordnungstheorie zu sehen.[97] Inflation wird hier als ein *Prozess* deutlich, der kurz mit dem Begriff der *Ordnungs-*

---

[97] Vgl. für eine Diskussion der Inflationsfolgen z.B. BUCH/KOOP/SCHWEICKERT/WOLF (1995), S. 18 ff., FREYTAG (2001), S. 11 ff., IMF (1996), S. 116 ff., und FISCHER/ MODIGLIANI (1978). Ein großes Manko in der einschlägigen Literatur zum Aspekt der Inflationsfolgen und –kosten, besteht darin, dass hier die vielfältigen Folgen der Inflation meist einzeln und isoliert voneinander betrachtet werden. Relevante Kosten einer Inflation, die aus den wechselseitigen Abhängigkeiten einzelner Wirkungsmechanismen entstehen und „indirekte“ Kosten, die z.B. in Wirkungen der Inflation auf den ordnungspolitischen Rahmen und grundlegende Ordnungsprinzipien bestehen, werden i.d.R. nicht berücksichtigt. Indirekte Folgekosten der Inflation entstehen jedoch z.B. durch eine zunehmende Verkrustung von Relativpreisen im Zuge der Einführung von Indexierungsmechanismen, durch staatliche Maßnahmen der Inflationsverschleierung (Preisregulierungen), Rationierungen, der Bildung von Schwarzmärkten, Maßnahmen der finanziellen Repression, einen vermehrten Rückgriff auf allokationsverzerrende protektionistische Maßnahmen und eine überbewertete Währung. Vgl. hierzu z.B. BUCH/KOOP/SCHWEICKERT/WOLF (1995), S. 19 ff. Zudem wird die Frage der Inflationskosten häufig diskutiert, ohne dass dabei die institutionellen Bedingungen von Inflationsprozessen (wie etwa Indexierungsmechanismen) und deren Wirkungen auf die Höhe der Inflationskosten angemessen berücksichtigt werden. Es wird also häufig (nach wie vor) in einem „institutionellen Vakuum“ argumentiert. Vgl. zu einer solchen, im „institutionenfreien“ Raum argumentierenden Darstellung der Inflationskosten z.B. WILLEKE (1993). Es besteht jedoch Konsens darüber, dass die Inflationswirkungen und die Höhe der Inflationskosten – neben dem Inflationstempo – ganz wesentlich von den institutionellen Rahmenbedingungen abhängen. Der

erosion überschrieben werden kann. Im Rahmen dieses Prozesses kommt es zu einer *fortschreitenden Erosion der institutionellen Grundlagen des Wirtschaftens in allen wirtschaftlichen Teilordnungen.* Dieser von der Inflation ausgehende Erosionsprozess macht jedoch nicht an den Grenzen des Wirtschaftssystems halt. Immer sind damit auch *Erosionserscheinungen im politischen und gesellschaftlichen System* verbunden, welche wiederum spezifische – und für eine Inflationsbekämpfung relevante – Rückwirkungen auf den Inflationsprozess haben.

D. Die Geld- und Währungsordnung

Eine grundlegende Reform einer monetären Ordnung bildet den Kern jeder sanierenden Währungsreform. Grundlage einer entsprechenden Analyse und Theoriebildung ist also zunächst die genauere Bestimmung des Begriffs der Geld- und Währungsordnung. Unter einer Währungsordnung kann der gesamte monetär-rechtliche Komplex eines Wirtschaftsraums (bzw. eines Landes), bestehend aus der Geld- und Wechselkursordnung, verstanden werden.[98] Dieser so gekennzeichnete monetäre Komplex ist durch seinen (rechtlich-normativen) Bezug auf ein bestimmtes, klar umrissenes Territorium, den sog. *Währungsraum*, und die entsprechende, in diesem Währungsraum umlaufende, Geld- bzw. *Währungseinheit* charakterisiert. Eine monetäre Ordnung kann generell anhand der Ausprägung der institutionellen Bedingungen in ihren beiden zentralen Subsystemen, sprich der Geldordnung (1.) und der Wechselkursordnung (2.), beschrieben werden.

Vorzug eines ordnungspolitischen Ansatzes in der Analyse der Inflationsfolgen besteht gerade darin, dass mit seiner Hilfe auch die *indirekten* Folgen der Inflation auf die verschiedenen wirtschaftlichen Teilordnungen, die politische und gesellschaftliche Ordnung und vor allem auch Wechselwirkungen und ordnungspolitische Dynamiken dieses Prozesses sichtbar gemacht werden können. Ein monokausales Inflationskonzept, wie es lange Zeit die Inflationstheorie beherrschte, welches sich nur mit den direkten und einzelnen (Ursachen und) Folgen der Inflation beschäftigt, kann so durch ein komplexeres (interdependent-kausales) Inflationsverständnis abgelöst werden.

[98] „Ihr Gestaltungsobjekt sind die Rahmenbedingungen für die Versorgung der inländischen Wirtschaftssubjekte mit Zahlungsmitteln. Die Geldordnung regelt die Versorgung mit inländischen Zahlungsmitteln (mit inländischem Geld), die Währungsordnung die Versorgung mit ausländischen Zahlungsmitteln (mit Devisen). In einem weiteren Sinne werden die Begriffe Geld- und Währungsordnung aber auch auf die staatliche Gestaltung und die historisch gewachsene Gestalt der Rahmenbedingungen für den Zahlungsverkehr schlechthin bezogen. Die (nationale) Geldordnung ist dann als der Inbegriff der formellen Rechtsregeln, der informellen Konventionen und der herrschenden Gebräuche zu verstehen, die für den Zahlungsverkehr innerhalb eines Landes maßgeblich sind. Für die (internationale) Währungsordnung gilt diese Definition entsprechend, nur daß sich die relevanten Rechtsregeln, Konventionen und Gebräuche hier auf den Zahlungsverkehr zwischen dem Inland und dem Ausland oder auf den internationalen Zahlungs- und Finanzverkehr beziehen." NELDNER (1998), S. 287.

1.) Eine ***Geldordnung*** kann hinsichtlich zweier institutioneller Merkmale gekennzeichnet werden:[99] a) den ***institutionellen Bedingungen des Geldschöpfungsprozesses*** bzw. dem wirtschaftspolitischen (gesetzlich fixierten) ***Handlungsspielraum der Notenbank*** und b) den gesetzlichen ***Vorschriften für das Bankensystem und die Finanzintermediäre***.

2.) Eine ***Wechselkursordnung*** kann als die „[...] Summe der (institutionellen) Regelungen und Vorschriften, welche die Bestimmung des Wechselkurses eines Landes und seiner Veränderung betreffen [...]" verstanden werden.[100] Hinsichtlich der institutionellen Ausgestaltung der Wechselkursordnung gilt es auch hier, zwei (ordnungspolitische) Dimensionen zu unterscheiden: a) den Flexibilitätsgrad des Wechselkurses (***Wechselkursgrundsätze***) und b) die rechtlich-institutionellen Regelungen hinsichtlich des Devisenverkehrs bzw. des Konvertibilitätsgrades der Währung (***Konvertibilitätsgrundsätze***).

Abbildung 6: Die monetäre Ordnung und ihre (wichtigsten) institutionellen Dimensionen

Die monetäre Ordnung

	Geldordnung	Wechselkursordnung
1.	Grad der Unabhängigkeit der Notenbank	Wechselkursregeln
2.	Regeln für das Bankensystem u. die Finanzintermediäre	Konvertibilitäts-regeln

Quelle: Eigene Ausarbeitung in Anlehnung an SELL (1988), S. 19.

---

[99] Vgl. zu den verschiedenen Dimensionen einer Geldordnung und anderen Abgrenzungskriterien auch NELDNER (1998).

[100] FELDSIEPER (1987a), S. 2342.

Hiervon ausgehend können (nationale) monetäre Ordnungen unterschiedlich klassifiziert werden:

a) FREYTAG (2000) unterscheidet drei Prototypen von Währungssystemen, die heute im Rahmen sanierender Währungsreformen implementiert werden können: Zentralbanksysteme, Currency Board-Systeme und Formen der Dollarisierung.[101]

b) Zentrales und in der Literatur gängiges Kriterium zur Abgrenzung monetärer Ordnungen ist zudem das Kriterium des Grades der Wechselkursflexibilität (Wechselkursregeln). Nach diesem Kriterium wird heute zwischen sogenannten „Hard Pegs" (sie bezeichnen Currency-Boards und Dollarisierungen), „Soft Pegs" (prinzipiell feste, aber anpassungsfähige Wechselkurse) und „Floatings" (Systeme flexibler Wechselkurse bzw. ein „Schmutziges Floaten") unterschieden.

c) Mit der Festlegung der Wechselkursregeln erfolgt gleichzeitig eine Vorentscheidung dafür, welche nominalen Anker für das System zur Wahl stehen.[102] Im Vordergrund der Diskussion stehen dabei heute die Möglichkeiten einer externen Ankerung (Wechselkurs) und zwei Möglichkeiten einer Binnenankerung (Geldmengenanker oder ein direktes Inflationsziel).

d) Damit wird gleichzeitig festgelegt, ob in diesem System eine nationale (unabhängige) Geldpolitik betrieben werden kann oder nicht. Während eine solche im Falle eines nominalen Wechselkursziels („Hard Pegs") prinzipiell unmöglich ist, ist sie im Falle eines Geldmengen- oder Inflationsziels möglich und tragendes Element einer entsprechenden Geld- und Währungsordnung.

e) Auch die Konvertibilitätsgrundsätze stellen ein zentrales Kriterium zur Unterscheidung monetärer Ordnungen dar. Sie stehen in enger Verzahnung zu einem weiteren Unterscheidungskriterium: den Mechanismen des Zahlungsbilanzausgleichs. Das (interventionistische) System der Devisenbewirtschaftung steht hier marktwirtschaftlichen Formen des Zahlungsbilanzausgleichs (Konvertibilitätsregime) gegenüber.[103]

---

[101] Im Folgenden können wir uns, mit Blick auf den hier untersuchten Gegenstand, auf den Typ des Zentralbanksystems konzentrieren.

[102] Unter einem nominalen Anker kann die „Verpflichtung einer geldpolitischen Instanz verstanden (werden), die Geldpolitik an einer nominalen Variable auszurichten, um hierdurch die avisierten geldpolitischen Endziele bestmöglich zu erreichen. Ein nominaler Anker impliziert somit einen gewissen Grad an Selbstbindung, wobei der optimale Grad der Selbstbindung ex ante nicht festliegt und von der Wahl des Ankers abhängen kann. Die Definition eines nominalen Ankers verdeutlicht, daß dieser sowohl die Form eines geldpolitischen Zwischenziels als auch die eines Endziels annehmen kann." FUNKE (1995), S. 7. Vgl. zu einer Analyse der Vor- und Nachteile nominaler Anker für die Geld- und Wechselkurspolitik im Rahmen von Stabilisierungs- und Anpassungsstrategien in Entwicklungsländern auch SCHWEICKERT (1993), S. 18-54.

[103] In diesem Zusammenhang gilt es, unterschiedliche Konvertibilitätsbegriffe zu unterscheiden. Nicht gemeint ist hier der klassische Konvertibilitätsbegriff („Freie Eintauschbarkeit von Nicht-Gold-Geld in Gold-Geld."). Vollständige Konvertibilität im modernen Sinne des Wortes bezeichnet den Zustand einer von staatlichen

f) Ein anderes Kriterium, das im Rahmen der neueren Entwicklungen der modernen Geld- und Währungstheorie zunehmend ins Zentrum der Aufmerksamkeit rückte, ist das Kriterium des Grads der *Regelbindung* des Systems.

E. Das Konzept der Glaubwürdigkeit in der Theorie sanierender Währungsreformen

1. Die Genese des Glaubwürdigkeitskonzeptes in der neueren Geldtheorie

Das Konzept der Glaubwürdigkeit gehört seit dem Ende der 1970er Jahre zu den „zentralen Themen der Wirtschaftstheorie".[104] Es rückte im Zuge des Einzugs institutionentheoretischer Ansätze in die monetäre Makroökonomie auch ins Zentrum der modernen Geldtheorie und der spezielleren Währungsreformtheorie.[105] Bahnbrechend war der Artikel von KYDLAND/PRESCOTT (1977).[106] Das fundamentale Problem der Geldpolitik im Papiergeldstandard wird seither – ausgehend von den Verhaltensannahmen der Politischen Ökonomie – in der „Zeitinkonsistenz optimaler Strategien" gesehen.[107] Das mit dem Begriff der Zeitinkonsistenz verbundene Dilemma der Geldpolitik besteht, verkürzt dargestellt, darin, dass die für die Geldpolitik verantwortlichen Instanzen, selbst wenn sie sich einmal zu Preisniveaustabilität verpflichtet haben, starken Anreizen unterliegen, später eine (unerwartet)

Beschränkungen freien Umtauschbarkeit einer Währung in eine andere. Vgl. FELDSIEPER (1987b), S. 1069. Der Begriff der „Leistungsbilanzkonvertibilität" bezieht sich auf die Konvertibilität der in der Leistungsbilanz erfassten Transaktionen (internationaler Handel, Dienstleistungen und Übertragungen). Der Begriff der Kapitalbilanzkonvertibilität bezieht sich entsprechend auf die Transaktionen der Kapitalbilanz. Der Überbegriff für Wechselkurssysteme, die in irgendeiner Form den freien Zahlungsverkehr zwischen Deviseninländern und Devisenausländern einschränken, ist der der „Devisenbewirtschaftung". Devisenbewirtschaftung kann definiert werden als „[...] alle Arten von Staatsinterventionen [...], die darauf abzielen, den freien Zahlungsverkehr zwischen verschiedenen Ländern zu beschränken." SOHMEN (1973), S. 2.

[104] FUNKE (1991), S. 175.

[105] Eine eindeutige Definition des Konzepts der Glaubwürdigkeit existiert bis heute nicht. Folgende Annäherung ist weitgehend akzeptiert: „Glaubwürdig ist die Wirtschaftspolitik, wenn die Einschätzungen der Wirtschaftssubjekte über das tatsächliche Handeln der Verantwortlichen zum Zeitpunkt t mit dem übereinstimmt, was einst (zum Zeitpunkt t-1) angekündigt wurde. [...] Eine glaubwürdige Wirtschaftspolitik ist, aus Sicht der Privaten, informationsstiftend und berechenbar, sie vermindert insofern Unsicherheiten und stabilisiert die Erwartungen." DONGES/FREYTAG (2001), S. 229.

[106] Vgl. COTTARELLI/GIANNINI (1997), S. 1.

[107] Prämisse ist hier, dass auch die Geldpolitik nicht von einem „benevolenten" Dikator durchgeführt wird, sondern von Politikern, die als rationale und nutzenmaximierende Individuen keine gesellschaftliche Wohlfahrtsfunktion, sondern primär ihren eigenen Nutzen vor Augen haben. Sie reagieren entsprechend auf Anreize. Zeitinkonsistenz liegt immer dann vor, wenn „die zum Zeitpunkt der Stabilisierung angekündigten und beabsichtigten Maßnahmen später in abweichender Weise ausgeführt werden." BÄHR (1994), S. 52. Vgl. auch LOEF/ZIEMES (1989), S. 446 ff. Das Grundproblem besteht hier darin, dass es „für den wirtschaftspolitischen Entscheidungsträger rational sein (kann), eine in sich schlüssige Politik öffentlich anzukündigen und später, nachdem sich die Wirtschaftssubjekte danach richten, zu revidieren; bei einer intertemporalen Betrachtung ist die Politik dann nicht mehr schlüssig." DONGES/FREYTAG (2001), S. 231. Vgl. auch BOFINGER/REISCHLE/SCHÄCHTER (1996), S. 137 ff.

expansive Geldpolitik zu betreiben, um den Staatshaushalt über eine erhöhte Seigniorage (Inflationssteuer) zu sanieren, eine defizitäre Leistungsbilanz zu verbessern oder kurzfristig die Beschäftigung durch eine inflationsbedingte Reallohnsenkung zu steigern.[108] Im Zentrum der Analysen zu den Ursachen fortgeschrittener und extremer Inflationen steht dabei das *fiskalpolitische Motiv*.[109] Wenn das Publikum den Inflations-Bias antizipiert, wird es geldpolitischen Ankündigungen keinen Glauben mehr schenken und selbst zu einem stabilitätsinkonformen Verhalten übergehen. Ergebnis des die Geldpolitik im Sinne dieses Ansatzes kennzeichnenden *Spiels zwischen monetären Instanzen und Publikum* ist, dass letztlich andere gesamtwirtschaftliche Ziele als das der Geldwertstabilität die Geldpolitik bestimmen und keines der vom Publikum und den monetären Instanzen avisierten Ziele erreicht wird, die Inflationsrate jedoch höher ist als von allen (Staat und Publikum) erwünscht ist. In der makroökonomischen Literatur wurde aus diesen Überlegungen theoretisch das Ergebnis abgeleitet, dass eine Geldpolitik, die keiner Regelbindung unterliegt, einen inhärenten Inflations-Bias aufweist.[110] Die Erkenntnis, dass die Geldpolitik und der den Papiergeldstandard kennzeichnende Inflations-Bias fundamental polit-ökonomische Probleme sind, wurde so untermauert.[111] Die Lösung für das Problem wird überwiegend in einer *geldpolitischen Regelbindung* („monetary commitment") gesehen.[112] Generell gilt es vor diesem Hintergrund, zur Erhöhung der Glaubwürdigkeit den diskretionären Spielraum von monetären Autoritäten in der Geldpolitik einzuschränken.[113] Glaubwürdig ist eine Reform dann, wenn eine Abweichung vom angekündigten (stabilitätsorientierten) Kurs der Regierung bzw. den monetären Instanzen Kosten verursacht.[114] Diese Kosten können durch das Design der Geldpolitik erhöht werden. Regelbindungen vermögen – so die These – also prinzipiell

---

[108] Es sind dies wirtschaftspolitische Zielsetzungen, die in der einschlägigen Literatur als die drei fundamentalen polit-ökonomischen Motive einer inflationären Geldpolitik genannt werden. Vgl. hierzu KASTNER (1994), S. 10 ff., CUKIERMAN (1992a), FREYTAG (2000), S. 16 ff.

[109] Das finanzwissenschaftliche Konzept der Inflationssteuer geht auf die Arbeit „Tract on Monetary Reform" von KEYNES (1923) zurück.

[110] Vgl. z.B. PERSSON/TABELLINI (1990), S. 31.

[111] Diese Erkenntnis ist jedoch schon älter. Schon bei EUCKEN (1952/90) wurde die Vorteilhaftigkeit einer geldpolitischen Regelbindung begründet.

[112] Damit wurde also die schon sehr viel ältere geldtheoretische Diskussion um die Vor- und Nachteile einer Regelbindung in der Geldpolitik wiederbelebt. Die ersten grundlegenden Überlegungen zu dieser Thematik gehen auf SIMONS (1936) zurück. „Geeignete geldpolitische Regeln oder Institutionen zeichnen sich dadurch aus, daß sie Informationsasymmetrien abbauen, diskretionäres, kasuistisches Staatsverhalten eindämmen und Berechenbarkeit sowie Vertragssicherheit am Markt herstellen. Damit werden der Spielraum für Rent-seeking-Aktivitäten der Wirtschaftssubjekte und populistisches Verhalten der Regierung reduziert, die Erwartungen stabilisiert und die Transaktionskosten des Austausches am Markt gesenkt." BOECKLE (1997), S. 24.

[113] „A key characteristic of present–day government fiat money standard is the lack of an effective constraint on money creation. The government is essentially free to choose any monetary expansion path to be implemented by the subordinated national central bank. History provides ample evidence from all countries that governments typically select an inflationary path." NEUMANN (1992), S. 751.

[114] Vgl. FREYTAG (2000), S. 27. Regelbindungen führen prinzipiell dazu, dass Regelverletzungen für die politische Verantwortlichen Kosten verursachen, so die Anreize für zeitinkonsistentes Verhalten reduziert und die Erwartungen des Publikums stabilisiert werden.

zur Steigerung des Glaubwürdigkeitsniveaus beizutragen. Unterschiedliche Formen der Regelbindung werden in diesem Kontext diskutiert. So wird z.B. argumentiert, dass Glaubwürdigkeit durch die Einführung eines „policy rule", etwa in Form eines Inflationsziels, erhöht werden kann.[115]

2. Die Bedeutung des Glaubwürdigkeitskonzepts für die Theorie sanierender Währungsreformen

Diese Entwicklungen in der neueren Geldtheorie wurden in der Folge auf die Währungsreformtheorie übertragen.[116] Nicht zuletzt auf Grund dieser Überlegungen besteht heute weitgehender Konsens darüber, dass das fundamentale Problem sanierender Währungsreformen darin besteht, dem Reformvorhaben Glaubwürdigkeit zu verleihen.[117] Die Notwendigkeit, bei den wirtschaftlichen Akteuren Zweifel über die zeitliche Konsistenz des Handelns der Regierung bzw. der monetären Instanzen auszuräumen und eine positive Erwartungsbildung (also einen Bruch der Inflationserwartungen) herbeizuführen, stellt sich, wenn es darum geht, eine stabile Geldordnung nach einem Prozess der zunehmenden Zerrüttung des Geldwesens infolge einer fortgeschrittenen Inflation neu zu konstituieren, sogar noch sehr viel dringlicher als unter „geldpolitischen Normalbedingungen" moderater bis geringer Inflationsraten, welche normalerweise Gegenstand der Literatur zur Zeitinkonsistenz in der Geldpolitik sind.[118]

Generell wirkt ein Mangel an Glaubwürdigkeit „aus ökonomischer Sicht ähnlich wie eine volkswirtschaftliche Verzerrung", ruft „zusätzliche Kosten für private Wirtschaftssubjekte bei der Beschaffung von Informationen" hervor und fördert „reformhemmende Aktivitäten von

---

[115] Vgl. z.B. BARRO/GORDON (1983).

[116] „All proposals for reforming the monetary order start from the established fact that the inflation bias of government fiat money standards is due to a deeply rooted interest of government in inflationary monetary policy. The policy serves to raise probability of political survival. Consequently, to eliminate the inflation bias requires freeing the production and supply of money from government interference." NEUMANN (1992), S. 751. Diese Einsicht in die polit-ökonomische Natur des Inflationsprozesses hat auch zu der radikalen Forderung nach einer „Entstaatlichung" bzw. „Entnationalisierung" des Geldschöpfungsprozesses geführt. Verteidigt wird ein solcher radikaler Ansatz in HAYEK (1977) und – besonders eindrucksvoll – in TERRES (1999).

[117] „Of course, the key element in persuading the public to modify radically its expectations must be the government's reputation and ability to convince the public of the credibility of the set of policies whose objective it is to produce more price stability." SIKLOS (1995), S. 22. Vgl. hierzu auch DORNBUSCH (1991), DORNBUSCH/STURZENEGGER/WOLF (1990), S. 2, und IMF (1996), S. 130.

[118] Die besondere Schwierigkeit, Glaubwürdigkeit der Geldpolitik nach einem fortgeschrittenen Inflationsprozess herzustellen, ergibt sich vor allem aus dem Problem, dass die Inflationserwartungen sich im Zuge fortgeschrittener und vor allem chronischer Inflationsprozesse schon stark verfestigt und eventuell schon in Form von Indexierungsmechanismen „institutionalisiert" haben. Zudem ist das Vertrauen in die für die Geld- und Wirtschaftspolitik verantwortlichen Instanzen und ihre Reputation nach fortgeschrittenen Inflationsprozessen typischerweise vollkommen zerstört.

Interessengruppen".[119] Im Kontext sanierender Währungsreformen führen Glaubwürdigkeitsdefizite zu folgenden Problemen:

1. Interessengruppen, die auf Grund einer Inflationsbekämpfung und den damit notwendigerweise einhergehenden flankierenden Maßnahmen (Handelsliberalisierung, Lohnzurückhaltung, Subventionskürzungen, Abbau von Maßnahmen der Devisenbewirtschaftung etc.) Einkommensverluste zu befürchten haben, werden – vor allem wenn Glaubwürdigkeitsdefizite bestehen – einen Anreiz haben, reformhemmende Aktivitäten einzuleiten.
2. Glaubwürdigkeitsdefizite führen zudem zu kontraproduktiven Verhaltensweisen der Privaten in der Lohn- und Preissetzung, im Investitionsverhalten, in der Realkassenhaltung und einer zu langsamen Anpassung der Umlaufgeschwindigkeit des Geldes.
   a) Ist die Glaubwürdigkeit gering, erhöht sich die Realkassenhaltung der Privaten nicht schnell genug, und die Umlaufgeschwindigkeit des Geldes verringert sich ebenfalls zu langsam.[120]
   b) Ein Mangel an Glaubwürdigkeit führt weiterhin zu Rigiditäten in der Lohn- und Preissetzung (z.B. durch Indexierung von Kontrakten und überhöhten Lohnforderungen, welche sich noch an zu hohen Inflationserwartungen ausrichten), welche ihrerseits den Disinflationsprozess behindern, die realwirtschaftliche Anpassungsflexibilität untergraben und so die Anpassungskosten der Reform erhöhen.[121]

Diese reformhemmenden Verhaltensweisen führen zur Stärkung des Resistenzgrades und der *Trägheitskomponente* einer Inflation, erhöhen die Anpassungskosten der Reform (in Form negativer Wachstums- und Beschäftigungseffekte) und verstärken somit den *politischen Widerstand* gegen das Reformpaket. Je größer der Mangel an Glaubwürdigkeit ist, desto drastischer werden die beschriebenen Verhaltensweisen ausfallen und desto wahrscheinlicher ist ein Scheitern bzw. Abbruch des Reformpakets.[122] Vor diesem Hintergrund lautet die entscheidende Frage, vor dem die moderne Währungsreformtheorie heute steht: Wie kann das Glaubwürdigkeitskonzept sinnvoll für die Theorie sanierender Währungsreformen operationalisiert werden?

---

[119] FUNKE (1991), S. 176.

[120] Vgl. hierzu BÄHR (1994), S. 59 ff. Vgl. zur Bedeutung einer Erhöhung der Realkassenhaltung seitens der Privaten im Rahmen sanierender Währungsreformen BERNHOLZ (1990), S. 81 ff.

[121] Vgl. BÄHR (1994), S. 4.

[122] Nur wenn eine Währungsreform glaubwürdig ist und somit Aussicht auf Erfolg verspricht, werden die Privaten bereit sein, auch die (unvermeidlichen) „Kosten" der Disinflation in Form vorübergehender negativer Wachstums- und Beschäftigungseffekte zu tragen.

3. Das Problem der Operationalisierung des Glaubwürdigkeitskonzepts in der Theorie sanierender Währungsreformen

Eine simple Übertragung der in den Ansätzen zur geldpolitischen Zeitinkonsistenz entwickelten Konzepte (Glaubwürdigkeit und Regelbindung) auf die Theorie sanierender Währungsreformen ist unzulässig. Sie verbietet sich – entgegen weitläufiger Praxis – vor allem aus folgenden Gründen:

1. Die im Rahmen der Literatur zur Zeitinkonsistenz in der Geldpolitik entwickelten Modelle beschäftigen sich nicht explizit mit der Frage der Bekämpfung einer fortgeschrittenen Inflation. Dort stehen „geldpolitische Normalbedingungen", also eine Ausgangssituation geringer bis moderater Inflationsraten in der Ausgangssituation, im Mittelpunkt der Analyse. Die Ausgangslage vor sanierenden Währungsreformen ist jedoch typischerweise durch fortgeschrittene und u.U. chronische Inflationsprozesse gekennzeichnet.[123]
2. Wichtiger noch aber ist: Die hier entwickelten Konzepte beschäftigen sich – ausgehend vom Problem der Zeitinkonsistenz in der Geldpolitik – überwiegend und zum Teil ausschließlich mit der Frage der „optimalen" institutionellen Bedingungen und Regelbindungen *innerhalb* der Geld- und Währungsordnung. Die zahlreichen *Interdependenzen*, die zwischen den Institutionen des monetären Sektors und den umliegenden Ordnungen (sowohl wirtschaftlicher als auch nicht-wirtschaftlicher Natur) und ihren Institutionen bestehen und zu Glaubwürdigkeitsproblemen führen können, werden dort nicht in gebührendem Masse berücksichtigt. Institutionelle Restriktionen der geld- bzw. währungsreformpolitischen Glaubwürdigkeit, die sich aus den die monetäre Ordnung umgebenden Ordnungen ergeben, werden nicht in die Analyse einbezogen: „The existing literature obviously does not fully explore the economics of monetary reforms. Interconnections are overlooked since matters are treated separately."[124] Die Bereiche einer sanierenden Währungsreform, in denen sog. flankierende Maßnahmen durchgeführt werden müssen (öffentliche Finanzordnung, Außenhandel, Arbeitsmarkt etc.), werden – wenn überhaupt – separat und ohne Bezug zur monetären Reform (im engeren Sinne) bzw. ohne eine hinreichende Berücksichtigung der Interdependenzproblematik behandelt.[125]

[123] Die Inflationserwartungen sind hier entsprechend besonders stark verfestigt. Das Problem des „Glaubwürdigkeitsvakuums" ist hier entsprechend ein gravierenderes als unter geldpolitischen Normalbedingungen.
[124] FREYTAG (2000), S. 5.
[125] Eine integrierte Theorie sanierender Währungsreformen, in denen alle relevanten Maßnahmen einer entsprechenden Reform unter Berücksichtigung des komplexen Interdependenzgeflechts zwischen monetären und nicht-monetären Maßnahmen im Zusammenhang behandelt werden, besteht bis zum heutigen Tag nicht. FREYTAG (2000) formuliert diesen Gedanken folgendermaßen: „countries differ in many institutional respects,

3. Die zahlreichen institutionellen Restriktionen der Geld- und Währungspolitik, welche gerade in Entwicklungsländern die Geldpolitik dominieren, geraten so aus dem Blickfeld. In diesem Zusammenhang wird auch die Bedeutung von *Ideen* und *Paradigmen*, welche gerade für die Analyse der hier untersuchten Währungsreform wichtig sind, nicht gesehen bzw. sinnvoll berücksichtigt.

Diese perspektivischen Verengungen des Untersuchungs- und Problemhorizontes im Rahmen der modernen, institutionentheoretisch geprägten Währungsreformtheorie führen zu gravierenden Problemen: Die Determinanten der Glaubwürdigkeit einer sanierenden Währungsreform konnten bis heute nicht eindeutig abgeleitet werden.[126] Dies hat insbesondere für die Politikberatung fatale Konsequenzen. Die Erfolgswahrscheinlichkeit einer Reform kann deshalb nur sehr unpräzise im Vorhinein bestimmt werden.[127] Zudem werden bis zum heutigen Tage aus den stark simplifizierten Glaubwürdigkeitskonzepten in der Währungsreformtheorie „naive" währungsreformpolitische Empfehlungen abgeleitet und reformpolitische Pauschallösungen angeboten.[128] Der jüngste Zusammenbruch des argentinischen Currency-Boards ist ein abschreckendes Beispiel dafür, mit welch hohen Kosten währungsreformpolitische Empfehlungen verbunden sein können, die auf Grund der Vernachlässigung institutioneller und ordnungspolitischer Restriktionen als „reduktionistisch" bezeichnet werden müssen. Werden die spezifischen institutionellen (im weiteren Sinne) und ordnungspolitischen Bedingungen, wie sie insbesondere in Entwicklungsländern zu erheblichen Restriktionen der Geld- und Währungsreformpolitik führen, nicht in währungsreformpolitischen Modellen und Konzepten berücksichtigt, besteht ein akutes Risiko, reformwillige Länder im Namen „modernster wissenschaftlicher" Konzepte in eine Wirtschaftskrise oder aber – wie im Fall Argentiniens – in die größte Zahlungsunfähigkeit der Geschichte des 20. Jahrhunderts zu manövrieren. Vor dem Hintergrund der genannten Mängel einschlägiger theoretischer Ansätze bestätigt sich die Hypothese eines akuten Bedarfs an einer ordnungsökonomischen Fundierung des Problems und der Konzepte der sanierenden Währungsreform. Zwei weitere Schlussfolgerungen können gezogen werden:

---

e.g. concerning their political system, their fiscal policies or the organisation of their labour market. Because of the political nature of inflation, a thorough analysis has to take into account the interdependencies of the monetary regime and institutional aspects. In other words: elements of the economic order are closely interrelated. Many studies on monetary commitment neglect these institutional constraints to the credibility and success of monetary commitment." Ebenda, S. 3.

[126] „The question concerning the determinants of a monetary reform's credibility [...] has not yet been answered satisfactorily." Ebenda, S. 3.

[127] „Despite this rich and fascinating literature, progress as regards the probability of a reform being successful can hardly be perceived." Ebenda, S. 197.

[128] Eine solche pauschale währungsreformpolitische Empfehlung wird z.B. von einem namhaften Autoren wie SCHULER (1996) gegeben, wenn er – hier allerdings mehr auf empirische Untersuchungen denn auf theoretische Argumente gestützt – allen Entwicklungsländern die Aufgabe einer nationalen (unabhängigen) Geldpolitik und den Übergang zu einem „Hard-Peg" in Form eines Currency-Boards oder einer Dollarisierung bzw. einen „Import der Geldpolitik" aus einem Leitwährungsland empfiehlt.

1. Fundamentale Voraussetzung einer Operationalisierung des Glaubwürdigkeitskonzepts für die Theorie sanierender Währungsreformen ist eine sehr viel umfassendere Berücksichtigung des Interdependenzproblems und des damit einhergehenden Problems institutioneller Restriktionen der Geld- und Währungspolitik, als dies bisher im Rahmen institutionentheoretischer und polit-ökonomischer Ansätze geleistet worden ist: „Credible policy advice neither simplifies the matter nor does it claim the per se superiority or inferiority of certain policy regimes. Instead, it has to consider institutional details very carefully."[129]
2. Eine Differenzierung des hier zu Grunde gelegten Institutionen-Begriffs (im Sinne einer Berücksichtigung informeller Institutionen) erweist sich vor diesem Hintergrund als unbedingt notwendig. Der – nur formale Restriktionen berücksichtigende und von den Verhaltensannahmen der Politischen Ökonomie geprägte – Institutionen-Begriff, der den neueren institutionentheoretischen Ansätzen zu Grunde liegt, ist nicht in der Lage, die Bedeutung paradigmatischer und erkenntnistheoretischer Faktoren zu fassen. Der einer Währungsreformtheorie zu Grunde gelegte Institutionen-Begriff ist entsprechend zu differenzieren. Es ist zwischen *formalen und informellen Institutionen* zu unterscheiden.[130]

4. Die Operationalisierung des Glaubwürdigkeitskonzepts in ordnungsökonomischer Perspektive

Ein Ansatz, der sich besonders gut eignet, um Glaubwürdigkeitsprobleme sanierender Währungsreformen zu analysieren, ist der ordnungstheoretische Ansatz Euckens. In dieser Perspektive werden Inflation, Glaubwürdigkeit, Geldwertstabilität und sanierende Währungsreformen unmittelbar und primär zu einem Problem der Wirtschaftsordnung.

---

[129] FREYTAG (2000), S. 200.

[130] Der weit gefasste Institutionen-Begriff von North, der sowohl formale als auch informelle Institutionen umspannt, scheint eine gute Grundlage für eine moderne Währungsreformtheorie zu sein: „Institutions are the rules of the game in a society or, more formally, are the humanly devised constraints that shape human interaction. In consequence they structure incentives in human exchange, whether political, social or economic." NORTH (1998), S. 3.

4.1 Regelbindung in ordnungsökonomischer Perspektive

Auch in ordnungsökonomischer Perspektive hat das Postulat der geldpolitischen Regelbindung Bestand.[131] „Monetary reform are only successful in creating credibility and stability, if the government makes a commitment to a rule bound monetary policy."[132] Die empirischen Untersuchungen von FREYTAG (2000 und 2001) untermauern die These, dass Regelbindungen (auf unterschiedlichen Ebenen) im Rahmen sanierender Währungsreformen zur Erhöhung der Glaubwürdigkeit beitragen und unverzichtbarer Bestandteil solcher Reformen sind. Zur Vermeidung strategischer Täuschungsversuche seitens der monetären Instanzen wird prinzipiell – so auch im Rahmen der Währungsreformtheorie – eine Bindung an Regeln empfohlen, deren Ziel vor allem darin besteht, den diskretionären Handlungsspielraum in der Währungs- und Wirtschaftspolitik einzuschränken.[133]

Ein ordnungsökonomischer Ansatz macht jedoch unmittelbar deutlich, dass mit einer geldpolitischen Regelbindung das Problem der Glaubwürdigkeit im Rahmen sanierender Währungsreformen noch lange nicht gelöst ist. Das Kriterium der institutionellen Konsistenz und eine das Interdependenzphänomen besonders fokussierende, ordnungstheoretische Perspektive führen zu der Einsicht, dass der Begriff der Regelbindung in der Währungsreformtheorie sehr viel umfassender zu verstehen ist, als dies in der modernen, institutionentheoretischen Literatur der Fall ist. Es bedarf zur Herstellung von Glaubwürdigkeit – in Analogie zu den konstitutierenden Prinzipien der Ordnungstheorie Euckens – immer auch einer adäquaten institutionellen Ummantelung der Geld- und Währungsordnung. Der Begriff der *Regelbindung* muss damit letztlich auch im Sinne der Herstellung eines adäquaten ordnungspolitischen Rahmens für die Durchsetzung des Zielsystems sanierender Währungsreformen verstanden werden.

---

[131] Die Forderung EUCKENS (1952/90) nach einer „Automatik" des Geldschöpfungsprozesses hatte den zentralen Gedanken und das zentrale Ergebnis der neueren, institutionentheoretisch geprägten Geldtheorie schon lange vorweggenommen: „Eine gute Währungsverfassung sollte jedoch nicht nur so konstruiert sein, daß sie den Geldwert möglichst stabil hält. Sie sollte darüber hinaus noch eine weitere Bedingung erfüllen. Wie die Wettbewerbsordnung sollte sie möglichst automatisch funktionieren [...], vor allem, weil die Erfahrung zeigt, daß eine Währungsverfassung, die den Leitern der Geldpolitik freie Hand lässt, diesen mehr zutraut, als ihnen im allgemeinen zugetraut werden kann. Unkenntnis, Schwäche gegenüber Interessengruppen und der öffentlichen Meinung, falsche Theorien, alles das beeinflußt diese Leiter sehr zum Schaden der ihnen anvertrauten Aufgabe." EUCKEN (1952/90), S. 257.

[132] FREYTAG (2000), S. 198.

[133] „Die Anregung, sich in der einen oder anderen Weise die eigenen Hände zu binden, um dem Stabilisierungsziel näherzukommen, beruht im wesentlichen auf zwei Argumenten. Zum einen wird betont, daß nominale Anker die Inflationserwartungen des privaten Sektors dämpfen und zu einer höheren fiskalischen und monetären Disziplin führen. Auf diese Weise könne die Glaubwürdigkeit des Reformprogramms wesentlich gestärkt werden. Die Einschränkung des eigenen Handlungsspielraums soll zum anderen die (noch) fehlende Reputation der Regierung im Hinblick auf eine stabilitätsorientierte Fiskal- und Geldpolitik ausgleichen, weil dieses Manko andernfalls die Erwartungsbildung der privaten Wirtschaftssubjekte erschweren und die wirtschaftliche Entwicklung somit destabilisieren würde." SCHWEICKERT (1993), S. 18.

4.2 Das Kriterium der institutionellen Konsistenz

Institutionelle Konsistenz wird – neben dem Prinzip der Regelbindung – in ordnungsökonomischer Perspektive zum *entscheidenden Kriterium* der Glaubwürdigkeit sanierender Währungsreformen. Die Restriktionen einer am Primärziel der Geldwertstabilität ausgerichteten Geldpolitik sind zumindest so weit auszuräumen, dass eine Umsetzung des monetären Zielsystems sanierender Währungsreformen ermöglicht wird. Es bedarf zudem, damit es zu einer wirklichen Stabilisierung der Erwartungen kommt, einer *Einbettung der regelgebundenen Geldpolitik in ein komplexes regelgebundenes ordnungspolitisches System,* das mit dem Primat der Geldwertstabilität (also dem Primärziel sanierender Währungsreformen) kompatibel ist.[134] Das Kriterium der institutionellen Konsistenz kann sich prinzipiell beziehen auf:

a) die Konsistenz der Institutionen innerhalb der monetären Ordnung; Konsistenz ist zwischen den einzelnen Institutionen der Geld- und Wechselkursordnung (vgl. die Abbildung 6 auf S. 67) herzustellen, so dass die Regeln des Systems zusammen die Voraussetzungen für die Verfolgung einer konsistenten geld- und währungspolitischen Strategie ermöglichen;

b) die Konsistenz zwischen der monetären Ordnung und den angrenzenden wirtschaftlichen Teilordnungen (Fiskalordnung, Arbeitsmarktordnung, Außenwirtschaftsordnung, Gütermarktordnung);

c) die Konsistenz zwischen der monetären Ordnung, ihren Institutionen und dem im Rahmen der Reform etablierten Primat der Geldwertstabilität einerseits und den tragenden und grundlegenden Ordnungsprinzipien der Wirtschaftsordnung (Marktlogik versus Staatslogik) andererseits;

d) die (konsistenten) Voraussetzungen der Reform im politischen System; Faktoren wie Durchsetzbarkeit des Programms, politische Stabilität und die Reputation der Regierung und des administrativen Apparates sind hier zu berücksichtigen.

e) Voraussetzungen in der Rechtsordnung; es bedarf einer minimalen Effizienz des Rechtssystems und einer möglichst geringen Differenz zwischen der formalen Rechtsordnung und der Rechtspraxis, damit Reformen der Rechtsordnung im Rahmen von

---

[134] Der Begriff der Regelbindung muss entsprechend als ein ordnungspolitisches Konzept verstanden werden, also im Sinne einer Bindung nicht nur an eine Regel (etwa einer Geldmengen, Inflations- oder Wechselkursregel), sondern an eine gesamte und konsistente Wirtschaftsordnung, die durch ein Primat der Ordnungspolitik gekennzeichnet ist. Er bezieht sich nicht nur auf Teilbereiche einer solchen Reform, beispielsweise die Geldpolitik, sondern auf alle wirtschaftlichen Teilordnungen. Dieser Begriff bezieht sich also letztlich auf alle Bereiche und Maßnahmen einer sanierenden Währungsreform.

Wirtschaftsreformen auch tatsächlich zu Restriktionen des (wirtschaftlichen) Verhaltens werden.

f) Voraussetzungen auf der Ebene der Ideen und Paradigmen.[135] Der Begriff der Institution muss hier weit ausgelegt werden. Sowohl formale als auch informelle Institutionen sind hier angesprochen. Es bedarf auch einer *konzeptionellen und paradigmatischen Konsistenz*.

In ordnungsökonomischer Sicht tritt neben der Zeitinkonsistenz das Kriterium der institutionellen Konsistenz ins Zentrum der Überlegungen zum Problem der Glaubwürdigkeit. Zwischen den beiden fundamentalen Glaubwürdigkeitskriterien, der Zeitkonsistenz und der institutionellen Konsistenz, besteht ein enges, gegenseitiges Abhängigkeitsverhältnis. Andere in der Literatur anzutreffende Glaubwürdigkeitskriterien (Transparenz, Regimewechsel, Vollständigkeit der Reformmaßnahmen, politische Durchsetzungsfähigkeit und Reputation) können in ordnungstheoretischer Sicht unter dem Kriterium der „institutionellen Konsistenz" zusammengefasst werden.[136]

---

[135] Die explizite Einbeziehung des paradigmatischen und erkenntnistheoretischen Kontextes als eine institutionelle Restriktion eines Währungsreformprozesses unterscheidet die vorliegende Arbeit von den meisten anderen Arbeiten.

[136] Ein vollständiges Glaubwürdigkeitskonzept im Rahmen einer Währungsreformtheorie hat deshalb – wie schon BÄHR (1994) formulierte – „sowohl die Ausgestaltung jedes einzelnen Reformelements als auch das zeitliche und sachliche Aufeinanderabstimmen der einzelnen Elemente, also das Reformprogramm als Ganzes" zu berücksichtigen. BÄHR (1994), S. 4.

Abbildung 7: Institutionelle Restriktionen der monetären Ordnung und ihrer Reform

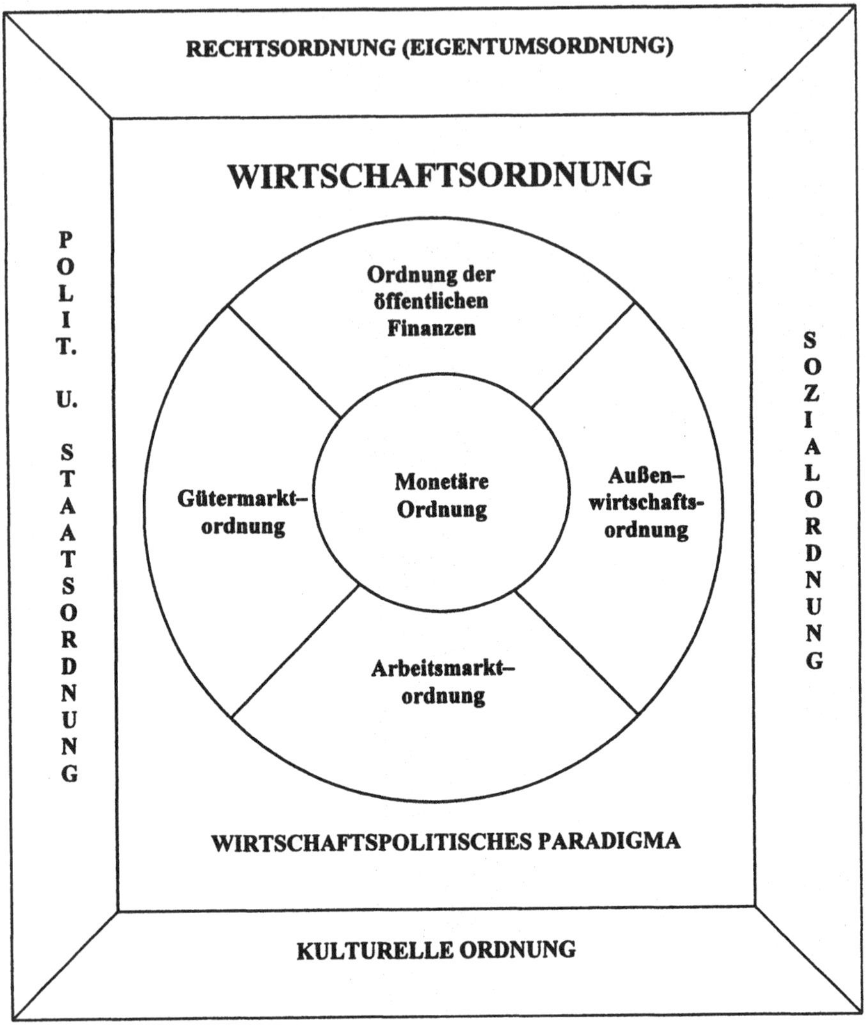

Quelle: Eigene Ausarbeitung.

4.3 Ein kritischer Kommentar zum modernen (ahistorischen) Glaubwürdigkeitskonzept

Über die prinzipielle Bedeutung des Glaubwürdigkeitskonzepts für die Währungsreformtheorie besteht kein Zweifel. In der einschlägigen Literatur wird – aufbauend auf den Prämissen rationaler Erwartungsbildung – jedoch häufig unterstellt, dass *eindeutige* Aussagen über die Glaubwürdigkeitswirkungen bestimmter Institutionen im Rahmen sanierender Währungsreformen gemacht werden könnten. Dies ist jedoch nur in eingeschränktem Maße möglich. Der Glaubwürdigkeitsbegriff basiert auf der Annahme, dass die Erwartungen der Privaten, ausgehend von der Prämisse rationaler Erwartungsbildung, relativ sicher vorhergesagt werden könnten. In der Realität kommt es aber immer zu unterschiedlichen Einschätzungen und auch zu adaptiver Erwartungsbildung. Ein Beispiel mag die Begrenztheit dieses Konzeptes verdeutlichen: Es wird z.B. argumentiert, dass Indexierungsmechanismen zu einer geringeren Glaubwürdigkeit sanierender Währungsreformen führen würden. Während es sicherlich gute Argumente dafür gibt, dass solche in der Tat u.U. eine Inflationsbeharrung verursachen können, ist dies nicht unbedingt entscheidend für den Grad der *Glaubwürdigkeit* einer konkreten Reform. Entscheidend ist einzig und allein, was die Wirtschaftssubjekte – im entsprechenden historischen Kontext und unter den gegebenen institutionellen Bedingungen – tatsächlich erwarten. Die Erwartungsbildung ist dabei sowohl vom institutionellen Kontext als auch von der ***historischen Erfahrung*** geprägt. Während z.B. in Brasilien in den 1980er und Anfang der 1990er Jahre schon jahrzehntelange Erfahrungen mit Indexierungsmechanismen vorhanden waren und diese gezeigt hatten, dass eine (umfassende) Indexierung über Jahrzehnte hinweg mit hohen Inflationsraten korrelierte, war dies im Fall der hier untersuchten Währungsreform von 1964 völlig anders. Vor 1964 hatte es so gut wie keine Indexierungsmechanismen in Brasilien gegeben (mit einer einzigen Ausnahme im Steuersystem). Ihre Einführung wurde in diesem Moment von vielen Beobachtern eher als ein notwendiges Instrument der Inflationsbekämpfung denn als ein Faktor wahrgenommen, der zu einer reduzierten Glaubwürdigkeit der Reform führte. Entscheidend für die Glaubwürdigkeit einer spezifischen Währungsreform ist also nicht unbedingt, was in der modernen Theorie sanierender Währungsreformen darunter verstanden wird. Letztlich entscheidend ist die konkrete Erwartungsbildung der Wirtschaftssubjekte in einem spezifischen historischen Moment. Bei der Anwendung des Glaubwürdigkeitskonzeptes auf eine historische Währungsreform ist dies zu berücksichtigen. Glaubwürdigkeit ist deshalb ein relativer Begriff, der auch historische Konstellationen zu berücksichtigen hat.

III. Voraussetzungen sanierender Währungsreformen außerhalb der Wirtschaftsordnung

A. Politische Voraussetzungen

Sanierende Währungsreformen sind notwendigerweise umfassende Wirtschaftsreformen. Diese haben immer Voraussetzungen im politischen System.

1. Durchsetzbarkeit

Disinflationsprozesse sind mit „Kosten“ und Umverteilungseffekten verbunden. Reformwiderstände seitens Interessengruppen, die vom Status quo eines inflationierenden Geldes und den damit typischerweise einhergehenden interventionistischen Maßnahmen profitieren, sind damit vorprogrammiert. Es handelt sich deshalb bei einer sanierenden Währungsreform immer auch um ein fundamental polit-ökonomisches Problem. Gerade in Entwicklungsländern ist die Wirtschaftspolitik durch eine Dominanz des Staates im Wirtschaftsprozess bestimmt und „in starkem Maße von Interessengruppen determiniert (..)“.[137] Je höher der Grad an Staatsinterventionismus, je stärker also der Preismechanismus durch zentralisierte und bürokratisierte Lenkungsmechanismen ersetzt wird, desto größer die Angriffsfläche für Interessengruppen und desto stärker die Anreize zu „Rent-Seeking“.[138] Der Herausbildung von klientelistischen Strukturen wird so ebenfalls Vorschub geleistet.[139] Zur Durchsetzung einer sanierenden Währungsreform und ihrer flankierenden Maßnahmen bedarf es deshalb prinzipiell – und insbesondere in Entwicklungsländern – eines starken politischen Willens

---

[137] SCHWEICKERT (1993), S. 2.

[138] „Das Konzept des Rent-Seeking geht auf wettbewerbs- und regulierungstheoretische Vorstellungen zurück und basiert auf einer wohlfahrtstheoretischen Analyse der sozialen Kosten *von diskretionären staatlichen Eingriffen in den Wirtschaftsprozeß*.“ PRITZL (1997), S. 202. „Das Rent-Seeking kann grundsätzlich von einzelnen Personen (individuelles Rent-Seeking) oder aber von gesellschaftlich organisierten Gruppen (kollektives Rent-Seeking) praktiziert werden. Ziel aller Rent-Seeking-Bemühungen ist es, eine persönliche bzw. gruppenspezifische Bevorzugung gegenüber anderen zu erhalten und so relativ besser gestellt zu werden.“ Ebenda, S. 204. Da es beim Rent-Seeking nicht um eine Zunahme der produktiven Leistung geht, sondern um eine Umverteilung des schon Produzierten, „erweisen sich Rent-Seeking-Aktivitäten gesellschaftlich als *unproduktiv*.“ Ebenda, S. 43. Vgl. zu Genese, Bedeutung und Varianten des Konzepts des Rent-Seeking die ausführlichen Ausführungen ebenda, S. 43 ff. und S. 202-235.

[139] „Klientelismus läßt sich als eine *asymmetrische, reziproke und personale Beziehung zwischen dem Klienten und dem Patron auffassen, die dem beiderseitigen Vorteil dient und faktische Abhängigkeiten schafft*. Der soziale Status und die zur Verfügung stehenden Mittel sind zwischen dem höher stehenden Patron und dem niedrigeren Klienten ungleich verteilt und konstituieren so eine *hierarchische vertikale gesellschaftliche Struktur*. [...] Es lassen sich zwei Arten von Klientelbeziehungen unterscheiden: Während bei der *unmittelbaren* oder *traditionellen* Klientelbeziehung der Patron die Leistungen direkt selbst gewährt (z.B. traditioneller Großgrundbesitzer), ist der Patron in der *mittelbaren* oder eher *modernen* Klientelbeziehung nur noch der Vermittler der Leistungen für den Klienten, die von ihm nicht mehr selbst bereit gestellt werden.“ Ebenda, S. 66-67.

und politischen Durchsetzungsvermögens.[140] Die Wahrscheinlichkeit, dass Interessengruppen in der Lage sein werden, einen Reformprozess zu verhindern, ist um so höher, je schwächer die politischen Institutionen eines Landes, je instabiler die politischen Verhältnisse und je stärker die Polarisierung des politischen Systems sind.[141] Zu bedenken ist hierbei, dass politische Instabilitäten durch die mit Inflationsprozessen einhergehenden, leistungsungebundenen und damit als „ungerecht" wahrgenommenen Umverteilungseffekte zusätzlich geschürt werden. Die Ausgangsbedingungen sanierender Währungsreformen sind nicht zuletzt deshalb typischerweise durch politische Instabilitäten gekennzeichnet.[142] „Eine Voraussetzung dafür, dass die Regierung längerfristige Ziele verfolgen kann, statt nur auf kurzfristige gruppenspezifische Ansprüche zu reagieren, ist, dass staatliche Entscheidungsträger vor dem politischen Druck negativ betroffener Interessengruppen möglichst abgeschirmt werden. In diesem Zusammenhang ist es besonders wichtig, dass die potentiellen Nutznießer einer Reform identifiziert und organisiert werden. [...] Überdies müssen Institutionen und Mechanismen vorhanden sein, die die Anpassungslasten von Reformverlierern abfedern, ohne dass die realwirtschaftliche Anpassung unterlaufen wird."[143]

Konsens besteht heute deshalb darüber, dass die zentrale Voraussetzung einer glaubwürdigen sanierenden Währungsreform in einem Mindestmaß an „politischer Stabilität" besteht.[144] „The first institution relevant for monetary stabilisation is political stability."[145] CUKIERMAN/EDWARDS/TABELLINI (1992) haben empirisch nachgewiesen, dass politische Instabilitäten und starke politische Polarisierung des Systems auf statistisch signifikante Weise mit einem Rückgriff auf die Inflationssteuer korrelieren.[146] Auch CAPIE

---

[140] „In addition, legal monetary commitment needs to be backed by a strong determination of the government to stabilise. Otherwise, even strong commitment is not sufficient for a success. It is very difficult for a government to establish a credible rule bound monetary policy if it does not give the impression that it is strongly willing to execute the reform and that it will under no circumstances deviate from the new regime. This demands for a minimum of political stability (...)." FREYTAG (2000), S. 198.

[141] Vgl. auch DIEHL/SCHWEICKERT (1997), S. 25. Der Begriff der „politischen Instabilität" kann unterschiedlich definiert werden. Nach PRITZL (1997) S. 72 kann darunter dreierlei verstanden werden: a) eine Regimeinstabilität b) eine Politikinstabilität und c) eine Politiker- bzw. Amtsträgerwillkür. Unter einer Regimeinstabilität wird hier ein häufiger Wechsel des politischen Systems zwischen demokratischen und autoritären Regimen verstanden. Politikinstabilität „kommt in einer stark wechselnden und häufig inkonsistenten Politik und insbesondere Wirtschaftspolitik zum Ausdruck. Diese fehlende Politikkontinuität ist vor allem auf die institutionellen Unzulänglichkeiten des politischen Systems zurückzuführen, die eine langfristig ausgerichtete und sachorientierte Politik erheblich beeinträchtigen." PRITZL (1997), S. 73. Der Begriff der Politikerwillkür bedarf keiner weiteren Erläuterung.

[142] Sie untergraben jedoch die Implementierungs- und Durchsetzungsfähigkeit einer Regierung und führen häufig dazu, dass ein Reformerfolg, insbesondere dann, wenn es nicht zu einem fundamentalen politischen Wechsel (sei es in Form eines Regime- oder Regierungswechsels) kommt, nicht erwartet wird.

[143] NUNNENKAMP/FUNKE (1992), S. 167.

[144] Vgl. FREYTAG (2000), S. 56. Andererseits können politische Instabilitäten eine zentrale Inflationsursache darstellen.

[145] Ebenda, S. 56.

[146] Für sie erklärt sich dieser Zusammenhang damit, dass politische Instabilitäten zu Ineffizienzen des Steuersystems führen, welche die Anreize für einen Rückgriff auf die Inflationssteuer verstärken. „In particular,

(1986) argumentiert in dieselbe Richtung. Er zeigt, dass eine Kombination aus einer schwachen Regierung, sozialem Unfrieden und Unruhen zu Bedingungen führen, die einen Verlust der Fiskaldisziplin und eine inflationäre Finanzierung fördern. Andererseits behindern politische Instabilitäten eine effektive Implementierung jedweder Reformpolitik, führen zu einer Blockierung des politischen Prozesses und stellen damit Quellen mangelnder Glaubwürdigkeit sanierender Währungsreformen dar. Nur unter Bedingungen politischer Stabilität können die tiefgreifenden Reformmaßnahmen sanierender Währungsreformen, die in der Regel die gesamte Wirtschaftsordnung, aber auch die Rechtsordnung, die gesellschaftliche und politische Ordnung betreffen, implementiert werden.

2. Politische Reputation

Glaubwürdigkeitsprobleme können auch aus der negativen Reputation einer Regierung, der politischen Institutionen und der Währungsautoritäten resultieren. Sie kann z.B. durch negative Erfahrungen mit bisherigen Wirtschaftspolitiken oder durch zahlreiche, schon gescheiterte Versuche einer Währungsstabilisierung bedingt sein. Darunter leidet die „Reputation" einer Regierung bzw. der für die Währungs- und Finanzpolitik verantwortlichen Institutionen und Personen.[147] In Hochinflationsländer haben die Regierung und die monetären Instanzen ihre stabilitätspolitische Reputation im Zuge des chronischen und fortgeschrittenen Inflationsprozesses typischerweise verspielt, so dass in der Ausgangssituation auf Seiten der Privaten erhebliche Unsicherheiten hinsichtlich des zukünftigen makroökonomischen Kurses bestehen. Die Inflationserwartungen sind entsprechend stark verfestigt und nur schwer zu brechen.[148] Je mehr gescheiterte Stabilisierungsversuche schon unternommen wurden, desto größer sind die Schwierigkeiten, die Bevölkerung von der

---

the equilibrium efficiency of the tax system and, hence, seigniorage also depend on political stability and polarization. The evidence supports this implication: more unstable countries rely relatively more on seigniorage to finance the government budget than do stable and homogenous societies." CUKIERMAN/EDWARDS/TABELLINI (1992), S. 553. Für Lateinamerika wurde die Gültigkeit dieser Hypothese von PALADAM (1987) empirisch untermauert.

[147] Die Begriffe der *Glaubwürdigkeit* und der *Reputation* stehen in einem engen konzeptionellen Zusammenhang: „Während die Glaubwürdigkeit der Geldpolitik ausdrückt, ob und inwieweit die Wirtschaftssubjekte den geldpolitischen Ankündigungen der Währungshüter glauben, beschreibt die Reputation das Ansehen der Notenbank in der Öffentlichkeit." KASTNER (1994), S. 6.

[148] Da die Inflationserwartungen im Zuge eines chronischen und fortgeschrittenen Inflationsprozesses stark verfestigt sind, ist das Glaubwürdigkeits- und Reputationsdefizit bei den monetären Instanzen hier entsprechend besonders stark ausgeprägt. Es ist gerade das Problem stark verfestigter Inflationserwartungen im Vorfeld einer sanierenden Währungsreform, das dazu führt, dass der Herstellung von Glaubwürdigkeit in der Geldpolitik im Rahmen einer sanierenden Währungsreform noch eine viel größere Bedeutung zukommen muss als unter „geldpolitischen Normalbedingungen" (geringer bis moderater Inflationsraten), wie sie i.d.R. Gegenstand der Literatur zum Problem der Zeitinkonsistenz in der Geldpolitik sind. Glaubwürdigkeit der Geldpolitik im Rahmen einer sanierenden Währungsreform herzustellen, wird somit zu einem besonders dringlichen und besonders schwer lösbaren Problem.

Glaubwürdigkeit einer neuerlichen Reform zu überzeugen. Glaubwürdigkeit wird also auch von den Erfahrungen der Bürger mit der Wirtschaftspolitik bestimmt.[149] Die Reputation einer Regierung und einer Notenbank kann prinzipiell dadurch gesteigert werden, dass gegebene Versprechungen eingehalten, klare Ziele der Geld- und Wirtschaftspolitik formuliert und verlässliche Regeln und Institutionen und ein stabiler Ordnungsrahmen geschaffen werden. Zudem können sich Regierungen mit geringer Reputation einer externen Kontrolle unterziehen, „indem sie Reformprogramme unter Aufsicht von IFW und Weltbank durchführen und sich der mit dem Zugang zu internationalen Krediten verbundenen wirtschaftspolitischen Konditionalität unterwerfen."[150] Da die Reputation einer Regierung im Laufe eines chronischen Inflationsprozesses erodiert, kann zudem ein Regierungswechsel eine vertrauensfördernde Maßnahmen im Vorfeld einer Währungsreform darstellen.[151] Obwohl eine neue Regierung – im Gegensatz zur vorherigen – nicht für den Inflationsprozess verantwortlich gemacht werden kann, muss jedoch auch sie eine stabilitätspolitische Reputation erst aufbauen.

3. Demokratische versus autoritäre Systeme

Eine offene Frage ist, welches politische System (ein autoritäres oder demokratisches) am ehesten zur Implementierung einer konsistenten sanierenden Währungsreform in der Lage ist bzw. unter welchen politischen Bedingungen die Glaubwürdigkeit einer Reform höher ist. Schon die Frage, welches System eher mit politischer Stabilität korreliert, wird kontrovers diskutiert. HAGGARD/KAUFMAN (1989) finden keine Hinweise dafür, dass autoritäre Regime eher einen Inflations-Bias aufweisen als demokratische.

Auf kurze Sicht haben autoritäre Systeme den (polit-ökonomischen) Vorteil, nicht der starken und u.U. destabilisierenden Organisationskraft partikularer Interessengruppen, wie sie für demokratische Systeme besonders kennzeichnend ist, im selben Maße ausgesetzt zu sein. „Insbesondere in einem demokratischen Regime kann die Regierung ihren wirtschaftspolitischen Kurs nicht ohne Rücksicht auf die Wähler festlegen, will sie nicht das Risiko eingehen, ihr Mandat zu verlieren [...]."[152] Eine Loslösung des Reformprojekts vom „politischen Konjunkturzyklus" ist unter autoritären Bedingungen entsprechend einfacher zu bewerkstelligen, und Maßnahmen, die bestimmten Interessenlagen entgegenlaufen, sind leichter durchzuführen. Dies kann als Glaubwürdigkeitsvorteil autoritärer Systeme

[149] Vgl. FUNKE (1991), S. 180.
[150] NUNNENKAMP/FUNKE (1992) S. 169.
[151] Vgl. BERNHOLZ (1990), S. 82.
[152] NUNNENKAMP (1995), S. 105.

interpretiert werden.[153] Andererseits stehen diesem Vorteil auch (chronische) Glaubwürdigkeitsdefizite autoritärer Systeme gegenüber. Besonders schwer wiegt hier das Argument einer mangelnden Bindung solcher Regime durch formale Regeln, Gesetze und das Parlament (bzw. das Prinzip der Gewaltenteilung). In solchen Systemen ist die Gefahr einer Abweichung von einem einmal eingeschlagenen Kurs (Zeitinkonsistenz) besonders groß. Niemand vermag unter solchen Voraussetzungen vorauszusagen, ob von einer (Militär-) Regierung im Rahmen einer sanierenden Währungsreform eingegangene Selbstverpflichtungen und Regelbindungen wirklich von Bestand sind und sie auch von den autoritären Nachfolgeregierungen eingehalten werden und nicht doch – über kurz oder lang – das Prinzip der Willkür und der Ziel- und Regelabweichung dominiert. Prinzipiell wird die Glaubwürdigkeit sanierender Währungsreformen also durch ein autoritäres (bzw. nicht-demokratisches) politisches Umfeld auch untergraben.[154] BERNHOLZ (1990) kommt deshalb zu dem Schluss, dass „letzten Endes eine glaubhafte, die Erwartungen stabilisierende institutionelle Absicherung von Reformen nur in einem Verfassungsstaat mit Gewaltenteilung möglich ist, in dem nicht die Entscheidungen von bestimmten Oligarchien oder auch von einfachen parlamentarischen Mehrheiten institutionelle Regelungen beliebig ändern oder aufheben können. Es muss Träger staatlicher Rechte geben, die von der Regierung unabhängig sind, und ebenso müssen unabhängige Instanzen vorhanden sein, die die Einhaltung der institutionellen Regelungen durch die verschiedenen Träger staatlicher Gewalt überprüfen und ihre Einhaltung sicherstellen können.“[155] Letztlich scheint ein demokratisches System – trotz der Vorbehalte, zu denen die Politische Ökonomie in der Bewertung dieses Systems hinsichtlich seiner wirtschaftspolitischen Effizienz gelangt – deshalb auf lange Sicht wohl besser mit einer stabilitätsorientierten Politik kompatibel als das hierarchische – und damit unweigerlich willkürliche – Prinzip autoritärer Herrschaft.

---

[153] Das heißt nicht, dass nicht auch unter autoritären Systemen politische Widerstände und der Einfluss partikularer Interessengruppen den Reformprozess behindern können und entsprechend zu überwinden sind. Einerseits ist auch eine Militärregierung nicht immer ein homogenes Gebilde. Auch innerhalb einer solchen Regierung kann es Interessenkonflikte geben. Entsprechend können politische Widerstände aus Splittergruppen der politischen Klasse der Militärs selbst resultieren. Andererseits kann Wirtschaftspolitik selbst unter autoritären Bedingungen nicht unabhängig von gesellschaftlichen Interessen betrieben werden. Es läßt sich zeigen, dass der „Einfluß von Interessengruppen [...] auch für Regierungen, die mit nicht-demokratischen Mitteln an die Macht gekommen sind [...]“ relevant ist. AMELUNG (1987), S. 81. „Derartige Regime versuchen, sich zumindest nachträglich Legitimität zu verschaffen, indem sie sich einerseits die Unterstützung der mächtigsten Interessengruppen sichern und andererseits eine populistische Politik betreiben, mit deren Hilfe suggeriert wird, daß die Regierung im Sinne der gesamten Bevölkerung handelt.“ Ebenda, S. 161.

[154] BERNHOLZ (1990) konstatiert treffend, dass eine glaubwürdige institutionelle Absicherung einer Währungsreform bzw. einer geldpolitischen Regelbindung „in einer Diktatur oder Oligarchie [...] ja im Grunde nicht möglich (ist), da die Machthaber sie jederzeit nach Gutdünken entweder beseitigen oder nicht einhalten können.“ BERNHOLZ (1990), S. 84.

[155] Ebenda, S. 84.

B. Paradigmatische und erkenntnistheoretische Voraussetzungen sanierender Währungsreformen

In der neueren institutionentheoretischen Literatur wird die Bedeutung von Ideen und Paradigmen für sanierende Währungsreformen – auf Grund ihres undifferenzierten Institutionenbegriffs – völlig vernachlässigt.[156] Der im Mittelpunkt der Ordnungstheorie stehende Gedanke der Interdependenz führt jedoch sowohl in der Frage nach den Inflationsursachen als auch ihrer Bekämpfung unmittelbar zur Einsicht in die Notwendigkeit, die engen Grenzen der Ökonomie zu überschreiten und auch Ideen in die Analyse einzubeziehen.[157] Ideen stellen nämlich ebenso wie formale Institutionen Restriktionen menschlichen und politischen Verhaltens dar. Schon Eucken war sich – im Gegensatz zur Neoklassik und den Vertretern institutionentheoretischer Glaubwürdigkeitsonzepte in der modernen Währungsreformtheorie – „bewusst, dass Werte und Normen ein wesentlicher Bestandteil der institutionellen Ordnung und damit des Untersuchungsgegenstands sind."[158] „Die Meinungen der Menschen, ihre geistige Haltung sind für die Richtung der Wirtschaftspolitik vielfach wichtiger als die wirtschaftlichen Tatsachen selbst."[159] Sein eigenes Werk belegt die Tatsache, dass es eine unangemessene Abstraktion von Wesentlichem wäre, alles Normative auszublenden. Er schätzte die historische Macht der Ideen für die Entwicklung des Soziallebens als „so gewaltig" ein, dass sie schon deshalb Gegenstand wissenschaftlicher Analyse sein muss: „Nun erklärt sich auch die Beobachtung, wie stark wirtschaftspolitische Auffassungen, Haltungen, Gesamtkonzeptionen die faktische Wirtschaftspolitik beeinflussen und zwar teils, indem sie im Rahmen von „Tendenzen" bestimmte Wege weisen; teils, indem sie in „Momenten der Krisis" Geltung gewinnen und wesentlich dazu beitragen, neue Bedingungskonstellationen herzustellen."[160]

1. „Ideen" und ihre Bedeutung für die Gestaltung der monetären Ordnung

Die Rolle, die dem Geld, seiner Stabilität und der Geldordnung überhaupt in unterschiedlichen Wirtschaftsordnungen zugewiesen wird, ist also immer auch vor dem Hintergrund der dort vorherrschenden Ideen, Paradigmen und Ideologien zu sehen. Die institutionellen

---

[156] SIKKINK (1991) weist pointiert auf das damit verbundene Paradox hin: „It is a paradox that scholars, whose entire existence is centred on the production and understanding of ideas, should grant ideas so little significance for explaining political life." SIKKINK (1991), S. 1. Vgl. auch HIRSCHMAN (1961).

[157] *„Es besteht also nicht nur eine ökonomische Interdependenz, sondern auch eine Interdependenz der Wirtschaftsordnung mit allen übrigen Lebensordnungen."* EUCKEN (1952/90), S. 14 (der Kursivdruck ist aus dem Original übernommen).

[158] STREIT/WOHLGEMUTH (1999), S. 12.

[159] EUCKEN (1952/90), S. 210.

[160] Ebenda, S. 219.

Bedingungen der Geldordnung sind, wie auch die aller anderen wirtschaftlichen Teilordnungen, Spiegel der in einem Gemeinwesen vorherrschenden wirtschaftsordnungspolitischen Grundauffassungen. Ob und inwieweit es gelingt, die Geld- und Währungspolitik ordnungspolitisch so in die Rahmenbedingungen einer Wirtschaftsordnung zu integrieren, dass eine erfolgreiche Stabilitätspolitik möglich wird, hängt entscheidend von den Vorstellungen der Verfassungspolitiker (und indirekt auch von den Vorstellungen der wählenden Bevölkerung) über die Wirkungsweise von Marktwirtschaften und die Rolle das Staates im Wirtschaftsgeschehen ab. „Vertrauen in die langfristige Leistungsfähigkeit von Marktlösungen auf Wettbewerbsmärkten wird andere institutionelle Regelungen der Stabilitätspolitik veranlassen als jene Auffassung, die von einer prinzipiellen Instabilität der Markthandlungen des privaten Sektors ausgeht und bessere Informationen bei staatlichen Instanzen unterstellt."[161]

Erste Voraussetzung einer sanierenden Währungsreform ist die *Einsicht* in die (bzw. die *Kenntnis* der) negativen Wirkungen der Inflation. Sie erst geben der Reform ihren Sinn, rechtfertigen die tiefen Eingriffe in die Wirtschafts- und Gesellschaftsordnung, die typischen (kurz- bist mittelfristigen) negativen Wachstums- und Beschäftigungseffekte solcher Maßnahmen und damit verbundene Umverteilungseffekte.[162] Soweit Geldwertstabilität in dem bis zum Zeitpunkt der Währungsreform vorherrschenden wirtschaftspolitischen Paradigma keine oder nur eine untergeordnete Rolle gespielt hat, ist ein entsprechender *Paradigmenwechsel in der Wirtschaftspolitik* Voraussetzung einer glaubwürdigen sanierenden Währungsreform. Im Rahmen des neuen Paradigmas ist nun nicht nur das Ziel der Geldwertstabilität als zentrales wirtschaftspolitisches Ziel zu definieren. Auf Grund der Interdependenzproblematik haben – optimalerweise – alle aus dem Zielsystem sanierender Währungsreformen ableitbaren wirtschaftspolitischen Zielsetzungen (so etwa auch ein mit dem Primat der Geldwertstabilität kompatibles Staats- und ordnungspolitisches Grundkonzept) in das neue wirtschaftspolitische Paradigma einzugehen.

2. Die Inflationsaversion in der Gesellschaft

In diesem Kontext ist auch die Bedeutung der Einstellung des Publikums zur Inflation zu sehen. Die Glaubwürdigkeit einer sanierenden Währungsreform wird auch durch die gesell-

---

[161] MICHLER/THIEME (1998), S. 248.

[162] Zudem müssen – damit ein Konzept und eine Strategie der Inflationsbekämpfung entwickelt werden können – natürlich auch die Ursachen des Inflationsprozesses erkannt worden sein. Optimalerweise verfügen die für die Durchführung der Reform Verantwortlichen vor einer solchen Reform also über eine adäquate Inflations- und Währungsreformtheorie, die auch den *spezifischen* institutionellen (historischen, politischen) Bedingungen und Voraussetzungen des zu bekämpfenden Inflationsprozesses Rechnung trägt.

schaftlichen Präferenzen im Hinblick auf die Inflation bestimmt.[163] „The higher public opposition to inflation is, the more successful a monetary reform can be."[164] Damit eine Währungsreform nachhaltig und glaubwürdig das Ziel der Inflationsbekämpfung erreichen kann, bedarf es letztlich eines gewissen *gesellschaftlichen und politischen Konsenses* über die Vorteilhaftigkeit niedriger Inflationsraten.[165] Je stärker die Einsicht in die – und das gesellschaftliche *Bewusstsein* der – negativen Folgen der Inflation ist, desto geringer wird der Widerstand gegen eine Reform sein.[166] Dass eine starke gesellschaftliche Opposition gegen Inflation ein wichtiger Faktor in der Erklärung niedriger Inflationsraten in einem Währungsraum sein kann, wurde empirisch von HAYO (1998) gezeigt. Der Gedanke von POSEN (1993), dass eine – faktische und nicht nur formale – Zentralbankunabhängigkeit auch einen gewissen gesellschaftlichen Konsens über den Wert eines Primats der Geldwertstabilität für eine Wirtschafts- und Gesellschaftsordnung (also eine Stabilitätskultur) voraussetzt, zielt in eine ähnliche Richtung. „Selbst die hier definierte vollständige Unabhängigkeit der Zentralbank ist jedoch weder notwendig noch hinreichend, um die Glaubwürdigkeit der Geldpolitik sicherzustellen. Die Erfahrungen in Entwicklungsländern zeigen dies in drastischer Weise. Während in Asien auch ohne unabhängige Zentralbanken eine konsequente und verläßliche Geldpolitik möglich war, konnten selbst de jure unabhängige Zentralbanken in Lateinamerika

---

[163] Vgl. FREYTAG (2000), S. 60.

[164] Ebenda, S. 61.

[165] „Die Inflationierungstendenz der Zentralbank hängt vielmehr entscheidend von der Inflationsmentalität der Bevölkerung ab, weil ihr über den Prestigemechanismus eine Anreiz- und Kontrollfunktion für die Zentralbankverantwortlichen zukommt. So können die Zentralbankverantwortlichen beim Vorliegen einer ausgeprägten Inflationsaversion, wie z.B. in Deutschland infolge der beiden großen Geldentwertungen, bei einer strikten Verfolgung des Ziels der Geldwertstabilität mit einem hohen Prestigegewinn und Ansehen rechnen. Sie sind darüber hinaus einer geringeren Gefahr einer eventuellen Änderung ihres Status aufgrund eines Konflikts mit einer Regierung über die Berücksichtigung der anderen wirtschaftspolitischen Ziele ausgesetzt. Der zuletzt genannte Punkt ist insbesondere in der Disinflationsphase von Bedeutung. Diese Phase ist in der Regel [...] mit hohen Disinflationskosten u.a. in Form hoher Arbeitslosigkeit und damit der Gefahr politischer Repressionen verbunden." BÄHR (1994), S. 67ff.

[166] Verschiedene Faktoren beeinflussen die Inflationsaversion in einer Gesellschaft. Hierzu zählt vor allem die Inflationserfahrung in einer Gesellschaft. Wenn ein Land in der Vergangenheit eine (oder gar mehrere) Hyperinflationen durchlebt hat, wird der Widerstand gegen Inflation entsprechend groß sein. Ein typisches, Währungsreformprozesse häufig kennzeichnendes Dilemma besteht vor diesem Hintergrund darin, dass eine Inflationsaversion in einer Gesellschaft häufig erst nach dramatischen Inflationsprozessen, also nachdem die gesellschaftliche, politische und wirtschaftliche Ordnung in ihren Grundfesten schon durch die Inflation zerrüttet worden ist, erreicht wurde. Typisches Beispiel hierfür sind die Erfahrungen Deutschlands mit der Hyperinflation, die hier zu einer ausgeprägten gesellschaftlichen Inflationsaversion geführt haben. Inflationsaversion scheint eine fundamentale Voraussetzung dafür zu sein, dass – trotz und gegen die in der Literatur zur Zeitinkonsistenz der Geldpolitik untersuchten Anreize zu inflationärer Geldpolitik – das Prinzip der Geldwertstabilität ein tragendes wirtschaftsverfassungsrechtliches Grundprinzip wird und politische Widerstände gegen die mit sanierenden Währungsreformen einhergehenden Umverteilungseffekte überwunden werden können. Ein mangelndes Stabilitätsbewusstsein hingegen kann eine ernsthafte Restriktion darstellen. Sie schlägt sich in einer schwachen politischen Unterstützung und Akzeptanz der Maßnahmen einer Währungsreform nieder. Aber auch Maßnahmen, welche die „Spürbarkeit" der Inflation beeinflussen, wie Indexierungsmechanismen oder Preiskontrollen, können das Stabilitätsbewusstsein in einer Gesellschaft beeinflussen. „If wages, taxes etc. are indexed the public consciousness for inflation is generally lower than without indexation." FREYTAG (2000), S. 61.

nicht für eine Verstetigung der Geldpolitik sorgen."[167] Die polit-ökonomische Erklärung hierfür ist, dass auch Politiker und Bürokraten – und entsprechend auch die Mitglieder des Zentralbankrates – dem Anreiz unterliegen, ihren Nutzen zu maximieren: „Wichtigster beeinflußbarer Entscheidungsparameter ist dabei die Reputation aus der Ausübung des Amtes. Genießt – wie dies in Asien der Fall ist – Preisniveaustabilität einen hohen gesellschaftlichen Wert, so werden die für die Geldpolitik zuständigen Beamten oder Politiker ihren Nutzen maximieren, indem sie dieses Gut bereitstellen. Die Unabhängigkeit der Zentralbank ist dabei redundant. Genießen aber – wie dies für viele lateinamerikanische Ländern zutrifft – geldpolitische Zielsetzungen einen eher geringen gesellschaftlichen Wert, so werden auch unabhängige Zentralbanker dazu neigen, daß sie durch häufige diskretionäre und regulierende Eingriffe ihr Machtpotential ausdehnen, da dies ihre Reputation erhöht."[168]

Festzuhalten bleibt: Ideen, Paradigmen und gesellschaftliche Präferenzen können – ebenso wie formale Institutionen – Inflationsursachen und Restriktionen eines Währungsreformprozesses darstellen und somit die Glaubwürdigkeit einer solchen Reform untergraben. Auf Grund dieser Zusammenhänge sind auch informelle Institutionen in ein Glaubwürdigkeitskonzept sanierender Währungsreformen zu integrieren. Den der neueren Geldtheorie zu Grunde liegenden Institutionen-Begriff gilt es entsprechend zu modifizieren und um informelle Institutionen und Restriktionen zu erweitern.

C. Personelle Voraussetzungen

Die Bedeutung von Personen für die Glaubwürdigkeit einer sanierenden Währungsreform wird in der modernen Währungsreformtheorie – vor dem Hintergrund der Dominanz des institutionentheoretischen und polit-ökonomischen Ansatzes, in denen Personen auf Grund der strikten Verhaltensannahmen der Politischen Ökonomie eher als *Störfaktoren* der (im Optimalfall regelgebundenen) Wirtschaftspolitik betrachtet werden – fast völlig vernachlässigt. Es steht jedoch außer Frage, „daß die Erfolgschancen umfassender Reformprogramme steigen, wenn wirtschaftspolitische Verantwortlichkeiten an ein kompetentes und kohärentes Team von Ökonomen delegiert werden."[169] Vor allem dann, wenn diese Technokraten bzw. das „technopol" den Rückhalt eines vorausschauenden Politikers an der Spitze der Administration finden oder selbst in politische Führungspositionen aufsteigen, werden die Chancen einer politischen Durchsetzungsfähigkeit erhöht.[170] Von personellen

---

[167] BUCH/KOOP/SCHWEICKERT/WOLF (1995), S. 11.
[168] Ebenda, S. 12.
[169] NUNNENKAMP (1995), S. 104.
[170] Williamson definiert den Begriff „technopol" als „economic technocrats who assume positions of political responsibility." WILLIAMSON (1994) S. 11. „A technocrat, and thus by extension a technopol, is defined [...]

Faktoren gehen entsprechend auch erhebliche Wirkungen auf die Glaubwürdigkeit der Maßnahmen einer sanierenden Währungsreform aus.[171] Die Betonung der Bedeutung personeller Faktoren für reformpolitische Prozesse entspricht – im Gegensatz zur Neuen Institutionentheorie – auch dem Gesellschafts- und Menschenbild Euckens. Dem Individuum kommt hier, in bewusster und deutlicher Abgrenzung zum historischen Determinismus, eine zentrale, positive und kreative Rolle in gesellschaftlichen Entwicklungsprozessen zu.[172]

D. Voraussetzungen in der Rechtsordnung

Die Rechtsordnung und die Wirtschaftsordnung stehen in einem direkten Interdependenzverhältnis. Grundsätzlich ist ein starker Rechtsstaat in ordnungsökonomischer Sicht notwendig, „um die für einen dynamischen wirtschaftlichen Entwicklungsprozeß als erforderlich anerkannten politischen und ökonomischen Ordnungsformen (Institutionen) zu setzen und darauf zu achten, daß sie eingehalten werden."[173] Die Bedeutung rechtlicher Faktoren auch für die moderne Währungsreformtheorie steht außer Frage. Nahezu alle einschlägigen Konzepte der Glaubwürdigkeit sind rechtsbasiert. Der Begriff der Regelbindung wird hier überwiegend als Bindung durch Rechtsregeln interpretiert. Unmittelbar deutlich wird dies z.B. beim Konzept der Zentralbankunabhängigkeit. Normalerweise wird in den gängigen Glaubwürdigkeitskonzepten implizit vorausgesetzt, dass kein Unterschied zwischen *formalem Recht* und der *Rechtspraxis* existiert. Dies führt bei der Messung der tatsächlichen Zentralbankunabhängigkeit, und dies vor allem in Entwicklungsländern, zu beträchtlichen Problemen. Damit eine gewisse Korrelation zwischen formaler Gesetzgebung und Rechtspraxis in der Geldordnung (und auch den anderen für die Inflationsbekämpfung relevanten Bereichen gibt) bedarf es gewisser rechtlicher Voraussetzungen außerhalb der Wirtschaftsordnung. Eine gewisses Maß an Rechtssicherheit, Rechtsschutz, Rechtsdurchsetzung und Rechtsverbindlichkeit ist insofern eine wichtige Voraussetzung sanierender Währungsreformen. Nur dann ist gewährleistet, dass die formal-rechtliche Verankerung einer Art der wirtschaftspolitischen Regelbindung, etwa in Form eines Unabhängigkeitsstatuts einer

---

as a policymaker who is motivated to pursue the objectives postulated by traditional normative economic analysis." Ebenda, S. 13. Die Verhaltensprämissen der Politischen Ökonomie greifen hier also nicht. „A successful technopol needs to combine two very different types of skill. One is that of a successful applied economist, able to judge what institutions and policies are needed in specific circumstances in order to further economic objectives. The other is the skill of a successful politician, able to persuade others to adopt the policies that he or she has judged to be called for." Ebenda, S. 11.

[171] Unzählige Belege lassen sich für diese These zitieren. So war z.B. Ludwig Erhard eine Persönlichkeit, die konzeptionell und politisch erheblich zur Glaubwürdigkeit der deutschen Währungsreform von 1948 beigetragen hat.

[172] Vgl. zum Menschen- und Gesellschaftsbild Euckens KRÜSSELBERG (1989), S. 232, und zur Kritik Euckens am historischen Determinismus: EUCKEN (1952/90), S. 200 ff.

[173] PARASKEWOPOULOS (1997), S. 14.

Zentralbank, auch mit einer tatsächlichen Regelbindung einhergeht. Nur dann führen Regelverletzungen bei den „Rechts- bzw. Regelverletzern" auch zu Kosten und nur dann sind (wirtschaftspolitische) Regelbindungen auch erwartungsstabilisierend. Diese Problematik ist insbesondere für eine Analyse von Währungsreformen in Lateinamerika höchst relevant, da diese Region über eine spezifische Rechtskultur verfügt, in der traditionell große Divergenzen zwischen der Rechtsverfassung einerseits und der Rechtspraxis andererseits bestehen und die Rechtssicherheit wie auch die Sanktionsgewalt des (formalen) Rechts tendenziell relativ gering ist.

IV. Die sanierende Währungsreform (im engeren Sinne)

Der Reform des monetären Sektors gebührt im Rahmen sanierender Währungsreformen ein *Primat.*[174] Zu unterscheiden sind *monetär-institutionelle* und *geldtechnische Maßnahmen.* In ordnungsökonomischer Sicht rücken die institutionellen Maßnahmen zur Herstellung von Glaubwürdigkeit ins Zentrum der Aufmerksamkeit. Ihnen gebührt – analog zum Primat der Ordnungspolitik gegenüber der Prozesspolitik in der Ordnungstheorie – in sanierenden Währungsreformen der Vorrang.[175]

A. Monetär-institutionelle Maßnahmen

Das zentrale Problem besteht – wie gezeigt – darin, die Glaubwürdigkeit der Geld- und Währungspolitik, welche im Zuge eines fortgeschrittenen Inflationsprozesses total zerstört worden ist, zu (re-)konstituieren. Ein „Regimewechsel" ist angesichts der völlig erodierten Reputation des alten Regimes unbedingt notwendig.[176] Patentrezepte für Währungsreformen und Währungsregimes, die für alle Länder und Zeiten optimal sind, existieren nicht.[177] Das

[174] Ein solches kann aus ordnungstheoretischen und inflationstheoretischen Argumenten abgeleitet werden. Das ordnungstheoretische Argument für das Primat der Währungsordnung liefert EUCKEN (1952/90). Bei ihm wird es aus dem „wirtschaftsverfassungsrechtlichen Grundprinzip" abgeleitet, wonach ein effizienter Preismechanismus, welcher wiederum nur bei Geldwertstabilität gewährleistet ist, wichtige Voraussetzung einer arbeitsteiligen und dezentral organisierten Marktordnung ist: „Das Prinzip, der Währungspolitik einen besonderen Rang im Rahmen der Wirtschaftspolitik zuzuweisen, hat – wie gezeigt – einen ordnungspolitischen Sinn. [...] Durch eine gewisse Stabilisierung des Geldwertes wird es möglich, in den Wirtschaftsprozeß ein brauchbares Lenkungsinstrument einzubauen." EUCKEN (1952/90), S. 257. Die Bedeutung der Geldwertstabilität in diesem Zusammenhang wird an anderer Stelle deutlich: „Alle Bemühungen, eine Wettbewerbsordnung zu verwirklichen, sind umsonst, solange eine gewisse Stabilität des Geldwertes nicht gesichert ist. Die Währungspolitik besitzt daher für die Wettbewerbsordnung ein Primat." Ebenda, S. 256. „Die Hauptsache ist es, den Preismechanismus funktionsfähig zu machen. Jede Wirtschaftspolitik scheitert, der dies nicht gelingt. Das ist der strategische Punkt, von dem aus man das Ganze beherrscht und auf den deshalb alle Kräfte zu konzentrieren sind." Ebenda, S. 255. „Durch „offene Inflation" [...] wird die Lenkungsmechanik des Preissystems der Fähigkeit beraubt, den Wirtschaftsprozeß zureichend zu dirigieren." Ebenda, S. 256. Diese Aussagen decken sich mit den Erkenntnissen der modernen empirischen Inflationsforschung, in der die negativen Wirkungen der Inflation eindeutig belegt werden konnten. Das inflationstheoretische Argument für das Primat der Währungsordnung im Rahmen sanierender Währungsreformen liefert die Quantitätstheorie des Geldes. Da Inflation immer und überall primär ein monetäres Phänomen ist, liegen die zentralen Ansatzpunkte zu ihrer Beseitigung selbstverständlich auch im monetären Bereich.

[175] Für die Ordnungstheorie EUCKENS (1952/90) ist ein neben dem Primat der Währungsordnung auch ein Primat der Ordnungspolitik gegenüber der Prozesspolitik konstitutiv. Insofern unterscheidet sich der hier zu Grunde gelegte Ansatz von dem BÄHRS (1994), welcher die geldtechnischen Maßnahmen als den Kern jeder sanierenden Währungsreform definiert.

[176] Vgl. FREYTAG (2000), S. 32.

[177] „There is no per se superior monetary regime to be introduced by a monetary reform." Ebenda, S. 199. Schon die zum Teil sehr unterschiedlichen institutionellen, ordnungspolitischen Bedingungen in der Ausgangslage (institutionelle Restriktionen) verbieten einfache und schnelle Antworten auf die Frage nach dem optimalen Währungsregime.

prinzipielle Optionsspektrum wurde schon in Kapitel II.D. skizziert.[178] Natürlich sind die Regeln des internationalen Währungssystems zu berücksichtigen. Entscheidend ist jedoch – unabhängig davon, welches System auch implementiert wird – dass der Begriff der Regelbindung im Rahmen einer (ordnungsökonomisch fundierten) Währungsreformtheorie – im Sinne von BRENNAN/BUCHANAN (1981) – als Implementierung einer kompletten (regelgebundenen und konsistenten) Geld- und Währungsordnung verstanden wird. Das Konzept der „Zentralbankunabhängigkeit" für sich genommen genügt diesem Anspruch nicht. Sowohl die Regeln des Geldschöpfungsprozesses, die Vorschriften für die Finanzintermediäre als auch die Wechselkurs- und Konvertibilitätsregeln sind hier zu berücksichtigen.[179] Die Kompatibilität (Konsistenz) der einzelnen Regelwerke und Institutionen und ihr harmonisches Zusammenwirken im Rahmen eines konsistenten geld- und währungspolitischen Gesamtkonzeptes sind dabei die zentralen Kriterien der ordnungspolitischen Gestaltung der Geld- und Währungsordnung.[180]

1. Einführung einer unabhängigen Zentralbank

Die folgenden Ausführungen beschränken sich auf einige Bemerkungen zur Reform eines Zentralbanksystems.[181] Die Einführung einer unabhängigen Zentralbank ist eine Möglichkeit, die Geldpolitik einer Regel zu unterwerfen und den diskretionären Handlungsspielraum in der Geldpolitik einzuschränken, die sich in der währungspolitischen Praxis vielfach bewährt hat.[182] Die Vorzüge eines solchen institutionellen Arrangements in der Geldpolitik wurden – neben einer theoretischen Ableitung aus dem Problem der Zeitinkonsistenz – durch zahlreiche empirische Forschungen untermauert.[183] Empirische Untersuchungen kommen zu dem

---

178 Vgl. für eine knappe Gegenüberstellung und Diskussion der möglichen unterschiedlichen geld- und währungspolitischen Konzeptionen im Rahmen von Währungsreformen auch BUCH/KOOP/SCHWEICKERT/WOLF (1995), S. 5-17.

179 „[...] only limited credit is given to the complex nature of commitment. Repeatedly, it is interpreted as the commitment to an inflation rate, e.g. zero inflation. However, commitment is correctly interpreted as a rule, more precisely a monetary regime (Brennan and Buchanan 1981). This rule should be as comprehensive and transparent as possible to allow the public to evaluate future monetary policy. It also should contain details about the exchange rate policy and convertibility restriction. Even indicators of central bank independence do not fulfill this requirement for they do not include the external monetary relations which often go beyond the responsibility of central banks." FREYTAG (2000), S. 3.

180 Institutionelle Inkonsistenz liegt hier z.B. bei einer Kombination einer dauerhaften Wechselkursfixierung mit einer dauerhaften expansiven Geldpolitik vor. Vgl. DIEHL/SCHWEICKERT (1997), S. 24 und AGÉNOR (1994). Diese Unvereinbarkeit ergibt sich aus der zunehmenden realen Aufwertung der inländischen Währung, die zu steigenden Leistungsbilanzdefiziten und einer Währungskrise führen wird. In dem Maße, wie die privaten Akteure die Unvereinbarkeit von Wechselkursfixierung und expansiver Geldpolitik durchschauen, werden sie bei Aufdeckung solcher Inkonsistenzen ihre Inflationserwartungen erst gar nicht revidieren. Vgl. DIEHL/SCHWEICKERT (1997), S. 24.

181 Die Fälle des Currency-Boards und der Dollarisierung werden also nicht berücksichtigt.

182 Vgl. BERNHOLZ (1990), S. 82, ISSING (1993b) und MARENGO/VILLAR (2000), S. 41.

183 Vgl. zu den theoretischen Argumenten für die Einführung einer unabhängigen Zentralbank auch BEDDIES (2000).

Ergebnis, dass ein (statistisch signifikanter) positiver Zusammenhang zwischen einem hohen Unabhängigkeitsgrad von Zentralbanken und niedrigen Inflationsraten besteht.[184] Ein solcher Zusammenhang konnte insbesondere für Industrieländer nachgewiesen werden.[185] Es sind diese theoretischen und empirischen Ergebnisse, die in den 1990er Jahren weltweit (auch in Lateinamerika) zu einer Welle von Zentralbankreformen geführt haben, in deren Kontext der Grad der Unabhängigkeit von Zentralbanken erweitert wurde.[186]

In der Literatur zur Messung des Unabhängigkeitsgrades von Zentralbanken existieren grundsätzlich zwei Ansätze: ein „formal-rechtlicher" und ein „verhaltensbasierter" Ansatz. Im ersten Fall wird versucht, den Unabhängigkeitsgrad aus den gesetzlichen Vorschriften des Zentralbankgesetzes abzuleiten.[187] Das zentrale Problem eines solchen Ansatzes besteht darin, dass die formal-rechtliche Unabhängigkeit stark von der tatsächlichen abweichen kann; ein Problem, das sich insbesondere in Entwicklungsländern zeigt.[188] Deshalb wurde speziell zur Messung der Unabhängigkeit von Zentralbanken in Entwicklungsländern ein „verhaltensbasierter" Ansatz entwickelt. Hier wird die „turn-over-rate" der Zentralbankpräsidenten, also die Häufigkeit des Amtswechsels an der Spitze der Zentralbank, als Indiz für den Grad der Unabhängigkeit von Zentralbanken herangezogen.[189] Zur Kennzeichnung des formal-rechtlichen Unabhängigkeitsgrades existieren unterschiedliche Kriterien:

1. Qualität und Quantität der geldpolitischen Ziele
2. Funktionelle Unabhängigkeit
3. Instrumentelle Unabhängigkeit
4. Personelle Unabhängigkeit

---

[184] Vgl. BURDEKIN/LANEY (1988), ALESINA (1989), CUKIERMAN/WEBB/NEYAPTI (1992). Zentrales Problem der empirischen Messung liegt hierbei in der Operationalisierung des Begriffs der Unabhängigkeit.

[185] „More than on its theoretical plausibility, however the case for central bank independence seems to have been predicated on two bits of evidence. The first has to do with the fact that central bank independence, while negatively related to inflation, at least in the industrial countries (Cukierman (1992)), apparently has had no cost in terms of growth, or growth variability (Alesina and Summers (1993)), thus coming to be seen as a free lunch from a macroeconomic perspective. The second has been the truly remarkable performance in recent decades of the German economy, featuring at the same time what is arguably the most independent central bank in the world and the best inflation performance and comparatively high rates of growth in the industrial world." COTTARELLI/GIANNINI (1997), S. 17.

[186] Vgl. auch ISSING (1997), S. 173 und ISSING (1993b). Nach Einschätzung des IMF (2002) liegt ein wesentlicher Grund für die heute in historischer Sicht sehr niedrigen Inflationsraten der Industrieländer in der verstärkten Einführung von unabhängigen Zentralbanken und der Ernennung von konservativen Zentralbankern. Vgl. IMF (2002), S. 87.

[187] Vgl. für einen sehr guten Überblick über die verschiedenen Methoden und Konzepte der Messung der Unabhängigkeit von Zentralbanken BOTZENHARDT (2000).

[188] Vgl. CUKIERMAN (1992b), S. 320.

[189] Je geringer die durchschnittliche Amtszeit in der Vergangenheit war, desto größer ist der Anreiz für den amtierenden Zentralbankpräsidenten, sich bei seinen Entscheidungen an den Präferenzen der Regierung auszurichten. Deutlich wird, dass sich der tatsächliche Unabhängigkeitsgrad nur ex-post und nur in einer mittel- bis langfristigen Perspektive ermitteln lässt.

5. Finanzielle Unabhängigkeit
6. Gesetzlicher Rang des Unabhängigkeitsstatuts
7. Rechenschaftspflichten

Ad 1.) Heute besteht breiter Konsens darüber, dass der Zentralbank ihr vorrangiges Ziel (das der Geldwertstabilität) vorgegeben werden sollte. Konstitutiv für die Unabhängigkeit einer Zentralbank ist es also nicht, dass „uneingeschränkte Entscheidungsbefugnis im Hinblick auf die Festlegung der geldpolitischen Ziele" (also „goal independence") gegeben ist.[190] „Goal independence is to be rejected. Independence of a monetary authority can only mean the independence to meet a (politically) given objective with independently chosen instruments."[191] Zentralbanken, die in ihrer Währungsverfassung allein das Ziel der Geldwertstabilität verankert haben, gelten als unabhängiger als solche, bei denen das Ziel der Geldwertstabilität nur eines von konkurrierenden geldpolitischen Zielsetzungen ist.[192] Eine klare und eindeutige Festlegung auf das Ziel der Geldwertstabilität hilft den für die Geldpolitik Verantwortlichen, dieses auch gegen politischen Druck durchzusetzen.

Ad 2.) Funktionelle Unabhängigkeit einer Zentralbank ist gegeben, wenn sie nicht an die Weisungen anderer Organe und Institutionen (insbesondere der Regierung) gebunden ist. Regierung und Parlament sollten weder über Mitsprache- oder gar Vetorechte in der Geldpolitik noch über die Möglichkeit verfügen, der Zentralbank Direktiven oder Instruktionen zu erteilen.[193] Im Sinne der funktionellen Unabhängigkeit sollte die Zentralbank zudem nicht zur Unterstützung der Wirtschaftspolitik der Regierung verpflichtet sein.[194] „Die so definierte Weisungsungebundenheit stellt das entscheidende Element der Zentralbankverfassung dar [...]. Alle anderen Elemente dienen im wesentlichen der Absicherung dieser formalen Festlegung des geldpolitischen Handlungsspielraums."[195]

Ad 3.) Instrumentelle Unabhängigkeit einer Zentralbank ist gegeben, wenn die Notenbank frei in der Wahl ihrer geldpolitischen Instrumente ist und die volle Kontrolle über alle Instrumente besitzt, die das Geldangebot beeinflussen.[196] Dies impliziert notwendigerweise die Verankerung eines Verbots der Monetisierung von Staatsdefiziten (die typischerweise die

[190] Diese These vertritt neben anderen Autoren auch BÄHR (1994), S. 64.
[191] FREYTAG (2000), S. 36.
[192] Vgl. CUKIERMAN/WEBB/NEYAPTI (1992), EIJFFINGER/DE HAAN (1996) und FREYTAG (2000), S. 46.
[193] Dies schließt auch die stimmberechtigte Beteiligung eines Regierungsvertreters an geldpolitischen Entscheidungen aus.
[194] Vgl. Genaueres hierzu bei NEUMANN (1992): „Such an obligation provides a starting point for the politicization of monetary policy." NEUMANN (1992), S. 754.
[195] BÄHR (1994), S. 65.
[196] Vgl. WILLMS (1992), S. 219-220.

primäre und Hauptursache fortgeschrittener Inflationen darstellt) in der Zentralbankverfassung.[197] Streng genommen besteht eine weitere Voraussetzung instrumenteller Unabhängigkeit darin, dass die Wechselkurssouveränität (als die Entscheidungskompetenz hinsichtlich der Wahl des Wechselkurssystems gegenüber Fremdwährungen) bei der Zentralbank liegt.[198] Ist dies nicht der Fall, kann es (wenn eine Wechselkursfixierung politisch angeordnet wird bzw. durch das internationale Währungssystem vorgegeben ist) zu Zielkonflikten zwischen einer Wechselkursfixierung und der Verfolgung eines binnenorientierten geldpolitischen Ziels (etwa in Form eines Geldmengenziels oder direkten Inflationsziels) kommen.[199]

Ad 4.) Personelle Unabhängigkeit ist eine zentrale Voraussetzung dafür, dass der geldpolitische Handlungsspielraum, der einer Zentralbank durch die Elemente der funktionellen und instrumentellen Unabhängigkeit gegeben wird, auch unabhängig von politischem Einfluss wahrgenommen werden kann. Dieser Begriff „bezieht sich primär auf die fachliche Kompetenz der Mitglieder des Leitungsgremiums sowie auf die Vorschlags-, Ernennungs- und Abberufungsmodalitäten."[200] Folgende Kriterien sollten im Sinne der personellen Unabhängigkeit erfüllt sein:[201]

- Die Mitglieder des Zentralbankrats sind nach fachlichen und nicht nach politischen Gesichtspunkten auszuwählen.[202]
- Im Leitungsgremium der Zentralbank sollte kein Regierungsvertreter vertreten sein.[203]
- Die Amtszeit der Mitglieder des Zentralbankrats sollte relativ lang bemessen sein (sie sollte zumindest länger als eine Legislaturperiode sein), „damit sie in ihrer Position

[197] „Monetisation of budget deficits by monetary expansion has always been and still is the main reason for hyperinflation wherever it happened. Public deficits per se are not a threat to stability, as long as they are financed on the (international) capital market. However, it has to be avoided financing public deficits by printing money at any rate. This is a necessary condition for the success of any monetary reform and should be made clear by the government from the very beginning. Thus, an important factor that determines the level of commitments is a provision on lending fresh money to the government [...]. Hence, highest commitment is given when the monetary authority is allowed to buy government bonds neither on the primary nor secondary market." FREYTAG (2000), S. 47-48.

[198] Dies meint, dass sowohl die Kompetenz zur Wahl des Wechselkurssystems als auch die Entscheidungshoheit über Interventionen am Devisenmarkt bei der Zentralbank liegen sollte. Vgl. NEUMANN (1992), S. 754.

[199] „Liegt die Wechselkurssouveränität in den Händen der Regierung, kann dies, z.B. im Falle einer politisch bedingten Fixierung des Wechselkurses, die inländische Geldmengensteuerung erschweren. Zur Sicherstellung des Handlungsspielraums der Zentralbank ist es deshalb erforderlich, daß ihr sowohl die Kompetenz für die Festlegung der Währungsparität als auch für Entscheidungen über Interventionen gegeben sind." BÄHR (1994), S. 65.

[200] Ebenda, S. 66.

[201] Folgendes überwiegend nach BÄHR (1994), S. 66.

[202] Die Ernennungsinstanzen sollten pluralistisch zusammengesetzt sein. Eine Wahl aus Zentralbankgremien ist einer politischen Ernennung vorzuziehen. Vgl. auch NEUMANN (1992), S. 755.

[203] Es besteht ein generelles Inkompatibilitätsgebot zwischen politischen Ämtern und Funktionen in der Zentralbank.

gegenüber dem Druck von Politikern, Gewerkschaften und Unternehmensverbänden ungefährdet sind."[204]

- Eine Abberufung sollte nur bei straf- und zivilrechtlichen Verfehlungen möglich und eine Wiederwahl ausgeschlossen sein.

Ad 5.) Finanzielle Unabhängigkeit meint, dass die Zentralbank – als eigene Rechtspersönlichkeit – über einen eigenen Haushalt verfügt, den sie eigenständig verwaltet.

Ad 6.) Ausgehend von der Annahme, dass das Ziel der monetär-institutionellen Reform in einer *langfristigen* Stabilisierung der Erwartungen und der langfristigen Vermeidung von Überraschungsinflationen liegt, wird von einigen Autoren eine gesetzliche Verankerung der Zentralbankunabhängigkeit in der Staatsverfassung für sinnvoll erachtet.[205] „The commitment to stability has to be put into a legal framework. This legal framework can be fixed on different constitutional levels. At the upper end of the scale, monetary policy can be fixed in the constitution which can only be changed by a qualified majority in parliament or by referendum. At the lower end of the scale, the monetary regime can be implemented by a governmental decree which of course can be changed easier than the constitution. In the latter case the government is a great deal less committed to stability than in the first. The more difficult a change of the regime for the government, the higher the commitment [...]."[206]

Ad 7.) Zentrales Kriterium der Glaubwürdigkeit der Geldpolitik ist zudem das der Transparenz. Zu ihrer Herstellung ist es wichtig, dass eine Zentralbank in regelmäßigen Abständen Berichte über ihre geldpolitischen Maßnahmen und den Grad der geldpolitischen Zielerreichung vorlegt. Eine gesetzlich verankerte Rechenschaftspflicht („accountability") kann deshalb als gesetzlich-formale Voraussetzung der Glaubwürdigkeit einer unabhängigen Zentralbank gesehen werden.[207]

2. Vorschriften für Finanzintermediäre

Innerhalb der Geldordnung sind es neben dem Grad der Zentralbankunabhängigkeit vor allem die Vorschriften für die Finanzintermediäre, die ein Währungssystem kennzeichnen und die Glaubwürdigkeit des Systems bestimmen. Zur Durchführung einer effizienten monetären Wirtschaftspolitik und Währungsreform sind funktionierende Finanzmärkte notwendig. Sind

---

[204] BUCH/KOOP/SCHWEICKERT/WOLF (1995), S. 11.
[205] Dadurch wird die Änderung des Statuts durch eine Regierung bzw. eine einfache Mehrheit im Parlament erschwert. Vgl. zu diesem Argument NEUMANN (1992), S. 755.
[206] FREYTAG (2000), S. 46.
[207] Vgl. z.B. JÁCOME (2001).

diese in der Ausgangssituation der Reform nicht gegeben, spielt die Schaffung der entsprechenden institutionellen Voraussetzungen eine große Rolle für die Herstellung von Glaubwürdigkeit. „Für die Effizienz von Finanzmärkten muß eine Reihe von Bedingungen erfüllt sein. Dazu zählen neben einer ausreichenden Markttiefe (Liquidität) und Anzahl von Marktteilnehmern (Wettbewerb) Regeln, nach denen Transaktionen abzuwickeln sind. Nicht zuletzt bedarf es entsprechender Informations- und Kontrollsysteme."[208] Neben dem Devisenmarkt sind vor allem die Geld- und Kapitalmärkte für die monetäre Wirtschaftspolitik von herausgehobener Bedeutung, weil die Geldschöpfung in der Regel nicht nur durch die Zentralbank, sondern auch den Geschäftsbankensektor bestimmt wird.[209] Um eine effiziente Kreditvergabe an den Unternehmenssektor zu gewährleisten, müssen die Geld- und Kreditpolitik der Zentralbank und die Kreditvergabepolitik der Geschäftsbanken bestimmte Voraussetzungen erfüllen. Für die Zentralbank bedeutet dies vor allem, „daß sie sich vollständig aus der Unternehmensfinanzierung zurückzieht und damit auch faktisch der [...] Trennung von Zentral- und Geschäftsbankfunktionen folgt. Sie darf also weder zentralisierte Kredite direkt an Unternehmen vergeben noch Kredite an Geschäftsbanken ausreichen, die mit Anweisungen über die Weitergabe dieser Kredite an bestimmte Unternehmen oder Sektoren zu vorgegebenen Konditionen verbunden sind. Darüber hinaus hat die Zentralbank auf direkte Eingriffe in die Geschäftspolitik der Banken genauso zu verzichten wie auf die Subventionierung der Banken durch die Vergabe von Krediten zu negativen Realzinsen."[210]

Wichtig ist es dabei, dass die Geschäftsbanken ihre Kreditvergabe an die Kriterien der Rentabilität und der Kreditwürdigkeit knüpfen. Damit dies gewährleistet ist und auch die Stabilität des Bankensektors sichergestellt wird, ist es notwendig, die Budgetrestriktionen der Banken zu härten. „Nur so kann erreicht werden, daß insbesondere die verlustbringende Kreditvergabe an marode Staatsunternehmen zurückgefahren wird."[211] Maßnahmen, die zu diesem Zweck ergriffen werden können, sind ein Verbot der Zentralbanksubventionierung, Privatisierung von Banken und Maßnahmen der Gewährleistung einer effizienten Bankenaufsicht.[212] Weiterhin ist der Wettbewerb zwischen den Geschäftsbanken zu erhöhen. „Eine der wichtigsten Maßnahmen sollte hier die Marktöffnung für ausländische Banken sein, mit der bankenspezifisches Humankapital importiert und die Integration der nationalen Kapital-

[208] BUCH/KOOP/SCHWEICKERT/WOLF (1995), S. 123-124.
[209] „Damit gibt es bei der Bestimmung des Verhältnisses von in- und ausländischer Geldmengenkomponente ein Element, das nur begrenzt unter der Kontrolle der Zentralbank steht. Für die Fähigkeit zur indirekten Geldmengensteuerung ist es deshalb um so wichtiger, effiziente Finanzmärkte zu etablieren." Ebenda, S. 126.
[210] Ebenda, S. 127.
[211] Ebenda, S. 127.
[212] Hierzu zählen die Vorgabe einer risikogewichteten Eigenkapitalquote, Mindestreservevorschriften und die Beschränkung der Kreditvergabe an einzelne Schuldner. Die Einhaltung dieser Vorgaben ist von einer Aufsichtsbehörde zu überwachen, und Nichtbefolgungen sind zu sanktionieren. Vgl. ebenda, S. 128.

märkte in den internationalen Kapitalmarkt gefördert würde."[213] Von ineffizienten Finanz- und Kapitalmärkten können erhebliche Restriktionen für die Glaubwürdigkeit einer sanierenden Währungsreform ausgehen. Nur wenn der Finanz- und Kapitalmarkt seiner Finanzierungsfunktion in einem gewissen Grad nachkommt, wird sich in der Praxis auch eine inflationsfreie Geldpolitik und eine Unabhängigkeit der Zentralbank politisch durchsetzen lassen.[214] Maßnahmen, welche die Effizienz des Kapitalmarktes systematisch einschränken, wie etwa die *finanzielle Repression*, sind deshalb im Rahmen sanierender Währungsreformen abzubauen. Andernfalls würde die Glaubwürdigkeit einer solchen Reform und die formale Unabhängigkeit einer (neu etablierten oder reformierten) Zentralbank untergraben.

3. Reform der Wechselkursregeln

Die Frage, wie der Grad an Flexibilität bzw. Starrheit des Wechselkurses im Rahmen sanierender Währungsreformen zu gestalten ist, ist sinnvoll nur im Rahmen des der Währungsreform zu Grunde liegenden geld- und währungsreformpolitischen Konzeptes, der spezifischen Eigenschaften des Währungsraumes (z.B. dem Offenheitsgrad) und unter Berücksichtung der historischen Bedingungen des internationalen Währungssystems zu beantworten. Zunächst ist diese Frage im Kontext des Spektrums geld- und währungspolitischer Konzeptionen, also der Frage nach dem geeigneten nominalen „Anker" des Währungssystems (Wechselkursanker versus binnenwirtschaftliche monetäre Anker wie Geldmengen- und Inflationsziele) zu sehen. Während die Entscheidung für die Verankerung des inländischen Preisniveaus mit Hilfe des Wechselkurses (nominaler Wechselkursanker) selbstverständlich eine (nominale) Wechselkursfixierung impliziert, korrelieren binnenwirtschaftliche monetäre Anker (idealtypischerweise und insbesondere unter den Bedingungen hoher Kapitalmobilität) mit einem System flexibler Wechselkurse.[215]

---

213 Ebenda, S. 128.

214 Andererseits ist die Ineffizienz des Kapitalmarktes natürlich u.U. auch eine direkte Folge des Inflationsprozesses. Dies vor allem dann, wenn – trotz Inflation – Maßnahmen der „finanziellen Repression" angewendet werden.

215 Die Diskussion der Vor- und Nachteile der unterschiedlichen nominalen Anker im Rahmen von Stabilisierungsplänen ist ein zentraler Bestandteil der modernen Inflationsbekämpfungs- und Währungsreformtheorie. Vgl. z.B. CALVO/VÉGH (1999). Ein typisches Problem eines Geldmengenankers ergibt sich aus Folgendem: „[...] the behaviour of money velocity may be quite difficult to predict, especially in chronic inflation countries [...]. Therefore, as a practical matter, it may be quite difficult to gauge how „tight" a given monetary rule is likely to be, and whether a „stable" relationship will hold in the aftermath of disinflation. In contrast, using the exchange rate has the intrinsic advantage that, given the endogenity of the money supply, there is no need in principle to have any information about money demand and velocity." Ebenda, S. 46. Ein weiteres Argument für einen Wechselkursanker liegt in der klaren Signalwirkung des Wechselkurses, der eine Kontrolle seitens des Publikums, ob das währungspolitische Ziel erreicht wird oder nicht, erleichtert. „[...] by the simple virtue of being a price rather than a quantity, the exchange rate provides a much clearer signal to the public of the government's intentions and actual actions than a money supply target." Ebenda, S. 46.

Die Erfahrung hat gezeigt, dass ein Wechselkurssystem nicht für alle Phasen eines Stabilisierungsprogramms – und auch darüber hinaus nicht für alle Zeiten – „optimal" sein kann. Verschiedene Wechselkurssysteme haben ihre spezifischen Vor- und Nachteile im Rahmen einer Inflationsbekämpfung. Es verwundert daher nicht, dass die Frage des optimalen Wechselkurssystems sowohl in der allgemeineren Währungstheorie als auch im spezifischen Kontext der Theorie sanierender Währungsreformen eine der großen und ungelösten Streitfragen darstellt.[216] Während einerseits nahezu alle Hyperinflationen mit Hilfe eines wechselkursorientierten Stabilisierungsansatzes gebrochen wurden (so auch die brasilianische Hyperinflation von 1994), gibt es andererseits ebenso zahlreiche Beispiele dafür, dass ein solcher Ansatz auf spektakuläre Weise gescheitert ist und das Reformland in eine tiefgreifende Währungs- bzw. Wirtschaftskrise geführt hat.[217] Jüngstes Negativbeispiel ist der Zusammenbruch des Currency-Board-Systems in Argentinien. Das große Risiko wechselkursorientierter Stabilisierungsansätze besteht vor allem in dem Problem der damit typischerweise einhergehenden *realen Überbewertung*. Während eine reale Überbewertung (bei vollständiger Konvertibilität) über den Wirkungsmechanismus des internationalen Preiszusammenhangs einerseits ein mächtiges Instrument in der kostenseitigen Inflationsdämpfung darstellt, kann eine solche Strategie andererseits unter Umständen (vor allem bei einem Mangel an institutioneller Konsistenz bzw. zu geringer Anpassungsflexibilität im Preis- und Lohnbildungsmechanismus) zu erheblichen Zielkonflikten zwischen dem Ziel der „Geldwertstabilität" und dem eines „gleichgewichtigen realen Wechselkurses" führen.[218]

Fundamental für eine sachgerechte Diskussion ist der ordnungstheoretische Gedanke, dass die Frage des „optimalen" Wechselkursregimes nicht losgelöst aus ihrem spezifischen institutionellen und ordnungspolitischen Kontext beantwortet werden kann. Gerade ein strikt regelgebundener wechselkursorientierter Ansatz (wie in Form eines Currency-Board-Systems) stellt – soll es glaubwürdig sein – sehr hohe Anforderungen an das institutionelle Umfeld und die realwirtschaftliche Anpassungsflexibilität. Welches Wechselkurssystem im Rahmen einer sanierenden Währungsreform auch gewählt wird: Es ist auch hier die Bedingung der institutionellen Konsistenz (in der Fiskalpolitik, des Arbeitsmarktes, der Preisbildung etc.), die über Erfolg oder Misserfolg des Systems entscheidet.[219]

---

[216] Vgl. zu den Vor- und Nachteilen von Wechselkursankern z.B. QUIRK (1996).

[217] Dies ist vor allem unter den modernen Bedingungen hoher internationaler Kapitalmobilität häufig der Fall gewesen.

[218] Für BUCH/SCHWEICKERT/KOOP/WOLF (1996), S. 161, ist „die Fähigkeit, eine Überbewertung des realen Wechselkurses zu bekämpfen, entscheidend für den Erfolg jedes makroökonomischen Managements [...]." Vgl. zum Konzept und zur Messung des realen Wechselkurses auch FELDSIEPER (1983).

[219] Hierzu gehören – vor allem unter Konvertibilitätsbedingungen – neben fiskalischer Konsistenz auch flexible Löhne und Preise. Vgl. hierzu auch EDWARDS (1993).

BÄHR (1994) schlägt angesichts des dargestellten „Dilemmas" in der Wechselkursregimepolitik ein *dynamisches* Wechselkurskonzept vor: In der ersten Phase sollte der Wechselkurs an eine (geeignete) Ankerwährung gebunden werden, damit der Vorteil des Stabilitäts- und Reputationsimports genutzt werden kann, der sich bei Konvertibilität aus dem internationalen Preiszusammenhang ergibt.[220] In einer zweiten Phase wird zu einem „Crawling Peg" übergegangen, um das mit wechselkursorientierten Ansätzen immer einhergehende Problem der realen Überbewertung in den Griff zu bekommen. Schließlich empfiehlt die Autorin – auf lange Sicht – den Übergang zu flexiblen Wechselkursen, wobei diese Empfehlung nicht unabhängig von der Berücksichtigung der aus der *Theorie des optimalen Währungsraumes* abgeleiteten Faktoren (insbes. der Größe des Währungsraumes) getroffen werden kann. Generell scheint dieses dynamische Konzept jedoch – insbesondere angesichts der jüngsten wechselkurspolitischen Erfahrungen in Lateinamerika, die nochmals die mittelfristigen bis langfristigen Probleme der sog. Soft-Pegs und Hard-Pegs bekräftigt haben – eine vernünftige, pragmatische und durchaus praktikable Lösung im Rahmen sanierender Währungsreformen zu sein.[221]

4. Reform der Konvertibilitätsregeln

Auch die Bedeutung des Konvertibilitätsgrades einer Währung für die Glaubwürdigkeit sanierender Währungsreformen wird in der einschlägigen Literatur kontrovers diskutiert. In der modernen Währungsreformtheorie besteht weitgehend Einigkeit darüber, dass die Herstellung von Leistungsbilanzkonvertibilität – insbesondere nach einer Phase der Importsubstitution – Teil einer Währungsreform sein sollte. Umstrittener hingegen ist die Frage, ob auch vollständige Kapitalbilanzkonvertibilität eingeführt werden sollte, wobei hier „negative Wirkungen sowohl von übermäßigen Kapitalimporten wie auch von übermäßigen Kapitalexporten" erwartet werden.[222]

1. Schon um die Effekte einer im Rahmen einer sanierenden Währungsreform durchgeführten Liberalisierung des Außenhandels nicht zu konterkarieren, welche je nach Ausgangslage notwendig ist, um die Devisenrestriktion im Rahmen der Währungs-

[220] Je länger diese Wechselkursfixierung aufrecht erhalten bleiben soll, um so wichtiger wird es, auch auf die richtige Wahl der Ankerwährung zu achten. Vgl. hierzu FREYTAG (1998a).

[221] Die allgemeine und stark ausgeprägte Skepsis, die heutzutage gegenüber Soft Pegs (einschließlich Crawling Pegs) besteht, ist allerdings vor dem Hintergrund des hohen Grades an Kapitalmobilität zu sehen, der heute kennzeichnend für die internationale Währungsordnung ist und insbesondere in den 1990er Jahren zum Zusammenbruch vieler Peg-Systeme beigetragen hat. Unter den Bedingungen des Bretton-Woods-Systems der 1960er Jahre, die durch weitaus geringere Kapitalmobilität gekennzeichnet waren, war die Funktionsfähigkeit solcher wechselkurspolitischen Intermediärsysteme jedoch noch sehr viel eher gegeben.

[222] BUCH/KOOP/SCHWEICKERT/WOLF (1995), S. 140.

reform zu entschärfen, ist die Durchsetzung von Leistungsbilanzkonvertibilität notwendig.

2. Durch Leistungsbilanzkonvertibilität wird die Preisstruktur auf dem Weltmarkt als Knappheitsindikator wirksam und eine effiziente Reallokation der Produktionsfaktoren sichergestellt. Wird eine Preisliberalisierung hingegen nicht durch Konvertibilität und Handelsliberalisierung flankiert, ist eine Fehlallokation der Ressourcen zu erwarten.[223]

3. Der Leistungsbilanzkonvertibilität kommt insbesondere unter dem Regelwerk von (internationalen) Festkurssystemen die Funktion zu, über die Herstellung des internationalen Preiszusammenhangs „Druck“ auf die Preise der handelbaren Güter einer Volkswirtschaft auszuüben. Insbesondere Volkswirtschaften, die tendenziell zu höhere Inflationsraten aufweisen als ihre wichtigsten Handelspartner, profitieren von einem „Stabilitätsimport“. Voraussetzung einer solchen stabilitätspolitischen Ausnutzung des Internationalen Preiszusammenhangs ist jedoch (Leistungsbilanz-) Konvertibilität.

4. Zudem ist ein gewisser Konvertibilitätsgrad für alle (marktwirtschaftlichen) Systeme des Zahlungsbilanzausgleichs notwendig. Sowohl in einem System fixer Wechselkurse (im Fall des Currency-Board-Systems ist vollständige Konvertibilität Systemvoraussetzung) als auch in Systemen flexibler Wechselkurse stellt (ein gewisser Grad an) Konvertibilität eine Funktionsvoraussetzung für den Ablauf der unterschiedlichen Mechanismen des Zahlungsbilanzausgleichs dar. Da Konsistenz der Devisenposition eine der Voraussetzungen für die Glaubwürdigkeit sanierender Währungsreformen ist, erhält die Konvertibilität auch auf Grund dieses Zusammenhangs eine besondere Bedeutung.

5. „Der Abbau von Devisenkontrollen bedeutet auch, daß die Möglichkeiten des Rentseeking, die mit der Zuteilung von Devisen verbunden sind, beseitigt werden.“[224]

6. Auf Grund gewisser problematischer Effekte der Kapitalbilanzkonvertibilität im Stabilisierungs- und Anpassungsprozess kann es „sinnvoll sein, Kapitalimporte zu kontrollieren, bis der Handel, das Finanzsystem und die heimischen Märkte dereguliert sind bzw. bis die Staatsfinanzen neu geordnet sind.“[225] Mögliche Probleme einer

---

[223] Ebenda, S. 139. Vgl. zu den Argumenten gegen die Herstellung von Leistungsbilanzkonvertibilität im Rahmen von Stabilisierungs- und Anpassungsstrategien ebenda.
[224] Ebenda, S. 139.
[225] Ebenda, S. 141.

frühzeitigen Liberalisierung der Kapitalbilanz bestehen in einer durch starke Kapitalzuflüsse bedingten Aufwertung des realen Wechselkurses, einer Ermöglichung der (kurzfristigen) Finanzierung eines langfristig nicht haltbaren fiskalischen Defizits durch ebensolche Kapitalimporte und einer Begrenzung der für wachstumsorientierte Investitionen notwendigen finanziellen Ressourcen durch Kapitalfluchtstendenzen. Allerdings zeigt die Erfahrung der Entwicklungsländer, dass Kapitalverkehrskontrollen weitgehend ineffektiv sind. Sie sind also nicht in der Lage, die genannten Probleme wirklich zu lösen.[226]

7. Unter dem Aspekt der Glaubwürdigkeit ist folgender Zusammenhang zu beachten: Unter Konvertibilitätsbedingungen ist der Anreiz für eine Regierung besonders hoch, wirklich effektive Maßnahmen der Inflationsbekämpfung zu ergreifen. Die Möglichkeit, seitens der Privaten ein „schlechtes" (inflationäres) nationales Geld durch „gutes" (wertstabileres) ausländisches Geld zu ersetzen (Währungssubstitution), setzt eine Regierung und die ihr zu- bzw. untergeordneten monetären Instanzen einem vehementen Druck aus, eine inflationäre Geld- und Wirtschaftspolitik zu unterlassen.[227] Maßnahmen der Devisenbewirtschaftung können hingegen dazu genutzt werden, um die Steuerbasis der „Inflationssteuer" (das inländische Geld), aufrecht zu erhalten, und gegen Kapitalfluchts- und Währungssubstitutionstendenzen zu schützen. Vor diesem Hintergrund folgert FREYTAG (2000 und 2001), dass (Kapitalbilanz-) Konvertibilität prinzipiell die Glaubwürdigkeit sanierender Währungsreformen erhöht.[228]

Neben den genannten Kriterien gilt es bei der Konstruktion bzw. der Sanierung einer monetären Ordnung aus ordnungstheoretischer Sicht vor allem eins zu berücksichtigen: die Interdependenzen zwischen den einzelnen (dargestellten) Bausteinen der Geld- und Währungsordnung.[229]

---

[226] Vgl. QUIRK (1989).

[227] Vgl. zur ordnungspolitischen Bedeutung der Konvertibilität auch BERNHOLZ (1990), S. 70.

[228] „Full convertibility can be interpreted as a signal that the government is really committed to stability. For it indicates that the monetary regime is open to competition. This enables individuals to spend their money where they prefer. A lack of convertibility indicates the opposite. The public does not know whether the commitment to stability is earnest [...]." FREYTAG (2000), S. 48. „[...] it seems convincing in theory that higher capital mobility contributes to lower inflation rates since the capital owners can avoid the country with a high inflation rate more easily. If they do so, investments are lower than possible, eventually leading to unemployment. This provides a strong disincentive for governments to increase the money supply above a certain level. Given the relatively low degree of capital mobility, one could argue that the inflationary bias during the existence of the Bretton-Woods system was stronger than afterwards." FREYTAG (2001), S. 9.

[229] Selbstverständlich müssen in diesem Zusammenhang auch die rechtlichen Vorgaben und jeweiligen Bedingungen des Internationalen Währungssystems berücksichtigt werden.

B. Geldtechnische Maßnahmen

Vor allem zwei Maßnahmen monetär-technischer Natur sind im Rahmen sanierender Währungsreformen von Bedeutung: die *Einführung einer neuen Währungseinheit* (bzw. ein Währungsschnitt) und die *kurzfristige Erhöhung der nominalen Geldmenge.*

a) Die Einführung einer neuen Währungseinheit ist nicht notwendigerweise Bestandteil einer sanierenden Währungsreform. Sie empfiehlt sich aber aus geldpsychologischen Gründen. Sie signalisiert und symbolisiert einen Neuanfang und den „Regimewechsel" in der Geldpolitik und kann so zur Erhöhung der Glaubwürdigkeit der Reform beitragen.[230] Der optimale Zeitpunkt für diese Maßnahme hängt nicht zuletzt vom gewählten Zeitprofil der Reform ab (Gradualismus versus Schocktherapie).

b) Unverzichtbar im Rahmen sanierender Währungsreformen ist u.U. eine zweite geldtechnische Maßnahme: eine „einmalige und drastische Ausdehnung der nominalen Geldmenge".[231] Die Notwendigkeit dieser Maßnahme ergibt sich aus der Tatsache, dass fortgeschrittene Inflationen i.d.R. mit einer Senkung der realen Geldmengen unter das vor- bzw. nichtinflationäre Niveau einhergehen.[232] Sie dient der Remonetisierung der Wirtschaft. Der Umfang dieser einmaligen Ausdehnung der nominalen Geldmenge „hängt von dem erreichten Stadium der fortgeschrittenen offenen Inflation, dem Anstieg der Umlaufgeschwindigkeit des Geldes und damit vom Ausmaß, mit dem die reale Geldmenge gesunken ist, ab."[233]

---

[230] Je häufiger solche Währungsschnitte vorgenommen werden, desto mehr nutzt sich dieser glaubwürdigkeitserhöhende Effekt natürlich ab.
[231] BÄHR (1994), S. 57.
[232] Nach BÄHR (1994) sind fortgeschrittene Inflationen gerade durch ein Sinken der realen Geldmengen unter das vorinflationäre Niveau definiert.
[233] BÄHR (1994), S. 57.

V. Institutionelle Konsistenzbedingungen sanierender Währungsreformen innerhalb der Wirtschaftsordnung

A. Fiskalische Konsistenz

Es besteht heute Einigkeit darüber, dass die Herstellung „fiskalischer Konsistenz" bzw. „fiskalischer Stabilität" zu den wichtigsten (notwendigen) Erfolgsbedingungen sanierender Währungsreformen gehört.[234] Alle fortgeschrittenen Inflationen und Hyperinflationen in der Geschichte waren letztlich im Wesentlichen auf die Unfähigkeit von Regierungen zurückzuführen, ihre Ausgaben inflationsneutral über das Steuersystem oder den Kapitalmarkt zu finanzieren.[235] Die Geldpolitik ist im Rahmen sanierender Währungsreformen entsprechend immer zunächst aus dem „Würgegriff" *fiskalischer Dominanz* zu befreien und die Inflationssteuer durch nicht-inflationäre Finanzierungsformen zu ersetzen.[236] „If the government in the post-reform period is unable to finance its expenditures through tax and tariff revenues or via taking up a (international) credit on ordinary capital markets, the reform is bound to fail. [...] This is a well-known conclusion drawn in the literature on monetary commitment and reform [...]."[237] Der institutionelle Faktor „fiskalischer Konsistenz" kann relativ leicht gemessen und operationalisiert werden. Das Budgetdefizit im Verhältnis zum Bruttosozialprodukt ist eine gute Annäherung.[238] Ein ausgeglichener Haushalt wirkt – insbesondere zu Beginn einer Währungsreform – erwartungsstabilisierend und ist der Glaubwürdigkeit förderlich, da so auch die wichtigste Ursache der Inflation, nämlich eine Monetisierung von Staatsdefiziten, beseitigt wird. Nicht unbedingt muss jedoch im Rahmen einer sanierenden Währungsreform

---

[234] „The elimination of large public sector deficits is clearly a necessary condition for a lasting reduction in inflation. It is thus not surprising that programs in which the fiscal adjustment was either absent or short-lived got quickly off track [...] In successful plans [...] however, the fiscal adjustment has often been quite important." CALVO/VÉGH (1999), S. 36.

[235] „Einer der trivialsten Gründe für einen Mangel an Glaubwürdigkeit liegt dann vor, wenn Regierungen bei der Ankündigung von Reformprogrammen einfache Budgetbeschränkungen und Bilanzidentitäten nicht hinreichend berücksichtigen. So ist die Ankündigung einer drastischen Stabilisierungspolitik kaum glaubwürdig, solange der Staat auf die Einnahmen aus der Inflationssteuer angewiesen ist und sich nicht gleichzeitig Ausgabenkürzungen oder alternative Einnahmequellen abzeichnen." FUNKE (1991), S. 178.

[236] Das Scheitern zahlreicher Währungsreformen in der Währungsgeschichte des 20. Jahrhunderts ist gerade auf eine mangelnde Berücksichtigung dieser fiskalischen Konsistenzbedingung zurückzuführen. Die Geschichte der (gescheiterten) brasilianischen Währungsreformen bietet hierfür ein Fülle an eindrucksvollem Anschauungsmaterial. Neue empirische Untersuchungen untermauern dies schlagkräftig. Auch der jüngste Zusammenbruch des argentinischen Currency-Board-Systems (im Jahr 2002) lehren, dass eine Bindung einer Regierung durch eine regelgebundene Geldpolitik allein noch kein Garant für ein glaubwürdiges Währungssystem ist. Die adäquate fiskalpolitische Flankierung ist hier mindestens ebenso wichtig.

[237] FREYTAG (2000), S. 198.

[238] „In general, higher public deficits imply lower fiscal stability. In a federal system, all levels are included." Ebenda, S. 57. Allerdings ist zu berücksichtigen, dass Budgetdefizite für eine gewisse Zeit auch auf internationalen Kapitalmärkten finanziert werden können.

(sofort) ein ausgeglichener Haushalt oder ein Haushaltsüberschuss hergestellt werden.[239] Prinzipiell hat eine Haushaltsreform auf der Einnahmen- und Ausgabenseite anzusetzen. Eine vorübergehende Erhöhung der Staatseinnahmen kann durch Privatisierungserlöse erzielt werden. Längerfristig bedarf es jedoch vor allem der Etablierung eines effizienten Steuersystems und einer Reduktion der Staatstätigkeit auf ein stabilitätskonformes Ausmaß. Für eine langfristige Erwartungsstabilisierung ist auch im Bereich der Fiskalpolitik an die Etablierung von Regelbindungen zu denken. Zentral ist in diesem Zusammenhang ein gesetzliches Verbot der Finanzierung staatlicher Defizite, also einer gesetzlichen Trennung von Geldpolitik und Fiskalpolitik. Auch Zielvorgaben für die öffentlichen Defizite sind in diesem Zusammenhang zu erwägen.

Die Wechselwirkungen zwischen einer monetären Kontraktion (und ihren kurzfristigen negativen Wachstumswirkungen) bzw. der nominalen Abwertung und dem Staatshaushalt sind zu berücksichtigen: „Der Spielraum für eine reale Abwertung durch eine monetäre Kontraktion kann vor allem dann begrenzt sein, wenn die Einnahmen aus der Inflationssteuer von erheblicher Bedeutung sind. Die monetäre Kontraktion droht dann zu einem erheblichen Einnahmenausfall zu führen, da durch eine geringere Inflationsrate der Steuersatz der Inflationssteuer gesenkt würde. Allerdings wird bei einer sinkenden Inflationsrate die reale Geldnachfrage zunehmen. Aufgrund der wachsenden Steuerbasis müßten die Einnahmen aus der Inflationssteuer dann steigen. Besonders in Hochinflationsländern ist zu vermuten, daß der positive Steuerbasiseffekt überwiegt, während in Ländern mit niedriger Inflation der Steuersatzeffekt dominiert [...].“[240] Eine nominale Abwertung führt zudem in der Regel zu erhöhten Staatsausgaben und damit auch zu einer Erhöhung des Budgetdefizits, wenn der Staat die Hauptlast des externen Schuldendienstes zu tragen hat. Der Schuldendienst in heimischer Währung steigt insbesondere dann, wenn die Auslandsschulden in ausländischer Währung denominiert sind.[241] Die Diskussion der Wirkungen der Geld- und Wechselkurspolitik auf das Staatsbudget zeigt die zentrale Bedeutung fiskalischer Reformen für die Glaubwürdigkeit sanierender Währungsreformen. „Allgemein wären unter Ausschluß der Inflations- und Handelssteuern die Einnahmen zu erhöhen, um Defizite zu verringern und so einen Puffer für die Finanzierung des Budgets für den Fall zu schaffen, daß z.B. eine

[239] „Although in the econometric analysis fiscal stability proved to contribute significantly to low inflation, economic policy should not confuse the necessity to stop monetisation with the need to balance the public budget at any rate. As many cases have shown, a moderate public debt can be in accordance with stabilisation. Its impact on the price level crucially depends on how the debt is financed.“ Ebenda, S. 174.

[240] BUCH/KOOP/SCHWEICKERT/WOLF (1995), S. 162. Ein kontraproduktiver Effekt einer Inflationsbekämpfung auf die Staatsfinanzen kann sich auch aus der eine monetäre Kontraktion typischerweise begleitenden Zinsentwicklung ergeben. Eine monetäre Kontraktion beschneidet auch die heimische Kreditexpansion. Erhöhen sich daraufhin die inländischen Zinssätze, steigt der Schuldendienst des Staates bzw. der staatseigenen Unternehmen. Bei hoher inländischer Staatsverschuldung werden die Staatsausgaben durch eine monetäre Kontraktion signifikant erhöht und die Budgetrestriktion entsprechend verschärft.

[241] Ebenda, S. 163.

monetäre Kontraktion über eine temporäre Erhöhung der Arbeitslosigkeit zu Einnahmeausfällen bzw. zu einem Ausgabenanstieg führt."[242]

Nur bei einer Durchführung grundlegender fiskalischer Reformen sind deshalb sowohl die Durchführbarkeit, die Glaubwürdigkeit als auch die Effektivität einer eigenständigen Geld- und Wechselkurspolitik gewährleistet.[243] „Bei einer Reform der Staatsfinanzen ist neben dem kurzfristigen Ziel der Herstellung der Effektivität und der Durchführbarkeit geld- und währungspolitischer Strategien bei eigenständiger Währung auch die mittel- bzw. langfristig anzustrebende Optimallösung zu beachten. [...] Die mittel- bis langfristige Zielsetzung muß sich an den in der Steuertheorie aufgestellten Besteuerungsprinzipien orientieren."[244] Generell gilt, dass fiskalische Restriktionen, die etwa durch ein stark unterentwickeltes Steuersystem entstehen, schon bei der Formulierung des geld- und währungspolitischen Konzeptes zu berücksichtigen sind. [245] Zudem muss gesehen werden, dass der Zusammenhang zwischen dem Staatshaushalt und der Geldpolitik bei einem geringen Entwicklungsniveau des inländischen Kapitalmarktes und beschränktem Zugang zum internationalen Kapitalmarkt noch wesentlich enger ist.[246] Die Glaubwürdigkeit der Geldpolitik wird dadurch generell untergraben. Eine sehr strikte Regelbindung der Geldpolitik ist vor einem solchen Hintergrund kaum glaubwürdig.

B. Konsistenz des Arbeitsmarktregimes

Ein mit den Zielen einer sanierenden Währungsreform konsistentes Arbeitsmarktregime kann unterschiedlich definiert werden. Für die vorliegende Arbeit ist es diesbezüglich entscheidend, den besonderen politischen Kontext eines autoritären Regimes zu berücksichtigen, welches die Macht hat, den Lohnverhandlungsprozess stark zu zentralisieren. Die monetären Instanzen sind unter solchen Bedingungen nicht im selben Maß politischem Druck ausgesetzt, einen kurzfristigen *Trade-Off* zwischen dem Output und der Beschäftigung einerseits und der Inflation andererseits aus polit-ökonomischen Motiven auszubeuten, wie dies unter demokratischen Bedingungen der Fall ist.[247] Die Flexibilität des Arbeitsmarktes,

---

[242] Ebenda, S. 163.
[243] Vgl. ebenda, S. 164.
[244] Ebenda (1995), S. 164-165. Vgl. hier auch Genaueres zu den in der Steuertheorie entwickelten Grundsätzen einer Steuerreform.
[245] Vgl. ebenda, S. 169.
[246] Vgl. ebenda, S. 169.
[247] Das „beschäftigungspolitische Motiv" ist neben dem „fiskalischen" ein entscheidendes polit-ökonomisches Motiv für Zentralbanker bzw. für eine Regierung, die Geldmenge über ein stabilitätskonformes Maß hinaus auszudehnen. Dahinter steht der Versuch, den kurzfristigen Trade-Off zwischen Output (und damit auch der Beschäftigung) und Inflation politisch auszubeuten, obwohl sich gezeigt hat, dass die Geldpolitik nicht dazu geeignet ist, nachhaltige Beschäftigungseffekte zu erzielen: „there still are demands for loose monetary policy to

die von FREYTAG (2000) als Faktor gesehen wird, der die Glaubwürdigkeit einer sanierenden Währungsreform beeinflusst, verliert unter den Bedingungen eines Militärregimes an Bedeutung. Als entscheidender Faktor zur Beurteilung der Glaubwürdigkeit in einem solchen Kontext kann – auf Grund der Bedeutung dieser Variable für die Entwicklung der Inflation in kurz- bis mittelfristiger Sicht – die Entwicklung des Reallohnes herangezogen werden.

C. Offenheit des Landes (Konsistenz der Außenwirtschaftsordnung)

Die Handelsbeziehungen eines Landes und der Offenheitsgrad einer Wirtschaftsordnung sind für die Effektivität und die Durchführbarkeit der Geld- und Wechselkurspolitik im Rahmen sanierender Währungsreformen von entscheidender Bedeutung. „Ohne Zweifel: Die rasch voranschreitende Globalisierung der Märkte und der damit verbundene Wettbewerbsdruck erleichtern tendenziell die Aufgabe, Geldwertstabilität zu wahren. In dem Maße, wie internationaler Wettbewerb auf den Gütermärkten die Preisspielräume der Unternehmen verringert und Wettbewerb auf den Arbeitsmärkten den Lohnspielraum der Tarifpartner reduziert, wird die Verantwortung der Notenbank – und der Finanzpolitik – um so offenkundiger.[248] Die schon für das Kriterium der Konvertibilität diskutierten Argumente gelten auch hier.[249] Durch die Handelsbeziehungen wird der internationale Preiszusammenhang (für handelbare Güter) hergestellt. Können inländische Produkte von den Konsumenten durch importierte Produkte und inländische Absatzmärkte von den Produzenten durch ausländische Absatzmärkte ersetzt werden, so können die Preise für inländische Produkte und ihre ausländischen Substitute lediglich um den Betrag der arbitragebedingten Transaktionskosten voneinander abweichen. Eine starke Integration in die internationale Arbeitsteilung kann also als Zeichen dafür gesehen werden, dass der internationale Preiszusammenhang funktioniert: „If there is intense competition in internationally tradable goods, one can assume that domestic and international price relations are similar."[250] Dieser internationale Preiszusammenhang für handelbare Güter ist entscheidend für die Effektivität von Stabilisierungs- und Anpassungsstrategien.[251] Wieder

---

boost employment – not only in countries having a need for monetary reforms, but also in OECD countries." FREYTAG (2000), S. 58.

[248] ISSING (1999), S. 15.

[249] Eine weitere Fassung des Konvertibilitätsbegriffs umfasst neben der Währungskonvertibilität auch die Warenkonvertibilität. Erst die Möglichkeit, grenzüberschreitend Geld in Waren einzutauschen verschafft der Konvertibilität ökonomischen Gehalt. „Bei umfassender Devisenbewirtschaftung ist es gleichgültig, ob eine bestimmte Wareneinfuhr durch unmittelbares Verbot oder durch eine Verweigerung der Devisenzuteilung verhindert wird." DOEBEL (1965), S. 8. Dementsprechend werden auch quantitative Beschränkungen des internationalen Waren- und Dienstleistungsverkehrs als Maßnahmen der Devisenbewirtschaftung betrachtet.

[250] FREYTAG (2000), S. 59.

[251] BUCH/KOOP/SCHWEICKERT/WOLF (1995), S. 134. Dies gilt natürlich vor allem für wechselkursorientierte Stabilisierungsansätze.

ist auch die Disziplinierungsfunktion einer offenen Wirtschaft für die Geldpolitik zu nennen: „The more open a country is towards foreign trade and capital flows, the more competitive pressure is laid on the government. Therefore, the inflationary bias will probably be smaller in an open economy than in a closed one.“[252] ROMER (1993) und CAMPILLO/MIRON (1997) belegen empirisch, dass Offenheit eines Währungs- bzw. Wirtschaftsraums und Inflation negativ korreliert sind.[253]

Die Bedeutung einer Reform der Außenwirtschaftsordnung im Rahmen sanierender Währungsreformen ist zudem vor allem in Zusammenhang mit der „Devisenrestriktion“ zu sehen. Die Entschärfung einer „harten“ Devisenrestriktion ist eine wichtige Voraussetzung für die Lösung des Glaubwürdigkeitsproblems.[254] Vor diesem Hintergrund geht von der Außenwirtschaftsordnung und ihren Institutionen – neben der fiskalischen Restriktion – vielleicht die zentrale (ökonomische) Restriktion für die Glaubwürdigkeit einer sanierenden Währungsreform aus. Eine Politik der Importsubstitution, wie sie für Lateinamerika und Brasilien nach 1945 kennzeichnend war, führt – obwohl sie gerade als Maßnahme gegen chronische Zahlungsbilanzprobleme konzipiert worden war – zu einer chronisch harten Devisenrestriktion. Zu ihrer Entschärfung können verschiedene flankierende Maßnahmen eingeleitet werden. Zu denken ist hier vor allem an:

1. Die Herstellung eines (mittelfristig) gleichgewichtigen realen Wechselkurses;
2. die Liberalisierung des Außenhandels;
3. eine Strategie der Exportausweitung- und Exportdiversifizierung,[255]
4. die Herstellung von Leistungs- und Kapitalbilanzkonvertibilität,
5. die Lösung des Problems der Auslandsverschuldung bzw. die Einleitung von Umschuldungsverfahren,
6. die Inanspruchnahme externer Hilfe.

---

[252] FREYTAG (2000), S. 60.

[253] Vgl. auch IMF (1996), S. 130.

[254] (Chronischer) Devisenmangel ist eine typische Erscheinung im Zuge von Inflations- und Währungskrisen.

[255] Insbesondere wenn der Zugang zum Weltkapitalmarkt beschränkt ist, kann eine Exportausweitung maßgeblich zur Lockerung der Devisenrestriktion beitragen. „In einer solchen Situation können ausländische Ersparnisse nur mobilisiert werden, wenn entweder die Importe reduziert oder die Exporte ausgeweitet werden, um einen Handelsüberschuß zu erzielen.“ BUCH/KOOP/SCHWEICKERT/WOLF (1995), S. 134. Eine solche Exportausweitung ist durch eine Exportdiversifizierung zu flankieren, da so die Anfälligkeit gegenüber exogenen Rohstoffpreisschocks gemindert wird, Exporteinnahmen stabilisiert und heimische Produzenten in den internationalen Produktionsprozess integriert werden, wodurch neben dem Weltmarktpreissystem auch technologische und kommerzielle Fähigkeiten importiert werden. Auch eine Exportdiversifikation trägt also wesentlich zur Stabilisierung der Devisenbilanz und des Devisenmarktes eines Landes bei. Konkrete Maßnahmen, die hier ergriffen werden können, sind die Abschaffung von Handelsquoten und Exportsteuern und die Vereinheitlichung von Importzöllen.

D. Wirtschaftlicher Freiheitsgrad (Grad des Staatsinterventionismus)

Die nachhaltige Verankerung des Prinzips der Geldwertstabilität in einer Wirtschaftsordnung ist unter den Bedingungen des Papiergeldstandards auf Dauer letztlich – das zeigen zumindest die Erfahrung des 19. und 20. Jahrhunderts – nur mit einer Wirtschaftsordnung kompatibel, in der die ordnungstragende Rolle dem Markt und nicht dem Staat zukommt. Interventionistische Wirtschaftsordnungen scheinen eher einen Inflations-Bias und eine Tendenz zur Ausnutzung der „Flexibilitäten" des Geldschöpfungsprozesses im Rahmen eines Papiergeldstandards aufzuweisen.[256] Schon bei Eucken ist „eine stabile Währung mit freien, wettbewerblich organisierten Märkten auf das Engste verknüpft."[257] Er ist davon überzeugt, „daß eine Währungsreform ohne Wiederherstellung einer freien Marktwirtschaft nutzlos wäre [...]."[258] Anders formuliert: „The higher the economic freedom is in a country, the higher is the probability of a successful monetary reform."[259] Verschiedene Gründe vermögen dies zu erklären:

a) (Stabilem) Geld kommt in einer interventionistischen Ordnung – wenn überhaupt – nur eine untergeordnete Rolle, auf keinen Fall eine ordnungstragende Rolle wie in Marktwirtschaften, zu. Primäres Allokationsinstrument ist hier nicht der Markt, nicht der Preismechanismus (für dessen Absicherung Geldwertstabilität fundamental ist), sondern ein bürokratisches bzw. zentralistisches Lenkungs- und Ordnungsprinzip. Auf diesen Zusammenhang hat schon EUCKEN (1952/90) hingewiesen.[260]

b) Andererseits neigen gerade stark interventionistische Ordnungen zu einer Überdimensionierung des Staatsapparates, zu einer extremen Bürokratisierung (mit der entsprechenden Schaffung von Anreizen für Rent-Seeking-Verhalten) und dem Aufbau und dem Schutz (unrentabler) Staatsunternehmen. Alle diese Faktoren führen tendenziell zu einem steigenden staatlichen Finanzierungsbedarf, der c.p. höhere Haushaltsdefizite verursacht, den politischen Druck auf die Notenpresse erhöht und

---

[256] „Ein Blick in die Wirtschaftsgeschichte zeigt [...] eine merkwürdige Symbiose von Geldmengenexpansion und vordringender Zentralverwaltungswirtschaft." MEYER (1948), S. 118.

[257] BERNHOLZ (1989), S. 6.

[258] Ebenda, S. 4.

[259] FREYTAG (2000), S. 63.

[260] „In einer Wirtschaftsordnung des zentralverwaltungswirtschaftlichen Typs spielt das Geld nur eine geringe Rolle. Was der Haushalt zu kaufen vermag, hängt nicht so sehr von seinem Geldeinkommen als von den Rationen ab, die ihm zugeteilt werden. Auch der Betrieb erhält Rohstoffe entsprechend den Zuteilungen zentraler Stellen und nicht nach der geldlichen Kaufkraft, über die er verfügt. Ob Investitionen stattfinden, entscheiden nicht die Unternehmer und die Kredit gewährenden Banken, sondern zentrale Verwaltungsstellen. – Da in solchen Wirtschaftsordnungen nicht Preise den Wirtschaftsprozeß lenken, ist das Geld zur Regulierung des Wirtschaftsprozesses nicht wesentlich. In solchen Wirtschaftsordnungen also tritt die Geldpolitik nicht an die erste Stelle, sondern sie nimmt einen unbedeutenden Platz ein." EUCKEN (1952/90), S. 256.

damit die Glaubwürdigkeit einer sanierenden Währungsreform untergräbt. Voraussetzung der Herstellung fiskalischer Konsistenz ist entsprechend die Herstellung eines konsistenten ordnungspolitischen bzw. Staatskonzeptes.

c) Interventionistische Ordnungen gehen zudem typischerweise mit dem Problem einer „Dominanz der Prozesspolitik“ und einer mangelnden Regelbindung in der Wirtschaftspolitik einher. Die rechtlichen Rahmendbedingungen des Wirtschaftslebens unterliegen i.a. einem permanenten und schnellen Wandel, der eine Politik des „stop-and-go“ und einen ad-hoc-Dirigismus zur Regel werden lässt. Von Ordnungspolitik im eigentlichen Sinne kann in einem derartigen System nicht die Rede sein. Ein solcher Rahmen schafft Anreize für Rent-Seeking-Verhalten und zeitinkonsistentes Verhalten seitens der Regierung und der monetären Autoritäten. Vertrauen in die allgemeine Wirtschaftspolitik und die Geldpolitik im Besonderen kann unter solchen Bedingungen kaum wachsen. Stark interventionistische Systeme weisen deshalb gegenüber marktwirtschaftlichen Ordnungen ein generelles Glaubwürdigkeitsdefizit auf.

d) FREYTAG (2000) liefert ein weiteres Argument für die Glaubwürdigkeitsvorteile eines marktwirtschaftlichen Systems: “ (...) more freedom for the citizens means less discretionary room to manoeuvre for the government. The citizens have several exit options, the strongest being the possibility to move away. However, e.g. the threat of capital exports may be enough to discipline the government. In other words: a high degree of economic freedom enables the policymaker to run a monetary policy dedicated to stability.“[261]

e) Die Herstellung eines adäquaten Ordnungsrahmens stellt also – insbesondere unter den Bedingungen des Papiergeldstandards – eine entscheidende Voraussetzung für die nachhaltige Verankerung des Prinzips der Geldwertstabilität in einer Wirtschaftsordnung dar. Letztlich handelt sich also bei sanierenden Währungsreformen um einen komplexen Transformationsprozess, in welchem es immer auch darum geht, die fundamentalen Institutionen einer marktwirtschaftlichen Ordnung zu etablieren. Erst in einer marktwirtschaftlichen Ordnung kommen die wohlsfahrtsmaximierenden

---

[261] FREYTAG (2000), S. 63. Unterschiedliche Konzepte zur Messung des „wirtschaftlichen Freiheitsgrades“ existieren. JOHNSON/HOLMES/KIRPATRICK (1999) benutzen zehn Kriterien, um ihn in 160 Ländern zu messen. Dabei werden folgende Bereiche berücksichtigt: Handelspolitik, Besteuerung, Staatsinterventionen in der Wirtschaft, Geldpolitik, Kapitalflüsse und ausländische Investitionen, Bankenwesen, Lohn- und Preiskontrollen, Eigentumsrechte, allgemeiner Regulierungsgrad und Schwarzmarktaktivitäten. Ein anderer Index der wirtschaftlichen Freiheit wird von GWARTNEY/LAWSON (1997) und GWARTNEY/LAWSON/ SAMIDA (2000) konstruiert.

Wirkungen stabilen Geldes voll zum Tragen. Geldwertstabilität wird hier zur zentralen Säule des Systems. Sie gewährleistet die Funktionstüchtigkeit des Preismechanismus, welcher in einer solchen Wirtschaftsordnung den zentralen Koordinations- und Allokationsmechanismus darstellt. Das Primat der Geldwertstabilität bei Eucken liegt hierin begründet.

E. Indexierungsmechanismen

Formen der Geldwertberichtigung bzw. „Indexklauseln als Versuch des Schutzes gegen die Auswirkungen der Inflation auf die Einkommen bestimmter Gruppen haben eine lange Tradition."[262] Sie kamen im Zuge der Währungsreform der Regierung Castello Branco umfassend zum Einsatz. Es wird hier deshalb zu untersuchen sein, welchen Beitrag sie zum relativen Erfolg dieser Währungsreform geleistet haben bzw. inwieweit sie einen durchgreifenderen Erfolg in der Inflationsbekämpfung verhindert haben. Die Wirkungen der Indexierung auf den Inflationsprozess sind in der einschlägigen Literatur strittig.[263] Indexierungsmechanismen werden überwiegend als Faktoren gesehen, die eine Inflationsbekämpfung und ihre Glaubwürdigkeit unterminieren.[264] Verschiedene Gründe werden hierfür angeführt. Erstens verstärken sie Rigiditäten im Preis- und Lohnbildungsprozess und können so zu einer „Inflationsbeharrung" führen bzw. beitragen.[265] Zweitens beeinflussen sie die Inflationserwartungen der Wirtschaftsubjekte auf kontraproduktive Weise. FISCHER/SUMMERS (1989) analysieren die Wirkungen von Indexierungsmechanismen im Kontext der Glaubwürdigkeitsmodelle von KYDLAND/PRESCOTT (1977) und BARRO/GORDON (1986). Ihre wichtigste Schlussfolgerung ist: „[...]governments whose ability to maintain low inflation rates is uncertain should not reduce costs of actual inflation."[266] „[...]in the presence of distortions, policies that would represent Pareto improvements if behaviour were unchanged

---

[262] ISSING (1973), S. 3. „Monetary correction is a method used for correcting monetary values when the currency in which claims are denominated has its purchasing power (of a set of goods) changing over time. It is a tool used to reduce the distortions from inflation. Ultimately, it represents an implicit institutional acceptance of the need to dissociate two uses of money: as a means of payment, and as a standard of accounts." LEES/BOTTS/CYSNE (1990), S. 10.

[263] „Aus der Diskussion der einzelnen Argumente ergibt sich keine eindeutige Folgerung etwa derart, daß Indexklauseln auf jeden Fall eine Beschleunigung der Inflation bewirken müßten." ISSING (1973), S. 49.

[264] „Of course, indexation can cause continuing inflation only if monetary policy is accommodating: if the authorities target monetary aggregates, the pressures that result in higher inflation under passive monetary policy are instead reflected in a rise in unemployment and, unless there is no flexprice sector at all; this will ultimately tend to restrain inflation." WILLIAMSON (1985), S. 168.

[265] „Je weiter die Indexautomatik nämlich reicht [...], desto mehr werden Preissteigerungen in einzelnen Sektoren in allgemeine Preissteigerungen umgesetzt. Die Indexautomatik schafft somit einen zusätzlichen „Sperrhakeneffekt" (ratchet), die Flexibilität des Preissystems „nach unten" nimmt weiter ab." ISSING (1973), S. 49. PAZOS (1972) und DORNBUSCH/SIMONSEN (1987) diskutieren das Problem der Inflationsbeharrung als Folge einer rückwärtsgerichteten Indexierung.

[266] FISCHER/SUMMERS (1989), S. 386.

by their implementation, may be undesirable once their incentive effects are recognized."[267] In einer solchen institutionentheoretischen Perspektive kann Indexierung also als Anreiz für mehr Inflation interpretiert werden. Eine Desindexierung kann hingegen im Rahmen einer sanierenden Währungsreform als klares Signal des Beginns einer Disinflationsphase betrachtet werden. Wie auch immer der Mechanismus einer indexierungsbedingten Inflationsbeharrung erklärt werden mag (ob mit Hilfe der Theorie der Rationalen Erwartungen oder mit Hilfe eines Ansatzes, der den institutionellen Mechanismus einer Inflationsfortwälzung betont), die meisten Autoren sind sich einig, dass Indexierung zum Phänomen der *Inflationsbeharrung* führt.[268] Das Phänomen der *Beharrungsinflation* ist insbesondere für die brasilianische Entwicklung der 1980er und der 1990er Jahre (bis 1995) kennzeichnend gewesen. In den jüngeren Stabilisierungsansätzen in Lateinamerika (so auch im Plano Real) wurde die Desindexierung als entscheidende Voraussetzung einer erfolgreichen Inflationsbekämpfung betrachtet. Und in der Tat steht außer Frage, dass die Beseitigung der totalen Durchdringung der brasilianischen Wirtschaft mit Indexierungsmechanismen eine entscheidende Voraussetzung für den Erfolg des Plano Real war.[269] Gerade im Rahmen wechselkursorientierter Stabilisierungsansätze ist eine komplette Desindexierung notwendig, um Glaubwürdigkeit des Reformansatzes herzustellen. Nur so kann die notwendige Anpassungsflexibilität einer Wirtschaft, die insbesondere beim Auftreten exogener Schocks gefragt und durch die Starrheit des Wechselkurses eingeschränkt ist, hergestellt werden.[270]

F. Externe Hilfe

Die meisten sanierenden Währungsreformen des 20. Jahrhunderts sind durch Hilfe von außen (ausländische Nationen und internationale Finanzorganisationen) flankiert worden.[271] „Die Gewährung finanzieller und technischer Hilfe durch das Ausland kann dazu beitragen, die schwierige Phase bis zur wirtschaftlichen Erholung zu überbrücken und ein nachträgliches Scheitern wegen zu hoher anfänglicher Anpassungskosten und daraus resultierendem Widerstand von Interessengruppen zu vermeiden."[272] Die Devisenrestriktion der Reform kann so entschärft werden. Zudem kann „das damit dokumentierte Vertrauen des Auslands in die

---

[267] Ebenda, S. 387.
[268] Ein formales Modell zur Beschreibung der inflationsrealimentierenden Wirkung einer Lohnindexierung wurde von SIMONSEN (1995) entwickelt.
[269] Von besonderer Bedeutung war die Desindexierung des Geldmarktes, nachdem die Indexierung dort zur Entstehung von „Quasi-Geld" geführt hatte.
[270] Vgl. hierzu auch ENGELS (1999), S. 147 ff.
[271] Vgl. BÄHR (1994), S. 90 und FREYTAG (2000), S. 65.
[272] BÄHR (1994), S. 90.

Reformpolitik helfen, die Glaubwürdigkeit des Reformprogramms zu erhöhen [...].“[273] Das Vertrauen in die durchgeführten Reformmaßnahmen kann auch durch die mit solcher Hilfe normalerweise verbundene „Konditionalität“, welche eine Form der Einschränkung des Handlungsspielraums der Regierung impliziert, gestärkt werden.[274] Aber auch ein umgekehrter Effekt ist denkbar: Möglicherweise schafft eine finanzielle Unterstützung Anreize, notwendige Anpassungsmaßnahmen erst gar nicht durchzuführen.[275] Die Effekte einer externen Hilfe auf die Glaubwürdigkeit sanierender Währungsreformen sind also als ambivalent zu bezeichnen. In den Worten von FREYTAG (2000): „External help can improve the probability of a successful monetary reform. However, it is not a substitute for both commitment and determination of the government to stabilise.“[276]

VI. Das optimale Zeitprofil

Ein Faktor von zentraler Bedeutung für die Glaubwürdigkeit sanierender Währungsreformen ist das Zeitprofil. Der Zeitpunkt des Reformbeginns, die anvisierte Zeitdauer des Disinflationsprozesses (Gradualismus versus Schocktherapie) und die Abfolge („Sequencing“) der Reformmaßnahmen sind in diesem Zusammenhang zu diskutieren. Zu allen drei Aspekten findet sich Ausführliches in der theoretischen Literatur.

Hinsichtlich des optimalen Zeitpunkts einer Implementierung einer Währungsreform wird in der Theorie i.d.R. eine möglichst frühe Durchführung empfohlen.[277] In der wirtschaftspolitischen Praxis aber scheint die Wahl des Zeitpunktes stark durch politische bzw. polit-ökonomische Restriktionen und die Frage der politischen Durchführbarkeit bestimmt zu sein. Voraussetzung der Durchführbarkeit einer Währungsreform, die – wie gesagt – immer mit einschneidenden Veränderungen in allen Bereichen der Wirtschaftsordnung und Umverteilungseffekten verbunden ist, ist eine hinreichende politische und gesellschaftliche Unterstützung.[278] Diese ist aber in der Regel um so stärker, je deutlicher

---

[273] Ebenda, S. 91. BÄHR (1994) geht davon aus, dass die Hilfe von außen „eine gute Ergänzung geld- und fiskalpolitischer Reformmaßnahmen [...]“ darstellt. Ebenda, S. 92. Nach DORNBUSCH/FISCHER (1986) sei in einigen Fällen weniger eine tatsächliche Notwendigkeit externer Hilfe gegeben. Vielmehr sei die Signalwirkung dieser Maßnahme von Bedeutung.

[274] Vgl. BÄHR (1994), S. 91.

[275] Vgl. zu den Vorteilen einer „Kontrolle“ durch den IWF auch COTTARELLI/GIANNINI (1997), S. 20-22.

[276] FREYTAG (2000), S. 199.

[277] Dies vor allem deshalb, weil einerseits die Kosten des Inflationsprozesses – auf Grund der typischen Eigendynamik und der solchen Prozessen inhärenten Beschleunigungstendenzen – im Laufe der Zeit zunehmen, und andererseits die Kosten einer Disinflation im Falle einer späten Stabilisierung steigen. Vgl. hierzu BÄHR (1994), S. 47.

[278] Dies gilt nicht nur für demokratische Systeme, sondern auch – wenn auch in abgeschwächter Form – für autoritäre Systeme.

spürbar die negativen gesellschaftlichen und ökonomischen Effekte der Inflation für breite Bevölkerungsschichten geworden sind.[279] Dies kann als Argument für das Hinauszögern einer Währungsreform bis zu einem Zeitpunkt, an dem die minimal erforderliche politische Unterstützung gegeben ist, gedeutet werden.[280] Als ein historisches Beispiel für einen Fall, bei dem ein Hinauszögern einer Währungsreform letztlich zum Erfolg geführt hat, kann der Plano Real betrachtet werden.[281]

Hinsichtlich der im Rahmen sanierender Währungsreformen anvisierten Zeitdauer des Disinflationsprozesses können grundsätzlich zwei Strategien unterschieden werden: der Gradualismus und die Schocktherapie. „Das Konzept des Gradualismus sieht eine langsame, stetige und vorhersehbare Rückführung der Inflationsrate vor. Bei der Schocktherapie dagegen gilt das Postulat der Minimierung des Zeitbedarfs, d.h. die Reduktion der Inflationsrate soll in kürzestmöglicher Zeit erfolgen."[282] Unter Glaubwürdigkeitsaspekten wird der Schocktherapie i.d.R. ein „Glaubwürdigkeitsbonus"[283] zugesprochen.[284] Es wird argumentiert,

---

[279] Wie gesagt: Häufig entsteht erst in Folge einer konkreten Erfahrung der gesellschaftlichen und ökonomischen Erosionserscheinungen, die mit fortgeschrittenen Inflationsprozessen einhergehen, eine Inflationsaversion in der Gesellschaft, die sich dann auch im politischen Prozess in einer „Nachfrage" nach einem fundamentalen Regimewechsel in der Währungsordnung manifestiert. Vgl. für eine kritische Auseinandersetzung mit diesem Argument auch BÄHR (1994) S. 48.

[280] In der Geschichte der Währungsreformen war es in der Tat häufig so, dass ein Inflationsprozess erst wirklich nachhaltig und effektiv bekämpft werden konnte, nachdem er sich zu einer Hyperinflation ausgewachsen hatte. Die größere Effizienz von Währungsreformen nach Hyperinflationen kann neben diesem polit-ökonomischen Argument auch auf die Tatsache zurückgeführt werden, dass im Zuge hyperinflationärer Entwicklungen die Rigiditäten, die einen Disinflationsprozess typischerweise behindern, abnehmen. Durch eine Verkürzung der Kontraktlaufzeiten und sehr häufige Preisänderungen reagieren Löhne und Preise faktisch wieder flexibler und können sich schneller an Stabilisierungsmaßnahmen anpassen. Vgl. zu diesem Argument BÄHR (1994), S. 48.

[281] Im Vorfeld des Plano Real wurde eine Beschleunigung des Inflationsprozesses bis zum Erreichen des Stadiums der Hyperinflation hingenommen bzw. sogar bewusst betrieben, bevor der wechselkursorientierte Stabilisierungsplan im Juli 1994 implementiert wurde. Die Hyperinflation im Vorfeld des Plano Real kann letztlich als eine Folge der „Vorbereitungen" für den wechselkursorientierten Stabilisierungsplan, also als induzierte Hyperinflation, interpretiert werden. Hintergrund dieser Erfahrung ist folgender: Fundamentale Voraussetzung eines wechselkursorientierten Stabilisierungsplans ist immer ein hinreichendes Polster an Devisenreserven zur Verteidigung des Wechselkurses. Zentrales Ziel der Geld- und Wechselkurspolitik im Vorfeld des Plano Real (1991 bis 1994) bestand deshalb vor allem darin, ein solches aufzubauen. Dazu dienten ein sehr hohes inländisches Zinsniveau (zur Attrahierung von Auslandskapital) und ein reales Wechselkursziel. Direkte Folge dieser Politik war jedoch die rasante Beschleunigung des Inflationsprozesses. „Die Devisenmarktinterventionen des BACEN zur Erhaltung eines real konstanten Wechselkurses angesichts massiver Kapitalzuflüsse wurden [...] zum bedeutendsten Faktor der Expansion der monetären Basis in den 90er Jahren (zwischen 1991 und 1994)." WACKER (1997), S. 41. Die Währungsbehörden waren nicht in der Lage, diesen expansiven Effekt durch Offenmarktpolitik und Mindestreservepolitik zu neutralisieren. Schon geringe Veränderungen der monetären Basis führten unter diesen hochinflationären Bedingungen – die Geldbasis war hier schon auf ein Minimum reduziert – zu heftigen Inflationsschüben. Der Ausbruch der Hyperinflation kann hier also im Prinzip als eine direkte Folge der geld- und wechselkurspolitischen Vorbereitungen des Plano Real gedeutet werden.

[282] BÄHR (1994), S. 50.

[283] Vgl. hierzu DORNBUSCH/FISCHER (1992), S. 555.

[284] „Sie gibt ein klares, eindeutiges Reformsignal und dokumentiert den beabsichtigten Kurswechsel unmissverständlich als Beginn eines permanenten Wandels. Dies hat zur Folge, daß Wirtschaftssubjekte, die ihre Erwartungen auf eine rationale Art und Weise bilden, im Falle der Schocktherapie eher bereit sind, an eine Änderung des politischen Kurses zu glauben und sich entsprechend anzupassen. Die gradualistische Strategie

dass es im Rahmen einer solchen Strategie eher möglich sei, die Inflationserwartungen zu brechen, Reformwiderstand zu senken und den Anfangskonsens zu Beginn einer Währungsreform, der durch die wirtschaftliche Krisensituation induziert worden ist, auszunutzen.[285] Aber auch hier darf der Aspekt der „Durchführbarkeit" nicht vernachlässigt werden. Die institutionellen und politischen Ausgangsbedingungen sind zu berücksichtigen. Auch BÄHR (1994) weist darauf hin, dass zur Bestimmung der „optimalen" Strategie ausschlaggebend ist, ob wichtige Institutionen, wie z.B. ein zweistufiges Bankensystem, eine hinreichend effiziente Steuerverwaltung und ein Rechtssystem, schon bestehen (und entsprechend nur reformiert werden müssen) oder eventuell neu geschaffen werden müssen.[286] Ist letzteres – wie häufig in Entwicklungsländern – der Fall, entfällt die Option einer Schocktherapie unter Umständen auf Grund des Zeitbedarfs, der zur Errichtung grundlegender Institutionen notwendig ist.

Ein dritter zentraler Aspekt in der Gestaltung des Zeitprofils ist die Frage der optimalen Reihenfolge von einzelnen Maßnahmen. Verschiedenen Studien haben gezeigt, „daß die Gefahr des Scheiterns von Reformen und die Höhe der Anpassungskosten sowohl in Entwicklungsländern als auch in Transformationsländern von der zeitlichen Dosierung der Reformschritte („timing and sequencing") abhängen."[287] Ergebnis dieser Studien ist, dass Konsistenzprobleme am ehesten vermieden werden, wenn Reformen möglichst umfassend und zügig (also auf „einen Schlag") durchgeführt werden.[288] Insbesondere die Abfolge stabilisierungspolitischer Maßnahmen einerseits und den flankierenden Maßnahmen der Liberalisierung (des Wechselkurssystems, des Handels, der Finanzmärkte) andererseits wird kontrovers diskutiert: Zielkonflikte zwischen beiden Maßnahmen sind insbesondere für wechselkursorientierte Stabilisierungspläne typisch.[289]

---

dagegen, die nur sehr langsam zu einer Rückkehr zur Preisniveaustabilität führt, unterliegt der ständigen Gefahr des Abbruchs und der Umkehrbarkeit infolge eines möglichen Wechsels der Politikverantwortlichen, infolge politischen Drucks durch Verlierer (Interessengruppen) im Stabilisierungsprozeß sowie infolge der dynamischen Inkonsistenz der politischen Handlungen, die zu einem Glaubwürdigkeitsverlust führen kann. Somit sprechen einige gewichtige polit-ökonomische Aspekte gegen ein gradualistisches Vorgehen." BÄHR (1994), S. 52.

[285] Ausführlicheres zu dieser Diskussion findet sich ebenda, S. 50 ff.

[286] Vgl. ebenda, S. 54.

[287] NUNNENKAMP (1995), S. 99.

[288] Vgl. NUNNENKAMP (1995), S. 99, und BÄHR (1994), S. 55.

[289] Eine erfolgreiche Handelsliberalisierung setzt i.d.R. eine Abwertung des realen Wechselkurses voraus. Wechselkursorientierte Stabilisierungspläne bzw. Währungsreformen haben hingegen gerade eine reale Aufwertung zur Folge.

Zweiter Teil: Das brasilianische Inflationsphänomen im Licht der Ordnungsökonomie und die Ausgangsbedingungen vor der Währungsreform von 1964

I. Die Entwicklung der Inflation im Vorfeld der Währungsreform von 1964

Wie einleitend dargestellt, begann man in Brasilien erst nach dem Zweiten Weltkrieg jenes Phänomen kennenzulernen, welches zum „schwerwiegendsten ökonomischen Problem in der zweiten Hälfte des 20. Jahrhunderts“[290] dieses Landes werden sollte: die chronische (und fortgeschrittene) Inflation.

Abbildung 8: Jährliche Inflationsraten 1947 - 1964 (IGP-DI)

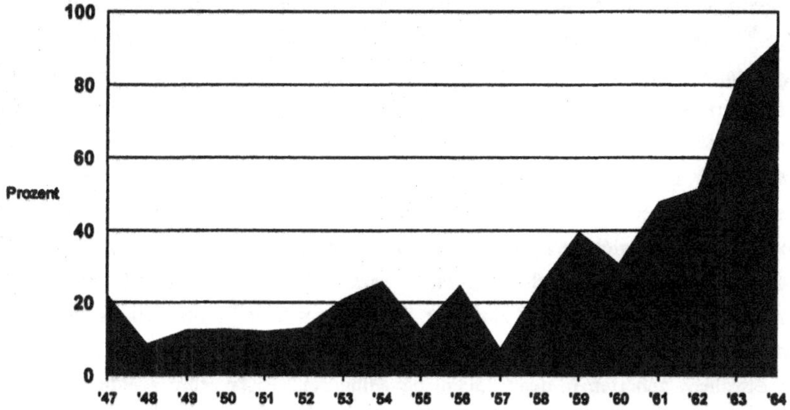

Quelle: CONJUNTURA ECONÔMICA (verschiedene Ausgaben).

Im Zeitraum zwischen 1950 und 1958 bewegte sich die Inflation noch – mit nur relativ geringer Schwankungsbreite – um durchschnittliche Jahreswerte von ca. 17% (IGP-DI).[291] Erst danach begann ein Prozess einer explosiven Inflationsbeschleunigung. Betrug die jährliche Inflationsrate im Jahr 1957 noch 7%, stieg sie in den zwei folgenden Jahren auf 24,3% (1958) bzw. 39,5% (1959). Nach einer vorübergehenden Stabilisierung im Jahr 1960 (bei 30,%) setzte eine starke Beschleunigung der Inflation erneut im Jahr 1961 ein (1961: 47,7%, 1962: 51,3%, 1963: 81,3%). Der vorläufige Endpunkt dieser Entwicklung wurde im Jahr 1964 mit einer Jahresinflation von 91,9% erreicht.[292] Damit war die höchste Inflations-

---

[290] SIMONSEN (1995), S. 16.

[291] Die durchschnittliche Inflationsrate lag in diesem Zeitraum damit nur leicht über den Raten, die im Mittel schon im Zeitraum von 1939 bis 1947 (ca. 15%) gemessen wurden.

[292] Im ersten Quartal des Jahres 1964 erreichte die Inflation 25%. Wäre die Inflationsentwicklung auch in den folgenden drei Quartalen unverändert geblieben, hätte dies zu einer Jahresinflation von 144% geführt. Mit Hilfe

rate in der Geschichte der brasilianischen Inflation seit der Unabhängigkeit Brasiliens im Jahr 1822 erreicht worden.

Im Vergleich zu den extremen Inflationsraten Brasiliens in den 1980er und 1990er Jahre (als zweimal das Niveau der Hyperinflation erreicht wurde) mag die Dynamik der brasilianischen Inflation im Vorfeld der Währungsreform relativ „harmlos" erscheinen. Der Schein trügt: Erstens existierten in Brasilien vor 1964 keine Indexierungsmechanismen, welche die volkswirtschaftlich und sozial schädlichen Wirkungen der Inflation hätten mildern können.[293] Die negativen Wirkungen der fortgeschrittenen Inflation auf die Funktionsbedingungen in den einzelnen wirtschaftlichen Teilordnungen waren entsprechend vor 1964 gravierender als unter den Bedingungen einer weitgehend indexierten Wirtschaft in den 1980er und 1990er Jahren.[294] Zweitens muss das Niveau der brasilianischen Inflation Anfang der 1960er vor dem Hintergrund der zu jener Zeit weltweit stark ausgeprägten Geldwertstabilität gesehen werden, die so charakteristisch für die Ära des Bretton-Woods-Systems (1945-1973) war.[295] Die einzige Region, in der in den 1950er und 1960er Jahren hohe Inflationsraten konzentriert auftraten, war Lateinamerika. Die immer wieder von verschiedenen Autoren formulierte Hypothese, dass der nominale Anker des Gold-Dollar-Standards im Rahmen des Bretton-Woods-Systems als globale Restriktion einer akkomodierenden Geldpolitik gewirkt habe, bestätigte sich im hier untersuchten Zeitraum weder in Brasilien noch in zahlreichen anderen lateinamerikanischen Ländern.[296] Ein fixer Wechselkurs hatte in Brasilien de facto nie ein wirkliches Hindernis für die Durchführung einer laxen Geldpolitik dargestellt. Die Inflationsraten Brasiliens gehörten in den 1950ern bis Mitte der 1960er Jahre zweifelsohne zu den höchsten der Welt. Selbst vor dem stark inflationären regionalen Hintergrund der Länder Lateinamerikas nahm Brasilien im Hinblick auf die Inflationsdynamik schon in diesem Zeitraum eine Spitzenposition ein.

---

der Währungsreform der Regierung Castello Branco (Beginn März 1964) wurde der explosive Inflationstrend des ersten Quartals jedoch gebrochen, so dass die Jahresinflation des Jahres 1964 sich letztlich auf 91,9% belief.

[293] Durch den Einsatz von Indexklauseln war es in den 1980er und 1990er Jahren überhaupt erst möglich, den Wirtschaftsprozess trotz einer verschiedentlich an hyperinflationäre Zustände grenzenden Preisniveaudynamik „am Leben" zu erhalten.

[294] Es besteht kein Zweifel darüber, dass die Kosten einer nicht-antizipierten Inflation sehr viel höher sind als die einer antizipierten Inflation. Vgl. z.B. IMF (1996), S. 116. Vgl. zu den Wirkungen der brasilianischen Inflation vor 1964 Kapitel III. des zweiten Teils dieser Arbeit.

[295] „In its era, there was in general a reasonably high stability world wide; only very few examples of high inflation can be found." FREYTAG (2000), S. 1. In den sieben wichtigsten Industrieländern betrug die durchschnittliche Inflationsrate im Zeitraum zwischen 1946 und 1970 z.B. 3,6%. Dies ist ein Wert, der ein repräsentatives Bild der Inflationsraten jener Zeit in allen Industrieländer zeichnet, war doch die „Konvergenz der Preisentwicklung in wichtigen Industrieländern während der Festkursperiode von Bretton Woods (1946-1970) ähnlich stark ausgeprägt wie in der Goldstandardphase." JARCHOW (1996), S. 16. Die durchschnittliche Inflationsrate in der Welt lag zwischen 1946 und 1973 unter 10% (Verbraucherpreisindex). Vgl. IMF (1996).

[296] Vgl. zu dieser These z.B. IMF (1996), S. 104. Diese These findet sich auch bei FREYTAG (2001), S. 9: „[...] the Bretton-Woods system had a disciplining effect on government. Many countries had fixed their exchange rates towards the US$. This fixing gave a strong disincentive to raise inflation."

Tabelle 2: Durchschnittliche Inflation in Lateinamerika im Zeitraum zwischen 1950 und 1965 (Verbraucherpreisindex) in % pro Jahr

Land	Verbraucherpreisindex	Land	Verbraucherpreisindex
Brasilien	33,8	Honduras	2,2
Chile	33,0	Costa Rica	2,0
Bolivien	26,8	Dom. Republik	1,5
Uruguay	26,2	Venezuela	1,3
Argentinien	26,0	Panama	0,6
Kolumbien	8,6	Guatemala	0,6
Peru	8,3	El Salvador	0,2
Mexiko	5,6	Nikaragua	0,1
Ekuador	2,3		
Ungewogener Mittelwert aller Länder: 11,1			

Quelle: INTERNATIONAL MONETARY FUND, International Financial Statistics (verschiedene Jahrgänge) und DONGES (1969), S. 15. Bei folgenden Ländern beziehen sich die Werte auf etwas abweichende Zeiträume: Bolivien, Uruguay und Nikaragua (1955-1965), Dom. Republik (1950-1964), Ekuador (1950-1963), El Salvador (1955-1964).

Zu berücksichtigen bei einer Einordnung der brasilianischen Inflation vor 1964 ist zudem, dass es sich hierbei nicht um eine vollständig offene Preisinflation handelte. Preis- und Devisenkontrollen gehörten zum festen wirtschaftspolitischen Instrumentarium der brasilianischen Wirtschaftspolitik seit dem Beginn der Ära Getúlio Vargas. Ein Teil des Inflationsdrucks war somit zurückgestaut und konnte sich entsprechend nicht in messbaren Veränderungen der Preisindizes niederschlagen.[297]

[297] Vgl. zur Problematik von Preiskontrollen Anfang der 1960er Jahre auch Kapitel III.B des zweiten Teils dieser Arbeit.

II. Zur Frage der Ursachen der brasilianischen Inflation vor 1964

A. Die brasilianische Inflation vor 1964 als primär monetäres Phänomen

Heute besteht – wie gesagt – kein Zweifel mehr darüber, dass Inflation auf lange Sicht ein primär monetäres Phänomen ist. Die monetaristische Inflationshypothese bestätigt sich auch bei einer Analyse der brasilianischen Inflation vor 1964.[298] Ein kurzer Blick auf folgende Grafik macht deutlich, dass die Entwicklung der brasilianischen Inflation vor 1964 (im Zeitraum zwischen 1952 und 1964) eng mit der Entwicklung des Geldangebots verknüpft war.[299] Ein enormer Zuwachs des Geldvolumens war vor allem seit 1958 zu beobachten, also unmittelbar nachdem der schon kurz erwähnte Stabilisierungsplan von Roberto Campos und Lucas Lopes (Regierung Kubitschek) abgebrochen worden war.

Abbildung 9: Wachstum des Geldangebots M1 (jährlicher Durchschnitt) in % und Entwicklung der Inflationsrate in % (1948 - 1964)

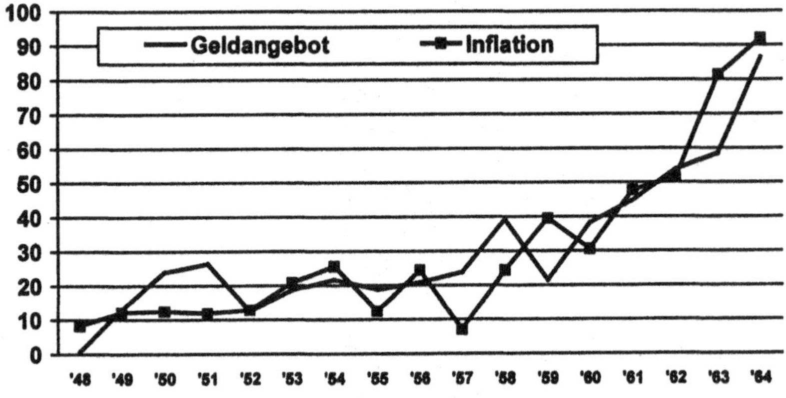

Quelle: BANCO CENTRAL DO BRASIL, Relatório und Boletim (verschiedene Jahrgänge), verwendeter Preisindex IGP-DI der FGV, vgl. die Daten in den Tabellen 26 und 28 im Anhang.

---

[298] Die Gültigkeit der monetaristischen Inflationshypothese wurde in verschiedenen Studien auch für Brasilien bestätigt. In der Untersuchung von CONTADOR/HADDAD (1975) wird die Inflationsentwicklung in Brasilien in der Periode zwischen 1867 und 1970 fast ausschließlich auf die Differenz zwischen den Wachstumsraten des Geldangebots und des Realprodukts zurückgeführt. Auch von BARBOSA (1983), BARBOSA (1989), PELÁEZ/SUZIGAN (1976) und NEUHAUS (1978) wurde dieser Zusammenhang empirisch untermauert.

[299] Mit der Feststellung eines positiven Zusammenhangs zwischen Geldmengenexpansion und Inflation sind die Ursachen der Inflation natürlich noch lange nicht hinreichend bestimmt. „This statement is only a first step towards an understanding of the causes of any particular inflation. It must be completed by an explanation of the reason for the rapid monetary growth." FRIEDMAN (1974), S. 26.

Der steile monetäre Expansionspfad stellte unzweifelhaft die primäre Ursache der Beschleunigung des Inflationsprozesses im Vorfeld der Währungsreform von 1964 dar. Deutlich wird ebenfalls, dass die Geldmenge im Zeitraum zwischen 1948 und 1962 relativ stabile Vorlaufeigenschaften gegenüber der Inflationsentwicklung aufwies. Die Entwicklung der Inflationsrate folgte der Geldmengenentwicklung i.d.R. mit einer Verzögerung von 1 bis 2 Jahren. Erst nach 1962 begann die Inflationsrate (dauerhafter) schneller zuzunehmen als das Geldangebot.[300] Die reale Geldmenge begann entsprechend ab diesem Zeitpunkt zu sinken.[301]

B. Monetär-institutionelle Voraussetzungen des Inflationsprozesses vor 1964

1. Überblick über die Struktur der monetären Instanzen vor 1964

Die institutionellen Bedingungen der Geldordnung, die bis 1964 den Geldschöpfungsprozess bestimmten, waren im Jahr 1945 gelegt worden. Die geld- und währungspolitischen Kompetenzen hatten seither (bis 1964) bei drei verschiedenen Organen gelegen:

a) der „Obersten Währungs- und Kreditbehörde" (**Superintendência da Moeda e do Crédito**, abgekürzt SUMOC), einer Regierungsstelle unter dem Vorsitz des Finanzministers, gegründet durch das Dekret-Gesetz Nr. 7.293 (2. Februar 1945).

b) dem **Banco do Brasil** und

c) dem Schatzamt („**Tesouro Nacional**").

Die formal-rechtliche Aufgabenteilung zwischen diesen drei Organen war wie folgt. Der **SUMOC** kamen zwischen 1945 und 1965 folgende Aufgaben zu:

1. Die zentrale Funktion der SUMOC bestand darin, als oberste Kontrollinstanz in der Geld- und Währungspolitik zu fungieren.[302]

---

[300] Vgl. die Daten den Tabellen 26 und 28 im Anhang zum prozentualen Anstieg der Geldmenge im Zeitraum vor 1964 (1963: 59%, 1964: 86%) im Vergleich zur Inflationsentwicklung (1963: 81%, 1964: 92%).

[301] Vgl. Tabelle 35 im Anhang.

[302] Vor 1945 waren die typischen Zentralbankfunktionen überwiegend vom Banco do Brasil wahrgenommen worden. „Neben ihrem Status als größte Geschäftsbank des Landes finanzierte sie Kreditsubventionen im Rahmen der staatlichen Industrialisierungspolitik, rediskontierte Wechsel und fungierte als „lender of last resort" für private und staatliche Organe. Außerdem führte sie die Gold- und Währungsreserven der Regierung, betrieb Wechselkursinterventionen und beaufsichtigte das Import- und Exportkontrollregime. War die Geldemission zuvor fast ausschließlich durch das Schatzamt erfolgt, wurde auch diese Funktion unter Getúlio Vargas zunehmend [dem] Banco do Brasil übertragen." BOECKLE (1997), S. 42. Vgl. für eine historische Darstellung der Entwicklung des brasilianischen Finanzsystems vor 1945 NEUHAUS (1978). Die SUMOC stellte den ersten Versuch dar, eine zentralisierte monetäre Kontroll- und Koordinationsinstanz in Brasilien zu installieren. Eine stärker zentralisierte Kontrolle der geldpolitischen Entscheidungen wurde vom geistigen Schöpfer der SUMOC, Octávio Gouvêa de Bulhões, vor allem aus zwei Gründen für notwendig gehalten: Erstens sollte die Einsetzung

2. Die zweite geldpolitische Funktion dieses Organs bestand in der Festlegung der Mindestreservesätze und der Verwaltung der Mindestreserven der Geschäftsbanken.

3. Schließlich sollte die SUMOC der technischen und personellen Vorbereitung einer späteren Einführung einer Zentralbank und als institutioneller Vorläufer einer solchen dienen.[303]

Der **Banco do Brasil** hatte im genannten Zeitraum folgende Funktionen:

1. Zentrale Aufgabe des Banco do Brasil war es, mit Hilfe der Rediskontabteilung („Carteira de Redesconto", abgekürzt CARED) und dem „Fenster der Bankenmobilisierung" („Caixa de Mobilização Bancária", abgekürzt CAMOB) als Bank der Banken (Refinanzierung) zu fungieren.[304]

2. Der Banco do Brasil war zudem die Bank des Staates.[305]

3. Als besonders problematisch sollte sich herausstellen, dass der Banco do Brasil neben diesen typischen Zentralbankfunktionen nach wie vor seine Funktionen als konventionelle Geschäftsbank und Funktionen als Entwicklungsbank („banco de fomento") wahrnahm.[306]

4. Daneben hatte der Banco do Brasil zentrale wechselkurspolitische Kompetenzen: Die Überwachung der Währungsreserven und des Systems der Devisenkontrolle und die

---

der SUMOC als oberste geld- und währungspolitische Kontrollbehörde dazu beitragen, dass die Aktivitäten des Banco do Brasil, welcher traditionell sowohl Funktionen als Zentralbank wie auch als Geschäftsbank innehatte, stärker getrennt werden könnten. „Dies war eine Form, dem Banco do Brasil bestimmte Kompetenzen abzunehmen, ohne sie wirklich institutionell auszugliedern, da die SUMOC selbst im Banco do Brasil angesiedelt worden war." BULHÕES (1990), S. 89. Einen zweiten Vorteil hatte Bulhões darin gesehen, dass mit der SUMOC, in der sowohl Vertreter des Banco do Brasil als auch des Finanzministeriums vertreten waren, eine „bessere Koordination" der Geld- und Fiskalpolitiken möglich werden würde. Vgl. ebenda. Schließlich sollte durch diese Maßnahme auch die Effizienz des Systems der Devisen- und Kapitalverkehrskontrolle erhöht werden.

[303] Sie wurde deshalb auch als *Embrio* einer Zentralbank bezeichnet. Vgl. ebenda, S. 93. Vgl. für einen Überblick über die institutionelle Struktur der SUMOC und ihre Entwicklung bis 1964 MALAN (1984).

[304] Der Rediskontsatz wurde in der CARED festgelegt. Die CAMOB – sie war im Jahr 1932 zur Milderung der Folgen der Weltwirtschaftskrise auf die Bankenliquidität geschaffen worden – kam die Funktion zu, den Geschäftsbanken über Situationen „außergewöhnlicher" Liquiditätsengpässe hinwegzuhelfen.

[305] Die Anleihen des Schatzamtes wurden vom Amortisierungsfenster (Carteira de Amortização) des Banco do Brasil verwaltet. Vgl. WELCH (1993), S. 62.

[306] Der Banco do Brasil operierte insofern als Geschäftsbank, ohne dabei der Kontrolle der SUMOC zu unterliegen. Er unterlag nicht der Mindestreservepflicht und den Kosten der Rediskontierung. Jedes Kassenungleichgewicht konnte unmittelbar durch Geldemission ausgeglichen werden. Da er als finanzieller Agent des Schatzamtes fungierte, verwaltete er die Steuereinnahmen, welche entweder auf dem Konto des Schatzamtes belassen werden konnten oder aber in den normalen Geschäftsbereichen einer Geschäftsbank angelegt werden. Im zweiten Fall wurde der Banco do Brasil von plötzlichen Ausgabennotwendigkeiten seitens des Staates überrascht und musste erneut auf das Mittel der Geldemission zurückgreifen. Der Banco do Brasil war insofern eine hybride Gestalt. Er war keine Geschäftsbank im eigentlichen Sinne. Er war weder den normalen Kontrollen des Geschäftsbankensektors seitens der monetären Instanzen (den sog. „Autoridades Monetárias") unterworfen, noch hatte er alle Eigenschaften einer monetären Instanz, da er nicht für die Kontrolle der Geldpolitik verantwortlich war. Vgl. PASTORE (1973a), S. 89.

Festlegung des Wechselkurses waren Aufgaben der Devisenabteilung („Carteira de Câmbio") des Banco do Brasil.[307]

Die Funktion des **Schatzamtes** in der Geldpolitik bestand vor allem in der Geldemission. Während die im Jahr 1945 neu geschaffene SUMOC also zum normativen Organ in der Geld- und Wechselkurspolitik geworden war, verblieben die zentralen geld-, kredit- und währungspolitischen Durchführungskompetenzen beim Banco do Brasil und dem Schatzamt.[308] De facto hatte sich an den institutionellen Bedingungen der Geldschöpfung mit der Reform von 1945 also wenig geändert.

2. Die zentralen Probleme und (wirtschaftlich-) institutionellen Restriktionen der brasilianischen Geldpolitik vor 1964

Das zentrale Problem der brasilianischen Geldordnung vor 1964 bestand unter dem Blickwinkel der Neuen Institutionentheorie zunächst darin, dass keine Form der geldpolitischen *Regelbindung* existierte: es gab weder ein „operational target" noch ein geldpolitisches Konzept noch irgendeine institutionalisierte Form der Kontrolle der Expansionsrate der monetären Basis; eine Zentralbank existierte nicht.[309] Obwohl die SUMOC im Jahr 1945 mit dem Ziel geschaffen worden war, als oberste Kontrollinstanz in der Geldpolitik die Geldschöpfung zu kontrollieren, war sie dazu de facto nie in der Lage. Sie verfügte weder über eine Kontrolle der geldpolitischen Instrumente, noch konnte sie eine effektive Koordination der geldpolitischen Maßnahmen gewährleisten, die dezentral von den drei am Geldschöpfungsprozess beteiligten Institutionen durchgeführt wurden.[310]

---

[307] Vgl. LUNDBERG (1993), S. 3.
[308] Vgl. auch GERSTENBERGER (2000), S. 11.
[309] Ein absoluter Mangel an jedweder geldpolitischen Regelbindung ist eine Konstante der brasilianischen Geldgeschichte bis 1964. Schon im 19. Jahrhundert war Brasilien, obwohl im Jahr 1846 eine offizielle Parität zwischen Gold und dem „Mil-Réis" festgelegt worden war, de facto nicht den Regeln des Goldstandards gefolgt. De facto bestand ein System flexibler Wechselkurse. Alle Versuche zu Beginn des 20. Jahrhunderts, die Regeln des Goldstandards einzuhalten (wie in den Phasen zwischen 1906 und 1913 und zwischen 1926 und 1929) oder aber eine Zentralbank einzuführen (wie in den Jahren 1923 bis 1926), waren nur von kurzer Dauer. Vgl. für eine sehr gute und detailliere Darstellung der Entwicklung der brasilianischen Geld- und Währungsordnung im Zeitraum zwischen 1900 und 1945 die Arbeit von NEUHAUS (1975).
[310] „Obwohl die SUMOC die Politik diskutieren und Maßnahmen vorschlagen konnte, war ihre Interferenz sehr begrenzt, da sie über keine Durchführungs- und Entscheidungsgewalt verfügte. Der Banco do Brasil verblieb als finanzieller Agent der Währungsautoritäten, während die SUMOC nur ein Beratungsorgan blieb." PASTORE (1973a), S. 89. Auch ihre formalen Funktionen in der Mindestreservepolitik konnte die SUMOC, nicht zuletzt auf Grund personeller und infrastruktureller Mängel, nicht wahrnehmen. Diese Funktionen verblieben – mit Ausnahme einiger weniger Jahre – de facto beim Banco do Brasil. Vgl. BULHÕES (1990), S. 93, und MALAN (1984), S. 3281.

Zudem hatte der Staat erheblichen Einfluss auf den Finanzsektor genommen. Die Geldpolitik unterlag unter diesen Bedingungen vor allem vier (direkt auf den Geldschöpfungsprozess einwirkenden) institutionellen Restriktionen aus den umliegenden wirtschaftlichen Teilordnungen: (1.) dem Phänomen der fiskalischen Dominanz, (2.) der finanziellen Repression, (3.) einem System einer entwicklungspolitisch motivierten selektiven (und subventionierten) Kreditvergabe und (4.) einem rigiden System der Devisenbewirtschaftung.

1. Die Finanzierung staatlicher Defizite durch den Banco do Brasil stellte den wichtigsten Faktor der Expansion der monetären Basis im Vorfeld der Währungsreform von 1964 dar.[311] Die brasilianische Inflation vor 1964 reiht sich also insofern in die große Zahl der fortgeschrittenen Inflationen des 20. Jahrhunderts ein, deren primäre Ursache in einer fiskalpolitischen Manipulation des Geldwesens bestanden hat. Die Haushaltsdefizite waren seit Mitte der 1950er Jahre rapide angestiegen und erreichten in den Jahren 1962 (4,3% des BSP) und 1963 (4,2% des BSP) Höchstwerte.[312] Das Schatzamt war auf Grund seines „inzestuösen" Verhältnisses mit dem Banco do Brasil in der Lage, diese Defizite komplett durch monetäre Expansion zu decken. Defizite einzelner Unterhaushalte wurden automatisch von dem Banco do Brasil gedeckt.[313] Die Ursachen der hohen Haushaltsdefizite waren vielfältig. Sie sind Gegenstand der Ausführungen in Kapitel II.D.2.1 dieses Teils der Arbeit. Die aus den dort dargestellten fiskalischen Problemen resultierenden engen fiskalischen Spielräume stellten starke Anreize für eine expansive Geldschöpfung dar.

2. Das System der finanziellen Repression – welches seit den 1930er Jahren fester Bestandteil der brasilianischen Finanzgesetzgebung war – und die damit einhergehenden Ineffizienzen des brasilianischen Kapitalmarktes waren vor allem mit den seit Ende der 1950er Jahre stark steigenden Inflationsraten zu einer zunehmend gravierenden Restriktion für den Geldschöpfungsprozess geworden.[314] Die im Zuge

---

[311] Zur Finanzierung der öffentlichen Defizite konnte der Banco do Brasil auch auf Ressourcen aus der Devisenkonfiszierung, Pflichtdepositen im Zusammenhang mit Devisentransaktionen und die Mindestreserve der Geschäftsbanken zurückgreifen. Vgl. DELFIM NETTO/PASTORE/CIPOLLARI/CARVALHO (1965), S. 61.

[312] Vgl. Tabelle 40 im Anhang.

[313] „Any excess monetary value of checks written against the Treasury's accounts at the Bank of Brazil over the amount held in those accounts was passed on to the rediscount window. These debts were then passed to the amortisation window, whose function it was to amortise the Treasury's debt outstanding. Hence, any new lending by the amortisation window was translated directly into money creation." WELCH (1993), S. 64. Vgl. für eine detailliertere Analyse des Geldschöpfungsprozesses vor 1964 auch DELFIM NETTO/PASTORE/CIPOLLARI/CARVALHO (1965), S. 59-75.

[314] Die gesetzlichen Grundlage der finanziellen Repression beruhten vor allem auf zwei Dekreten der 1930er Jahre: Kraft des Dekrets Nr. 22.626 (7. April 1933), auch als „Wuchergesetz" („lei da usura") bezeichnet, waren Zinsen von höher als 12% (jährlich) verboten worden. Das Dekret Nr. 23.501 (27. November 1933), auch „Gold-Klausel" („cláusula ouro") genannt, schrieb die Verwendung der umlaufenden nationalen Währung als einziges rechtsgültiges Zahlungsmittel vor. Zahlungen inländischer Verbindlichkeiten in Form von Gold,

steigender Inflationsraten stark negativen Realzinsen hatten zu einer weitgehenden „Austrocknung" des brasilianischen Kapitalmarktes geführt. Dadurch war der Druck sowohl des privaten als auch des öffentlichen Sektors auf das Diskontfenster des Banco do Brasil um so größer geworden.[315] Auf Grund der nominalen Zinsobergrenze von 12% war die Nachfrage nach Staatsanleihen im Zuge der Inflationsbeschleunigung zunehmend zurückgegangen und spätestens im Jahr 1963 völlig zum Erliegen gekommen. Offenmarktpolitik stellte entsprechend de facto kein geldpolitisches Steuerungsinstrument der Währungsautoritäten vor 1964 dar: „The only treasury bills bought by the private sector were those purchased by commercial banks to be held in lieu of required reserves."[316] Aufgrund der Inexistenz eines Marktes für Staatsanleihen wurden die öffentlichen Defizite nahezu vollständig durch Kredite des Banco do Brasil an das Schatzamt monetär alimentiert.[317] „In sum, ‚non-inflationary' finance of government activities, e.g. taxation and the placement of government bonds, was not a viable alternative for the Brazilian government [...]."[318] Die hohen Haushaltsdefizite vor 1964 reflektierten insofern – wie in vielen anderen Entwicklungsländern auch – teilweise den begrenzten Entwicklungsstand der nationalen Finanzmärkte.[319]

3. Die Kreditnachfrage war im Zuge der Intensivierung des Prozesses der Importsubstitution sowohl im Privatsektor als auch im öffentlichen Sektor zunehmend gestiegen. Das Kreditangebot musste auf Grund der Überschussnachfrage (Folge der negativen Realzinsen) rationiert werden. Das Bankensystem konnte seine Rolle als Finanzintermediär zwischen Sparern und Investoren entsprechend nicht erfüllen. Die

---

Fremdwährungen und die Anwendung von Indexierungsmechanismen waren damit verboten. Der erste Artikel des Dekrets lautet: „Jede Zahlung in Form von Gold oder einer anderen Währung, welche den obligatorischen Umlauf des Mil-Réis verweigert oder einschränkt ist hinfällig." Der zweite Artikel lautet: „Vom Zeitpunkt der Veröffentlichung dieses Dekrets an ist [...] die Zahlung in anderen als der umlaufenden Währung [...] verboten." SIMONSEN (1995), S. 14. Damit Brasilien nicht völlig vom Außenhandel abgeschnitten werden würde, wurde die „Gold-Klausel" durch eine komplementäre Gesetzgebung modifiziert: Das Gesetz Nr. 28 (15. Februar 1935) erlaubte, dass Güterimporte in ausländischer Währung fakturiert werden konnten. Das Dekret Nr. 23.501 schloss ausländische Verbindlichkeiten, die in Brasilien zu begleichen waren, von der „Gold-Klausel" aus.

315 Vgl. für eine sehr gute Analyse der Probleme des brasilianischen Kapitalmarktes vor 1964 die Studie von WELCH (1993).

316 Ebenda, S. 62.

317 Vgl. SIMONSEN (1964), S. 27.

318 WELCH (1993), S. 46.

319 Vgl. hierzu auch IMF (1996), S. 107. Das System der finanziellen Repression stellte aus einem weiteren Grund ein Problem für die Geldpolitik vor 1964 dar: „Interest rate rigidity tended to make inflation stabilisation difficult, especially in terms of monetary policy. If the government was able to temporarily lower the inflation rate, lending rates would turn sharply higher in real terms, which would put severe pressure on the working capital firms, especially those with weak financial positions. Political pressure was put on the monetary authorities [...] to ease the firms' liquidity problems." WELCH (1993), S. 56. Andererseits hatte die finanzielle Repression auch zur Verringerung der Staatsausgaben beigetragen, denn künstlich unter dem Markträumungspreis gedrückte Kreditzinsen erlaubten es der Regierung, ihren Kreditbedarf verbilligt zu befriedigen. Die Wirkung dieser Subvention wurde noch dadurch erhöht, dass die Regierung im Rahmen des Kreditzuteilungssystems bevorzugt werden konnte. Vgl. VOLLMER (1997), S. 169.

Allokation der selektiven und subventionierten Kreditvergabe durch den Banco do Brasil unterlag keiner Restriktion durch stabilitätspolitische Überlegungen, sondern wurde nach rein „entwicklungspolitischen" Gesichtspunkten durchgeführt. Neben der Finanzierung staatlicher Defizite stellte die Kreditvergabe an den Privatsektor (Rediskontpolitik) via Banco do Brasil den zweitwichtigsten Faktor der Expansion der monetären Basis dar.

4. Ein rigides System der Devisenbewirtschaftung – welches ebenfalls seit den 1930er Jahren mehr oder weniger fester Bestandteil der brasilianischen Wirtschaftsordnung war – stellte im Rahmen der Importsubstitution das typische außenwirtschaftliche Pendant zur Manipulation der Geldordnung im Innern dar.[320] Zentraler Bestandteil dieses Systems war eine stark nationalistische Kapitalverkehrsgesetzgebung, welche einen ihrer Höhepunkte mit der Durchsetzung eines restriktiven Gewinnrücküberweisungsgesetztes im Jahr 1962 erreicht hatte. Während die wichtigsten Funktionen der SUMOC in den 1940er Jahren noch in der Reorganisation und Reglementierung des Bankensystems bestanden hatten, verlagerte sich das währungspolitische Schwergewicht in den 1950er Jahren zunehmend auf die Wahrnehmung von Funktionen in einer (zunehmend) interventionistischen Wechselkurs- und Außenwirtschaftspolitik.[321] Das System der Devisenkontrolle hatte spätestens Ende der 1950er Jahre erheblich zu einem Rückgang der Kapitalimporte beigetragen. Einer Finanzierung privater und öffentlicher Ausgaben auf dem internationalen Kapitalmarkt waren so enge Grenzen gesetzt. Die Bedeutung dieser außenwirtschaftlichen Finanzierungsrestriktion sollte vor allem mit dem Abbruch der Beziehungen zum IWF im Jahr 1959 drastisch verschärft werden. „Nach dem Abbruch der Verhandlungen der brasilianischen Regierung mit dem IWF 1959 und dem folgenden beschleunigten Rückgang ausländischer Kapitalzuflüsse wurden die öffentlichen Fehlbeträge in zunehmenden Maße durch inflationäre Geldmengenausdehnung finanziert."[322]

Vor dem beschriebenen institutionellen Hintergrund bestanden die einzigen zur Steuerung der Geldmenge verbleibenden geldpolitischen Instrumente in der Nutzung des Rediskontfensters und der Mindestreservepolitik. Das Rediskontfenster des Banco do Brasil wurde jedoch zu

[320] Seit der Republikgründung bis ins Jahr 1917 hatte in Brasilien ein freier Devisenmarkt bestanden, ohne Zugangs- und Mengenbeschränkungen. Die ersten Maßnahmen einer Kontrolle des Devisenmarktes gehen auf das Jahr 1917 zurück. Devisenkontrollen im eigentlichen Sinne wurden erstmals im Jahr 1931 durch das Dekret Nr. 20.451 (29. September 1931) implementiert. Damit wurde das Devisenmonopol beim Banco do Brasil etabliert. Vgl. ALMEIDA (1994), S. 19, und ANDIMA (1994), S. 13. Nicht immer wiesen die Devisen- und Kapitalverkehrskontrollen die selbe Rigidität auf. So kam es z.B. unter der Regierung Dutra im Jahr 1946 zu einer Liberalisierung des Wechselkurssystems.

[321] Vgl. MALAN (1984), S. 3281-3284.

[322] BOECKLE (1997), S. 46. Vgl. auch SIMONSEN (1964), S. 27 f.

einer der wichtigsten Quellen der Expansion der monetären Basis. Die Tatsache, dass der Banco do Brasil sowohl Funktionen als (größte) Geschäftsbank als auch eine „lender of last resort"-Funktion wahrnahm, machte ihn besonders empfänglich für Druck auf sein Rediskontfenster seitens des Privatsektors und des Schatzamtes.[323] Das einzige – jedoch weitgehend ineffektive – geldpolitische Instrument, das aktiv zur Kontraktion der monetären Basis genutzt wurde, war die Steuerung (Erhöhung) der Mindestreserve.[324] Obwohl die Mindestreserve laufend erhöht wurde – der durchschnittliche Mindestreservesatz stieg von 4% im Jahr 1951 auf 28% im Jahr 1964 –, musste jedoch auch dieses Instrument ineffektiv bleiben, da „die abgeschöpften Reserven der Geschäftsbanken nicht stillgelegt, sondern vom Banco do Brasil als Reserve für neue Kredite verwendet wurden."[325] Deshalb drängt sich der Verdacht auf, dass die permanente Erhöhung der Mindestreserve eher fiskal- denn geldpolitisch motiviert gewesen sein könnte.[326] Während also die Haushaltsdefizite die wichtigste Ursache der Expansion der monetären Basis darstellten, verfügten die Währungsinstanzen nicht über ein geeignetes geldpolitisches Instrumentarium, um die expansiven Effekte der Fiskalpolitik zu neutralisieren.[327] Auch die institutionell fragmentierte Struktur der monetären Autoritäten eher die Geldschöpfung als deren Kontrolle.[328] Das Problem eines absoluten Mangels an geldpolitischer Kontrolle verschärfte sich mit der Beschleunigung des Inflationsprozesses zunehmend.[329]

---

[323] Es war diese Funktionsmischung von Funktionen einer Zentralbank mit denen einer Geschäfts- und Entwicklungsbank innerhalb des Banco do Brasil, die im Zeitraum bis 1964 eines der „schwerwiegendsten Hindernisse einer effektiven geldpolitischen Steuerung (darstellte)." SIMONSEN (1974), S. 124.

[324] Vgl. WELCH (1993), S. 63.

[325] WOGART (1974), S. 18. Diese Praxis war auch einer der Gründe, warum die Mindestreservepolitik der SUMOC von Anbeginn stark kritisiert worden war. Vgl. hierzu BULHÕES (1990), S. 90.

[326] „Mindestreserven wirken wie ein Keil, der zwischen Soll- und Habenzinsen getrieben wird. Sie schaffen einen künstlichen Zentralbankgeldbedarf der Geschäftsbanken und bedingen ceteris paribus einen Anstieg des Gewinns aus der Basisgeldproduktion, der in den Staatshaushalt eingestellt werden kann." HÜGLE (2001), S. 114.

[327] „Es gab nicht nur keine Regeln, sondern – de facto – auch keine Autoritäten. Die Geldpolitik bis 1965 war – wie ein manövrierunfähiges, dem Spiel des Meeres und der Winde schutzlos ausgeliefertes Schiff – von der Höhe des öffentlichen Staatsdefizits bestimmt." NEUHAUS (1978), S. 308 f.

[328] Vgl. WELCH (1993), S. 85.

[329] „As inflation accelerated toward the end of the period, the monetary policy decision mechanism went into disarray, with the three organs acting independently to expand the monetary base." Ebenda, S. 62.

C. Politische und polit-ökonomische Ansätze in der Erklärung der brasilianischen Inflation vor 1964

1. Das Phänomen der Zeitinkonsistenz in der brasilianischen Wirtschafts- und Währungspolitik vor 1964: ein Überblick über die gescheiterten Stabilisierungsversuche vor 1964

Wie in der Einleitung dieser Arbeit kursorisch dargestellt, war die Zeit vor 1964 (wie auch die Periode zwischen 1974 und 1994) durch zahlreiche gescheiterte und abgebrochene Stabilisierungsversuche gekennzeichnet.[330] Eine Erklärung dieses Phänomens ist ein notwendiger Bestandteil einer Entschlüsselung des brasilianischen Inflationsphänomens (nicht nur vor 1964). Der erste Stabilisierungsplan der Nachkriegszeit war unter der Präsidenschaft von Getúlio Vargas zwischen Oktober 1953 und Mai 1954 unternommen worden.[331] Der vom Finanzminister Horácio Lafer initiierte und seinem Nachfolger Oswaldo Aranha fortgeführte Stabilisierungsplan scheiterte am politischen Widerstand bzw. mangelnder Rückendeckung durch den Staatspräsidenten.[332] Eugênio Gudin, der erste Finanzminister der Regierung Café Filho, in Brasilen auch als *Vater des brasilianischen Monetarismus* und „Gründungsvater der Ökonomie in Brasilien"[333] bezeichnet, unternahm einen erneuten Stabilisierungsversuch im Jahr 1954: „Consulting the IMF and working closely with the head of Brazil's supervisory monetary board (Superintendência da Moeda e do Crédito, SUMOC), Octávio Gouvêa de Bulhões, Gudin successfully tightened the money supply. This induced several bank failures and considerable political opposition. Gudin resigned in April 1955 sensing the president's unwillingness to support stabilization."[334]

Der nächste Stabilisierungsversuch ereignete sich im Kontext des ambitiösen Entwicklungsplans (*Ziele-Plan*) der Regierung Kubitschek und den damit einhergehenden Zahlungsbilanzproblemen und monetären Instabilitäten.[335] „Lucas Lopes, and director of the BNDE, Roberto Campos, drafted a two-stage stabilization program announced after the October 1958

[330] Vgl. für einen Überblick über die Stabilisierungsversuche vor 1964 auch RESENDE (1982).
[331] Er wurde im Kontext eines Zahlungsbilanzdefizits (1 Milliarde US-Dollar), einer Inflation von 20,8% (für das Jahr 1953) und einer ausgeprägten Wachstumsschwäche vorgenommen.
[332] „In June 1953 Vargas' first finance minister, Horácio Lafer, resigned in frustration over the obstacles to formulating and implementing a coherent stabilization plan. The new finance minister, Oswaldo Aranha, had more success. The „Aranha Plan" of October 1953 promised credit restrictions and new multiple exchange controls involving a de facto devaluation. The effort fell apart when Vargas was unable/unwilling to resist pressure for wage increases from civil servants and the military." LAL/MAXFIELD (1993), S. 34.
[333] FARIA (1996), S. 181.
[334] LAL/MAXFIELD (1993), S. 35.
[335] Der Ziele-Plan „war ein Komplex aus Projekten bezüglich Energie, Transport, Ernährung, Basisindustrien, technischer Bildung, die in 30 Sektor-Ziele unterteilt waren." CAMPOS (1994), S. 269. „Er stellte eine natürliche Fortentwicklung der Planungstechnik dar, die aus der gemischten Brasilianisch-Amerikanischen Kommission stammte. Diese hatte sich auf die Korrektur von wirtschaftlichen Engpässen konzentriert [...]." Ebenda, S. 269. Vgl. Ausführliches zum „Plano de Estabilização Monetária" von 1958 ebenda, S. 344 ff.

congressional elections."[336] Der *Plan der Währungsstabilisierung* („Plano de Estabilização Monetária") hatte ein monetäres und fiskalisches Austeritätsprogramm und eine Liberalisierung des Wechselkurssystems (einschließlich einer Freigabe des Wechselkurses) zum Gegenstand. Kubitschek, dessen vorrangiges Interesse vor allem in der Umsetzung seines *Ziele-Plans* und dem Bau der Hauptstadt Brasília lag, hatte seine Durchführung jedoch letztlich verhindert.[337] Nach dem Abbruch dieses Stabilisierungsplans und zuvor aufgekommenen Unstimmigkeiten mit dem IWF in Fragen der Durchführung des Plans brach Kubitschek – als erster lateinamerikanischer Staatspräsident – im Juni 1959 auch die Beziehungen zum IWF ab.[338]

Dem Währungsstabilisierungsversuch der Regierung Jânio Quadros (März 1961) widerfuhr ein ähnliches Schicksal.[339] Jânio Quadros musste auf Grund politischen Widerstandes gegen seine (zum Teil) drastischen Reformmaßnahmen schon nach 7 Monaten Amtszeit zurücktreten.[340] Der sog *Drei-Jahres-Plan* (Plano Trienal), der Ende 1962 unter der Regierung Goulart implementiert worden war, stellte den vorläufig letzten Versuch einer Währungsstabilisierung unter demokratischen Bedingungen dar.[341]

---

[336] LAL/MAXFEILD (1993), S. 35.

[337] „Die Obsession Brasília machte ihn zum Rebell gegen jede Form der Programmierung." CAMPOS (1994), S. 352. Vgl. zur Diskussion um die Vereinheitlichung und Liberalisierung des Wechselkurssystems in diesem Zusammenhang ebenda, S. 356 ff. Kubitschek war stets gegen eine Aufhebung des multiplen Wechselkurssystems gewesen.

[338] „There were simultaneous negotiations with the IMF over a standby agreement. The IMF pushed for a shock treatment to rapidly reduce inflation and for elimination of multiple exchange controls. The Brazilians preferred a more gradual approach and continuation of exchange controls." LAL/MAXFIELD (1993), S. 35.

[339] „A determined effort was made to deal with inflation. The multiple exchange rate system was simplified and the inflationary subsidies on essential imports, such as wheat and petroleum, were substantially lowered. Although this raised the prices of such consumer items as bread and bus fares, it helped government to cut its budgetary deficit. In addition, the Quadros government imposed credit tightening and a wage freeze and began a harsh program of streamlining government operations. By the middle of 1961, some evidence had already developed that growth of inflation was being slowed, and Brazil's foreign creditors were beginning to look at the country in a more sympathic way." BAER (2001), S. 71. Vgl. für eine sehr detaillierte Analyse der Stabilisierungspläne der Regierungen Quadros und Goulart unter dem Blickwinkel des modernen geldtheoretischen Glaubwürdigkeitskonzeptes MONTEIRO (1999). Vgl. auch MALAN (1984), S. 3283.

[340] „It seems probable that efforts at structural reforms and the vigorous stabilization effort were among the principal causes for the formidable pressures on Quadros that brought his early resignation." BAER (2001), S. 71.

[341] „The plan contained proposals for fighting through credit, exchange, federal budget, and wage policies. The IMF nevertheless decided to release new funds only in response to detailed stabilization steps specified after an IMF mission to Brazil. Even before this mission could arrive, salary increases for civil servants and the military became a critical test for stabilization portion of the Dantas-Furtado Plan. Its failure as an antiinflation program began in May 1963 when Goulart was not willing to resist the military's request for a 70 percent wage hike." LAL/MAXFIELD (1993), S. 35. „[...] Goulart could not resist the demand of labor leaders for rapid wage adjustments, the demand of the business community to refrain from painful credit restrictions, the pressure from many quarters not to abandon inflationary subsidy exchange rates for the importation of petroleum and wheat, or the pressure not to adjust public utility and transportation rates in accordance with overall price increases. The latter created further inflationary pressures through increased public budgetary deficits." BAER (2001), S. 72.

Alle vor 1964 durchgeführten Stabilisierungspläne hatten ihre fundamentale Gemeinsamkeit also im Phänomen der Zeitinkonsistenz: Zum Beginn der Legislaturperioden wurden jeweils orthodoxe stabilisierungspolitische Maßnahmen angekündigt. Spätestens zum Ende der jeweiligen Legislaturperiode wurden entsprechende Reformpakete wieder abgebrochen. Die Regelmäßigkeit, mit der dieses Phänomen vor 1964 auftrat, lässt die Existenz einer *Gesetzmäßigkeit* vermuten. Die Politische Ökonomie liefert hier einen entscheidenden Erklärungsansatz: Die Stabilisierungsversuche wurden immer dann beendet, wenn die politischen Kosten der Stabilisierung den (innerhalb der verbleibenden Legislaturperiode) anfallenden Nutzen aus einer erfolgreichen Stabilisierung überstiegen. Der wiederholte Abbruch stabilisierungspolitischer Maßnahmen kann insofern auch „im Lichte der Theorie der Rationalen Entscheidung als ein Gleichgewichtsergebnis eines wiederholten, nicht-kooperativen Spiels zwischen der Regierung und dem Privatsektor bei unvollständiger Information und unendlicher Dauer verstanden werden [...].“ [342] Für dieses zeitinkonsistente Verhalten seitens der verschiedenen Regierungen lassen sich unterschiedliche polit-ökonomische Motive finden.

2. Polit-ökonomische „Motive“ zeitinkonsistenten Verhaltens in der brasilianischen Wirtschaftspolitik vor 1964

2.1 Das wachstumspolitische Motiv

Nach MONTEIRO (1999) war es vor allem das *wachstumspolitische Motiv*, das zum Abbruch der verschiedenen Stabilisierungspläne vor 1964 geführt hat. Für diesen Autor waren es in erster Linie die mit Stabilisierungs- und Disinflationsprozessen einhergehenden (vorübergehenden) negativen Wachstums- und Beschäftigungseffekte, welche die Regierungen immer wieder zu zeitinkonsistentem Verhalten veranlasst haben. Ein bestimmter Wachstumspfad des Sozialproduktes und der Beschäftigung habe zur Legitimierung und zum Erhalt ihrer politischen Macht gewährleistet werden müssen.[343] Die kurzfristig wachstumsbremsenden Effekte einer Stabilisierung waren inkompatibel mit dieser Zielsetzung und hätten bzw. haben das politische Überleben des jeweiligen Staatspräsidenten in Frage gestellt.[344]

---

[342] MONTEIRO (1999), S. 147.
[343] Vgl. MONTEIRO (1999), S. 148.
[344] Vgl. ebenda, S. 114.

2.2. Das fiskalpolitische Motiv: die Inflationssteuer

Im Mittelpunkt der modernen Inflationstheorie, insbesondere derjenigen, die sich mit hohen und extremen Inflationsraten beschäftigt, steht jedoch i.d.R. ein anderes Motiv zeitinkonsistenten Verhaltens in der Geldpolitik im Vordergrund: das *fiskalpolitische Motiv.*[345] Während das *wachstums-* bzw. *beschäftigungspolitische Motiv* vor allem zu erklären vermag, warum die sukzessiven Stabilisierungsversuche der 1950er und Anfang der 1960er Jahre immer wieder abgebrochen wurden, ist das fiskalpolitische Motiv darüber hinaus auch von großer Bedeutung sowohl für eine Erklärung der Entstehung der brasilianischen Inflation als auch ihrer Beschleunigung seit dem Ende der 1950er Jahre. Die Wirkungsweise der Inflation kann bekanntlich auch als eine Form der indirekten Besteuerung (*Inflationssteuer*) beschrieben werden.[346]

Die Wirtschaftssubjekte sind bei steigender Inflation dazu gezwungen, einen steigenden nominalen Anteil ihres Einkommens als Bargeld zu halten. Da dieses Bargeld einer fortlaufenden Entwertung unterliegt, sind Realeinkommensverluste bei den Wirtschaftssubjekten die Folge. Wird die Geldmengenexpansion zur Finanzierung des öffentlichen Defizits verwendet, kommt es zu einem Einkommenstransfer von den privaten an die öffentlichen Haushalte.[347] Vergleichbares gilt für die nicht verzinsten Sichteinlagen der Nicht-Banken bei den Geschäftsbanken. Der Bankensektor kann Inflationsgewinne erzielen, „da an das Publikum, welches Geld in Form von Sichteinlagen hält, sozusagen negative Realzinsen ausbezahlt werden."[348] Unter den dargestellten institutionellen Bedingungen der brasilianischen Finanzordnung hatte die brasilianische Regierung immer direkten Zugriff auf die Geldpolitik. Das zentrale Motiv der Regierung, Inflation zu produzieren, lag vor diesem Hintergrund in ihrem fiskalischen Interesse, öffentliche Ausgaben durch Geldschöpfung zu finanzieren. Der Anreiz hierzu war angesichts der unterentwickelten Finanzverwaltung und der geringen Steuermoral und der entsprechend geringen Steuereinnahmen besonders groß. Auf Grund der *Unsichtbarkeit* der Inflationssteuer und der Tatsache, dass ihre Durchsetzung am politischen und gesetzgebenden Prozess vorbei verläuft, handelte es sich hierbei zudem um die politisch

---

[345] Vgl. hierzu und zum Konzept der Seigniorage auch BOFINGER/REISCHLE/SCHÄCHTER (1996), S. 47 ff.

[346] Die Inflationssteuer wirkte wie eine staatliche Steuer auf die private Kassenhaltung. Steuerbemessungsgrundlage ist hie die reale Kassenhaltung. Den Steuersatz bildet die Inflationsrate.

[347] Auf die arbiträren Verteilungseffekte der Inflationssteuer hat schon Keynes hingewiesen: „By a continuing process of inflation, governments can confiscate, secretly and unobserved, an important part of the wealth of their citizens. By this method they not only confiscate, but they confiscate *arbitrarily*; and, while the process impoverishes many, it actually enriches some." KEYNES (1920), S. 220.

[348] KOCH (1996), S. 294.

am leichtesten durchsetzbare Steuer. Sie konnte auch noch unter Bedingungen extremer politischer Instabilitäten durchgesetzt werden.[349]

Abbildung 10: Inflationssteuer und gesamter inflationsbedingter realer Einkommenstransfer an den Bankensektor in % des BSP (1947 bis 1964)

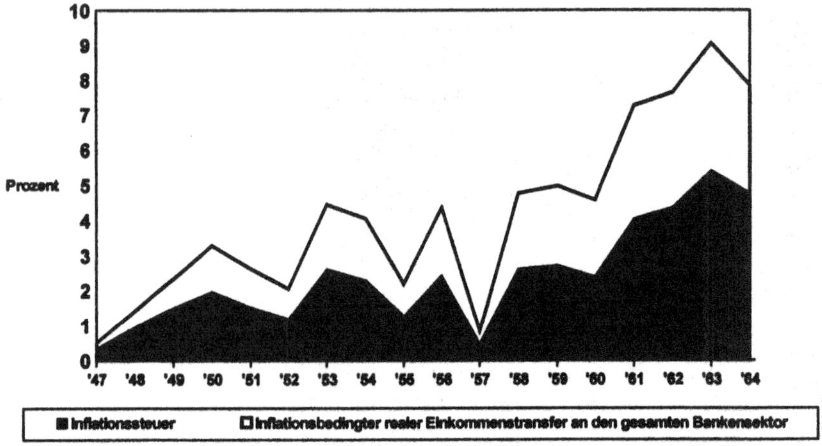

Quelle: SIMONSEN/CYSNE (1994), S. 174. Die dunkle Fläche stellt die Entwicklung des Inflationssteuerertrags der Zentralbank dar; die Summe aus der dunklen und der hellen Fläche stellt den inflationsbedingten Einkommenstransfers an den gesamten Bankensektor (Geschäftsbanken und Zentralbank) dar.

Obige Grafik zeigt, dass die Inflationssteuer (dunklere Fläche der Grafik) und der gesamte inflationsbedingte Einkommenstransfer an den Bankensektor (Summe aus der dunklen und der hellen Fläche) im Vorfeld der Währungsreform von 1964 zunehmend gesteigert werden konnte. Zu keinem anderen Zeitpunkt in der brasilianischen Geldgeschichte war der Ertrag, den eine brasilianische Regierung (und der Bankensektor) aus der Inflationssteuer (im Verhältnis zum BSP) ziehen konnte, so groß wie unmittelbar vor der Währungsreform der Regierung Castello Branco.[350] Dieser in der brasilianischen Geldgeschichte maximale Inflationssteuerertrag konnte entstehen, da die Realkassenhaltung vor 1964 nur sehr zögerlich an die Inflationsentwicklung angepasst worden war bzw. werden konnte. Der inflationsbedingte Ressourcentransfer an die Regierung (und das Bankensystem) stellte vor diesem Hintergrund ein zweites, ganz zentrales polit-ökonomisches Motiv für das beobachtete zeitinkonsistente Regierungsverhalten dar. Der vermehrte und kontinuierlich zunehmende Rück-

[349] Ein solches Steuersystem, das sich nicht an der wirtschaftlichen Leistungsfähigkeit der Steuerpflichtigen orientiert, sondern an der Leichtigkeit der Einnahmenerzielung, wird grundlegenden allokativen und distributiven Ansprüchen natürlich nicht gerecht.

[350] Auf Grund der in den 1980er und 1990er Jahren sehr stark reduzierten Realkassenhaltung war der Inflationssteuerertrag in dieser Zeit, obwohl (bzw. weil) die Inflation zum Teil hyperinflationäre Werte erreichte, sehr viel geringer als Anfang der 1960er Jahre. Vgl. Tabelle 44 im Anhang der Arbeit.

griff auf die Inflationssteuer hatte wie auch das „wachstumspolitische Motiv“ einer inflationären Geldpolitik – neben der mangelnden geldpolitischen Regelbindung, welche erst den Spielraum für ein solches Verhalten eröffnete – wiederum verschiedene politische und sozio-ökonomische Hintergründe und Ursachen, die es hier zu berücksichtigen gilt.

3. Politische und gesellschaftliche Erklärungsfaktoren für zeitinkonsistentes Verhalten in der brasilianischen Geld- und Wirtschaftspolitik vor 1964

3.1 „Schwache“ brasilianische Staatspräsidenten

Ein politischer Faktor, der zur Aushöhlung der Glaubwürdigkeit von Stabilisierungsversuchen und ihrem Abbruch vor 1964 beigetragen hat, war eine ausgeprägte „Schwäche“ der vor dem Militärputsch amtierenden Staatspräsidenten.[351] Insbesondere die beiden letzten demokratischen Regierungen, Jânio Quadros (1961) und João Goulart (1961 bis 1964), werden durchgängig als besonders „schwach“ gekennzeichnet.[352] João Goulart, der nur auf Grund des Rücktritts seines Vorgängers als dessen Vizepräsident in das Amt des Staatspräsidenten Eingang fand und eine entsprechend schwache politische Legitimität besaß, hatte sich sehr schnell als unfähig herausgestellt, die politischen Strömungen und Interessen der Zeit zu bündeln, die von einem Staatspräsidenten in einem präsidentiellen Regierungssystem zu übernehmende politische Führungsrolle wahrzunehmen und ein kohärentes politisches und wirtschaftliches Programm zu entwickeln.[353] Keiner dieser Präsidenten hatte sich fähig gezeigt, sich gegen den starken politischen Druck seitens antistabilisierungspolitischer Koalitionen durchzusetzen.

---

[351] Bulhões unterstreicht besonders die Bedeutung dieses „persönlichen Faktors“ in der Erklärung des Zeitinkonsistenzphänomens vor 1964: „Aber was ich betonen möchte, ist, dass in einem präsidentiellen Regime alles vom Präsidenten abhängt. Wenn es ein Präsident wie Castello Branco ist, läuft der Druck von Interessengruppen ins Leere, da er nicht darauf eingeht. Die Frage ist also: Wer ist Präsident? Ist es ein Präsident, der Prinzipien verfolgt oder ist es ein Präsident, der politischem Druck nachgibt? Wenn er dem Druck nachgibt, kann es keine Inflationsbekämpfung geben. Wenn er die Inflation bekämpft, darf er keinem Druck nachgeben.“ BULHÕES (1990), S. 195.

[352] „Es hatte sich gezeigt, daß dieses System nur unter starken, integrierenden Persönlichkeiten funktionieren konnte. Männer wie Quadros oder Goulart erwiesen sich angesichts der divergierenden Interessen, die sie bündeln sollten, als überfordert.“ ZOLLER (2000), S. 272. Vgl. für eine detailliertere Beschreibung des politischen Kontextes in diesem Zeitraum auch MONTEIRO (1999).

[353] „The turbulent years from Quadros' resignation in late August 1961 until the overthrow of the Goulart government in April 1964 were devoid of any consistent line of economic policy. This owing to the lack of leadership shown by President Goulart.“ BAER (2001), S. 71.

3.2 Institutionelle Defizite des politischen Systems vor 1964

Die mangelnde Durchsetzbarkeit stabilisierungspolitischer Programme hatte daneben auch mit chronischen Ineffizienzen des politischen (im Jahr 1945 re-demokratisierten) Systems zu tun.[354] Zu nennen sind in diesem Zusammenhang eine nur schwach ausgeprägte demokratische Kultur, eine mangelnde Ausprägung des Prinzips der Gewaltenteilung, ein kaum integrations- und funktionsfähiges Parteiensystem, eine extreme Fragmentierung des brasilianischen Kongresses, deren Ausmaß – in Zeiten der Demokratie – in Brasilien immer weit über das für präsidentielle Regierungssysteme typischerweise schon hohe Maß hinausging.[355] Korrelat dieser institutionellen Defizite des politischen Systems war eine besonders stark durch Klientelstrukturen und Korporatismus geprägte Demokratie (1945-1964).[356] Der permanente Kampf um politische Legitimität seitens der unterschiedlichen Regierungen unter diesen politisch-institutionellen Bedingungen ist – unter Einbeziehung der Verhaltensannahmen der Politischen Ökonomie – eine zentrale institutionenökonomische Erklärung für den Abbruch zahlreicher Stabilisierungsversuche in der brasilianischen Wirtschaftspolitik und die Inflationsentstehung vor 1964. Der gescheiterte Stabilisierungsversuch der Regierung Quadros ist ein deutliches Bespiel dafür, dass die Organisationskraft und Durchsetzungskraft anti-stabilisierungspolitischer Interessengruppen groß genug war, um auch einen Staatspräsidenten zu Fall zu bringen, der sich nicht dem Diktat partikularer Interessengruppen beugen wollte.[357]

---

[354] Vgl. für eine Darstellung des politischen Systems Brasiliens und seiner Probleme vor 1964 SKIDMORE (1967), ROETT (1984). Vgl. zum brasilianischen Parteiensystem KINZO (1993). Eine interessante Interpretation der institutionellen Schwächen der politischen Systeme Lateinamerikas liefert PRITZL (1997).

[355] Vgl. PRITZL (1997), S. 23. Vgl. zur Bedeutung dieser Faktoren für die Inflationsentstehung in Brasilien und Lateinamerika auch HAGGARD/KAUFMAN (1992), S. 293 ff.

[356] „Die Intention des Korporatismus war es, die Übernahme des modernen Kapitalismus zu erleichtern und dabei gleichzeitig die Extreme eines *laissez-faire* einerseits und einer totalen staatlichen Führung andererseits zu vermeiden. Die Grundidee bestand darin, getrennte assoziierte Einheiten (Korporationen) zu schaffen, von denen jede spezifische wirtschaftliche Sektoren repräsentierte. Die Koordination der Beziehungen zwischen diesen Einheiten lag in der Verantwortung der Bundesregierung, welche Konflikte zwischen konkurrierenden Korporationen eliminierte. Das letzte Wort (über Löhne, Vergünstigungen und Arbeitsbedingungen) behielt dabei die Bundesregierung." SKIDMORE (1998), S. 165. Aus ordnungsökonomischer Sicht ist kritisch zu sehen, dass der Staat und seine Organe durch diese korporatistischen Strukturen „in den Verteilungskampf zwischen den organisierten Interessen hineingezogen wird, mit der Folge, dass es dem Staat zunehmend schwer fällt, den Schutz der Nichtorganisierten wahrzunehmen." KIRSCH (1993), S. 2189.

[357] Die ausgeprägte Durchsetzungsfähigkeit partikularer Interessengruppen ist nach Lal und Maxfield – neben der mangelnden Disziplinierungsfähigkeit der monetären Instanzen – die wichtigste Ursache für das Scheitern so zahlloser Stabilisierungsversuche in Brasilien: „Two things are key in explaining the failure of post-World War II stabilization efforts. First, interest groups opposed to stabilization, specially industry, labor and to some extent coffee growers, were able to exploit politicians' fears of losing their jobs, either to military or to other politicians, if they continued the policies. Both prior to the 1964 military coup and as a gradual political opening occurred after 1975, government leaders aborted stabilization when it generated or threatened to generate considerable support by antistabilization interest groups for heightened military intervention, or for opposition parties as scheduled times for presidential succession approached. [...] A second political factor plays a role in explaining the failure of stabilization in Brazil. The financial control institutions of the state, the central bank and the finance ministry, were too weak relative to spending authorities to enforce stabilization.

3.3 Politische Instabilitäten

Die Politisierung der Wirtschaft und die Politisierung ökonomischer Krisen scheint in interventionistischen Wirtschaftsordnungen besonders ausgeprägt zu sein. Politische und wirtschaftliche Krisen hängen hier typischerweise besonders eng zusammen. „Deshalb sind die politischen und wirtschaftlichen Manifestationen der Krise, von der die brasilianische Nation seit 1959 zunehmend ergriffen wird, untrennbar verbunden."[358] Folge und Ursache der institutionellen Defizite des politischen Systems vor 1964 und damit indirekt auch Folge und Ursache der Inflation waren ausgeprägte *politische Instabilitäten.*[359] Zwar hatte es seit 1945, als die Militärs abgesetzt und ein (formal) demokratisches Regime eingesetzt worden war, keinen Wechsel des politischen Systems mehr gegeben. Die Instabilität des politischen Systems manifestierte sich jedoch Anfang der 1960er Jahre z.B. in Form eines vorübergehenden Wechsels des Regierungssystems (von Präsidentialismus zum Parlamentarismus). Dieser hatte einen (letztlich gescheiterten) Versuch dargestellt, die spätestens mit dem Amtsantritt von João Goulart verloren gegangene politische Glaubwürdigkeit wieder herzustellen.[360] Daneben wurden die seit Beginn der 1960er Jahre extremen politische Instabilitäten in starken politischen Diskontinuitäten (nicht weniger als fünf Finanzminister hatte die zweieinhalbjährige Amtszeit von Goulart erlebt) und vor allem einer zunehmenden ideologischen Polarisierung des politischen Systems und des Denkens der politischen Elite Brasiliens und einer „permanenten politischen Spannung zwischen der Zentralregierung einerseits und dem Nationalkongress und den Landesregierungen andererseits, welche anti-konstitutionelle Intentionen des Präsidenten Goulart befürchteten", deutlich.[361] Soziale Unruhen und ein spürbarer Kontrollverlust in der Politik waren die Folge.[362] João Goulart selbst hatte sich „für die extreme Linke entschieden."[363] Er wurde deshalb von verschiedenen Seiten – vor allem von Seiten der Militärs – als Wegbereiter einer kommunistischen Unter-

---

Spending/investment-oriented government institutions such as the BNDE [...], the Banco do Brasil, and state-owned enterprises frequently opposed mandates to curb spending. " LAL/MAXFIELD (1993), S. 27-28.

[358] GUIMARÃES (1990), S. 13.

[359] Vgl. zur Definition des Begriffs „politischer Instabilität" Kapitel III.A des Ersten Teils dieser Arbeit.

[360] Der Rücktritt von Quadros (25. August 1961) war der Beginn einer schwerwiegenden politisch-militärischen Krise gewesen. Einflussreiche Militärs hatten sich – auf Grund der Neigung Goularts zum Linkspopulismus – von Beginn an gegen eine Amtsübernahme durch João Goulart ausgesprochen. Der Übergangspräsident Ranieri Mazilli „übermittelte am 28. August 1961 dem Kongreß die verfassungsrechtlich seltsame Nachricht, die Militärminister würden die Rückkehr von Goulart und den Antritt seiner Präsidentschaft als unvereinbar mit der nationalen Sicherheit ansehen." ZOLLER (2000), S. 267. In einer für den politischen Prozess Brasiliens typischen Kompromisslösung wurde er dennoch – allerdings unter der Auflage, dass er durch die Einführung eines parlamentarischen Regierungssystems „entmachtet" würde – vereidigt. Am 2. September 1961 war mit einer Verfassungsänderung das präsidentielle Regierungssystems durch ein parlamentarisches ersetzt worden. Am 6. Januar 1963 wurde dieser Versuch, die Glaubwürdigkeit des politischen Systems durch einen Wechsel im Regierungssystem wiederherzustellen, jedoch schon wieder per Volksabstimmung rückgängig gemacht.

[361] CAMPOS (1994), S. 1355. Vgl. auch SKIDMORE (1973), S. 4.

[362] Vgl. ebenda, S. 3, und ZOLLER (2000), S. 272.

[363] Ebenda, S. 269.

wanderung des brasilianischen Staates und seiner Bürokratien betrachtet. Anfang 1964 schien eine direkte Konfrontation zwischen den bewaffneten Revolutionären der Linken und den antikommunistischen Militärs kurz bevorzustehen.[364] In der politisch-ideologischen Polarisierung und daraus resultierenden politischen Instabilität wird heute überwiegend auch der unmittelbar auslösende Faktor der Blockierung des politischen Prozesses vor 1964 und des sich daran anschließenden Militärputsches vom März 1964 gesehen.[365]

Zwischen den Faktoren der *politischen Polarisierung, der politischen Instabilität* und dem damit einhergehenden *politischen Kontrollverlust* einerseits und dem verstärkten Rückgriff auf das *Instrument der Inflationssteuer* im Vorfeld der Währungsreform von 1964 andererseits bestand ein direkter Zusammenhang. Die genannten Faktoren haben zu einer zunehmenden Ineffizienz des brasilianischen Steuersystems und einer abnehmenden Steuerdurchsetzungsgewalt geführt. Angesichts des weitgehenden Ausschlusses Brasiliens vom internationalen Kredit, der spätestens gegeben war, nachdem die Beziehungen zum IWF im Jahr 1959 abgebrochen waren, und der mangelnden Tiefe des brasilianischen Kapitalmarktes, war vor diesem Hintergrund ein Rückgriff auf die Inflationssteuer nahezu unausweichlich. Die zuvor im theoretischen Teil dargestellten polit-ökonomischen Erklärungsansätze von CAPIE (1986) und CUKIERMAN/EDWARDS/TABELLINI (1992), die einen positiven Zusammenhang zwischen einem vermehrten Rückgriff auf die Inflationssteuer und politischen Instabilitäten bzw. politischer Polarisierung sehen und empirisch nachweisen konnten, bestätigen sich hier auf mustergültige Weise. An die Durchführung einer kohärenten Währungs- und Wirtschaftsreform war unter diesen politischen Bedingungen nicht mehr zu denken.[366] Das politisches Chaos war schließlich so gewaltig und das Vertrauen in die politischen Institutionen so gering, dass diese umfassende politische, gesellschaftliche und ökonomische Krise unter den bestehenden verfassungsrechtlichen Bedingungen der Demokratie nicht mehr in den Griff zu bekommen war.[367]

---

[364] Die „besitzenden" und wohlhabenderen Schichten waren natürlich besonders empfänglich für die antikommunistische Rhetorik der Militärs. „They feared an irreversible coup [...] to a socialist regime bent upon wholesale change in the social and economic structure." SKIDMORE (1973), S. 4.

[365] Für die Militärs bestand kein Zweifel daran, dass Anfang der 1960er Jahre in Brasilien eine kommunistische Revolution in Brasilien im Gange bzw. nach dem Vorbild Kubas in Vorbereitung war. In diesem Sinne wurde der Putsch von 1964 von seinen Akteuren als „Gegenputsch" gegen eine bevorstehende Revolution der extremen Linken verstanden. Eine „kommunistische Subversion", die auch die Kasernen erreicht hätte, wurde von den Militärs selbst (in Interviews, die in den 1990er Jahren durchgeführt wurden) als der wichtigste Grund für den Putsch von 1964 benannt. Vgl. D'ARAÚJO/SOARES/CASTRO (1994), S. 12.

[366] „The political situation did not permit a coherent, continuous anti-inflation program." BERGSMAN/CANDAL (1969), S. 9.

[367] „Goulart, Quadros, and many important civilians from both the Right and the Left began to declare that a basic change in the political system would be a prerequisite to avoiding profound structural damage to the system." BAER/DILLER/MC DONALD (1989), S. 23. „[...] the crisis could only be met by a government armed with extraordinary powers. Both Right and Left were increasingly aware that the economic challenge was too great for any government that could have been elected in the deeply divided political atmosphere of early 1964." SKIDMORE (1973), S. 5.

3.4 Gesellschaftliche Instabilitäten und extreme Einkommensdisparitäten

Die politischen Instabilitäten und andere polit-ökonomische Faktoren, welche maßgeblich zur Manipulation der Geldordnung im Vorfeld der Währungsreform von 1964 beigetragen haben, sind letztlich auch als Folge ausgeprägter gesellschaftlicher Instabilitäten deutbar. Ein direkter Zusammenhang zwischen Inflation und gesellschaftlichen Instabilitäten wird vor allem von den Anhängern der These der „Verteilungskampfinflation" postuliert. Diese These wurde im Rahmen der Diskussion um die Ursachen der brasilianischen Inflation vor 1964 z.B. von BAER (1991) und SIMONSEN (1964 und 1995) vertreten.[368] Das zentrale Argument lautet hier: „Latin American inflation is the result of a lack of social consensus about the distribution of income and wealth."[369] Die Inflation stellte in dieser Perspektive ein politisches Instrument zur „ausserparlamentarischen Regelung" des gesellschaftlichen Verteilungskonfliktes dar und ist letztlich Folge einer *Überbeanspruchung der gesellschaftlichen Verteilungsspielräume.*[370] Die politischen Entscheidungsträger waren angesichts der sozialen, wirtschaftlichen und politischen Situation nicht in der Lage, die überzogenen gesellschaftlichen Ansprüche auf ein realistisches Maß zu reduzieren. Die besondere Schärfe des Verteilungskampfes in Lateinamerika im 20. Jahrhunderts wird in diesem Kontext überwiegend auf die extremen Einkommensungleichheiten zurückgeführt, durch die die Länder dieser Region traditionell gekennzeichnet sind.[371] Brasilien hatte in der zweiten Hälfte des 20. Jahrhunderts unzweifelhaft eine der ungleichsten Einkommensverteilungen der Welt.[372] Die historischen Wurzeln dieses Problems liegen in der Kolonialzeit und der Gesellschaftsstruktur der Kolonialgesellschaft. Das Problem extremer Einkommensdisparitäten war im 20. Jahrhundert durch das Modell der Importsubstitution, das

---

[368] „The roots of Latin American inflation can be found in the regions's socio/political condition. The absence of explicit or implicit pacts among different socio-economic groups has produced situations of „fight for shares of the national income" in which there is no final arbitrator. [...] In trying to accomodate the claims of most groups, they produce budget deficits that create and sustain a general rise in prices." BAER (1991), S. 45. „Es ist die alte Geschichte des Staates, welcher, den Rat Mephistos im zweiten Teil von Goethes Faust folgend, Papiergeld emittiert und versucht den Kuchen in größere Stücke als die Summe seiner Teile zu schneiden, um den Verteilungskonflikt zu verwalten." SIMONSEN (1995), S. 17. Vgl. auch SIMONSEN (1964), S. 15-20.

[369] BAER (1991), S. 54.

[370] Insofern hat es sich bei der brasilianischen Inflation vor 1964 um eine „Anspruchsinflation" gehandelt. Vgl. zu diesem Begriff ISSING (1993a), S. 195. Die Bedeutung des Arguments der Anspruchsinflation für die Klärung der Ursachen der brasilianischen Inflation vor 1964 wird ausführlich diskutiert bei SIMONSEN (1964), S. 15-20. Er weist hier darauf hin, dass die „Anspruchsinflation" ein für Entwicklungsländer typisches Phänomen sei, das vor allem auch daraus resultiere, dass sich hier breite Bevölkerungsschichten am Lebensstandard in den Industrieländern orientierten.

[371] „In Latin America [...] bitter economic conflict is one of the central phenomena of economic life. (...) Economic policymaking in Latin America remains a battleground of conflicting interests of class, sectors, regions, and ethnic groups. [...] The bitterness of class and sectoral conflicts throughout Latin America almost surely reflect the extreme inequalities of income throughout the region." SACHS (1989), S. 2-3.

[372] Vgl. CARDOSO/BARROS/URANI (1995), S. 155.

kapitalintensive Produktionsprozesse stimulierte, zusätzlich verschärft worden.[373] Die Einkommensdisparitäten hatten deshalb in regionaler, sektoraler und personeller Hinsicht in den 1950er Jahren drastisch zugenommen. Im Jahr 1960 gingen 25,4% des Gesamteinkommens an die obersten 3,6% der Einkommenspyramide, während die untersten 42,8% der Einkommensskala nur 18,7% des Gesamteinkommens erhielten. [374] Für SACHS (1989) ist es diese extreme Einkommensungleichheit in Verbindung mit der kontinuierlichen Unfähigkeit der Politik soziale Konflikte zu lösen, die hier auch zum – für Lateinamerika so typischen – Phänomen des (inflationstreibenden) wirtschaftspolitischen Populismus geführt hat.[375] Indikatoren für die Schärfe des Verteilungskonfliktes im Vorfeld der brasilianischen Währungsreform von 1964 sind auch die enorme Anzahl von Streiks und der ausgeprägte Populismus der Regierung Goulart. Auch eine im Rahmen sanierender Währungsreformen notwendige fiskalische Anpassung wird durch solche extremen Einkommensdisparitäten erschwert.[376] Die Einkommensungleichheiten und damit einhergehende gesellschaftliche Instabilitäten haben also ihrerseits zu politischen Instabilitäten geführt und erhebliche (institutionelle) Restriktionen für die Durchführung einer konsistenten und stabilitätsorientierten Wirtschaftspolitik vor 1964 dargestellt.[377] Allerdings ist kritisch zu diesem Ansatz zu bemerken, dass allein die Schärfe des Verteilungskonfliktes noch nicht die Inflation erklärt. Entscheidend ist vielmehr, wie dieser Verteilungskonflikt von der Regierung verwaltet wird.[378]

---

[373] „The import substitution policies tended to intensify the existing regressive income distribution in three different spheres: regional, sectoral, and social. While the Kubitschek government initiated important programs for the impoverished Northeast and the neglected agricultural sector, these programs served to offset only in part the adverse impact of the macroeconomic policies and programs which provided greater stimulus to concentration of income and power in the south-central industrial region of Brazil, primarily in the state of São Paulo." SYVRUD (1974), S. 22.

[374] Vgl. ebenda, S. 22. Vgl. ebenda für eine ausführlichere Darstellung der sektoralen, regionalen und personellen Einkommensdisparitäten in den 1950er Jahren.

[375] „This particular type of Latin American policymaking, characterized by overly expansionary macroeconomic policies which lead to high inflation and severe balance of payments crises, has been repeated so often, and with such common characteristics, that it plainly reveals the linkages from social conflict to poor economic performance." SACHS (1989), S. 5.

[376] „The differences in average inflation rates among developing country regions in part reflect differences in fiscal performance. In particular, developing countries in Asia generally have experienced lower inflation rates than those in Latin America largely because of their greater fiscal discipline. Differences in fiscal discipline are not the only reason, however: the ability to adjust rapidly fiscal positions to external shocks is also a contributing factor. In this respect, the relatively more equal distribution of income in Asia compared with Latin America appears to make it politically easier in Asia to adjust fiscal policies rapidly." IMF (1996), S. 109.

[377] „It is probably true as well that high social conflict, rooted in high income inequality, contributes in many countries to weak political institutions and a rapid turnover of governments." SACHS (1989), S. 8.

[378] Vgl. SIMONSEN (1990a), S. 18.

3.5 Zunehmende Erosion der politischen Reputation und Glaubwürdigkeit

Die politische Glaubwürdigkeit und Reputation des politischen Systems war vor dem Hintergrund der skizzierten politischen, gesellschaftlichen und der damit einhergehenden wirtschaftlichen und monetären Erosionserscheinungen (auf letztere wird noch näher einzugehen sein) völlig zerstört. Die Minimierung der Erfolgswahrscheinlichkeit eines Reformprogramms auf Grund solcher Glaubwürdigkeitsdefizite wurde ausführlich im theoretischen Teil erläutert.[379]

D. Ideologisch-paradigmatische und ordnungsökonomische Hintergründe der Inflation vor 1964

Alle zuvor erörterten Inflationshypothesen erhalten ihre volle Erklärungskraft jedoch erst vor dem Hintergrund eines (breiteren) ordnungsökonomischen Ansatzes. Die Logik der Politischen Ökonomie der brasilianischen Inflation vor 1964 entfaltet sich erst in ihrem spezifischen ordnungspolitischen und paradigmatischen Kontext. Es war kein Zufall, dass der Beginn des chronischen Inflationsprozesses in Brasilien gerade in jene Zeit fiel, in der dort in der Wirtschaftspolitik ein interventionistisches entwicklungspolitisches Modell und eine Wirtschaftsordnung implementiert wurde, die überwiegend auf den Prinzipien der zentralen Planung, hierarchischen Allokationsmechanismen und dem Prinzip wirtschaftlicher Abschottung beruhte. Es war ebenso wenig ein Zufall, dass der Beginn der explosiven Beschleunigung des Inflationsprozesses einsetzte, kurz nachdem das Modell der Importsubstitution und des „desenvolvimentismo" (im Deutschen etwa mit „Entwicklungsökonomik" übersetzbar) in Brasilien – gemessen am Grad seiner „Institutionalisierung" – in seine Hochphase eingetreten war. Die Tatsache, dass chronische Inflationsprozesse in jener Zeit, die unter den Bedingungen des Bretton-Woods-Systems weltweit durch einen hohen Grad an Geldwertstabilität gekennzeichnet war, nicht nur in Brasilien, sondern ebenfalls in den wichtigsten anderen lateinamerikanischen Ländern auftraten, die zum entwicklungspolitischen Modell der Importsubstitution übergegangen waren, untermauern die Bedeutung einer ordnungsökonomischen Inflationshypothese.

---

379 Vgl. Erster Teil, Kapitel III.A.

1. Wirtschaftsideologien als informelle Restriktionen der Geldpolitik: der „desenvolvimentismo" und der Strukturalismus

1.1. Der „desenvolvimentismo"

Die Große Depression (1929) stellt *den* Wendepunkt in der lateinamerikanischen Geschichte des 20. Jahrhunderts dar.[380] Der dramatische Zusammenbruch des internationalen Handels und des internationalen Währungssystems war hier der Ausgangspunkt eines fundamentalen wirtschaftspolitischen Paradigmenwechsels, der in den 1930er Jahren eingeleitet werden und seinen Höhepunkt in Brasilien in den 1950er Jahren erreichen sollte.[381] Die Ideen des Liberalismus und des Freihandels, welche das 19. Jahrhundert (auch in Brasilien) weitgehend geprägt hatten, waren im Zuge der Weltwirtschaftskrise und ihren realwirtschaftlichen und monetär desintegrativen Folgen weltweit zunehmend in Misskredit geraten.[382] Das Vertrauen in die langfristige Leistungsfähigkeit von Marktlösungen war zutiefst erschüttert worden. Es war die nun sich in der lateinamerikanischen Wirtschaftspolitik anbahnende Umorientierung, von einem liberalen, exportorientierten (primär auf dem Export landwirtschaftlicher Produkte basierenden) Modell wirtschaftlicher Entwicklung hin zu einem stark interventionistischen, auf Importsubstitution und forcierter Industrialisierung beruhenden Konzept, welche die lateinamerikanischen Wirtschaftssysteme und Gesellschaftsordnungen, ihre Institutionen und ihre wirtschaftliche (und politische) Entwicklung im gesamten 20. Jahrhundert aufs Nachhaltigste prägen und weitgehend vorzeichnen sollte.[383] Dieser deutliche wirtschaftspolitische

---

[380] Vgl. DÍAZ ALEJANDRO (1984), S. 17.

[381] Einen Überblick über die brasilianische Wirtschaftspolitik zwischen 1930 und 1965 in deutscher Sprache gibt PAULUS (1967).

[382] Von vielen Autoren wird die brasilianische Wirtschaftspolitik seit der Unabhängigkeit Brasiliens (1822) als eine durch liberales Gedankengut geprägte Politik gekennzeichnet. Vgl. z.B. SIMONSEN (1995), S. 12. Diese These von *einer Geburt der brasilianischen Nation im Zeichen des Liberalismus* steht im Gegensatz zur Position anderer Autoren, die betonen, dass Interventionismus und Dirigismus Konstanten der brasilianischen Wirtschaftsgeschichte seit der Entdeckung Brasiliens gewesen seien und letztlich auf das kulturhistorische Erbe der Portugiesen zurückzuführen seien. Ein vehementer Verfechter dieser These ist z.B. SENNA (1995). Auch Roberto Campos vertritt die These von einer kulturhistorischen Dominanz eines interventionistischen Prinzips in der brasilianischen Wirtschaftspolitik seit der Kolonialzeit. Vgl. hierzu das Interview mit Roberto Campos im Anhang. Vgl. zu dieser Diskussion auch HENTSCHKE (1999), S. 241 ff.

[383] Dem Einzug eines zentralistischen Planungs- und Allokationsprinzips in der brasilianischen Wirtschaftsordnung war eine Zentralisierung der *politischen Entscheidungsstrukturen* im Zuge der *politischen Revolution von 1930* vorausgegangen. „Die Weltwirtschaftskrise von 1929 hatte ein mächtiges ökonomisches Argument für die Stärkung der Zentralregierung in Brasilien geschaffen. Getúlio nutzte die Gunst der Stunde, löste den Nationalkongress auf und setzte ein Notstandsregime ein (per Dekret vom 11. November 1930 legitimiert) und gab sich via Bundesdekret die volle Beschlussfassungsautorität." SKIDMORE (1998), S. 155. Die Verfassung der Ersten (seither „Alten") Republik wurde von der revolutionären Regierung Vargas am 11. November 1930 durch das Dekret Nr. 19398 außer Kraft gesetzt. Damit war die Autorität des Staates auf die Person des Präsidenten konzentriert worden. „Die Provisorische Regierung vereinte in sich Exekutive und Legislative, und Vargas war die Regierung." ZOLLER (2000), S. 245. Dieser Prozess der Zentralisierung der politischen Macht wurde auch mit der Installation des Estado Novo (November 1937) zementiert. Es sorgte für eine „übermäßige Hypertrophie der Exekutive in den Händen des „Führers der Nation" [...]. Was die Staaten anbetrifft, wurden sie zu bloßen Verwaltungseinheiten degradiert." HENTSCHKE (1999), S. 255. Hier bestätigt sich also die These Euckens von der *Interdependenz der Wirtschaftsordnung und Staatsordnung*, wonach „ein

und politische Bruch mit der Vergangenheit war in Brasilien untrennbar mit dem Namen eines Mannes verbunden, der die Geschicke dieses Landes im Wirtschaftlichen und Politischen im Zeitraum zwischen 1930 und 1964 – direkt oder indirekt – mehr als jede andere Persönlichkeit des öffentlichen brasilianischen Lebens prägen sollte: Getúlio Vargas. Er selbst hatte als brasilianischer Staatspräsident – zum Teil mit Hilfe der Militärs (1930-45) und zum Teil demokratisch legitimiert (1951-54) – dem in Brasilien seit den 1930er Jahren vorherrschenden wirtschaftspolitischen Stil und den Institutionen der Wirtschaftsordnung wie kein anderer seinen persönlichen und unverkennbaren Stempel aufgedrückt. Die Grundlinien seiner Politik wurden auch unter seinen Nachfolgern im Amt des Präsidenten, Juscelino Kubitschek (1956-1961), einem selbsterklärten Anhänger der Politik Vargas, und João Goulart (1961-1964), einem direkten politischen Zögling von Vargas, fortgeführt. Die Periode von 1930 bis 1964 bildet in Brasilien durch die Omnipräsenz von Getúlio Vargas und des von ihm geprägten politischen und wirtschaftspolitischen Stils deshalb eine Einheit, die ihren (vorläufigen) Abschluss erst mit der Machtergreifung der Militärs im Jahr 1964 fand.[384]

Dem ersten Impuls zur Implementierung der Strategie der Importsubstitution hatte zunächst kein wirkliches Konzept, keine Ideologie oder gar ein Paradigma zu Grunde gelegen. Grundlage war vielmehr eine pragmatische *ad-hoc-Reaktion* von Getúlio Vargas auf die Folgen der Weltwirtschaftskrise.[385] Sie hatten Brasilien in Form eines Abbrechens der Exportmärkte, „chronischen Zahlungsbilanzdefiziten"[386] und einer abrupten Reduktion der Importkapazität erreicht. Erst in den nun folgenden Jahrzehnten entwickelte sich, nicht zuletzt angesichts der überraschenden mittelfristigen Erfolge dieser Politik in der Diversifikation der industriellen Basis des Landes und der Erzielung (mittelfristig) extrem hoher Wachstumsraten, in Lateinamerika und Brasilen ein sehr reger wirtschaftspolitischer Diskurs, in dessen Kontext im Zeitraum zwischen 1930 und 1964 das entwicklungstheoretische Paradigma des

---

zentralistischer Staat stärker zur zentralen Planung tendiert als ein föderalistischer Staat. Und umgekehrt. [...]." EUCKEN (1952/1990), S. 332. Vgl. zur „Entstehung des interventionistischen Staates in Brasilien" und seinem historischen Kontext auch den sehr aufschlussreichen Artikel von HENTSCHKE (1999). Vgl. hierzu auch GOMES (1986). Vgl. für eine Darstellung der Implementierung des Modells der Importsubstitution und seiner ökonomischen Folgen in Lateinamerika auch CORBO (1992). Vgl. für eine Darstellung und Analyse des Modells der Importsubstitution in Brasilien und der brasilianischen Wirtschaftspolitik nach dem Zweiten Weltkrieg (bis 1970) aus strukturalistischer Sicht TAVARES (1976).

[384] Vgl. z.B. ZOLLER (2000), S. 243.

[385] Die Entscheidung der Regierung Vargas, sich für den Nationalismus und eine substantielle Erhöhung der Intervention des Staates in die Wirtschaft zu entscheiden, erfolgte „nicht aus ideologischen Vorurteilen, sondern als pragmatische Antwort auf die Herausforderungen der Konjunktur." SIMONSEN (1995), S. 13. Vgl. zur Implementierung der Importsubstitution in Lateinamerika und ihren Charakteristika FODERS (2001a) und (2001b).

[386] Getúlio Vargas selbst hatte die Politik einer intensiven Industrialisierung via Importsubstitution in seiner „Pogrammatischen Botschaft" zu Beginn seiner Regierungszeit mit „chronischen Defiziten in der Zahlungsbilanz" gerechtfertigt. Vgl. hierzu BIELSCHOWSKY (1996), S. 352.

„desenvolvimentismo" und die Doktrin der Importsubstitution entstand.[387] Seinen Höhepunkt erreichte der „desenvolvimentismo" und der damit verbundene Strukturalismus in den 1950er Jahren.[388] Die Ideen dieser Denkrichtung waren zu dieser Zeit in Brasilien quasi hegemonial geworden.[389] Der Liberalismus, und sein Hauptvertreter in Brasilien, Eugênio Gudin, waren im Kampf der Ideen nun „besiegt".[390] Obwohl das entwicklungsökonomische Paradigma des „desenvolvimentismo" kein – wie in der Literatur häufig vereinfachend dargestellt – homogenes Ideengebäude darstellte und es vielmehr aus verschiedenen Strömungen bestand, die in wichtigen wirtschaftspolitischen Fragen in heftiger und polemischer Auseinandersetzung miteinander standen, so stimmten doch alle Vertreter des entwicklungsökonomischen Paradigmas in zentralen Überzeugungen überein:

a) Die Industrialisierung ist der Weg zur Überwindung der brasilianischen Unterentwicklung.[391]

b) Eine effiziente und rationale Industrialisierung ist in Brasilien nicht mittels der spontanen Kräfte des Marktes zu erreichen, sondern nur mit Hilfe des Staates, der in den Markt eingreift und den Allokationsprozess plant.[392]

---

[387] Innerhalb der wirtschaftspolitischen Debatte, die in den 1950er Jahre geführt wurde und Ende der 1950er und Anfang der 1960er Jahre ihren Höhepunkt erlebte, lassen sich drei große Strömungen unterscheiden: Der „desenvolvimentismo", der Neoliberalismus (rechts vom „desenvolvimentismo") und die sozialistische Strömung (links vom „desenvolvimentismo"). Vgl. ebenda, S. 7. „Die Grenzen der Unterentwicklung zu überschreiten und den Weg der Entwicklung zu finden, war in jener Zeit das Hauptthema der Intellektuellen und insbesondere der Ökonomen." PEREZ (1999), S. 49. Die wahrscheinlich kenntnisreichste und umfassendste Arbeit zum „desenvolvimentismo", seinen Ideen, Argumenten und Strömungen in Brasilien ist BIELSCHOWSKY (1996). Vgl. hierzu auch KAY (1989).

[388] Vgl. für eine Skizzierung der Entwicklung der Debatte zwischen dem desenvolvimentismo und dem brasilianischen Liberalismus auch PEREZ (1999), S. 49 ff. Eine der berühmtesten und richtungsweisendsten Debatten war in diesem Zusammenhang die Auseinandersetzung zwischen Eugênio Gudin, dem wichtigsten Vertreter des Liberalismus in Brasilien, und Roberto Cochrane Simonsen, einem Industriellen und Wirtschaftshistoriker, der der wichtigste Vordenker des brasilianischen „desenvolvimentismo" war. Vgl. hierzu PEREZ (1999), S. 67, CAMPOS (1994), S. 240. Es war Roberto C. Simonsen der zunächst triumphierte.

[389] BIELSCHOWSKY (1996) strukturiert den Lebenszyklus dieser Ideologie in Brasilien folgendermaßen: „Das ökonomische Denken des desenvolvimentismo hat seinen Ursprung in der Zeit zwischen 1930 und 1945, erlebte seine Reifungsphase bis Mitte der 1950er Jahre, durchlief von dann an eine Hochphase bis Anfang der 1960er Jahre und trat dann in seine Krise ein." Ebenda, S. 433.

[390] „Gudin war einer der wenigen brasilianischen Ökonomen, die sich weder vom Keynesianismus noch vom Strukturalismus, der in den 1950er Jahren von der CEPAL popularisiert wurde, verführen ließen." CAMPOS (1994), S. 242.

[391] Die primär vom Agrarsektor getragene und durch Zyklen einzelner landwirtschaftlicher Exportprodukte gekennzeichnete Wirtschaftsentwicklung Brasiliens, die so typisch für die brasilianische Wirtschaftsentwicklung seit der Kolonialzeit gewesen war, wurde als ein zentrales Hemmnis der brasilianischen Entwicklung gesehen. „All the economic ideologies of the day pointed to industrialization as the solution to Brazil's economic needs. The Economic Commission for Latin America (ECLA) doctrine explained Brazil's economic backwardness in terms of the lack of an industrial base; economic theorists in all lands emphasized capital accumulation as the path to development; and the international financial institutions joined the ideological consensus by concentrating their financing on industrial and infrastructure projects." SYVRUD (1974), S. 12.

[392] Diese prinzipielle und sehr weitgehende Bejahung staatlicher Intervention in Lateinamerika zu dieser Zeit stand im Einklang mit dem seinerzeit die Wirtschaftstheorie und -politik weltweit dominierenden keynesianisch inspirierten Gedankengut. „Unnötig zu sagen ist, dass die keynesianische Revolution geholfen hat, ein Klima der Rebellion gegen die liberalen Doktrinen zu schaffen [...]." BIELSCHOWSKY (1996), S. 12. Roberto

c) Die staatliche Planung hat die gewünschte Expansion der einzelnen wirtschaftlichen Sektoren zu definieren und die dazu notwendigen Instrumente festzulegen.

d) Der Staat muss eine entsprechende Allokation der finanziellen Ressourcen gewährleisten, indem er selbst Ressourcen aufnimmt und deren Allokation lenkt und Direktinvestitionen in jenen Sektoren fördert, in denen die Privatinitiative nicht ausreicht.

e) Nicht von allen Anhängern dieses Entwicklungsparadigmas geteilt, seit der Großen Depression jedoch politikbestimmend und kennzeichnend für die Ära Vargas, war zudem ein starker wirtschaftspolitischer Nationalismus.[393] Auch er erreichte seinen Höhepunkt in den 1950er Jahren.

Die „Comisión Económica para América Latina y el Caribe" (CEPAL) war das intelektuelle Zuhause und die stärkste institutionelle Stütze des Modells der Importsubstitution.[394] Die CEPAL, im Jahr 1948 durch die Vereinten Nationen gegründet, spielte in den 1950er Jahren eine entscheidende Rolle in der Orientierung der Wirtschaftspolitiken in Lateinamerika. Ansässig in Santiago de Chile, war einer ihrer wichtigsten Theoretiker und Ökonomen Raúl Prebisch. Die anti-liberalen Thesen der CEPAL waren zur wichtigsten theoretischen Stütze des „desenvolvimentismo" in Brasilien geworden.[395] Der bedeutsamste intellektuelle Wegbereiter der Verbreitung der cepalinischen Ideen und der wichtigste Vertreter des Strukturalismus in Brasilien war Celso Furtado. Er, ursprünglich Soziologe, hatte in der

---

Campos bezeichnet den Strukturalismus auch als „intellektuellen Kontrapunkt des Keynesianismus in den Industrieländern im lateinamerikanischen Kontext." CAMPOS (1994), S. 242. „The state was viewed as a modernizing force and as the preserver of national sovereignty over the country's national resources. In Brazil, President Vargas' actions in the 1930s, which strengthened the state's influence in the economy, were viewed as having reduced the negative impact of the world depression on the Brazilian economy. His creation of the state steel company, Companhia Siderúrgica Nacional, his success in obtaining financing for it and in being able to construct it during wartime conditions, greatly increased the country's faith in the modernizing impact of the state in the economy. [...] The state in those days was perceived as the modernizing locomotive which made it possible for a country to transform its economic structure." BAER (1996), S. 369. Das Streben nach Autarkie ist vor dem Hintergrund des die „Entwicklungsökonomik" kennzeichnenden Außenhandelspessimismus, Exportpessimismus und Elastizitätspessimismus (Annahme von der Ungültigkeit der Marshall-Lerner-Bedingung) zu sehen.

[393] Anlass extrem polemischer Diskussionen in den Reihen der „desenvolvimentistas" war die Frage, inwieweit ausländisches Kapital an der Industrialisierung und Modernisierung Brasiliens beteiligt werden sollte. BIELSCHOWSKY (1996) unterscheidet innerhalb des „desenvolvimentismo" deshalb insgesamt drei Strömungen: eine, die den Privatsektor repräsentierte, eine nicht-nationalistische Linie des öffentlichen Sektors und eine nationalistische Strömung des öffentlichen Sektors. SKIDMORE (1967) unterscheidet in den 1950er Jahren nur drei wirtschaftspolitische Strömungen: eine neo-liberale, eine nationalistisch-entwicklungsökonomische und eine radikal-nationalistische. Kubitschek ordnet er der nationalistisch-entwicklungsökonomischen Linie zu, während Getúlio Vargas zwischen dieser und der radikal-nationalistischen Strömung geschwankt habe. Vgl. SKIDMORE (1967), S. 87-92. Vgl. zum Nationalismus von Getúlio Vargas auch CAMPOS (1994), S. 203 ff.

[394] „The new winds of reform led the ECLA – the UN Economic Comission for Latin America and the Caribbean – which was the intellectual home and strongest backer of the import-substitution model, to also endorse the new development strategy." CORBO (2000), S. 12.

[395] Vgl. PEREZ (1999), S. 69. Vgl. zu einer harschen Kritik an den Ideen der CEPAL und anderen unorthodoxen entwicklungsökonomischen Ideen auch LAL (1984) und LAL (1985).

CEPAL eng mit Raúl Prebisch zusammengearbeitet (1949-1958).[396] Die euphorische Aufnahme dieses neuen entwicklungspolitischen Modells in der brasilianischen und lateinamerikanischen Politik und Gesellschaft erklärt sich zum Teil auch im spezifischen kulturgeschichtlichen Kontext der Region in der ersten Hälfte des 20. Jahrhunderts.[397]

Die Durchdringung der brasilianischen Wirtschaftsordnung und ihrer Institutionen mit diesen Ideen vollzog sich in verschiedenen Schritten. Während die Jahre unmittelbar im Anschluss an den Zweiten Weltkrieg noch Jahre *spontaner* industrieller Entwicklung gewesen waren (stimuliert vor allem durch wechselkurs- und handelspolitische Maßnahmen), begannen die ersten Bemühungen der *aktiven* Implementierung der skizzierten Entwicklungsideologie und einer regelrechten Maschinerie zur Stimulierung der Industrialisierung erst in den 1950er Jahren. Die Empfehlungen der Gemischten Brasilianisch-Amerikanischen Kommission von 1951 standen im Einklang mit dieser entwicklungsökonomischen Doktrin.[398] Seinen entwicklungsgeschichtlichen Höhepunkt – im Sinne einer maximalen institutionellen Durchdringung der brasilianischen Wirtschaftsordnung – erreichte das Modell der Importsubstitution und des „desenvolvimentismo" nationalistischer Prägung in der Regierungszeit von Juscelino Kubitschek (1956-1961) mit der Implementierung seines höchst ambitiösen Entwicklungsplans, dem sog. *Ziele-Plan* (Plano de Metas). Dieser *sektorale Entwicklungsplan* Kubitscheks zielte einzig und allein auf eine Forcierung der Industrialisierung und der Beseitigung zentraler *Engpässe* (insbesondere in den Bereichen Energie und Transport), welche eine schnelle Industrialisierung behinderten.[399] Das einzige zentrale wirtschaftspolitische und politische Ziel, das daneben Bestand hatte, war der Bau der neuen Hauptstadt Brasília, ein kostspieliges Unternehmen, das zur persönlichen Obsession Kubitscheks geworden war. Das Motto, unter das Kubitschek seine Regierungszeit gestellt hatte – „50 Jahre Entwicklung in

---

[396] Seine Schriften, insbesondere sein Essay über die brasilianische Wirtschaftsgeschichte seit der Kolonialzeit [FURTADO (1959)], gehören bis heute zu den einflussreichsten Schriften der brasilianischen Sozialwissenschaften.

[397] Der brasilianische *Entwicklungsdiskurs* war seit den 1930er Jahren – unter dem Vorzeichen einer absoluten Vorherrschaft der Soziologie in den brasilianischen Sozialwissenschaften – in engster konzeptioneller und inhaltlicher Nähe zum *Identitätsdiskurs*, also der Frage nach der brasilianischen Identität im Zusammenhang mit der Frage nach der Emanzipation von der kolonialen Vergangenheit geführt. Beide Diskurse haben ihren Ursprung im beginnenden 20. Jahrhundert und waren von der Idee beseelt, die koloniale Vergangenheit, die u.a. durch eine Vorherrschaft *fremder Ideen* und *fremder Institutionen* geprägt war, abzustreifen. Das Ziel, einen eigenen (brasilianischen bzw. lateinamerikanischen) Weg der wirtschaftlichen und gesellschaftlichen Entwicklung zu finden, stellte eines der Gravitationszentren der gesamten brasilianischen Entwicklungsdebatte seit den 1930er Jahren dar. Dieses war letztlich auch Ausdruck des starken kultur-historisch bedingten Bedürfnisses nach lateinamerikanischer bzw. brasilianischer *Identität* und *Authentizität*. Auch das – aus heutiger Sicht überzogene – Autarkiestreben im Rahmen des „desenvolvimentismo" ist vor diesem Hintergrund zu sehen.

[398] Sie empfahl die Implementierung von 14 großen Entwicklungsprojekten zur Stimulierung der industriellen Entwicklung und der Finanzierung von industriellen Entwicklungsprogrammen. Vgl. SYVRUD (1974), S. 14.

[399] Der *Ziele-Plan* stellte den ersten Versuch dar, Ressourcen des öffentlichen und privaten Sektors in ein koordiniertes industrielles Entwicklungsprogramm zu kanalisieren. Vgl. hierzu ebenda, S. 14. Vgl. für eine tiefergehende Analyse der Wirtschaftspolitik Kubitscheks z.B. die Arbeit von BENEVIDES (1976).

fünf" – brachte die Modernisierungs- und Entwicklungseuphorie der Zeit, welche Kubitschek, die gesamte brasilianische Elite und weite Teil der Gesellschaft erfasst hatte, deutlich zum Ausdruck.[400]

Es war dies der Moment, in dem eine starke Beschleunigung des Inflationsprozesses in Brasilien einsetzte. Das starre Festhalten an wachstumspolitischen Zielsetzungen und die damit korrelierende (permanente) Vernachlässigung stabilitätspolitischer Gesichtspunkte, welche zuvor unter polit-ökonomischen Gesichtspunkten diskutiert wurden (das *wachstums-politische Motiv*), sind vor diesem Hintergrund eines absoluten Primats der Industrialisierungs- und Wachstumszielsetzungen in der seinerzeit vorherrschenden Entwicklungsideologie und Wirtschaftspolitik zu sehen.[401] Dass der Prozess einer explosiven Inflationsbeschleunigung gerade in dem Moment einsetzte, als die Institutionalisierung dieses Entwicklungsmodells unter Kubitschek ihren Höhepunkt erreichte, scheint also kein Zufall zu sein. Die mit dem Modell der Importsubstitution verbundenen institutionellen Restriktionen der Geldschöpfung (finanzielle Repression, die entwicklungspolitisch orientierte Kreditvergabe, fiskalische Dominanz und die Devisenbewirtschaftung) waren allesamt Manifestationen des ungezügelten Staatsvertrauens des „desenvolvimentismo". Insofern ist FELDSIEPER (1994) zuzustimmen, wenn er feststellt, dass vom Keynesianismus inspirierte Auffassungen „den geistigen Hintergrund" für das inflationäre Klima der Nachkriegszeit lieferten, „nach denen wirtschaftliches Wachstum öffentlich durch den Staat mit Hilfe interventionistischer Maßnahmen und durch seine wirtschaftliche Betätigungen „veranstaltet" werden könnte. Marktversagen wurde überall vermutet und gesehen, Staatsversagen aber überhaupt nicht wahrgenommen."[402]

1.2 Die strukturalistische Inflationstheorie

Eine für ein Verständnis der ideologischen Hintergründe der monetären Instabilitäten im Vorfeld der Währungsreform von 1964 sehr bedeutsame Facette des entwicklungsökonomischen Paradigmas bestand in den damit verbundenen Vorstellungen hinsichtlich der Bedeutung des Geldes im wirtschaftlichen Entwicklungsprozess und den Ursachen und

[400] Dies war das Motto unter das Kubitschek seine Präsidentschaftskampagne von 1955 gestellt hatte und das zum Leitmotiv seiner gesamten Amtszeit als Staatspräsident werden sollte.
[401] Neben der Geldwertstabilität waren auch wirtschaftspolitische Ziele wie das Zahlungsbilanzgleichgewicht, ökonomische und allokative Effizienz, soziale Zielsetzungen, ein hoher Beschäftigungsstand und Humankapitalinvestitionen auf dem Altar des schnellen industriellen Wachstums geopfert worden.
[402] FELDSIEPER (1994), S. 39.

Wirkungen der Inflation. Sie sind Gegenstand der sog. strukturalistischen Inflationstheorie.[403] Während es nach dem Zweiten Weltkrieg noch weitgehend unbestritten war, dass der anhaltende Kaufkraftverlust in vielen lateinamerikanischen Ländern die direkte Folge einer übermäßigen Expansion des Geldvolumens, vor allem bedingt durch chronische Staatshaushaltsdefizite, war und befürchtet wurde, dass der Preissteigerungsprozess in eine Hyperinflation übergehen, die Ressourcenallokation verzerren und damit das wirtschaftliche Wachstum fühlbar verlangsamen könnte, wurde dies in den 1950er Jahren von den Strukturalisten in Frage gestellt.[404] Die Inflation wurde von ihnen als ein unvermeidliches Nebenprodukt des lateinamerikanischen Industrialisierungs- und Entwicklungsprozesses gesehen.[405] Es sei nicht die gesamtwirtschaftliche Nachfrage nach Gütern und Dienstleistungen, die zu schnell expandiere, sondern vielmehr das Angebot, das sich als zu wenig elastisch erweise, um mit der Zunahme der gesamtwirtschaftlichen Nachfrage Schritt zu halten und sich schnell genug an Wandlungen der Nachfragestruktur anzupassen. Diese – kurzfristig nicht auflösbaren – niedrigen Angebotselastizitäten seien nicht eine Folge der Inflation und inflationsbedingten Interventionen, sondern von institutionellen Rigiditäten, die ihren Ursprung letztlich in den strukturellen Bedingungen der Wirtschaft und ihrer „peripheren" Position in der Weltwirtschaft hätten.[406] Als die wichtigsten preistreibenden – weil permanent durch Angebotsinelastizitäten gekennzeichnete – Sektoren wurden der Außenhandel, wo chronischer Devisenmangel zu reduzierten Importkapazitäten und entsprechenden Angebotsengpässen im Inland führte, und die durch oligopolistische Strukturen (Latifundien) geprägte Landwirtschaft gesehen, wo die Produktion stagnierte, während ein schnelles Bevölkerungswachstum und Migrationsbewegungen in die Städte zu einer zunehmenden Nachfrage nach Nahrungsmitteln geführt hatte. Die Inflation stellte in

---

[403] Der Erklärungswert der monetaristischen Inflationsanalyse für Lateinamerika wurde in systematischerer Form erstmals von VÁSQUEZ (1956), S. 605 ff. in Frage gestellt. Vgl. Diese unorthodoxe Inflationstheorie wurde dann von SUNKEL (1958), PINTO (1961) und SEERS (1962) weiterentwickelt. Ein Überblick über die zentralen Argumente findet sich bei PREBISCH (1961). Vgl. für eine Gegenüberstellung der monetaristischen und strukturalistischen Interpretationen des Inflationsphänomens z.B. CAMPOS (1961), BAER (1967) und DONGES (1969). In BAER/KERSTENETZKY (1965) wurden die Beiträge einer hochrangig besetzen Konferenz abgedruckt, die 1964 zum Thema "Inflation and Growth in Latin America" in Rio de Janeiro abgehalten wurde. Dieser Band liefert eindrucksvolle Einblicke in die stark polarisierte Diskussion der Inflationsursachen und Inflationswirkungen Mitte der 1960er Jahre.

[404] Vgl. DONGES (1969), S. 14. Auf internationaler Ebene standen sich in dieser Debatte auf der einen Seite der Internationale Währungsfonds, als Vertreter der monetaristischen Inflationstheorie, und auf der andere Seite die Wirtschaftskommission der Vereinten Nationen für Lateinamerika (CEPAL), als Keimzelle und Sprachrohr des Strukturalismus, gegenüber.

[405] „Die zufällige und künstliche Zusammenkunft einer beschleunigten Inflation mit substantiellen Entwicklungsfortschritten in der Nachkriegszeit bis zum Ende der Ära Kubitschek veranlasste viele Beobachter zu glauben, dass die Inflation ein unvermeidliches Korrelat, wenn nicht ein ursächlicher Faktor, der Entwicklung sei." CAMPOS (1994), S. 623.

[406] Diese institutionellen Rigiditäten wurden in einem Mangel an qualifizierten Arbeitskräften, mangelndem Preiswettbewerb (Oligopolstrukturen), ungenügender Faktormobilität, gering entwickelter Infrastruktur, ineffizienten öffentlichen Verwaltungen und nicht wettbewerbsorientierten Denk- und Verhaltensweisen gesehen. Vgl. DONGES (1969), S. 20.

dieser Sicht entsprechend keine von einer Zentralbank kontrollierbare Variable dar. Das Geldmengenwachstum wurde als endogener Faktor, als passive Reaktion der monetären Instanzen auf die strukturell bedingten Preiserhöhungen interpretiert. Mit dem klassischen stabilisierungspolitischen Instrumentarium (Geld-, Wechselkurs- und Fiskalpolitik) war das Inflationsproblem in strukturalistischer Sicht folglich nicht zu lösen.[407] Der Einsatz eines solchen wurde sogar als eine Quelle weiteren Preisauftriebs gesehen, da durch die damit einhergehenden negativen Wachstumseffekte die strukturellen Inflationsursachen noch verstärkt würden.[408]

Auch hinsichtlich der Wirkungen der Inflation (insbesondere hinsichtlich des Wachstums) divergierten die Positionen der Strukturalisten extrem von denen der Monetaristen. Negative Wachstumseffekte der Inflation wurden von den Strukturalisten nicht gesehen. Ihr wurde gar eine positive und systemfunktionale Rolle im importsubstituierenden Entwicklungs- und Industrialisierungsprozess zugeschrieben. Eine inflationäre Geldmengenausdehnung – so die These vom „Zwangssparen"– ermögliche dem Staat, sich Ressourcen aus konsumintensiven Bereichen des Privatsektors anzueignen und in wachstumsförderliche Investitionen zu kanalisieren und so zur Beseitigung der strukturell bedingten Engpässe beizutragen.[409] Es wurde also implizit die Existenz eines stabilen und geldpolitisch ausbeutbaren positiven Zusammenhangs zwischen Inflation und Wachstum unterstellt. Die Erfahrungen Brasiliens der Nachkriegszeit, die über lange Zeit hinweg durch eine Koexistenz relativ hoher Inflations- und Wachstumsraten gekennzeichnet waren, schienen diese These zu bestätigen.[410] Diese

---

[407] Vgl. BIELSCHOWSKY (1996), S. 21. Diese Inflationstheorie entsprach insofern einer Art *Zwangsläufigkeitstheorie*, wie sie übrigens für weite Teile der wirtschaftspolitischen Debatte des 20. Jahrhunderts (und zum Teil bis heute) in Lateinamerika kennzeichnend war. Hinsichtlich der Einschätzung des nationalen Handlungsspielraums in der Lösung nationaler wirtschaftspolitischer Probleme schlug hier das Pendel regelmäßig zwischen den extremen Varianten einer solchen *Zwangsläufigkeitstheorie*, die den wirtschaftspolitischen Handlungsspielraum nationaler Akteure (wie etwa auch in der Dependenztheorie) als extrem begrenzt einschätzte, und der übertriebenen, positivistisch inspirierten *Entwicklungseuphorie* der „desenvolvimentistas" hin und her.

[408] Das einzig probate Mittel einer Inflationsbekämpfung bestand für die Strukturalisten vor diesem Hintergrund in einer Veränderung der strukturellen Bedingungen, einer Beseitigung der Ursachen der geringen Angebotselastizitäten und damit vor allem in einer Lösung des außenwirtschaftlichen Problems der Importabhängigkeit. Letzterem sei wiederum nur mit einer forcierten Industrialisierung zu begegnen. Angesichts des langen Zeithorizonts eines solchen Strukturwandels konnte das Ziel der Inflationsbekämpfung kein prioritäres Ziel strukturalistischer Wirtschaftspolitik sein.

[409] „(...) there was a widespread belief, that inflation had contributed to the high rate of economic growth. Less orthodox economists encouraged the view that, in an economy without an adequate financial mechanism to stimulate domestic savings, inflation provided a forced savings mechanism to finance the high growth rate." SYVRUD (1974), S. 19. Vgl. zu dieser These auch BAER (1962/63) und SIMONSEN (1964), S. 77. Die Tatsache, dass die Sparquote in Brasilien in der Nachkriegszeit – bis in die 1950er Jahre – trotz sich beschleunigender Inflationsraten relativ hoch blieb, wird als Beleg für die These gewertet, dass die Inflation vor 1964 tatsächlich als Vehikel eines solchen Ersparnistransfers gedient hat. Vgl. hierzu WELCH (1993), S. 45. Diese These wird auch durch empirische Untersuchungen von NESS (1972) untermauert. Vgl. zu diesem Argument auch BAER (1965), S. 115 ff., und PREBISCH (1961), S. 21. Vg. auch KAHIL (1973).

[410] Vgl. zur Entwicklung der Wachstumsraten vor 1964 auch Abbildung 16.

spezifische Erfahrung war entscheidend dafür, dass sich hier in der Nachkriegszeit eine Inflationsaversion und ein Stabilitätsbewusstein weder in Wissenschaftszirkeln noch in der Gesellschaft herausgebildet hatte und die strukturalistische Inflationstheorie so breite Zustimmung finden konnte. Die Mehrheit der „desenvolvimentistas" lehnte vor dem Hintergrund der skizzierten Ideen stabilisierungspolitische Maßnahmen vollkommen ab.[411]

Stabilem Geld wurde entsprechend kaum eine Funktion im wirtschaftlichen Entwicklungsprozess der lateinamerikanischen Ökonomien in der Nachkriegszeit beigemessen.[412] Das Paradox, dass die in Brasilien in der Nachkriegszeit durchgeführten Stabilisierungspläne – wenn überhaupt welche durchgeführt wurden – meist nur „halbherzig" waren und echte „sanierende Währungsreformen" hier nie durchgeführt wurden, ist – neben den skizzierten polit-ökonomischen Erklärungsansätzen – immer auch vor diesem wirtschaftsideologischen Hintergrund zu sehen.[413] Ein wirtschaftsideologischer und ein polit-ökonomischer Ansatz in der Inflationserklärung ergänzen einander: Der Strukturalismus stellte eine schlagkräftige (ideologische) Waffe in der Hand von Staatspräsidenten und Interessengruppen dar, die andere als stabilitätspolitische Ziele verfolgten.[414] Der hartnäckige, auch noch nach der starken Beschleunigung der Inflation Ende der 1950er manifestierte Widerwille Kubitscheks, das Inflationsproblem zu lösen, führte Roberto Campos, einer seiner engsten wirtschaftspolitischen Berater, auch auf dessen Verführung durch die Ideen des Strukturalismus zurück.[415] Wenn auch nicht behauptet werden kann, dass der Strukturalismus die einzige in den 1950er Jahren bekannte Inflationstheorie war – der erwähnte (nicht umgesetzte) Stabilisierungsplan PEM, der 1958 von Campos und Lucas konzipiert worden war, war eindeutig monetaristischer Natur –, letztlich war der Strukturalismus jedoch vor 1964 immer politikbestimmend, so dass eine Inflationsstabilisierung letztlich immer anderen Zielen untergeordnet wurde.

---

[411] Vgl. BIELSCHOWSKY (1996), S. 21.

[412] „Brazil's monetary tradition is not one of unquestioned orthodoxy and inexorable opposition to inflation. Rather the prevailing doctrine has been that inflation promotes economic growth; and literally no important actor in Brazilian politics has actually opposed inflation." LEFF (1968), S. 160. SIMONSEN (1964), S. 16, bezeichnete die geringe „Sensibilität" der brasilianischen Bevölkerung in den 1950er Jahren für das Inflationsproblem und seine negativen ökonomischen und sozialen Folgen auch als eine *sozio-kulturelle Ursache* des brasilianischen Inflationsprozesses.

[413] „This new view proved very influential in delaying the implementation of the policies required to reduce inflation. The structuralist focus on supply response diverted attention from reduction in the public sector deficit and eliminating the monetization of government deficits." CORBO (1992), S. 21.

[414] Vgl. zur Bedeutung von Ideologien als „Waffen im Kampfe" und „Mittel zur Eroberung oder Verteidigung der Macht" auch EUCKEN (1952/90), S. 18.

[415] „Im Grunde ließ er sich von den strukturalistischen Ideen verführen, dass es keine [kurzfristige] Heilung für die Inflation gäbe und dass sie nur mittel- bis langfristig und durch Investitionen in Strukturverbesserungen heilbar wäre." CAMPOS (1994), S. 352.

2. Die Wirtschaftsordnung, Interventionismus und Inflation

Die seit den 1930er parallel zur Binnenorientierung betriebene Ausweitung der Staatsaktivität zeigte sich in einer Zunahme dirigistischer Eingriffe des Staates in den Wirtschaftsprozess und einer Zentralisierung der wesentlichen Allokationsentscheidungen in allen wirtschaftspolitischen Bereichen.[416] Es ist hier darauf hinzuweisen, dass die Präsenz des Staates und der forcierte Industrialisierungsschub natürlich auch positive Effekte hatte.[417] Kein Zweifel aber besteht daran, dass die massive Präsenz des Staates maßgeblich für die Beschleunigung der Inflation vor 1964 verantwortlich war. Der Zusammenhang zwischen einem zunehmenden Interventionismus in der brasilianischen Wirtschaftsordnung und der Inflationsentwicklung ist vielschichtig und mehrdimensional. Vor allem die Interdependenzen zwischen der Inflation einerseits und hohen Haushaltsdefiziten, Populismus, Klientelismus, Rent-Seeking-Verhalten, dem Primat der Prozesspolitik, der Zurückdrängung der ordnungspolitischen Rolle des Geldes und der Geschlossenheit der Wirtschaftsordnung andererseits sind in diesem Kontext hervorzuheben.

2.1 Interventionismus und hohe Haushaltsdefizite

Der primäre Faktor der monetären Expansion vor 1964 war – wie gesagt – die monetäre Alimentierung der öffentlichen Defizite. Eine Erklärung der Inflation vor 1964 hat also nach den Ursachen dieser Defizite zu fragen. In ordnungsökonomischer Sicht war es vor allem ein (zum Teil) ungezügelter Interventionismus, der für diese Defizite und damit für die Inflation verantwortlich zeichnete. Der mit dem „desenvolvimentismo" verbundene Staats- und Regulierungsoptimismus hatte zu einer Überfrachtung des brasilianischen Staates mit ausgabenintensiven Funktionen im Wirtschaftsprozess geführt, die seine finanziellen Möglichkeiten bei weitem überschritten.[418] Das entscheidende Problem dieser Entwicklungsstrategie war die damit einhergehende „fiskalische Atrophie des Staates, welcher auf gefährliche Weise zunehmend von einer inflationären Finanzierung abhing."[419]

[416] Der für die brasilianische Wirtschaftspolitik des 20. Jahrhunderts typische Zentralismus stellt für SENNA (1995) ein kulturelles Erbe der portugiesischen Kolonisten dar. Er sei eng mit den Phänomenen des brasilianischen Paternalismus und Patrimonialismus verwoben. Der Zentralismus habe traditionell die Grundlage des patrimonialen Staates in Brasilien dargestellt. Der Zentralismus ging in Brasilien immer mit einem übertriebenen Vertrauen in den Staat und in zentralisierte Entscheidungsfindungs-, Koordinations- und Lenkungsprozessen einher und stellte im 20. Jahrhundert eine entscheidende Restriktion im Hinblick auf die Etablierung einer marktwirtschaftlichen und inflationsaversen Ordnung und ihrer konstituierenden Prinzipien dar.

[417] Vgl. BAER/PAIVA (1996), S. 67.

[418] Vgl. für einen Überblick über die verschiedenen Phasen des Staatsinterventionismus in Brasilien seit dem 19. Jahrhundert BAER/KERSTENETZKY/VILLELA (1973).

[419] CAMPOS (1994), S. 650.

Im einzelnen waren vor allem folgende Faktoren für die hohen Haushaltsdefizite verantwortlich: (a) chronische Ineffizienzen des Steuersystems,[420] u.a. gekennzeichnet durch einen Mangel an Steuerdurchsetzungsgewalt, ein Übermaß an zweckgebundenen Ausgaben und umfassenden Transfers zur Subventionierung chronisch defizitärer Staatsunternehmen[421]; (b.) eine Politik des „empreguismo" (Ämterpratonage) im öffentlichen Sektor[422] und (c) eine zunehmende Beteiligung der öffentlichen Hand an der Kapitalbildung.[423]

Der öffentliche Sektor war im Zuge der Ausbreitung eines populistischen Klientelismus stark aufgebläht worden. „Given the tremendous need for infrastructure and the traditional Brazilian paternalism, the Brazilian public sector was destined to continue growing. On the other hand, the rapid growth of public sector expenditures combined with the inability to collect taxes had created an unmanageable inflationary surge and an inefficient bureaucratic apparatus burdening the entire economy."[424] Unmittelbare Folge der zunehmenden Staatstätigkeit, waren die seit Mitte der 1950er Jahre stark ansteigenden Budgetdefizite. Bis ins Jahr 1955 stellten Budgetdefizite noch kein gravierendes Problem für die Geldpolitik dar. Sie waren entsprechend bis zu diesem Zeitpunkt auch nicht die primären Inflationsursachen. Eine sichtliche Verschärfung des unsoliden haushaltspolitischen Kurses begann vor allem mit der Übernahme des Präsidentschaftsamtes durch Kubitschek und der Implementierung seines

---

420 BAER (1965), S. 82 ff., beschreibt den Budgetprozess in den 1950er Jahren als ein Verfahren, bei dem die Grundprinzipien der Finanzwissenschaften kaum Beachtung fanden. Wichtige Ausgabenposten, z.B. die der Staatsunternehmen und der „autarquias" (Selbstverwaltungsinstanzen des öffentlichen Rechts), wurden in dem vom Kongress zu beschließenden Staatshaushalt erst gar nicht erfasst. Sie wurden vom Banco do Brasil ohne Haushaltsansatz finanziert. Vgl. auch GOLDSMITH (1986), S. 262. Eine wesentliche Ursache für das geringe Steueraufkommen vor 1964 ist darin zu sehen, dass sich die Einnahmen – wie in vielen anderen Entwicklungsländern auch – in jener Zeit überwiegend aus indirekten Steuern zusammensetzten. Sie sind in der Regel regressiv und unelastisch, das heißt sie belasten niedrige Einkommen relativ höher und wachsen langsamer als das Sozialprodukt. Während der Nachkriegszeit stieg der Anteil dieser indirekten Steuern an den Gesamteinnahmen des Staates von 66,5% auf 71%. Vgl. WOGART (1974), S. 17.

421 Vgl. zur Bedeutung der staatlichen Subventionierung unrentabler Staatsunternehmen für die Inflationsentwicklung auch DELFIM NETTO u.a. (1965) und PASTORE (1973a), S. III. Die Subventionen an den (öffentlichen) Transportsektor waren vor 1964 besonders ausgeprägt. Insgesamt ging mehr als die Hälfte des Staatsdefizits auf die Defizite des staatlichen Transportsektors zurück. Die Verluste der staatlichen Eisenbahnen, Schifffahrtsgesellschaften, Fluglinien und Häfen forderten laufend höhere Subventionen der öffentlichen Hand. Allein die Transfers zur Deckung der Defizite der Nationalen Eisenbahngesellschaft (Rede Ferroviária Federal) erhöhten sich zwischen 1957 und 1963 um über 100 Mio. NCr$. Die chronischen Verluste dieser Staatsunternehmen waren nicht zuletzt Folge von kontrollierten und ohne Rücksicht auf Kostendeckung festgelegten Preisen.

422 Vgl. hierzu SIMONSEN (1964), S. 29.

423 Das Wachstum der staatlichen Investitionen war in weiten Teilen Konsequenz eines inflationären Teufelskreises: die Regierung war gezwungen, in bestimmte Sektoren zu investieren, da der Privatsektor auf Grund von Preiskontrollen nicht an Investitionen interessiert war. Im Zeitraum zwischen 1947 und 1955 machten die öffentlichen Investitionen zusammen mit der Kapitalbildung der „empresas mixtas" (halbstaatliche Unternehmen) ein Viertel der Gesamtinvestitionen aus. Mit Beginn der Regierung Kubitschek erhöhten sich die staatlichen Investitionen schrittweise und erreichten im Jahr 1965 27% der Gesamtinvestitionen. Die „empresas mixtas" verdoppelten ihren Anteil in den 1950er Jahren von 3% auf 6% und erreichten zwischen 1961 und 1965 mehr als 13% der gesamten Kapitalbildung. Vgl. Tabelle 47 im Anhang.

424 SYVRUD (1974), S. 37.

ambitiösen *Ziele-Plans*. Die Haushaltsdefizite vergrößerten sich vor diesem Hintergrund – wie folgende Grafik zeigt – zwischen 1956 und 1964 kontinuierlich und überschritten am Ende dieser Periode nachhaltig die 4%-Marke (im Verhältnis zum BSP). Es war dieses Entwicklungsprogramm, das gemeinsam mit dem Bau der neuen Hauptstadt Brasília hauptsächlich für die steigenden Haushaltsdefizite seit 1956 verantwortlich war und auf Grund der Ineffizienzen des brasilianischen Steuersystems mit Hilfe der Inflationssteuer finanziert werden musste. Das antiquierte Steuersystem – das Modell der Importsubstitution selbst hatte die institutionelle Entwicklung des Steuersystems behindert – war nun nicht mehr in der Lage, mit dem enormen und steigenden Finanzierungsbedarf Schritt zu halten.[425] Die finanzielle Repression und die Strategie der Abschottung, beides institutionelle Facetten des Modells der Importsubstitution, taten das übrige, um einer nicht-inflationären Finanzierung der hohen Haushaltsdefizite den Weg zu versperren. Der brasilianische Kapitalmarkt war – wie gesagt – durch die finanzielle Repression (nominale Zinsobergrenzen) bei gleichzeitig hohen Inflationsraten lahmgelegt.

Abbildung 11: Budgetsalden in % des BSP (1950 - 1963)

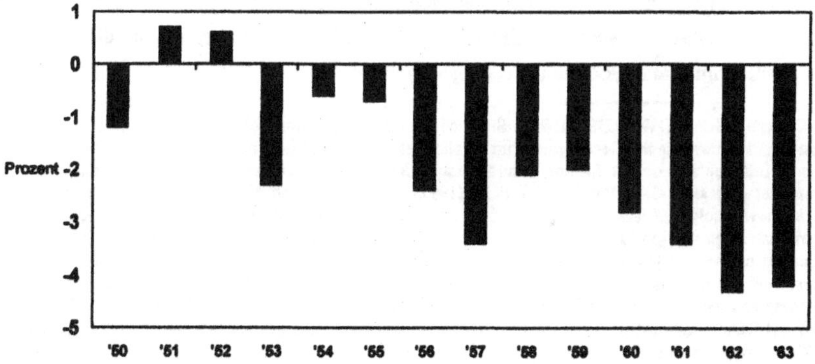

Quelle: CONJUNTURA ECONÔMICA (verschiedene Jahrgänge), vgl. Tabelle 40 im Anhang.

Spätestens nachdem Brasilien die Verhandlungen mit dem IWF im Jahr 1959 abgebrochen hatte und der Zugang Brasiliens zum internationalen Kapitalmarkt damit weitgehend versperrt war, bestand die einzige Möglichkeit der Finanzierung der hohen Haushaltsdefizite in einer monetären Alimentierung der Staatsdefizite.[426] Eine Politik der inflationären Finanzierung

[425] Zudem hatte sich die Durchsetzung der Steuergesetzgebung – unter den dargestellten Bedingungen politischer Instabilität – als zunehmend schwierig erwiesen.
[426] „Industrialization was financed primarily by money creation, which allowed policy makers to side-step the restrictions of Brazil's underdeveloped capital market.“ WELCH (1993), S. 65.

wurde vor diesem Hintergrund bewusst betrieben und war fest institutionalisierter Bestandteil des Entwicklungsmodells.

2.2 Populismus, Klientelismus und Rent-Seeking als ordnungsökonomische Phänomene

Ein anderer wichtiger Faktor, der alle stabilisierungspolitischen Bemühungen vor 1964 unterminiert, in die Krise des brasilianischen Staates Anfang der 1960er Jahre und zum Inflations-Bias der brasilianischen Wirtschaftsordnung geführt hatte, war ein Phänomen, das aufs Engste mit dem Modell der Importsubstitution verknüpft war: der politische und wirtschaftspolitische Populismus.[427] Der *wirtschaftspolitische Populismus* war in Brasilien von Getúlio Vargas geprägt worden.[428] Er zieht sich als roter Faden auch durch die Wirtschaftspolitik seiner Nachfolger und erreichte seine Hochphase – zeitgleich zum desenvolvimentismo – in den 1950er und Anfang der 1960er Jahre. Der Ziele-Plan der Regierung Kubitschek hatte deutliche populistische Färbungen.[429] Seinen absoluten Höhepunkt erreichte der Populismus jedoch unter der Regierung João Goulart (1961-1964), einem direkten politischen Zögling von Getúlio Vargas. Es war der Populismus von João Goulart, der sowohl massiv zur Verschärfung der monetären Instabilitäten im Vorfeld der Währungsreform von 1964 als auch zur Entstehung der politischen Krise, die in die militärische Intervention im März 1964 mündete, beigetragen hat.[430]

[427] DORNBUSCH/EDWARDS (1991), S. 9 definieren Populismus folgendermaßen: „For us 'economic populism' is an approach to economics that emphasizes growth and income distribution and deemphasizes the risks of inflation and deficit finance, external constraints, and the reaction of economic agents to aggressive nonmarket policies." CARDOSO/HELWEGE (1992), S. 204 ff, kennzeichnen den Begriff des Populismus hingegen wie folgt: „Classical populism favored activist government committed to a strong role in price determination, protection of workers and wages, policies of cheap food, state ownership of key industries, state allocation of credit at low interest rates, and favors for private industry. It rejected any appeal to the need for overall restraint on spending." Einen Überblick über den brasilianischen Populismus im 20. Jahrhundert und die einschlägige Literatur zu diesem Thema geben BRESSER PEREIRA (1991) und CASRO/RONCI (1991). Schon DIAZ-ALEJANDRO (1981), S. 121-122, hat darauf hingewiesen, dass das Inflationsphänomen in Lateinamerika im 20. Jahrhundert typischerweise mit populistischen (demokratischen) Regierungen verbunden war. Vgl. hierzu auch CONIFF (1982).

[428] Der Populismus-Vorwurf an Getúlio Vargas bezieht sich vor allem auf die letzten zehn Jahre seiner politischen Karriere (1945-1955). Vgl. CARDOSO/HELWEGE (1992), S. 216. Nachdem er in den 1930er Jahren noch auf die Koalition aus Militärs, Kaffee-Exporteuren und Industriellen baute, begann Vargas Mitte der 1940er zunehmend auch um die Gunst und die Unterstützung der Arbeiterklasse zu kämpfen. Im Jahr 1942 führte er den Mindestlohn ein und im Jahr 1943 eine Arbeitsgesetzgebung. Insbesondere die Regierungszeit Vargas nach 1945 zählt neben der Wirtschaftspolitik Peróns in Argentinien (1946 bis 1949), der Politik Lázaro Cárdenas in Mexiko zwischen 1934 und 1940 und der Politik Juan Velascos in Peru (1968 bis 1975) zum „klassischen" Populismus Lateinamerikas. Vgl. ebenda, S. 204.

[429] Vgl. CAMPOS (1994), S. 617.

[430] Vgl. SIMONSEN (1995), S. 18, und CAMPOS (1994), S. 569. Es war der Populismus von Goulart, der Roberto Campos Mitte 1963 veranlassen sollte, von seinem Amt als Botschafter der brasilianischen Regierung in Washington zurückzutreten. Von da an engagierte sich Roberto Campos in der Opposition gegen Goulart und vereinigte Kräfte im IPES (Instituto de Pesquisas Econômicas e Sociais) von São Paulo, einem Institut, das begann – den Gehalt der Wirtschaftsstatistiken der Regierung anzweifelnd – eigene Statistiken hinsichtlich der Inflationsraten und Beschäftigungszahlen zu veröffentlichen. Vgl. SKIDMORE (2001), S. A10. „Den üblichen

Nun ist der lateinamerikanische und brasilianische Populismus des 20. Jahrhunderts – entgegen weitläufiger Meinung – nicht primär als ein *Zeichen persönlicher Schwäche einzelner Staatspräsidenten* zu verstehen. Auch dieser ist vielmehr als ein *ordnungsökonomisches Problem* zu verstehen. Das Modell der Importsubstitution hatte auf Grund seines interventionistischen Grundcharakters, damit einhergehenden künstlichen Wettbewerbs- und Preisverzerrungen, staatlich gewährten Renteneinnahmen und Transferzahlungen und der institutionalisierten Privilegierung einzelner gesellschaftlicher Gruppen typischerweise zu politischen Verkrustungserscheinungen und der Herausbildung schlagkräftiger Interessengruppen geführt. Der politische und gesellschaftliche Widerstand gegen die inflationäre Wirtschaftspolitik wurde in diesem Kontext durch populistische Maßnahmen (wie Preiskontrollen für Grundnahrungsmittel, überhöhte Lohnanpassungen vor allem im öffentlichen Sektor) gesenkt. Starke Anreize für Rent-Seeking-Aktivitäten waren so geschaffen worden.[431] Eine typische „Rent-Seeking-Society“ hatte sich vor diesem Hintergrund in der Nachkriegszeit in Brasilien herausgebildet.[432] Es waren all jene Gruppen, die von den diskretionären Wechselkurs- und Steuervergünstigungen, der (inflationsbedingten) realen Überbewertung, inflationären Subventionen und staatlichen Eingriffen in das Preissystem etc. profitiert hatten – alle diese Eingriffe können als Folgewirkungen des Inflationsprozesses verstanden werden –, die gegen eine Stabilisierung opponierten. Dies waren einerseits die in den wirtschaftlichen Lenkungsapparat involvierten und mit großer Machtfülle ausgestatteten Bürokraten (der Steuerbehörden, Devisen- und Kreditzuteilungsorgane etc.) und die von diesen Behörden systematisch bevorzugten Gruppierungen. Diese Gruppen waren natürlich an einer Beibehaltung des inflationären Status quo interessiert und waren bereit, für die Erhaltung ihrer Privilegien zu kämpfen. Berücksichtigt man zudem, dass die in Brasilien traditionell extrem ausgeprägten Einkommensungleichgewichte durch das Modell der Importsubstitution noch verstärkt worden waren, wird deutlich, warum dieses ordnungspolitische Modell untrennbar mit Populismus, ausgeprägten Rent-Seeking-Aktivitäten und Klientelismus verbunden war.[433] Der Staat war hier zum chronischen Opfer schlagkräftiger Interessengruppen geworden, die immer wieder erfolgreich die Implementierung tiefer-

---

Eigenschaften des „lateinamerikanischen Populismus“ – eine konfuse Ideologie, mit Missbrauch einer sozialisierenden Terminologie, untragbaren Mechanismen der Einkommensverteilung, irrationalem Nationalismus und ineffizienter Verstaatlichung – fügte das Regime Goulart eine extreme administrative Ineffizienz hinzu.“ CAMPOS (1994), S. 569.

[431] Die Importsubstitution hat „durch die systematische Bevorzugung bestimmter Branchen und Unternehmen bzw. durch die Diskriminierung anderer Branchen und Unternehmen die Bildung von Interessengruppen gefördert. Letztere mussten knappe Ressourcen in einem beträchtlichen Umfang in unproduktive Aktivitäten lenken, um bei wechselnden Regierungen ihre Privilegien behalten zu können (Rent Seeking).“ FODERS (2001b), S. 21.

[432] BUCHANAN/TOLLISON/TULLOCK (1980).

[433] Der Klientelismus „überlebte den *Estado Novo* relativ unbeschadet und gewann nach 1945 wieder größeres Gewicht. In der Tat stellte der sogenannte Populismus nichts anderes dar als einen an die Bedingungen der Massengesellschaft und formalen Demokratisierung angepaßten politischen Klientelismus.“ HENTSCHKE (1999), S. 260.

greifender stabilisierungspolitischer Reformmaßnahmen verhindern und andererseits durch Rent-Seeking-Aktivitäten leistungsungebundene Erträge aus einem diskretionären und stabilitätswidrigen Staatsverhalten (in der Kredit-, Geld-, Haushalts-, Wechselkurspolitik etc.) ziehen konnten. „[...] dieses System wurde so korrupt, dass der Staat selbst eher zu einem Vehikel des Einkommenstransfers an privilegierte Gruppen, einem parasitären Organismus [...] als zu einem effektiven Agenten der Entwicklung wurde.“[434] Die „Schwäche“ der Staatspräsidenten vor 1964, die chronischen politischen Ineffizienzen und Instabilitäten waren insofern auch Folgen des ordnungspolitischen Grundmodells. Interventionismus, Populismus, Klientelismus und Korruption waren also Facetten ein und desselben ordnungsökonomischen Phänomens.[435] Es waren gerade die „demokratischen“ Phasen der brasilianischen Wirtschaftsgeschichte der Nachkriegszeit (1945-1964 und die Zeit seit 1985), die durch eine starke Durchdringung des politischen Prozesses durch Interessengruppen und Verkrustung von Klientelstrukturen gekennzeichnet war. Gerade unter diesen Bedingungen schlugen gesellschaftliche und politische Spannungen direkt auf die Geld- und Wirtschaftspolitik durch. Die (fragile) Stabilität des politischen Systems konnte im Rahmen dieser Wirtschaftsordnung vor 1964 nur durch umfangreiche Ressourcentransfers an spezifische Gruppen erhalten werden.

2.3 Das Primat der Prozesspolitik

Eine in ordnungstheoretischer Sicht entscheidende Konsequenz des dargestellten ordnungspolitischen und wirtschaftsideologischen Hintergrundes, insbesondere des dem „desenvolvimentismo“ zu Grunde liegenden Staats- und Planungskonzeptes und seinen Korrelaten auf der Ebene des wirtschaftspolitischen Stils (Populismus und Klientelismus), war auch die Vorherrschaft eines extrem diskretionären Handlungsprinzips in der Wirtschaftspolitik. Es galt ein Primat der Prozesspolitik und nicht – wie von Eucken eingefordert – ein Primat der Ordnungspolitik. Ein permanenter und systematischer Verstoß gegen das Euckensche Postulat der „Konstanz der Wirtschaftspolitik“ war die Folge. Ordnungspolitik im eigentlichen Sinne war (und ist zum Teil bis heute) ein Fremdwort in der wirtschaftspolitischen Praxis Brasiliens. „Der Staatspräsident konnte nicht nur diskretionär in den Wirtschaftsablauf eingreifen, sondern er verfügte mit dem Instrument des Dekrets auch über die Möglichkeit, die ordnungspolitischen Spielregeln fallweise zu ändern. Die wirtschaftspolitischen Institutionen dienten in diesem Regelsystem nicht dem Zweck, den

---

[434] SACHS (1993), S. 3.

[435] Betrachtet man das Populismus-Phänomen also in Übereinstimmung mit den hier getroffenen Annahmen, verliert die Frage von SKIDMORE (1967), S. 188: „War Quadros ein Populist?“ an Bedeutung. Es geht also nicht darum zu definieren, ob ein Staatspräsident populistisch ist oder nicht. Populismus ist insofern nicht ein Charakterzug eines Regierungschefs, sondern ein Merkmal des ordnungsökonomischen Rahmens.

Verhaltensspielraum des Staates einzugrenzen (Restriktionen). Vielmehr fungierten sie als ein Steuerungsinstrument in der Hand der Regierung, das zu diskretionären Eingriffen in den Wirtschaftsablauf genutzt wurde."[436] Ein solcher Mangel an geld- und wirtschaftspolitischer Regelbindung schafft – wie im theoretischen Teil herausgearbeitet – generelle Erwartungsunsicherheit, schadet der Reputation einer Regierung und damit auch der Glaubwürdigkeit wirtschafts- und währungsreformpolitischer Maßnahmen. Alle vor 1964 durchgeführten Stabilisierungsversuche unterlagen auch diesem ordnungspolitisch bedingten Glaubwürdigkeitsdefizit.[437] In der daraus resultierenden Unklarheit der Eigentumsrechte (Property Rights) und gesellschaftlichen Unsicherheit und in den hiermit verbundenen Verzerrungen der sozioökonomischen Anreize dürfte ein entscheidender Grund für die *brasilianische Sklerose* der Nachkriegszeit zu finden sein.[438]

2.4 Die Zurückdrängung der ordnungspolitisch tragenden Rolle des Geldes

Die Rolle des Geldes in einer Wirtschaftsordnung ergibt sich nicht nur aus ihren paradigmatischen Konstellationen. Es ist zudem die Systemlogik an sich, welche die Rolle des Geldes bestimmt. Wie im theoretischen Teil erläutert, kommt dem Geld in einer Wirtschaftsordnung zentralgeleiteten und interventionistischen Typs – wie es die Importsubstitution war – nur eine untergeordnete Rolle zu. Im Gegensatz zu dezentral organisierten Wettbewerbsordnungen, wo die Koordination der wirtschaftlichen Aktivitäten über den Preismechanismus erzielt und so der subjektiven und individuellen Knappheit Rechnung getragen wird, wird der Preismechanismus hier außer Kraft gesetzt und durch zentralisierte Allokationsmechanismen ersetzt.[439] Der Herstellung eines funktionsfähigen Preissystems und ihrer Voraussetzung, der Geldwertstabilität, und letztlich auch dem Geld an sich kommt in zentral gelenkten Wirtschaftsordnungen entsprechend eine geringere Bedeutung zu als in Marktwirtschaften. Innerhalb der monetären Ordnung Brasiliens vor 1964 waren es vor diesem Hintergrund typischerweise das System der Devisenbewirtschaftung und das der selektiven Kreditlenkung,

[436] BOECKLE (1997), S. 56. Vgl. zum politischen Stil von Getúlio Vargas auch SKIDMORE (1998), S. 163-164.

[437] Auch PRITZL (1997) kommt zu diesem Ergebnis: „[...] die lange Zeit verfolgte wirtschaftspolitische Strategie einer importsubstituierenden Industrialisierung, die [...] den Staat zu umfangreichen und stets weitergehenden diskretionären staatlichen Eingriffen in die Wirtschaft drängt, dürfte die Grundlage für eine *diskontinuierliche und wenig vorhersehbare Wirtschaftspolitik* bilden." Ebenda, S. 73. Der selbe Autor zeigt zudem, dass „die öffentlichen Amts- und Entscheidungsträger nur ein geringes Eigeninteresse besitzen, diese gesellschaftliche Ungewissheit und Rechtsunsicherheit grundsätzlich zu verringern. Da diese Unsicherheit sowohl ihnen selbst als auch den mächtigen gesellschaftlichen Interessengruppen dient, sind die öffentlichen Amtsträger nur unzureichend bereit, Rechtssicherheit und Rechtsschutz als öffentliches Gut allen zu gewähren." Ebenda, S. 74.

[438] Vgl. ebenda, S. 238.

[439] Vgl. zur zunehmenden Erosion des Preismechanismus vor 1964 auch die Ausführungen in Kapitel III.B. des Zweiten Teils der Arbeit.

welche systemtragende Rollen übernahmen. Die Geldordnung hingegen war zu einem bloßen Anhängsel der Fiskalordnung, des selektiven Kreditvergabesystems und der Devisenbewirtschaftung geworden.

2.5 Geschlossenheit der Wirtschaftsordnung

Ein weiterer zentraler (institutioneller) Grund für den Inflations-Bias des Systems der Importsubstitution lag in der Geschlossenheit dieses Wirtschaftsregimes. Wie gesagt, international war das Preisniveau in den 1950er und 1960er Jahren (Bretton-Woods-System) relativ stabil gewesen. Bei Konvertibilität hätte Brasilien von einem entsprechenden Stabilitätsimport profitiert. Durch umfassende Devisenbewirtschaftungsmaßnahmen war der internationale Preiszusammenhang (bei handelbaren Gütern) jedoch gekappt worden. Hinter den „Schutzwällen" der Außenhandelsprotektion und der Devisenbewirtschaftung war es möglich, teurer als im relativ wertstabilen internationalen Umfeld zu produzieren.[440] Durch diese protektionistischen Maßnahmen waren Anreize für Preissteigerungen geschaffen worden, die unter Konkurrenzbedingungen keine Entfaltungsmöglichkeit gehabt hätten. Der Versuch, sich mit Hilfe dieser *geschlossenen Ordnung* und überbewerteten Wechselkurse gegen exogene Schocks zu immunisieren, schlug nicht zuletzt auf Grund der inflationären Tendenz dieses Systems fehl. Die Devisenrestriktion dieses System war durch die Politik der Abschottung extrem verhärtet worden.[441] Inflation und eine harte Devisenrestriktion verschärften sich gegenseitig. Der Abbruch der Beziehungen mit dem IWF tat ein Übriges, um die Devisenrestriktion neben der fiskalischen Restriktion und dem Inflations-Bias zum zentralen Verursachungsfaktor der zunehmenden Erosion dieser Ordnung Anfang der 1960er Jahre werden zu lassen. Zudem war den inländischen Wirtschaftssubjekten durch Kapitalverkehrskontrollen die Möglichkeit einer (legalen) Währungssubstitution genommen worden. So konnte die Inflationssteuer und ihre Steuerbasis, die inländische Kassenhaltung, gegen Kapitalfluchtstendenzen „geschützt" werden. Insofern stellte das System der Devisenbewirtschaftung einen starken Anreiz und eine Systemvoraussetzung für eine inflationäre Geldpolitik dar.

[440] „The new goods produced behind protective walls were usually higher priced than the previously imported ones [...]." BAER (1991), S. 47.

[441] Überbewertete Wechselkurse führten zu einer Stagnation der Exporte und einer großen Importnachfrage. Ein chronischer Nachfrageüberhang am Devisenmarkt war die Folge. Durch die nationalistischen wirtschaftspolitischen Tendenzen (insbesondere in der Frage der Gewinnrücküberweisungen) waren ausländische Investoren abgeschreckt worden.

E. Restriktionen einer Inflationsbekämpfung aus der brasilianischen Rechtsordnung und Rechtskultur

Geldwertstabilität hat – wie im theoretischen Teil erörtert – gewisse Voraussetzungen in der Rechtsordnung. Fundamentale Voraussetzung ist, dass formale Regeln auch eine Sanktionsgewalt haben. Nur dann werden sie auch zu wirklichen Restriktionen des Verhaltens. Diese Voraussetzung war traditionell in Brasilien kaum gegeben. Formale Regeln haben hier (seit der Kolonialzeit) kaum strikte Verhaltensrestriktionen in der Gesellschaft, Politik und Wirtschaft dargestellt. Die brasilianische Kultur ist traditionell vielmehr durch eine Dominanz informeller Regeln und der Macht persönlicher Beziehungsgeflechte gegenüber dem formalen Recht gekennzeichnet. Die brasilianische Rechtstradition wird deshalb auch als eine *nicht-legalistische* bezeichnet. Die Neigung zum Rückgriff auf politische Instrumente und Verteilungsmechanismen, die außerhalb der formalen Rechtsordnung liegen, haben ihre historischen Wurzeln in Lateinamerika und Brasilien nicht zuletzt in dieser ausgeprägten *nicht-legalistischen* Tradition.[442] Auch das in Brasilien so gesellschafts- und politikbestimmende Verhaltensmuster des „jeitinho", als eine an die Korruption grenzende Verhaltensweise zur Umgehung formaler Hindernisse in der Erreichung persönlicher Ziele, wie auch die Tendenz zur „Personalisierung", „Emotionalisierung" und „Privatisierung" des öffentlichen Raums sind Symptome dieser nicht-legalistischen Rechtskultur.[443] Eine solche Kultur erschwert natürlich die Etablierung von strikten formalen Regeln und untergräbt damit – entsprechend der zuvor erörterten Glaubwürdigkeitskonzepte – auch die Glaubwürdigkeit der Wirtschaftspolitik und von Währungsreformen, die eben auf der Etablierung solcher Regeln basieren. Das brasilianische Rechtssystem wurde vor diesem Hintergrund typischerweise für Umverteilungszwecke instrumentalisiert und diente häufig eher einer bevorzugten Behandlung einer bestimmten Klientel und Interessengruppen, „der man sich entweder zugehörig fühlt (z.B. ethnische oder religiöse Gruppe oder von der man (politisch) abhängig

---

[442] „Die ‚fehlende legalistische Tradition', von der viele Lateinamerikanisten sprechen, geht auf eine lange Zeit praktizierte – und durchaus rational angepasste – Verhaltensweise aus der Kolonialzeit zurück." PRITZL (1997), S. 68. Diese war dadurch entstanden, dass die Gesetze zwar im weit entfernten Spanien und Portugal gemacht wurden, jedoch von den jeweiligen lokalen Verwaltungen vor Ort durchgeführt werden mussten. Der Ausspruch ‚obedezco, pero no cumplo', der die Abwehrmöglichkeit der spanischen Kreolen gegen die spanische Krone zum Gegenstand hat, bringt den Kern dieser nicht-legalistischen Tradition zum Ausdruck.

[443] „In Brasilien waren ein einzig und allein objektiven Interessen gewidmetes Verwaltungssystem und Beamtentum die Ausnahme. Man kann im Gegenteil im Verlauf unserer Geschichte beobachten, daß das persönliche Interesse vorherrschte, das sein angemessenes Ambiente in geschlossenen, einer überpersönlichen Organisation wenig zugänglichen Zirkeln fand. Von diesen Kreisen war in unserer Gesellschaft zweifellos die Familie der mächtigste und am deutlichsten sichtbare. Und zu den entscheidenden Auswirkungen der unangefochtenen, alles aufsaugenden Vorherrschaft der Familie – der Sphäre schlechthin für die sogenannten „Primärkontakte", die Bluts- und Herzensbande – gehört, daß die im häuslichen Leben geschaffenen Beziehungen bei uns unausweichlich zum Vorbild jeder Art sozialer Gliederung wurden. Dies gilt selbst dort, wo demokratische, auf neutralen, abstrakten Prinzipien basierende Institutionen vorgeben, die Gesellschaft auf antipartikularistische Normen zu gründen." HOLANDA (1936/95), S. 175. Holanda liefert in diesem Essay eine hervorragende und bis heute klassische Darstellung der brasilianischen Kulturgeschichte.

ist (so z.B. die politische Anhängerschaft insbesondere in demokratisch-populistischen Systemen)."[444] Korruption, die z.B. in der Steuerverwaltung oder der Kreditzuteilung direkte inflationäre Wirkungen haben kann, ist eine extreme Variante dieses Phänomens. Die durch Korruption in der brasilianischen Steuerverwaltung vor 1964 hervorgerufenen Steuerausfälle sind auch in diesem Kontext zu sehen.

III. Wirkungen der Inflation in ordnungsökonomischer Sicht

A. Erosionserscheinungen in der monetären Ordnung

1. Erosion der Geldordnung

Jeder fortgeschrittene, offene Inflationsprozess führt unaufhaltsam zu einer „Zerrüttung des Geldwesens".[445] Dieser Erosionsprozess vollzieht sich typischerweise in verschiedenen Schritten. Er manifestiert sich zunächst in einer zunehmenden Beeinträchtigung der drei fundamentalen Funktionen des Geldes, der Wertaufbewahrungs-, der Rechenmittel-, und der Tauschmittelfunktion.[446] Bereits in einem frühen Inflationsstadium verliert das Geld seine Funktion als Wertaufbewahrungsmittel, also die Funktion, Kaufkraft aus der Gegenwart in die Zukunft zu übertragen.

Auch die Rechenmittelfunktion des Geldes, die es ermöglicht, dass alle Tauschrelationen in einer Volkswirtschaft auf ein Medium bezogen werden und somit die Transaktionskosten im arbeitsteiligen Wirtschaftsprozess erheblich gesenkt werden können, wird – allerdings erst in einem späteren Stadium – beeinträchtigt. Dies führt zu den sog. „Rechenkosten" der Inflation.[447] Ebenfalls kann die dritte wesentliche Funktion des Geldes, die Tauschmittelfunktion, im Rahmen weit fortgeschrittener Inflationsprozesse beeinträchtigt werden und gar zur Repudiation, also zur Verweigerung der Annahme des Geldes (im In- und Ausland) führen. Im Rahmen der hier untersuchten Inflation war ein Funktionsverlust des Geldes hinsichtlich der ersten beiden Funktionen zu beobachten. Der Extremfall einer Repudiation des Geldes war noch nicht eingetreten. Dennoch, die Opportunitätskosten der (unverzinsten)

---

[444] PRITZL (1997), S. 71.
[445] FELDSIEPER (1994), S. 43.
[446] Vgl. BÄHR (1994), S. 25, FELDSIEPER (1994), S. 43, SIMONSEN (1995), S. 29, und WEHINGER (1996), S. 52-54.
[447] Dies sind die Kosten der Deflationierung nominaler Größen. Diese nehmen mit zunehmenden Inflationsraten, vor allem auf Grund der bei hohen Inflationsraten erhöhten Variabilität der Inflation, stark zu. Vgl. NIEHANS (1980), S. 144.

Kassenhaltung waren stark angestiegen.[448] Die Wirtschaftssubjekte hatten entsprechend – wenn auch erst relativ spät – versucht, ihre Kassenhaltung einzuschränken und nicht vor der Geldentwertung gesicherte Geldbestände und Geldvermögenskomponenten in inflationsgeschützte Anlageformen zu transformieren. Die gestiegenen Opportunitätskosten der Kassenhaltung und die erhöhte (makroökonomische und politische) Unsicherheit hatten sich im Vorfeld der Währungsreform in einer geringeren Kassenhaltung, einem Sinken der realen Geldmenge (definiert als die mit dem Preisniveau deflationierte nominale Geldmenge) und einer erhöhten Umlaufgeschwindigkeit des Geldes niedergeschlagen. Die Entwicklung der realen Geldmenge kann an Hand von Tabelle 35 im Anhang nachvollzogen werden. Während die reale Geldmenge im Zeitraum zwischen 1952 und 1957 relativ konstant geblieben war, stieg sie, trotz der sich zwischen 1957 und 1959 schon stark beschleunigenden Inflation, zunächst an. In dieser Phase „hinkte" die Entwicklung der Inflationsrate stets leicht hinter der Expansionsrate der Geldmenge hinterher. Insbesondere in den Jahren 1963 und 1964 nahm die Preissteigerungsrate hingegen erheblich schneller zu als das nominale Geldvolumen. Das Ergebnis war ein deutliches Sinken der realen Geldmenge.

Korrelat der sinkenden realen Geldmenge, gleichzeitig ein weiteres Symptom des monetären Erosionsprozesses und Spiegel der gestiegenen Inflationserwartungen, war eine Erhöhung der Umlaufgeschwindigkeit des Geldes (definiert als das Verhältnis vom nominalen Volkseinkommen oder nominalen Umsätzen zur nominalen Geldmenge). Im Jahr 1964 wurde sowohl die vorläufig höchste Inflationsrate als auch der höchste Wert der Umlaufgeschwindigkeit des Geldes erreicht. Auffällig ist, dass sowohl das Sinken der realen Geldmenge als auch die Zunahme der Umlaufgeschwindigkeit des Geldes trotz der vergleichsweise hohen Inflationsraten über einen längeren Zeitraum nur relativ zögerlich einsetzten. Dies kann u.a. darauf zurückgeführt werden, dass die Wirtschaftssubjekte zunächst über nur unzureichende Erfahrungen mit der Inflation verfügten (Geldillusion also noch relativ stark verbreitet war), sie über Schutzmöglichkeiten vor der Inflation nicht informiert waren, ein an die Inflation angepasstes Finanzsystem und Indexierungsmechanismen nicht existierten und auch einer Substitution der nationalen Währung durch den wertstabileren US-Dollar durch strikte Konvertibilitätsbeschränkungen gesetzliche Riegel vorgeschoben worden waren. Einer Flucht in Sachanlagen waren auf Grund einer Überregulierung des Immobiliensektors und der Rationierung von Wohnungsbaufinanzierungen ebenfalls Grenzen gesetzt.[449]

---

[448] Schließlich wird der Nutzen der Kassenhaltung durch die Opportunitätskosten der Kassenhaltung sogar überkompensiert. Vgl. BÄHR (1994), S. 22.

[449] Die Inflation hatte im Zusammenspiel mit der finanziellen Repression und einer starken Regulierung zu einer „Atrophie des Marktes für privaten Wohnungsbau" geführt. SIMONSEN (1995), S. 26. Das Kreditangebot für den Erwerb von Wohnungseigentum war, wie schon erwähnt, extrem gering. Die Rationierung dieser Kreditform ging so weit, dass eine entsprechende Kreditvergabe im Jahr 1963 von der vorherigen Autorisierung durch den Staatspräsidenten abhing. Zudem waren Anreize zur Investition in den Bau von Mietwohnungen durch das

Abbildung 12: Umlaufgeschwindigkeit des Geldes (1947 - 1965)

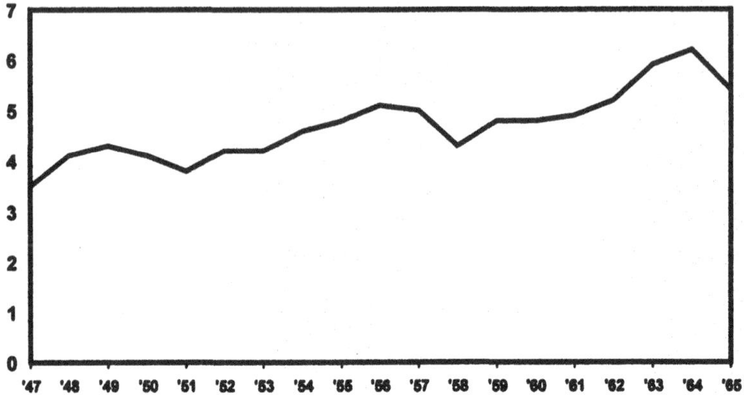

Quelle: Eigene Berechnungen, CONJUNTURA ECONÔMICA (verschiedene Ausgaben) und BANCO CENTRAL DO BRASIL, Boletim und Relatório (verschiedene), vgl. die Daten in Tabelle 36 im Anhang.

Einer der wenigen „Kanäle“, die den brasilianischen Wirtschaftssubjekten vor 1964 zur Substitution der Kassenhaltung zwecks Verteidigung ihres Vermögens gegen die inflationsbedingte Vermögenserosion offen stand, war ein Ausweichen auf den Devisenschwarzmarkt. Auf Grund der Illegalität dieses Marktes war dieses Verhalten jedoch mit relativ hohen Transaktionskosten verbunden. All diese Faktoren vermögen zu erklären – neben dem Phänomen der zunächst vorhandenen Geldillusion –, warum die Wirtschaftssubjekte ihre Kassenhaltung erst relativ spät an die inflationären Bedingungen anpassten und der Inflationssteuerertrag bis 1964 kontinuierlich ausgeweitet werden konnte.[450] Die zunehmende Umlaufgeschwindigkeit des Geldes provozierte – gemäß der in der Quantitätstheorie postulierten Zusammenhänge - eine zusätzliche Beschleunigung des Inflationsprozesses.[451] Die kausal miteinander verbundenen Prozesse des Sinkens der realen

---

Mieterschutzrecht („lei do inquilinato“), welches zu einer Einfrierung der Mieten geführt hatte, zerstört worden. Vgl. ebenda, S. 26. „As concerns rents, the situation until 1964 was really a dramatic one. Between 1950 and 1964, rents were systematically corrected below inflation. This led to a decrease in the real income of real estate owners, a sharp increase in the initial prices of new rents, and a decrease in investments in the sector, aggravating the housing shortage. “ LEES/BOTTS/CYSNE (1990), S. 13. Die Tabelle 60 im Anhang zeigt die Entwicklung des Mietkostenindex im Vergleich zur Entwicklung des Lebenshaltungskostenindex des Bundesstaates Guanabara (heute Bundesstaat Rio de Janeiro). Vgl. auch CHACEL/SIMONSEN/WALD (1970), S. 39 ff.

450 SIMONSEN (1964) führt die relativ langsame Erhöhung der Umlaufgeschwindigkeit des Geldes – neben der Inexistenz von Indexierungsmechanismen – auch auf den „die winzige Dimension der Kapitalmärkte und die kurzfristige Instabilität des Wechselkurses [...]“ zurück. Ebenda, S. 25. Vgl. zu diesen Argumenten auch BÄHR (1994), S. 20.

451 Ein sich selbst verstärkender „Teufelskreis“ einer zunehmenden Inflationsbeschleunigung und einer Erhöhung der Umlaufgeschwindigkeit des Geldes war in Gang gekommen. In den 1960er Jahren war man sich in

Geldmenge, der Zunahme der Umlaufgeschwindigkeit des Geldes und der Anstieg des Agios auf dem Schwarzmarkt für US-Dollar sind deutliche Indikatoren eines erheblichen Vertrauens- und Glaubwürdigkeitsverlustes in der brasilianischen Geld- und Wirtschaftspolitik vor 1964.

Der mit der steigenden und zunehmend volatilen Inflation zunehmende Verlust der Rechenmittelfunktion des brasilianischen Geldes war bis ins Jahr 1964 durch keine Indexierungsklauseln gemildert worden. Wäre eine Indexierung inländischer Kontrakte an ausländische Währungen gesetzlich zulässig gewesen, hätte sich eine Indexierung an einer stabilen Leit- bzw. Reservewährung (z.B. dem US-Dollar) angeboten. „Dies geschieht in der Mehrzahl chronischer Inflationsprozesse [...].“[452] Indexklauseln waren in Brasilien durch die schon erwähnte „Gold-Klausel“ (Dekret Nr. 23.501) jedoch verboten worden. In dieser Hinsicht stellte Brasilien eine Ausnahme unter den lateinamerikanischen Ländern dar, die von chronischer Inflation betroffen waren. „Mit Ausnahme der Zeit Anfang der 1990er Jahre, als der US-Dollar weitgehend als Recheneinheit wie auch als Zahlungsmittel in Immobilientransaktionen zwischen physischen Personen eingesetzt wurde, hatte der Dollar nie Bedeutung als Indexator.“[453]

2. Zerstörung des inländischen Kapitalmarktes

Auf die ordnungspolitisch bedenklichen Wirkungen der Inflation im Zusammenspiel mit der finanziellen Repression, insbesondere der nominalen Zinsobergrenzen (festgeschrieben im sog. „Wuchergesetz“) wurde schon hingewiesen. Bereits ohne Inflation gleichen die Maßnahmen der finanziellen Repression einer Steuer auf die Finanzintermediation. Das Realzinsniveau wurde mit zunehmenden Inflationsraten auf Grund der Rigidität des nominalen Zinsniveaus negativ und entfernte sich mit fortschreitender Inflation zunehmend vom nominalen Zinsniveau. Infolgedessen war ein paralleler Kapitalmarkt entstanden, dessen Volumen jedoch kaum quantifiziert werden kann.[454] Folge war ein Rückgang der Finanzintermediation, die Entwicklung eines extrem kostenintensiven Finanzsystems und eine „Eliminierung des Kapitalmarktes“.[455]

Brasilien dieses die Inflation verstärkenden Wirkungsmechanismus sehr wohl bewusst. Vgl. hierzu z.B. DELFIM NETTO u.a. (1965), S. 149.

[452] SIMONSEN (1995), S. 29.

[453] Ebenda, S. 29.

[454] Vgl. PASTORE (1973a), S. 180.

[455] Ebenda, S. 156. Die Verzerrungen im Finanzsystem infolge von Zinskontrollen umfassten „(a) a high-cost financial intermediation system; (b) a corporate structure excessively dependent on borrowed capital; (c) a proliferation of finance companies which diverted financial savings to consumer good financing; (d) low rates of return on financial savings instruments which diverted savings to consumer goods, to lesser productive

Abbildung 13: Realzinsen 1956 bis 1964 (halbjährlicher Durchschnitt)

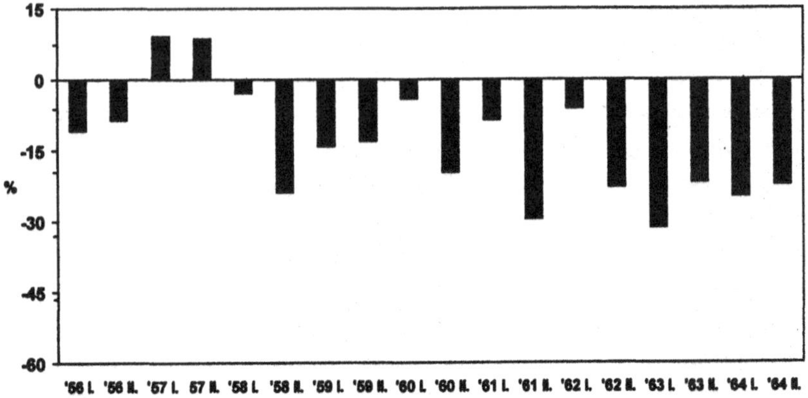

Quelle: BANCO CENTRAL DO BRASIL, Relatório (1968), vgl. die Daten in Tabelle 38 im Anhang.

Dies hatte Konsequenzen für die Kapitalstruktur der Unternehmen: „During the negative real-interest phase of inflation, firms had gone excessively into debt, and they failed to reduce sufficiently their dependence on credit during the more recent anti-inflationary period."[456] Solange die Inflation nicht antizipiert wurde, war eine erhebliche Einkommensumverteilung von Gläubigern zu Schuldner die Folge. Natürlich begannen die Gläubiger (also das Bankensystem) mit der Zeit, darauf zu reagieren und boten nur noch kurzfristige Kreditverträge an.[457]

Die Ersparnis wurde somit vermindert und zunehmend in unproduktive Investitionen gelenkt. Der Prozentanteil der längerfristigen Bankeinlagen an den gesamten Einlagen fiel von 24,5% im Jahr 1951 auf 4% im Jahr 1965, ein Prozess der angesichts einer maximalen Verzinsung dieser Einlagen von 8% bei den hohen Inflationsraten leicht verständlich ist.[458] Mit der Aushöhlung der finanziellen Ersparnis begann das Bankensystem sich auf kurzfristige Anlageformen zu konzentrieren, insbesondere auf die Diskontierung von ‚duplicatas' mit

investments, and into foreign currencies." SYVRUD (1974), S. 100. Vgl. für eine ausführliche Darstellung der Verzerrungen des brasilianischen Finanzmarktes vor 1964 ebenda, S. 95-105.

[456] BULHÕES (1969), S. 163.

[457] „Commercial banks were probably the institutions that suffered the greatest distortion from the conjunction of inflation and the law of usury. Interest rates paid to depositors rarely went over 6 percent per year, which obviously meant a strongly negative real rate. Interest rates charged to borrowers, however, increased considerably by means of several devices for getting around the law of usury; in some periods they were as high as 4 percent a month. The enormous gap consequently opened between interest rates charged and those paid is responsible for the deep distortions in the systems." SIMONSEN (1969), S. 140.

[458] Vgl. CHACEL/SIMONSEN/WALD (1976), LEES/BOTTS/CYSNE (1990), S. 18, und GALVÊAS (1976), S. 51.

einer maximalen Laufzeit von 120 Tagen.[459] Der Konsumentenkredit hatte sich, trotz des Wachstums der nationalen Automobilproduktion und der Produktion dauerhafter Konsumgüter, bis 1965 noch nicht entwickelt.[460] Der langfristige Kredit (einschließlich des industriellen und des Hypothekenkredits) wurde nur von staatlichen Finanzinstitutionen, insbesondere der Anfang der 1950er gegründeten Nationalen Entwicklungsbank (Banco Nacional de Desenvolvimento, abgekürzt BNDE) angeboten.[461] Das Angebot war hier, auf Grund der stark negativen Realzinsen und der damit natürlicherweise einhergehenden Überschussnachfrage, jedoch stark rationiert.[462] „In general, firms financed long-term investment with the inflated retained earnings from protection [...].“[463] In gleicher Weise reduzierten sich die Märkte für Schuldverschreibungen, für Staatsschuldtitel, Lebensversicherungspolicen auf insignifikante Ausmaße.

Ende der 1950er Jahre begannen sich vor diesem Hintergrund verschiedene Mechanismen zur Umgehung des „Wuchergesetzes“ herauszubilden.[464] Die gängigste Lösung beim Verkauf realer Aktiva auf der Basis von Ratenzahlung war es, einen Teil der Zinsen auf den Verkaufspreis aufzuschlagen.[465] Im Fall von Bankkrediten wurde das Wuchergesetz vor allem durch zwei Mechanismen umgangen: die Erhöhung der Gebühren für Bankdienstleistungen (Einräumung von Kreditlinien, Überweisungen etc.) und die Einforderung eines zusätzlichen, über das eigentlich gewünschte Maß hinausgehenden Volumens an Kreditaufnahme, welches als zinslose Einlage bei der Bank zu halten war. Erfolgreicher waren die Instrumente der Kredit-, Finanz- und Investitionsgesellschaften („Sociedades de Crédito, Financiamento e Investimento“).[466] Der effizienteste Mechanismus, der im Jahr 1959 erstmals genutzt wurde,

---

[459] Vgl. SIMONSEN (1995), S. 20. Das Geschäft mit Duplicatas basiert auf folgendem Prinzip: „The operation consists of firms, which sold goods to costumers on term, selling their accounts receivable to commercial banks at a discount.“ WELCH (1993), S. 53. Die Geschäftsbank war dann teilweise für die Eintreibung der Schulden vom Käufer des Gutes verantwortlich. So waren die Geschäftsbanken zu den wichtigsten Agenten in der Eintreibung von Schulden und Steuern geworden. Die Fälligkeit dieser Kredite überschritt selten 180 Tage. Die weite Verbreitung dieser Art von Kreditoperation wird dadurch illustriert, dass die Duplicata-Diskontierung in Brasilien nach wie vor eine wichtige Quelle für die Generierung von Umlaufkapital darstellt. Vgl. hierzu ebenda, S. 53.

[460] Vgl für eine tiefergehende Analyse der Probleme des brasilianischen Kapitalmarktes vor 1964 und seiner Probleme auch WELCH (1993), S. 45-66, SIMONSEN (1964), S. 55-61, und SIMONSEN (1969).

[461] Der BNDE war vor 1964 der wichtigste Anbieter langfristigen Kredits.

[462] „Die Rationierung ging so weit, dass die Genehmigung einer Finanzierung eines Kaufs einer Privatwohnung durch die Caixa Econômica Federal im Jahr 1963 von der expliziten Autorisierung durch den Staatspräsidenten abhing!“ SIMONSEN (1995), S. 20.

[463] WELCH (1993), S. 45.

[464] Vgl. hierzu ebenda, S. 54 ff.

[465] Bei Barzahlung wurden hingegen Abschläge gewährt.

[466] Nachdem die Geschäftsbanken nicht in der Lage gewesen waren, Konteninhaber entsprechend zu vergüten, entstanden im Jahr 1959 die „Sociedades de Crédito, Financiamento e Investimento“ (abgekürzt SCI). Diese Finanzierungsgesellschaften schufen sog. „Partizipationsfonds“, welche es ihnen ermöglichte, im „profit-sharing“ zwischen Individuen und Unternehmen zu vermitteln. Die Rückzahlung an den Investor wurde gesetzlich als Gewinn betrachtet, obwohl die Beteiligung eher einer Schuld entsprach. Diese Gesellschaften handelten ebenfalls Wechsel an der Börse.

bestand im Einsatz von Wechseln.[467] Mittels dieser Instrumente konnten die durch Zusammenspiel zwischen der Inflation und dem Wuchergesetz geschaffenen Verzerrungen etwas abgeschwächt werden. „Insbesondere das System der Wechsel schuf ein gewisses Angebot an Krediten mit einer Laufzeit zwischen 6 und 24 Monaten. Aber dies reichte bei weitem nicht aus, um den zerstörerischen Effekt der Inflation auf die Finanzintermediation zu neutralisieren."[468]

Das Bankensystem gehörte, nachdem es sich durch eine Verkürzung der Kreditlaufzeiten vor Inflationsverlusten geschützt hatte, trotz der Ineffizienzen in der finanziellen Intermediation, zu den „Gewinnern" der Inflation. Es profitierte stark von dem inflationsbedingten realen Einkommenstransfer an den Bankensektor.[469] Die 1950er Jahre waren eine Zeit eines – nicht zuletzt auf Grund des beschriebenen Phänomens einer nur recht langsam abnehmenden Realgeldmenge – extrem starken inflationsbedingten Einkommenstransfers an den Bankensektor; eine Phase des Wachstum des brasilianischen Bankensektors begann.[470] „The net economic consequence of interest rate policy was to reduce the rate of savings, ex post, to channel savings into a number of unproductive investments, and to divert domestic savings to foreign sources."[471] Insofern trug die Politik der finanziellen Repression zum Inflationsproblem, zur wirtschaftlichen Stagnation der frühen 1960er und den chronischen Zahlungsbilanzproblemen und schließlich zur Krise des Modells der Importsubstitution bei.[472] Da durch diese Politik auch die kapitalintensive Industrialisierung stimuliert wurde, trug es ebenfalls zur Unterbeschäftigung bei. Schließlich konterkarierte das kostenintensive System der Finanzintermediation Stabilisierungsversuche und den Ausgleich des Staatshaushalts.

---

[467] Das juristische Fundament dieser Transaktionen bestand darin, dass Wechsel als Titel an der Börse handelbar waren. Als solche konnten sie mit einem Agio bzw. einem Disagio zum Nominalwert kotiert werden. Formal übergab die SCI dem Schuldner von ihr ausgegebene Wechsel und empfing im Gegenzug Solawechsel im gleichen Wert und mit gleicher Fälligkeit. Für diese Operation erhob die SCI keine Zinsen, sondern Gebühren. Theoretisch würde der Schuldner die Wechsel an den Börsen veräußern, um das notwendige Geld zu bekommen, wobei die Zinsen ins Disagio eingingen. In der Praxis wurde diese Finanzintermediation über einen Zwischenhändler der SCI getätigt.

[468] SIMONSEN (1995), S. 21-22. Natürlich waren Handelswechsel bessere „assets" als Depositen, obwohl auch ihre Erträge nicht mit den Inflationsverlusten Schritt hielten.

[469] Vgl. Abbildung 10.

[470] Vgl. PASTORE (1973a), S. 156.

[471] SYVRUD (1974), S. 105.

[472] Empirische Evidenz für einen negativen Zusammenhang zwischen Regulierung und Repression des Finanzsektors einerseits und Wirtschaftswachstum andererseits liefern ROUBINI/SALA-I-MARTIN (1992), S. 18 ff.

3. Erosion der Wechselkurs- und Außenwirtschaftsordnung

Die Erosionsprozesse in der Geldordnung führten auch zu institutionellen Verfallserscheinungen in den außenwirtschaftlichen Währungsbeziehungen. Brasilien war Gründungsmitglied der Bretton-Woods-Konferenz von 1944. Der Wechselkurs der brasilianischen Währung war im Jahr 1946 zunächst bei Cr$ 18,72 (zum US-Dollar) fixiert worden.[473] Die Devisenreserven waren zu diesem Zeitpunkt noch recht hoch. Unter den Bedingungen des Bretton-Woods-Systems fester, aber anpassungsfähiger Wechselkurse bestand das primäre Problem in der Wechselkursordnung jedoch in der inflationsbedingten und zunehmenden realen Überbewertung der brasilianischen Währung. Schon im Zeitraum zwischen 1947 und 1953 kam es zu einer starken realen Aufwertung des offiziellen Dollarwechselkurses.[474] Der Index des realen Wechselkurses (Basisjahr 1961) zeigt eine Aufwertung von 56,02 (1947) auf 41,18 (1952) an.[475] Dies entspricht einer realen Aufwertung (bzw. Überbewertung) von 26,5%. Schon ab 1948 war es deshalb zum Problem chronischer Devisenknappheit gekommen.[476] Die Überbewertung war zwar zunächst eine automatische Konsequenz der geld- und wechselkurspolitischen Konstellation. Später wurde sie im Rahmen des Modells der Importsubstitution jedoch zu einem zentralen und ganz bewusst eingesetzten Instrument der wirtschaftspolitischen Steuerung.[477] In der Zeit zwischen 1937 und 1953 diente sie vor allem der Maximierung der Devisenerträge aus dem Export von Kaffee, dem seinerzeit wichtigsten Exportgut Brasiliens.[478] Daneben spielte sie in der Zeit zwischen dem Zweiten Weltkrieg und 1964 eine zentrale Rolle in der Regulierung des Volumens und der Zusammensetzung der Importe.[479] Das Importvolumen sollte erhöht und

---

[473] Damit wurde die schon seit 1939 bestehende Parität gegenüber dem US-Dollar festgeschrieben. Octávio Gouvêa de Bulhões, seinerzeit offizieller Vertreter Brasiliens auf der Konferenz von Bretton-Woods, hatte diese Parität vorgeschlagen. Er räumte später ein, dass es sich hierbei von Beginn an um einen unrealistischen Wechselkurs gehandelt hatte, der zu gravierenden Verzerrungen führen sollte. Siehe hierzu BULHÕES (1990), S. 99. Angesichts der Tatsache, dass während des Krieges das Preisniveau in Brasilien um rund 80% stärker gestiegen war als das in den Vereinigten Staaten, konnte man den Cruzeiro auf der Basis dieser Parität bereits 1945 als überbewertet betrachten.

[474] Vgl. auch DONGES (1970), S. 4.

[475] Vgl. die Daten in Tabelle 52 im Anhang.

[476] Vgl. MALAN (1984), S. 3282.

[477] Überbewertete Wechselkurse stellten neben quantitativen Importrestriktionen und einer sektorspezifischen Zollpolitik in den 1950er Jahren die wichtigsten Anreizmechanismen der staatlich forcierten Industrialisierung dar. Die importsubstituierenden Sektoren wurden durch die mit der realen Überbewertung einhergehenden Verbilligung von Vorleistungsimporten subventioniert. Inflation und die daraus resultierende reale Überbewertung war hier also ein fester Bestandteil des Außenwirtschaftskonzeptes. Es vermag also nicht zu verwundern, dass der fixe Wechselkurs hier – entgegen der allgemeinen Interpretation der Anreizmechanik von Fixwechselkurssystemen – in diesem ordnungspolitischen und wirtschaftsideologischen Umfeld keinen Anreiz für eine stabilitätsorientierte Geldpolitik darstellte.

[478] Da die Auslandsnachfrage nach Kaffee relativ preisunelastisch war, hätte eine Abwertung des Cruzeiro zu einem Sinken des Kaffee-Exportwerts geführt. Nach Angaben der FAO lag die Preiselastizität im Oktober 1954 bei 0,25. Vgl. LEFF (1968), S. 14.

[479] Folge der realen Überwertung waren enorme allokative Verzerrungen. Es kam zu einer Diskriminierung der Produktion handelbarer Güter gegenüber nicht-handelbaren Gütern und einer Begünstigung import- und

Importe in „prioritäre" Sektoren (insbesondere den industriellen Sektor) gelenkt werden.[480] Ein weiteres Argument, das gegen einen Abbau der Überbewertung (bzw. eine Abwertung) ins Feld geführt wurde, waren die erwarteten Inflationseffekte einer Abwertung.

Da eine Abwertung aus diesen Gründen als Instrument einer Zahlungsbilanzkorrektur nicht in Frage kam, mussten andere Mechanismen gefunden werden.[481] Nachdem die Zeit zwischen Februar 1946 und Juni 1947 eine Phase eines ausgesprochen liberalen Wechselkurssystems war, hatte man zunächst versucht, das Problem der Devisenknappheit mit Hilfe von „Warteschlangen" bei der Devisenzuteilung und später mit der Einführung eines Systems von Importlizenzen (vergeben durch die „Carteira de Exportações e Importações" des Banco do Brasil, abgekürzt CEXIM) zu lösen.[482] Im Jahr 1953 war erstmals ein Schritt zum Abbau des vorherrschenden Wechselkursirrealismus erfolgt. Im Januar dieses Jahres war der „mercado livre" (freier Markt) für Finanztransaktionen institutionalisiert worden. Im Oktober 1953 wurde – aufbauend auf dem schon bestehenden System von Vorzugswechselkursen für Weizen, Erdöl und Zeitungspapier – ein komplexes System multipler Wechselkurse für Handelstransaktionen eingeführt (Instruktion Nr. 70 der SUMOC).[483] Bis ins Jahr 1957 war die Entwicklung des Wechselkurssystems durch eine zunehmende Fragmentierung des Devisenmarktes gekennzeichnet.[484] Zum Teil bestanden im Rahmen dieses multiplen Wechselkurssystems zwölf verschiedene Wechselkurse nebeneinander. Die chronische reale Überbewertung der brasilianischen Währung hatte also zu einer Verschärfung des Interventionismus in der brasilianischen Wechselkurs- und Außenwirtschaftsordnung

---

kapitalintensiver Produktionslinien. Exporte und Kapitalzuflüsse wurden destimuliert. Importe und Kapitalrücküberweisungen wurden derart angeregt, dass man dazu überging, diese Transaktionen durch quantitative Restriktionen zu unterbinden. Folge war zudem die Entwicklung eines Devisenschwarzmarktes.

[480] Importrestriktionen während des Zweiten Weltkrieges hatten eine große Nachfrage nach Investitions- und Konsumgütern entstehen lassen, den die Regierung durch bewusste Überbewertung bei relativ ungehinderten Importmöglichkeiten befriedigen wollte. Vgl. BERGSMAN (1970), S. 28.

[481] Vgl. zum Begriff der Zahlungsbilanzkorrektur und den verschiedenen Mechanismen JARCHOW/RÜHMANN (1993), S. 13-25.

[482] Vgl. für einen Überblick über die Entwicklung des Wechselkurssystems vor 1964 auch PECHMAN (1984), S. 27 ff. und ANDIMA (1994).

[483] Die Vorzugswechselkurse für Zeitungspapier wurden von den brasilianischen Regierungen auch genutzt, um eine vorteilhafte Presse zu erhalten, waren also ein wenig subtiles Instrument der Pressezensur. Vgl. hierzu SYVRUD (1974), S. 172. Die als „essentiell" eingestuften Importe (z.B. Erdöl und Weizen) wurden zum offiziellen Wechselkurs plus einer gewissen Gebühr abgewickelt. Die restlichen Importe wurden in fünf Kategorien eingeteilt, wobei das jeweilige Agio in (wöchentlichen) Devisenauktionen bestimmt wurde. Exporteure tauschten Devisen zum offiziellen Wechselkurs plus einem fixen Aufschlag gegen brasilianische Währung ein, wobei der gezahlte Aufschlag von der Exportkategorie (zunächst gab es zwei, später vier solcher Kategorien) abhing. Finanztransaktionen wurden zum „freien" Dollarkurs abgewickelt, der sich nach Angebot und Nachfrage auf diesem Markt herausbildete. Vgl. für eine positive Bewertung dieses Systems als Instrument zur Überwindung der Zahlungsbilanzkrise MALAN (1984), S. 3282.

[484] Vgl. für eine detaillierte Darstellung der Entwicklung des Systems der brasilianischen Devisenbewirtschaftung vor 1964 auch ALMEIDA (1994). Vgl. auch HUDDLE (1964).

geführt.[485] Die mit dem rigiden System der Devisenbewirtschaftung und Außenwirtschaftskontrolle verbundenen allokativen Verzerrungen (die auch aus den dadurch stimulierten Rent-Seeking- und Korruptionsaktivitäten resultieren) sind als indirekte Folgekosten des Inflationsprozesses zu sehen. Nur durch das System der Devisenkontrolle war es möglich, den ungleichgewichtigen realen Wechselkurs so lange aufrechtzuerhalten.[486] Die im Jahr 1947 etablierte Parität von 18,72 Cr/US$ war bis Juni 1961 so gut wie nicht verändert worden.[487] Eine relative Abwertung ergab sich jedoch daraus, dass „ die Währungsbehörden den Exporteuren je nach Gütergruppe unterschiedliche Prämien auf den offiziellen Kurs gewährten und an die Importe, unterteilt in zunächst fünf und ab August 1957 zwei Einfuhrkategorien, Devisen (genauer: Devisenverkaufsversprechen) meistbietend versteigerten."[488]

Im Jahr 1961 wurde das Wechselkurssystem im Rahmen der Stabilisierungsbemühungen der Regierung Jânio Quadros nach einer starken Abwertung vorübergehend vereinheitlicht (Instruktionen Nr. 204 und 208).[489] Das Devisenauktionssystem wurde gleichzeitig abgeschafft. Dieser Schritt war jedoch auf Grund einer extremen Devisenknappheit nur von kurzer Dauer. Mit dem Antritt der Regierung Goulart wurden wieder die zentralen Bestandteile des multiplen Wechselkurssystems eingeführt, das seit 1953 bestanden hatte: die reale Überbewertung, eine staatliche gelenkte Devisenallokation in bevorzugte Sektoren und stark subventionierte Wechselkurse für prioritäre Sektoren.

---

[485] Das Devisenmonopol war dem Banco do Brasil schon im Jahr 1931 übertragen worden. Nach einer kurzen Phase der Liberalisierung zwischen 1935 und 1937 bestand erneut ein Devisenmonopol beim Banco do Basil zwischen Dezember 1937 und April 1939, als die Freiheit am Devisenmarkt durch das Dekret 1.201 wieder hergestellt worden war. Devisenkontrollen waren im Juli 1947 wieder eingerichtet worden und das Devisenmonopol im Oktober 1953. Indirekte Kosten der realen Überbewertung entstanden jedoch durch die Verschärfung protektionistischer Maßnahmen. Von den Ordoliberalen um Eucken waren diese indirekten Kosten einer inflationärer Geldpolitik schon früh erkannt worden. LUTZ (1949), der immer in engem Kontakt zu den deutschen Neoliberalen stand, hatte schon früh auf die planwirtschaftlichen Züge und Folge einer inflationären Geldpolitik hingewiesen: Denn „wenn durch Geldexpansion ein Defizit in der Zahlungsbilanz eines Landes entsteht, so braucht es nicht unbedingt seinen Wechselkurs fallen zu lassen, um dadurch das Defizit zu überwinden. [...] Es können Zolltarife, Einfuhrquoten oder im Extremfall Devisenbewirtschaftung eingeführt werden. Die Erfahrung hat gezeigt, daß die Länder solche Zwangsregulierungen der Einfuhr und Ausfuhr sehr oft der Abwertung vorziehen, zumal dann, wenn Kapitalflucht für den Druck auf die Zahlungsbilanz verantwortlich ist, oder wenn die Verteuerung der eingeführten Lebensmittel und Rohstoffe, die die Abwertung zur Folge hat, als politisch untragbar empfunden wird. Die Staaten werden also sehr leicht zu einer direkten Regulierung der Zahlungsbilanz gedrängt, und von hier aus werden dann wieder rückwirkend Eingriffe in den internen Wirtschaftsprozess notwendig. Die Wirtschaftsordnung nähert sich immer mehr der Zentralverwaltungswirtschaft." Ebenda, S. 215.

[486] Vgl. SIMONSEN (1964), S. 47.

[487] Vgl. die Daten in Tabelle 48 im Anhang.

[488] DONGES (1970), S. 5. Vom Versteigerungsverfahren ausgenommen waren durchschnittlich etwa 30% der Importe (hauptsächlich Weizen, Erdöl, Erdölerzeugnisse und Zeitungsdruckpapier). Vgl. für eine ausführliche Beschreibung dieses Systems KAFKA (1956).

[489] „In that year the Quadros government initiated some significant changes in economic policy, including unification of the exchange rate and an improved coffee-pricing-policy, but these changes alone proved to be inadequate in the face of the existing structural and financial disequilibria." SYVRUD (1974), S. 15.

Das Instrument der realen Überbewertung hatte sich als ein effektives Instrument in der Förderung der Industrialisierung herausgestellt. Dies wurde jedoch nur auf Kosten einer Diskriminierung des Exportsektors und eines chronischen Zahlungsbilanzungleichgewichts erreicht. Der Außenwirtschaftssektor verharrte fast permanent in einer Krise, da die Importsubstitution zu einem zunehmenden Bedarf an Importen von Kapitalgütern, Primärgütern und Intermediärprodukten geführt hatte, während der Exportsektor und somit auch die Importkapazität stagnierte.[490] „There was a continued requirement by the new industries for raw materials and capital goods, as well as the need of a growing population for foodstuffs and fuel not produced in adequate quantities in Brazil, that is, wheat and petroleum products."[491] Das Ausmaß der Diskriminierung des Exportsektors gegenüber dem Importsektor wird in einer Studie von BERGSMAN (1972) deutlich.[492] Er ermittelte effektive Import- und Exportkurse auf der Grundlage einer detaillierten Analyse von Importzöllen, Exportprämien, Auktionsprämien, staatlichen Preisaufschlägen, Importsteuern und Importvorauszahlungen.[493] Nach dieser Studie betrug der durchschnittliche Exportwechselkurs (für Nicht-Kaffee-Exporte) z.B. für das Jahr 1963 nur 553 Cruzeiros pro US-Dollar, während der effektive Importwechselkurs (einschließlich Protektion) 1.581 Cruzeiros pro US-Dollar betrug.[494] Deutlich wird, dass nicht nur die importkonkurrierende Industrie Brasiliens stark geschützt, sondern auch die Exportindustrie stark belastet wurde. Die absolute Exportbelastung hatte nach diesen Daten ihren Höhepunkt im Jahr 1958 erreicht. Es verwundert deshalb nicht, dass die Exporte seit Anfang der 1950er Jahre eine rückläufige Tendenz aufwiesen (von durchschnittlich US$ 1.500 Mio. zwischen 1950 und 1953 auf US$ 1.215 Mio. im Jahr 1962), während die Importe relativ konstant um US$ 1.220 Mio. schwankten.

Die Hauptursache für die Stagnation der Exporte in den Jahren vor dem Militärputsch war die reale Überbewertung und die abrupten Anpassungen des Wechselkursen, die zu einer starken Volatilität des realen Wechselkurses führten.[495] Eine weitere Ursache der Zahlungsbilanzkrise vor 1964 bestand in der nur gering diversifizierten brasilianischen Exportstruktur.

---

[490] Vgl. DOELLINGER u.a. (1973), S. 11.
[491] SYVRUD (1974), S. 21.
[492] Die im Anhang befindlichen Indizes des realen Wechselkurses für die Zeit zwischen 1953 und 1961 – sie haben die Entwicklung des „câmbio livre" zur Grundlage – sind angesichts der starken Zersplitterung des Devisenmarktes für den Zeitraum zwischen 1953 und 1961 wenig aussagekräftig. Aussagen über den Grad der realen Überbewertung lassen sich nur an Hand einer Analyse der effektiven Import- und Exportwechselkurse vornehmen. Vgl. zu einer solchen Analyse z.B. DONGES (1970), S. 5.
[493] Während die Preiseffekte solcher tarifären Protektionsmaßnahmen prinzipiell relativ genau bestimmt sind, kann die Bestimmung der Preiseffekte nicht-tarifärer Protektion gewöhnlich mit nur geringem Genauigkeitsgrad vorgenommen werden.
[494] Vgl. BERGSMAN (1972), S. 78. Vgl. auch die Daten in Tabelle 54 im Anhang.
[495] Vgl. für eine Analyse der Ursachen des Anti-Export-Bias auch SYVRUD (1974), S. 173 ff. und BERGSMAN/CANDAL (1969), S. 33. DONGES (1970) vertritt hingegen die These, dass der Anti-Export-Bias des Wechselkurssystems vor 1964 sehr viel geringer ausgeprägt gewesen sei als gemeinhin angenommen. Vgl. ebenda, S. 6.

Tabelle 3: Brasilianische Exporte und Anteil der Nicht-Kaffee-Exporte an den Gesamtexporten 1946 - 1964 (in Mio. US$)

Jahr	Exporte insgesamt	Nicht-Kaffee-Exporte	Anteil der Nicht-Kaffee-Exporte an Gesamtexporten in %
1946	985	635	64,5
1947	1.131	717	63,4
1948	1.173	682	58,1
1949	1.089	458	42,1
1950	1.359	494	36,4
1951	1.771	712	40,2
1952	1.416	371	26,2
1953	1.540	450	29,2
1954	1.558	610	39,2
1955	1.419	575	40,5
1956	1.483	453	30,5
1957	1.392	546	39,2
1958	1.244	556	44,7
1959	1.282	538	42,0
1960	1.269	557	43,9
1961	1.403	695	49,5
1962	1.214	572	47,1
1963	1.406	659	46,9
1964	1.430	670	46,9

Quelle: APEC (1972).

Vor dem Hintergrund des bis 1964 vorherrschenden Exportpessimismus hatten sich die verschiedenen Regierungen auf eine Politik der Maximierung der Devisenerträge aus dem Export des wichtigsten brasilianischen Exportproduktes, Kaffee, konzentriert. Die Kaffee-Exporte stellten Anfang der 1960er Jahre noch mehr als die Hälfte (zwischen 1962 und 1964 ca. 53%) der Exporteinnahmen dar. Im Zeitraum zwischen 1960 und 1963 resultierten 28% der Exporteinnahmen noch aus nicht konvertiblen Deviseneinnahmen. In diesen drei Jahren hingen drei von vier im Export erwirtschafteten US-Dollars vom Export von nur fünf Produkten ab: Kaffee, Kakao, Baumwolle, Zucker und Eisen.[496] Zudem waren die Preise wichtiger Exportgüter, insbesondere von Kaffee, zwischen 1954 und 1963 gefallen.

Das wachsende Leistungsbilanzdefizit hatte bis zum Ende der 1950er Jahre zu keinen gravierenden Problem in der Zahlungsbilanz geführt, da sie durch den Zufluss ausländischen Kapitals finanziert werden konnte. Dies änderte sich in den 1960er Jahren. Durch den Abbruch der Beziehungen zum IWF im Jahr 1959 war das Vertrauen ausländischer Kreditgeber und Investoren nachhaltig geschädigt worden. Der wirtschaftspolitische Nationalismus

[496] Vgl. MALAN (1984), S. 3283.

– er sollte mit dem Gesetz der Gewinnrücküberweisung des Jahres 1962 seinen Höhepunkt erreichen – und die Bedrohung durch eine Nationalisierung verschiedener industrieller Sektoren (wie die Fleisch-, die pharmazeutische und die Erzindustrie) hatten zu einem Versiegen ausländischer Direktinvestitionen geführt. Die Inflation, das wirtschaftliche Chaos und die politischen Instabilitäten trugen ihrerseits zu einem Rückgang ausländischer Kredite bei. Vor dem Hintergrund der realen Überbewertung, der Vernachlässigung der Exporte, der Verschlechterung der „terms of trade" einerseits und des Abebbens der Kapitalzuflüsse andererseits kam es Anfang der 1960er Jahre zum Ausbruch einer Zahlungsbilanzkrise. Im Jahr 1960 mussten 36% der Exporteinnahmen zur Bedienung der Auslandsverschuldung aufgewendet werden. Um den Schuldendienst aufrechtzuerhalten und notwendige Importe zu finanzieren, musste man in Brasilien nun zunehmend auf kostenintensive und kurzfristige Kreditformen (wie Swap-Transaktionen, also kurzfristige Kredite mit einer Wechselkursgarantie) zurückgreifen. „These short-term and high-cost credits served only to postpone temporarily the need for a debt rescheduling which finally occurred in 1961 after the Goulart government had committed itself to exchange reform and a stabilization program."[497] Notwendige strukturelle Reformmaßnahmen waren in der Phase starker politischer Instabilitäten, die auf den Rücktritt von Präsident Quadros und die Übernahme des Präsidentschaftsamtes durch seinen Vizepräsidenten, Goulart, gefolgt war, immer wieder verschoben worden.

Die Inflation führte Brasilien gemeinsam mit den Schlüsselinstrumenten der Politik der Importsubstitution, dem überbewerteten Wechselkurs und dem protektionistischen Außenwirtschaftssystem, an den Rand des internationalen Bankrotts. Die steigenden Leistungsbilanzdefizite wurden zunehmend via Auslandsverschuldung finanziert. Zum Zeitpunkt der Machtübernahme durch die Militärs im März 1964 hatte Brasilien eine der höchsten Schuldenlasten aller Entwicklungsländer akkumuliert, nachdem es noch 15 Jahre zuvor eine der geringsten Schuldenlasten aller Entwicklungsländer aufwies.[498] Die Auslandsverschuldung im Verhältnis zu den Exporteinnahmen war seit Ende der 1950er Jahre explosionsartig angestiegen. Der Wert der Verschuldung hatte sich zwischen 1951 und 1963 fast verdreifacht. Während die Verschuldung im Jahr 1951 noch deutlich unter dem Wert der Exporteinnahmen gelegen hatte, war sie zwischen 1959 und 1963 permanent mehr als doppelt so hoch (und betrug im Jahr 1962 fast das Dreifache). Auf Grund der stark zurückgehenden Exporte war der Schuldendienst kaum mehr zu leisten, der im Verhältnis zu den Exporteinnahmen im Jahr 1962 mit 33,2% seinen Höchstwert erreichte.

---

[497] SYVRUD (1974), S. 22.
[498] Vgl. ebenda, S. 22.

Tabelle 4: Brasilianische Auslandsverschuldung (einschließlich der Schulden beim IWF) und Exporte am Jahresende (1951 – 1963) in Mio. US$

Jahr	Verschuldung am Jahresende (A)	Exporte (B)	A/B
1951	1.177	1.771	0,7
1952	1.791	1.416	1,3
1953	1.772	1.540	1,2
1954	1.957	1.558	1,3
1955	1.921	1.419	1,4
1956	1.972	1.483	1,3
1957	2.104	1.392	1,5
1958	2.401	1.244	1,9
1959	2.583	1.282	2,0
1960	2.979	1.270	2,3
1961	3.209	1.404	2,3
1962	3.517	1.215	2,9
1963	3.347	1.406	2,4

Quelle: Daten zur Verschuldung aus SYVRUD (1974), S. 186, Daten zum Export aus CONJUNTURA ECONÔMICA, vgl. Daten in Tabelle 56 im Anhang.

Das Problem bestand seinerzeit aber weniger in der absoluten Höhe der Auslandsverschuldung – sie war nur wenig schneller gewachsen als das BSP – als in der Kurzfristigkeit der Verschuldung.[499] Die Devisenreserven waren unmittelbar vor dem Putsch vom März 1964 nahezu erschöpft.

Tabelle 5: Auslandsschuldendienst im Verhältnis zu den Exporteinnahmen 1950 bis 1964 (in %)

1950	1951	1952	1953	1954	1955	1956	1957	1958	1959	1960	1961	1962	1963	1964
8,1	2,7	4,0	4,9	11,1	11,6	15,6	19,7	27,3	32,6	36,6	28,8	33,2	30,2	26,4

Quelle: BANCO CENTRAL DO BRASIL, Boletim, Dezember 1972.

[499] „A long history of defaults and rescheduling had reduced Brazil's credit standing in international financial markets so that even after World War II, when Brazil's financial situation was fairly good, neither private nor public institutions were able to obtain long-term financing except through a few official institutions, such as Export Import Bank (Eximbank) and the World Bank. Since these sources of capital were limited, most of the Brazilian debt took the form of short-term suppliers credits, commercial bank loans with gold collateral, and commercial arrears." Ebenda, S. 183.

Diese Politik hatte – im Zusammenspiel mit der erhöhten makroökonomischen und politischen Unsicherheit – zu einem erheblichen Anstieg des Devisenschwarzmarktagios und schließlich auch zu einer Rückkehr zum System multipler Wechselkurse geführt. HIGGINGS (1964) beschreibt das brasilianische Wechselkurssystem zum Zeitpunkt der Machtübernahme durch das Militär im März 1964 treffend folgendermaßen: „On the eve of the March Revolution, the exchange system, as a consequence of the many measures adopted during the preceeding two and a half years, was characterized by its complexity and by its limiting and restricting conditions as regards current transactions. Unrealistic exchange rates; plurality of markets; stagnation in the level of compulsory deposits at 100 percent of the value of contracts and, in some cases, rising to 200 percent; prohibition of certain imports; quantitative restrictions on the purchase of foreign currency; paralysis of remittance of profits and dividends; maintenance of bilateral payment agreements; unfavourable foreign exchange margins; subsidies on certain imports and premiums on certain exports, were among the measures in force.“ [500]

Abbildung 14: Agio des Dollarwechselkurses auf dem Devisenschwarzmarkt (Nov. 1961 bis März 1964)

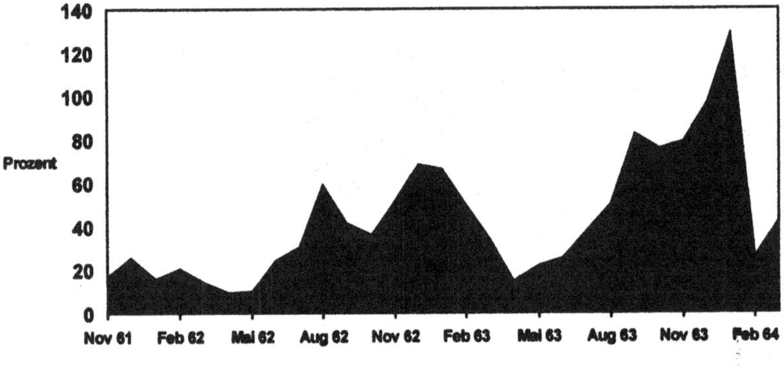

Quelle: ANDIMA (1994). Vgl. die Daten in Tabelle 51 im Anhang.

Auch die brasilianische Erfahrung vor 1964 bestätigt, dass eine Devisenbewirtschaftung eine Währungsabwertung nur hinauszögern, nicht aber dauerhaft vermeiden kann. Die Zahlungsbilanzprobleme wurden letztlich durch den zunehmenden Interventionismus in der Wechselkursordnung verschärft und eine „parallele Zahlungsbilanz“ war entstanden. Kapitalverkehrsbeschränkungen, die der Verhinderung des Kapitalabflusses dienen sollten („Mausefallenwährung“), haben das Misstrauen noch verstärkt und die Kapitalflucht eher beschleunigt. Die

[500] HIGGINS (1964), Teil 4, S. 1.

politische Unsicherheit vor 1964 tat ein Übriges, um die Kapitalflucht zu stimulieren. Sicheres Indiz hierfür liefert die explosionsartige Erhöhung des Devisenschwarzmarktagios vor 1964. So geriet Brasilien „in den verhängnisvollen Circulus vitiosus [...], in dem Inflation, Devisenzwangswirtschaft und Lähmung des internationalen Kapitalverkehrs sich wechselseitig fördern."[501]

B. Erosion des Preis- und Marktmechanismus

Ein Kostenfaktor der Inflation, der insbesondere in ordnungsökonomischer Perspektive ins Zentrum der Aufmerksamkeit rückt, ist die Zerstörung des „wirtschaftsverfassungsrechlichen Grundprinzips" einer wettbewerblichen Ordnung, des Preismechanismus. Schon durch offene Inflation „wird die Lenkungsmechanik des Preissystems der Fähigkeit beraubt, den Wirtschaftsprozeß zureichend zu dirigieren."[502] Zudem waren, wie gezeigt, die Preisrelationen zwischen inländischen und ausländischen Erzeugnissen in Folge der überbewerteten Wechselkurse permanent zu Lasten der inländischen Produkte verzerrt. Verschärft wurde das Problem der allokativen Verzerrungen nicht nur durch die Devisenkontrollen, sondern auch durch den Einsatz von Preiskontrollen. Sie hatten mit Getúlio Vargas Eingang ins Arsenal des wirtschaftspolitischen Instrumentariums der brasilianischen Wirtschaftspolitik gefunden.[503] Im Zuge der Beschleunigung der Inflation waren Preiskontrollen in deren Bereichen „public utilities", Mieten, Löhnen, Nahrungsmittelpreisen und Wechselkursen implementiert worden. Die Zahl der Preiskontrollen hatte sich auf den verschiedenen Märkten bis 1964 laufend erhöht.[504] Für SYVRUD (1974) waren die strukturellen Ungleichgewichte, die in die brasilianische Wirtschaftkrise der 1960er Jahre geführt hatten, weniger durch die Inflationsspirale verursacht als vielmehr durch die Preiskontrollen, die durch die Inflation induziert wurden.[505] Vor diesem Hintergrund war es zu enormen Ineffizienzen und Engpässen in der Bereitstellung von Elektrizität, einem akuten Mangel an Wohnraum und alarmierenden Angebotsengpässen bei landwirtschaftlichen Produkten gekommen.[506] Die arbeitsintensiv

---

[501] RÖPKE (1954), S. 80.

[502] EUCKEN (1952/90), S. 256. Diese Erkenntnis Euckens wird durch die Ergebnisse auch neuerer empirischer Untersuchungen gestützt. „By clouding relative price signals, generating uncertainity about future inflation, and generally reducing the information content of the price system, inflation distorts the allocation of resources and adversely affects economic efficiency and growth." IMF (1996), S. 116.

[503] „They were introduced to protect or provide advantages to a variety of social groups: controls of basic food prices to protect the lower-income urban dwellers; of public utility prices to benefit the low-income urban population and, occasionally, provide cheap inputs to industry; of low basic industrial product prices, like steel, to benefit industry; of rents; and of interest rates." BAER (1991), S. 48.

[504] Vgl. WOGART (1974), S. 52.

[505] Vgl. SYVRUD (1974), S. 95.

[506] „These were the sectors of economic activity that had suffered the deleterious effects of repressed inflation. Previous governments, frightened by the effects of inflation (...) preferred to combat effects than attack causes." BULHÕES (1969), S. 164.

produzierenden Bereiche im Inland wurden durch preispolitische Reglementierungen (einschließlich der steuer- und zollpolitischen Diskriminierungen) benachteiligt. Dadurch wurde auch Armut verschärft statt abgebaut. Die kapitalintensive Natur des Industrialisierungsprozesses schuf weder genügend Beschäftigungsgelegenheiten für eine wachsende Bevölkerung noch eine hinreichende Nachfrage, um sich selbst „am Leben zu erhalten". Preiskontrollen für Grundnahrungsmittel hatten eindeutig eine Privilegierung städtischer (im industriellen Sektor tätiger) Bevölkerungsgruppen zum Ziel. Die ländliche Bevölkerung wurde hingegen durch geringe Erzeugerpreise für ihre Produkte benachteiligt. „The distorted price structure, stemming from a series of price controls, and the resulting distortions in the financial structure diverted financial savings into inefficient speculative activities and limited the level of savings."[507]

Auch die Defizite des öffentlichen Transportsektors – sie stellten den größten Posten der staatlichen Haushaltsdefizite dar – und die Ineffizienzen in der Stromerzeugung und -verteilung (welche sich lange Zeit ausschließlich in ausländischer Hand befanden hatte) waren zum Teil direkt auf den Einsatz von Preiskontrollen zurückzuführen. Die staatliche Preispolitik sah vor, dass die Preise (über die Erzeugungskosten hinaus) nur eine 10%-ige Verzinsung des Kapitals enthalten durften, während Abschreibungen nur nach dem ursprünglichen Beschaffungswert (also ohne Inflationsbereinigung) vorgenommen werden durften.[508] Diese extrem interventionistische Preissetzungspolitik hatte die Realverzinsung des eingesetzten Kapitals in diesen Sektor stark schrumpfen lassen und die Investitionstätigkeit dort entsprechend erheblich beeinträchtigt. Dies führte in vielen Fällen dazu, dass der Staat verlustbringende Unternehmen im Bereich der öffentlichen Dienstleistungen übernehmen musste.[509]

Das Problem der durch das System der Importsubstitution und dem damit einhergehenden Interventionsgrad schon stark eingeschränkten Allokationseffizienz wurde so mit zunehmender Inflation und den Preiskontrollen noch verschärft. Hinter den skizzierten preispolitischen Interventionen des Staates stand die Absicht, über relativ geringe Lebenshaltungskosten in den Städten die Nominallöhne für den Aufbau der Industrie niedrig zu halten. Andererseits war eine (wenn auch sehr unvollständige) Neutralisierung der Wirkungen der Inflation mittels Preiskontrollen in polit-ökonomischer Perspektive natürlich sehr viel einfacher durchsetzbar als eine Bekämpfung der Ursachen der Inflation. Der Schutz

---

[507] SYVRUD (1974), S. 33.
[508] Vgl. SIMONSEN (1964), S. 46.
[509] Dies erklärt zum Teil die Gründung neuer Staatsunternehmen im Elektrizitätssektor, wie die CHESF, FURNAS, CEMIG und in den 1960er Jahren die CESP und COHEBE. Der Staat wurde in diesen Bereichen jedoch nur sehr zögerlich unternehmerisch aktiv, so dass sich die Effizienz der öffentlichen Dienstleistungen in diesem Bereich permanent verschlechterte. Vgl. ebenda, S. 46-47.

bestimmter Bevölkerungsgruppen vor den Wirkungen der Inflation war zudem ein zentrales Instrument der populistischen Wirtschaftspolitik seit Vargas.

Die inflationsbedingten Eingriffe des Staates in den Wirtschaftsprozess (wie Preis- und Devisenkontrollen) hatten offensichtlich den Charakter einer *interventionistischen Kettenreaktion*, in der – auf Grund eines Ausbleibens einer nachhaltigen Bekämpfung der Inflationsursachen – immer neue Anpassungsreaktionen nötig wurden.[510] Der Preismechanismus war so zunehmend durch Bürokratien und damit durch staatliche und persönliche Willkür ersetzt worden. Mit dieser Zentralisierung des wirtschaftlichen Entscheidungs- und Allokationsprozesses gingen die schon dargestellten ordnungspolitischen Folgekosten einher (Stimulierung von Rent-Seeking, Korruption, Klientelismus etc.). Die damit einhergehenden politischen und ökonomischen Verkrustungserscheinungen hatten – wie gesagt – die Durchsetzung einer umfassenden Reform zunehmend erschwert.[511] „Auf Grund der Einfrierung der Gebühren für öffentliche Dienstleistungen erreichte die brasilianische Wirtschaft Anfang 1964 das Chaos. Die Rationierung von Elektrizität führte zur Abschaltung des Stroms für 15 Stunden pro Tag. Das Kommunikationssystem – Post, Telegraphie und Telefon – war nahezu lahmgelegt."[512]

Die Preiskontrollen hatten zudem inflationäre Effekte: „Some, like agricultural prices and rents, resulted in shortages, which eventually led to increases in food and housing prices. Other price controls, in such sectors as public utilities and steel, created large deficits in public enterprises that had to be covered by state subsidies. Since these subsidy expenditures could not be met by increased taxes, the government budget deficit increased."[513] Die Inflationswirkungen der Preiskontrollen wurden jedoch vor allem in dem Moment unmittelbar deutlich, als sie (in den Jahren 1964 und 1965) wieder aufgehoben wurden.

C. Erosion der öffentlichen Finanzordnung

Die monetäre Alimentierung von Haushaltsdefiziten hatte die wichtigste Ursache der Inflation vor 1964 dargestellt. Inflation hat jedoch auch immer gravierende Rückwirkungen auf die öffentliche Finanzordnung.[514] Die dargestellten Ineffizienzen des brasilianischen Steuer-

---

510 „Die klassischen Opfer des Systems der Preiskontrollen waren öffentliche Dienstleistungen [...]. Die Regel waren hier verspätete und unterproportionale Anpassungen an die Inflation." Ebenda, S. 46.

511 „Ein vorhandener Verwaltungsapparat tendiert zur Festhaltung oder Einführung der Rationierung und zentraler Planung, weil er dadurch Beschäftigung findet." EUCKEN (1952/1990), S. 332.

512 NOGUEIRA (1992), S. 14-15.

513 BAER (1991), S. 48.

514 Vgl. für eine umfassende Diskussion der Wirkungen der Inflation auf die Staatsfinanzen FELDSIEPER (1975b) und (1976).

systems vor 1964, die ursächlich mit der Inflationsentstehung im Zusammenhang standen, waren durch die steigende Inflation selbst noch verstärkt worden. Ein typischer Effekt der Inflation auf das Steuersystem, der in der theoretischen Literatur diskutiert wird und zu erhöhten Steuereinnahmen führt, ist die „kalte Progression". „Werden in einem progressiven Steuersystem (mit Stufen- bzw. Stufengrenztarif), die Steuerstufen nicht an die Inflation angepaßt, so gelangen die Einkommensbezieher allein durch den inflationsbedingten Anstieg ihrer Einkünfte in immer höhere Progressionsstufen, unterliegen also – auch real – immer höherer Besteuerung."[515] Dieser Effekt war in Brasilien allenfalls noch in den 1950er Jahren von einer gewissen Bedeutung, da „die nominalen progressiven Einkommenstabellen der Einkommenssteuer physischer Personen über Jahre hinweg unverändert blieben [...]."[516] Die dadurch zusätzlich erzielten Steuereinnahmen dürften dennoch äußerst begrenzt gewesen sein. Zwei Faktoren führten dazu, dass die Staatskassen kaum von diesem Effekt profitierten. Erstens war es in jener Zeit sehr einfach und sehr verbreitet, Steuern zu hinterziehen.[517] Zweitens hing dies mit der Steuerstruktur zusammen: Indirekte (also konsum- bzw. umsatzabhängige) Steuern machten immer den größten Anteil der Steuereinnahmen aus und die direkte Besteuerung von Unternehmen waren immer bedeutsamer gewesen als die direkte Besteuerung von physischen Personen.[518] Mit zunehmender Inflation war man dann dazu übergegangen, die Progressionstabellen jährlich anzupassen, und ab 1961 wurden sie (per Gesetz Nr. 3.898) an den Mindestlohn gekoppelt, welcher periodisch an die Inflation angepasst wurde.[519] Die durch „kalte Progression" hervorgerufenen Verzerrungen konnten so weitgehend ausgeräumt werden.

Der Inflationsprozess vor 1964 hatte vor allem vier gravierende Verzerrungen und Probleme auf der Einnahmenseite des brasilianischen Steuersystems zur Folge:

a) Die mangelnde Anpassung der Unternehmensbilanzen an die Inflation hatte zum Problem der Besteuerung von *Scheingewinnen* geführt.[520] „Data available for the period 1958-64 shows that these illusory profits were responsible for over 50 per cent of the profits of corporations."[521] Diese Scheingewinne wurden wie reale Gewinne besteuert. „Damit war die Einkommenssteuer zu einer Form der Einkommenskonfiszierung geworden."[522]

---

[515] WEHINGER (1996), S. 61.
[516] SIMONSEN (1995), S. 50.
[517] Vgl. ebenda, S. 50.
[518] Vgl. LEES/BOTTS/CYSNE (1990), S. 14.
[519] Wäre diese Anpassung nicht vorgenommen worden, wäre die Steuerlast für die untersten Einkommensschichten untragbar geworden.
[520] Vgl. hierzu ausführlicher CHACEL/SIMONSEN/WALD (1970), S. 37 ff. und SIMONSEN (1995), S. 22-25.
[521] LEES/BOTTS/CYSNE (1990), S. 18. Vgl. statistische Daten hierzu bei LEES/BOTTS/CYSNE (1990), S. 49.
[522] SIMONSEN (1995), S. 41.

b) Die (illegitime bzw. illegale, da nicht durch das Parlament autorisierte) Inflationssteuer war – wie gezeigt – zu einer zentralen Einnahmequelle des brasilianischen Staates herangewachsen.

c) Eine der verheerenden Konsequenzen der Inflation, der Besteuerung von Scheingewinnen, des Rückgriffs auf die Inflationssteuer, der mangelnden Glaubwürdigkeit der Wirtschaftspolitik und der zunehmenden Einschränkung der wirtschaftlichen Freiheit war eine abnehmende Steuermoral. Durch diese Verzerrungen waren starke Anreize für Steuerhinterziehung – sie war in jener Epoche sehr ausgeprägt – geschaffen worden.[523] Eine Form der Steuerhinterziehung war die Kapitalflucht. Die zunehmende Bedeutung dieses Phänomens mit steigenden Inflationsraten und einem zunehmend unsicheren makroökonomischen und politischen Umfeld spiegelt sich im Aufblühen des Devisenschwarzmarktes und dem bis 1964 permanent steigenden Devisenschwarzmarktagio.

d) Eine andere Form der Steuerlastreduzierung, die vor 1964 sehr verbreitet war, bestand in der Verzögerung der Begleichung der Steuerschuld. Der Realwert der Steuerschuld konnte so erheblich gesenkt werden.[524] Zwar wurden bei Verzögerungen in der Begleichung der Steuerschuld Strafzahlungen fällig. Diese waren jedoch geringer als die bei Arbitragegeschäften anfallenden Erträge. „Die Arbitragemöglichkeiten stellten einen fantastischen Anreiz zur Verzögerung der Steuerzahlung dar."[525] Ein beliebter Kunstgriff bestand auch in der gerichtlichen Überprüfung der Steuerveranlagung, um für die Zeit der Verhandlungsdauer von der Reduzierung des Realwerts der Steuerschuld durch die Inflation profitieren zu können.[526] Für den Staatshaushalt ergab sich daraus das gravierende Problem einer realen Reduzierung der Steuereinnahmen. Durch die reale Erosion der Steuereinnahmen (Olivera-Tanzi-Effekt) kam es zu einer inflationsbedingten Vergrößerung der Budgetdefizite.[527] Am stärksten betroffen von diesem Effekt war die Einkommenssteuer. Dies schon deshalb, weil die Steuer bis in die 1980er Jahre hinein immer erst ca. ein Jahr nach der Steuerentstehung beglichen werden musste. „So verringerte eine Inflationsrate von 50% jährlich eine nominale

---

[523] Vgl. ebenda, S. 25.

[524] „Given the bureaucratic slowness of the tax administration and the profitability of indebtness when the depreciation of money was rapid, many businesses were accustomed until 1964 to remain in debt to the social welfare institutes and the Treasury. Delayed payment of tax debts, despite cumulative penalties, was the best way of increasing working capital." BULHÕES (1969), S. 151.

[525] SIMONSEN (1995), S. 27.

[526] Vgl. GUENTHER (1974), S. 28.

[527] Auf diesen Effekt hatte schon BRESCIANI-TURRONI (1937/68), S. 66 in seiner klassischen Untersuchung zur deutschen Hyperinflation hingewiesen.

Steuerlast von 40% auf real 26,7%."[528] Die Inflation, deren primäre Ursache – wie gesagt – fiskalischer Natur war, war so selbst zu einer zentralen Ursache der Aushöhlung der Staatseinnahmen geworden. Somit war – vor dem Hintergrund einer automatischen Finanzierung staatlicher Defizite durch den Banco do Brasil – ein sich selbst beschleunigender Teufelskreis aus fiskalischer Erosion und Inflation in Gang gekommen.[529]

Auch die Seite der Staatsausgaben war von der Inflation nicht unberührt geblieben. Der Einsatz von Preiskontrollen hatte zu einem Desinteresse des Privatsektors an Investitionen in den Bereichen geführt, in denen die Inflation durch Preiskontrollen zurückgestaut wurde. Der Staat war deshalb gezwungen, in den entsprechenden Bereichen unternehmerisch aktiv zu werden bzw. sein Aktivitäten dort auszuweiten, um das Auftreten scherwiegender Engpässe zu verhindern. Eine zunehmende Verstaatlichung und ein zunehmender Bedarf an Subventionen für meist unrentable Staatsbetriebe war die Folge. Die steigenden Haushaltsdefizite seit Mitte der 1950er sind auch in diesem Zusammenhang zu sehen.

D. Wirkungen in der Arbeitsmarktordnung

SIMONSEN (1964) stellt fest, dass es keine empirische Evidenz dafür gäbe, dass die Inflation den Reallohn der Beschäftigten vor 1964 mittel- bis langfristig gesenkt hätte.[530] „In Wirklichkeit zeigten die Reallöhne seit dem Ende des Zweiten Weltkriegs eine steigende Tendenz und es gibt keinen Grund zu der Annahme, dass die Löhne systematisch hinter der Inflationsentwicklung hinterhergehinkt hätten."[531] Dennoch hat die chronische Inflation auf Grund einer Anpassung der Nominallöhne nach der „Spitzen-Anpassungsmethode" zu einer enormen Instabilität des Reallohns geführt.[532] Bis 1964 waren die Löhne i.d.R. einmal jährlich (informell) an die vergangene Inflation angepasst worden („backward-looking indexation"). „Up to 1964 most wage increases in the private sector were calculated so as to regain the previous peak value attained by the real wage."[533]

---

[528] SIMONSEN (1995), S. 50.

[529] Wie schon angedeutet, hatte die Inflation im Zusammenspiel mit der finanziellen Repression zudem zu einem totalen Abebben der Nachfrage nach öffentlichen Staatsanleihen geführt. Diese waren lediglich mit 6 bis 8% pro Jahr verzinst worden, während die Inflation schon 50% jährlich erreicht hatte. Einer inflationsfreien Finanzierung der Haushaltsdefizite waren so enge Grenzen gesetzt. Vgl. ebenda, S. 32.

[530] Vgl. für eine dezidierte Analyse der Lohnentwicklung der Nachkriegszeit bis 1964 SIMONSEN (1964), S. 39-43.

[531] Ebenda, S. 45.

[532] Bei dieser Form der Lohnindexierung werden die Nominallöhne zu vorbestimmte Zeitpunkten auf den zum Ausgangszeitpunkt bestehenden Spitzenwert angehoben. Vgl. zu dieser Form der Lohnindexierung LEES/BOOTS/CYSNE (1990), S. 57 ff. und WEHINGER (1996), S. 98 ff.

[533] BARBOSA (1998), S. 79.

Da die Nominallöhne sich nicht kontinuierlich an die Inflationsentwicklung anpassten, die Inflation hingegen kontinuierlich anstieg, begannen die realen Lohnniveaus stark zu oszillieren: im Anschluss an eine Anpassung der Löhne erreichte die Kaufkraft ihre „Spitze". Anschließend sank die Kaufkraft solange, wie der Nominallohn konstant blieb. Mit einer erneuten Nominallohnanpassung sprang die reale Kaufkraft auf eine neue „Spitze" (vgl. Abbildung 15). Diese Oszillationen führen zu gravierenden Einbußen und Problemen bei Lohnempfängern, insbesondere bei den niedrigsten Einkommensniveaus.

Abbildung 15: Reallohnentwicklung bei ("backward looking") Spitzenanpassungsmethode

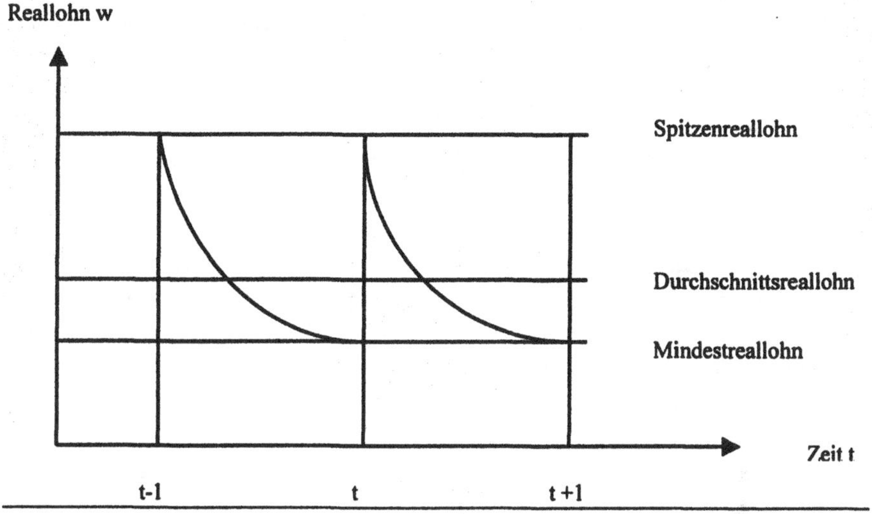

Quelle: LEES/ BOTTS/ CYSNE (1990), S. 58.

Ist das Inflationstempo ab dem Zeitpunkt t größer als zuvor, sinkt der Reallohn rascher und bis zum Zeitpunkt t+1 auf ein niedrigeres Niveau (nicht abgebildet). Dadurch kommt es bei Inflationsbeschleunigung solange zu sinkenden durchschnittlichen Reallöhnen gegenüber den Vorperioden, wie der Anpassungsrhythmus nicht verändert wird. Umgekehrt verhält es sich, wenn das Inflationstempo – wie nach 1964 – zurückgeht. Dann führt diese Form der Lohnindexierung zu einer Erhöhung der durchschnittlichen Reallöhne.[534] „Dies kann insbesondere bei der Durchführung eines Stabilisierungsprogramms hinderlich sein und wird seine Kosten (in Form eines Beschäftigungsrückgangs) unverhältnismäßig erhöhen."[535]

---

[534] Vgl. WEHINGER (1996), S. 100.
[535] Ebenda, S. 99.

Eine andere Eigenschaft einer solchen zeitabhängigen Indexierung ist, dass durch die Wahl der Anpassungsfrequenz die Reallohnentwicklung modifiziert werden kann. Bei einer Erhöhung der Anpassungsfrequenz steigt der Mindestwert des Reallohns und somit auch sein Durchschnittswert.[536] Dieser Effekt wird auch als Pazos-Simonsen-Mechanismus bezeichnet. Bei einer permanenten Inflationsbeschleunigung ist es deswegen nicht überraschend, dass bei einem solchen Verfahren der Reallohnsicherung die Anpassungsfrequenz der Löhne an die vorausgegangene Inflationsentwicklung steigt, damit (potentielle) Reallohnverluste verringert werden.

Durch die Inflation, zahllose abgebrochene Stabilisierungsprogramme und die damit einhergehenden Erwartungsunsicherheiten waren der lohnpolitische Verteilungskampf und eine aggressive Streikpolitik seitens der Gewerkschaften geschürt worden. Bestimmte, politisch besonders durchsetzungsfähige Klassen, waren in der Lage, überproportional hohe Löhne durchzusetzen, wie im Fall der Angestellten in der Schifffahrt, Häfen und Eisenbahngesellschaften. Im Gegensatz dazu litt die Mittelschicht, weniger geeint und von geringer politischer Durchsetzungskraft, unter einer harschen Kompression ihres Realeinkommens.[537] So hatte die Inflation vor 1964 zu stark disproportionalen Lohnanpassungen geführt, die unabhängig vom Kriterium der Produktivität vorgenommen wurden. Die starken Spannungen in den Lohnverhandlungen hatten ihren Höhepunkt unter der Regierung Goulart erreicht, als die Inflation explosionsartig zu steigen begann und Streiks und gewerkschaftliche Agitationen durch den Staat selbst gefördert wurden.[538] Vor allem seit 1962 hatten die Streiks einen zunehmend politischen Charakter und wurden auch zu einem Instrument zur Durchsetzung politischer Interessen.[539]

Der lohnpolitische Verteilungskampf unmittelbar vor dem Militärputsch wurde von Campos folgendermaßen beschrieben: „The year of 1963 began with an increase in the minimum wage of 50%. Much larger increases were secured by certain working classes that were politically strong; such groups were very prone to seek unreasonable wage increases well above the rise in the cost of living and without any basis in increased productivity. The number of strikes grew from 54 in 1962 to 119 in 1963. The first three months of 1964 were characterized by continuous agitation in the unions. This unrest extended to rural areas, with the full support of

[536] Vgl. ebenda (1996), S. 99.
[537] Vgl. SIMONSEN (1964), S. 46.
[538] Vgl. LAGO/ALMEIDA/LIMA (1979), S. 158-159.
[539] „Widespread strikes and violence became rampant as grassroots leftist movements and urban labor unions grew stronger, aided in part by the international attitude propagated by the Cuban Revolution.“ BAER/BILLER/MC DONALD (1989), S. 23. Die Gewerkschaften versuchten z.B. in der Frage der Agrarreform und im Rahmen des Plebiszits zur Wiedereinführung des Präsidentialismus, durch breit angelegte Streiks ihre Positionen durchzusetzen. Vgl. LAGO/ALMEIDA/LIMA (1979), S. 156.

official sources for various political ends. In March, the government approved a wage increase of 100%, further accelerating the inflationary process. In January there were 197 ships paralyzed in the docks. Coffee exports lost 8 million dollars as result of one strike. Approximately 20,000 tons of corn were lost and tons of other commodities could not be moved, including bananas, oranges and other fruits."[540]

Insbesondere die schon reduzierte Effizienz der Staatsunternehmen sank auf Grund der gewerkschaftlichen Agitationen, der Politisierung des Lohnverhandlungsprozesses und der, gemessen an der wirtschaftlichen Kapazität und der Produktivität der Unternehmen, übertriebenen Lohnforderungen zunehmend.[541] SIMONSEN (1964) machte darauf aufmerksam, dass überproportionale „Lohnerhöhungen nicht nur ein Fokus der Kostendruckinflation, sondern - im Fall der Angestellten des öffentlichen Dienstes, der quasi-öffentlichen Einrichtungen und der defizitären Staatsunternehmen – auch der Nachfrageinflation war."[542]

E. Weitere Verteilungseffekte und gesellschaftliche Erosionserscheinungen

Eine fortgeschrittene offene Inflation hat immer gravierende (leistungsungebundene) Einkommensumverteilungseffekte.[543] Einige wurden schon angesprochen, wie die Gläubiger-Schuldner-Hypothese, die mit der Inflationssteuer verbundene Umverteilung von den Privaten an den öffentlichen und den Bankensektor, die mit der realen Überbewertung einhergehenden Einkommenseffekte und die asymmetrischen Anpassungen der Reallöhne. Vieles deutet zudem darauf hin, dass die traditionell krassen Einkommensdisparitäten in Brasilien durch die Inflation noch verstärkt wurden.[544] Damit wurde der schon dem System der Importsubstitution inhärenten Tendenz zur Erhöhung der Einkommensungleichheiten zusätzlich Vorschub geleistet. Während diejenigen, die unter der Armutsgrenzen lebten, und, wie z.B. Hausangestellte, einen Großteil ihres Einkommens in Form von Realwerten (Kost und Logie) erhielten und kaum über pekuniäre Einkünfte verfügten, entsprechend auch kaum inflationsbedingte Einkommensverluste hinnehmen mussten, war die restliche Unter- und die Mittelschicht besonders hart von den mit der Inflationssteuer einhergehenden Einkommensverlusten

[540] CAMPOS (1966), S. 317-318.
[541] Vgl. CAMPOS (1994), S. 1356.
[542] SIMONSEN (1964), S. 21.
[543] „Inflation was always a terrible instrument for the redistribution of wealth." BRESCIANI-TURRONI (1937/68), S. 286.
[544] „In der Tat führte die chronische Inflation in Brasilien zu negativen Verteilungseffekten und verschärfte das hohe Ausmaß sozialer Ungleichheit. Preisstabilität wird daher als notwendige Rahmenbedingung nicht nur für wirtschaftliches Wachstum, sondern auch für den Abbau sozio-ökonomischer Disparitäten gesehen." KOCH (1996), S. 293.

betroffen.[545] „These findings support the view that programs aimed at reducing macroeconomic imbalances – particularly programs that reduce inflation – will tend to have a positive effect on income distribution. In fact, there is abundant evidence that ending very rapid inflations tends to reduce poverty [...].“[546]

Zahlreiche weitere Einkommenseffekte der Inflation waren zu beobachten, deren umfassende Aufarbeitung den Rahmen dieser Arbeit sprengen würde.[547] Fest steht jedoch, dass durch die willkürlichen und als *ungerecht* wahrgenommenen Umverteilungseffekte der gesellschaftliche Sozialpakt und Konsens, der in Brasilien traditionell sowieso nur äußerst schwach ausgeprägt war, weiter ausgehöhlt wurde. Jede Tauschhandlung am Markt wurde auf Grund der mit der Inflation einergehenden erhöhten Unsicherheit und der damit zunehmenden Befürchtung, durch den Tausch *schlechter gestellt zu werden,* mit verstärktem *Misstrauen* und erhöhter *Aggressivität* befrachtet.[548] Die Charakteristik der brasilianischen Lohnverhandlungen unter den inflationären Bedingung vor 1964 ist ein beredtes Beispiel hierfür. Der Verteilungskampf wurde insofern durch die Inflation angeheizt, was wiederum – ausgehend von der Hypothese der Verteilungskampfinflation – zur Verschärfung des politischen Kontrollverlustes vor 1964 und zur Schürung des Inflationsprozesses beitrug. Auch an dieser Stelle war also ein Teufelskreis entstanden, dem eine Tendenz zur permanenten Beschleunigung des Inflationsprozesses immanent war. Die enormen gesellschaftlichen Spannungen in der brasilianischen Gesellschaft, die zu der extremen ideologischen Polarisierung des politischen Systems vor 1964 beigetragen und zum Militärputsch vom März 1964 geführt haben, sind auch in diesem Zusammenhang zu sehen.

In der einschlägigen geld- und inflationstheoretischen Literatur werden die gesellschaftlichen Kosten der Inflation i.d.R. vernachlässigt.[549] Neben den arbiträren Umverteilungseffekten gehen von der Inflation jedoch typischerweise weitere gesellschaftserodierende Effekte aus.

---

[545] Vgl. KOCH (1996), S. 295, und FELDSIEPER (1994), S. 45. Die brasilianischen Banken stipulieren Mindesteinlagebedingungen für die Eröffnung von Konten. Geringverdiener konnten (und können bis heute) entsprechend kein Bankkonto eröffnen und die an das Vorhandensein eines Bankkontos geknüpften Vorkehrungen zur Vermeidung inflationärer Einbußen nicht in Anspruch nehmen.

[546] DORNBUSCH/EDWARDS (1995), S. 5.

[547] Die nur stark verzögerte Anpassung der Tarife staatseigener Dienstleistungen und Basisindustrien (wie Stahl) senkte die Gewinne der betreffenden Unternehmen und implizierte einen realen Einkommenstransfer von diesen Unternehmen zu ihren Kunden. Wenn die verlustmachenden Staatsunternehmen Subventionen erhielten, was die Regel war, führte dies zu zunehmenden Staatsausgaben, wodurch das Haushaltsdefizit und somit (bei monetärer Alimentierung) auch die Inflation stieg. In diesem Fall wurden die „Kosten“ aus der Nutzung öffentlicher (subventionierter) Dienstleistungen auf die gesamte Gesellschaft und insbesondere jene gesellschaftliche Gruppen übertragen, deren Einkommensentwicklung nicht mit der Inflation Schritt hielt.

[548] Vgl. zum Zusammenhang zwischen Inflation und Mißtrauen auch FERNANDES (1993).

[549] Eine rühmliche Ausnahme ist hier BRESCIANI-TURRONI (1937/68), S. 332: „From many symptoms, some of which may be measured by statistics, it may be seen that the inflation generated a profound moral disturbance. The most significant indices are those concerning crime. The inflation provoked a wave of crime which subsided directly after the monetary stabilization.“

Auch im Rahmen der brasilianischen Inflation Anfang der 1960er hatte sich die (ordnungsökonomisch fundierte) These bestätigt, dass „Inflation nicht nur die Währung selbst zerstört, sondern darüber hinaus [...] die Grundlagen einer freiheitlichen Gesellschaft gefährdet."[550] Dies galt in mehrfacher Hinsicht für den hier untersuchten Fall. Zunächst war die wirtschaftliche Freiheit der Privaten durch den mit der Inflation zunehmenden Interventionismus in der Wirtschaftsordnung eingeschränkt worden. Die Funktion des Geldes als „ein Mittel zur Freiheit, der Freiheit der Konsumwahl" war damit in zunehmenden Maße obsolet geworden.[551] Die gesellschaftspolitischen Kosten der Inflation und der Devisenbewirtschaftung (als außenwirtschaftliches Pendant der manipulierten Währung) lagen zudem – in dem Maße wie zunehmend auf bürokratische Lenkungsmechanismen zurückgegriffen wurde – in einer Verletzung rechtsstaatlicher Prinzipien, insbesondere des Prinzips der „Nichtdiskriminierung". Dies ist der Grund, warum eine manipulierte Währung und eine Devisenzwangswirtschaft aus Sicht des Ordoliberalismus mit einer demokratischen Ordnung prinzipiell inkompatibel sind. Auf Dauer ist die Erhaltung eines solchen Zustandes nur durch einen totalitären Staat möglich.[552] Für RÖPKE (1954) ist die „Abschaffung der Devisenzwangswirtschaft [...] daher nicht in erster Linie eine Frage der Währungstechnik, sondern eine solche der Sozial- und Wirtschaftsphilosophie und der ihr entsprechenden wirtschaftspolitischen Gesamtordnung."[553]

Eine typische Folge der Inflation besteht auch in der Zerstörung der Rechtsgrundlagen einer Gesellschaft. „Zentrale Planung führt zu einem Übergewicht der Verwaltung und zu einer Zurückdrängung der gesetzgebenden und rechtsprechenden Gewalten [...]." [554] Die Eigentumsrechte der Bürger werden untergraben. Ihr Schutz wird der Verteidigung partikularer und staatlicher Interessen geopfert. Die illegitime und illegale Erhebung der Inflationssteuer ist ein Bespiel dafür, wie der Staat am Parlament (und damit an der Gesetzgebung und am Gesetz) vorbei Steuerrealitäten schafft, die – wie gezeigt – vom Staat auf Kosten der untersten Einkommensschichten zur Finanzierung der staatlich verursachten Finanzmisere durchgesetzt werden. Auch in diesem Punkt gehen die Wirkungen der Inflation und mit denen hierarchisch-interventionistischer Ordnungsprinzipien Hand in Hand: „Mit der Beseitigung der Planungsfreiheit der einzelnen Betriebe und Haushalte und mit ihrer Subordination unter zentrale Planstellen und ihre Weisungen ist eine Aufhebung gewisser Freiheits-

---

[550] ISSING (1999), S. 13.
[551] LUTZ (1949).
[552] Auch die lateinamerikanischen Demokratien des 20. Jahrhunderts hatten immer „zentrale Charakteristika autoritärer Herrschaftsformen. Vor allem der *Paternalismus* und der *Autoritarismus* bleiben zentrale Elemente der politischen Kultur (Lateinamerikas) [...]. [...]MANSILLA spricht für Lateinamerika daher zu Recht von einer *politischen Kultur des Autoritarismus*." PRITZL (1997), S. 163.
[553] RÖPKE (1954), S. 122.
[554] EUCKEN (1952/1990), S. 332.

rechte, die in den Verfassungen bestehen, verknüpft. Dadurch wird das Verhältnis des Staates zu seinen Bürgern ein anderes und eine Tendenz zur Entrechtung setzt sich durch."[555]

Vor diesem Hintergrund verwundert es nicht, dass auch die *Moral* und das *Rechtsempfinden*, als informelle Restriktionen des individuellen Verhaltens, in der brasilianischen Gesellschaft vom chronischen Inflationsprozess tangiert wurden. Ein Ökonom, der in Brasilien unermüdlich auf die moralischen Konsequenzen des Inflationsprozesses aufmerksam gemacht hat, ist Eduardo Gianetti da Fonseca. Für ihn sind – vor dem Hintergrund seiner Erfahrungen mit der brasilianischen Inflationsgeschichte – Korruption und Werteverfall natürliche Folgen der chronischen Inflation.[556] In der Tat war Korruption in den 1950er und Anfang der 1960er Jahre zu einem zunehmend gravierenden Problem geworden.[557] Die staatlichen Organe der Devisen- und Außenwirtschaftskontrolle (wie die CEXIM) waren bevorzugte Opfer der Korruption geworden.[558] Die abnehmende Steuermoral – von der auch das stark steigende Devisenschwarzmarktagio zeugt – war eine Facette dieses Phänomens. Auch die weite Verbreitung der Korruption, die schon durch die *Allgegenwärtigkeit* und *Allzuständigkeit* des Staates und der daraus resultierenden wirtschaftlichen und Monopolmacht (bei umfangreichen diskretionären Ermessens- und Entscheidungsspielräumen) von Amtsträgern vor 1964 bedingt war, wurde insofern durch die Inflation noch weiter geschürt.

F. Erosion der politischen Ordnung

Der prekäre Zustand des politischen Systems vor 1964 und die politischen Ursachen der Inflation wurden schon dargestellt. Die hohen Inflationsraten vor 1964 waren jedoch nicht nur Folge politischer Instabilitäten, sondern haben zusammen mit den mit der Inflation einhergehenden wirtschaftlichen Verfallserscheinungen und Umverteilungseffekten ihrerseits zur zunehmenden Erosion des politischen Systems und der Reputation der politischen

[555] Ebenda, S. 332.
[556] „In jeder Gesellschaft, die ihren monetären Standard zerstört und der zerstörerischen Ausstrahlung der inflationären Explosion ausgeliefert ist, kommt es zur Korrosion der moralischen Grundlagen des politischen und wirtschaftlichen Zusammenlebens." GIANETTI DA FONSECA (1995), S. 186. Eine ähnliche These findet sich bei NOGUEIRA (1993), S. 230: „Eine stabile Währung ändert das Verhalten der Menschen. Diese allgemeine Unredlichkeit, die man in Brasilien beobachtet, dass jeder den anderen übervorteilen will, ist eine Folge der Inflation. In allen Ländern, die hohe Inflationsraten erlebt haben, hat dieses Phänomen existiert. Es ist nicht der Brasilianer, der weniger ehrlich oder unmoralisch ist. Jedes Volk, das über eine schwache Währung verfügt, verhält sich so." Vgl. hierzu auch BARBOSA (1993).
[557] Vgl. zum Problem der Korruption Ende der 1950er und Anfang der 1960er Jahre SKIDMORE (1967), S. 169 und S. 197 ff. und SMALLMAN (1997). Der Kampf gegen die Korruption stellte aus der Sicht der Militärs neben der Beseitigung der „kommunistischen Bedrohung" das wichtigste Motiv für den Militärputsch von 1964 dar. Vgl. SKIDRMORE (1967), S. 304.
[558] Vgl. NOGUEIRA (1993), S. 76.

Institutionen geführt und die politische Instabilität verstärkt. Ein sich selbst verstärkender Teufelskreis aus politischer Instabilität und Inflation war entstanden.

Die Ursachen des brasilianischen Militärputsches vom März 1964 sind vielfältiger Natur gewesen. Mit Sicherheit aber war die Inflation (und ihre zahlreichen Folgewirkungen) ein Faktor, der entscheidend zum politischen Kontrollverlust vor 1964 beigetragen hat und somit den Boden für Machtergreifung durch die Militärs bereitet hat.[559] Dies deckt sich mit den Erfahrungen in anderen Ländern, wo inflationäre Exzesse und damit einhergehende Wirtschaftskrisen ebenfalls zu tiefgreifenden politischen Verwerfungen geführt und so Diktaturen und Militärregimes zur Macht verholfen haben.[560] Lenin wird das Diktum zugeschrieben, wonach der sicherste Weg, eine bürgerliche Gesellschaft zu zerstören, die Zerrüttung ihrer Währung sei.[561] Der brasilianische Militärputsch von 1964 kann als Indiz für die Richtigkeit dieser These interpretiert werden. Betrachtet man nun in diesem Zusammenhang die hier vertretene These, dass die Inflation wiederum vor allem Folge eines Wirtschaftsmodells war, das auf zentraler Planung des Wirtschaftsprozesses basierte, gelangt man zu der Schlussfolgerung, dass die Erosion der politischen Ordnung und der Übergang zum Militärregime in den 1960er Jahren letztlich auch Konsequenz des ordnungspolitischen Weges war, der in Brasilien in der Nachkriegszeit eingeschlagen worden war.[562]

G. Stagnation

Brasilien hatte dank der Strategie der Importsubstitution über einen Zeitraum von fast zwei Jahrzehnten (vor 1962) Zuwachsraten des realen Bruttoinlandsproduktes von durchschnittlich 7% zu verzeichnen, „one of the highest sustained growth rates of any country during those years.“[563] Diese Periode war durch eine sonderbare Koexistenz sehr hoher Wachstumsraten und chronisch relativ hoher Inflationsraten gekennzeichnet. Der in der modernen wirtschafts-empirischen Forschung festgestellte negative Zusammenhang zwischen hohen Inflationsraten

[559] „Und alles deutet darauf hin, dass die galoppierende Inflation einer der Gründe für die Revolution vom 31. März 1964 war.“ SIMONSEN (1970), S. 9. Dieselbe These vertritt auch CHACEL (1996), S. 271.

[560] Auch in Deutschland mag die Inflation einer der Faktoren gewesen sein, der der Machtergreifung der Nazis den Boden bereitet hat.

[561] Vgl. ISSING (1999), S. 13, KEYNES (1920), S. 220, und EUCKEN (1949), S. 34. BERNHOLZ (1990), S. 33, weist allerdings daraufhin, dass es keinen schriftlichen Beleg für diese Aussage Lenins gibt.

[562] Dies deckt sich mit einer Version der Interdependenz-These Hayeks, nach der eine zunehmende wirtschaftliche Planung zentraler staatlicher Autoritäten stets zu einer Aufweichung jener institutioneller Arrangements führt, die bis dahin die individuelle Freiheit der Menschen sicherten. HAYEK (1976), S. 28 ff. Auch die historische Erfahrung der meisten anderen südamerikanischen Länder in den 1960er und 1970er Jahren, als es hier zu einer relgelrechten Welle von Militärputschen kam, kann als Beleg für diese These herangezogen werden.

[563] SYVRUD (1974), S. 12. Die Wachstumsraten hatten im Zeitraum zwischen 1950 und 1962 durchschnittlich 7,4% und zwischen 1957 und 1962 durchschnittlich gar 8,83% betragen.

und Wachstum ist bis 1962 in Brasilien also nicht zu beobachten.[564] Es ist dies vielleicht einer der zentralen Gründe dafür, warum die strukturalistische Inflationstheorie in Brasilien auf so fruchtbaren Boden fiel und eine gesellschaftliche und politische Inflationsaversion sich in Brasilien bis zu diesem Zeitpunkt nicht herausgebildet hatte.[565] Der Zeitraum hoher Inflationsraten mag aber vielleicht einfach noch zu kurz gewesen sein, als dass sich die wachstumsschädlichen Wirkungen der Inflation schon früher gezeigt hätten. Denn wenn vor Beginn des (beschleunigten) Inflationsprozesses noch ein großes Maß an Geldillusion herrscht, die erst allmählich abgebaut wird – und darauf deutet die Tatsache des erst sehr spät einsetzenden Prozesses der Reduktion der realen Kassenhaltung in Brasilien (trotz der vielfältigen Hindernisse für inflationsgesicherte Alternativanlagen) hin –, so machen sich die wachstumsschädlichen Inflationsfolgen vermutlich auch erst mit einer größeren zeitlichen Verzögerung bemerkbar.

Abbildung 16: Wachstumsraten des Bruttoinlandsproduktes in % (1950 bis 1963)

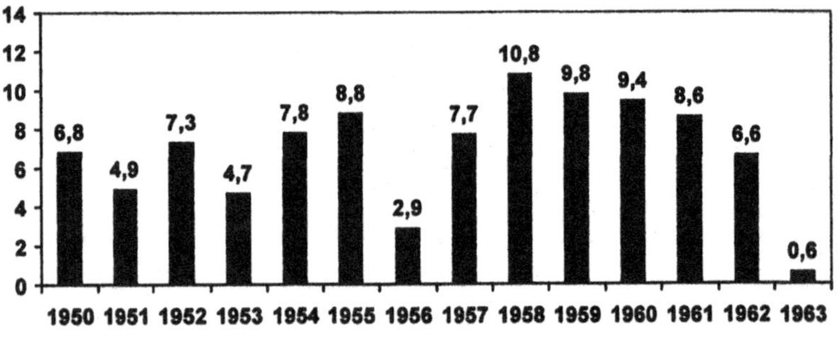

Quelle: ABREU et al. (1990).

[564] In breit angelegten Querschnittsanalysen ist ein relativ eindeutiger Zusammenhang zwischen (hoher) Inflation und Wachstum festzustellen: Länder mit hohen Inflationsraten wachsen i.d.R. langsamer als Länder mit stabilem Preisniveau. Zu diesem Ergebnis kommt auch BARRO (1995) in seiner Querschnittsanalyse von 100 Ländern im Zeitraum zwischen 1960 und 1990, wobei er feststellt, dass die negative Korrelation beider Faktoren bei Inflationsraten von mehr als 10% besonders ausgeprägt ist.

[565] „Die unerwartete und künstliche Vereinigung einer beschleunigten Inflation mit substantieller Entwicklung in der Nachkriegszeit, bis zum Ende der Ära Kubitschek, hatte viele Leute veranlasst zu glauben, dass die Inflation eine notwendige Begleiterscheinung, wenn nicht gar ein ursächlicher Faktor, der Entwicklung sei. Die widersprach aller internationalen Erfahrungen und wurde auf schmerzhafte Weise durch die spätere brasilianische Erfahrung, einschließlich Anfang der 1960er Jahre und danach, und noch drastischer in den 1980er Jahren, als die Inflation von Stagnation und sogar Rückschritt begleitet war, widerlegt." CAMPOS (1994), S. 623.

Nicht zuletzt deswegen ist der Inflationsprozess – sofern er aus einer Situation relativer Stabilität entsteht (für die 1980er und 1990er galt das in Brasilien nicht mehr) – wohl nicht ganz zu Unrecht mit dem Prozess einer zunehmenden Drogenabhängigkeit verglichen worden. Zunächst überwiegen (im übertragenen Sinne) Euphorie und Glücksgefühle – sprich kräftiges wirtschaftliches Wachstum – was zu fortgesetzten Einnahme der Droge – sprich Inflation – animiert; die verheerenden Langfristschäden – die allokativen und verteilungsmäßigen Negativfolgen, die zu Wachstumsreduktion, Stagnation oder gar länger anhaltender Depression führen können –, werden erst sehr verzögert sicht- und spürbar. Spätestens im Jahr 1962 war das Wachstumsrezept der Importsubstitution jedoch an seine Grenzen gestoßen und die Tage der per Inflationssteuer finanzierten Wachstumseuphorie vorbei. Natürlich war die Stagnation der brasilianischen Wirtschaft, die ihren Höhepunkt im Jahr 1963 erreichte, nicht *nur* eine Folge der Inflation. In der Tat war in Brasilien in den 1960er Jahren zunächst eine heftige Diskussion über die Ursachen der Stagnation entbrannt. Unterschiedliche Erklärungsansätze (orthodoxe und strukturalistische) wurden vorgebracht.[566] Einigkeit bestand darüber, dass die Ursachen – im Gegensatz zur Stagnation Anfang der 1930er Jahre, die externe Ursachen hatte – intern zu suchen waren. Die mit dem Modell der Importsubstitution und seinem Inflations-Bias einhergehenden allokativen Verzerrungen führten Brasilien nun in seine erste „hausgemachte" Rezession.[567] Vor dem Hintergrund des ordnungsökonomischen Ansatzes sind die Ursachen vor allem in den inflations- und interventionsbedingten allokativen Verzerrungen, dem erodierten Preissystem, den X-Ineffizienzen des Bürokratismus, dem Rückgang der Finanzintermediation, der zunehmenden Erosion der Glaubwürdigkeit der Wirtschaftspolitik und der – nicht zuletzt durch die Inflation geschürten – politischen Krise zu suchen.

IV. Zwischenfazit

Es besteht kein Zweifel darüber, dass auch die brasilianische Inflation vor 1964 ein primär monetäres Phänomen war. Die tieferen Wurzeln des Inflationsprozesses lagen jedoch außerhalb der monetären Ordnung. Deutlich wurde, dass politische und polit-ökonomische Faktoren fundamental für ein Verständnis der Inflationsentstehung und des Phänomens der Zeitinkonsistenz in der Geld- und Wirtschaftspolitik vor 1964 sind. Das brasilianische Inflationsphänomen (vor und nach 1964) lässt sich jedoch letztlich nur vor seinem ordnungspolitischen und wirtschaftsideologischen Hintergrund deuten. Es war das Modell der Importsubstitution und die damit einhergehenden Ideen des „desenvolvimentismo" und des

[566] Vgl. hierzu BAER (2001), S. 72 ff., und SYVRUD (1974), S. 27-29.

[567] Das schnelle Wachstum in den importsubstituierenden Industrien, die zentralen Wachstumsmotoren der 1950er Jahre, war vor allem auf Kosten der Landwirtschaft und des Exportsektors gegangen.

Strukturalismus, welche fundamentale Restriktionen einer stabilitätsorientierten Geldpolitik darstellten. Die Geldordnung war hier in die „Dienerrolle" zugunsten einer forcierten Industrialisierung, des schnellen Wachstums („wachstumspolitisches Motiv") und einer expansiven Fiskalpolitik gedrängt worden. Durch dieses Modell waren – abgesehen von den Restriktionen auf der Ebene der Wirtschaftsideologie – zahlreiche institutionelle Restriktionen einer stabilitätsorientierten Geldpolitik in die Wirtschaftsordnung eingepflanzt worden: die finanzielle Repression, die entwicklungspolitisch motivierte Kreditallokation, die Devisenbewirtschaftung und ein ineffizientes Steuersystem und das Phänomen der fiskalischen Dominanz waren direkte Folge des nach dem Zweiten Weltkrieg eingeschlagenen Entwicklungsweges. Der hinter diesem Modell stehende Staatsoptimismus, der daraus resultierende Interventionismus, seine zentralen Allokations- und Distributionsmechanismen (Bürokratien, zentrale Planung), der damit einhergehende wirtschaftspolitische Stil (Populismus, Klientelismus, Primat der Prozesspolitik, Mangel an Regelbindung) und die damit verbundenen ordnungsökonomischen und gesellschaftlichen Phänomene (Verfall des Preissystems, Korruption, Erosion der Rechts- und moralischen Ordnung) hatten weitere zentrale institutionelle Restriktionen (formeller und informeller Natur) des Geldschöpfungsprozesses vor 1964 dargestellt. An eine stabilitätsorientierte Geldpolitik war unter diesen institutionellen und ordnungspolitischen Bedingungen nicht zu denken. Der Inflations-Bias, der sich zur markantesten Eigenschaft und zum wichtigsten Hindernis der brasilianischen Wirtschaft in der zweiten Hälfte des 20. Jahrhunderts entwickeln sollte, war also fester Bestandteil und logische Folge der interventionistischen und hierarchisch organisierten Wirtschafts- und Gesellschaftsordnung vargistisch-populistischer Prägung, die sich in Brasilien sukzessive seit den 1930er entwickelt hatte und zu einem chronischen Glaubwürdigkeitsdefizit in der Wirtschaftspolitik geführt hatte.[568] Ein ordnungspolitischer Erklärungsansatz stellt insofern – im Verbund mit der Politischen Ökonomie – die wohl entscheidende Erklärung für die Dynamik und Beharrungskraft der brasilianischen Inflation im 20. Jahrhundert (seit dem Zweiten Weltkrieg) dar. Der Anspruch der neo-strukturalistischen Inflationshypothese, das Phänomen der *Beharrungsinflation* zu erklären, wird insofern durch den Geltungsanspruch der hier vorgetragenen (breiter angelegten) ordnungsökonomischen Inflationshypothese herausgefordert. Die zunehmenden Zerfallserscheinungen der brasilianischen Wirtschaftsordnung Anfang der 1960er Jahre waren in einer solchen Perspektive ebenso durch den ordnungsökonomischen Rahmen vorprogrammiert wie der Inflationsprozess selbst.[569] Der

---

[568] Es kann vor diesem Hintergrund Simonsen nur zugestimmt werden, wenn er resümiert: „Die Wurzeln der inflationären Beschleunigung seit den 1950ern liegen im Interventionismus von Getúlio Vargas." SIMONSEN (1995), S. 17.

[569] Diese These kann auch dadurch belegt werden, dass in vielen anderen lateinamerikanischen Ländern, die den selben Entwicklungsweg eingeschlagen hatte, Ende der 1950er und Anfang der 1960er ähnliche hohe Inflationsraten und vergleichbare Krisensymptome aufgetreten waren. Hierzu zählen vor allem Argentinien, Chile, Kolumbien, Uruguay und Bolivien. Vgl. CORBO (1992), S. 21.

Samen zur Zerstörung dieser Ordnung war von Beginn an der Interventions- und Allokationslogik des Systems und seinen Institutionen immanent. Insbesondere drei institutionelle Facetten dieser Ordnung scheinen diesen Samen zur Selbstzerstörung gelegt und sich gegenseitig „befruchtet“ zu haben: ein ungezügelter Interventionismus, die Geschlossenheit des Systems und der systematische Rückgriff auf die Inflationssteuer. Die Wirkungen der Inflation waren vor dem Hintergrund eines nicht an den Inflationsprozess angepassten Finanz- und Wirtschaftssystems und einer weitgehenden „Nichtantizipierung“ noch gravierender, als dies unter den Bedingungen einer nahezu vollkommen indexierten Wirtschaft in den 1980er und 1990er Jahren der Fall war. Die Erosionserscheinungen dieser Ordnung hatten sich ausgehend von der monetären Ordnung geschwürartig auf alle wirtschaftlichen Ordnungen ausgebreitet.[570] Indikatoren dieses Prozesses außerhalb der Geldordnung waren Staatsbankrott, eine Verschuldungs- und Zahlungsbilanzkrise und Stagnation. Dieser Erosionsprozess war jedoch nicht an den Grenzen des Wirtschaftssystems zum Erliegen gekommen. Er ging weit über das Ökonomische hinaus. Er erreichte mit ebensolcher Gewalt die politische und die Gesellschaftsordnung. Die Ausgangsbedingungen vor 1964 waren insofern nicht nur durch die Inflation und ihre typischen ökonomischen Begleiterscheinungen gekennzeichnet, sondern durch den Kollaps einer gesamten Wirtschafts-, Gesellschafts- und politischen Ordnung und des dahinter stehenden Entwicklungsmodells, des interventionistischen Modells des „desenvolvimentismo“ nationalistischer Prägung. Das Modell des „desenvolvimentismo“ führte Brasilien Anfang der 1960er Jahre also *unausweichlich* in seine tiefste wirtschaftliche, politische und gesellschaftliche Krise seit den 1930er Jahren. Alle diese Symptome waren Facetten eines einzigen ordnungsökonomischen Phänomens, das als *generalisierter Ordnungszerfall* beschrieben werden kann und in dem die Inflation eine ganz zentrale und systemzersetzende Rolle gespielt hat. Der Zusammenbruch des Systems erfolgte, kurz nachdem diese Ordnung Ende der 1950er Jahre ihren evolutionären Höhepunkt – im Sinne einer institutionellen Verfestigung des Systems der Importsubstitution – erreicht hatte.

---

[570] Ausgangspunkt dieses Prozesses waren – wie gezeigt – die inflationsbedingten Erosionserscheinungen in der Geldordnung (Verlust der zentralen Geldfunktionen, Sinken der realen Geldmenge, Erhöhung der Umlaufgeschwindigkeit des Geldes, Verlust des Vertrauens in das Geld und in die Institutionen der monetären Ordnung). Dieser Prozess der Ordnungserosion hatte sich von dort ausgehend in der Wechselkurs- und Außenwirtschaftsordnung, der Fiskalordnung (Olivera-Tanzi-Effekt) und der Arbeitsmarktordnung fortgesetzt.

Dritter Teil: Die sanierende Währungsreform der Regierung Castello Branco

I. Die politischen, persönlichen und paradigmatisch-konzeptionellen Voraussetzungen der Währungs- und Wirtschaftsreform (1964-67)

A. Die politischen Voraussetzungen

Vor dem Hintergrund der im Zweiten Teil dieser Arbeit vorgenommenen Analyse des Problems der Zeitinkonsistenz in der brasilianischen Wirtschaftspolitik vor 1964 wird unmittelbar deutlich, dass die besonderen politischen Voraussetzungen der Währungsreform der Regierung Castello Branco von zentraler Bedeutung für den (relativen) Erfolg dieser Reform sein sollten. Ihnen muss hier zunächst die entsprechende Aufmerksamkeit gewidmet werden: Am 31. März 1964 hatte in Minas Gerais unter der Führung von Governeur Magalhães Pinto und General Mourão Filho der Staatsstreich gegen den amtierenden Präsidenten João Goulart begonnen.[571] Der Militärputsch war zunächst als nur korrektiver und temporärer Eingriff zur *Restauration der Demokratie* und ihrer institutionellen Grundlagen konzipiert.[572] Ziel des ersten Militärpräsidenten (Castello Branco) war es, lediglich die Amtszeit seines Vorgängers zu Ende bringen, um dann – nachdem die „öffentliche Ordnung" wieder hergestellt und eine umfassende Wirtschaftsreform durchgeführt worden wäre – die politische Macht wieder an Zivilisten zurückzugeben. Das im Jahr 1964 implantierte autoritäre System war jedoch von Beginn an ein *politisch hybrides Gebilde*, das als politischer Kompromiss zweier innerhalb des Militärs rivalisierender Gruppen – den *Vertretern der sog. harten Linie* und den *Moderaten*, letztere angeführt von Castello Branco – zu verstehen ist.[573] In Kontext dieses politischen Kräftefelds war Castello Branco zunehmend dazu gezwungen worden, Zielvorstellungen der „hard-liner" in seiner Politik zu berücksichtigen. Obwohl ein repressiver politischer Autoritarismus erst nach 1967 die Oberhand gewinnen sollte, äußerte

---

[571] Nachdem sich auch die II. Armee in São Paulo der Rebellion angeschlossen hatte, ging Goulart ins Exil nach Uruguay. Es gab keinen bewaffneten Widerstand. „Powerful civilian groups – political, business, religious and even popular – stimulated, supported and collaborated with successive military governments." CASTRO (2000), S. 3-4. Der amtierende Parlamentspräsident Mazilli war als Übergangspräsident eingesetzt worden. De facto übernahm eine Militär-Junta die Regierungsgeschäfte. Nachdem Brasilien als erstes lateinamerikanisches Land einen Schlussstrich unter die demokratischen Experimente der Nachkriegszeit zog, setzte in Lateinamerika eine regelrechte Welle militärischer Interventionen ein.

[572] Primäre Ziele des Putsches waren im Selbstverständnis der Militärs, neben der Absetzung des Linkspopulisten João Goulart, die Bekämpfung der „Subversion und der Korruption" und der „kommunistischen Unterwanderung" der öffentlichen Verwaltung, der Gewerkschaften und des Militärs. Vgl. CALICCHIO/FLAKSMAN (1984). Roberto Campos hat die politische Doktrin Castello Brancos folgendermaßen zusammengefasst: „Damit eine Heiligsprechung der Willkür vermieden wird, muss die Revolution als Idee und Inspiration permanent, der revolutionäre Prozess jedoch transitorisch und kurz sein." CAMPOS (1994), S. 774.

[573] Letztere scharten sich um die sog. *Gruppe von Sorbonne*, welche der Militärakademie von Rio de Janeiro („Escola Superior de Guerra") nahe stand. Vgl. SKIDMORE (1973), S. 5.

sich die widersprüchliche Natur des neuen Regimes von Anfang an in seinem politischen Prozedere.

Während mit Hilfe sog. *Institutioneller Akte* („Atos Institucionais", in Brasilien mit „AI" abgekürzt) neue arbiträre Entscheidungsbefugnisse der Exekutive errichtet wurden, die ein Regieren und die Durchsetzung politischer und wirtschaftspolitischer Reformmaßnahmen an den Parteien und am Parlament vorbei ermöglichten, blieben die Verfassung, das Parlament, das Parteiensystem und der Oberste Gerichtshof (zunächst) formal in Kraft.[574] Ihre primäre „rechtliche" Grundlage hatte sich die *„Revolution von 1964"*, wie der Putsch auch genannt wird, mit dem *Institutionellen Akt Nr. 1* (9. April 1964) geschaffen. Durch diesen waren dem ersten – zwei Tage später zu wählenden – Präsidenten des neuen Regimes außerordentliche Machtkompetenzen für einen Zeitraum von 90 Tagen zugesprochen worden. Dazu gehörten die Vollmachten, verfassungsmäßige Rechte auszusetzen, Trägern von politischen Mandaten (auf Bundes-, Staats- und kommunaler Ebene) das Mandat abzuerkennen, Beamte und Angestellte des öffentlichen Dienstes abzuberufen und Personen sowohl das aktive als auch das passive Wahlrecht für eine Dauer von bis zu zehn Jahren abzuerkennen.[575] Das Prinzip der Direktwahl des Präsidenten wurde aufgehoben.[576] Am 11. April 1964 wurde der kurz zuvor zum Marschall ernannte Castello Branco, vom inzwischen „gesäuberten" Kongress zum Präsidenten gewählt.

Der Institutionelle Akt Nr. 2 vom 27. Oktober 1965 bedeutete eine erste politisch-institutionelle Radikalisierung des Systems.[577] Der Staatspräsidenten erhielt die Macht, den

---

[574] Die *Institutionellen Akte* stellten das wichtigste gesetzliche Instrument zur Etablierung der Macht der Militärs dar. Mit ihrer Hilfe fügten Castello Branco und die ihm nachfolgenden Generäle ihre Herrschaftsinstrumente quasi in die bestehende Verfassungsordnung ein, „deren Schutz sie ihrem Selbstverständnis nach dienen sollte. Doch sie nahmen sich die Freiheit, diese zu schützende Verfassung zu ergänzen oder gar ganz außer Kraft zu setzen, wenn sie dies im Interesse der „nationalen Sicherheit" für notwendig erachteten." ZOLLER (2000), S. 271.

[575] Im Rahmen der „Operação Limpeza" („Operation Säuberung") sind in der ersten Woche nach dem Putsch über 7000 Personen verhaftet worden, darunter Mitglieder der Katholischen Jugend, der verschiedenen kommunistischen Parteien, der Gewerkschafts- und Landarbeiterbewegung. Im Jahr 1964 wurden über 9000 Staatsbedienstete und Offiziere und 112 Inhaber von Wahlämtern (darunter sieben Gouverneure, ein Senator und 46 Abgeordnete) entlassen. Der Artikel 10 des Institutionellen Aktes Nr. 1, welcher die Suspendierung politischer Rechte ermöglichte, lief am 15. Juni 1964 aus. Bis zu diesem Zeitpunkt sind 441 Personen – darunter so prominente Persönlichkeiten wie die ehemaligen Staatspräsidenten Goulart, Quadros und Kubitschek, der Führer der Kommunistischen Partei, Prestes, die Ex-Gouverneure Brizola und Arraes und der Architekt der Bundeshauptstadt Brasília, Oscar Niemeyer, der Ökonom Celso Furtado, kommunistische Intellektuelle wie Darcy Ribeiro und Nelson Werneck Sodré – ihrer politischen Rechte beraubt worden. Vor allem im Arbeits- und Erziehungsministerium und an den Universitäten wurden zahlreiche Angestellte entlassen. Vgl. ZOLLER (2000), S. 280-281, SKIDMORE (1988), S. 25, und COUTO (1998), S. 18.

[576] Die Wahl des ersten Präsidenten der Militärregierung erfolgte aus den Reihen der Vier-Sterne-Generäle; eine Regelung, die für die gesamte Dauer des Militärregimes Bestand haben sollte.

[577] Dieser war auf Druck der „harten Linie" als Reaktion auf den Sieg der Opposition bei Gouverneurswahlen (3. Oktober 1965) in zwei wichtigen Bundesstaaten (Minas Gerais und Guanabara) verabschiedet worden. Vgl. CAMPOS (1994), S. 774 ff.

Kongress aufzulösen und per Dekret zu regieren.[578] Um die von Kubitschek und Goulart berufenen Richter in die Minderheit zu versetzen, wurden in die Obersten Gerichte neue und regierungsnahe Richter berufen. Die einschneidendste Maßnahme aber bestand darin, dass alle bis zu diesem Zeitpunkt existierenden Parteien abgeschafft und kraft des *Ato Complementar* Nr. 4 ein Zwei-Parteiensystem, bestehend aus der ARENA (Aliança Renovadora Nacional) – als offizielle Regierungspartei – und dem MDB (Movimento Democrático Brasileiro) – als einzige zugelassene Oppositionspartei – eingeführt wurde.[579] Die erforderliche Mehrheit für die Verabschiedung von Verfassungsänderungen wurde von einer Zwei-Drittel- auf eine einfache Mehrheit reduziert. In Haushaltsfragen erhielt die Exekutive eine ausschließliche Entscheidungsbefugnis.[580] Während durch den Institutionellen Akt Nr. 2 die Durchsetzungsmöglichkeiten der Exekutive in der Wirtschaftspolitik (auf Kosten des Parlaments) stark erweitert worden waren, stellte dieser gleichzeitig einen großen Rückschritt auf dem Weg zu der von Castello Branco angestrebten Rekonstitution der Demokratie dar.

Spätestens mit der Wahl von Marschall Costa e Silva (am 3. Oktober 1966) zum Nachfolger Castello Brancos zeichnete sich ab, dass – und dies sollte sich als entscheidend für den Grad der Glaubwürdigkeit der Währungsreform herausstellen – das Ziel einer schnellen Redemokratisierung politisch obsolet geworden war.[581] Der Sieg der harten Linie und eine „Radikalisierung" des Regimes waren damit besiegelt. Angesichts dieser Entwicklungen waren alle Kräfte der Regierung Castello Branco im letzten halben Jahr seiner Amtsperiode auf das Ziel gerichtet, Brasilien eine neue Verfassung zu geben. Damit sollten die Nachfolger Castello Brancos an die in den ersten drei Jahren des Militärregimes errichtete Ordnung gebunden und einer späteren Rekonstitutionalisierung der Demokratie der Weg geebnet werden.[582] Die neue Verfassung – sie trat zum 15. März 1967 in Kraft, am selben Tag, an dem auch der neue Staatspräsident sein Amt aufnahm – konsolidierte die sich seit 1964 abzeichnende Tendenz zur Zentralisierung der politischen Macht bei der Exekutive. De facto wurde die im Jahr 1967 niedergelegte Verfassung jedoch schon durch den Institutionellen Akt Nr. 5 („AI-5") der Regierung Costa e Silva (13. Dezember 1968) widerrufen. Der „AI-5" markierte den Übergang zu einem stark repressiven politischen System und erweiterte den

[578] Die Exekutive erhielt das Recht, *Atos Complementares* (Ergänzende Akte) und *Decretos-Leis* (Dekret-Gesetze) zu erlassen. Damit war eine Ära des Regierens per Dekret eingeleitet worden.
[579] Erst im Jahr 1979 wurde die Gründung neuer Parteien wieder erlaubt.
[580] Obwohl der Haushalt nach wie vor dem Kongress zur Verabschiedung vorgelegt wurde, gab die herrschende politische Struktur der Exekutive Instrumente an die Hand, Widerstände zu neutralisieren und Modifikationen des Haushaltes zu verhindern.
[581] Letztlich sollten die formalen Voraussetzungen der Demokratie erst im Jahr 1985 wieder hergestellt werden.
[582] Vgl. ebenda, S. 839.

Grad der *revolutionären Willkür.*[583] Der „AI-5" sollte erst am Ende der Regierung Geisel (1974-1978) widerrufen werden.

B. Die personellen Voraussetzungen: das „technopol" der Regierung Castello Branco

Das Jahr 1964 stellt auch insofern einen deutlichen Bruch mit der Vergangenheit dar, als dass nun Ökonomen - mehr als je zuvor in der brasilianischen Wirtschaftspolitik - in die wirtschaftspolitischen Schlüsselfunktionen aufstiegen.[584] Die Führung der Wirtschaftspolitik wurde zivilen „Technokraten" übergeben, deren Entscheidungsspielraum weitgehend gegen politische Einflüsse abgesichert wurde.[585] Die wichtigsten Persönlichkeiten des Wirtschaftskabinetts der Regierung Castello Branco waren Roberto Campos, dem das Ministerium für Planung und Wirtschaftliche Koordination unterstellt wurde, und Octávio Gouvêa de Bulhões, der das Amt des Finanzministers übernahm. Beide arbeiteten sehr eng und effektiv in der Durchführung des PAEG zusammen.[586] Roberto Campos war der wichtigste Autor des PAEG. Er ist deshalb die Schlüsselfigur zum Verständnis der konzeptionellen Grundlagen dieser Reform. Bulhões hatte aber einen mindestens ebenso großen Einfluss auf die Implementierung der Reformmaßnahmen wie Campos.[587] Campos war als Planungsminister darüber hinaus für die Koordination aller wirtschaftspolitischen Reformmaßnahmen des PAEG verantwortlich.[588] Ihm kam zudem die Funktion zu, die Wirtschaftspolitik der Regierung gegenüber der Öffentlichkeit zu kommunizieren und zu vertreten; eine Aufgabe, die ihm

---

[583] „Zwischen Januar und Juli 1969 fand eine erneute „Säuberung" von Parlament, Verwaltung und Streitkräften statt. In einer Welle von Verhaftungen und Entlassungen wurden 294 Brasilianer ihrer politischen Rechte beraubt, die führenden Politiker des MDB unter Hausarrest gesetzt und Hunderte von Studenten relegiert." ZOLLER (2000), S. 282. Vgl. zu der Eskalation der politischen Repression und der Radikalisierung des Regimes unter Costa e Silva und Médici ebenda, S. 282 ff. Am 31. August 1969 setzte ein Schlaganfall von Costa e Silva seiner Ära ein Ende.

[584] Vgl. NOGUEIRA (1993), S. 216 ff.

[585] Eine völlige Absicherung gegen politische Einflüsse war natürlich nicht möglich. Obwohl der Staatspräsident der Wirtschaftsequipe seine volle Rückendeckung gab, mussten bei der Durchsetzung spezifischer Maßnahmen zum Teil erhebliche Widerstände innerhalb des Militärs überwunden werden.

[586] „Wirklich, nie habe ich ein Doppelgespann aus einem Finanz- und einem Planungsminister gesehen, das mit vier Händen so perfekt zusammengearbeitet hat, wie diese beiden. [...]Es ist evident, dass es die Leute von Campos waren – nicht unbedingt nur er selbst –, die den PAEG geschrieben haben. Aber Bulhões nahm an allen Versammlungen zur Diskussion des Plans teil, wie auch Campos an den Diskussionen über Geldpolitik, Wechselkurspolitik, Steuergesetzgebung partizipierte. Man kann also sagen, dass es zwei Ministerien gab, jedes mit zwei Ministern an der Spitze." SIMONSEN (1990b), S. 218. Einen knappen Überblick über die wichtigsten Maßnahmen des PAEG geben KORNIS (1984), MARTONE (1975) und RESENDE (1990). Ausführlichere Darstellungen und Analysen liefern SYVRUD (1974), WOGART (1974) und GUIMARÃES (1990),

[587] Von einigen Autoren wird Bulhões auch als die eigentlich entscheidende Persönlichkeit in der unter Castello Branco implementierten Wirtschafspolitik bezeichnet. Vgl. z.B. NOGUEIRA (1993).

[588] Das Ministerium für Planung und Wirtschaftliche Koordination (Ministério de Planejamento e Coordenação Econômica) war am 11. Mai 1964 per Dekret Nr. 53.914 geschaffen worden. Drei Tage später wurde Campos zum Planungsminister ernannt.

auf Grund seiner rhetorischen Fähigkeiten und „profunden Berufung zur Unpopularität" natürlicherweise zufiel.[589] Beide Minister verfügten über die ökonomische Kompetenz, die es zur Konzeption und Durchführung einer umfassenden Währungs- und Wirtschaftsreform bedurfte.[590] Die wichtigsten beruflichen Stationen von Roberto Campos als Staatsmann, Politiker und Technokrat vor 1964 waren, neben seiner langjährigen Tätigkeit im diplomatischen Dienst (in die er zwischenzeitlich immer wieder zurückkehrte), wirtschaftspolitische Schlüsselfunktionen in den Regierungen Vargas, Kubitschek und Quadros.[591] Die Laufbahn von Octávio Gouvêa de Bulhões war bis 1964 vor allem durch seine langjährige Karriere im Finanzministerium und seine Tätigkeit in der SUMOC, deren Direktor er zweimal gewesen

---

[589] Es gab insofern eine Arbeitsteilung zwischen Campos und Bulhões, als dass die „Kommunikation der Wirtschaftspolitik mehr auf den Schultern von Campos ruhte [...]. Unter dem Gesichtspunkt der öffentlichen Meinung diente Campos als „Blitzableiter" der Wirtschaftspolitik, so dass auch Carlos Lacerda alle seine Kraft auf ihn konzentrierte. Bulhões hingegen blieb mehr im Hintergrund. In gewisser Weise profitierte Bulhões von der profunden Berufung von Roberto Campos zur Unpopularität [...] und ihren Unterschieden im Temperament: Dr. Bulhões ist ein sehr viel lakonischerer Mensch als Roberto Campos; während er kaum polemisiert, liebt Campos die Polemik." SIMONSEN (1990b), S. 220.

[590] Dies war angesichts der enormen Defizite des brasilianischen Bildungssystems der Nachkriegszeit im Bereich der Wirtschaftswissenschaften alles andere als selbstverständlich. Es gab nicht nur wenige wirtschaftswissenschaftliche Studiengänge, sie waren zudem von schlechter Qualität. Ein exzellenter Indikator für den schläfrigen Zustand, der an den Zentren volkswirtschaftlicher Lehre vorherrschte, ist die Tatsache, dass bis in die 1960er Jahre keines dieser Zentren eine volle Professorenstelle unterhielt. Der erste Postgraduiertenstudiengang war erst Mitte der 1960er Jahre (an der Fundação Getúlio Vargas) eingerichtet worden. Zuvor hatte es lediglich Aufbaukurse in Wirtschaftsplanung gegeben, die von der CEPAL in Zusammenarbeit mit dem BNDE organisiert worden waren. Vgl. BIELSCHOWSKY (1996), S. 7. Es verwundert deshalb nicht, dass Campos und Bulhões ihre volkswirtschaftliche Ausbildung in den USA erhielten bzw. autodidaktisch betrieben hatten. Roberto Campos, geboren am 17. April 1917 in Cuiabá, hatte zunächst in einem Priesterseminar in Minas Gerais Studien der Theologie und Philosophie betrieben. Ende der 30er Jahre trat er in den diplomatischen Dient ein. Seine Dienstzeit in der Handelsabteilung der Brasilianischen Botschaft in Washington (seit 1942) hatte er dazu genutzt, gleichzeitig ein Master-Studium in „economics" an der George Washington University abzulegen. Dort studierte er bei Haberler und Nurkse. Später nahm er am Ph.D.-Programm der University of Columbia in New York teil, ohne jedoch je seine Dissertation abzuschließen. Vgl. für biographische Daten zu Roberto Campos auch KELLER/PENCHEL (1984). Bulhões, geboren am 7. Juni 1906 in Rio de Janeiro, schloss ein Studium der Rechts- und Sozialwissenschaften an der Rechtsfakultät von Rio de Janeiro ab, bevor an der selben Fakultät in Jura promovierte. Seine Begeisterung galt jedoch seit seiner Jugend der Ökonomie, die er seither systematisch autodidaktisch studierte. Nach Abschluss seiner Studien in Jura nahm er an Spezialisierungskursen in Ökonomie an der American University in Washington teil. Seine ökonomischen Kenntnisse beruhten zudem auf seiner langjährigen beruflichen Erfahrung in Führungspositionen der brasilianischen Finanzverwaltung und der Währungs- und Außenwirtschaftspolitik. Vgl. BULHÕES (1990), S. 3 ff. Vgl. für biographische Informationen zu Bulhões KELLER/BENJAMIN (1984).

[591] Er war gemeinsam mit Bulhões und Gudin Mitglied der brasilianischen Delegation gewesen, die Brasilien bei der Konferenz von Bretton-Woods vertreten hatte. Anfang der 1950er Jahre wurde er wirtschaftspolitischer Berater von Getúlio Vargas, zu dessen erstem Staatssekretär er aufstieg. Seine erste öffentliche Funktion in der brasilianischen Wirtschaftspolitik übernahm er als Berater der gemischten Brasilianisch-Amerikanischen Kommission. Er wirkte maßgeblich an der Gründung des BNDE (heute BNDES mit), dessen ökonomische Leitung er zunächst übernahm. 1955 wurde er Superintendant des BNDE. Im Jahr 1956 übernahm er als Mitglied des „Entwicklungsrates" (Conselho de Desenvolvimento) eine wichtige Rolle in der Konzeption der Wirtschaftspolitik von Juscelino Kubitschek. Im Juni 1958 übernahm er die Leitung des BNDE. An der Konzeption des (letztlich nicht implementierten) Stabilisierungsplans der Regierung Kubitschek (PEM) war er maßgeblich beteiligt. Nachdem Kubitschek im Juli 1959 die Beziehungen zum IWF abgebrochen hatte, kehrte Campos in den diplomatischen Dienst zurück. Unter Jânio Quadros war Campos (gemeinsam mit Moreira Salles) damit betraut worden, die Auslandsschulden Brasiliens neu zu verhandeln. Kurz vor seinem Rücktritt ernannte Quadros Campos zum brasilianischen Botschafter in Washington.

war (September 1954 bis Mai 1955 und Februar 1961 bis Januar 1963), gekennzeichnet.[592] Beide hatten – wie gezeigt – auch schon maßgeblich an der Formulierung und Implementierung von Stabilisierungsplänen mitgewirkt. An der konzeptionellen Ausarbeitung des PAEG war neben Campos vor allem eine weitere Persönlichkeiten beteiligt, Mário Henrique Simonsen.[593] Er war insbesondere Autor der sog. „Lohnformel" des PAEG.[594] Die Vorbereitung der komplexen legislativen Texte war zudem „nur möglich dank der Vorarbeiten eines think tanks, dem IPES (Instituto de Pesquisas e Estudos Sociais)."[595] An der Implementierung der Währungsreform waren darüber hinaus natürlich weitere Personen beteiligt. Dênio Nogueira, Wirtschaftsprofessor und bekannt für seine monetaristischen Grundüberzeugungen, war von Castello Branco zwecks Schaffung und Organisation einer Zentralbank ins Kabinett berufen worden.[596] Luiz de Moraes Barros, ein prominenter Bankier aus São Paulo, übernahm die Präsidentschaft des Banco do Brasil. Luiz Biolchini, ebenfalls ein renommierter Bankier aus Rio de Janeiro, übernahm die Verantwortung für die Neuordnung der chaotischen Situation im Bereich der Wechselkurspolitik und in Fragen der Auslandsverschuldung. Casimiro Ribeiro, langjähriger Kollege von Bulhões in der SUMOC und Ökonom des Banco do Brasil, hatte die Aufgabe, die Kreditoperationen der neu geschaffenen Zentralbank zu organisieren. José Garrido Torres, Ökonom der Fundação Getúlio Vargas, wurde Präsident des BNDE. Diese Wirtschaftsequipe erfüllte alle Kriterien, die an ein „technopol" (im Sinne

[592] Bulhões war schon 1926 zum Finanzministerium gekommen. 1939 wurde er Leiter der Forschungsabteilung des Finanzministeriums. Im Juli 1944 nahm auch er als Abgesandter Brasiliens an der Konferenz von Bretton-Woods teil. Bei der Restrukturierung des brasilianischen Finanzsystems und der Gründung der SUMOC (1945) war er entscheidend beteiligt gewesen. Im Jahr 1954 übernahm er die Leitung der SUMOC. Später war er auch als Wirtschaftsprofessor tätig. Unter der Regierung Quadros war er für die Instruktion 204 verantwortlich, durch welche das Wechselkurssystem liberalisiert worden war.

[593] Mário Henrique Simonsen wurde am 19. Februar 1935 in Rio de Janeiro geboren. Er schloss ein Studium des Ingenieurwesens, mit Schwerpunkt „Wirtschaftliches Ingenieurwesen" (Engenharia Civil), an der „Escola Nacional de Engenharia" der Universidade do Brasil im Jahr 1957 ab. Seit 1958 war er in der Lehre an verschiedenen Einrichtungen (u.a. dem Instituto Brasileiro de Economia der Fundação Getúlio Vargas) tätig. 1961 übernahm er das Direktorium der Wirtschaftsabteilung des Nationalen Industrieverbandes („Confederação Nacional da Indústria", abgekürzt CNI) und im Jahr 1962 das Direktorium der CREDISAN (Crédito, Financiamento e Investimento S.A.). Vgl. für eine Kurzbiographie auch BIDERMAN u.a. (1997), S. 189 ff.

[594] Zusammen mit Bulhões war er zudem Autor des Gesetzes Nr. 4380 (vom August 1964), welches das „Sistema Financeiro de Habitação" (abgekürzt SFH, deutsch: Wohnungsbaufinanzsystem) und den Banco Nacional de Habitação (abgekürzt BNH, deutsch: Nationale Wohnungsbaubank) schuf.

[595] CAMPOS (1994), S. 640. Der IPES war im November 1961 mit dem Ziel gegründet worden, wirtschaftspolitische Alternativen zum Radikalismus und Populismus der Regierung Goulart zu formulieren. Dort waren Gesetzentwürfe zu so verschiedenen Bereichen wie Steuerreform, Reform des Finanzwesens, Verwaltungsreform, Gewinnrücküberweisung, Anti-Trust-Gesetzgebung entwickelt worden. Einige der dort angefertigten Studien, „wie die von Mário Henrique Simonsen über die Steuerreform, die von Paulo Assis Ribeiro über Agrarreform, die von Dênio Nogueira über die Reform des Bankenwesens und die von Jorge Oscar de Mello Flores über Wohnungsbau waren von fundamentaler Bedeutung für den Reformprozess." CAMPOS (1994), S. 640. Auch die ANPES (Associação Nacional de Planejamento Econômico e Social), eine Forschungsvereinigung in São Paulo, die ähnliche Ziele wie die IPES verfolgte, ist hier zu nennen. Sowohl Campos als auch Simonsen hatten vor dem Putsch in der ANPES gearbeitet. Vgl. CAMPOS (1994), S. 607.

[596] Er spielte eine Schlüsselrolle in der Durchsetzung des neuen Zentralbankgesetzes (4.595 vom Dezember 1964) im Kongress. Nachdem er im Mai 1964 Exekutivdirektor der SUMOC wurde, sollte er der erste Präsident der im Dezember 1964 neu geschaffenen Zentralbank werden.

Williamsons) gestellt werden.[597] Alle Mitglieder des Kabinetts brachten langjährige Erfahrungen als Ökonomen, im öffentlichen Dienst und im Bankenwesen mit. Viele von ihnen hatten in der gemischten Brasilianisch-Amerikanischen Kommission gearbeitet und tragende Funktionen in den vorhergegangen Stabilisierungsplänen der Ära Kubitschek und Quadros inne gehabt.[598] Als Marschall Costa e Silva im März 1967 Castello Branco als Staatspräsident ablöste, wechselte er – in Anlehnung an die politische Tradition seiner Vorgänger – das gesamte Wirtschaftskabinett, einschließlich des Zentralbankpräsidenten und der Zentralbankdirektoren, aus. Delfim Netto, bis 1966 als Wirtschaftsprofessor an der Staatlichen Universität von São Paulo (Universidade de São Paulo, USP) tätig gewesen und seinerzeit Finanzsekretär des Bundesstaates São Paulo, wurde zum Finanzminister der neuen Regierung ernannt und entwickelte sich von diesem Moment an zunehmend zur Schlüsselfigur in der brasilianischen Wirtschaftspolitik.[599] Delfim Netto behielt das Amt des Finanzministers und damit auch den Vorsitz im 1964 gegründeten Nationalen Währungsrat (der vor allem mit Delfim Netto zum zentralen Entscheidungsgremium in der brasilianischen Wirtschaftspolitik wurde) für einen ungewöhnlich langen Zeitraum inne (1967-1974). Er war – nicht zuletzt auf Grund einer zunehmenden Monopolisierung der Macht im Nationalen Währungsrat – bis Mitte der 1970er Jahre die absolut dominierende Figur in der brasilianischen Wirtschaftspolitik.[600]

C. Die konzeptionellen Grundlagen des PAEG: Die Konstruktion eines neuen wirtschaftspolitischen Modells

Mit dem PAEG wurde in Brasilien ein neues wirtschafts- und entwicklungspolitisches Modell implementiert. Der im Jahr 1964 eingeschlagene Reformkurs wurde – trotz wichtiger wirtschaftspolitischer Kursänderungen in einigen Bereichen – auch nach 1967 im Wesentlichen fortgeführt. Die wichtigsten Originalquellen, die Aufschluss über die dem

---

[597] Vgl. Kapitel III. C. des Ersten Teils der Arbeit und WILLIAMSON (1994), S. 11 ff. „The team of economists assembled by President Castello Branco to fill his economic cabinet posts comprised an outstanding group of professional economists." SYVRUD (1974), S. 33.

[598] „These man had watched the growth of the distortions and imbalances in the Brazilian economy and had spoken out against the unsound policies with limited success. Their voices had been drowned out by the responding success of the industrialization effort and the political unpopularity of the austerity measures they were describing. Now, with the full political support of President Castello Branco and the military oligarchy which took over the government on 11 April 1964, they had virtually free rein to implement their own development strategy, to build new instruments and institutions, and to restore the economy to the path of balanced economic growth." Ebenda, S. 34.

[599] „He proved his capacity not only in economic diagnosis and decision making, but also in political maneuvering with the military oligarchy (...). Gradually the more independent economists were replaced by those willing to accept his lead, a process which accelerated in 1969 with the death of President Costa e Silva and his succession by General Emílio Garrastaz Médici (...)." Ebenda, S. 36.

[600] Delfim Netto sollte bis zum Ende des Militärregimes in maßgeblichen Funktionen im Bereich der Wirtschaftspolitik tätig sein.

PAEG zu Grunde liegende Konzeption geben, sind ein erst jüngst veröffentlichtes regierungsinternes Dokument aus der Feder von Roberto Campos, das dieser für die erste Kabinettssitzung der neuen Regierung (am 23. April 1964) angefertigt hatte, und die „Síntese" des PAEG, ein Dokument, das von der Regierung im November 1964 zur Kommunikation der wesentlichen Ziele und Inhalte des PAEG veröffentlicht und von Roberto Campos (mit Unterstützung vor allem von Mário Henrique Simonsen) formuliert worden war.[601] Obwohl Teile des PAEG die deutliche Handschrift von Mário Henrique Simonsen tragen, war Campos der *eigentliche* „Architekt" und Autor der zwischen 1964 und 1967 implementierten Währungsreform.[602] Der PAEG sollte deshalb auch die Widersprüchlichkeiten und Eklektizismen reflektieren, durch die das Denken von Roberto Campos Mitte der 1960er Jahre noch gekennzeichnet war.

1. Das Zielsystem und Inflationskonzept des PAEG

Das primäre Ziel des PAEG bestand in der Bekämpfung der fortgeschrittenen Inflation.[603] Darüber waren sich alle maßgeblich an der Konzeption des PAEG beteiligten Personen, also Bulhões, Simonsen und Campos, einig.[604] Die fortgeschrittene Inflation und die damit einher-

---

[601] Das regierungsinterne Dokument („A crise brasileira e diretrizes de recuperação econômica") wurde erstmals in den Memoiren von Roberto Campos (1994) veröffentlicht. Vgl. den Originaltext in CAMPOS (1994), S. 1353-1359. Es war dieses Dokument, welches – nach eigener Aussage von Campos – zum „Katechismus" der Währungs- und Wirtschaftsreform der Regierung Castello Branco werden sollte. Vgl. ebenda, S. 636.

[602] „Campos ist die wichtigste zivile Persönlichkeit der Regierung Castello Branco. Der General Golbery do Couto e Silva kann als der politische Ingenieur des Regimes betrachtet werden, aber Campos war sein ökonomischer Architekt." PEREZ (1999), S. 138.

[603] „Das primäre Ziel musste zweifellos die Inflationskontrolle sein, da nur so alle anderen Ziele, wie die Einkommensverteilung und die Sanierung der Zahlungsbilanz erreichbar waren. [...] Es war wichtig, dass diese Ziele hierarchisiert würden, wobei dem primären Ziel, der Inflationsbekämpfung, die absolute Priorität zu geben war. In diesem Punkt nahm ich eine Position ein, die man „orthodox-monetaristisch" nennen könnte." CAMPOS (1994), S. 609-610. Vgl. für eine Begründung dieser Prioritätssetzung auch SIMONSEN (1970), S. 9. Obwohl im Rahmen des PAEG keine direkten Inflationsziele formuliert wurden, nahmen die Reformer an, dass die Inflation – die Einhaltung bestimmter Geldmengenziele, die Erreichung bestimmter Wachstumsraten (für 1965 wurden 6% und für 1966 7% anvisiert) und eine relativ stabile Umlaufgeschwindigkeit des Geldes vorausgesetzt – im Jahr 1965 auf 25% und im Jahr 1966 auf ca. 10% gesenkt werden könnte.

[604] Bulhões gehörte seit jeher zu der kleinen Gruppe monetaristischer Ökonomen in Brasilien, die von den Strukturalisten ob ihrer Präferenz für das Ziel der Geldwertstabilität stark kritisiert worden war. Vgl. für die Haltung des Finanzministers zum Inflationsproblem BULHÕES (1990), S. 198, und TEIXEIRA (1990). Bei Campos hingegen hatte eine zunehmende Distanzierung von den Ideen der CEPAL und eine schrittweise Annäherung an den Liberalismus von Eugênio Gudin und Octávio Gouvêa de Bulhões erst nach seinem Bruch mit Getúlio Vargas und seiner Versetzung durch den „Itamaraty" nach Los Angeles Ende 1953 eingesetzt. Seine Kritik an der strukturalistischen Inflationstheorie hatte er erstmals dezidiert in einem – ideengeschichtlich sehr bedeutsamen – Essay vorgebracht, den er für eine Konferenz Ende 1959 in Santiago de Chile verfasst hatte. Dieser Essay wurde im Jahr 1961 unter dem Titel „Two views on inflation in Latin America" [CAMPOS (1961)] veröffentlicht. Er markiert seinen Bruch mit den Thesen der CEPAL. Hier führte er erstmals das Begriffspaar „Strukturalismus" versus „Monetarismus" zur Kennzeichnung der in der zeitgenössischen inflationstheoretischen Debatte opponierenden Strömungen ein; eine Begrifflichkeit, die sich in der einschlägigen (brasilianischen und internationalen) Literatur schnell durchsetzen sollte. Vgl. hierzu auch CAMPOS (1994), S. 167 und CAMPOS (1963), S. 125-155.

gehenden Verzerrungen waren von den Währungsreformern von 1964 als die zentralen ökonomischen Ursachen der Wirtschaftskrise der 1960er Jahre ausgemacht worden. Allerdings gab es eine Vielzahl von weiteren Zielen, die zu einer Relativierung des Ziels der (schnellen) Inflationsbekämpfung führten. Eine zentrale Nebenbedingung im Zielsystem des PAEG bestand in der Minimierung der Anpassungskosten des Disinflationsprozesses. Den Zielen der Wachstumsstimulierung, des Zahlungsbilanzausgleichs und der Verbesserung der sektoralen, regionalen und personellen Einkommensverteilung wurden im PAEG große Bedeutung beigemessen.[605] Ein weiteres Ziel bestand in der Herstellung eines effizienten Preissystems und der Freigabe der zahlreichen kontrollierten Preise. Insbesondere das Ziel der Wachstumsstimulierung stellte für die Reformer von 1964 – hierin spiegelte sich noch deutlich der Geist des desenvolvimentismo – eine zentrale Nebenbedingung dar und sollte die Konzeption der Maßnahmen des PAEG sichtlich prägen.[606] Die erfolgreiche Bekämpfung der Inflation wurde jedoch als die zentrale Voraussetzung für die Erreichung aller anderen makroökonomischen Zielsetzungen betrachtet. Insofern stellte das dem PAEG zu Grunde liegende Konzept trotz einer starken Gewichtung des Wachstumsziels eine deutliche Abkehr von der für den Strukturalismus und den „desenvolvimentismo" so charakteristischen und stark ausgeprägten Inflationstoleranz dar. Auch die anderen im theoretischen Teil dargelegten Ziele sanierender Währungsreformen finden sich im PAEG wieder. Durch eine Reform der Geld- und Währungsordnung sollten die institutionellen Grundlagen einer glaubwürdigen Geld- und Währungspolitik gelegt werden. Die Herstellung eines „realistischen Wechselkurses" war zentraler Bestandteil des neuen Außenwirtschaftskonzepts. Ganz besondere Aufmerksamkeit widmeten die Reformer – im Gegensatz zu allen zuvor und später durchgeführten Währungsreformen – der umfassenden institutionellen Reform des gesamten Wirtschaftssystems. Die übergeordneten Ziele des PAEG lagen in der Modernisierung der brasilianischen Wirtschaftsordnung, der Beendigung des wirtschaftspolitischen Populismus und der Einführung eines Rationalitätsprinzips in der Wirtschaftspolitik.

Hinsichtlich der Diagnose der Inflationsursachen „bestand Konsens darüber, dass das monetaristische Modell die Grundlage der Stabilisierungsstrategie sein müsste."[607] Die primäre Ursache der Inflation habe in der exzessiven Ausdehnung der Geldmenge gelegen. Allerdings wurden darüber hinaus auch Faktoren der Kosteninflation (insbesondere dem Lohnbildungsprozess) große Bedeutung in der Erklärung der brasilianischen Inflation vor 1964 beigemessen. Den breiteren Interpretationsrahmen für die Analyse der Inflationsursachen

[605] Vgl. CAMPOS (1994), S. 1356, und MINISTÉRIO DO PLANEJAMENTO E COORDENAÇÃO ECONÔMICA (1965a), S. 15.
[606] Es ist diese relativ starke Gewichtung der wachstumspolitischen Zielsetzung, die auch der Entscheidung für eine gradualistische Disinflationsstrategie zu Grunde lag.
[607] PASTORE (1973a), S. III. Vgl. zu der dem PAEG zu Grunde liegenden Analyse der Inflationsursachen auch ALMEIDA (1984), S. 4-7.

lieferte das Konzept der Verteilungskampfinflation.[608] Im Rahmen dieser Interpretation wurden in der „Síntese“ drei zentrale (direkte) Ursachen der Inflation genannt: Die hohen Haushaltsdefizite wurden als der wichtigste Faktor in der Verursachung der vor 1964 übermäßig expansiven Geldpolitik und Inflation erkannt.[609] Als weitere Ursachen wurden „die Expansion des Kredits und institutionell bedingte Lohnerhöhungen, welche den Produktivitätsfortschritt“ überstiegen, genannt.[610] Entsprechend gingen die Währungsreformer davon aus, dass eine Inflationsbekämpfung sowohl an Faktoren der Nachfrage- als auch der Kosteninflation anzusetzen hatte.[611] Obwohl auch die Bedeutung struktureller Faktoren von den Autoren des PAEG nicht völlig verneint wurde, argumentierten sie, dass „diese Faktoren sich jedoch als irrelevant erweisen, wenn es darum geht, eine Inflation von 80% im Jahr zu erklären.“[612] Die strukturalistische Inflationstheorie wurde also im Rahmen des PAEG eindeutig abgelehnt.

Sowohl in der Diagnose der Inflationsursachen als auch in der Gewichtung des Ziels der Inflationsbekämpfung gegenüber dem Wachstumsziel setzt mit dem Antritt der Regierung Costa e Silva eine Umorientierung ein. Der nun mächtigste Mann in der brasilianischen Wirtschaftspolitik, Delfim Netto, maß nun in der Frage der Inflationsursachen Faktoren der Kosteninflation und in seinem wirtschaftspolitischen Zielsystem der aktiven Wachstumsstimulierung sehr viel größere Bedeutung bei.[613]

---

[608] Vgl. MINISTÉRIO DO PLANEJAMENTO E COORDENAÇÃO ECONÔMICA (1965a), S. 28.

[609] „Es besteht kein Zweifel, dass eine Sanierung der öffentlichen Finanzen, wenn auch keine hinreichende, so doch eine notwendige Bedingung eines jeden Programms der Währungsstabilisierung ist.“ Ebenda, S. 29.

[610] Ebenda (1965a), S. 28. Eine identische Interpretation der Inflationsursachen findet sich in SIMONSEN (1964), S. 21.

[611] „Die Tatsache, dass die Quantitätstheorie des Geldes sich auch für Brasilien als gültig erwiesen hat, darf natürlich nicht zu der Idee verleiten, dass der Erfolg eines Stabilisierungsprogramms nur von der Kontrolle der Geldmenge abhinge. Dies ist in der Tat eine notwendigen Bedingung, aber keine hinreichende. [...] Jedes Stabilisierungsprogramm muss, soll es erfolgreich sein, die Inflationsbekämpfung von der Kostenseite und der Nachfrageseite her synchronisieren. Die Bekämpfung der Inflation von der Nachfrageseite hängt jedoch im Wesentlichen von der Kontrolle der monetären Expansion ab.“ Ebenda, S. 25.

[612] MINISTÉRIO DO PLANEJAMENTO E COORDENAÇÃO ECONÔMICA (1965a), S. 30.

[613] Zwei empirische Beobachtungen sprachen aus Sicht der neuen Regierung für eine veränderte Inflationsdiagnose: Erstens zeigte die Inflation trotz einer starken monetären Kontraktion stärkere Beharrungstendenzen und zweitens hatte die Inflation auch in rezessiven Phasen fortbestanden. Vgl. PASTORE (1973a), S. VI, und MORLEY (1971). „Man sah nun, dass bestimmte Fluktuationen im landwirtschaftlichen Angebot, dass Lohn- und Wechselkursanpassungen, dass die Absorption der zurückgestauten Inflation (der Prozess der „korrektiven Inflation“) und die Inflexibilität der Inflationserwartungen Faktoren darstellten, die eine schnellere Reaktion der Inflation auf die fiskalischen und monetären Instrumente verhinderten [...]. Um die Inflationsrate graduell zu reduzieren, sei es notwendig [...] anzuerkennen, dass in bestimmten Momenten autonome Kostenerhöhungen den Erfolg der Geldpolitik behinderten. Langfristig ist die Geldpolitik immer effizient. Aber kurzfristig, wenn eine Reduktion der monetären Expansionsrate parallel zu einer autonomen Kostenerhöhung erfolgte, bestünde der einzige Effekt der restriktiven Geldpolitik in einer Reduktion der realen Liquidität [...].“ PASTORE (1973a), S. VI. Historisch dokumentiert wird diese neue Interpretation der Inflation in einem regierungsinternen Dokument („Análise do Comportamento Recente da Economia Brasileira: Diagnóstico“) aus der Feder von Delfim Netto, das im Frühjahr 1967 verfasst wurde.

2. Das Außenwirtschaftskonzept

Auch im Außenwirtschaftskonzept des PAEG zeichnete sich ein deutlicher Wandel gegenüber den vor 1964 dominierenden Ideen des wirtschaftlichen Nationalismus, Autarkiestrebens und Protektionismus ab. Nun wurde die Bedeutung der internationalen Arbeitsteilung für die Wirtschaftsentwicklung gesehen. Ausländischem Kapital wurde nun eine wichtige Rolle im Wachstumsprozess beigemessen.[614] Der das wirtschaftspolitische Denken vor 1964 kennzeichnende *Exportpessimismus* war nun einem *Exportoptimismus* gewichen. Die Marschall-Lerner Bedingung wurde nun auch für den brasilianischen Exportsektor als erfüllt und der Export nun als zentraler Motor eines nachhaltigen Wachstums betrachtet.[615] Roberto Campos hatte schon sehr viel früher als die meisten anderen brasilianischen Ökonomen die schwerwiegenden Probleme erkannt, die aus der Devisenbewirtschaftung und der realen Überbewertung resultierten.[616] „Die Zahlungsbilanzrestriktion wurde als schwerwiegendes Hindernis des Wachstums diagnostiziert."[617] Die Ursachen für die akute Zahlungsbilanzkrise sah Campos neben fallenden Exportpreisen wichtiger brasilianischer Exportgüter und den politischen und wirtschaftspolitischen Instabilitäten vor allem im außenwirtschaftlichen Protektionismus, dem wirtschaftspolitischen Nationalismus und der im Rahmen der Importsubstitution verfolgten Politik der realen Überbewertung.[618] Man entschied sich deshalb dafür, im Rahmen des PAEG den Außenhandel graduell zu liberalisieren und den 1961 eingeleiteten Prozess der Liberalisierung des Wechselkurssystems fortzuführen.[619]

3. Eine neue Wachstumsstrategie

Dieses neue Außenwirtschaftskonzept war Bestandteil einer neuen Wachstumsstrategie. Die Wirtschaftsequipe der Regierung Castello Branco hatte sich gegen eine Fortführung des unausgeglichenen Wachstumskurses der importsubstituierenden Industrialisierung entschieden und suchte nun nach neuen Wegen eines ausgeglicheneren Wachstums. Nicht nur die Potenziale des Exportsektors als neuer Motor eines nachhaltigen Wachstums waren

---

[614] Vgl. MINISTÉRIO DO PLANEJAMENTO E COORDENAÇÃO ECONÔMICA (1965a), S. 47.

[615] „In the mid-1960s, the authoritarian regime in power opted for an export-led strategy of development." BRESSER PEREIRA (1991), S. 9.

[616] Schon im Jahr 1955 hatte er – als Präsident des BNDE – eine Vereinheitlichung und Liberalisierung des Wechselkurssystems gefordert. Vgl. den Originaltext in CAMPOS (1994), S. 1288-1296. Er weist dort auf die Notwendigkeit einer stabilitätspolitischen Flankierung einer solchen Reform durch eine restriktive Geld- und Fiskalpolitik hin, um den inflationären Effekt einer Abwertung zu neutralisieren. Beide Stabilisierungspläne, an deren Konzeption Roberto Campos vor 1964 beteiligt war, hatten eine Liberalisierung des Wechselkurssystems zum Inhalt. Beide Male war es jedoch auf Grund politischer Widerstände nicht zur Reform des Wechselkurssystems gekommen. Vgl. CAMPOS (1994), S. 559.

[617] RESENDE (1990), S. 215.

[618] Vgl. CAMPOS (1994), S. 1356.

[619] Vgl. zum neuen Außenwirtschaftskonzept des PAEG auch CYSNE (1985), S. 16-19.

erkannt worden. Auch der Landwirtschaft und dem Wohnungsbausektor wurden nun zentrale Rollen im Rahmen der neuen Wachstumsstrategie zugewiesen.[620]

4. Das Staats- und Planungskonzept

In ordnungsökonomischer Sicht ist ein wirtschaftspolitisches Paradigma vor allem durch das ihm zu Grunde liegende Staatskonzept gekennzeichnet. SYVRUD (1974), der eine der kenntnisreichsten Interpretationen der Wirtschaftspolitik der ersten beiden Militärregierungen Brasiliens nach 1964 verfasst hat, bescheinigt dem PAEG ein überwiegend liberales und marktorientiertes Grundkonzept. Für ihn repräsentierten die Wirtschaftsexperten der Regierung Castello Branco die „liberal laissez-faire school of economics."[621] In der Tat besteht kein Zweifel daran, dass es eines der zentralen Ziele der neuen Regierung war, nicht nur die Inflation zu bekämpfen, sondern auch die mit dem Modell der Importsubstitution verbundenen mikroökonomischen Verzerrungen in der Allokation und im Preissystem zu korrigieren und dem Marktmechanismus eine größere Rolle im Wirtschaftsprozess einzuräumen. In Wirklichkeit war das dem PAEG zu Grunde liegende Staatskonzept jedoch sehr viel widersprüchlicher und reflektierte deutlich den Eklektizismus, durch den das Denken von Campos und seiner Mitstreiter in den 1960er Jahren noch gekennzeichnet war.[622] Die 1960er Jahre stellten für das wirtschaftspolitische Denken von Campos eine Phase des Übergangs dar. Wenn Roberto Campos später (vor allem seit den 1970er Jahren) zu einem der führenden Vertreter des Liberalismus in Brasilien werden sollte – er wurde danach häufig auch als der Hayek Brasiliens bezeichnet – war sein Denken in den 1960er Jahren in dieser Hinsicht noch sichtlich von den Ideen des „desenvolvimentismo" geprägt.[623] Bielschowsky stufte ihn (ausgehend von der Analyse seines Denkens bis 1964) in seiner gelungenen Klassifizierung der Teilströmungen des „desenvolvimentismo" als einen Vertreter der *nicht-nationalistischen Linie* dieser Denkrichtung ein.[624] In den 1960er Jahren hatte er sich noch

---

[620] Vgl. SYVRUD (1974), S. 4.

[621] Ebenda, S. 4.

[622] Vgl. für eine exzellente Darstellung der Entwicklung des Denkens von Roberto Campos von den 1950er bis in die 1990er Jahre PEREZ (1999).

[623] Er selbst war vor 1964 einer der herausragenden Vertreter des „desenvolvimentismo" in Brasilien. „Die Bezeichnung „dynamischer Eklektizismus" scheint am angemessensten für die exakte Positionierung von Campos in den 1960er Jahren: Er war kein typischer „desenvolvimentista" wie Furtado, noch stand er dem Liberalismus Gudins nahe [...]." PEREZ (1999), S. 89. Seine volle Wertschätzung der liberalen Ideen Gudins, dem wichtigsten Vertreter des Liberalismus im Brasilien der Nachkriegszeit, und Hayeks kam erst in einer späteren Phase seines Denkens zum Tragen. Seine zahlreichen Essays der 1990er Jahren spiegeln diesen liberalen Geist deutlich wider. Vgl. hierzu z.B. die Essaysammlung CAMPOS (1996b).

[624] Vgl. BIELSCHOWSKY (1996), S. 103 ff. Campos selbst reagierte in seinen Memoiren auf diese Klassifizierung folgendermaßen: „Die Analyse von Bielschowsky ist im Wesentlichen korrekt, wobei man den Ausdruck „nicht-nationalistischer desenvolvimentista" als inadäquat bezeichnen könnte. Wir alle betrachteten uns als, wie ich zu sagen pflegte, Nationalisten in den Zielen, jedoch nicht notwendigerweise in den Mitteln. Die ideale Formel, die ich immer wieder predigte, war ein Nationalismus der Ziele, ein Internationalismus der

nicht vom Staats- und Planungsoptimismus dieser Denkrichtung gelöst.[625] Während er sich in den Fragen der Inflationsbekämpfung und des Außenwirtschaftskonzeptes in den 1960er Jahren schon deutlich vom „desenvolvimentismo" und Strukturalismus abgegrenzt hatte, war sein Staats- und Planungskonzept also nach wie vor durch ein starkes Staatsvertrauen gekennzeichnet. Dieser Eklektizismus spiegelt sich sowohl in der Formulierung der „Síntese" des PAEG als auch in den einzelnen Maßnahmen der Reform deutlich wider. Nicht zufällig beschäftigt sich schon die Einleitung der „Síntese" ausschließlich mit eben der Frage des „Sinns der Planung in einer demokratischen Wirtschaft."[626] Einerseits wird hier einleitend, getreu marktwirtschaftlicher und ordo-liberaler Prinzipien, formuliert, dass Staatsaktivitäten prinzipiell das Ziel haben, „Rahmenbedingungen herzustellen, die die bestmögliche Effizienz der freien Marktwirtschaft bzw. des Preissystems gewährleisten."[627] Es gehe vor allem darum, eine „Ordnung herzustellen, innerhalb derer die sog. Marktkräfte wirken können [...]."[628] Allerdings, und hier kommt seine keynesianische Prägung und sein Eklektizismus zum Tragen, werden staatliche Interventionen in das Marktgeschehen auf Grund zahlreicher Varianten des Marktversagens in Entwicklungsländern gerechtfertigt, deren Existenz – wie er damals noch annahm – „kaum umstritten" seien:[629]

a) „das freie Spiel der Marktkräfte garantiert nicht notwendigerweise die Bildung eines wünschenswerten Volumens an Ersparnisbildung;
b) das Preissystem setzt nicht immer die adäquaten Anreize für die Bereitstellung öffentlicher Güter (Bildungsinvestitionen, Straßenbau etc.) [...];
c) das freie Spiel der Marktkräfte führt nicht notwendigerweise zu einer befriedigenden Verteilung des personellen und regionalen Einkommens;
d) die Effizienz des Preissystems kann durch spontanes oder institutionelles Versagen des Marktes verzerrt werden."[630]

Staatsinterventionen, die dem Ausgleich der genannten Formen des Marktversagens dienten, führten „nicht zur Annullierung der regulativen Funktion des Preissystems. Die Regierungsaktivität ergänzt die Marktmechanismen, aber ersetzt sie nicht. Insofern ist die Idee der

---

Instrumente und ein Supranationalismus des Marktes. Wahrscheinlich wäre die Bezeichnung „liberaler desenvolvimentista" am treffendsten gewesen." CAMPOS (1994), S. 168.

[625] Vgl. PEREZ (1999), S. 70. Die Entwicklung seines Denkens von den 1950ern bis in die 1960er Jahre wird ebenda folgendermaßen nachgezeichnet: „Campos ging von einem pragmatischen und wenig strukturalistischen Keynesianismus aus (1950-53), beginnt seine Infragestellung der Rolle des Staates als Agent der Entwicklung und verstärkt seine Zweifel hinsichtlich der Tragbarkeit der Inflation (1955-57) und radikalisiert schließlich seine Kritik am Strukturalismus mit der Denunzierung der Inflation und hinterfragt die Wirkungen dessen, was er die Politisierung des Staates nannte (1958-63)." Ebenda, S. 91.

[626] MINISTÉRIO DE PLANEJAMENTO E COORDENAÇÃO ECONÔMICA (1965a), S. 13.

[627] Ebenda.

[628] Ebenda.

[629] Ebenda.

[630] Ebenda.

Planung nicht inkompatibel mit der Vorherrschaft des freien Unternehmens im Wirtschaftssystem."[631] Dem PAEG liegt eindeutig noch die Hypothese zu Grunde, dass die Regierung der wichtigste „Entdecker von Gelegenheiten" sei.[632] Campos sprach immer von der „teleskopischen Fähigkeit" der Regierung. Sie könne Investitionen effizienter als der Privatsektor alloziieren. Sie könne – im Gegensatz zum Privatsektor – über das Steuersystem massiv Ressourcen akkumulieren und zweitens langfristig planen, während das private Kapital an das kurzfristige Überleben denken müsse. In den 1990er Jahren, nachdem Campos inzwischen stark vom Denken Hayeks geprägt worden war, war seine Position eine ganz andere. Rückblickend kritisierte er diesen Planungsoptimismus selbstkritisch: „Dies war naiv, heute würde ich das Gegenteil behaupten. Die Regierung hat keine langfristigen Planungsfähigkeiten, weil sie politischem Druck unterliegt und an der Krankheit der Diskontinuität leidet. [...] Und der große Entdecker von Gelegenheiten ist nicht die Regierung, sondern der private Unternehmer."[633] Diese Planungseuphorie „ist aus meiner Sicht Zeichen großer Naivität. Aber ich habe diese Naivität besessen. [...] Heute glaube ich mehr an die Doktrinen der Österreichischen Schule. Der Entdecker der Gelegenheiten ist der private Unternehmer."[634] Zielvorstellung hinter dem PAEG war also nicht ein Preismechanismus, in dem Angebot und Nachfrage autonom den Preis bestimmen, sondern einem Mechanismus, in dem die Regierung nach wie vor eine zentrale Rolle in der Korrektur des Marktpreises spielte. Das Modell der 1950er Jahre, als der brasilianische Staat Devisen-, Kredit-, Steuer- und Zollpolitik genutzt hatte, um die relativen Preise zu beeinflussen und Investitionen in den Industriesektor zu lenken, wurde also in gewisser Weise fortgeführt: „In the post-1964 years, the Brazilian government extended this same approach to the agricultural, export, and housing construction sectors and to priority regions of the economy. For example, the National Housing Program, based on workers' pension funds, monetary correction, and the National Housing Bank, provided both the source of savings and the means for channelling these savings into priority sectors and regions."[635]

---

[631] Ebenda.
[632] CAMPOS (1996a), S. 47.
[633] Ebenda.
[634] Ebenda. „Obwohl ich nie einen dogmatischen Enthusiasmus für Planung hegte, war meine Sicht des Problems ein wenig naiv. [...] Heute, nachdem ich für sehr viel längere Zeit der Predigt von Von Mises und Hayek ausgesetzt war, erkenne ich, dass die Kritiken, welche Eugênio Gudin gegen meine Planungsnaivität richtete, richtig waren. Die Prinzipien, die ich als „kaum umstritten" bezeichnete, können in Wahrheit Gegenstand großer Kontroversen sein. Wenn es auch wahr ist, dass das freie Spiel der Marktkräfte nicht notwendigerweise ein wünschenswertes Volumen der Ersparnisbildung garantiert, ist es ebenso wahr, dass schlecht konzipierte Regierungsinitiativen die Ersparnis destimulieren. Es ist richtig, dass der Regierung eine wichtige Verantwortung in der Bereitstellung öffentlicher Güter zukommt. Es ist aber notwendig, darauf hinzuweisen, dass diese geteilt werden kann. So können und müssen Investitionen in die wirtschaftliche Infrastruktur wie Energie, Transport, Kommunikation mit der Privatinitiative geteilt werden." CAMPOS (1994), S. 616.
[635] SYVRUD (1974), S. 7.

5. Die Konstruktion eines neuen wirtschaftspolitischen Modells in der brasilianischen Wirtschaftspolitik

Trotzdem kommt dem PAEG in wirtschaftsinstitutioneller und ideengeschichtlicher Sicht im lateinamerikanischen Kontext enorm große Bedeutung zu. Das Gedankengebäude des „desenvolvimentismo“ und sein wirtschaftspolitisches Entwicklungsmodell, die Importsubstitution, war Anfang der 1960er Jahre – vor dem Hintergrund der zunehmenden wirtschaftlichen Krisensymptome in den lateinamerikanischen Volkswirtschaften – in seine (erste) große ideologische, institutionelle und makroökonomische Krise geraten. Es zeichnete sich ab, dass diese Wirtschaftskrise der 1960er mit Hilfe der herkömmlichen in Brasilien und Lateinamerika etablierten Theorien nicht mehr erklärt werden konnte. Ratlosigkeit und ein konzeptionelles Vakuum – die wirtschaftspolitische Konzeptionslosigkeit der Regierung Goulart reflektierte dies deutlich – hatten sich breit gemacht. Es waren Roberto Campos und seine Kollegen, die in diesem Kontext mit ihren Ideen erstmals Wege aus der Krise zu weisen vermochten. Ein neues wirtschaftliches Modell wurde konstruiert. Zahlreiche Ideen, die letztlich erst im Rahmen des Einzugs des „Konsens von Washington“ der 1990er Jahre in Lateinamerika Verbreitung finden sollten, wurden mit dem PAEG vorweggenommen. „One of the early critics was Roberto Campos (1961) in Brazil, who questioned the emphasis given to industry and the neglect of agriculture (...) and the assumption that inflation could be used as an instrument to foster long-run capital formation. In particular, Campos pointed out, that distorted economic incentives are one of the main factors accounting for the poor economic performance of Latin America.“[636] Der PAEG stellte den ersten größeren Bruch mit der Politik der Importsubstitution dar. „The first major break with import-substitution policies was initiated by Brazil in 1964, some 16 years after Jacob Viner questioned this type of policies and at a time when the rest of Latin America was still struggling to deepen import substitution.“[637] Dem wirtschaftspolitischen Populismus der Vorgängerregierungen wurde nun ein Ende gesetzt. Eine einseitig auf Importsubstitution basierende Wachstumsstrategie war durch ein ausgewogeneres wachstumspolitisches Konzept, eine ausgeprägte Inflationstoleranz durch ein Primat der Inflationsbekämpfung, Strukturalismus durch Monetarismus, Autarkiestreben und außenwirtschaftlicher Isolationismus durch Außenorientierung, Exportpessimismus durch Exportoptimismus, wechselkurspolitischer Irrealismus durch Wechselkursrealismus und eine unsolide Finanzpolitik durch eine absolute Priorität für fiskalische Austerität ersetzt worden. Lediglich das dem PAEG zu Grunde liegende Staats- und Planungskonzept wies – wie gesagt – noch deutliche Reminiszenzen der Planungseuphorie und des Staatsoptimismus des „desenvolvimentismo“ auf. Dennoch: der mit dem PAEG einhergehende wirtschaftsideologische Richtungswechsel lief dem seinerzeit

---

[636] CORBO (2000), S. 13.
[637] Ebenda, S. 14.

vorherrschenden Trend im akademischen Denken, dem gesellschaftlichen Konsens und dem Denken wichtiger internationaler Entwicklungsorganisationen weitgehend diametral entgegen. Es war entsprechend (wahrscheinlich) auch nur unter den politischen Bedingungen des Autoritarismus und vor dem Hintergrund der vollen Rückendeckung durch den Staatspräsidenten (Castello Branco) möglich, diese Ideen zu implementieren.[638]

6. Inflationsaversion in der brasilianischen Gesellschaft im Vorfeld der Währungsreform

Wenn auch in der brasilianischen Gesellschaft seinerzeit kein Konsens über alle im Rahmen des PAEG implementierten Maßnahmen und die ihm zu Grunde liegenden Ideen bestanden hatte und er – trotz autoritärer Bedingungen – starker Kritik seitens der Medien und zahlreicher Politiker ausgesetzt war, in einem Punkt zumindest scheint weitgehende Einigkeit bestanden zu haben: Das Inflationsproblem war im Vorfeld der Währungsreform auch von weiten Teilen der brasilianischen Gesellschaft als das zentrale ökonomische und gesellschaftliche Problem Brasiliens erkannt worden. Waren in den 1950er Jahren die in Brasilien vorherrschenden Inflationsraten von den meisten Beobachtern – auch vor dem Hintergrund der noch hohen Wachstumszahlen – noch nicht als ernstes ökonomisches Problem betrachtet worden, änderte sich dies mit der unkontrollierten Beschleunigung der Inflation und den damit einhergehenden Wachstumseinbrüchen in den 1960er Jahren offensichtlich deutlich. Indikatoren für eine Wahrnehmungs- und Verhaltensänderung hinsichtlich der Inflation und die Auflösung der zuvor zu beobachtenden „Geldillusion" sind die seit 1962 sinkende reale Kassenhaltung und die zunehmende Umlaufgeschwindigkeit des Geldes. Der abrupte Einbruch der Wachstumszahlen im Jahr 1963 war ein deutliches und alarmierendes Zeichen für die an sehr hohe Wachstumsraten gewöhnten Brasilianer, dass die Inflation nun ein nicht mehr tolerierbares Ausmaß erreicht hatte. Aus einer Umfrage, die zwischen Januar und März 1964 – also unmittelbar vor dem Militärputsch – in Rio de Janeiro durchgeführt worden war, geht eindeutig hervor, dass die Inflationsaversion in der brasilianischen Gesellschaft in den 1960er Jahren zunehmend gewachsen war. In dieser Umfrage benannten 55% der Befragten die Inflation als das wichtigste politische Problem, das es zu jener Zeit in Brasilien zu bewältigen gab.[639] Selbst der Bankensektor war seinerzeit, obwohl einer der größten Nutznießer des

---

[638] Der absolute Rückhalt, den die Wirtschaftsequipe von Castello Branco erhielt, war fundamental. Das wirtschaftspolitische Konzept widersprach nämlich auch dem wirtschaftspolitischen Denken der Mehrheit der militärischen Elite Brasiliens. Dort herrschten seinerzeit „schwere Vorurteile gegenüber der Unternehmerklasse vor [...]. Die Mentalität der Militärs war, zumindest in jener Zeit, weit von dem entfernt, was man einen kapitalistischen Geist nennen könnte. Ganz im Gegenteil, die Tendenz war eine sozialisierende." CAMPOS (1994), S. 611.

[639] Vgl. SOARES (1994), S. 17 ff. An zweiter Stelle – weit abgeschlagen – wurden die sozio-ökonomischen Probleme ländlicher Gruppen und der Landwirtschaft (von 14%) genannt. Interessant ist, dass die Befragten

Inflationsprozesses, auf Grund der zunehmenden Kosten der finanziellen Intermediation unter inflationären Bedingungen an einer grundlegenden Reform des Finanzsystems interessiert.[640]

D. Das Zeitprofil: Die Strategie des Gradualismus

Das Zeitprofil des PAEG war durch einen gradualistischen Ansatz der Inflationsbekämpfung gekennzeichnet. Obwohl keine direkten Inflationsziele formuliert wurden, ging man davon aus, dass die Inflation mit Hilfe des PAEG graduell auf 10% im Jahr 1966 reduziert werden könnte. Die dem PAEG zu Grunde liegende Strategie wurde deshalb auch als „schneller Gradualismus" bezeichnet. Die Währungsreformer setzten insofern voraus, dass sie erstens über die entsprechenden Instrumente zur Reduzierung der Inflation verfügten und zweitens die Wirtschaft relativ schnell auf den Instrumenteneinsatz reagieren würde. Es war dieser gradualistische Stabilisierungsansatz, der seinerzeit – neben der Kritik am Einsatz von Indexierungsmaßnahmen und der Kritik am Unwillen von Bulhões und Campos, konkrete Inflationsziele und quantitative Ziele für die Höhe der Haushaltsdefizite zu definieren – auch den wichtigsten Anlass für Kritik seitens des IWF an der Konzeption des PAEG dargestellt hatte.[641] Nicht zuletzt deshalb ist der Rechtfertigung des gradualistischen Stabilisierungsansatzes in der „Síntese" des PAEG ein relativ breiter Raum gewidmet. Die wichtigsten Argumente, die hier zur Verteidigung des Gradualismus vorgetragen werden, sind folgende:[642]

a) Das Militär hatte kurz nach dem Putsch eine Lohnerhöhung von 100% durchsetzen können; andere Angestellte des öffentlichen Sektors hatten kurze Zeit später ähnlich hohe Lohnerhöhungen erhalten. Ein allgemeiner Lohnstopp – er wurde als Voraus-

---

mehrheitlich der Partei PTB, also der Regierungspartei, nahestanden, deren politisch-ideologische Tendenz eher eine Vernachlässigung des Inflationsproblems gegenüber sozialen Problemen implizierte. Auch diese – tendenziell eher inflationstolerante – Bevölkerungsgruppe hatte also die Bedeutung einer Inflationsbekämpfung erkannt.

640 Vgl. GUIMARÃES/VIANNA (1987), S. 21.

641 Vgl. CAMPOS (1994), S. 612. „In drei Punkten wich die Philosophie des PAEG von der des IWF ab. Erstens hielt jener eine Schockbehandlung für notwendig, da man annahm, dass der graduelle Ansatz die Bildung politischer Widerstände erlaubte, welche den Plan kompromittieren würden. [...] Zweitens akzeptierte der IWF nicht die Idee der Geldwertberichtigung, welche Bulhões und ich für notwendig hielten, gerade auf Grund der Anwendung einer gradualistischen Strategie. Solange die Inflation nicht überwunden sei, wäre ein Indexierungsmechanismus aus vier Gründen notwendig: a) um den Anreiz zur Ersparnisbildung aufrecht zu erhalten, b) die Unternehmensaktiva anzupassen, c) die Verzögerung der Steuerzahlung zu unterbinden und d) einen freiwilligen Markt für Staatsschuldpapiere zu schaffen. Eine dritte und ernsthafte Divergenz mit dem IWF war, dass Minister Bulhões und ich uns sträubten, rigide quantitative Ziele, sei es im Hinblick auf die Inflationsrate, sei es im Hinblick auf das Haushaltsdefizit, zu akzeptieren." Ebenda, S. 612.

642 Vgl. zu allen folgenden Argumenten MINISTÉRIO DE PLANEJAMENTO E COORDENAÇÃO ECONÔMICA (1965a), S. 33, SIMONSEN (1970), S. 11-12, und CAMPOS (1994), S. 612-615. Siehe hierzu auch KAFKA (1967), S. 605-612.

setzung einer erfolgreichen Schocktherapie betrachtet –, wäre zu Lasten des Privatsektors gegangen, dessen Löhne erst am Ende des Kalenderjahres angepasst worden wären. „The experts considered such a development to be inconsistent with social justice, economic efficiency, and their development strategy, which called for a reduced, not increased, public sector role in the economy."[643]

b) Angesichts der politischen Restriktionen einer Reduktion der staatlichen Konsumausgaben (in laufenden Preisen), stellte eine moderate Inflation einen Mechanismus dar, der zur Reduzierung der realen Staatsausgaben beitragen konnte.

c) Man ging davon aus, dass eine Schocktherapie nur dann erfolgreich sein würde, wenn die hohen Haushaltsdefizite unmittelbar beseitigt werden könnten. Dies wurde jedoch kurzfristig nicht für möglich gehalten, ohne dass die öffentlichen Investitionen über ein für wünschenswert gehaltenes Maß hinaus eingeschränkt worden wären.

d) Die negativen Beschäftigungseffekte einer Schocktherapie wurden auf Grund der ausgeprägten Preisinflexibilitäten und den zu erwartenden abrupten Veränderungen der Nachfragestruktur als zu gravierend eingeschätzt und – angesichts des schnellen Bevölkerungswachstums und der mangelnden Schaffung produktiver Arbeitsplätze im Vorfeld der Reform – als sozial nicht wünschenswert betrachtet.[644]

e) Die zurückgestaute Inflation stellte ein weiteres Argument dar. Preiskontrollen bei öffentlichen Dienstleistungen, Nahrungsmitteln, Miet- und Devisenkontrollen hatten zur Zurückstauung der Inflation in den verschiedensten Sektoren geführt. Die Aufhebung dieser Kontrollen würde zum Phänomen der „korrektiven Inflation" führen und so den Erfolg einer Schocktherapie untergraben.[645]

f) Die finanziellen Verzerrungen und strukturellen Ungleichgewichte, die sich als Folge der Kontrolle von Zinsen, Löhnen, Tarifen und Preisen entwickelt hatten, konnten nur mittelfristig aufgelöst werden. Eine Schockbehandlung hätte zu einem Chaos im Finanzsystem und einer Vielzahl von Insolvenzen geführt. Mit Hilfe des Gradualismus sollte den Unternehmen die Zeit gegeben werden, ihre Kapitalstruktur – die Kombination aus Zinskontrollen und ungünstiger Besteuerung hatte brasilianische Unternehmen veranlasst, sich übermäßig zu verschulden und ihr nicht gegen die Inflation geschütztes Umlaufkapital möglichst weit zu reduzieren – anzupassen.[646]

---

643 SYVRUD (1974), S. 42.

644 Vgl. hierzu ebenda, S. 43.

645 Auf Grund der Problematik der zurückgestauten und der daraus resultierenden „korrektiven Inflation" war Campos hinsichtlich der Möglichkeiten einer schnellen Inflationsreduzierung sehr viel pessimistischer als Bulhões. Dies war auch die Wurzel für die einzige ernsthafte Unstimmigkeit zwischen Campos und Bulhões. Campos hatte die Flexibilisierung des Wechselkurses befürwortet, wodurch die Exporterträge auch bei steigenden inländischen Inflationsraten gesichert würden, während Bulhões die Meinung vertrat, dass Miniabwertungen zu einer mangelnden Glaubwürdigkeit einer schnellen Inflationskontrolle führen würden. Vgl. CAMPOS (1994), S. 613-614.

646 „Wir argumentierten, dass die Schocktherapie nicht praktikabel war und dass europäische Ansätze der schnellen Heilung der Hyperinflation nicht auf den brasilianischen Fall angewendet werden könnten, weil die

g) Zudem wiesen die Autoren des PAEG darauf hin, dass in anderen Ländern schlechte Erfahrungen mit Schocktherapien gemacht worden seien, bzw. in Ländern, in denen Schocktherapien erfolgreich waren (wie im Europa der Nachkriegszeit), völlig andere institutionelle und historische Bedingungen bestanden hätten (wie eine völlige Erosion des Währungssystems in Folge von Hyperinflation, totaler Zerfall der Sozialstruktur infolge von Krieg oder Bürgerkrieg, die Existenz massiver externer Hilfestellungen, wie z.B. im Marshall-Plan). Die Bekämpfung einer chronischen Inflation bedürfe prinzipiell einer anderen Strategie als die Bekämpfung einer Hyperinflation.

Letztlich können alle von Campos und Bulhões vorgetragenen Argumente auf einen gemeinsamen Nenner gebracht werden: Allen liegt das Bestreben zu Grunde, die Anpassungskosten der Reform, vor allem negative Wachstums- und Beschäftigungseffekte, zu minimieren bzw. das Zeitprofil danach auszurichten, was politisch und ökonomisch unter den gegebenen Bedingungen möglich war.

Obwohl der Gradualismus in der Tat zu zahlreichen Glaubwürdigkeitsdefiziten des PAEG führen sollte und sich insofern die in der neueren Währungsreformtheorie überwiegend vertretene These der Vorteilhaftigkeit der Schocktherapie bestätigen sollte, scheint dennoch klar, dass eine solche im Jahr 1964 undurchführbar gewesen wäre. Eine wirkliche Wahlmöglichkeit bestand also nicht. Zu diesem Zeitpunkt bestanden weder die institutionellen noch die statistischen Voraussetzungen einer glaubwürdigen Geld- und Wirtschaftspolitik. Das Steuersystem war extrem ineffizient, die Kapitalmärkte waren auf Grund der finanziellen Repression völlig unterentwickelt und der Zugang zum internationalen Kapitalmarkt war weitgehend versperrt. Die institutionellen Voraussetzungen für eine glaubwürdige Geldpolitik (in und außerhalb der monetären Ordnung) mussten erst geschaffen werden. Ambitiösere Ziele für die Inflationsbekämpfung wie auch die Einführung direkter Inflationsziele wären unter diesen Bedingungen von vornherein unglaubwürdig gewesen.[647] Der Gradualismus war angesichts dieser institutionellen Bedingungen in der Ausgangslage tatsächlich die einzige Option. Letztlich akzeptierte auch der IWF den gradualistischen Stabilisierungsansatz.

---

europäischen Hyperinflationen mehr oder weniger wie Tumore waren, die man herausschneiden konnte, während es sich unserem Fall um eine Blutvergiftung handelte, deren Heilung notwendigerweise langsamer vonstatten gehen würde. Dies deshalb, weil die lange Gewöhnung an die Inflation die Vermögensstruktur der Unternehmen grundlegend geändert hatte. Die Unternehmen flüchteten verzweifelt aus dem Girokapital in monetärer Form und suchten Zuflucht in Immobilien. Das Risikokapital war mit der Inflation zusammengeschmolzen. In diesem Kontext hätte ein Programm der schnellen monetären Kontraktion zu einem generalisierten Bankrott geführt, weil die Vermögensstruktur deformiert war." CAMPOS (1996a), S. 49-50.

647 Ein weiteres Problem resultierte daraus, dass bis zu diesem Zeitpunkt keines der begonnenen Stabilisierungsexperimente durchgehalten werden konnte. Man verfügte deshalb zu Beginn des PAEG über keinerlei Informationen darüber, wie und mit welcher Geschwindigkeit ein stabilisierungspolitischer Instrumenteneinsatz unter den spezifischen Bedingungen der brasilianischen Wirtschaft in den 1960er Jahren wirken würde. Es gab also neben den institutionellen Restriktionen auch enorme technische, statistische und „Wissens-" Restriktionen einer schnellen Bekämpfung der Inflation.

II. Die Reform des monetären Sektors

A. Die institutionelle Reform der Geldordnung

Im zweiten Teil der Arbeit sollte deutlich geworden sein, dass vor 1964 die notwendigen institutionellen Grundlagen einer glaubwürdigen und effizienten Geld- und Währungspolitik in Brasilien nicht existierten. Eine Zentralbank war nicht vorhanden. Ebenso wenig verfügten die Währungsautoritäten über ein effektives geldpolitisches Instrumentarium. Zentrale Ziele der Regierung Castello Branco waren deshalb eine Restrukturierung des brasilianischen Geldwesens und die Gründung einer Zentralbank. Die rechtliche Grundlage der Reform des Geld- und Währungswesens war das Gesetz 4.595 vom 31. Dezember 1964; es trat am 26. März 1965 in Kraft.[648] Die SUMOC – im Jahr 1945 von Bulhões als sog. Embryo einer Zentralbank gegründet – wurde als oberste (jedoch weitgehend machtlose) Kontrollinstanz in der Geld- und Währungspolitik durch den Banco Central do Brasil (abgekürzt BACEN) und der Oberste Währungsrat der SUMOC durch den Nationalen Währungsrat (Conselho Monetário Nacional, abgekürzt CMN) ersetzt. Die wichtigsten bis dahin bestehenden währungspolitischen Organe des Banco do Brasil und der SUMOC, die „Carteira de Redesconto", die „Carteira de Câmbio" und die „Caixa de Mobilização Bancária" (CAMOB) wurden in die Zentralbank eingegliedert. Der CMN und der BACEN stellen seither die zentralen monetären Autoritäten des Landes dar. Der Banco do Brasil verlor seine wichtigsten (wenn auch nicht alle) Funktionen als monetäre Autorität. In Kapitel I, Artikel 1, des neuen Bankengesetzes (Gesetz Nr. 4.595) wurde die neue Struktur des brasilianischen Finanzwesens folgendermaßen definiert: „Das Nationale Finanzsystem, gegliedert und reglementiert durch das vorliegende Gesetz, wird bestehen aus: I. dem Obersten Nationalen Währungsrat, II. der Brasilianischen Zentralbank, III. dem Banco do Brasil, IV. dem BNDE; V. den anderen öffentlichen und privaten Finanzinstitutionen."[649]

1. Frühere Versuche der Einführung einer Zentralbank in Brasilien

Die Idee, eine Zentralbank in Brasilien zu etablieren, war nicht neu. Schon in den 1920er Jahren hatte es unter der Regierung Arthur Bernardes einen entsprechenden Versuch gegeben.

[648] Die brasilianische Geld- und Währungsordnung beruht bis heute auf den mit diesem Gesetz gelegten rechtlich-institutionellen Grundlagen. Das Gesetz ist abgedruckt in MINISTÉRIO DE PLANEJAMENTO E COORDENAÇÃO ECONÔMICA (1965b), S. 193-269. Vgl. für eine Diskussion verschiedener Vorschläge zur Reform dieses Systems LANGONI/FERRER JR./RONCI (1996).

[649] MINISTÉRIO DE PLANEJAMENTO E COORDENAÇÃO ECONÔMICA (1965b), S. 195.

Die im Jahr 1923 etablierte Zentralbank war jedoch schon 1926 wieder aufgelöst worden.[650] Im Jahr 1931 hatte Otto Niemeyer ein Projekt entwickelt, nach dem der Banco do Brasil in eine Zentralbank transformiert werden sollte. Aber „Vargas, obwohl mit diktatorischen Vollmachten ausgestattet, hatte keinen Mut, ein Dekret-Gesetz zur Durchsetzung dieses Projekts zu erlassen."[651] Auch der Gründung der SUMOC im Jahr 1945 hatte schon die Idee zu Grunde gelegen, sie später in eine Zentralbank zu transformieren. Legislative Initiativen mit dem Ziel der Einführung einer Zentralbank waren vermehrt vor allem seit den 1950er Jahren in den Kongress eingebracht worden.[652] Der hartnäckigste Vertreter der Idee der Einführung einer Zentralbank in den 1950er Jahren war der Abgeordnete Daniel Faraco. Er hatte entsprechende Projekte in den Jahren 1947, 1954 und 1962 in den Kongress eingebracht. Insbesondere sein letzter Gesetzentwurf aus dem Jahr 1962 hatte eine heftige Diskussion über eine Reform der Geldordnung im Kongress ausgelöst.[653] Alle Versuche, die vor 1964 unternommen worden waren, eine Zentralbank einzuführen, scheiterten jedoch an politischen Widerständen. Die Erklärungen hierfür sind ähnlich gelagert wie diejenigen, die zuvor im Rahmen der Analyse des Problems der Zeitinkonsistenz in der Geld- und Wirtschaftspolitik dargestellt wurden. Neben wirtschaftsideologischen Hintergründen haben vor allem politökonomische Widerstände eine Umsetzung verhindert. Verschiedene Kräfte im Kongress

---

[650] Bernardes war der wichtigste Verfechter der Einführung einer unabhängigen Zentralbank in Brasilien in den 1920er Jahren. Nachdem er 1922 zum Staatspräsidenten gewählt worden war, hatte er den Banco do Brasil – nach dem Vorbild der deutschen Reichsbank und des Federal Reserve System der Vereinigten Staaten – im Jahr 1923 in eine Zentralbank umgewandelt. Eine Deckungsregel entsprechend der Doktrin des „crédito legítimo" (1/3 in Gold und 2/3 in Handelswechseln) wurde etabliert. Zudem wurde der Umfang der Notenbankkredite an den Staat in der Zentralbankverfassung auf ein Viertel der erwarteten jährlichen Steuereinnahmen begrenzt. Eine funktionelle Unabhängigkeit dieser Zentralbank im Sinne einer „Weisungsungebundenheit" war jedoch nicht gegeben. Der Staatspräsident hatte weiterhin einen starken Einfluss auf die Geldpolitik. Er war es denn auch, der eine Deflationspolitik in den Jahren 1925 bis 1926 anordnete. Konsequenz war eine scharfe ökonomische Kontraktion und eine Aufwertung des Wechselkurses. Vor dem Hintergrund dieser Krisensymptome entschied sich der nachfolgende Staatspräsident (Washington Luís) dafür, das Experiment mit der Zentralbank im Jahr 1926 zu beenden und zu einer „groben" Ausrichtung am Goldstandard zurückzukehren. Dieses erste Experiment einer Einführung einer Zentralbank (1923-1926) war also nur von kurzer Lebensdauer. Vgl. NEUHAUS (1978) und BULHÕES (1990), S. 221.

[651] NOGUEIRA (1993), S. 137.

[652] Der erste konkrete Gesetzentwurf (1950) geht auf Correia e Castro, Minister der Regierung Dutra, zurück. Vgl. zu institutionellen Details dieses Vorschlags CAMPOS (1994), S. 661.

[653] Seit der Vorstellung des Projekts von Daniel Faraco im August 1962 war dieses Thema intensiv im Kongress diskutiert worden. Der Finanzminister der Regierung Goulart (Miguel Calmon) hatte eine Arbeitskommission organisiert, die Vorschläge für eine Reform des Bankenwesens entwickeln sollte. Dênio Nogueira, der erste Präsident der im Dezember 1964 geschaffenen Zentralbank, war einer der zehn Mitglieder dieser Kommission. Diese Kommission hatte schließlich einen Gesetzesentwurf entwickelt, der auch als *Projekt Miguel Calmon* bezeichnet wird. Aus Angst, die im Kongress debattierte Reform des Bankenwesens würde zu einer Beschneidung der geldpolitischen Kompetenzen des Banco do Brasil führen, stellten die Funktionäre des Banco do Brasil im Dezember 1962 ein Gegenprojekt, das *Projekt Nei Galvão* (Nei Galvão war seinerzeit Präsident des Banco do Brasil), vor. Es handelte sich um ein wenig innovatives Projekt, das einen „Nationalen Währungsrat" (Conselho Nacional Monetário) schuf und sich darauf beschränkte, den Banco do Brasil in eine Zentralbank zu verwandeln und gleichzeitig seine Funktionen als Geschäftsbank aufrechterhielt. „Dieses Projekt reformierte nichts, sondern ratifizierte lediglich die existierende Gesetzgebung. Der Banco do Brasil und die SUMOC behielten ihre Position." NOGUEIRA (1993), S. 111.

hatten sich immer wieder gegen Versuche der Einführung einer Zentralbank zur Wehr setzen können. Nach NOGUEIRA (1993), der für die Durchsetzung des Zentralbankgesetzes 4.595 im Jahr 1964 im Kongress zuständig und – obwohl der Kongress schon durch den AI 1 geschwächt war – ebenfalls vehementem politischen Widerstand ausgesetzt war, war der stärkste Widerstand gegen entsprechende Projekte immer aus dem industriellen Sektor gekommen.[654] Ein starker Gegner einer Einführung einer Zentralbank und einer restriktiven Kreditpolitik war z.B. der Industrieverband São Paulos (Federação das Indústrias do Estado de São Paulo, abgekürzt FIESP).[655] Eine weitere zentrale und politisch mächtige Quelle des Widerstandes gegen die Einführung einer Zentralbank waren zudem die Funktionäre des Banco do Brasil. Sie hatten sich immer vehement gegen eine Beschneidung der enormen politischen Macht des Banco do Brasil (ausgestattet mit Funktionen einer Zentralbank, einer privaten Geschäftsbank und einer Entwicklungsbank) und des damit verbundenen Prestiges seiner Funktionäre durch die Einführung einer (unabhängigen) Zentralbank gewehrt.[656] Nicht zuletzt auf Grund des Widerstandes dieser Klientel und ihrer Vertreter im Kongress hatte die Verhandlung des Reformprojekts der Regierung Castello Branco im Parlament – trotz der besonderen politischen Bedingungen – neun Monate in Anspruch genommen.[657]

2. Die Neuordnung des Systems der monetären Instanzen in Brasilien mit dem Gesetz Nr. 4.595: Überblick über die Struktur des Finanzsystems

Laut der „Síntese" des PAEG bestanden die zwei wichtigsten Ziele der Reform des Bankensystems (Gesetz 4.595) darin, „auf dem Weg zur Etablierung einer Zentralbank voranzuschreiten und den Währungsautoritäten einen größeren Grad an Autonomie zu verleihen."[658] Die im Jahr 1964 zu Grunde gelegte Ordnung der Geld- und Währungsordnung stellt sich folgendermaßen dar.

---

[654] „Die städtische ökonomische Aktivität, der Handel und die Industrie, waren gegen eine monetäre Kontrolle, weil sie sich im Laufe der Zeit daran gewöhnt hatten, auf Kosten der monetären Expansion und der Inflation zu leben." Ebenda, S. 138.

[655] Vgl. zu den Gründen dieses starken Widerstandes vor dem Hintergrund der spezifischen Bedingungen des brasilianischen Kapitalmarktes ebenda, S. 139 ff.

[656] Der Banco do Brasil war durch zahlreiche ehemalige Funktionäre stark im Kongress repräsentiert. „Der Korporativismus des Banco do Brasil hatte immer ein fast unüberwindliches Hindernis für die Schaffung der Zentralbank dargestellt." CAMPOS (1994), S. 665.

[657] Vgl. NOGUEIRA (1993), S. 16.

[658] MINISTÉRIO DE PLANEJAMENTO E COORDENAÇÃO ECONÔMICA (1965b), S. 73. Vgl. zu den Zielen und der Umsetzung der Reform des Finanzsystems unter Castello Branco auch ALMEIDA (1980), ALMEIDA (1984), GALVÊAS (1985), SOCHACZEWSKI (1984) und SOCHACZEWSKI (1993), WOLDBANK (1985), ZINI JR (1982).

2.1 Der Nationale Währungsrat (Conselho Monetário Nacional)

An der Spitze des mit dem Gesetz 4.595 vom Dezember 1964 neu strukturierten brasilianischen Finanzsystems steht der Nationale Währungsrat (CMN) mit seinen beratenden Ausschüssen („Comissões Consultivas"). Dieses Organ hat rein normativen Charakter.[659] Es ist dieses Organ, das seither (bis heute) in Brasilien die Richtlinien für die Geld-, Kredit-, Wechselkurspolitik, die Regeln der Finanz- und Kapitalmärkte und die internationalen Finanzbeziehungen vorgibt und somit das entscheidende Gremium auch in der Geldpolitik darstellt.[660] Hier wurden viele der wichtigsten Reformmaßnahmen des PAEG entschieden und reglementiert (die Einführung der Geldwertberichtigung, die Reglementierung des Kapitalmarktes, die Finanzierung der Staatsschuld via „Obrigações Reajustáveis do Tesouro Nacional", abgekürzt ORTN, etc.).[661] Zur Unterstützung der Entscheidungsfindung des CMN wurden beratende Ausschüsse eingerichtet. Zunächst waren vier solcher Ausschüsse gebildet worden („Banken", „Geldpolitik", „Kapitalmarkt" und „Industrieller und landwirtschaftlicher Kredit"). Die umfangreichen Ziele des CMN (einschließlich der geldpolitischen Zielsetzungen) werden in Kapitel II, Artikel 3 des Gesetzes 4.595 folgendermaßen definiert: „Die Politik des Conselho Monetário Nacional wird darauf zielen,

I. die Geldmenge den realen Bedürfnissen der nationalen Wirtschaft und seinem Entwicklungsprozess anzupassen;

II. den Binnenwert der Währung zu regeln, (intern oder extern verursachte) inflationäre oder deflationäre Entwicklungen, wirtschaftliche Depressionen und andere konjunkturelle Ungleichgewichte zu vermeiden bzw. zu korrigieren;

III. den Außenwert der Währung und die Zahlungsbilanz des Landes zu regeln, wobei die beste Verwendung der Deviseneinnahmen im Blick behalten wird;

IV. die Allokation der Ressourcen öffentlicher und privater Finanzinstitutionen zu lenken, wobei das Ziel berücksichtigt wird, in den unterschiedlichen Regionen des Landes günstige Bedingungen für eine harmonische Entwicklung der nationalen Wirtschaft zu fördern;

V. die Verbesserung der Finanzinstitutionen und Finanzinstrumente mit Blick auf eine größere Effizienz des Zahlungssystems und der Mobilisierung von Ressourcen zu fördern;

VI. die Liquidität und Solvenz der Finanzinstitutionen zu sichern;

---

[659] Er stellt ein institutionelles Kennzeichen der brasilianischen Währungsordnung dar, das in seiner funktionalen Ausgestaltung sicherlich als Unikum bezeichnet werden kann. Vgl. Hierzu FIPE (1991), S. 73.

[660] Während des Militärregimes hatte dieses Organ auf Grund der Beschneidung der Funktionen des Parlaments in den genannten wirtschaftspolitischen Bereichen nahezu unbegrenzte legislative Kompetenzen inne.

[661] Vgl. zur Bedeutung der ORTNs Kapitel III.A.4 des Dritten Teils der Arbeit.

VII. die Geld-, Kredit-, Haushalts-, Fiskal- und die (interne und externe) Verschuldungspolitik des Staates zu koordinieren.“[662]

Darüber hinaus werden in Artikel 4 des selben Gesetzes die (ausschließlichen) normativen Funktionen des CMN in den Bereichen der Geld-, Kredit- und Wechselkurspolitik sehr detailliert reglementiert. Auch hier wird deutlich, dass dem CMN ein enormer wirtschaftspolitischer Handlungsspielraum gegeben worden ist, der weit über die geldpolitischen Funktionen von monetären Autoritäten in Industrieländern hinaus geht. Hier wird u.a. geregelt, dass der CMN:

a) den „monetären Haushalt“ („orçamento monetário“), der von der Zentralbank erarbeitet wird und nach dem die „globalen Kredit- und Geldbedürfnisse geschätzt werden“, verabschiedet;[663]
b) der Zentralbank das Devisenmonopol übergeben kann, wenn „schwerwiegende Ungleichgewichte in der Zahlungsbilanz auftreten“,
c) die Bankenaufsicht durchführt;
d) Zinsen und Bankgebühren festgelegt, wobei Zinsvergünstigungen für Kredite an die Landwirtschaft (z.B. für die Zwecke der Wiederaufforstung, Schädlingsbekämpfung, Bereitstellung von Elektrizität im ländlichen Raum, Bewässerung, und Investitionen in die Landwirtschaft und Fischerei) in Absatz IX explizit vorgeschrieben werden.

Die *personelle Zusammensetzung* des CMN wurde in Artikel 6 des Gesetzes folgendermaßen geregelt: Insgesamt bestand der CMN aus elf Personen, von denen jedoch nur neun über Stimmrecht verfügten. Drei der neun Stimmberechtigten erhielten ihren Sitz im CMN auf Grund ihres politischen Amtes (der Finanzminister, der Präsident des Banco do Brasil und der

---

[662] MINISTÉRIO DE PLANEJAMENTO E COORDENAÇÃO ECONÔMICA (1965b), S. 195-196.

[663] Der „monetäre Haushalt“ stellte im wesentlichen eine Schätzung aller Größen dar, die die Geldmengenentwicklung beeinflussen bzw. einen „formalisierten Versuch, die konsolidierte Bilanz der Währungsautoritäten vorherzusehen [...].“ PASTORE (1973a), S. 90. Er stellte das entscheidende statistische Instrument des CMN dar, um die Konsistenz der Geldpolitik zu beurteilen. Seine Ursprünge gehen auf die ersten Versuche der SUMOC zurück, eine Form der monetären Planung zu institutionalisieren. „The monetary budget represented a comparetively harmless analytical professional exercise at Sumoc's Research Department until 1965, at which time it became an important instrument of administrative supervision.“ ALMEIDA (1992), S. 94. Die wichtigsten Größen, die im „monetären Haushalt“ enthalten sind, sind Kredite an den Staat, Kredite an den Privatsektor, Devisenreserven, die Kreditoperationen des Banco do Brasil im Rahmen des Mindestpreisprogramms, der Kaffeestützungskäufe und für Export- und Importgüter wie Weizen und Zucker. Auf Grund der Tatsache, dass der Banco do Brasil sowohl als Geschäftsbank als auch als monetäre Autorität fungierte und zahlreiche Fonds zu verwalten hatte, die alle direkt oder indirekt die monetäre Basis bzw. den Geldmengenmultiplikator tangierten (Mindestpreisprogramm, Kaffeeoperationen, Export- und Importkredite, Kredite an das Schatzamt, Staatsunternehmen und den Privatsektor), machte die monetäre Planung mit Hilfe des „monetären Haushalts“ zu einer enorm schwierigen Aufgabe. Vgl. für eine detaillierte Darstellung des „monetären Haushalts“ und seiner Probleme ebenda, S. 94 ff.

Präsident des BNDE). Die anderen sechs stimmberechtigten Mitglieder des CMN wurden – de facto geschah dies auf Vorschlag des Finanzministers – vom Staatspräsidenten nach Bestätigung durch den Senat nominiert und mussten über „Reputation und ausgewiesene Fähigkeiten in ökonomisch-finanziellen Angelegenheiten verfügen.“[664] Sie hatten ein Mandat von sechs Jahren; eine Wiederwahl war möglich (Artikel 6, Absatz IV). Aus diesen sechs Mitgliedern wählte der CMN das Direktorium der Zentralbank (den Zentralbankpräsidenten und drei Direktoren). Die verbleibenden zwei stimmberechtigten Mitglieder des CMN waren die einzigen, die – neben ihrer Funktion im CMN – nicht in Institutionen des öffentlichen Sektors angestellt waren und den Privatsektor repräsentierten.[665] Weitere (nicht stimmberechtigte) Regierungsvertreter, die „an den Versammlungen des CMN teilnehmen können“, waren der Planungsminister und der Minister für Industrie und Handel.[666] Entscheidungen wurden mit einfacher Mehrheit getroffen, wobei der Vorsitzende (also der Finanzminister) über ein Vetorecht verfügte.[667] Entscheidungen des CMN werden als fortlaufend nummerierte Resolutionen des BACEN veröffentlicht.[668] In Ergänzung hierzu veröffentlicht der BACEN „Rundschreiben“ („Circular“) und „erläuternde Rundschreiben“ („Carta-Circular“). „Entsprechend den weitgehenden Befugnissen des CMN sind die vom BACEN erlassenen Resolutionen ebenfalls sehr umfassend und können von der Festlegung von Normen für bestimmte Bankgeschäfte (Produkte und Verfahren) über Publizitätsvorschriften bis zur Definition von kunden(gruppen)spezifischen Kreditlimiten reichen.“[669]

2.2 Der Banco Central do Brasil (BACEN)

Nach Kapitel III, Artikel 8 des Gesetzes wurde die SUMOC in den BACEN umgewandelt.[670] Er wird nach diesem Gesetz zwar als „autarke“ Einheit betrachtet, ist aber als *Durchführungsorgan* in der Geld- und Währungspolitik konzipiert. Er führt oder lässt diejenigen Maßnahmen ausführen, die ihm vom Gesetz oder von den Normen, die der CMN gesetzt hat, zugewiesen sind (Kapitel III, Artikel 9). Der Aufgabenkatalog des BACEN stellt eine

[664] Gesetz 4.595, Artikel 6, Absatz V. Vgl. für Details zu den Hintergründen der Auswahl des ersten Zentralbankdirektoriums auch NOGUEIRA (1993), S. 121 ff.

[665] Vgl. ALMEIDA (1992), S. 51.

[666] Gesetz 4.595 Artikel 6, Absatz IV. Die Anwesenheit des Industrie- und Handelsministers wurde für notwendig erachtet, da die Kaffeepolitik, für die er zuständig war, seinerzeit von großer Bedeutung für die Entwicklung der Geldmenge und damit für die Verabschiedung des „monetären Haushalts“ war.

[667] Mindestens sechs Mitglieder des CMN mussten bei Entscheidungen anwesend sein. Im Fall der Abwesenheit des Finanzministers übernahm der Industrie- und Handelsminister und in dessen Abwesenheit der Planungsminister den Vorsitz und erhielt ein entsprechendes Stimmrecht.

[668] Alle Maßnahmen der Zentralbank bedürfen der Zustimmung des CMN. In den formalen Sitzungen des CMN werden die Resolutionen und andere Entscheidungen des BACEN verabschiedet.

[669] SCHWOLGIN (1993), S. 56.

[670] Das erste Direktorium der Zentralbank – mit Dênio Nogueira als erstem Zentralbankpräsidenten – nahm seine Arbeit am 15. April 1965 auf.

Kombination regulativer, bankaufsichtsrechtlicher und exekutiver Funktionen dar. Dies sind im wesentlichen:

a) Emission und Bereitstellung von Bargeld für das Publikum;
b) Annahme und Verwaltung von Zwangseinlagen (Mindestreserven) und freiwilligen Liquiditätsreserven;
c) Bereitstellung von Rediskontfazilitäten;
d) Durchführung der (selektiven) Kreditkontrolle;
e) Durchführung der Kapitalverkehrskontrolle;
f) Wahrnehmung der Depotfunktion für die offiziellen Gold- und Devisenreserven des Landes;
g) Wahrnehmung der Bankenaufsichtsfunktion;
h) Durchführung von Offenmarktgeschäften;
i) Wahrnehmung der Funktion der Bank des Staates;
j) Verhandlung der Auslandsschulden des Landes;
k) Verwaltung der internen und externen Staatsverschuldung;
l) Durchführung der Wechselkurspolitik.

2.3 Der Banco do Brasil

Der Banco do Brasil behielt im Rahmen der 1964 gelegten Struktur des Finanzwesens – neben seinen Funktionen als größte Geschäftsbank des Finanzsystems – gewisse geld- und währungspolitische Exekutivfunktionen, wurde jedoch der Disposition des „monetären Haushalts“ unterworfen, der vom CMN verabschiedet und kontrolliert wurde.[671] Das bis 1964 bestehende Problem der Zwitterfunktion des Banco do Brasil wurde mit der Reform von 1964 also nicht gelöst. Zu seinen Aufgaben gehörten vor allem:

a) ebenfalls als Bank des Staates zu fungieren (Haltung der Steuereinnahmen, Durchführung der Zahlungen im Zuge von Staatsausgaben, Durchführung des konsolidierten Schuldendienstes). Er verwaltete daneben im Auftrag des Schatzamtes verschiedene Operationen, die außerhalb des regulären Budgets abgewickelt wurden; dazu gehörten die Kaffeeoperationen und die Durchführung des Mindestpreisprogramms für landwirtschaftliche Güter; Einnahmen für diese Operationen waren nicht im Budget enthalten; die Bank war entsprechend gehalten, diese unbegrenzt zu finanzieren;

[671] SIMONSEN (1974), S. 126, weist darauf hin, dass der Banco do Brasil so im Gegensatz zur Periode vor 1964 gezwungen wurde, sich als monetäre Autorität zu verhalten und nicht mehr als bloße Geschäftsbank.

b) als Entwicklungsbank (vor allem für Landwirtschaft und Industrie) zu fungieren;
c) Überschussreserven des Geschäftsbankensystems entgegenzunehmen;
d) Devisentransaktionen im Rahmen der Wechselkurspolitik nach Maßgabe des CMN vorzunehmen;
e) die Außenhandelspolitik durchzuführen (die Carteira de Comércio Exterior funktionierte weiterhin im Banco do Brasil);
f) Funktionen als Import- und Exportbank.

Die Tatsache, dass der Banco do Brasil in der hier betrachteten Zeitspanne Zentralbankfunktionen wahrnahm, führte dazu, dass die monetäre Basis nicht nur mittels der üblichen Kanäle expandieren konnte (Offenmarktpolitik, Devisenkauf, Staatsdefizite), sondern auch in Abhängigkeit von den Krediten des Banco do Brasil an den Privatsektor, der Mindestpreispolitik (es existierte ein staatliches Preisstützungsprogramm für zentrale landwirtschaftliche Exportprodukte wie Reis, Kakao Baumwolle, Zucker) und der staatlichen Kaffeepolitik.[672] Dies ist bei der Definition des Begriffs der monetären Basis zu berücksichtigen.[673] Da der Banco do Brasil keiner Mindestreserveforderung unterlag, wurden seine Kredite an den Privatsektor nur durch die Kreditquoten des CMN begrenzt.

3. Zur Frage der Unabhängigkeit der brasilianischen Zentralbank (1964 bis 1967)

3.1 Zur geld- und währungspolitischen Zielvorgabe im Bankengesetz von 1964

Die Frage, die sich hier im Hinblick auf die Unabhängigkeit der brasilianischen Zentralbank zunächst stellt, ist, welchen Rang das Ziel der Geldwertstabilität im Gesetz 4.595 gegenüber anderen wirtschaftspolitischen Zielen zugewiesen bekam. Deutlich wird zunächst, dass die Entscheidungsbefugnisse des CMN und die geldpolitischen Exekutivfunktionen des BACEN weit über die Bereiche Geld- und Währungspolitik im engeren Sinne und Funktionen der Bankenaufsicht einer Zentralbank hinausgehen.[674] Es handelte sich beim CMN letztlich um

---

[672] Vgl. PASTORE (1973a), S. 86.

[673] „Anders als in der Mehrheit der Länder, wo Geldschöpfung mittels Expansion der Einlagen nur durch den Geschäftsbankensektor erfolgt, geschieht dies in Brasilien simultan durch Geschäftsbanken und die Währungsautoritäten." Ebenda, S. 83. Dies ist deshalb möglich, weil der Banco do Brasil sowohl als Geschäftsbank als auch als „finanzieller Agent" der Währungsautoritäten fungiert. Da die Währungsautoritäten direkt Depositen der Nichtbanken halten (beim Banco do Brasil), müssen diese zur „monetären Basis" gerechnet werden. „Sie setzt sich entsprechend aus der Summe der Depositen der Nichtbanken beim Banco do Brasil, der Kasse der Geschäftsbanken, der Überschussreserven der Geschäftsbanken, die beim Banco do Brasil gehalten werden, den Mindestreserveeinlagen und schließlich der Bargeldhaltung der Nichtbanken zusammen." Ebenda, S. 83. Vgl. für eine Analyse der Faktoren der Expansion und Kontraktion der monetären Basis im hier betrachteten Zeitraum auch PASTORE (1973b und 1973c).

[674] Vgl. WORLDBANK (1994), S. 72.

die höchste Entscheidungsinstanz in der brasilianischen Wirtschaftspolitik, in der alle makroökonomischen Entscheidungen koordiniert wurden. Der Konzeption des brasilianischen Währungssystems laut Gesetz 4.595 lag weder die Idee der institutionellen Trennung der Geld- und Fiskalpolitik (beide Politikbereiche sollten im CMN „koordiniert" werden) noch einer Trennung geld- und entwicklungspolitischer Funktionen zu Grunde.[675] Das im Gesetz 4.595 formulierte Zielsystem ist insofern – vor dem Hintergrund der Erkenntnisse der modernen Währungsreformtheorie – eindeutig durch ein Übermaß an Funktions- und Zielzuweisungen an den CMN und den BACEN gekennzeichnet. Schon durch dieses komplexe Zielsystem war eine Politisierung der Geldpolitik auch nach 1964 vorauszusehen. Das Auftreten des „assignment problems" und von Zielkonflikten war damit vorprogrammiert.[676]

Das dem PAEG konzeptionell prinzipiell zu Grunde liegende Primat der Inflationsbekämpfung findet sich also nicht im Zentralbankgesetz wider. Zahlreiche Formulierungen in Kapitel II, Artikel 3 des Gesetzes spiegeln hingegen deutlich den Geist des „desenvolvimentismo" und damit auch den Eklektizismus im Denken von Roberto Campos und seiner Mitstreiter. Bezeichnend ist hier z.B. die Unbestimmtheit von Paragraph 3, Absatz I. Mit der Formulierung „Anpassung der Geldmenge an die realen Bedürfnisse und den Entwicklungsprozess" ist kein operationalisierbares geldpolitisches Ziel formuliert. Die expliziten Zielvorgaben einer Lenkung der finanziellen Ressourcen in strukturschwache Regionen und der Gewährleistung der „besten Verwendung ausländischer Devisen" sind eindeutige Reminiszenzen an das Planungs- und Interventionskonzept des „desenvolvimentismo". Die interventionistischen geld- und währungspolitischen Instrumente

[675] Die entwicklungspolitischen Funktionszuschreibungen an die Zentralbank haben zur Verwässerung des geldpolitischen Auftrags der Zentralbank geführt. „Die Entwicklungsfinanzierung wurde zu einer inflationären Finanzierung [...]." CAMPOS (1994), S. 667. „The questions of economic development and of reducing regional disparities should not be the central bank's concern [...]. Measures for improving the backward regions should be discussed in the sphere of the fiscal budget. This is the reason why discussions in the CMN and the Central Bank of Brazil range from the minimum price policy for agriculture to the regulation of car sales." FARIA (1996), S. 185. „There is no question that a substantial portion of the operations of monetary authorities consisted of operations that would have been better carried out by a development bank or done through the Treasury itself, e.g., administration of the agricultural minimum prices and buffer stocks. Yet the government preferred to use the moentary authorities, either through B. do Brazil lending and administration of the policies of minimum prices for agricultural products – or through B. Central, with development and agricultural loans (using financial institutions as its financial agents)." ALMEIDA (1992), S. 116.

[676] „Thus, following Tinbergen (1952) we argue that every policy instrument should be assigned to one policy target. To avoid assignment problems, there should be one agency for each policy objective that should decide independently from other agencies on its policy instruments. This has two advantages with respect to the objective of combating sever inflation. The most important argument in favour of the Tinbergen rule is that it is a strong signal that the government is serious about separating the economic policy areas; the temptation to aim at a double dividend (e.g. an increase in employment and stable prices) is resisted. Besides, the analytical problem of policymaking is neither under-determined nor over-determined. These considerations say nothing about the adequate monetary policy. Therefore, it is plausible to assume that the application of Tinbergen's consideration to have as many policy instruments as policy targets is a necessary, but not a sufficient condition for a satisfactory macroeconomic performance." FREYTAG (2000), S. 29.

der selektiven Kreditlenkung und der Devisenkontrolle wurden so explizit im Zentralbankgesetz festgeschrieben. Das Ziel der Vermeidung von Inflation wird in einem Atemzug mit dem Ziel der Vermeidung „konjunktureller Ungleichgewichte" und dem Ziel des „Zahlungsbilanzgleichgewichts" genannt.[677] Eine Rangfolge der genannten Ziele wird nicht deutlich. Es wird keine Aussage darüber gemacht, wie im Falle von Zielkonflikten zwischen den einzelnen hier genannten Zielen zu entscheiden ist. Es bleibt entsprechend ein enormer Spielraum für die konkrete Auslegung des Zielsystems. Durch eine eindeutigere Zielvorgabe auf das Ziel der Geldwertstabilität, eine deutliche Reduzierung der im Zentralbankgesetz genannten Ziele und eine klare institutionelle Trennung der Geldpolitik von der Fiskalpolitik und entwicklungspolitischen Zielsetzungen wären sicherlich sehr viel bessere Voraussetzungen dafür geschaffen worden, dass das Ziel der Inflationsbekämpfung in der Folgezeit auch gegen politischen Druck hätte durchgesetzt werden können. Insofern war die Unabhängigkeit der brasilianischen Zentralbank – ausgehend von den im theoretischen Teil entwickelten Kriterien – schon durch die Komplexität des im Gesetz 4.595 verankerten geld- und währungspolitischen Zielsystems eingeschränkt.

3.2 Funktionelle Unabhängigkeit

Angesichts der Hierarchie der monetären Instanzen, in dem der CMN das höchste Entscheidungsorgan bildet, wird klar, dass auch das Kriterium der funktionellen Unabhängigkeit nicht erfüllt ist. Die Zentralbank ist direkt an die Weisungen und Instruktionen des CMN gebunden.[678] In der ersten Phase des Bestehens des CMN waren die (stimmberechtigten) Vertreter der Zentralbank (4) den direkten (stimmberechtigten) Vertretern der Regierung (3) zwar zahlenmäßig überlegen. Nicht zuletzt durch den Vorsitz des Finanzministers im CMN und sein Vetorecht hatte die Regierung jedoch ein starkes Mitspracherecht in der Geldpolitik. Spätestens seit dem Antritt der Regierung Costa e Silva wurde der CMN sukzessive zu einem vollkommen von der Regierung kontrollierten Entscheidungsorgan.[679]

---

[677] Dem Text liegt somit offensichtlich die in den 1960er Jahren gängige – keynesianisch geprägte – Vorstellung zu Grunde, dass es möglich sei, konjunkturellen Fehlentwicklungen mit Hilfe der Geld- und Fiskalpolitik entgegenzuwirken.

[678] Kapitel III, Art. 9 des Gesetzes 4.595 legt fest: „Der Banco Central do Brasil hat die Vorgaben zu erfüllen, die ihm durch die gültige Gesetzgebung und die Normen des Conselho Monetário Nacional gemacht werden."

[679] Formale Abstimmungen wurden nun gar nicht mehr durchgeführt. Vgl. hierzu VIANNA (1982), S. 119.

3.3 Instrumentelle Unabhängigkeit

Auch *instrumentelle Unabhängigkeit* der im Dezember 1964 geschaffenen Zentralbank war nicht gegeben.

a) Die freie Wahl der geldpolitischen Instrumente war zunächst dadurch eingeschränkt, dass die Zentralbank nicht über das Instrument der Offenmarktpolitik verfügte.[680] Eine Sterilisierung außenwirtschaftlicher Einflüsse auf die monetäre Basis war so zunächst unmöglich. Die Implementierung eines adäquaten geldpolitischen Instrumentariums war darüber hinaus auch durch technische und statistische Probleme begrenzt. Der „monetäre Haushalt" stellte eine nur unzureichende und wenig transparente statistische Entscheidungsgrundlage für die Geldpolitik dar.[681] Zum Teil mangelte es selbst an den fundamentalsten Kommunikationsmitteln, die es auch zur Kontrolle des Geld- und Kreditvolumens immer bedarf.[682]

b) Wahrscheinlich noch gravierender aber war die Einschränkung der instrumentellen Unabhängigkeit der Zentralbank, die daraus resultierte, dass die Zentralbank auch nach 1964 noch geldpolitische Funktionen mit dem Banco do Brasil teilte: von einer Zentralisierung der geldpolitischen Kompetenzen konnte keine Rede sein.[683] Auf Grund der großen Verbreitung seiner Filialen war der Banco do Brasil zum Durchführungsorgan der Zentralbank bestimmt worden. Ein Spezialkonto, die „conta de movimento" („Bewegungskonto"), wurde zur Registrierung der Transaktionen zwischen den beiden Institutionen geschaffen. Die „conta de movimento" wurde zu

---

680 „Der Offenmarkt-Mechanismus wurde erst im Jahr 1966 systematisiert, als man schon das System der Geldwertberichtigung implantiert hatte [...]." CAMPOS (1994), S. 614.

681 „A monetary budget makes monetary policy more difficult because it ignores some instruments of monetary control as well as certain central banking functions; it also reduces the transparency of policies and encourages the misreporting and the manipulation of economic data by the authorities. The monetary budget model [...] has specific accounts for the key instruments of monetary policy, i.e. rediscounts, reserve requirements and credit by the monetary authorities. However it does not have a specific account for open market operations, since these were not introduced in Brazil until the late 1960s (much later than the budget model itself)." ALMEIDA (1992), S. 118. „It makes [it] easy to the Executive to finance its deficits and to give subsidies to specific sectors and areas, without public scrutiny by Congress and without public debate." Ebenda, S. 115-116.

682 „Die Unterentwicklung der Kommunikationsmittel war in jener Zeit einer der Faktoren, die die Laxheit der monetären und der Devisenkontrollen erklärten. Dênio Nogueira berichtet, dass eine der Schwierigkeiten der Installation der Zentralbank in der Inexistenz von Telexgeräten für die Kommunikation mit den Devisenplätzen und der Sammlung von Daten über die Entwicklung des Bankenkredits bestand. Die Vergabe von Konzessionen von Telexgeräten war rigide [...] rationiert worden." CAMPOS (1994), S. 671.

683 Der Hintergrund für diese Besonderheit der im Jahr 1964 installierten Geldordnung ist polit-ökonomischer Natur. Wie gesagt war der Banco do Brasil immer eine der wichtigsten politischen Kräfte, die eine Einführung einer (unabhängigen) Zentralbank verhindern konnten. Auch im Rahmen der Währungsreform von 1964 war er in der Lage, eine völlige Abtretung seiner geldpolitischen Funktionen an die Zentralbank zu unterbinden. Seine angestammte Funktion, die Mindestreserven zu halten und zu verwalten, hatte er verloren. Damit war ihm eine wichtige Einnahmequelle abhanden gekommen.

einem automatischen Rediskontfenster des Banco do Brasil.[684] Der Banco do Brasil blieb zudem fiskalischer Agent der Regierung. Er hielt und bewegte die Depositen des Schatzamtes. Ein weiteres Problem bestand darin, dass die Überschussreserven der Geschäftsbanken vom Banco do Brasil gehalten wurden.[685] In den ersten Jahren des Bestehens des BACEN (bis 1966) war zudem die Devisenabteilung im Banco do Brasil verblieben. Auch deshalb kam es zu einer unzureichenden Abstimmung der geldpolitischen Maßnahmen der unterschiedlichen – am Geldschöpfungsprozess beteiligten – Abteilungen.[686] Die im Dezember 1964 gegründete Zentralbank besaß auf Grund der Funktionsteilung mit dem Banco do Brasil nicht die volle Kontrolle über das Geldangebot und alle geldpolitischen Instrumente.[687] Erst im Jahr 1986 sollte der Banco do Brasil seine geldpolitischen Kompetenzen endgültig verlieren.[688]

c) Ein prinzipielles Verbot der Monetisierung von Staatsdefiziten (die ja die primäre Ursache der Inflation vor 1964 dargestellt hatte) existierte im Zentralbankgesetz nicht. Im Gegenteil: Artikel 49 sieht explizit die Möglichkeit vor, dass der BACEN dem Schatzamt Kredite gibt und Staatsschuldpapiere aufkauft. Kapitel II, Artikel 4 des Gesetzes sah lediglich vor, dass Kredite an das Schatzamt der vorherigen Zustimmung durch den CMN und das Parlament bedurften.[689]

d) Eine weitere Einschränkung der instrumentellen Unabhängigkeit war durch die Regeln des Bretton-Woods-Systems bzw. die Politik fester (aber anpassungsfähiger) Wechselkurse gegeben. Weder die Wechselkurssouveränität (also die Entscheidungskompetenz hinsichtlich der Wahl des Wechselkurssystems) noch die Entscheidungshoheit über Devisenmarktinterventionen gegenüber Fremdwährungen lagen bei der Zentralbank. Insofern waren Zielkonflikte zwischen einer Wechselkursfixierung und der Verfolgung eines binnenorientierten geldpolitischen Ziels (in Form eines Geldmengenziels) vorprogrammiert.

---

[684] Dieses Konto sollte eigentlich wöchentlich ausgeglichen werden, wobei 1% Zinsen auf die Salden dieses Kontos zu zahlen waren. Tatsächlich ist dies nie passiert. Die „conta de movimento" passte sich immer passiv an die Ressourcentransfers an den Banco do Brasil an.

[685] Die Wahrnehmung dieser geldpolitischen Funktion durch den Banco do Brasil war zunächst nur als Übergangsregelung gedacht, sie hatte sich jedoch im Laufe der Zeit zu einer Dauerlösung verfestigt.

[686] Vgl. SYVRUD (1974), S. 75.

[687] Angesichts dessen ist es sogar fraglich, ob man beim BACEN (in der Form, wie er bis 1986 existierte) überhaupt von einer Zentralbank sprechen kann. Artikel 19 des Gesetzes stipulierte, dass der CMN spezielle Fonds im monetären Haushalt sicherstellen musste, um die Landwirtschaftskredite des Banco do Brasil zu decken. „Article 20 included the Bank of Brazil's overall program in the monetary budget [...]." FARIA (1996), S. 190. Erst im Jahr 1986 wurden die landwirtschaftlichen Kreditoperationen aus dem monetären Haushalt eliminiert und in den Haushaltsansatz des Staatshaushalts aufgenommen. Vgl. ebenda, S. 191.

[688] Damit verschwand auch das System des „monetären Budgets". Vgl. ALMEIDA (1992), S. 115.

[689] Im Jahr 1971 war sogar dekretiert worden, dass die Zentralbank Staatsdefizite automatisch finanzieren musste (Ergänzungsgesetz Nr. 12 vom 8. November 1971).

3.4 Finanzielle Unabhängigkeit

Eine gewisse finanzielle Unabhängigkeit des BACEN war zwar insofern gegeben, als er über einen eigenen Haushalt verfügte. Auch dieser unterlag jedoch der Kontrolle durch den CMN.

3.5 Personelle Unabhängigkeit

Nach Gesetz 4.595 ist die brasilianische Regierung durch einen stimmberechtigten Minister (den Finanzminister), die Präsidenten des Banco do Brasil und des BNDE (beide stimmberechtigt) und zwei nicht-stimmberechtigte Minister (Planungsminister und Minister für Handel und Industrie) im CMN vertreten.[690] Der Finanzminister hat den Vorsitz des CMN. „Somit beschränkt sich die Position der Regierung bei der Entscheidungsfindung nicht auf eine Einflussnahme durch ihre Anwesenheit bei Sitzungen des CMN, sondern sie nimmt aktiv an der Formulierung der Geldpolitik teil."[691] Auch die Ernennungsmodalitäten des Zentralbankdirektoriums stärkten den Einfluss der Exekutive. Der Staatspräsident ernannte (und ernennt bis heute) – wenn auch nach Zustimmung des Senats – letztlich das gesamte Zentralbankdirektorium. Dadurch ist die personelle Unabhängigkeit der Zentralbank natürlich massiv eingeschränkt. Negativ zu werten ist auch, dass im Gesetz keine konkreten Aussagen über mögliche Gründe für eine Abberufung der Mitglieder des CMN gemacht werden. Die Möglichkeit einer Wiederwahl ist zudem explizit vorgesehen (Artikel 6, Absatz IV).[692] Eine eigene Vergütung für die Tätigkeit im CMN gab es nicht, so dass die beiden Vertreter des Privatsektors ihren privaten Tätigkeiten weiterhin voll nachgingen (bzw. nachgehen mussten).[693] Auch dies unterlief die personelle Unabhängigkeit dieses Gremiums. Dennoch:

---

[690] Schon durch die bloße Anwesenheit von Regierungsvertretern bei Sitzungen des geldpolitischen Entscheidungsgremiums ist die Autonomie der Zentralbank eingeschränkt. Vgl. GERSTENBERGER (2000), S. 43.

[691] Ebenda, S. 43. Der Finanzminister verfügte als Vorsitzender des CMN zudem über einen enormen Handlungsspielraum in der gesamten Wirtschaftspolitik. Er war in der Lage, die Besteuerung, Staatsausgaben und die Verschuldungspolitik auf allen Ebenen zu beeinflussen. Zollpolitik, Preiskontrollen, das Sozialversicherungssystem und Rohstoffinstitute, wie das Brasilianische Kaffee-Institut, wurden von ihm koordiniert. Als Vorsitzender des CMN hatte er zudem einen starken Einfluss auf den Bankensektor und die Regeln der Währungsordnung.

[692] Es ist lediglich festgelegt, dass, wenn ein Vertreter der Zentralbank von seinem Amt im CMN zurücktritt oder dort sein Mandat verliert, dies unmittelbar auch zum Verlust seines Mandats im Direktorium der Zentralbank führt (Kapitel II, Artikel 14, Absatz 2).

[693] Kritisch zu sehen ist auch, dass im Gesetz 4.595 keine Vorkehrungen gegen einen Missbrauch des im CMN vorhandenen Wissens über zukünftige wirtschafts- und geldpolitische Entscheidungen durch die Vertreter im CMN getroffen wurden: „ [...] in the Brazilian legislation there were no provisions regarding conflict of interest – apparent, potential or actual – despite the fact that the two independent members would have access to information that could be exceedingly useful to them in their private business affairs. It was obvious that the Council might take decisions which could directly affect the private interests of the Council members, all of whom would own stock and even hold a controlling interest in private business, including financial institutions. Also, no one thought it might be considered unfair competition to have two members of the private sector with

Im Hinblick auf das Kriterium der personellen Unabhängigkeit kann der brasilianischen Zentralbank zwischen März 1965 und März 1967 eine gewisse Autonomie zugesprochen werden. Folgende Argumente können hierfür angeführt werden: Die Mitglieder des CMN und des Zentralbankrats wurden primär nach fachlichen Gesichtspunkten ausgewählt.[694] Von den neun Stimmberechtigten waren neben den drei direkten Vertretern der Regierung vier Vertreter des Zentralbankdirektoriums und zwei Vertreter der Privatwirtschaft (Bankensektor) im CMN präsent. Das Gesetz war insofern durchaus „von der Intention geprägt, im CMN Personen eine Mehrheit zu geben, die nicht direkt der Regierung angehören."[695] Positiv zu werten ist zudem, dass die Amtszeit der Zentralbankvertreter gegenüber den Regierungsvertretern relativ lang bemessen war und sie – im Gegensatz zu den Regierungsvertretern, die ad nutum entlassen werden konnten, über ein festes Mandat von 6 Jahren verfügten.[696] Ihr Mandat war damit länger als eine Legislaturperiode (von 5 Jahren).[697] „In this way, the directors of the Central Bank would have some degree of independence from the Monetary Council and from the minister of Finance, since they could not be fired as members of the council."[698] Der erste Zentralbankpräsident (Nogueira) berichtet, dass dies der Zentralbank innerhalb des CMN und den hier getroffenen Entscheidungen einen großen Handlungsspielraum gegeben habe. Die Positionen der Zentralbankvertreter konnten so vor den Sitzungen des CMN festgelegt und im CMN durchgesetzt werden.[699] „Relatively speaking, the Central Bank board wielded considerable power at that time: (...) Everything seemed to be proceeding smoothly in early 1965; after years of acrimony, a reasonably independent central bank was coming to Brazil."[700]

---

access to matters that the Council deemed so confidential that most of its minutes have not been made public to this day. [...] These reasons might explain why tremendous pressure subsequently began to develop from the private sector for increased representation on the Council, despite the obvious fact that private sector representatives wielded little real power in a collegiate body heavily dominated by the public sector." ALMEIDA (1992), S. 52-53.

[694] Eingeschränkt wird das Kriterium der fachlichen Qualifikation durch das Kriterium, dass auch die unterschiedlichen Regionen des Landes bei der Besetzung des CMN berücksichtigt werden sollen (Artikel 6, Absatz IV, Paragraph 6). In der Praxis war das erste Zentralbankdirektorium aus den Führungspersönlichkeiten der SUMOC zusammengestellt worden.

[695] VIANNA (1982), 108.

[696] Gleiches galt für die Vertreter der Privatwirtschaft.

[697] Ursprünglich war für die Vertreter der Direktoren des CMN ein Mandat von fünf Jahren vorgesehen. Es war der Staatspräsident Castello Branco selbst, der auf einer Mandatszeit von sechs Jahren bestanden hatte, um so eine größere Unabhängigkeit des Direktoriums des CMN zu gewährleisten. Vgl. NOGUEIRA (1993), S. 117.

[698] ALMEIDA (1992), S. 51.

[699] „Die diskutierten Fragen waren zuvor schon in der Zentralbank entschieden worden. Als Präsident der Zentralbank, mit dem Direktorium an meiner Seite, setzte ich mich – wenn ich wollte – gegen den Finanzminister durch. Ich hatte einen Währungsrat geschaffen, in dem ich sogar den Minister dominierte. Ich beherrschte nicht die Fiskalpolitik, aber wenn ich mich weigerte, das Staatsdefizit zu finanzieren, würden die Kosten der Staatsschuld in die Höhe schnellen." NOGUEIRA (1993), S. 118. „Wie gesagt, in seinem ursprünglichen Format konnte sich der BACEN auf Grund der personellen Unabhängigkeit, die seiner Direktoren mittels fester Mandate gegeben wurden, gegen die expansionistische Furie wehren." CAMPOS (1994), S. 669.

[700] ALMEIDA (1992), S. 54-55. Eine ähnliche Einschätzung findet sich bei Ronci: „Therefore, the monetary authority had a fairly influential say on policy affairs in that time. As a matter of fact, the central bank governor

Allerdings muss gesehen werden, dass es unter der Regierung Castello Branco nie zu einem ernsthaften Test der personellen Unabhängigkeit der Zentralbank kommen sollte. In der Zeit, als Bulhões – wie gesagt ein ausgewiesener Monetarist – Finanzminister und somit Vorsitzender des CMN war, hatte es keine fundamentalen Meinungsverschiedenheiten zwischen der Regierung und dem Zentralbankrat gegeben.[701] Zum ersten wirklichen Test der Stabilität und relativen Unabhängigkeit des Zentralbankdirektoriums sollte es erst mit dem Regierungswechsel im Jahr 1967 kommen. Ende 1966 ging man noch davon aus, dass die Zentralbankdirektoren auch nach einem Regierungswechsel der Militärs ihre Posten behalten würden. Der neue Staatspräsident Costa e Silva setzte sich jedoch über die Bestimmungen des Gesetzes 4.595 hinweg und forderte das erste Direktorium der Zentralbank auf zurückzutreten.[702] Dem Zentralbankdirektorium blieb keine Wahl.[703] Es trat am 31. März 1967 geschlossen zurück. Der relative Grad an personeller Unabhängigkeit des BACEN, der im Gesetz 4.595 verankert war, „hatte so ein melancholisches Ende gefunden und überlebte seinen ersten Test nicht."[704] „The test of independence confirmed that the Brazilian authorities could not tolerate a Central Bank whose board they had not appointed."[705] Die damit von Costa e Silva eingeführte Praxis, Zentralbankpräsidenten und -direktoren nach Belieben auszuwechseln und das gesetzlich verankerte Prinzip der Stabilität des Mandats des Direktoriums zu ignorieren, wurde in den folgenden Jahrzehnten zur Regel.[706] Der gewisse Grad an Unabhängigkeit, der der Zentralbank im Zentralbankgesetz von 1964 in personeller Hinsicht gegeben worden war, war damit ausgelöscht worden. Die Glaubwürdigkeit des in den Jahren 1964/65 installierten Geldwesens war so nachhaltig geschädigt worden. Während formal

---

voted against many measures that the Ministry of Finance put forward in the National Monetary Council." RONCI (1996), S. 205.

701 „Ich erinnere mich an keinen einzigen Fall, in dem es eine fundamentale Meinungsverschiedenheit gegeben hat. [...] Es war sehr einfach, das muss ich gestehen, einem Organ einer unabhängigen Geldpolitik vorzusitzen, mit Prof. Bulhões als Finanzminister." NOGUEIRA (1992), S. 121. „Under the leadership of Octavio Bulhões, the National Monetary Council gave every impression of being a cohesive and effective team. At least four other members of the council had been close associates of Bulhões at the University of Brazil or in SUMOC, of which he was superintendent prior to revolution. Dênio Nogueira, Central Bank president, and Casimiro Ribeiro, director in charge of monetary operations, were members of Bulhões and Planning Minister Campos' inner group of economic policy making." SYVRUD (1974), S. 75.

702 Versuche seitens Campos und Bulhões, den neuen Präsidenten von den Vorteilen einer (personellen) Unabhängigkeit der brasilianischen Zentralbank zu überzeugen, scheiterten. Campos berichtet, dass Costa e Silva auf das Argument, der BACEN sei „der Wächter der Währung", geantwortet habe: „Der Wächter der Währung bin ich." CAMPOS (1994), S. 669. Vgl. zur Verteidigung der Entlassung des kompletten Zentralbankdirektoriums durch Costa e Silva durch seine Berater in der zeitgenössischen Presse auch VIANNA (1982), S. 115.

703 Costa e Silva hatte sie vor folgende Alternative gestellt: Entweder sie würden geschlossen zurücktreten oder das Gesetz 4.595 würde komplett widerrufen werden. Vgl. NOGUEIRA (1993), S. 222.

704 CAMPOS (1994), S. 672.

705 ALMEIDA (1992), S. 55.

706 Schon der erste Zentralbankpräsident der Regierung Costa e Silva blieb nicht sehr lang im Amt. „Angesichts von Unstimmigkeiten mit der Regierung hinsichtlich der Implementierung von Maßnahmen zum Zweck der Zinssetzung wurde er gezwungen, zurückzutreten. Damit wurde unterstrichen, dass es sich dabei um einen Funktionär der Regierung und nicht um einen unabhängigen Geldpolitiker handelte." VIANNA (1982), S. 119.

weiterhin die im Gesetz 4.595 niedergelegte „Unantastbarkeit" der Mandate der Zentralbankvertreter im CMN fortbestand, wurde das Direktorium der Zentralbank in der Regel (spätestens) mit jedem neuen Regierungswechsel ausgewechselt.[707] Erst im historischen Rückblick zeigt sich, wie negativ sich diese frühzeitige Verletzung der Prinzips der Mandatsstabilität des Jahres 1967 auswirken sollte. Nach 1967 lässt sich eine enorme personelle Fluktuation an der Spitze der Zentralbank beobachten. Im gesamten Zeitraum seit der Gründung der brasilianischen Zentralbank (März 1965) bis heute (Juli 2002) zählt man nicht weniger als 24 Zentralbankpräsidenten. Damit beläuft sich die durchschnittliche Amtszeit eines brasilianischen Zentralbankpräsidenten auf 18,7 Monate.[708] Dies ist ein im internationalen Vergleich extrem niedriger Wert und attestiert der brasilianischen Zentralbank in dieser Hinsicht eine sehr geringe (tatsächliche) Unabhängigkeit.[709] Erst durch das Gesetz Nr. 6.045 vom Mai 1974 (Beginn der Regierung Geisel) wurde die seit 1967 bestehende Diskrepanz zwischen formaler Gesetzeslage und tatsächlicher Rechtspraxis hinsichtlich der personellen Unabhängigkeit aufgehoben, indem dem Staatspräsidenten nun auch formal das Recht gegeben wurde, den Zentralbankpräsidenten und Direktorium jederzeit ohne Anhörung des Senats (ad nutum) zu entlassen.[710] Bis heute existiert in Brasilien die Praxis, dass sich jeder neue Staatspräsident „seinen" Zentralbankpräsidenten und ein neues Direktorium ernennt.

Ein weiteres Mittel zur Beschneidung des Entscheidungsspielraums des Zentralbankdirektoriums in der Geld- und Währungspolitik, das seit 1968 zunehmend zum Einsatz kam, bestand in der sukzessiven Erhöhung der Zahl der Mitglieder des CMN.[711] Der Einfluss der

---

[707] Zwar war zwischenzeitlich (durch das Gesetz 5.362) das fixe Mandat der „Nicht-Regierungs-Vertreter" auf sieben Jahre erhöht worden. Dies geschah jedoch im Wissen, dass die fixen Mandate de facto keine Bedeutung hatten. Vgl. ALMEIDA (1992), S. 56. Eine Ausnahme bildete die relativ lange Amtszeit von Ernane Galvêas (Februar 1968 bis März 1974).

[708] Seit 1985, also seit der Redemokratisierung Brasiliens, hat sich die Fluktuationsrate stark erhöht. Seitdem gab es 16 Zentralbankpräsidenten; die durchschnittliche Amtszeit betrug damit seither 13 Monate. Vgl. die Tabelle 39 im Anhang der Arbeit.

[709] „Die wenigen internationalen Ländervergleiche, die Brasilien einschließen, attestieren dem Land in dieser Hinsicht entsprechend die schlechtesten Noten." GERSTENBERGER (2000), S. 45.

[710] Vgl. FARIA (1996), S. 183, und ALMEIDA (1992), S. 184. Gleichzeitig verloren die Zentralbankdirektoren ihr Stimmrecht im CMN.

[711] Im Jahr 1968 war die Zahl der Direktoren der Zentralbank auf fünf gestiegen, der CMN hatte nun als zwölf Mitglieder. Zwischen 1969 und 1971 bestand er aus 14 Mitgliedern (der Landwirtschaftsminister und der Innenminister kamen hinzu), zwischen 1972 und 1974 aus 15 Mitgliedern (ein Repräsentant der Privatwirtschaft war ausgetreten und die Präsidenten der Caixa Econômica Federal und des BNH waren aufgenommen worden). Im Jahr 1983 hatte der CMN 24 Mitglieder. Vgl. für eine detaillierte Darstellung der Entwicklung der Zusammensetzung des CMN in der Folgezeit NOGUEIRA (1993), S. 222 ff., und ALMEIDA (1992), S. 58 ff.

Exekutive im CMN konnte so zunehmend gestärkt werden.[712] „Das Ziel der Erweiterung des CMN bestand eindeutig in der Schwächung der Zentralbank."[713]

3.6 Der Grad der gesetzlichen Verankerung des (relativen) Unabhängigkeitsstatus

Die Episode der Entlassung des gesamten Zentralbankdirektoriums und der Mitglieder des CMN des Jahres 1967 hat exemplarisch deutlich gemacht, dass das im Jahr 1964 verabschiedete Zentralbankgesetz unter den Bedingungen des autoritären politischen Systems keine wirkliche Verhaltensrestriktion für die Exekutive in der Wirtschaftspolitik darstellte. Die im Jahr 1967 einsetzende Radikalisierung des politischen Systems (verbunden mit der Abwendung vom Ziel einer schnellen Redemokratisierung) reduzierte deshalb die Glaubwürdigkeit der Währungsreform erheblich. Unter den gegebenen politischen Bedingungen war ein Regieren am Parlament und am Gesetz vorbei – selbst wenn dieses von den Militärs selbst geschaffen worden war – möglich. Dieses Willkürprinzip war durch die Verfassung von 1967, die ein Regieren per Dekret ermöglichte, und die Radikalisierung des Systems mit dem AI-5 im Jahr 1968 noch gestärkt worden. Einmal erlassene Gesetze konnten nun durch Regierungsdekrete jederzeit außer Kraft gesetzt werden.[714] Es bedurfte jedoch noch nicht einmal eines Dekretes oder irgendeiner gesetzlichen Grundlage, um die personelle Unabhängigkeit des Zentralbankdirektoriums auszuhebeln. Es genügte das Wort des Staatspräsidenten.

3.7. Zwischenfazit

Die zwei wichtigsten Ziele der Währungsreform in engeren Sinne (Gesetz 4.595) bestanden im Selbstverständnis der Reformer – wie gesagt – darin, „auf dem Weg zur Etablierung einer Zentralbank einen Schritt weiter voranzuschreiten und den Währungsautoritäten größere Autonomie zu geben."[715] Einige Autoren bezeichnen die brasilianische Zentralbank, wie sie mit dem Gesetz 4.595 geschaffen wurde – insbesondere auf Grund der rechtlichen Vorgaben

---

[712] Durch das Gesetz Nr. 6.045 vom 15.Mai 1974 hatten die Direktoren der Zentralbank schließlich das ihnen gesetzlich zugesicherte (aber in der Praxis obsolete) fixe Mandat verloren.

[713] NOGUEIRA (1993), S. 223. Der politische Druck auf die Zentralbank und die Möglichkeiten für politische Interessengruppen, Einfluss auf die Geldpolitik zu nehmen, waren so stark erweitert worden.

[714] „The new constitution of June 24, 1967 gave unprecedented powers to the President of the Republic. In particular, its Article 81, V, stipulated that it was the President's privilege "to decide on the structure, characteristics, and functioning of the federal public administration." It was not thought, however, that this would mean that the hierarchy of laws would not be respected, which was to say that laws – including laws 4.595 and 5.362 – could only be changed by other laws, not by executive decrees, but the understanding of the government was different – it felt it could change almost any law related with public administration, after the 1967 Constitution, by an Executive Decree." ALMEIDA (1992), S. 56.

[715] MINISTÉRIO DE PLANEJAMENTO E COORDENAÇÃO ECONÔMICA (1965b), S. 193.

zur personellen Zusammensetzung des CMN –, als „unabhängig".[716] Diese Klassifikation scheint jedoch auf einer „speziellen" Deutung des Begriffs Zentralbankunabhängigkeit zu beruhen, die offensichtlich lediglich die formal-rechtlichen Bedingungen hinsichtlich der Zusammensetzung und Wahlmodi der Mitglieder des CMN und des Zentralbankdirektoriums als Grundlage für die Einschätzung der Unabhängigkeit einer Zentralbank zu Grunde legt.[717] Vor dem Hintergrund der in dieser Arbeit zu Grunde gelegten Begrifflichkeit besteht jedoch kein Zweifel daran, dass eine wirklich unabhängige Zentralbank in Brasilien zu keinem Zeitpunkt in der brasilianischen Geldgeschichte bestanden hat. Die brasilianische Zentralbank war – im Gegensatz zur Deutung Nogueiras – gar nie als eine wirklich unabhängige Zentralbank (zumindest nicht im Sinne der im theoretischen Teil der Arbeit abgeleiteten Definition des Begriffs) konzipiert worden.[718] Angesichts der Teilung geldpolitischer Funktionen mit dem Banco do Brasil ist sogar zweifelhaft, ob man im Zeitraum bis 1986 überhaupt von der Existenz einer Zentralbank in Brasilien sprechen kann.[719] Der CMN stellte immer in institutionelles Hindernis einer effektiven geldpolitischen Kontrolle dar.[720] Die Vermischung fiskalischer und monetärer Kompetenzen im CMN und seinen Exekutivorganen führte zu einem erheblichen Mangel an Transparenz. Der „monetäre Haushalt" verschleierte den geldpolitischen Prozess und die Quellen (insbesondere der fiskalischen und quasi-fiskalischen) der monetären Expansion. Das Prinzip der Rechenschaftspflicht war in diesem System nicht institutionalisiert, ein Faktum, das angesichts des besonderen politischen Kontextes der Reform nicht zu verwundern vermag. Vor diesem Hintergrund hatte das brasilianische Finanzsystem auch nach 1964 „[...] a propensity for excessive credit creation owing to its institutional structure, the government's borrowing necessities, and the political power of those who use and supply credit."[721] Insofern unterlag die 1964 gegründete Geld- und Währungsordnung – trotz der unbestreitbaren Fortschritte gegenüber der Ordnung, wie sie bis 1964 bestand – von Beginn an massiven Glaubwürdigkeitsdefiziten. Eine Regelbindung im Sinne der zuvor abgeleiteten Bedeutung des Begriffs wurde nicht etabliert. Es

[716] Nicht nur Vertreter der Regierung Castello Branco (wie Campos und Nogueira) vertreten diese These. Sie findet sich auch bei Ronci: „An autonomous Central Bank was established with powers to conduct monetary policy." RONCI (1996), S. 204-205. Vgl. auch TULLIO/RONCI (1996), S. 639.

[717] Es sei an dieser Stelle angemerkt, dass der brasilianischen Diskussion des Problems der Zentralbankunabhängigkeit eine sehr konfuse Terminologie zu Grunde liegt. Der Begriff der „Zentralbankunabhängigkeit" wurde und wird bis heute in Brasilien in einer sehr uneinheitlichen Weise verwendet. „Für einige ist die Frage der Unabhängigkeit praktisch reduziert auf die Definition der fixen Mandate für die Direktoren der Institution." CARVALHO (1995), S. 134.

[718] Auch den Währungsreformern war von Anfang an klar, dass die Zentralbank nicht mit Unabhängigkeit gegenüber der Regierung ausgestattet werden sollte. „[...] rather it should be subordinated to a Council where members of the Central Bank board would also participate, but in which they would not have the final say inasmuch as the Minister of Finance would retain veto power." ALMEIDA (1992), S. 183.

[719] Insofern ist WOGART (1974) S. 42, zuzustimmen, wenn er feststellt: „Die Wirkungen der Bankreform auf die Geldpolitik erwiesen sich jedoch als begrenzt. Die früheren Abteilungen des Banco do Brasil arbeiteten zwar offiziell für die Zentralbank, fühlten sich jedoch der älteren Institution stärker als der neuen verbunden."

[720] Vgl. ELLIS (1969b), S. 190.

[721] WELCH (1993), S. 182.

verwundert indes auch nicht, dass – wie noch zu zeigen ist – die im Rahmen des PAEG formulierten Geldmengenziele den Anforderungen an ein regelgebundenes Währungssystem nicht gerecht wurden. Eine Abweichung vom angekündigten (stabilitätsorientierten) Kurs führte auf Grund der politisch-institutionellen Konstellationen zu keinen Kosten für die Verantwortlichen der Geldpolitik.

B. Geldprozesspolitik und geldtechnische Maßnahmen

1. Ziele der Geldpolitik und die Entwicklung der Geldmenge

Die Durchführung der Geldpolitik und ihre „performance" unter der Regierung Castello Branco spiegelte die dargestellten institutionellen Probleme der Ende 1964 etablierten Geld- und Währungsordnung deutlich wider. Sie war in der Praxis – wie nicht anders zu erwarten – zunächst durch ein widersprüchliches Zielsystem gekennzeichnet. Zwar bestand das primäre Ziel der Geldpolitik in der Durchsetzung einer effektiveren Kontrolle der Expansionsrate der Geldmenge. Dieses Ziel wurde aber z.B. durch die Ziele der Kreditlenkung aufgeweicht.[722] Der IWF hatte die brasilianische Zentralbank bzw. den CMN auf die Bekanntgabe einer mit den fiskalischen Reformmaßnahmen konsistenten Zielgröße für die Geldmengenexpansion, d.h. auf die Strategie einer Geldmengenregel, festgelegt.[723] Für die ersten drei Jahre der Währungsreform wurden Geldmengenziele für das Wachstum von M1 von 70% (1964), 30% (1965) und 15% (1966) vereinbart. Schon bald stellte sich jedoch heraus, dass die Währungsautoritäten noch immer nicht über das notwendige Instrumentarium verfügten, um diese Geldmengenziele einzuhalten. Vielmehr sollte sich die Kontrolle des Geldangebots als das am schwierigsten umzusetzende stabilisierungspolitische Ziel des PAEG herausstellen.

[722] Kredite sollten von spekulativen und konsumptiven Verwendungen in produktive Sektoren gelenkt werden. Zur Erreichung des zweiten Ziels wurde eine große Anzahl von sektoralen und regionalen Programmen initiiert. Zu den wichtigsten Durchführungsorganen gehörten die Nationale Entwicklungsbank (BNDE), das Landwirtschaftskreditgesetz, durch welches 10% der Geschäftsbankeneinlagen in Landwirtschaftskredite kanalisiert wurden, das Exportkreditprogramm, das Nationale Wohnungsbauprogramm, gespeist mit Fonds aus der Sozialversicherung und das Entwicklungsprogramm für den Nordosten. Dieses selektive Kreditprogramm konterkarierte das Ziel der Begrenzung der Geldmengenexpansion. Der Kredit an den Privatsektor sollte (entsprechend der Wachstumsraten des BSP zu konstanten Preisen) bei gleichzeitiger Reduzierung des Kredits an den öffentlichen Sektor erhöht werden.

[723] Der IWF hatte - auf Grund seines berechtigten Interesses an Transparenz der geldpolitischen Maßnahmen – auf der Festlegung von Geldmengenzielen bestanden. In diesem Punkt mussten sich Campos und Bulhões den Forderungen des IWF beugen. "We need verifiable benchmarks" war die Begründung seitens des IWF. CAMPOS (1994), S. 614. Das Argument von Campos und Bulhões, dass es seinerzeit kein gesichertes Wissen gegeben habe, um statistische Relationen zwischen der Expansion der monetären Basis und dem Defizit einerseits und der Inflation andererseits herzustellen, wurde nicht akzeptiert. Vgl. ebenda, S. 613.

Tabelle 6: Entwicklung der nominalen Geldmenge (M1), ihre Veränderung gegenüber dem Vorjahr (in%) und die Entwicklung der Inflation 1964 bis 1971

	1964	1965	1966	1967	1968	1969	1970	1971
Geldmenge Ende des Jahres (Mio. NCr$)	5.191	9.104	10.637	14.931	21352	28.348	35.919	47.161
Veränderung gegenüber dem Vorjahr (in %)	86	76	17	40	43	33	27	31
Inflation (IGP-DI)	91,9	34,5	38,8	24,3	25,4	20,2	19,2	19,8

Quelle: BANCO CENTRAL DO BRASIL, Relatório und Boletim (verschiedene).

Während die vereinbarten Geldmengenziele in den Jahren 1964 und 1966 nahezu erreicht werden konnten, verlief die tatsächliche Geldmengenentwicklung vor allem im Jahr 1965 deutlich anders als geplant. Unter der nachfolgenden Regierung (Costa e Silva) wurde der im Jahr 1964 zunächst nur zögerlich und im Jahr 1966 sehr bestimmt eingeleitete monetäre Kontraktionskurs auf Grund wachstumspolitischer Überlegungen erneut aufgeweicht.[724] Das Ziel der (schnellen) Inflationsbekämpfung trat nun hinter die Ziele der Kreditlenkung und hinter ambitiöse wachstumspolitische Zielsetzungen zurück.[725] Von 1967 an war die Reduktion der monetären Expansionsrate sehr viel gradueller angelegt.[726] Man ging nun bewusst zu einer Strategie des „langsamen Gradualismus" über.

---

[724] Mit dem Antritt der Regierung Costa e Silva hatte sich die Rangfolge der geldpolitischen Ziele verschoben. Finanzminister Delfim Netto führte die industrielle Rezession Ende des Jahres 1966 und Anfang des Jahres 1967 auf die „zu restriktive Geldpolitik" zurück. „Although committed to continuation of the stabilization program, the Costa e Silva government's initial objective was to bring the economy out of the industrial recession. [...] Accepting the diagnosis of cost-push factors as the predominant cause of the recession and continued inflation, the Costa e Silva government embarked on an expansionary monetary policy." SYVRUD (1974), S. 81.

[725] „The Brazilian government has been perpetuating inflation (or has shown less concern about halting inflation) since 1967 in the belief that a degree of inflation facilitates the credit rationing system by which the government channels subsidized credit to priority sectors, industries, and firms." Ebenda, S. 92. „At the same time, however, the authorities have gradually improved the instruments for controlling the sources of fluctuations in primary reserve money and commercial bank credit and for mobilizing savings for investment purposes, so that by 1972 they were in a position, for the first time, to engage in effective monetary management operations without severely dampening economic growth." Ebenda, S. 94.

[726] Vgl. für eine detaillierte Darstellung der brasilianischen Geldpolitik zwischen 1967 und 1971 SYVRUD (1974), S. 81-94. Vgl. auch SIMONSEN (1967).

2. Die wichtigsten Faktoren der Geldschöpfung (1964-1966)

Folgende Tabelle stellt eine Zusammenfassung der wichtigsten Posten des monetären Haushalts dar. Die den Projektionen des PAEG und den Vereinbarungen mit dem IWF zu Grunde gelegten „Planwerte" für 1964 und 1965 werden hier der tatsächlichen Entwicklung gegenüber gestellt. Das Geldmengenziel des Jahres 1964 (von 70% Wachstum von M1 gegenüber dem Vorjahr) war mit einem tatsächlichen Anstieg des Geldvolumens von 86% nur verhältnismäßig leicht überschritten worden.[727] Die Entwicklungen des Jahres 1965 zeigen jedoch deutlich, wie schwierig es für die brasilianischen Währungsautoritäten vor dem Hintergrund der institutionellen und instrumentellen Defizite der Geld- und Währungsordnung war, die Faktoren der Expansion des Geldvolumens effektiv zu kontrollieren und die Erreichung der im „monetären Haushalt" veranschlagten Zielwerte zu gewährleisten. Die Expansion des Geldvolumens war mit 76% gegenüber dem Vorjahr mehr als doppelt so hoch ausgefallen wie ursprünglich geplant (30%). Dies obwohl die Kredite an das Schatzamt zur Deckung der Haushaltsdefizite sehr viel schneller eingedämmt werden konnten als angenommen.[728] Einen wichtigen (wenn auch noch begrenzten) Beitrag zu diesem Erfolg lieferte, erstmals in der brasilianischen Geldgeschichte, das Instrument der Offenmarktpolitik.[729] Ein Faktor, der dennoch zu einer erhöhten Finanzierungslast des öffentlichen Sektors beigetragen hatte, waren die expansiven Kaffeeoperationen.[730]

---

[727] Die leichte Überschreitung des Ziels war vor allem auf einen unerwarteten Überschuss in der Zahlungsbilanz zurückzuführen. Dass alle anderen Konten des „monetären Haushalts" ihre entsprechenden Ziele ziemlich genau erreichten, liegt auch daran, dass dieser erst im September 1964 abgeschlossen worden war. Auch die Ziele für den öffentlichen Sektor waren erreicht worden. Vgl. SYVRUD (1974), S. 76.

[728] Nachdem zunächst 698 Mio. Cr$ im „monetären Haushalt" für die Kreditvergabe an das Schatzamt veranschlagt worden waren, beliefen sich die tatsächlich gewährten Kredite im Jahr 1965 nur auf 265 Mio. Cr$.

[729] Wenn das Instrument der Offenmarktpolitik auch erst seit 1969 voll zum Zuge kommen und sich als effizientes Mittel der Sterilisierung der massiven Devisenzuflüsse erweisen sollte, konnte auch schon 1965 ein gewisser kontraktiver Effekt mittels Lancierung der indexierten Staatsanleihe (ORTN) erzielt werden. Das Haushaltsdefizit hatte in diesem Jahr 529,9 Mio. Cr$ betragen. 50% des Defizits konnten – überwiegend mit Hilfe der Platzierung der neu am Kapitalmarkt etablierten indexierten Staatsanleihe ORTN – durch Staatsverschuldung finanziert werden. Der Rest musste mit Hilfe von Krediten des Banco do Brasil finanziert werden.

[730] Zu den außenwirtschaftlichen Einflüssen auf das inländische Geldvolumen gehören in Brasilien seit der Jahrhundertwende die staatlichen Transaktionen zur Stabilisierung des Kaffeepreises und -marktes. Da der Umfang der monetären Transaktionen des „Reserve-Fonds zur Verteidigung des Kaffees" nicht nur von den Maßnahmen der Regierung (etwa eine Neufestsetzung der Ankaufspreise), sondern auch von exogenen Faktoren abhing (Klima, Produktions- und Nachfrageverschiebungen in anderen Ländern), ist dieser Bilanzposten typischerweise großen Schwankungen ausgesetzt. Im Jahr 1965 trug ein starker Rückgang der Nachfrage auf dem Weltmarkt und eine Rekordernte, welche von der Regierung aufgekauft wurde, zur Erweiterung der monetären Basis (um 131 Mio. Cr$) bei, nachdem im monetären Haushalt von einem kontraktionären Effekt der Kaffeeoperationen ausgegangen worden war. Vgl. hierzu genauer ebenda, S. 77.

Tabelle 7: Bilanz des Geldsystems 1964-1966 (in Mio. Cr$)

	1964		1965		1966
	Planziffern im „monetären Haushalt"	Tatsächliche Werte	Planziffern im „monetären Haushalt"	Tatsächliche Werte	Tatsächliche Werte
A) AKTIVA					
Finanzierung des staatlichen Defizits	+ 753,3	+ 743,0	+ 698,0	+ 264,6	+79,6
Kredite des Banco do Brasil an den Privatsektor	+ 610,4	+ 543,4	+ 343,2	+ 575,1	+ 829,0
Kredite der Privatbanken	+ 1071,5	+ 1018,0	+ 642,8	+ 1711,2	+ 1043,9
	+ 2435,2	+ 2304,4	+ 1648,0	+ 2550,9	+ 1952,5
B) PASSIVA					
Geldvolumen	+ 1954,7	+ 2398,6	+ 1417,1	+ 3913,3	+ 1532,6
Transaktionen im Außenwirtschaftssektor	+ 386,2	- 10,7	+ 388,7	- 1188,8	+ 107,6
Saldo anderer Konten	+ 94,3	- 83,5	-121,8	173,6	+ 312,3
	+ 2435,2	+ 2304,4	+ 1684,0	+2550,9	+ 1952,5

Quelle: Berechnet aus BANCO CENTRAL DO BRASIL, Relatório (1965 und 1966), CONJUNTURA ECONÔMICA (Februar 1967), Planziffern aus BANCO CENTRAL DO BRASIL, Boletim (verschiedene Ausgaben); die Kapitalbilanz enthält nicht die reinvestierten Gewinne. Vgl. auch WOGART (1974).

Eine Rekordernte „hatte die Regierung dazu gezwungen, 25 Mio. Säcke Kaffee aufzukaufen".[731] Auch die Kredite des Banco do Brasil an den Privatsektor waren leicht höher ausgefallen als geplant.[732] Beträchtliche Ankäufe von Reis im Rahmen des Mindestpreisprogramms mit dem Ziel, durch hohe Mindestpreise die Reisproduktion zu stimulieren, stellten eine weitere Quelle der exzessiven Ausdehnung des Geldvolumens dar. Während diese Landwirtschaftsprogramme zu ausgeprägten Abweichungen vom „monetären Haushalt" des Jahres 1965 führten, war die wichtigste Quelle der exzessiven monetären Expansion jedoch der enorme und völlig unerwartete Leistungsbilanzüberschuss und der damit

[731] CAMPOS (1994), S. 614.

[732] Vgl. für eine umfassende Darstellung der Ziele der Kreditpolitik an den Privatsektor und ihre Umsetzung nach 1964 SYVRUD (1974), S. 73 ff. und S. 90-94.

verbundene Nettodevisenzufluss.[733] Obwohl seit der Einführung der indexierten Staatsanleihe (ORTN) Offenmarktpolitik schon in begrenztem Ausmaß betrieben wurde, war dieses Instrument noch immer nicht zu einem voll einsatzfähigen geldpolitischen Instrument gereift, so dass dieses nicht ausreichte, um auch den unerwartet hohen Saldo der Leistungsbilanz zu sterilisieren.[734] Ein weiterer außenwirtschaftlicher Faktor, der zur hohen Liquidität der Geschäftsbanken beigetragen hatte, war die sog. Instruktion 289.[735] Der ernsthaft betriebene Versuch des Jahres 1965, eine kontraktive Geldpolitik durchzusetzen, war also vor allem an außenwirtschaftlichen Faktoren und der noch vergleichsweise geringen Effizienz des Instruments der Offenmarktpolitik gescheitert.

Die starke Expansion der Geldmenge im Jahr 1965 wurde von einigen Autoren auch auf die Entwicklung des – nicht direkt von den Währungsautoritäten zu kontrollierenden – Geldmengenmultiplikators zurückgeführt.[736] Im Rahmen dieser Interpretation wurde also implizit die Verantwortlichkeit der Währungsautoritäten für die Geldmengentwicklung des Jahres 1965 in Frage gestellt. PASTORE (1973a und 1973b) konnte jedoch nachweisen, dass, „obwohl die durch den Multiplikator induzierte Variation der Geldmenge nicht vernachlässigt werden kann, die Rate der Expansion der monetären Basis die dominante Komponente in der Geldmengenexpansion ist."[737] Die Daten zur Entwicklung der Geldmenge, der monetären Basis und des Multiplikators befinden sich im Anhang.[738] Sie zeigen, dass im Jahr 1965 die Fluktuationen des Multiplikators nicht besonders stark ausgeprägt waren. In gleicher Weise

---

[733] „The combination of a bold devaluation at the end of 1964 and weak investment demand reduced the 1965 import level to the lowest level since World War II." Ebenda, S. 78.

[734] „Der unerwartete Saldo in der Leistungsbilanz konnte auf Grund der Inexistenz des Offenmarkt-Mechanismus nicht sterilisiert werden. Der Offenmarkt-Mechanismus wurde erst 1966 systematisiert, nachdem das System der Geldwertberichtigung implantiert worden war [...]." CAMPOS (1994), S. 614.

[735] Unter der Regierung Kubitschek waren Swap-Geschäfte mit Wechselkursgarantie eingeführt worden, um ausländisches Kapital zu attrahieren. Kreditnehmer hatten sich so gegen die fortschreitende Abwertung des Cruzeiro abgesichert und Kassa-Geschäfte mit Termingeschäfte kombiniert. Die brasilianische Regierung hatte jedoch durch die Gewährleistung der Wechselkursgarantie in den traditionellen Swap-Geschäften erhebliche Verluste erlitten. Deshalb wurde die Instruktion 289 erlassen, die den Endkreditnehmern das Wechselkursrisiko und den Geschäftsbanken einen Teil der Rückzahlungsgarantie übertrug. Während die traditionellen Swap-Geschäfte 1965/66 ausliefen, nahmen die nach der neuen Regelung geführten Transaktionen zu. Durch diese wurde es brasilianischen Unternehmen ermöglicht, Kredite am internationalen Finanzmarkt aufzunehmen. Auf Grund der relativen Starrheit des Wechselkurses bzw. der einfach voraussehbaren Abwertungen (System der Maxi-Abwertungen) führte dies zu ausgeprägten Devisenspekulationen, die mit einer periodischen Expansion und Kontraktion des inländischen Geldangebots vor und nach Abwertungen verbunden waren.

[736] So wurde die übermäßige Expansion des Jahres 1965 von DELFIM NETTO (1966) als Folge der Veränderung der Kassenhaltung interpretiert. SIMONSEN (1970) hat sowohl die starke monetäre Expansion des Jahres 1965 als auch die des Jahres 1967, wie auch die starke Kontraktion des Jahres 1966 als Ergebnisse der Fluktuation der Kassenhaltung und der Überschussreserven der Geschäftsbanken interpretiert.

[737] PASTORE (1973b), S. 1014.

[738] Vgl. Tabelle 30 im Anhang. Eine detaillierte Analyse der Entwicklung der einzelnen Komponenten des Multiplikators und ihres Beitrags zur Entwicklung der Geldmenge findet sich ebenda, S. 1014-1033.

war auch die monetäre Kontraktion des Jahres 1966 aufs Engste mit dem Verhalten der monetären Basis verknüpft.[739]

Die monetären Entwicklungen des Jahres 1966 wurden zu einer politischen Kraftprobe für den 1964 eingeschlagenen Weg der Stabilisierung. „[...] frustration over their inability to reduce the inflation to the targeted 10 percent for 1966 provoked the Castello Branco team to impose an extremely tight monetary program during that year [...]."[740] Trotz der Beschränkung der Expansionsrate der Geldmenge (M1) auf 17% stiegen die Preise (IGP-DI) in diesem Jahr noch leicht stärker an als im Jahr 1965 (1966: 38,8%; 1965: 34,5%).[741] Erst im Jahr 1967 trug der restriktive geldpolitische Kurs Früchte, als die Inflation auf 24,3% sank. Die Währungsreformer von 1964 hatten nicht mit einer so starken Beharrungskraft der Inflation gerechnet.[742] Dennoch, das Geldmengenziel (von 15%) war nahezu erreicht worden. Das dritte Jahr der Administration Castello Branco wird deshalb hinsichtlich der Geldpolitik auch als das erfolgreichste bezeichnet. Die Kredite an den Staat konnten auf Grund einer gegenüber 1964 noch etwas gesteigerten Effizienz des Instruments der Offenmarktpolitik weiter gesenkt werden (auf 80 Mio. Cr$).[743] An die Stelle der Finanzierung des Haushaltsdefizits über die Notenpresse war also nun die Verschuldung auf dem Kapitalmarkt, in erster Linie durch Neuemission von Schuldverschreibungen, getreten. Die Kaffee-Operationen dieses Jahres waren stark kontraktionär.[744] Eine schwache Ernte – kombiniert mit einem Nettoverkauf von Reisbeständen im Rahmen des Mindestpreisprogramms – hatten ebenfalls kontraktionäre Effekte. Vor dem Hintergrund der soliden Fiskalpolitik dieses Jahres erhöhte die Regierung den Kredit an den Privatsektor gegenüber den beiden vorherigen Jahren (829 Mio. Cr$). Von außenwirtschaftlichen Transaktionen ging in diesem Jahr ein vergleichsweise geringer expansiver Effekt auf die monetäre Basis aus. Die Expansion der monetären Basis konnte in diesem Jahr auf knapp 22% beschränkt werden.

---

[739] Die monetäre Expansion des Jahres 1967 hingegen kann in der Tat zu einem relativ großen Anteil auf das Verhalten des Multiplikators zurückgeführt werden, wobei dieser wiederum maßgeblich durch die Mindestreservepolitik bestimmt war. Pastore klärt, woher die verbreitete Hypothese über die große Rolle des Multiplikators in der brasilianischen Geldpolitik herrührt. „Sie geht auf eine falsche Definition der monetären Basis zurück [...]", welche den Banco do Brasil zu den Geschäftsbanken zählt und ignoriert, dass dieser auch geldpolitische Funktionen übernimmt. Ebenda, S. 1018. Vor dem Hintergrund einer solchen falschen Definition der monetären Basis erscheinen die auf den Multiplikator zurückgehenden Variationen der Geldmenge tatsächlich sehr viel größer.

[740] SYVRUD (1974), S. 51.

[741] Die Erhöhung des Rediskontsatzes von 6% auf 22% hatte dazu beigetragen, die Expansion der Geldmenge auf 17% zu reduzieren.

[742] Vgl. PASTORE (1973a), S. IV.

[743] Das Haushaltsdefizit (von 588 Mio. Cr$) konnte in diesem Jahr also fast komplett durch Staatsverschuldung finanziert werden.

[744] Sie waren für eine Kontraktion der monetären Basis um 344 Mio. Cr$ verantwortlich.

3. Der geldpolitische Richtungswechsel seit 1967

Infolge der restriktiven Geldpolitik des Jahres 1966 kam es Ende 1966 und Anfang 1967 zu einer industriellen Rezession. Die starke Beharrungskraft der Inflation trotz der restriktiven Geldpolitik des Jahres 1966 wurde von Delfim Netto als Indiz dafür interpretiert, dass es sich bei der Inflation eher um eine Kosten- denn um eine Nachfrageinflation gehandelt habe. „Accepting the diagnosis of cost-push factors as the predominant cause of the recession and continued inflation, the Costa e Silva government embarked on an expansionary monetary policy."[745] Zwar wurde das Ziel der Eindämmung des Kredits an den Staat beibehalten. Der wesentliche Unterschied in der geldpolitischen Konzeption lag in der Reduktion der Geschwindigkeit des angestrebten Disinflationsprozesses. Man ging nun zu einer Strategie des „langsamen Gradualismus" über. Die Kredite an den Privatsektor sollten auch im Rahmen des neuen Konzepts proportional zu den Wachstumsraten ausgedehnt werden.

Nachdem das Jahr 1967 noch zahlreiche untypische Entwicklungen in der Geldpolitik und der Zusammensetzung der wichtigsten Faktoren der Expansion der monetären Basis aufwies, zeigte sich zwischen 1968 und Anfang der 1970er Jahre diesbezüglich ein relativ einheitliches Bild.[746] Um die spekulationsbedingten Zu- und Abflüsse ausländischer Devisen und deren unerwünschte Effekte auf die monetäre Basis zu eliminieren, ging man zu einem Wechselkurssystem des Crawling Peg über. Da die brasilianischen Zinsen in den folgenden Jahren immer über dem internationalen Zinsniveau lagen, erhöhten sich die Nettodevisenreserven seither kontinuierlich.

Abbildung 17: Entwicklung der Nettodevisenreserven in Mio. US$ (1955 bis 1976)

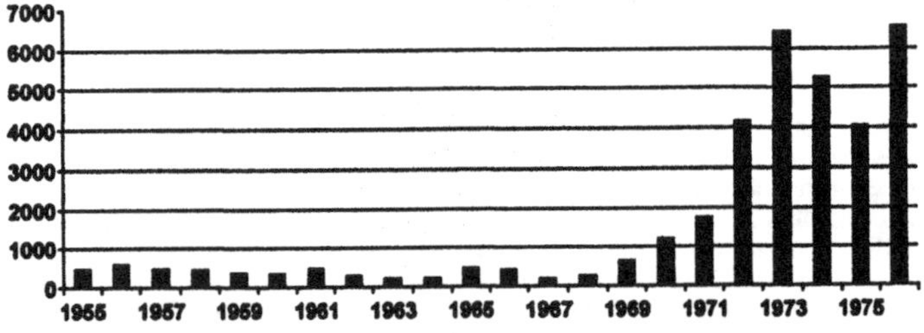

Quelle: CONJUNTURA ECONÔMICA (verschiedene).

---

[745] SYVRUD (1974), S. 81.

[746] Auf Grund verschiedener Faktoren hatten die Kredite an den Staat im Jahr 1967 erneut den wichtigsten Faktor in der Expansion der monetären Basis dargestellt. Vgl. ausführlich hierzu ebenda, S.82. Ein Zahlungsbilanzdefizit stellte in diesem Jahr – Folge des Programms der Importliberalisierung der Regierung Castello Branco – den einzigen gewichtigeren Faktor der Kontraktion der monetären Basis dar.

Der Anteil der Finanzierung des Staatsdefizits an der monetären Expansion fiel nahezu auf einen Wert von Null. Die Offenmarktpolitik hatte sich inzwischen (vor allem seit 1968) zu einem extrem effizienten Instrument zur Sterilisierung der expansiven Effekte starker und kontinuierlicher Kapitalzuflüsse entwickelt.[747] Die monetäre Expansion in der Periode seit 1969 (bis Mitte der 1970er Jahre) ist nahezu vollständig auf die Kredite des Banco do Brasil und den Netto-Devisen-Zufluss zurückzuführen.

3. Der Einsatz des geldpolitischen Instrumentariums

Die konkreten Ursachen der Schwierigkeiten, die formulierten Geldmengenziele einzuhalten, waren unterschiedlicher Natur. Eine Ursache lag in der mangelnden Unabhängigkeit der Zentralbank und der Widersprüchlichkeit des geldpolitischen Zielsystems. Zudem stand die Ausrichtung an Geldmengenzielen im Widerspruch zum System (quasi) fixer Wechselkurse. Bei der Ausarbeitung der „monetären Haushalte" hatte man zudem fälschlicherweise angenommen, dass von außenwirtschaftlichen Einflüssen keine größeren Wirkungen auf die monetäre Basis zu erwarten wären. Die Ineffizienz des geldpolitischen Instrumentariums stellte ein weiteres Problem dar. Die Diskontpolitik, die auch vor 1964 kaum eine stabilisierende Rolle gespielt hatte, wurde weiterhin eher pro- als antizyklisch durchgeführt. Von den vier im Jahr 1961 festgesetzten Diskontsätzen (4%, 6%, 8% und 10%) wurde im Jahr 1965 der höchste Satz auf 12% erhöht, die beiden mittleren wurden gesenkt (auf 4% und 6%) und der niedrigste blieb bei 4%. Im Januar 1967 wurden die Sätze stark angehoben, nachdem die Kreditnachfrage angesichts der Liquiditätsknappheit (Folge der starken Kontraktion des Jahres 1966) stark zugenommen hatte. Diese Erhöhung auf 22 bis 30% fand mitten in der zweiten Stabilisierungskrise statt, welche im dritten Quartal 1966 begonnen hatte und bis zum zweiten Quartal 1967 reichte.[748] Die Mindestreservepolitik verfolgte weniger quantitative als qualitative Ziele. Kredite sollten in benachteiligte Sektoren und Regionen gelenkt werden. Im September 1965 wurden die Mindestreservesätze erhöht, um der aus den Devisenzuflüssen resultierenden Ausweitung der Geldmenge entgegenzuwirken. Als die Geldexpansion zwei Monate später ein Maximum erreichte, wurden die Mindestreservesätze wieder verringert.[749] Auch nach 1965 blieb die Mindestreservepolitik das wichtigste Instrument der monetären und Kreditkontrolle. Die (zunächst nur eingeschränkte) Rolle der Offenmarkpolitik wurde schon mehrfach deutlich. Die erfolgreiche Einführung der staatlichen Schuldverschreibungen auf dem Kapitalmarkt unter der Regierung Castello Branco war ein enorm wichtiger Schritt, das geldpolitische Instrumentarium der Zentralbank zu erweitern und ihr einen größeren

[747] Vgl. PASTORE (1973a), S. 194.
[748] Vgl. WOGART (1974), S. 43.
[749] Gleichzeitig wurden frei gewordene Mittel in den entwicklungsschwachen Nordosten kanalisiert.

instrumentellen Handlungsspielraum zu geben. „Finally, in August 1968, under the third Central Bank president in four years, Ernane Galvêas, the Central Bank began to develop the ORTN into a short-term monetary instrument, offering the ORTN to financial institutions at a fixed price with maturities of sixty to ninety days and a guaranteed repurchase price.“[750] Erst seit Anfang 1970 wurden ORTN als effektives Instrument der Offenmarktpolitik eingesetzt.[751]

Das Jahr 1964 markiert im Rückblick in zweierlei Hinsicht einen deutlichen Wandel in der brasilianischen Geldpolitik. Bis ins Jahr 1964 stellte die monetäre Alimentierung von Staatsdefiziten den dominanten Faktor in der Bestimmung des Expansionspfads der Geldmenge dar. Obwohl Staatsanleihen („Letras do Tesouro“) lanciert wurden, war ihr kontraktionärer Effekt relativ klein. Eine Kontrolle der monetären Basis war mit ihrer Hilfe nicht möglich. Ab 1964 spiegeln sich die starken Bemühungen der Regierung Castello Branco um eine Sanierung der öffentlichen Finanzen in der Geldpolitik. Flankiert durch die (mittelfristig) erfolgreiche Erweiterung des geldpolitischen Instrumentariums um die Offenmarktpolitik wurde das Problem der fiskalischen Dominanz der Geldpolitik graduell unter Kontrolle gebracht.

4. Die Einführung des Cruzeiro Novo

Wie im theoretischen Teil gezeigt, stellt die Einführung einer neuen Währung u.U. eine wichtige geldpsychologische Maßnahme zur Erhöhung der Glaubwürdigkeit einer Währungsreform dar. Auch im Rahmen des PAEG wurde eine neue Währung eingeführt; allerdings erst am Ende der Regierung Castello Branco (10. Februar 1967). Gleichzeitig wurden im Rahmen des Währungsschnitts drei Nullen gestrichen und eine Abwertung von 22,3% vorgenommen.[752] Die Wahl des Zeitpunkts des Währungsschnitts war durch den gradualistischen Stabilisierungsansatz bedingt. Da die Währungsreformer mit einer relativ ausgeprägten Residualinflation gerechnet hatten – wenn auch nicht in dem Maße, wie sie tatsächlich eingetreten war –, hatte man sich gegen einen früheren Währungsschnitt entschieden. Zwei Gründe wurden hierfür angeführt. Erstens wollte man die neue Währung erst einführen, nachdem die Inflation unter Kontrolle gebracht worden war, um so die Glaubwürdigkeit des neuen Geldes zu stärken und eine starke, inflationsbedingte Abwertung der neuen Währung

[750] SYVRUD (1974), S. 87.
[751] Vgl. CAMPOS (1994), S. 643.
[752] Diese Maßnahme gab Anlass für starke Kritik seitens Gudins und der Presse, so dass Campos gezwungen war, diese öffentlich zu rechtfertigen. Gudin hielt den Zeitpunkt des Währungsschnitts angesichts der Tatsache, dass die Inflation noch nicht vollständig unter Kontrolle gebracht war, für verfrüht. Campos rechtfertigte die Maßnahme seinerzeit mit dem Argument, dass die wichtigsten Inflationsursachen mit der deutlichen Senkung der monetären Expansionsrate im Jahr 1966, durch die Senkung der Haushaltsdefizite und die institutionalisierte Lohnzurückhaltung schon unter Kontrolle gebracht worden waren. Vgl. ebenda, S. 1363.

zu vermeiden. Zweitens wäre der zentrale geldtechnische Vorteil eines Währungsschnitts, die Reduzierung der Rechenkosten, bei einer früheren Implementierung im Zuge einer ausgeprägten Residualinflation schnell wieder aufgezehrt worden.

C. Vorschriften für die Finanzintermediäre

Mit der Währungsreform von 1964 waren zwar in vielerlei Hinsicht enorme Fortschritte in der Effizienz des Systems der Finanzintermediation verbunden. So konnte das Problem der negativen Realzinsen durch die Einführung von Indexklauseln am Finanzmarkt gelöst werden und so auch die Ersparnisbildung stimuliert werden. Die Zentralbank hatte sich jedoch nicht aus der Unternehmensfinanzierung zurückgezogen. Eine Trennung von Zentral- und Geschäftsbankfunktionen war insofern nicht erfolgt. Sie reichte weiterhin zentralisierte Kredite direkt an Unternehmen und vergab Kredite an den Banco do Brasil, die mit Anweisungen über die Weitergabe dieser Kredite an bestimmte Unternehmen oder Sektoren zu vorgegebenen Konditionen verbunden waren. Die Staatsbanken knüpften ihre Kreditvergabe nur unzureichend an die Kriterien der Rentabilität und der Kreditwürdigkeit. Die Budgetrestriktionen des Banco do Brasil waren letztlich nicht effektiv gehärtet worden. Das Problem der verlustbringenden Kreditvergabe an marode Staatsunternehmen war nicht gelöst worden. Ein Verbot der Zentralbanksubventionierung existierte nicht, der Staat spielte nach wie vor die dominante Rolle im Finanzsystem, eine effektive Bankenaufsicht existierte nicht.[753] Eine Stärkung des Bankensystems, z.B. durch eine Marktöffnung für ausländische Banken, mit deren Hilfe bankenspezifisches Humankapital importiert und die Integration der nationalen Kapitalmärkte in den internationalen Kapitalmarkt gefördert worden wäre, wäre sicherlich wünschenswert gewesen.

D. Die Reform des Kapitalmarktes

Eine zentrale flankierende Maßnahme der Währungsreform bestand in der Reform des Kapitalmarktes. Wie im zweiten Teil der Arbeit deutlich wurde, war die finanzielle Intermediationsfunktion des Kapitalmarktes durch das Zusammenspiel von Inflation und finanzieller Repression im Vorfeld der Währungsreform von 1964 nahezu lahmgelegt worden. In der Ineffizienz des Kapitalmarktes hatte eine gravierende Restriktion einer stabilitätsorientierten Geldpolitik gelegen. Die Etablierung eines (effizienteren) Kapitalmarktes war also eine zentrale Voraussetzung für die Herstellung von Glaubwürdigkeit im Rahmen der Reform.

[753] Hierzu zählen die Vorgabe einer risikogewichteten Eigenkapitalquote, Mindestreservevorschriften und die Beschränkung der Kreditvergabe an einzelne Schuldner. Die Einhaltung dieser Vorgaben ist von einer Aufsichtsbehörde zu überwachen, und Nichtbefolgungen sind zu sanktionieren. Vgl. BUCH/KOOP/SCHWEICKERT/WOLF (1995), S. 128.

Tatsächlich bestand eine der wichtigsten institutionellen Reformen des PAEG in einer grundlegenden Reform des Kapitalmarktes.[754]

Die Reform des Finanzsystems hatte sich im Rahmen des PAEG zeitlich gesehen in drei Schritten vollzogen. Zunächst war mit dem Gesetz 4.380 im Jahr 1964 ein „Nationales Wohnungsbaufinanzsystem" („Sistema Nacional de Habitação") mit der Nationalen Wohnungsbaubank (BNH) im Zentrum dieses Systems geschaffen worden.[755] Das Gesetz 4.595 hatte die Struktur der monetären Autorität gesetzlich neu geregelt. Das dritte entscheidende Element der Reform des brasilianischen Finanzsystems war das Kapitalmarktgesetz (Gesetz 4.728) vom 14. Juli 1965. Zentrale Ziele der Reform bestanden darin, Anreize für die Ersparnisbildung zu schaffen, längerfristige Kontrakte zu ermöglichen, positive Realzinsen sicherzustellen, eine bessere allokative Effizienz der Ersparnisse zu erzielen, die verschiedenen Formen des Sparens zu fördern und eine größtmögliche Streuung des Wertpapierbesitzes zu erreichen.[756]

1. Maßnahmen

Die wichtigsten Neuerungen des Kapitalmarktgesetzes waren folgende:

1. Ein wichtiger Beitrag des Gesetzes bestand in der Etablierung einer effektiven Kontrolle des Finanzmarktes und der Platzierung neuer Finanzinstrumente durch die Währungsautoritäten.[757] Mit dem Gesetz 4.728 wurde den obersten Währungsautori-

---

[754] „The government turned to capital market reform as one of its major economic and social objectives." LEES/BOTTS/CYSNE (1990), S. 242.

[755] Ein substantieller Bestandteil der Reform des brasilianischen Finanzsystems zwischen 1964 und 1967 zielte auf den Immobiliensektor. Brasilien befand sich Mitte der 1960er Jahre in einer extremen Krise des Wohnungsbausektors. Der Kredit für Wohnungsbau war mit der Beschleunigung der Inflation Anfang der 1960er Jahre nahezu vollständig verschwunden. „At the time of the 1964 revolution, housing construction had virtually ceased. The Brazilian home financing institutions had long gone out of existence as their deposits dried up in the face of (...) inflation and controlled deposit rates. At the same time, controls on rents undermined incentives to invest in housing. The resulting stagnation in home construction intensified the traditional housing deficit. The Brazilian authorities estimated that, in 1964, eight million families, more than a quarter of the population, lived in sub-standard housing, and that the rapidly growing population added new housing requirements of 400,000 units per year." SYVRUD (1974), S. 257-258. Eine der ersten Maßnahmen der Regierung Castello Branco bestand deshalb in der Etablierung eines Wohnungsbaufinanzsystems. Ziel war es vor allem auch, niedrigeren Einkommensgruppen Zugang zu Krediten für den Erwerb von Wohnungseigentum zu ermöglichen und den Wohnungsbausektor wiederzubeleben. Die wichtigste Ressourcenquelle des BNH für die Kreditvergabe war der Zwangssparfonds, der FGTS (Fundo de Garantia por Tempo de Serviço), der im Jahr 1966 geschaffen wurde.

[756] Vgl. FILHO (1982), S. 90.

[757] „Perhaps the most important contribution of the Capital Market Law was its emphasis on registration and disclosure of information by companies whose securities are traded on the stock exchange. No new issue could be forthcoming until the issue was registered with the Central Bank. Firms were required to submit financial statements, through a financial institution or a registered independent accountant. Securities could be refused for registration if the Central Bank judged that the financial data was not accurate (...)." LEES/BOTTS/CYSNE

täten die Verantwortung übertragen, den Finanzmarkt zu regulieren (CMN) bzw. zu beaufsichtigen (BACEN). Das Gesetz sah vor, dass der CMN die minimalen Kapitalanforderungen für Maklerunternehmen festsetzte, ihre Aktivitäten regulierte, Regeln für die Börse etablierte und Börsenmaklergebühren reglementierte (Gesetz 4.728, Artikel 5-7). Die Publizitätspflicht für Kapitalgesellschaften wurde verschärft. Der Zugang zum Finanzmarkt und die Voraussetzungen einer Platzierung von Finanzmarktinstrumenten wurde geregelt.[758] Der Zugang von Unternehmen mit Zugriff auf ausländisches Kapital zum Finanzmarkt wurde reglementiert.[759]

2. Durch eine Etablierung offener Kapitalgesellschaften sollte eine Demokratisierung des Kapitals erreicht werden.[760] Steuerliche Anreize sollten die Bildung offener Kapitalgesellschaften fördern.[761]

3. Ebenso wichtig war, dass Investmentbanken als neue Institutionen an den Kapitalmarkt gebracht wurden. Das Ziel dieser Maßnahme war es, neue Ressourcen für mittel- und langfristige Finanzierungen zu generieren. „Under this law investment banks were authorised to carry on direct lending, purchase of shares, and issuance of guarantees. Also these institutions are empowered to engage in financial intermediation, underwriting of shares and bonds, stock brokerage, and management of mutual funds."[762] Mit der Zeit spielten Investmentbanken so eine zunehmend wichtige Rolle am Kapitalmarkt. Ein institutioneller Markt für Bonds und Versicherungen wurde eingerichtet; Investmentfonds konnten nach Autorisierung durch den BACEN gegründet werden.[763]

4. Andere Bestimmungen zielten darauf, die hohen Kreditkosten der Geschäftsbanken zu senken. Dazu wurde die Verzinsung von Giroguthaben gestrichen. Den Banken wurde die Möglichkeit eingeräumt, 40% ihrer Mindestreserven in geldwertberichtigten Staatsschuldverschreibungen anzulegen, sofern sie die Sollzinsen unter 24% p.a.

(1990), S. 245. Vgl. für einen Überblick über die institutionelle Struktur des brasilianischen Finanzmarktes Mitte der 1960er Jahre WELCH (1993), S. 69-77.

[758] Vgl. Genaueres hierzu im Gesetz 4.728 Artikel 16-17 und 19-21.

[759] Das Gesetz sah vor, dass der CMN und der BACEN in Zeiten von Zahlungsbilanzproblemen den Zugang von solchen Unternehmen beschränken können, die Zugang zum internationalen Finanzmarkt haben (Gesetz 4.728, Artikel 22 –24).

[760] „To qualify as an open capital company a significant proportion of the company shares must be held by the public. If the company qualifies both the shareholders and corporation receive special tax treatment. An early measure in this direction taken by the Castelo Branco government was the creation of a Fund for the Democratisation of Capital of Corporations (FUNDECE). In fact FUNDECE served more effectively as an agent of recapitalisation than of democratisation." LEES/BOTTS/CYSNE (1990), S. 245.

[761] Vgl. zu den steuerlichen Anreizen zur Förderung der Bildung offener Kapitalgesellschaften SIMONSEN (1974), S. 146.

[762] LEES/BOTTS/CYSNE (1990), S. 244.

[763] Die minimale Diversifikation dieser Fonds und die Verwaltung des Portfolios war ebenfalls im Gesetz 4.728 reglementiert worden.

hielten und eine jährliche Verminderung dieses Zinses um mindestens 1,5 Prozentpunkte gewährleisteten.

5. Die wichtigste Innovation des Kapitalmarktgesetzes bestand aber wohl in der Einführung eines Systems der Geldwertberichtigung am Kapitalmarkt.[764] Obwohl die Notwendigkeit positiver realer Zinssätze zur Förderung der Spar- und Investitionstätigkeit anerkannt wurde, wurde das „Wuchergesetz" aus dem Jahr 1933, das nominale Zinsobergrenzen von 12% stipuliert hatte, nicht abgeschafft.[765] Das System der finanziellen Repression wurde also im Rahmen des PAEG nicht aufgelöst. Man versuchte hingegen, die mit diesem System verbundenen Ineffizienzen zu bekämpfen und das Problem der negativen Realzinsen vor allem durch die Etablierung von Indexklauseln am Kapitalmarkt zu lösen. Eine der ersten Maßnahmen der Regierung Castello Branco im Rahmen ihres fiskalischen Anpassungsprogramms hatte in der Etablierung einer indexierten Staatsanleihe (ORTN) bestanden. Dies diente vor allem der Erweiterung des Verschuldungsspielraums der Regierung und damit der Eröffnung inflationsfreier Finanzierungsformen staatlicher Ausgaben. „The Capital Markets Law of 1965 extended the ORTN indexing rule to private debt instruments such as bills of exchange, corporate debentures, time deposits, and certificates of deposits. After the creation of the Housing Finance System in 1964, indexation was extended to its passbook saving accounts (cadernetas de poupança) and to housing bonds in 1966."[766] Zunächst war vorgesehen, dass die Geldwertberichtigung Anleihen mit einer Laufzeit von mindestens einem Jahr vorbehalten sei, später wurde die minimale Laufzeit jedoch auf 6 Monate gekürzt. Die zuvor beschriebenen Verzerrungen, die durch die finanzielle Repression und Zinskontrollen hervorgerufen worden waren, konnten so zu einem gewissen Teil abgebaut werden. Indexierte Finanzanlagen dominierten in den

---

[764] Geldwertberichtigungsklauseln waren unter der Regierung Castello Branco erstmals im Bereich der öffentlichen Verschuldung, durch die Einführung einer indexierten Staatsanleihe (ORTN), zur Anwendung gekommen. Die Erfolge mit der Anwendung der Geldwertberichtigung im Bereich der öffentlichen Verschuldung veranlasste die Regierung, dieses Prinzip auch auf die private Verschuldung auszudehnen. Die Anwendung der Geldwertberichtigung auf Bankeinlagen und Kredite war erstmals mit dem Kapitalmarktgesetz (4.728 vom 14. Juli 1965) gestattet worden. Die Reglementierung der Implementierung dieses Instruments war jedoch erst am 30. Juli 1966 mit der Herausgabe der Zentralbankresolution Nr. 31 erfolgt. Durch dieses Gesetz wurde der Einsatz von Geldwertberichtigungsklauseln auch für Operationen der Geschäftsbanken zugelassen. Mit Hilfe der Resolution Nr. 32 wurden sie auch im Rahmen von Operationen von Finanzierungsgesellschaften und Investmentbanken erlaubt. Vgl. auch WALD et al. (1970).

[765] „The banking reform law, promulgated in 1964, made the regulation of maximum interest rates the exclusive power of the Monetary Council, but the general understanding is, at least as long as the word „interest" is used, that the 12 percent annual limit is still in effect. The devices used to get around the usury law are innumerable, but all of them are based on some legal fiction that avoids the term „interest". As to the gold clause prohibition, it is still in operation in the sense that two parties in Brazilian territory cannot, for example, contract a loan in dollars. Nevertheless, credit operations with monetary correction have been permitted in numerous cases since 1964 and 1965. In these cases the 12 percent annual limit applies to the real, not the nominal, interest rate." SIMONSEN (1969), S. 134.

[766] WELCH (1993), S. 137.

folgenden Jahren den brasilianischen Finanzmarkt. „Financial asset indexation was perhaps the most significant institutional development to result from the 1964 reforms."[767]

2. Wirkungen

Das Kapitalmarktgesetz stellte eine wichtige und notwendige Stimulanz für die Entwicklung der brasilianischen Finanzmärkte dar.

1. Das kurzfristige Ziel der Einführung indexierter Wertpapiere (ORTN) war es, einen Markt für Staatsanleihen zu schaffen. Dieses Ziel ist erreicht worden.
2. Zentrales langfristiges Ziel der Einführung der Indexierung am Finanzmarkt bestand in der Erhöhung der Ersparnisbildung. Die Wirkungen des Kapitalmarktgesetzes auf die Ersparnisbildung werden allerdings unterschiedlich eingeschätzt. Einige Autoren vertreten die These, dass die mit dem Kapitalmarktgesetz geschaffenen Anreize für eine Ersparnisbildung eine wichtige Rolle in der Verbesserung der Sparquote Mitte der 1960er und in den 1970er Jahren spielten und sowohl die Qualität als auch die Allokation der Ersparnisse nach 1964 verbessert haben.[768] Die Kanalisierung von Ersparnissen in Investitionen mit Hilfe der indexierten Finanzinstrumente sei ein wesentlicher Bestandteil einer Erklärung der enorm hohen Wachstumsraten Ende der 1960er Jahre. Das System der Geldwertberichtigung habe einen großen Anteil an dieser positiven Entwicklung der Ersparnisbildung. Die Spareinlagen bei den brasilianischen Finanzinstitutionen stiegen in der Tat von 3,6% des Bruttosozialprodukts in den Jahren 1964/65 auf 6,1% im Jahr 1967. Allein im Jahr 1966 verdoppelte sich der reale Wert der Spareinlagen.[769] Kein Zweifel besteht daran, dass die Markttiefe (Liquidität) des brasilianischen Kapitalmarktes im Rahmen der Reform erweitert wurde. Insgesamt schufen die Reformen des Kapitalmarktes zwischen 1964 und 1966 einen „giant mechanism for government intermediation in financial markets. Many of the programs and saving funds [...] were essential to the large growth experienced by the Brazilian economy in the years to follow."[770] Das fundamentale Problem der

---

[767] Ebenda, S. 68.
[768] Vgl. NESS (1974) und NESS (1977).
[769] Ein langfristiger Trend zur Erhöhung der Ersparnisbildung im Verhältnis zum Bruttosozialprodukt auf Grund der Einführung der Indexierung am Finanzmarkt war jedoch nicht zu beobachten. „ (...) studies have shown that although financial savings increased after the introduction of indexation, private savings as a percentage of GDP were relatively insensitive to the introduction of indexation." WELCH (1993), S. 137. Vgl. für eine empirische Untermauerung dieser These ebenda, S. 141.
[770] WELCH (1993), S. 88.

hohen Kreditkosten im brasilianischen Finanzsystem wurde durch die Indexierung jedoch nicht gelöst.[771]

3. Die Transaktionen an den Börsen von Rio de Janeiro und São Paulo nahmen in Folge der Kapitalmarktreform zu; dies vor allem infolge des verbesserten Absatzes junger Aktien.[772] Die Börse war von Grund auf modernisiert worden. Der Aktienmarkt geriet im Rahmen der restriktiven Stabilisierungspolitik der Jahre 1966/1967 jedoch in eine Krise.[773] In der Zeit der Kreditexpansion der zweiten Jahreshälfte 1965 sanken die Zinsen und stiegen die Aktienkurse. Während der kreditknappen Periode 1964/65 und der zweiten Hälfte des Jahres 1966 fielen die Aktienwerte. Die hohen Zinsen führten gemeinsam mit der Kreditzurückhaltung zu einer enttäuschenden Entwicklung der Aktienmärkte. Deshalb wurden Anfang 1967 mit dem Dekret-Gesetz Nr. 157 neue steuerliche Anreize gesetzt. „Taxpayers were allowed to use part of their income tax liabilities to buy shares of Fiscal Funds. This was a new approach, recognising that for a time the capital market would have to be forced-fed with tax subsidies."[774] Folge war ein Boom des Aktienmarktes zwischen 1968 und 1972, mit einer steigenden Anzahl von Neuemissionen. Dieser mündete jedoch 1972 in einen erneuten „crash".[775]

4. Eine der wichtigsten Konsequenzen der Reformen von 1964 bis 1967 war, dass das brasilianische Finanzsystem im Hinblick auf die Quellen der Kreditvergabe an den Privatsektor zunehmend diversifiziert wurde. Der Anteil des Banco do Brasil und der anderen staatseigenen Geschäftsbanken fiel nach den Reformen kontinuierlich.[776] Dennoch blieb der Staat die im Finanzsektor dominierende Kraft.

5. Kein Zweifel besteht daran, dass die Reform des Finanzsystems zwischen 1964 und 1967 zum Wachstum des brasilianischen Finanzsektors beigetragen hat.

---

[771] „The basic problem with the Brazilian financial system, as with those in most developing countries, is the high cost of credit, which is due in part to market failures resulting from inflation and default uncertainty." WELCH (1993), S. 182.

[772] Vgl. WOGART (1974), S. 50.

[773] Vgl. für eine detaillierte Darstellung der Entwicklung des brasilianischen Aktienmarktes seit den 1960er Jahren WELCH (1993), S. 92 ff.

[774] LESS/BOTTS/CYSNE (1990), S. 246.

[775] Vgl. SIMONSEN (1974), S. 147, und WELCH (1993), S. 92 ff. Überhaupt ist der Beitrag, den die Aktienmärkte als Quelle für Investitionskapital gespielt haben, insgesamt als gering einzustufen. Vgl. hierzu WELCH (1993), S. 122.

[776] Hatte der Banco do Brasil im Jahr 1964 noch einen Anteil der Kreditvergabe an den Privatsektor von 32%, fiel dieser Anteil bis 1968 auf 22% und bis 1985 relativ kontinuierlich (mit einer leichten Erholungsphase zwischen 1975 und 1980) auf 10%. Der Anteil der anderen staatseigenen Geschäftsbanken fiel von 39% im Jahr 1964 auf 31% im Jahr 1968 und ebenso kontinuierlich auf 6% im Jahr 1984. Vgl. für eine ausführliche Analyse des Prozesses der Diversifizierung des Kreditangebots ebenda, S. 78-82.

Tabelle 8: Anteile der Sektoren am Bruttosozialprodukt (1949-1980)

	Landwirtschaft	Industrie	Dienstleistungen		
			darunter Handel	darunter Finanzsektor	insgesamt
1949	24,9	26,0	12,4	3,7	49,1
1959	19,2	32,6	14,4	3,2	48,2
1965	15,9	32,5	15,1	4,4	51,6
1966	13,3	33,5	15,2	5,0	53,2
1967	12,8	32,5	14,8	5,1	54,7
1968	11,7	34,7	15,3	5,0	53,6
1969	11,1	35,8	15,5	5,6	53,1
1970	10,1	35,9	15,6	5,7	54,0
1971	10,4	35,7	15,8	6,1	53,9
1972	10,5	36,1	16,1	6,3	53,5
1973	11,3	36,6	16,6	6,2	52,0
1974	11,5	37,9	17,3	6,0	50,6
1975	11,0	37,1	17,1	6,5	51,9
1976	12,8	35,7	16,8	7,6	51,6
1977	14,9	34,2	16,7	8,1	50,9
1978	13,5	33,4	16,1	8,4	53,1
1979	13,3	23,4	15,6	9,0	54,2
1980	13,0	34,0	16,1	8,6	53,0

Quelle: Fundação Getúlio Vargas, Contas Nacionais, übernommen aus WELCH (1993), S. 84.

In den 1950er Jahren war der Finanzsektor nur unterproportional zum Bruttosozialprodukt gewachsen.[777] Dies änderte sich seit Mitte der 1960er Jahre. Der Anteil des Finanzsektors am BSP stieg von 3,2% im Jahr 1959 auf 8,6% im Jahr 1980. Der Finanzsektor verdoppelte also seinen Anteil am BSP zwischen 1960 und 1980. Es war damit der dynamischste Sektor der brasilianischen Wirtschaft in der post-1964-Ära. „The post-reform financial system increased in importance both in terms of financing economic activity and in its participation in national income. It also became increasingly diversified as the monetary sector of financial markets came to dominate the financial system over the period."[778]

[777] Vgl. FILHO (1982), S. 182.
[778] WELCH (1993), S. 84.

Tabelle 9: Indexierte und nicht-indexierte Vermögenswerte im brasilianischen Finanzsystem 1965-1985 (in Mrd. Cr$)

	(A) Indexierte Vermögenswerte[1]	(B) Indexierte Vermögenswerte[2]	(C) Nicht-indexierte Vermögenswerte	(A)/(C)	(B)/(C)
1965	0,472	0,472	10,047	0,047	0,047
1966	1,488	1,488	11,592	0,128	0,128
1967	2,896	3,525	18,201	0,159	0,194
1968	5,163	7,065	27,188	0,190	0,260
1969	9,967	13,578	36,265	0,275	0,374
1970	14,672	20,712	48,784	0,301	0,425
1971	19,953	30,303	74,809	0,267	0,405
1972	30,452	48,195	112,023	0,272	0,430
1973	44,815	73,553	171,936	0,261	0,428
1974	75,630	25,961	216,001	0,350	0,583
1975	138,153	219,204	327,122	0,422	0,670
1976	225,320	364,029	459,210	0,491	0,793
1977	338,695	572,235	682,615	0,496	0,830
1978	509,300	889,657	1.034,269	0,492	0,860
1979	871,949	1.532,389	1.701,272	0,512	0,900
1980	1.740,362	2.960,503	2.597,702	0,670	1,140
1981	4.911,163	7.658,740	4.785,460	1,263	1,600
1982	13.134,220	19.236,150	9.055,077	1,451	2,124
1983	41.630,300	58.597,260	27.721,700	1,502	2,114
1984	156.805,500	212.590,552	87.254,700	1,797	2,436
1985	590.600,700	790.741,491	363.936,000	1,623	2,173

(1): Ohne indexierte Zwangssparfonds
(2): Mit indexierten Zwangssparfonds
Quelle: BANCO CENTRAL DO BRASIL, Boletim (verschiedene).

6. Eine der wichtigsten Innovationen der Reform des Finanzsystems bestand in der Schaffung indexierter Wertpapiere. Der ORTN folgten andere indexierte Anlageformen.[779] Nachdem die Indexierung einmal eingeführt worden war, wuchs – wie

[779] Die Indexbindung von Finanzmarkttiteln hat jüngst in theoretischen und empirischen Studien große Aufmerksamkeit erfahren. Die brasilianische Erfahrung ist besonders interessant, weil hier in Folge der Reformen von 1964/65 das weltweit umfassendste Indexierungssystem etabliert worden war. Der wichtigste Vorteil indexierter Anleihen besteht in der Eliminierung des Inflationsrisikos, wodurch die Risikoprämienkomponente in den Zinssätzen gesenkt werden kann. Die Kosten der Kreditaufnahme sinken also mit dem Einsatz von Indexklauseln.

Tabelle 9 zeigt – der Anteil der expost-indexierten Vermögenswerte am Gesamtvolumen der Vermögenswerte des Finanzsystems zunehmend.[780]

E. Die Reform des Wechselkurs- und Außenwirtschaftssystems

In keinem anderem Bereich der brasilianischen Wirtschaftspolitik war ein Wechsel des wirtschaftspolitischen Zielsystems und Instrumentariums im Jahr 1964 deutlicher als in der Wechselkurs- und Außenwirtschaftspolitik. Die wichtigsten im PAEG genannten Instrumente zur Umsetzung des neuen Außenwirtschaftskonzepts waren eine „realistischere" Wechselkurspolitik, ein Programm der Exportförderung, die Stimulierung von Kapitalimporten und ein neuer Ansatz in der Auslandsschuldenpolitik.[781]

1. Die Reform des Wechselkurssystems

Das brasilianische Wechselkurssystem vor 1964 war – wie dargestellt – traditionell durch vehemente Staatseingriffe gekennzeichnet. Die einzigen Konstanten in einer sonst permanenten Regeländerungen unterworfenen Wechselkursordnung waren seit dem Zweiten Weltkrieg die staatliche Fixierung des Wechselkurses (auf einem meist überbewerteten Niveau) und eine rigorose Devisenbewirtschaftung. Im PAEG sind die Ziele der Wechselkursreform folgendermaßen formuliert: „Die geplante Reform des Wechselkurssystems zielt darauf, die Nachteile der inadäquaten Politik zu korrigieren, die insbesondere seit 1961 verfolgt wurde und zur fortschreitenden Verschlechterung der Zahlungsbilanz und der Expansion der Auslandsverschuldung geführt hat. Das Hauptziel besteht in der Vereinfachung des bestehenden Systems durch eine Vereinheitlichung der Devisenoperationen in einem freien und flexiblen Devisenmarkt, der sowohl die internen und die externen Preise als auch die Marktbedingungen widerspiegelt."[782]

---

[780] Zunächst war die Nachfrage nach indexierten Wertpapieren gering gewesen. Die Wirtschaftssubjekte zogen es vor, in legale und illegale Wechsel (Duplicatas, Letras de Câmbio, Solawechsel) zu investieren. Erst durch die Aufdeckung der sog. „Wechselaffäre" der Mannesmann-Gruppe war die Glaubwürdigkeit dieser Wechsel nachhaltig untergraben worden, so dass im Jahr 1967 auf dem Kapitalmarkt ein Trend hin zu expost-indexierten Wertpapieren einsetzte. Die Nachfrage nach diesen nahm besonders mit den seit 1973 erneut steigenden Inflationsraten stark zu. Vgl. zur „Wechselaffäre" der Mannesmann-Gruppe Brasilien, durch die das Unternehmen in Brasilien Mitte bis Ende der 1960er Jahre in eine tiefgreifende (finanzielle und Vertrauens-) Krise geriet, die Dissertation von NELLIßEN (1996), S. 328-341.

[781] MINISTÉRIO DE PLANEJAMENTO E COORDENAÇÃO ECONÔMICA (1965a), S. 47-49. Das Aktionsprogramm hatte zunächst noch keine Liberalisierung des restriktiven Zollsystems vorgesehen. Die Notwendigkeit einer solchen Reform war erst 1966 zunehmend sichtbar geworden.

[782] Ebenda, S. 188.

1.1 Auflösung des Systems multipler Wechselkurse und die Austrocknung des Devisenschwarzmarktes

Schon im Jahr 1961 hatte ein Prozess der Vereinheitlichung des Wechselkurssystems begonnen.[783] Die „zwischen 1961 und 1964 bestehende politische und soziale Instabilität [...] hatte die Tragfähigkeit dieses Prozesses der Liberalisierung jedoch verhindert."[784] Vor diesem Hintergrund bestand eine erste große wechselkurspolitische Errungenschaft der Regierung Castello Branco in der Abschaffung des Systems multipler Wechselkurse. Zum Zeitpunkt der Machtübernahme durch die Militärs existierten drei verschiedene Devisenmärkte: a) ein Bankenmarkt, genutzt für die offiziellen Außenhandelstransaktionen, b) der sog. „câmbio manual" für touristische Zwecke und c) der Devisenschwarzmarkt.[785] Nun wurde ein einziger und freier Devisenmarkt etabliert.[786] Mittels Instruktion 270 der SUMOC vom 9. Mai 1964 verlor der Sonderwechselkurs von 600 Cr$ (Devisenankauf seitens der SUMOC) bzw. 620 Cr$ (Devisenverkauf) pro US-Dollar, der für Weizen, Erdöl- und Zeitungspapierimporte, für die Tilgung von staatlichen Auslandsschulden und für den Zucker- und Erdölexport gegolten hatte, an Gültigkeit. Diese Transaktionen wurden nun (mit Ausnahme der Importe von Erdöl und Erdölderivaten) in den freien Devisenmarkt verlagert. Der Banco do Brasil operierte nun mit den selben Wechselkursen wie die privaten Geschäftsbanken. Am Ende der Regierung Castello Branco waren nahezu alle wechselkurspolitischen Subventionen für Importgüter, Spezialwechselkurse für Exporte (außer Kaffee), und Zwangseinlagen für Importe und Finanztransaktionen abgeschafft worden.[787] „The exchange system presented to the Costa e Silva government in March 1967 was the most simplified and unified rate Brazil had experienced since 1952, and, more important, the maintenance of this rate did not require quantitative import restrictions, as they did in the earlier year, because of the more realistic rate."[788] Unmittelbare positive Konsequenz der Wechselkursreform war eine Austrocknung des Devisenschwarzmarktes. Nachdem sich die politischen und makroökonomischen Unsicherheiten zwischen 1961 und März 1964 deutlich in einem steigenden Devisenschwarzmarktagio gespiegelt hatten, sank der Aufpreis für den Dollar auf dem Schwarzmarkt mit dem Antritt der Regierung Castello Branco schnell.[789] Zwischen November 1964 und September 1967 bewegte sich das Agio stets bei Werten von nur leicht über Null Prozent.

---

[783] Vgl. hierzu PECHMAN (1984), S. 29.
[784] PECHMAN (1984), S. 29. Vgl. ebenda Details zur Wechselkurspolitik zwischen 1961 und 1964.
[785] Vgl. SUPLICY (1976), S. 32.
[786] Vgl. PECHMAN (1984), S. 34.
[787] Vgl. für eine vollständige Auflistung aller in diesem Zusammenhang ergriffenen Maßnahmen SYVRUD (1974), S. 188.
[788] Ebenda, S. 188-189.
[789] „Auf dem Devisenschwarzmarkt überstieg die Abwertung des Cruzeiro in wenig mehr als einem Monat 25%. Der Dollarwechselkurs stieg hier zwischen dem 25. Februar und dem 31. März von 1.370 Cr$ auf 2.000 Cr$." PECHMAN (1984), S. 34

Neben der Vereinheitlichung des Wechselkurssystems, der seit 1964 erhöhten Glaubwürdigkeit der brasilianischen Wirtschaftspolitik und der seither bestehenden politischen Stabilität hatte auch die Einführung der dollarindexierten Staatsanleihe (ORTN) zu dieser positiven Entwicklung beigetragen.[790]

Abbildung 18: Agio des Dollarwechselkurses auf dem Devisenschwarzmarkt (Nov. 1961 bis Dez. 1974)

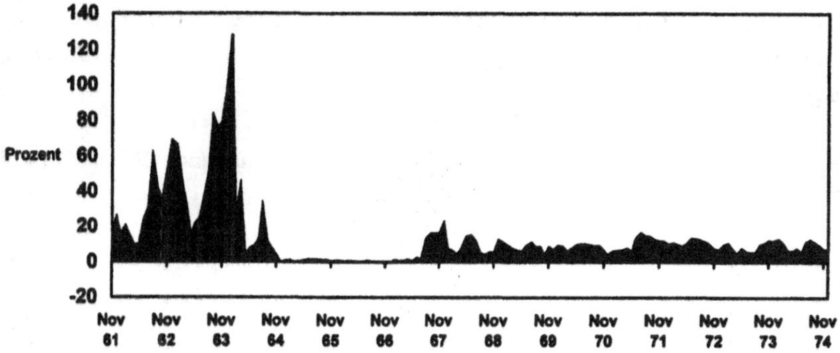

Quelle: ANDIMA (1994), vgl. die Daten in Tabelle 51 im Anhang.

1.2. Beginn des wechselkurspolitischen Realismus („realismo cambial“) in Brasilien

Das zweite zentrale Ziel der Wechselkursreform bestand in der Herstellung eines realistischeren Wechselkurses.[791] Diesem Ziel wurde zunächst durch die Einführung einer Politik der Maxi-Abwertungen Rechnung getragen.[792] Damit setzt eine neue Phase in der brasilianischen Wechselkurspolitik (in Brasilien als Phase des „realismo cambial“ bezeichnet) ein. Von nun

[790] Angesichts eines großen Vertrauens seitens der Investoren in die brasilianische Regierung und der hohen Rentabilität der brasilianischen Staatsanleihen kam es zu einem starken Kapital- und Dollarzufluss. Kredite zu jährlichen Zinsen von 4 bis 5% wurden in den USA aufgenommen und in Brasilien in ORTN angelegt. Das Wechselkursrisiko war bei dieser Anlageform durch eine Wechselkursgarantie der Zentralbank ausgeschaltet. Nach elf Monaten betrug die Rendite des Papiers in Dollar 50%. Dies war Anreiz genug für einen massiven Kapital- und Dollarzufluss, der ebenfalls zur Senkung des Devisenschwarzmarktagios beitrug. Vor diesem Hintergrund erklärt sich, warum der „Devisenschwarzmarkt in dieser Periode wenig nervös und das Agio quasi inexistent war.“ PECHMAN (1984), S. 36. „In August 1967, however, the monetary authorities took action tantamount to reestablishing the black market when they stopped selling dollars at the official rate to all customers.“ FASANO-FILHO (1987), S. 195.

[791] „In fact the so called „realistic“ exchange rate was considered the government's most important policy instrument for export expansion.“ Ebenda, S. 201.

[792] Roberto Campos hatte bei der Konzeption des PAEG zunächst eine noch stärkere Flexibilisierung des Wechselkurses vor Augen gehabt. Er konnte sich mit dieser Idee jedoch nicht gegen Bulhões durchsetzen, der argumentierte, dass ein flexiblerer Wechselkurs die Glaubwürdigkeit der Inflationsbekämpfung untergraben würde. Vgl. hierzu auch das Interview mit Roberto Campos im Anhang.

an sollten Wechselkursänderungen (und Nachfragemanagement) eine sehr viel größere Rolle beim Ausgleich der Devisenbilanz als jemals zuvor eingeräumt werden und die Instrumente der administrativen Wirtschaftslenkung und der Devisenkontrolle als die zentralen Mechanismen des Zahlungsbilanzausgleichs ersetzt werden.[793] Zum Zeitpunkt der Machtübernahme durch die Militärs stand der offizielle Kurs des Cruzeiro zum Dollar bei 1.200 Cruzeiros.[794] Zu den ersten Abwertungsschritten unter der neuen Regierung kam es in den Monaten August und September des Jahres 1964.[795] Die nächste Abwertung (um 13% auf 1.850 Cruzeiros) erfolgte erst 15 Monate später, im Dezember 1965. Der nächste Abwertungsschritt (von 16,6% auf 2.220 Cruzeiros) wurde ca. ein Jahr später, am 16. November 1966, zwei Wochen nach der Veröffentlichung des Institutionellen Aktes Nr. 2, vorgenommen.

Abbildung 19: Nominaler Dollarwechselkurs jeweils am Monatsende (Feb. 1961 bis Feb. 1972)

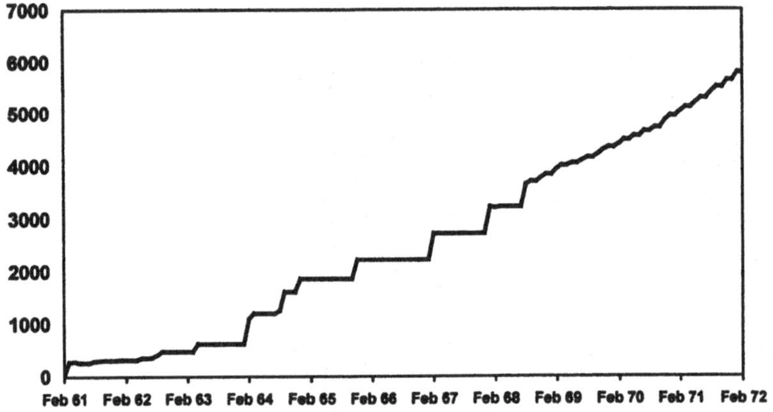

Quelle: ANDIMA (1994); Notierung: NCr$/US$, ab Feb. 1967: 1.000 Cr$/US$); vgl. die Daten in Tabelle 48 im Anhang.

Die letzte Abwertung (von 18,2%) unternahm die Regierung Castello Branco kurz vor Ende ihrer Amtszeit, am 13. Februar 1967 (2.715 Cruzeiros pro US-Dollar), zeitgleich zur

[793] Vgl. WACKER (1997), S. 9.

[794] Der Dollarwechselkurs des Cruzeiro, der seit April 1963 bei 620 Cruzeiros pro Dollar (Dollarverkaufskurs der Zentralbank) gestanden hatte, war am 27. bzw. 28. Februar 1964 auf 1.080 bzw. 1.090 Cruzeiros abgewertet worden. Im März 1964 wurde die brasilianische Währung in weiteren vier Abwertungsschritten auf 1.200 Cruzeiros abgewertet. Dies war der Kurs, der zum Zeitpunkt des Putsches am 31. März 1964 bestanden hatte.

[795] Am 13. August wurde der Wechselkurs auf 1.255 Cruzeiros und im September (in 10 Abwertungsschritten) letztlich (um 22%) auf 1.610 Cruzeiros abgewertet.

Einführung einer neuen Währung (dem Cruzeiro Novo) und einem Währungsschnitt (drei Nullen wurden gestrichen). Zwischen dem 31. März 1964 und dem 13. Februar 1967 war die brasilianische Währung gegenüber dem Dollar mit Hilfe des Systems der Maxi-Abwertungen so um insgesamt fast 56% abgewertet worden. Der Vorteil dieser wechselkurspolitischen Strategie wurde seinerzeit darin gesehen, dass der quasi-fixe Wechselkurs eine Ankerfunktion für die Inflationserwartungen übernehmen und das Problem der realen Überbewertung dennoch durch fallweise Abwertungen entschärft werden konnte.[796]

DONGES (1970) bewertet dieses System einer „in Grenzen gehaltenen Stufenflexibilität" im Rahmen des gradualistischen Stabilisierungsansatzes auf Grund der mit dem Stabilisierungsziel des PAEG im Einklang stehenden Ankerfunktion des Wechselkurses als „durchaus vernünftig".[797] Durch die Gewährleistung einer restriktiven Lohnpolitik hielten sich die inflationären Effekte der sporadischen Abwertungen in Grenzen. Dieses Wechselkurssystem hat sich jedoch auf Dauer als nicht tragfähig herausgestellt. Folgende Probleme führten zu seiner erneuten Reform im Jahr 1968:

1. Da die Inflationsraten auf Grund der gradualistischen Strategie zunächst auf einem vergleichsweise hohen Niveau verblieben waren, führte das Wechselkurssystems zu massiven – für wechselkursorientierte Stabilisierungsansätze typischen – Problemen. Dies waren (a) eine ausgeprägte reale Aufwertung der heimischen Währung (nach den Kriterien der relativen Kaufkraftparitätentheorie) gegenüber den USA und anderen wichtigen Handelspartnern in der Zeit zwischen den Abwertungen und (b) eine daraus resultierende Verschlechterung in der Handels- und Leistungsbilanz.[798] Der Anti-Export-Bias des Wechselkurssystems konnte deshalb unter der Regierung Castello Branco nur teilweise entschärft worden. Auch die Ankerfunktion für die Inflationserwartungen konnte dieses System auf Grund der sporadischen Abwertungen nur

[796] Der PAEG wurde von CALVO/VÉGH (1999) und VÉGH (1995) deshalb auch als ein *wechselkursorientiertes* Stabilisierungsprogramm gekennzeichnet.

[797] DONGES (1970), S. 5.

[798] Vgl. zu den typischerweise mit wechselkursorientierten Stabilisierungsprogrammen einhergehenden Problemen auch IMF (1996), S. 113. Untypisch für einen wechselkursorientierten Stabilisierungsansatz hingegen waren in diesem Fall die Wirkungen auf die wirtschaftliche Aktivität. Während im Kontext der Mehrzahl der jüngeren Beispiele für wechselkursorientierte Stabilisierungsprogramme eine Expansion der ökonomischen Aktivität in den ersten Jahren nach der Disinflation festgestellt wurde, war die Situation in diesem Fall durch ein relativ abrupte Reduktion der Wachstumsraten (besonders ausgeprägt im Jahr 1966) gekennzeichnet. Vgl. hierzu ebenda, S. 113.

unzureichend gewährleisten.[799] Aus beiden Problemen des Wechselkurssystems resultierten für die Währungsreform von 1964 Glaubwürdigkeitsdefizite.[800]

2. Zudem führte dieses System zu einer ausgeprägten Volatilität des realen Wechselkurses. Auch hierdurch wurde die Wettbewerbsfähigkeit der brasilianischen Exporte eingeschränkt, die Devisen- und Zahlungsbilanzrestriktion eher verschärft und die Glaubwürdigkeit der Reform untergraben.

3. Ein weiterer Nachteil des Wechselkursregimes, der seinerzeit auch zu erheblichen internen politischen Problemen geführt hatte, war die Tatsache, dass dieses System starke Anreize für *regelmäßige* und *destabilisierende* Spekulationswellen gegen den Cruzeiro setzte.[801] Die Zeitpunkte der Abwertungen waren auf Grund ihrer relativen Regelmäßigkeit leicht antizipierbar. Vor einer Abwertung kam es entsprechend zu starken Kapitalexporten.[802] Das Instrument, das vorwiegend für diese Kapitalexporte genutzt worden war, war die sog. Instruktion Nr. 289.[803] Durch die Repatriierung des Exportkapitals nach der Abwertung waren sichere Arbitragegewinne gegeben. Durch die Aufrechterhaltung positiver Realzinsen konnten zudem Zinsgewinne erzielt werden. Die mit dieser Politik verbundenen volatilen Kapitalströme stellten die Geld- und Kreditpolitik vor schier unlösbare Probleme.[804] Die Ineffizienz des Instruments der Offenmarktpolitik, mit dessen Hilfe die Effekte der Devisenspekulation auf die monetären Basis durch Sterilisierung hätten gemildert werden können, wurde nun besonders deutlich spürbar. Ein besonderes Problem bestand in diesem

---

[799] Weder die Vorteile eines automatischen Zahlungsbilanzausgleichs flexibler Wechselkurse noch der Vorteil eines Inflationsankers definitiv fixer Wechselkurse war also durch diese wechselkurspolitische Kompromisslösung gegeben.

[800] In der Tat waren die meisten nach 1964 in Südamerika implementierten (wechselkursorientierten) Stabilisierungspläne am Problem der realen Überbewertung gescheitert. „Prolonged periods of real exchange rate appreciation and growing current account deficits are seldom sustainable, especially when domestic and external shocks compound the problems." CALVO/VÉGH (1999), S. 16.

[801] „As the almost annual pattern of exchange devaluations emerged following the 1964 revolution, private businessmen began to engage more and more in short-term speculative exchange operations." SYVRUD (1974), S. 190.

[802] Kapital wurde über verschiedene Kanäle ins Ausland exportiert. Legale Möglichkeiten bestanden z.B. in der Verschiebung des Zahlungstermins im Rahmen von Exportdevisenkontrakten, der Vorauszahlung für Importgeschäfte und der frühzeitige Begleichung von Auslandsschulden.

[803] Sie ermöglichte es in Brasilien ansässigen Unternehmen, Auslandskredite mit einer Laufzeit von 180 Tagen oder mehr – zu den vergleichsweise günstigen Zinsen des Auslandes – zu erhalten. Dieses Kreditinstrument war noch von der SUMOC etabliert worden, um die zuvor (für die Währungsautoritäten verlustbringenden) Swap-Geschäfte zu ersetzen. Während die Swap-Geschäfte eine Wechselkursgarantie beinhaltet hatten, verfügten die Geschäfte mittels der Instruktion Nr. 289 nur über eine Konvertibilitätsgarantie zum jeweils vorherrschenden Wechselkurs (vorausgesetzt, Devisen waren vorhanden). Trotz des bestehenden Wechselkursrisikos waren diese Transaktionen auf Grund des außergewöhnlich hohen Zinsniveaus in Brasilien zwischen 1966 und 1967 profitabel. Da das Wechselkursrisiko zudem auf Grund der absehbaren Abwertungen zudem berechenbar geworden war, wurden diese Transaktionen umso profitabler.

[804] Dieses Problem war nach Aussagen von Finanzminister Delfim Netto das Hauptmotiv für die Einführung des Systems der Miniabwertungen im Jahr 1968. Vgl. ZINI JR. (1993), S. 117. Vgl. für eine detaillierte Beschreibung der geld- und kreditpolitischen Probleme SYVRUD (1974), S. 191 ff.

Zusammenhang darin, dass vor allem ausländische Großunternehmen mit hoher Kreditwürdigkeit auf Grund ihres leichteren Zugangs zum internationalen Finanzmarkt besonders von der Devisenspekulation profitieren konnten, während es vor allem brasilianische Unternehmen waren, die unter den periodischen spekulativen Zyklen und Perioden der Kreditknappheit litten. „This inequitable situation added fuel to the nationalist temper long existing in the Brazilian business community."[805]

Nach eigener Aussage von Delfim Netto (vgl. das Interview im Anhang), der für den wechselkurspolitischen Wechsel des Jahres 1968 verantwortlich war, waren es vor allem die geld- und kreditpolitischen Probleme, die aus diesen spekulativen Kapitalbewegungen resultierten, welche ihn im August 1968 dazu veranlassten, das System zu reformieren und (nach einer Abwertung des Cruzeiro gegenüber dem Dollar von ca. 12%) zu einem System der Miniabwertungen (Crawling Peg) überzugehen.[806] Brasilien verfolgte von diesem Moment an – letztlich bis ins Jahr 1994, lediglich unterbrochen durch sporadische Maxi-Abwertungen und vorübergehende Fixierungen des Wechselkurses im Rahmen heterodoxer Stabilisierungspläne – eine Politik „diskretionär-gleitender Wechselkurskorrekturen in Abwertungsrichtung".[807] Brasilien war in dieser Hinsicht Pionier und hatte früher als die meisten anderen Ländern (sowohl Entwicklungs- als auch Industrieländer) erkannt, dass es notwendig war, das System von Bretton-Woods im Sinne einer Herstellung von größerer Wechselkursflexibilität zu reformieren. Das System der Indexierung, das im Rahmen des PAEG Eingang in die brasilianischen Gesetzgebung gefunden hatte, war damit auch auf den externen Sektor übertragen worden. Die Erhaltung eines bestimmten Kaufkraftparitätenniveaus bzw. eines konstanten realen Wechselkurses wurde so zum wichtigsten Kriterium der Wechselkurspolitik.[808]

---

805 Ebenda, S. 192.

806 Insofern kann man Donges wohl nicht zustimmen, wenn er behauptet, „der Hauptgrund" für die Einführung des Crawling Peg-Systems habe darin bestanden, „dem Umschalten von binnenmarktorientierter auf exportorientierter Entwicklungsstrategie wechselkurspolitisch Rechnung zu tragen." DONGES (1970), S. 6.

807 DONGES (1970), S. 1. Obwohl die Regierung die Wechselkurspolitik nie offiziell an eine formale Regel gebunden hatte, befolgte sie offensichtlich eine Politik, in der die von der Zentralbank vorgenommenen Abwertungen des Cruzeiros der Differenz der heimischen Inflation (gemessen am Allgemeinen Preisindex IGP-DI) und der internationalen Inflation entsprachen. Offensichtlich in der Absicht, Devisenspekulationen nicht zusätzlich zu stimulieren, haben die Währungsautoritäten nicht angekündigt, in welchen Zeitabständen Wechselkurskorrekturen vorgenommen werden würden. Zwischen dem 27. August 1968 und dem 14. Dezember 1973 wurden so insgesamt 42 Abwertungen von (nominal) durchschnittlich 1,45% vorgenommen. In diesem Zeitraum war durchschnittlich alle 46 Tage eine Mini-Abwertung durchgeführt worden. In der Regel hinkte der Abwertungsrhythmus allerdings hinter der Inflationsentwicklung zurück, weshalb dieses System von verschiedenen Autoren auch als „Trotting Peg" bezeichnet wurde. Vgl. ZINI JR. (1993), S. 117 und DONGES (1970), S. 7. Das System der Mini-Abwertungen wurde erstmals im Rahmen des Stabilisierungsplans Plano Delfim I (Dezember 1979) durch eine 23%-ige Abwertung unterbrochen. Nachdem dieser Plan gescheitert war ging man jedoch wieder zum Crawling Peg über.

808 Vgl. zum Begriff und zur Messung des realen Wechselkurses FELDSIEPER (1983). Ein zweites Kriterium der Wechselkurspolitik bestand in der Aufrechterhaltung einer positiven Realzinsdifferenz gegenüber dem Ausland. „Auf diese Weise sollen unerwünschte kurzfristige Kapitalbewegungen ausgeschaltet und soll

Das Crawling Peg-System war den starren (anpassungsfähigen) Wechselkursrelationen, wie sie in den Statuten des Bretton-Woods-Systems vorgesehen waren, und der Politik der Maxi-Abwertungen seit 1964 eindeutig überlegen.[809] Mit dem Crawling Peg-System war zunächst eine Regel in der Wechselkurspolitik etabliert worden, die eine Politisierung der Wechselkurspolitik unterband.[810] Zudem konnte eine Drosselung des Wachstumstempos und des Beschäftigungsgrads aus Zahlungsbilanzgründen so, bei der in Brasilien im Vergleich zum Ausland nach wie vor höheren Inflation, durch die Gewährleistung einer angemessenen Preisparität für brasilianische Produkte auf den Weltmärkten verhindert werden. Weiterhin positiv zu werten ist, dass mit Hilfe dieses Systems eine erstaunliche Stabilität der realen Wechselkurse (sowohl des effektiven als auch des bilateralen Dollar-Wechselkurses) seit 1968 (bis zur ersten Maxi-Abwertung im Jahr 1979) sichergestellt werden konnte.[811] Die Stabilität des realen effektiven Wechselkurses in der Phase 1968 bis 1979 wird in folgender Grafik und folgender Tabelle deutlich.

Abbildung 20: Realer effektiver Wechselkurs 1960 bis 1990 (IPA und IPC)

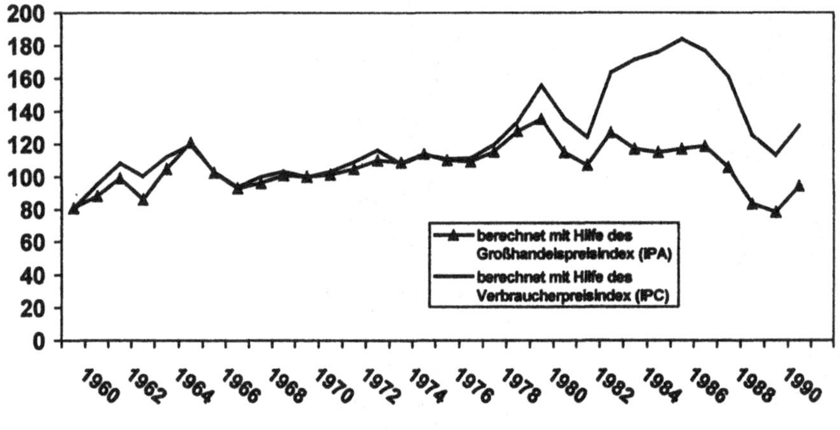

Quelle: ZINI JR. (1993); ein sinkender Index signalisiert eine Aufwertung, ein steigender Index eine Abwertung. Siehe auch Tabelle 53 im Anhang.

---

insbesondere vermieden werden, daß der trendmäßige Abfluß kurzfristigen Kapitals anhält oder sich gar verstärkt." DONGES (1970), S. 9.

809 „The trotting peg exchange rate system announced by Finance Minister Delfim Netto on 27 August 1968 has proved to be among the most effective of the many innovations implemented by post-1964 Brazilian government." SYVRUD (1974), S. 195. Vgl. zu einer Beurteilung des Systems auch COES (1995), S. 126 ff.

810 Vgl. zu diesem Argument ZINI JR. (1993), S. 125.

811 Die langfristige (relative) Stabilität des realen Wechselkurses hatte jedoch nicht nur Vorteile. Kritiker argumentieren z.B. dass durch die relativ strikte Ausrichtung der Wechselkurspolitik an der Regel der relativen Kaufkraftparität ein Bedarf nach stärkeren Abwertungen z.B. auf Grund einer Verschlechterung der Terms of Trade in den 1970er Jahren verschleiert worden wäre. Sowohl COES (1995), S. 131, als auch ZINI JR (1993), S. 143, kommen zu dem Ergebnis, dass das Crawling Peg zu einer ausgeprägteren Rigidität des realen Wechselkurses geführt habe, als dies wünschenswert gewesen sei.

Tabelle 10: Realer effektiver Wechselkurs (1957-1985)

	1957-1968	1969-1979	1980-1985	1969-1985
Durchschnittl. realer effektiver Wechselkurs	0,843	0,822	0,921	0,856
Varianz	0,014	0,003	0,008	0,007
Variationskoeffizient	0,139	0,065	0,095	0,096

Quelle: ZINI JR. (1993), S. 126.

Die Varianz des realen effektiven Wechselkurses konnte seit der Einführung des Crawling Peg-Systems erheblich gesenkt werden. Zwischen 1957 und 1968 lag der durchschnittliche reale effektive Wechselkurs bei 0,84 (1980 = 1), die Varianz bei einem Wert von 0,0138 und der Variationskoeffizient bei 13,9%. Zwischen 1969 und 1979 lag der mittlere (reale effektive) Wechselkurs bei 0,82, die Varianz nur noch bei 0,0028 und der Variationskoeffzient bei 6,5%. Nach 1980 verstärkte sich die Volatilität des realen effektiven Wechselkurses – im Zuge heterodoxer Stabilisierungsprogramme – erneut. Während der durchschnittliche reale effektive Wechselkurs bei 0,921 lag, betrug die Varianz 0,008 und der Variationskoeffizient 9,5%.

Diese ausgeprägte Stabilität des realen Wechselkurses hat mit Sicherheit zum Wachstum und zur Diversifizierung der Exporte seit Mitte der 1968 und damit zur Entschärfung der Devisenrestriktion beigetragen und war insofern ein wichtiges Instrument des neuen exportorientierten Wachstumsmodells.[812] Ein weiterer Vorteil des neuen Systems lag zudem darin, dass durch die Gewährleistung einer positiven realen Zinsdifferenz gegenüber dem Ausland bei gleichzeitiger Wechselkursgarantie Überschüsse in der Kapitalbilanz erzielt werden konnten.[813] Das unter dem System der Maxi-Abwertungen bestehende Problem massiver spekulativer Kapitalbewegungen konnte durch die Einführung des neuen Wechselkurssystems praktisch eliminiert werden.[814] Dadurch war auch das erwähnte Problem der Diskriminierung inländischer Unternehmen im Kontext der Devisenspekulation gelöst worden.[815] Auch wenn

[812] Vgl. für eine tiefgreifende Analyse der Auswirkungen des Systems der Mini-Abwertungen auf den brasilianischen Exportsektor auch SUPLICY (1976).

[813] Massive Kapitalimporte stellten einen zentralen Bestandteil der seit 1968 verfolgten Wachstumsstrategie dar. Ziel war es, zwei Wachstumsbarrieren zu überwinden: Erstens sollte die Importkapazität durch den Kapitalimport erhöht werden, zweitens sollten die strukturellen Defizite des nationalen Finanzsystems ausgeglichen und eine Erhöhung der Investitionen und des Konsums durch ausländische Kredite finanziert werden. Vgl. zu diesem Argument ZINI JR. (1993), S. 128.

[814] Vgl. WACKER (1997), S. 11.

[815] „While the implementation of the flexible exchange rate system in August 1968 was not motivated by a desire to equalize Brazilian and foreign credit availabilities, it tended to have that effect. In eliminating the inducement to foreign firms to borrow periodically, the flexible rate system provided a greater degree of stability in credit availabilities for Brazilian firms, and in so doing reduced their need to hold credit for strictly precautionary purposes (...).“ SYVRUD (1974), S. 193.

es nicht klar ist, ob die eine Flexibilisierung des Wechselkurssystems und der 1968 erfolgte Übergang zum Crawling Peg schon von Campos und Bulhões anvisiert worden war, entspricht das damit umgesetzte wechselkurspolitische Zeitprofil weitgehend dem im theoretischen Teil dargestellten „dynamischen Konzept“ von BÄHR (1994). Danach konnte in der ersten Phase des Programms der Wechselkursanker und so über den internationalen Preiszusammenhang der Vorteil des Stabilitäts- und Reputationsimports genutzt werden. In einer zweiten Phase diente das Crawling Peg der Entschärfung der typischerweise mit wechselkursorientierten Stabilisierungsplänen einhergehenden Zahlungsbilanzrestriktion. Es ist jedoch in diesem Zusammenhang darauf hinzuweisen, dass der (jahrzehntewährende) relative Erfolg des im Jahr 1968 eingeführten Crawling Peg-Systems nur unter den Bedingungen der eingeschränkten Kapitalmobilität jener Zeit zu verstehen ist. Dass Soft Peg-Systeme mit zunehmender Kapitalmobilität vor unlösbare Probleme gestellt werden können, wurde in den 1990er Jahren deutlich, als sich in der Wechselkursregimepolitik ein Trend hin zu währungspolitischen Extremlösungen abzuzeichnen begann.[816] Auch in Lateinamerika wurden in diesem Zusammenhang Soft Peg-Systeme zunehmend durch Hard Pegs (Currency Boards, Dollarisierung) einerseits und Floating-Systeme andererseits abgelöst.

2. Das Programm der Exportförderung und der Exportdiversifikation

In scharfem Gegensatz zur Konzentration auf die importsubstituierende Industrialisierung als wichtigstem Wachstumssektor betonte die Wirtschaftsequipe der Regierung Castello Branco und Costa e Silva die Bedeutung einer aggressiven Politik der Exportexpansion und Exportdiversifizierung zur Wiederaufnahme eines Wachstumskurses.[817] Neben den dargestellten wechselkurspolitischen Maßnahmen wurde im Jahr 1964 erstmals in der brasilianischen Wirtschaftsgeschichte ein explizites und umfassendes Programm der Exportförderung und –diversifikation mit folgenden Instrumenten umgesetzt:[818]

[816] Die sog. „Soft Pegs“ haben sich in Zeiten hoher Kapitalmobilität als wenig glaubwürdige Lösung in der Wechselkurspolitik herausgestellt. Heute geht der Trend deshalb weltweit in Richtung auf die Etablierung währungspolitischer „Extremlösungen“ (flexible Wechselkurs einerseits und „Hard Pegs“ andererseits). Vgl. für eine kritische Darstellung der Probleme des Crawling Peg-Systems in Brasilien WACKER (1997), S. 9-15. Vgl. zu den Problemen des brasilianischen Crawling Peg-Systems unter den Bedingungen hoher Kapitalmobilität insbesondere SIMONSEN (1995), S. 163-164 und WACKER (1997), S. 41.

[817] Trotz der Stagnation der Exporte vor 1964 und dem zuvor vorherrschenden Exportpessimismus vertrauten die Ökonomen der Regierung Castello Branco auf die Exportexpansion als wichtigen Wachstumsmotor. „In terms of objectives, the major divergence between the two periods lies in the treatment of exports. The policies of the earlier years neglected exports while in the later years export expansion became an essential part of the economic reform program.“ SYVRUD (1974), S. 213.

[818] Vgl. für eine tiefgehende Analyse der seit 1964 verfolgten Politik der Exportförderung und ihrer Instrumente DOELLINGER u.a. (1973) und ARNOLD (1972).

a) „Rationalisierung des bürokratischen Prozesses im Exportsektor".[819] Sowohl der bürokratische Aufwand für Exporte als auch die Zahl der mit entsprechenden Aufgaben betrauten Organe wurde reduziert.[820]

b) Ein ganz zentrales Instrument zur Förderung des Exportsektors bestand in der Etablierung steuerlicher Anreize;[821] ein System, das unter der Regierung Costa e Silva noch ausgeweitet wurde. Dazu gehörten steuerliche Vergünstigungen für den Exportsektor in Form einer Reglementierung von „draw backs" seit Juni 1964, einer Befreiung von der Wertmarkensteuer (30. November 1964), von der Einkommenssteuer (Gesetz 4.663 vom 3. Juni 1965), von der bundesstaatlichen Mehrwertsteuer (galt nur für industrialisierte Exportprodukte), und der Einkommenssteuer des Bundes (Gesetz 4.663 vom 3. Juni 1965).

c) Etablierung neuer Kreditlinien und Vorzugsfinanzierungen für Exportgeschäfte durch die Devisenabteilung des Banco do Brasil (Instruktionen der SUMOC Nr. 215, 250, 278 und 279, Resolution 71 des BACEN vom 21. August 1967).

d) Einführung eines Systems der Kreditsicherung gegen politische und kommerzielle Risiken (Gesetz 4.678 vom 16.08.1965).

BERGSMAN (1972) kommt in seiner Studie zur brasilianischen Außenwirtschaftspolitik zu dem Ergebnis, dass diese Exportanreize den starken, zuvor vorherrschenden Anti-Export-Bias rückgängig gemacht haben.[822]

3. Importliberalisierung

Auf Grund der starken realen Überbewertung der brasilianischen Währung und der geringen Devisenreserven in der Ausgangssituation waren in der „Síntese" des PAEG zunächst keine Maßnahmen der Importliberalisierung vorgesehen. Die Währungsreformer waren davon ausgegangen, dass die Importe in den folgenden Jahren entsprechend der erwarteten Wachstumsraten (von 6%) steigen und im Jahr 1965 1,4 Mrd. US$ und im Jahr 1966 1,5 Mrd. US$ erreichen würden.[823] Es kam jedoch auf Grund der unerwarteten binnenwirtschaftlichen

---

[819] MINISTÉRIO DE PLANEJAMENTO E COORDENAÇÃO ECONÔMICA (1965a), S. 131-133. Im Jahr 1965 existierten 30 verschiedene Antragsformulare und ebenso viele Genehmigungsdokumente für Exporte.

[820] Die vorherige Registrierung und Lizenzierung wurde per Gesetz 4.557 vom 10.12. 1964 bei der CACEX zentralisiert.

[821] Vgl. zu den steuerlichen Exportanreizen unter der Regierung Castello Branco Ausführliches bei SIMONSEN (1974), S. 148-150 und DOELLINGER u.a. (1973), S. 46 ff.

[822] Im Durchschnitt waren Exporte nun ebenso profitabel wie inländische Verkäufe, obwohl nach wie vor von Exportprodukt zu Exportprodukt relativ große Rentabilitätsunterschiede bestanden. Vgl. hierzu SYVRUD (1974), S. 197.

[823] MINISTÉRIO DE PLANEJAMENTO E COORDENAÇÃO ECONÔMICA (1965a), S. 131-134.

Wachstumsschwäche de facto zu einem Rückgang der Importe von 1,294 Mrd. US$ (1963) auf 1,086 Mrd. US$ im Jahr 1964 und 0,943 Mrd. US$ im Jahr 1965. Dadurch war es zu einer Entschärfung der Devisenrestriktion gekommen. Nachdem im Jahr 1965 das niedrigste (absolute) Importniveau seit 1956 erreicht worden war, begann man nun auch, Maßnahmen der Importliberalisierung und des Abbaus von Importzöllen in Erwägung zu ziehen.[824] Obwohl der Leistungsbilanzüberschuss der Jahre 1964 bis 1966 wichtig für die Rückzahlung der kurzfristig fälligen Kredite und die Aufstockung der Devisenreserven war, war ein dauerhafter Leistungsbilanzüberschuss jedoch nicht das Ziel der Wirtschaftspolitik. Erstens hatte dieser auf Grund der nach wie vor geringen Effizienz der Offenmarktpolitik expansive Effekte auf die monetäre Basis und trug damit zur Inflationsbeharrung bei und zweitens war es nicht im Interesse Brasiliens dauerhaft zu einem Nettokapitalexporteur zu werden.[825] Auf Grund dieser Überlegungen griff die Regierung zu verschiedenen Maßnahmen der Importstimulierung und -liberalisierung.

Zwischen Januar 1965 und April 1966 wurden die Importsteuern und die Zinsen für Importzwangseinlagen in fünf aufeinanderfolgenden Schritten gesenkt. Zwischen Januar und November 1966 wurden die Importgüter der sog. „Spezialkategorie" in die „allgemeine Kategorie" eingegliedert.[826] Nachdem die Importe nicht wie erwartet auf diese Maßnahmen reagierten, wurde Mitte 1966 eine Sonderkommission zur Formulierung eines Zollsenkungsprogramms eingesetzt. Die daraus hervorgegangen Empfehlungen wurden durch das Gesetz 37 vom November 1966 (es trat im März 1967 in Kraft) umgesetzt. Ein komplette Neuformulierung der Importzölle wurde vorgenommen. „The general reduction in the tariff structure in March 1967, the elimination of import surcharges and advance deposits for imports, and the elimination of the special category constituted „a dramatic and sweeping liberalization" of imports over the three years 1964 to 1967."[827] Durch diese Maßnahmen wurden die Zölle um durchschnittlich ein Drittel gegenüber dem Niveau von 1964 gesenkt. Auch die enorme Varianz des Zollschutzes für unterschiedliche Importgüter wurde stark reduziert. Dieses Programm hatte zum 10%-igen Wachstum der Importe im Jahr 1967 und – gemeinsam mit dem Investitionsboom des Jahres 1968 – dem 28%-igen Wachstum der Importe im Jahr 1968 geführt. Durch dieses starke Wachstum der Importe sank der Leistungsbilanzüberschuss der drei vorangegangenen Jahre und es kam wieder zu einem Leistungsbilanzdefizit, wodurch ein

---

[824] Das Ziel der Exportexpansion implizierte, dass auch die Importe zunehmen würden, da Brasilien sonst zu einem Nettokapitalexporteur geworden wäre. Auf Grund des wiedererwachten Interesses der Industrieländer und der internationalen Organisationen an Kapitalexporten nach Brasilien konnte Brasilien ein Leistungsbilanzdefizit anstreben, um so einen realen Ressourcentransfer ins Inland zu erlauben.

[825] „A larger volume of imports would have been useful during these years as an anti-inflationary measure." SYVRUD (1974), S. 200.

[826] Per Resolution Nr. 41 des BACEN vom März 1967 wurde die „Spezialkategorie" aufgelöst.

[827] Ebenda, S. 200.

Nettokapitalimport möglich geworden war. Im Dezember 1968 kam es auf Grund der stärker nationalistischen Grundhaltung der Regierung Costa e Silva dann zu erneuten Importzollerhöhungen.[828]

4. Reduzierung der tatsächlichen Protektion

Durch die Maßnahmen der Handelsliberalisierung konnte die effektive Protektion der importsubstituierenden Sektoren und die Diskriminierung des Exportsektors stark gesenkt werden. Dies wird schon bei einer Betrachtung der Entwicklung der effektiven Import- und Exportwechselkurse deutlich. BERGSMAN (1972) hat die effektiven Import- und Exportwechselkurse für den Zeitraum zwischen 1954 und 1970 kalkuliert.[829] Nimmt man die prozentuale Differenz zwischen dem effektiven (durchschnittlichen) Export- und Importwechselkurs als Indikator, hatte die Protektion der importsubstituierenden Industrie im Jahr 1963 ihren Höhepunkt erreicht; die Differenz zwischen (nominalen) effektiven Export- und Importwechselkursen betrug in diesem Jahr 186%.[830] Die Differenz zwischen dem Importwechselkurs und dem Exportwechselkurs betrug im Zeitraum zwischen 1954 und 1963 durchschnittlich 151%. Mit dem Antritt der Regierung Castello Branco änderte sich das Bild dramatisch. Der reale Importpreis wurde um die Hälfte gesenkt. Auch der Exportpreis fiel, wenn auch nur um ca. 17%. Die Differenz zwischen beiden Kursen wurde so von 137% im Jahr 1964 auf ca. 42% im Jahr 1967 und 36% im Jahr 1968 gesenkt. Dadurch konnte sowohl der Anti-Export-Bias als auch der Anti-Import-Bias stark gesenkt werden.[831] Vergleicht man die effektiven Wechselkurse mit dem (geschätzten) Wechselkurs, der sich auf einem völlig freien Devisenmarkt ohne Zölle einstellen würde, erhält man Indikatoren für die effektive Importprotektion bzw. die effektive Exportbesteuerung.[832] Nach den Berechnungen von Bergsman betrug die durchschnittliche Importprotektion in der Periode 1954 bis 1963 68% und die durchschnittliche Exportbesteuerung im selben Zeitraum 33%. Die effektive Importprotektion

---

[828] Die Erhöhungen der Importzölle vom Dezember 1968 stellten nahezu wieder den Grad an tatsächlicher Importprotektion her, die vor den Reformen vom März 1967 bestanden hatte. Trotz dieser Maßnahmen stiegen die Importe bis ins Jahr 1970 kontinuierlich an. Vgl. ebenda, S. 201.

[829] Diese hat BERGSMAN (1972) auf Grund einer detaillierten Analyse der Importzölle, Exportprämien, Auktionsprämien, staatlichen Preisaufschläge, Importsteuern und Importvorauszahlungen ermittelt. Vgl. die Daten in Tabelle 54 im Anhang. Vgl. auch BERGSMAN/MALAN (1971).

[830] Die Differenz zwischen diesen beiden Wechselkursen kann als (simpelster) Indikator für das Ausmaß der Handelsbeschränkung (des Schutzes importkonkurrierender Industrien und der Diskriminierung des Exports) betrachtet werden. Je näher die beiden Wechselkurse bei einander liegen, desto neutraler und offener das Außenwirtschaftssystem. Je stärker die beiden Werte auseinanderliegen, desto höher der Schutz importsubstituierender Sektoren, desto stärker die Diskriminierung des Exportsektors und desto geschlossener das Außenwirtschaftssystem.

[831] Seinen niedrigsten Wert in der hier betrachteten Periode erreichte die Differenz zwischen beiden Effektivwechselkursen im Jahr 1968 (36%).

[832] Vgl. zur Methodologie der Schätzung des freien Wechselkurses in dieser Zeit BALASSA/BERGSMAN (1971).

erreichte im Jahr 1963 mit 87% ihren Höhepunkt. Die effektive Exportbesteuerung betrug im selben Jahr 35%. Diese Werte fielen in der Zeit zwischen 1964 und 1967 drastisch und lagen im Jahr 1968 nur noch bei 18% bzw. 13%. Insofern kann geschlussfolgert werden, dass die Reformen der Regierung Castello Branco zu einer signifikanten Reduzierung der tatsächlichen Protektion und der Diskriminierung des Exportsektors geführt haben. Vor diesem Hintergrund ist Bergsman zuzustimmen, wenn er feststellt: „Brazil has been more open to foreign trade since 1967 than at any time since 1946."[833]

5. Die Entwicklung der Handelsströme und der Leistungsbilanz

Die Maßnahmen der Exportförderung haben gemeinsam mit dem seit 1964 etablierten und vor allem seit 1968 institutionell perfektionierten Wechselkursrealismus zu einer enormen Stimulierung der brasilianischen Exporte geführt. Deutlich wird, dass die brasilianischen Exporte unmittelbar auf die nominalen Abwertungen und die Entwicklung des realen Wechselkurses reagiert haben. Der Elastizitätspessimismus der Strukturalisten hatte also dem empirischen Test durch die seit 1964 verfolgte Außenwirtschaftspolitik nicht standgehalten. Der Exportoptimismus der Wirtschaftsequipe der Regierung Castello Branco fand hingegen seine Bestätigung und Rechtfertigung. Das Wachstum der Exporte war durch die starke Volatilität des realen Wechselkurses unter dem System der Maxi-Abwertungen im Zeitraum zwischen 1964 und 1967 noch relativ gedämpft. Vor allem seit 1968, nach dem Übergang zum Crawling Peg, setzte dann ein sehr starkes Wachstum der Exporte ein. Im Jahr 1972 hatten sich die Exporte gegenüber dem Durchschnitt der Jahre 1960 bis 1964 nahezu verdreifacht.

Abbildung 21: Brasilianische Exporte 1958 bis 1972 (in Mio. US$)

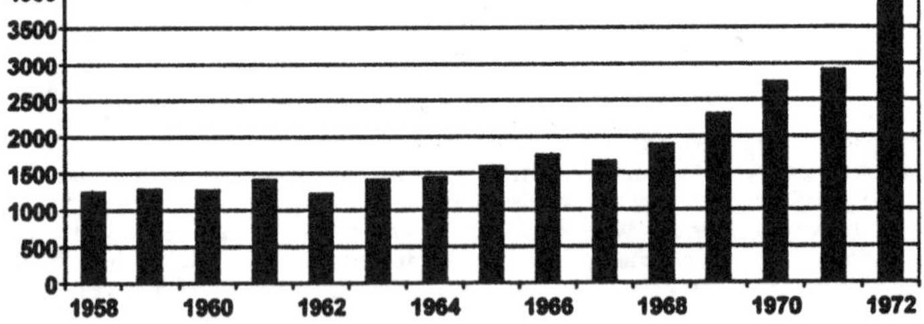

Quelle: CONJUNTURA ECONÔMICA (verschiedene).

[833] BERGSMAN (1972), S. 76.

Zudem setzte eine zunehmende Diversifizierung der Struktur der brasilianischen Exporte ein. Die Exporte industrialisierter Güter hatten sich im Jahr 1967 bzw. im Jahr 1971 gegenüber dem Durchschnitt zwischen 1960-64 verdreifacht bzw. verneunfacht.[834] Das bis ins Jahr 1964 absolut wichtigste Exportgut Brasiliens, Kaffee (Kaffee-Exporte machten im Jahr 1964 53% der gesamten Exporteinnahmen aus), wurde zunehmend in seiner Bedeutung reduziert. Im Jahr 1967 betrug der Anteil des Kaffee-Exports an den Gesamtexporteinnahmen nur noch 44% und im Jahr 1972 noch 26%. Entsprechend stark expandierten die Nicht-Kaffee-Exporte. Sie waren im Jahr 1972 gegenüber dem Durchschnitt von 1960 bis 1964 um das Vierfache gestiegen. Es zeigt sich also, dass es nicht nur zu einer drastischen Ausweitung des Exportvolumens gekommen war, sondern zudem die Exportstruktur zunehmend diversifiziert werden konnte. Dadurch waren die Deviseneinnahmen Brasiliens geringeren zyklischen Schwankungen unterworfen. Die Handelsliberalisierung hat so zur Erhöhung der Glaubwürdigkeit der sanierenden Währungsreform beigetragen.

Tabelle 11: Entwicklung der Nicht-Kaffee-Exporte 1964-1972 (in Mio. US$)

Jahr	Gesamtexporte	Nicht-Kaffee-Exporte	Anteil der Nicht-Kaffee-Exporte an den Gesamtexporten (in %)	Jährliche Wachstumsrate der Nicht-Kaffee-Exporte in %
Durchschnitt 1960-1964	1.344	630	47	-
1964	1.430	670	47	6,3
1965	1.596	889	56	32,7
1966	1.741	968	56	8,9
1967	1.654	922	56	4,8
1968	1.881	1.084	58	17,6
1969	2.311	1.465	63	35,1
1970	2.739	1.758	64	20,0
1971	2.904	2.082	72	18,4
1972	3.991	2.934	74	40,8

Quelle: BANCO CENTRAL DO BRASIL, Boletim, Juni 1973, S. 120-121.

„Increased openness to trade has been a beneficial influence on inflation. Liberalization of trade restrictions typically results in lower prices of imported goods and thus provides

[834] In der Periode zwischen 1960 und 1964 hatten industrialisierte Güter einen Anteil am Exportvolumen von 5%. Im Jahr 1971 machten sie 20% des Exportvolumens aus.

competitive discipline for domestic firms. In countries with inefficient or monopolized industries, this can result in a lowering of price-cost-markups."[835]

Infolge der Maßnahmen der Importliberalisierung begannen nach 1965 aber auch die Importe wieder zuzunehmen

Abbildung 22: Brasilianische Importe 1958 bis 1970 (in Mio. US$)

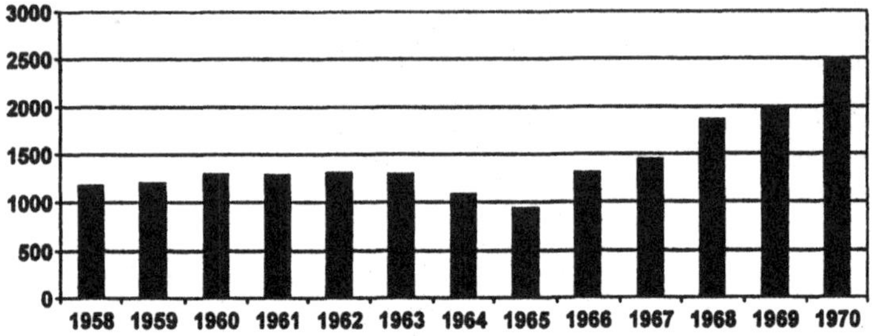

Quelle: CONJUNTURA ECONÔMICA (verschiedene).

Auf Grund der seit 1964 kontinuierlich steigenden Defizite in der Dienstleistungsbilanz kehrte sich der zwischen 1964 und 1966 bestehende Leistungsbilanzüberschuss seit 1967 in ein Leistungsbilanzdefizit um. Es sollte bis ins Jahr 1983 zu einem festen Bestandteil der brasilianischen Zahlungsbilanz werden.

Abbildung 23: Saldo der Leistungsbilanz 1958 bis 1972 (in Mio. US$)

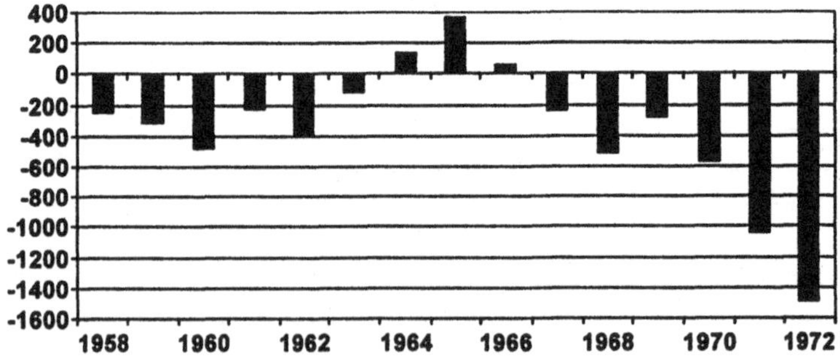

Quelle: CONJUNTURA ECONÔMICA (verschiedene).

---

835 IMF (1996), S. 130.

6. Kapitalverkehrspolitik

Auch in der Kapitalverkehrspolitik markierte das Jahr 1964 einen deutlichen Bruch mit der Vergangenheit. Anfang der 1960er hatte der wirtschaftliche Nationalismus in Brasilien seinen Höhepunkt erreicht. „[...] foreign capital was seen by most influential political leaders at best as unwanted and a necessary evil a poor country would have to live with for a while."[836] In diesem Kontext wurde im Jahr 1962 – noch unter dem Populisten João Goulart – ein Gesetz zur Reglementierung von Gewinnrücküberweisungen verabschiedet, das Gesetzes 4.131 (3. September 1962).[837] Gewinnrücküberweisungen waren in diesem Gesetz auf 10% (Artikel 31) und eine Repatriierung des Kapitals auf 20% des Kapitalstocks begrenzt worden. Reinvestierte Gewinne wurden nicht zum ursprünglich registrierten Kapitalstock zugerechnet, so dass mit diesen kein Recht auf entsprechende Gewinnrücküberweisungen verbunden waren. Schon die politischen und ökonomischen Unsicherheiten Anfang der 1960er Jahre hatten die ausländischen Direktinvestitionen stark zurückgehen lassen. Durch das Gesetz 4.131 war der letzte Anreiz für ausländische Investoren, in Brasilien zu investieren, genommen worden.[838] Das Gewinnrücküberweisungsgesetz tat ein Übriges, um einen starken Rückgang ausländischer Direktinvestitionen herbeizuführen.[839]

Dem Konzept des PAEG lag nun die Idee zu Grunde, dass ausländischem Kapital eine wichtige Rolle im Rahmen des Stabilisierungs- und Anpassungsprozesses zukomme. Das Gesetz 4.131 wurde entsprechend modifiziert.[840] Durch das Gesetz 4.390 (29. August 1964) und das Dekret 55.762 (17. Februar 1965) kam es durch eine Aufhebung der quantitativen Grenzen der zulässigen Gewinnrücküberweisung zu einer Liberalisierung der Kapitalverkehrsgesetzgebung.[841] Reinvestierte Gewinne wurden nun auf den (importierten) Kapitalstock

---

[836] CARNEIRO/GARCIA (1995), S. 10.

[837] Das Thema der Gewinnrücküberweisungen hatte die brasilianische Diskussion seit dem berühmten Diskurs von Getúlio Vargas am 31. Dezember 1951, in dem er die Gewinnrücküberweisung für die Zahlungsbilanzprobleme Brasilien verantwortlich gemacht hatte, zunehmend dominiert. Vgl. CAMPOS (1994), S. 600 ff.

[838] Diese interventionistische Reglementierung des Kapitalverkehrs stellte insofern ein typisches Beispiel für eine absolut kontraproduktive Maßnahme dar. Anstatt das Problem der Devisenknappheit an seiner Wurzel (der realen Überbewertung) zu bekämpfen, votierte man für eine weitere Verschärfung der Devisenbewirtschaftung und damit für eine Verschärfung des Devisenproblems. Einer der stärksten Gegner dieses Gesetzes war Bulhões gewesen, seinerzeit Direktor der SUMOC. Die Einführung dieses Gesetzes war einer der zentralen Gründe für seinen Rücktritt von der Spitze der SUMOC. Er hatte die Verabschiedung dieses nationalistischen Gesetzes im Fernsehen als „Vaterlandsverrat" bezeichnet. Vgl. hierzu auch BULHÕES (1990), S. 140-141.

[839] Im Jahr 1962 waren die Kapitalzuflüsse auf 71 Mio. US-Dollar und im Jahr 1963 auf 31 Mio. US-Dollar gesunken.

[840] Die Modifikation des Gewinnrücküberweisungsgesetzes stellte sich jedoch als politisch schwer durchsetzbar heraus. „Even simplification of investment and loan registration procedures and elimination of bureaucratic bottlenecks to foreign investments faced their up and downs, depending upon who was assigned to implement them." SYVRUD (1974), S. 203.

[841] Die Artikel 31, 32 und 33 des Gesetzes 4.131, welche die Gewinnrücküberweisungen auf 10% des registrierten Kapitals begrenzt hatten, wurden widerrufen. Die 10%-Grenze für Gewinnrücküberweisungen

angerechnet. Die quantitative Begrenzung der Rücküberweisungen wurde durch eine Besteuerung aller Überweisungen (die 12% des Kapitalstocks überstiegen) ersetzt. Trotz diesem Politikwechsel begannen ausländische Direktinvestitionen nur sehr zögerlich wieder zuzunehmen.

Abbildung 24: Ausländische Direktinvestitionen 1952 bis 1970 (in Mio. US$)

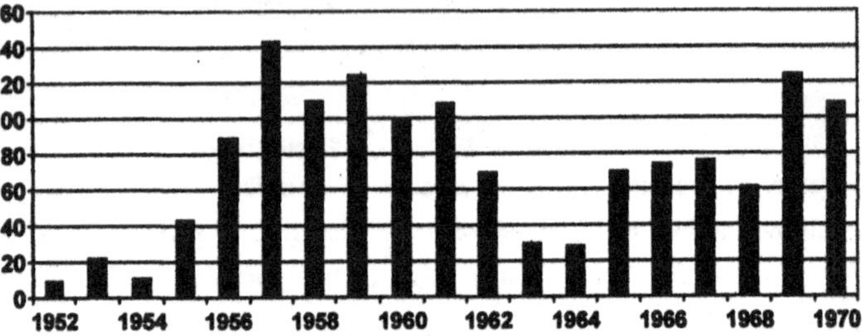

Quelle: CONJUNTURA ECONÔMICA (verschiedene).

Der Schaden, der der Reputation der brasilianischen Regierung aus den nationalistischen Exzessen der 1950er und Anfang der 1960er Jahre entstanden war, sollte von Dauer sein. Erst im Jahr 1969 konnte das Niveau an ausländischen Direktinvestitionen wieder hergestellt werden, dass zwischen 1958 und 1961 vorgeherrscht hatte.[842] Ausländische Bankkredite und andere Kapitalzuflüsse sollten ausländische Direktinvestitionen in den folgenden 15 Jahren jedoch bei weitem überragen.[843] Im Gegensatz zur Regulierung der Direktinvestitionen waren die Reglementierungen ausländischen Kredits nach 1964 minimal. Langfristige Finanzierungen und Handelsfinanzierungen bedurften zwar der Zustimmung des BACEN, wurden aber nur in den seltensten Fällen abgelehnt.[844] Durch das Gesetz 4.131 war auch die Aufnahme von Krediten im Ausland reglementiert worden. Dieses Gesetz stellte damit das

---

wurde aufgehoben. Das Gesetz 4.390 modifizierte auch die Besteuerung der Gewinne ausländischer Unternehmen. Das so reformulierte Gesetz 4.131 stellt bis heute die zentrale gesetzliche Grundlage der brasilianischen Kapitalverkehrspolitik dar.

[842] Vgl. hierzu auch PEREIRA (1974).

[843] Ein zentrales Problem war, dass bei der Besteuerung die Inflation des Ursprungslandes nicht berücksichtigt wurde. Es kam insofern in diesem Fall auch noch nach 1964 zu einer Besteuerung von Scheingewinnen. Dieses Problem tauchte bei ausländischen Bankenkrediten oder anderen Kapitalzuflüssen nicht auf, da dort die Inflation im Zinssatz, insbesondere im Fall der zinsvariablen Kredite, die für Kreditnehmerländer wie Brasilien in den 1960er Jahren Standard wurden, Niederschlag fand. Die Asymmetrie in der Behandlung von Direktinvestitionen und kurzfristigerem Finanzkapital erklärt zum Teil die Dominanz letzterer in der brasilianischen Kapitalbilanz. Nach 1968 machten Direktinvestitionen nur selten mehr als 12% aller Kapitalimporte aus.

[844] Privaten war es jedoch nicht gestattet, im Ausland Kredite aufzunehmen. Vgl. für eine Darstellung der Entwicklung der gesetzlichen Grundlagen des internationalen Kapitalverkehrs in Brasilien seit Mitte der 1960er Jahre ebenda, S. 17 ff.

wichtigste Vehikel des Kapitalimports überhaupt (Direktinvestitionen und Kredite) im hier betrachteten Zeitraum dar. Hinsichtlich ausländischer Kredite war es den Endkreditnehmern in Brasilien durch dieses Gesetz gestattet worden – nach Erlaubnis des BACEN –, direkt mit ausländischen Kreditgebern zu verhandeln.[845] Im Jahr 1967 war mit der Resolution Nr. 63 ein weiteres Finanzierungsinstrument geschaffen worden. Damit war es für brasilianische Banken möglich geworden, Kredite im Ausland aufzunehmen und – nach Registrierung beim BACEN – an inländische Kreditnehmer weiterzureichen.[846] „Capital inflows contracted under Law 4.131 and Resolution 63 were the most important part of Brazil's capital account from the years of the late 1960s to the 1982 debt crisis."[847] Die Instruktion 289 vom 24. Januar 1965 ermöglichte es brasilianischen Kreditnehmern – im Gegensatz zur Kreditaufnahme per Resolution 63, wo der Kredit zunächst von brasilianischen Banken aufzunehmen war –, Kredite in ausländischer Währung direkt bei ausländischen Kreditgebern aufzunehmen.[848] Diese Kreditinstrumente sollten den Zufluss von Direktinvestitionen ergänzen, der nun als nicht mehr hinreichend für die Entwicklung des Landes betrachtet wurde.[849] Vor dem Hintergrund dieser Gesetzgebung kam es seit 1964 insgesamt zu einem verstärkten Kapitalzufluss. Zunächst bestand dieser aber vor allem aus langfristigen Finanzierungen der internationalen Finanz- und Entwicklungsorganisationen. Erst seit 1967 kam es auch zu stärkeren und später massiven privaten Kapitalzuflüsse nach Brasilien, die eine neue Ära in der brasilianischen Wirtschaftspolitik einläuteten: die Ära des sog. *schuldeninduzierten Wachstums*.[850] „Brazil's success in tapping international capital markets after 1967 was at first a welcome but surprising development for policymakers."[851]

[845] Dieses Gesetz bezog sich auf Kredite von einer Laufzeit von mindestens 6 Monaten. Die Ressourcen konnten zur Finanzierung von Betriebskapital oder Sachanlagen genutzt werden.

[846] Wie bei Krediten im Rahmen des Gesetzes 4.131 war das Wechselkursrisiko auch bei diesem Finanzierungsinstrument vom Endkreditnehmer zu tragen.

[847] COES (1995), S. 106.

[848] Die Instruktion 289 vom 24. Januar 1965 autorisierte die „Carteira de Câmbio" des Banco do Brasil, Devisen zu kaufen und gleichzeitig eine Rückkaufsgarantie für einen Zeitraum von 90 bis 360 Tagen einzugehen bei der Abgabe einer Garantie für den Verkäufer, die selbe Menge an Devisen in Zukunft zurückzukaufen. Eine Wechselkursgarantie bestand nicht. Das Volumen dieser Kredite war beachtlich und stellte im Jahr 1965 14% der gesamten Kredite an den Privatsektor dar. Die Instruktion 289 diskriminierte implizit die nationalen Unternehmen, die keinen leichten Zugang zum internationalen Finanzmarkt hatten. Erst mit den Resolutionen 63 und 64 des BACEN, vom August 1967, war es den Geschäftsbanken, den Investmentbanken und dem BNDE möglich, ausländische Ressourcen aufzunehmen und sie an inländische Kreditnehmer zur Finanzierung von Betriebs- oder Umlaufkapital weiterzureichen. Die Instruktion 289 stellte zudem eine Möglichkeit dar, die Grenzen der Kreditvergabe, die mit dem IWF vereinbart worden waren, zu überschreiten. Anstatt Kredite bei den nationalen Banken aufzunehmen, konnten Unternehmen so Kredite im Ausland aufnehmen. Vgl. NOGUEIRA (1993), S. 152.

[849] Vgl. FILHO (1982), S. 92.

[850] Vgl. COES (1995), S. 107.

[851] Ebenda, S. 110.

Tabelle 12: Netto-Kapitalimporte 1964 bis 1971 (Mio. US$)

	1964-1967	1968-1971	1964-1971
Langfristige Kredite (Netto)	594	1.052	1.646
U.S. Aid	488	435	923
Export-Import Bank der USA	- 46	50	4
Interamerikanische Entwicklungsbank	172	266	438
Weltbank	- 30	188	158
International Finance Corp.	10	15	25
Andere	-	98	98
Mittelfristige Kredite (Netto) (a)	- 66	1.745	1.811
Kurzfristige Kredite (Netto) (b)	- 201	917	716
Ausgleichsfinanzierung, Internationaler Währungsfonds (c)	- 29	- 138	- 167
Andere Kapitalflüsse (Netto)	-	- 26	- 26
Nettokapitalzuflüsse	354	3.169	3.523

(a) Kredite nach Gesetz 4.131
(b) Bankkredite, Handelsrückstände, Swap-Transaktionen, Instruktion 289 und Resolution 63.
(c) In den Jahren 1961 und 1964 neuverhandelte Kredite
Quelle: SYVRUD (1974), S. 207.

Warum setzten die starken Kapitalzuflüsse jedoch erst nach 1967/68 und nicht schon im Jahr 1964 ein? Erstens war das politische Risiko zunächst noch groß. Deshalb waren die meisten Kapitalzuflüsse zwischen 1964 und 1967 noch staatlicher Natur, wobei den Krediten der „U.S. Agency for International Development" quantitativ eine besondere Bedeutung beikam. Private Investoren blieben trotz der sichtlichen Bemühungen der neuen Regierung, die Einschätzungen über das wirtschaftliche Klima zu verändern, vorsichtig.[852] Zweitens: „[...] borrowing needs were relatively modest in the immediate post-1964 period, owing to the stabilization program of the new Castello Branco government."[853] Erst als das Wachstum seit 1968 wieder an Fahrt gewann, stieg sowohl die inländische Nachfrage nach Kapital als auch die Bereitschaft am internationalen Finanzmarkt Kapital zur Verfügung zu stellen.

[852] Die Gründe für ein abwartendes Verhalten privater Investoren im Rahmen eines Stabilisierungsprogramms wurden von DORNBUSCH (1990) diskutiert.
[853] COES (1995), S. 107.

Folgende Tabelle zeigt die privaten Netto-Kapitalflüsse für Investitionen und Betriebkapital.[854]

Tabelle 13: Privater Nettokapitalzufluss für Investitionen und Betriebskapital 1956 bis 1972 (Mio. US$)

Ende des Jahres	Swaps (Netto)	Instruktion 289 (Netto)	Resolution 63	Gesetz 4.131	Ausländische Direktinvestitionen (Netto)	Insgesamt
1956	- 20	-	-	-	89	69
1957	20	-	-	-	143	163
1958	- 30	-	-	-	110	80
1959	115	-	-	-	124	239
1960	47	-	-	-	99	146
1961	73	-	-	-	108	181
1962	47	-	-	-	69	116
1963	- 30	-	-	-	30	-
1964	- 51	-	-	-	28	- 23
1965	- 190	137	-	-	70	17
1966	- 12	124	-	-	74	186
1967	-99	- 82	41	-	76	- 64
1968	- 12	182	244	-	61	475
1969	-	13	148	273	124	553
1970	-	7	220	451	108	756
1971	-	- 86	330	665	124	1.133
1972	-	- 88	1.035	1.388	337	2.672

Quelle: BANCO CENTRAL DO BRASIL, Relatório (verschiedene).

Drittens war durch das System der Miniabwertungen (das Wechselkursrisiko war so reduziert worden) bei gleichzeitiger Aufrechterhaltung positiver Realzinsen ein starker Anreiz für Kapitalimporte geschaffen worden. Auch die „debt service capacity" Brasiliens war auf Grund der mit diesem System verbundenen Exportstimulierung erhöht worden; auch dies war ein Grund für das gewachsene Vertrauen ausländischer Kreditgeber.

Der vierte, wahrscheinlich wichtigste Faktor, der die zunächst noch ausgeprägte Zurückhaltung privater Kreditgeber erklärt, liegt aber auf der Angebotsseite. „The variable loan rate,

---

[854] Die Rechtfertigung für die Einbeziehung von Swaps und Instruktion-289-Transaktionen und Gesetz 4.131-Ressourcen liegt in der Schwierigkeit begründet, private Investitionen von kurzfristigen Kapitalbewegungen zu unterscheiden. Ein beträchtlicher Teil von Swaps und Instruktion 289-Transaktionen muss als Teil der privaten Direktinvestitionen betrachtet werden. Beide wurden von brasilianischen Tochterunternehmen ausländischer Firmen als Quelle des Betriebskapitals genutzt. Es gab zahlreiche steuerliche Anreize, Kapitalimporte als solche kurzfristigen Transaktionen zu deklarieren und nicht als Direktinvestitionen. Vgl. hierzu genauer SYVRUD (1974), S. 203.

in which borrower and lender agree to reset the loan rate at specified intervals, usually six months, on the basis of a rate that neither control (usually the London interbank offered rate, LIBOR, or the U.S. prime rate), was not perfected and widely accepted until the late 1960s."[855] Da diese Kredite in der Währung des Kreditgebers denominiert waren, wurde das Zinsrisiko nicht von der brasilianischen Inflation berührt. Die dadurch erzielte Reduktion des Zinsrisikos hat den Weg für ein Kreditvolumen geöffnet, das noch Mitte der 1960er Jahre undenkbar gewesen war.

7. Das Programm zur Konsolidierung der Auslandsverschuldung

Zum Zeitpunkt des Militärputsches war die Auslandsverschuldung erdrückend. Dies weniger auf Grund ihrer absoluten Höhe (3,8 Milliarden US$ im Januar 1964) als durch ihr Profil: 48% wurden in den Jahren 1964/65 fällig, ein Betrag, der weit über die zu erwartenden Deviseneträge hinausging. Das Vertrauen der Gläubiger musste erst wieder gewonnen werden. „Die Reputation Brasiliens war schwerwiegend erschüttert worden, nachdem Juscelino Kubitschek mit dem Internationalen Währungsfonds gebrochen hatte und die Begleichung der Auslandsschuld auf Grund eines akuten Devisenmangels eingestellt werden musste [...]."[856] Der Netto-Zufluss von 1,6 Mrd. US$ in Form langfristiger Kredite im Zeitraum zwischen 1964 und 1971 und 1,8 Mrd. US$ in Form von mittelfristigen Krediten im selben Zeitraum erlaubten es Brasilien, mehr als 450 Millionen US$ im Rahmen der Umschuldung zurückzuzahlen.

Der starke Zufluss langfristigen Kapitals hatte es ebenfalls ermöglicht, die Fälligkeitsstruktur der Auslandsverschuldung zu verändern, den exzessiven Rückgriff auf kurzfristige Verschuldung abzubauen und die internationale Kreditwürdigkeit wieder aufzubauen.[857] Ende 1971 hatte sich die Auslandsverschuldung gegenüber 1964 so fast verdoppelt. Nachdem im Jahr 1963 nur 59% der Auslandsverschuldung mittel- und langfristiger Natur waren, waren es Ende 1971 77%.

---

[855] COES (1995), S. 107.
[856] Vgl. CAMPOS (1994), S. 581.
[857] Vgl. hierzu auch DONNELLY (1973).

Tabelle 14: Brasilianischer Schuldenstand 1963 bis 1972 (in Mio. US$)

	Schulden-tilgung	Zinsrück-zahlung	Gesamter Schulden-dienst	Exporte	Schulden-dienst im Verhältnis zu Exporten (%)
1963	364	90	454	1.502	30,2
1964	277	133	410	1.548	26,5
1965	304	166	470	1.757	26,7
1966	350	162	512	1.882	27,2
1967	444	202	646	1.839	35,1
1968	484	154	638	2.086	30,6
1969	493	204	697	2.601	26,8
1970	672	284	956	3.117	30,7
1971	850	302	1.152	3.325	34,6
1972	1.110	360	1.469	4.100	35,6

Quelle: BANCO CENTRAL DO BRASIL, Boletim (Dezember 1972) und CONJUNTURA ECONÔMICA (Februar 1973) S. 58.

III. Weitere Flankierende Reformmaßnahmen

A. Die Fiskalreform

Vor 1964 hatte die wichtigste Ursache der Inflation in der monetären Alimentierung der seit Mitte der 1950er Jahre steigenden Staatsdefizite gelegen. Die Inflationssteuer war zu einer zentralen Einnahmequelle des Staates avanciert. Die Inflation hatte ihrerseits zur Erosion der öffentlichen Finanzordnung beigetragen. Ein Kreislauf aus Inflation und zunehmender Erosion der öffentlichen Finanzordnung war in Gang gekommen. Bei den Währungsreformern von 1964 bestand kein Zweifel daran, dass dieser durchbrochen werden musste. Die Sanierung der öffentlichen Finanzen wurde von Campos und Bulhões deshalb „als notwendige – wenn auch nicht als hinreichende – Bedingung der Stabilisierung des Preisniveaus betrachtet."[858] In diesem Zusammenhang hatte die Regierung Castello Branco vor allem drei fiskalpolitische Zielsetzungen: 1. Durchführung einer Fiskalreform (Erhöhung der Einnahmen, Senkung der Ausgaben), 2. Einführung einer realistischen Preispolitik und Liberalisierung der Preise und Gebühren im Bereich der „public utilities" (dies war Voraussetzung für eine Kürzung der inflationären Subventionen) und 3. Restrukturierung der öffentlichen Verschuldung.[859]

Zeitlich sind im Rahmen des fiskalischen Konsolidierungsprozesses drei Schritte zu unterscheiden: Zunächst wurde per Gesetz 4.357 vom 16. Juli 1964 – also noch vor der Veröffentlichung des PAEG – ein fiskalisches Notprogramm initiiert. Eine systematische Reform des Steuersystems erfolgte mit der Verfassungsänderung Nr. 18 vom 25. Oktober 1966. Seine endgültige Gestalt sollte das brasilianische Steuersystem mit der Verabschiedung der neuen Verfassung vom 24. Januar 1967 erhalten.[860]

1. Maßnahmen zur Senkung der Staatsausgaben

Der Eindämmung der Staatsausgaben kam in der Stabilisierungsagenda oberste Priorität zu. Das Ausgabenniveau hatte im Jahr 1963 mit 1,5 Mrd. Cr$ (dies entsprach 13% des BSP) einen Höhepunkt erreicht. Die Staatseinnahmen hatten mit dem starken Wachstum der Staatsausgaben (vor allem seit 1956) nicht Schritt halten können. 1963 wurden nur zwei

---

[858] CAMPOS (1994), S. 641.
[859] Vgl. FILHO (1982), S. 92.
[860] Die Reform wurde begleitet von einer Reform der Steuerverwaltung (Systematisierung eines Haushaltsplans, Informatisierung und Training der Funktionäre im „Bureau of Budget" der Vereinigten Staaten und an ausländischen Universitäten). Vgl. CAMPOS (1994), S. 641.

Drittel der Ausgaben durch Steuereinnahmen gedeckt; der Rest musste durch den Banco do Brasil finanziert werden.[861]

Tabelle 15: Staatsausgaben, Staatseinnahmen und Haushaltsdefizite 1950 bis 1963 (in Mio. Cr$ und in % des BSP)

Jahr	Staatsausgaben		Staatseinnahmen		Haushaltsdefizit	
	Mio. Cr$	% des BSP	Mio. Cr$	% des BSP	Mio. Cr$	% des BSP
1950	24,0	8,8	20,8	7,6	3,2	1,2
1955	64,9	8,3	59,2	7,6	5,7	0,7
1958	162,3	11,1	131,6	9,0	30,7	2,1
1963	1555,9	13,0	1051,2	8,8	504,7	4,2

Quelle: CONJUNTURA ECONÔMICA (verschiedene).

Ein Faktor, der die Bemühungen der Regierung um eine Senkung der Staatsausgaben unterstützte, war die Inflation. Der gradualistische Stabilisierungsansatz trug insofern zur fiskalischen Konsolidierung bei, als dass durch die nach wie vor relativ hohe Inflation in den ersten Jahren des PAEG die realen Staatsausgaben (auf Grund der Nichtindexierung der Staatsausgaben) gesenkt werden konnten. Darüber hinaus wurde natürlich auch ein Programm zur aktiven Senkung der Staatsausgaben umgesetzt. Es umfasste vor allem Maßnahmen zur Kürzung derjenigen Ausgabenposten, die zuvor am stärksten gestiegen waren und entsprechend am stärksten zur Erhöhung des Defizits beigetragen hatten: Dies waren die staatlichen Personalausgaben und die Subventionen an die „autarquias" (Selbstverwaltungseinheiten) des öffentlichen Transportsektors.

Die Effektivität der wichtigsten Maßnahmen zur Kürzung der Staatsausgaben wird in folgender Tabelle deutlich. Vor allem die staatlichen Personalausgaben konnten seit 1964 (in jeweiligen Preisen und anteilig zu den Gesamtausgaben) drastisch gesenkt werden. Nachdem kurz nach dem Putsch eine Lohnerhöhung für die Militärbediensteten um 100% durchgesetzt worden war, hatte es im Jahr 1965 keine Lohnerhöhung gegeben. Infolgedessen fielen die realen Staatsausgaben in diesem Jahr relativ stark. Obwohl es im Jahr 1966 durch eine 39%-ige Lohnerhöhung absolut wieder zu erhöhten Personalausgaben (in konstanten Preisen) gekommen war, blieben diese unter dem Niveau von 1963. Generell erhöhten die fortlaufenden (nominalen) Lohnerhöhungen im Rahmen der noch zu erörternden Lohnpolitik die Staatsausgaben für Personalausgaben. Zu konstanten Preisen (also deflationiert mit dem IGP-DI) konnten die Ausgaben jedoch von 1.900 Mio. Cr$ im Jahr 1963 auf 1.434 Mio. Cr$

[861] Ausgabenprojektionen des Finanzministeriums für das Jahr 1964 hatten Ausgaben in Höhe von 3,65 Mio. Cr$ (also ein Wachstum von 150% gegenüber dem Vorjahr) vorausgesehen.

im Jahr 1968 gesenkt werden. Der Anteil der staatlichen Personalausgaben an den Gesamtausgaben fiel so von 32% im Jahr 1963 auf 23% im Jahr 1966 und konnte bis 1971 auf 18% gesenkt werden.

Tabelle 16: Staatsausgaben für Personal und Transfers an "autarquias" des Transportsektors 1963 bis 1971 (Mio. Cr-S)

	Personalausgaben			Transfers an „autarquias“ des öffentlichen Transportsektors		
Jahr	In jeweiligen Preisen	In konstanten Preisen (a)	Anteil an Gesamtausg. (%)	In jeweiligen Preisen	In konstanten Preisen (a)	Anteil an Gesamtausg. (%)
1963	460	1.900	32	205	847	14
1964	847	1.837	32	385	835	15
1965	909	1.257	24	637	881	17
1966	1.474	1.478	23	798	800	12
1967	1.917	1.497	24	1.224	956	15
1968	2.280	1.434	20	1.389	874	12
1969	3.158	1.645	21	1.026	534	7
1970	3.949	1.717	20	1.416	616	7
1971	4.888	1.765	18	2.097	672	8

(a) Deflationiert mit IGP-DI (1965-1967 = 100)
Quelle: CONJUNTURA ECONÔMICA (Oktober 1970) und SYVRUD (1974), S. 132.

Die Ausgaben für Transfers an den öffentlichen Transportsektor konnten nicht ebenso schnell gesenkt werden wie die Personalkosten.[862] Die Subventionen an den öffentlichen Transportsektor waren bis ins Jahr 1964 kontinuierlich gestiegen. Im Jahr 1963 entsprachen die Subventionen an „autarquias“ 22% der staatlichen Gesamtausgaben und 40% des Haushaltsdefizits. Zentraler Bestandteil der fiskalischen Anpassung der Regierung Castello Branco war die Aufhebung von Preiskontrollen im Bereich der „public utilities“. Tarife wurden nun im Rahmen einer Politik des sog. „tarifären Realismus“ angepasst. Zwar war dies kurzfristig inflationär und führte zur „korrektiven Inflation“, es ermöglichte aber die graduelle Reduzierung bzw. Eliminierung der Subvention defizitärer Staatsunternehmen. So konnten die Subventionen (in konstanten Preisen) bis zum Ende der 1960er Jahre stark reduziert werden. Ein

[862] Die Eliminierung der Ineffizienzen im öffentlichen Eisenbahn- und Transportsektor war kurzfristig nicht möglich.

Großteil der Subsidien an defizitäre Staatsunternehmen wurde eliminiert.[863] Dies waren entscheidende Maßnahmen, die dazu beitrugen, dass die Staatsausgaben von 12,1% des BSP im Jahr 1963 auf 10% im Jahr 1967 gesenkt werden konnten.

2. Erhöhung der Steuereinnahmen und die Steuerreform

Das Thema der Steuerreform hatte schon – wie viele andere wirtschaftspolitische Reformen, die im Rahmen des PAEG umgesetzt werden konnten – vor 1964 seit vielen Jahren auf der politischen Agenda gestanden.[864] Ebenso wie die Reform des Bankensystems war die Durchführung einer Reform aber bis dahin immer wieder an politischen Widerständen gescheitert. Erst mit der politischen Rückendeckung durch die Militärs war es möglich geworden, eine tiefgreifende und umfassende Reform des Steuersystems durchzuführen.[865]

Abbildung 25: Inflationssteuer in % des BSP (1947 bis 1973)

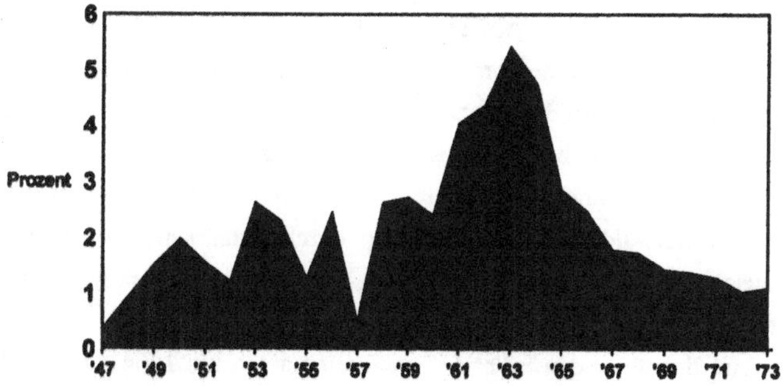

Quelle: SIMONSEN/CYSNE (1994), S. 174.

Die Inflationssteuer hatte – wie mehrfach betont – vor 1964 eine zunehmend wichtige Rolle in der Finanzierung der Staatsausgaben gespielt. Es war klar, dass die Ergiebigkeit dieser Finanzquelle mit der Inflationsbekämpfung drastisch sinken würde. In der Tat wurde der Ertrag aus der Inflationssteuer von 4,75% im Jahr 1964 auf 1,78% im Jahr 1967 reduziert. Dieser einnahmensenkende Effekt, der eine direkte Folge der Inflationsbekämpfung war,

---

[863] Die Politik der Bestimmung der Gebühren und Preise für „public utilities", Eisenbahn und Schifffahrt wurde modifiziert. Die Ressourcen wurden nun zunehmend durch die eigenen Einkünfte der Staatsunternehmen finanziert.

[864] Schon im Jahr 1947 hatte der amtierende Staatspräsident sie für „unaufschiebbar" erklärt. Schon Ende 1963 war eine „Kommission der Reform des Finanzministeriums" mit dem Ziel geschaffen worden, die Verwaltung der öffentlichen Finanzen des Landes zu reformieren und zu modernisieren.

[865] Vgl. FUNDAÇÃO GETÚLIO VARGAS (1967), S. 172-173.

musste natürlich kompensiert werden.[866] Die graduelle Reduzierung des Inflationssteuerertrags im Rahmen des gradualistischen Disinflationsansatzes gab den Währungsautoritäten auch auf der Seite der Steuereinnahmen die notwendige Zeit, um eine Reform durchzuführen und die graduelle Reduzierung des Inflationssteuerertrags durch zunehmende Steuererträge aus dem formalen Steuersystem zu kompensieren.

Die Reform des Steuersystems vollzog sich in drei Schritten. Zunächst wurde, noch vor der Veröffentlichung des PAEG, ein fiskalisches Notprogramm (Gesetz 4.357 vom 16. Juli 1964) umgesetzt, dessen wichtigster Bestandteil in der Reform der Einkommenssteuer und der Einführung des Prinzips der Geldwertberichtigung im Steuersystem bestand.[867] Beide Maßnahmen hatten das selbe Ziel: eine Erhöhung der Steuerlast. In einem zweiten Schritt wurde mit der Verfassungsänderung Nr. 18 vom 25. Oktober 1966 eine Neuformulierung des Steuersystems eingeleitet. Mit der Neuen Verfassung des Jahres 1967 erhielt das Steuersystem schließlich seine endgültige Gestalt.

Das Gesetz Nr. 4.357 war insofern richtungsweisend für die gesamte Währungsreform der Regierung Castello Branco, als es den ersten Schritt zu einer später immer umfassenderen Einführung der Indexierung in der brasilianischen Wirtschaftsgesetzgebung darstellte. Ein ganz zentrales Ziel dieser Maßnahmen bestand in der Bekämpfung des Olivera-Tanzi-Effektes. Dazu wurde per Artikel 7 des Gesetzes 4.357 das Prinzip der Geldwertberichtigung auf der Seite der Steuereinnahmen installiert. Das Prinzip der Inflationskorrektur bezog sich zunächst auf Steuerschulden, deren Zahlung durch administrative oder gerichtliche Maßnahmen ausgesetzt worden war, auf solche, die grundlos zurückgehalten wurden und zudem auf die bei Fristüberschreitungen fällig werdenden Strafzahlungen und Verzugszinsen. Der starke Anreiz, der unter den inflationären Bedingungen bis 1964 zur Verzögerung der Steuerzahlung gegeben war und zu einem erheblichen Realsteuerverlust geführt hatte, wurde mit dem Gesetz Nr. 4.357 also eliminiert.[868]

Durch das selbe Gesetz wurde auch das Problem der Besteuerung von Scheingewinnen (zum Teil) gelöst.[869] Um einen plötzlichen Einnahmeverlust durch die rechtliche Anerkennung des

---

[866] Insofern hatte der gradualistische Stabilisierungsansatz den Vorteil gegenüber einer Schocktherapie, dass die Einnahmen aus der Inflationssteuer nur graduell gesenkt werden mussten. Dies gab den Reformern Zeit, die notwendigen institutionellen Reformen im Steuersystem zur Erhöhung der Staatseinnahmen durchzuführen. Vgl. PASTORE (1973a), S. 158.

[867] „Die große Innovation des fiskalischen Notprogramms bestand in der Anwendung des Prinzips der Geldwertberichtigung auf das Steuersystem, im Übrigen eine logische Konsequenz der gradualistischen Politik anstatt einer Schocktherapie in der Inflationsbekämpfung." CAMPOS (1994), S. 641.

[868] Vgl. SIMONSEN (1995), S. 41.

[869] „The fundamental steps toward recognizing illusory profits were taken by Law 4.357 of July 1964. The monetary correction of assets, although made obligatory, saw the tax reduced by 5 percent. (Later, Law 4.506 reduced the tax still further and contemplated its elimination after 1967.) At the same time permission was given

Problems der Scheingewinne im Unternehmensbereich vorzubeugen, sah das Gesetz 4.357 jedoch zunächst nur eine partielle Korrektur der Unternehmensbilanzen vor. „Fearing a large drop in income tax revenue, the law did not go to the logical conclusion (of completely exempting illusory profits), permitting only that the maintenance of working capital could be deducted when calculating extraordinary profits."[870] Um das Problem der Besteuerung von Scheingewinnen beim Kauf und späteren Verkauf von Immobilien durch physische Personen zu vermeiden, etablierte der Artikel 4 des Gesetzes 4.357 das Konzept des realen Immobiliengewinns. Per Gesetz Nr. 4.506 (30. November 1964) wurden auch die Progressionsstufen der Einkommenssteuer an Inflationsindizes gebunden.[871]

Eine komplette Neuformulierung des Steuersystems wurde mit der Verfassungsänderung Nr. 18 vom 25. Oktober 1966 eingeleitet. Seine endgültige Gestalt erhielt das brasilianische Steuersystem jedoch erst – aufbauend auf den Vorgaben dieser Verfassungsänderung – durch die neue Verfassung vom 24. Januar 1967.[872] Die Ziele der Reform des Steuersystems waren vielfältig. Sie können folgendermaßen zusammengefasst werden:

1. Das primäre Ziel der Reform bestand in der Erhöhung der Steuereinnahmen.
2. Das System sollte zudem durch Streichung und Neueinführung bestimmter Steuern und eine komplette Neustrukturierung der Steuerarten modernisiert werden.
3. Ein drittes Ziel bestand in der Reformulierung des Systems im Hinblick auf einen stärkeren Ausgleich regionaler und personeller Einkommensungleichheiten.
4. Der Unternehmenssektor sollte steuerlich entlastet werden.[873]
5. Das System sollte progressiver gestaltet und höhere Einkommen relativ stärker besteuert werden.
6. Ein weiteres (wenn auch nicht offiziell formuliertes) Ziel bestand – vor dem Hintergrund der Idee, dass der Wirtschafts- und angestrebte Wachstumsprozess vor allem

---

to calculate depreciation based on the corrected values for equipment and installations, which automatically suppressed one of the traditional components of illusory profits. Lastly the maintenance of working capital, the other part of the illusory profit, was provided for." BULHÕES (1969), S. 174.

[870] Ebenda, S. 175. Vgl. auch LEES/BOTTS/CYSNE (1990), S. 48.

[871] Seit 1961 waren die Einkommensteuergruppen in Abhängigkeit von der Entwicklung der Mindestlöhne angepasst worden. Da die Entwicklung der Mindestlöhne nach 1964 hinter der Entwicklung der Inflation zurückblieb, erwies sich die Bindung der Einkommenssteuergruppen an die Mindestlohnentwicklung als ungenügend und hätte zu einer enormen Erhöhung der Steuerlast geführt.

[872] Vgl. für eine sehr ausführliche Darstellung der Ziele und Maßnahmen der Steuerreform auch FUNDAÇÃO GETÚLIO VARGAS (1967). Vgl. auch SHOUP (1965), ALMEIDA (1967) und OLIVEIRA (1981).

[873] „The burden of taxation makes it more difficult for firms to recover their investment, whether because taxation requires a greater amount of financial resources or because it reduces the buying power of consumers. Consequently, the primary condition for the economic success of government debt is an alleviation of the burden of taxation." BULHÕES (1969), S. 163.

vom Bund zu steuern war – in der Zentralisierung der wirtschaftlichen Entscheidungs- und Steuergewalt beim Bund bzw. der Exekutive.

Die wichtigsten Maßnahmen der Steuerreform waren folgende:[874]

1. Die Steuern wurden neu klassifiziert. Die Steuern wurde nun nach ihrer *Besteuerungsgrundlage* in vier Kategorien geordnet: Außenhandelssteuern, Steuern auf Einkommen und Besitz, Steuern auf Produktion und Zirkulation und spezielle Steuern.
2. Die Maßnahmen, die zum Zweck der Erhöhung der Steuereinnahmen ergriffen wurden, umfassten (a) eine Erhöhung der Steuerbasis und Verbesserung der Steuerdurchsetzungsgewalt, (b) eine Erhöhung der Verbrauchssteuern um 30%, (b) eine Neuformulierung der Einkommensteuer, deren Basis erweitert wurde (Berufsgruppen, die zuvor von der Einkommensteuerpflicht ausgenommen waren, wie Journalisten, höhere Beamte und Professoren, wurden nun einkommensteuerpflichtig) und c) eine schärfere Bestrafung von Verzögerungen der Steuerzahlung.
3. Die kumulative Inzidenz der Steuern auf Umsätze (IVC) und Konsum (IC) – es handelte sich um „cascading taxes" – wurde eliminiert und durch Mehrwertsteuern ersetzt: die Steuer auf den Güterumlauf („Circulação de Mercadorias", ICM) und die Steuer auf industrialisierte Produkte (IPI).[875] In der Einführung der Mehrwertsteuer war Brasilien seinerzeit – das Mehrwertsteuerprinzip existierte bis zu diesem Zeitpunkt nur in Frankreich – Pionier.[876]
4. Nur acht der zuvor existierenden Steuern wurden beibehalten. Vier „anachronistische" Steuern wurden abgeschafft: die Steuern auf „Vergnügen", „Industrien und Beruf", „Lizenzen", „Umsatz und Konsignationen", Konsum und Briefmarken.[877] Diese Steuern wurden durch die Einführung neuer Steuern (den ICM, IPI, ISS und den ISOF) ersetzt.

---

[874] Vgl. hierzu Tabelle 45 im Anhang.

[875] Im Falle des IPI hing die Steuerbelastung von der wirtschaftlichen Bedeutung des Gutes ab, was dieser Steuer einen „progressiven" Charakter verlieh.

[876] Folgende Vorteile sahen Bulhões und Campos in der Mehrwertsteuer: a) Die Besteuerung „em cascata", welche Produkte mit einem längeren Produktionszyklus diskriminierte, wurde vermieden, b) Anreize für eine Vertikalisierung der Unternehmen wurden vermieden, was man insbesondere im Hinblick auf die Automobilindustrie für wichtig hielt (Zulieferungsproduktion sollte dezentralisiert werden), c) ein System der Selbstkontrolle wurde geschaffen, da die Käufer Belege von vorherigen Produktionseinheiten forderten. Vgl. CAMPOS (1994), S. 648. Barbosa weist daraufhin, dass im Falle von indirekten Steuern „die beste Form der Eliminierung der Wirkungen der Inflation in der Einführung des Mehrwertsteuerprinzips besteht [...]." BARBOSA (1983), S. 68. Heute allerdings ist Brasilien, was eine allgemeine Mehrwertsteuer angeht, Nachzügler.

[877] Diese Steuern waren zuvor z.T. von verschiedenen Gebietskörperschaften erhoben worden. Die gleiche Steuerbasis war so mehrfach besteuert worden.

5. Steuern, die zuvor den Ländern und Munizipien zukamen, wurden auf den Bund übertragen (die Exportsteuer und die Steuer auf ländlichen Besitz an Grund und Boden). Die direkte Teilhabe der Gemeinden an der Einkommensteuer (mit 15%) und der Steuer auf industrialisierte Produkte (mit 10%) wurde eliminert. Um diese Steuerausfälle seitens der Länder und Gemeinden zu kompensieren, wurde das System des föderalen Finanzausgleichs reformiert. Sog. „Fundos de Participação“ (konsolidiert durch Gesetz Nr. 5.172 vom 25.10.1966) wurden eingerichtet. Diese sollten insbesondere Ländern und Munizpien mit besonders geringem Steueraufkommen zu Gute kommen. 20% der Einkommensteuer und der Steuer auf industrialisierte Produkte sollten in diesem Rahmen in die „Fundos de Participação“ kanalisiert werden.[878]
6. Den Ländern und Munizipien wurde ihre autonome Steuererhebungskompetenz (die sie seit der Verfassung von 1946 innehatten) genommen.[879] Diese Kompetenz wurde nun dem Senat und/oder der Exekutive übertragen. Zudem wurde ihnen ihre Autonomie genommen, die Steuersätze derjenigen Steuern anzupassen, die in ihren Kompetenzbereich fielen.[880] Die Verfügungsfreiheit der Länder in der Verausgabung ihrer originären Steuereinnahmen wurde beschnitten. Die Verwendungszwecke des ICM wurde den Ländern zum Teil vom Bund vorgegeben.[881]

Die Steuerreform der Regierung Castello Branco, darin sind sich alle einschlägigen Autoren einig (auch diejenigen, die der Wirtschaftspolitik der Regierung Castello Branco kritisch gegenüberstehen), hat seinerzeit zu einer grundlegenden Modernisierung des brasilianischen Steuersystems geführt. Leider kam es bis heute jedoch zu keiner weiteren wirklichen Reform des Steuersystems. „Es scheint unzweifelhaft zu sein, dass das Steuersystem – unter technischen Gesichtspunkten – grundlegend modernisiert wurde. Die darin enthaltenen Innovationen stellten einen Bruch mit dem vorherigen System dar [...] und erlaubten es, dass die Steuern als effektive Instrumente der Wirtschaftspolitik genutzt wurden. Die indirekten Steuern inzidierten nicht mehr auf den Transaktionswert, eine Form der Inzidenz, die nicht mit einer integrierten industriellen Struktur kompatibel ist, sondern auf den aggregierten Wert. Durch die verschiedenen Modifikationen erhielt die Einkommensteuer eine größere Bedeutung in der Steuerstruktur, was als ein Zeichen der Modernisierung des Systems zu

878 Vgl. für eine ausführliche Darstellung und Analyse des Systems der „Fundos de Participação“ die Arbeit von CIALDINI (1997). Der Anteil von 20% an den genannten Steuern zur Finanzierung dieser bundesstaatlichen und munizipalen Ausgleichsfonds wurde im Dezember 1968 von Delfim Netto auf 10% gesenkt. Vgl. auch SYVRUD (1974), S. 136-139.

879 Vgl. BARBOSA (1998), S. 74.

880 Vgl. OLIVEIRA (1995), S. 17.

881 Mit Hilfe des "Ato Complementar" Nr. 40 des Jahres 1968, also zum Höhepunkt des Autoritarismus, wurden diese Transfers an die Länder reduziert. Auch die Beschneidung der fiskalischen Autonomie der Länder und Munizipien hatte nun ihren Höhepunkt erreicht. Gleichzeitig hatte die Exekutive nach dem AI-5 die Macht, unabhängig vom Kongress Gesetze zu verabschieden. Vgl. hierzu VARSANO (1996), S. 10.

betrachten ist."[882] Während in der Ära Kubitschek die Zollpolitik zu den ganz zentralen Instrumenten der Stimulierung der industriellen Entwicklung und der Lenkung der sektoralen und regionalen Investitionen gezählt hatte, wurde diese – während die Zollstruktur im wesentlichen beibehalten wurde – nach 1964 zunehmend durch die Einkommensteuer wahrgenommen. Durch diese Steuerreform erhielt Brasilien, nach Einschätzung eines der renommiertesten brasilianischen Steuerexperten, Ricardo Varsano, erstmals ein Steuersystem, „das in der Tat ein System war, und nicht eine bloße Anhäufung steuerlicher Einnahmequellen [...]."[883] Es handelte sich bei dieser Steuerreform ohne Zweifel um die „radikalste aller in Brasilien durchgeführten Steuerreformen [...]."[884]

Eine zentrale Konsequenzen der Steuerreform, die später Anlass zu Kritik an dieser Reform geben sollte, hatte in der Zentralisierung der Steuergewalt beim Bund bestanden. Die Steuereinnahmen des Bundes sollten in Folge der Reform vor allem in der Zeit zwischen 1967 und 1976 kontinuierlich ansteigen, während der Anteil der Bundesstaaten zunehmend gesenkt wurde. Während der Bund seinen Anteil am gesamten Steueraufkommen zwischen 1967 und 1976 von 45,8% auf 62,3% erhöhte, fiel der Anteil der Bundesstaaten von 49,4% auf 33,0%.[885]

Im Rahmen der vorliegenden Arbeit ist jedoch vor allem von Bedeutung, inwieweit es möglich war, mit Hilfe der Reform das primäre Ziel der Reform, die Erhöhung der Steuereinnahmen bzw. der Steuerquote, zu erreichen. Schon im Jahr 1964 konnte mit Hilfe des fiskalischen Notprogramms eine Erhöhung der (Brutto-) Steuerlast von 16% auf 17% erzielt werden. Die zunächst nur leichte Reduzierung des Ertrags aus der Inflationssteuer (von 5,4% auf 4,8% des BSP) konnte so überkompensiert werden, so dass die gesamte Steuerlast (einschließlich der Inflationssteuer) schon im ersten Jahr des PAEG erhöht werden konnte (von 21,4% auf 21,8%). Das für die Inflationsbekämpfung zentrale Ziel der Erhöhung der Steuerlast wurde also erreicht.[886]

---

[882] OLIVEIRA (1995), S. 20.
[883] VARSANO (1996), S. 9.
[884] Ebenda, S. 20.
[885] Der Anteil der Gemeinden fiel zunächst von 4,8% auf 3,6% (1971) und stabilisierte sich dann seit 1976 bei ca. 5%.
[886] Aus wachstumspolitischen Gesichtspunkten wurden jedoch auch Steuererleichterungen gewährt. Ein großer Teil der Unternehmen nutzte die Möglichkeiten der Steuergesetzgebung und investierte bis zu 50% ihrer eigentlich fälligen Einkommensteuer in den ärmeren Regionen des Landes (vor allem dem Nordosten). Zudem unterwarfen sich viele Unternehmen einer freiwilligen Preiskontrolle, was ebenfalls Steuervergünstigungen mit sich brachte. Weiterhin wurde von der Möglichkeit Gebrauch gemacht, die Steuerlast durch Reinvestitition von Gewinnen zu drücken. Diese steuerlichen Maßnahmen förderten zwar private Investitionen, verminderten aber auch die Einnahmen des Fiskus, weshalb die Erträge aus der Einkommensteuer im Jahr 1966 vorübergehend zurückgingen.

Tabelle 17: Die Entwicklung der Steuerquote und der Inflationssteuer 1960 bis 1979 (in % des BSP)

Jahr	Steuerquote		Inflationssteuer	Gesamte Steuerlast
	Brutto (1)	Netto (2)	(3)	(1+3)
1960	17,4	12,9	2,4	19,8
1961	16,4	11,0	4,0	20,4
1962	15,8	9,9	4,4	20,2
1963	16,0	10,5	5,4	21,4
1964	17,0	11,4	4,8	21,8
1965	19,7	13,2	2,8	22,5
1966	22,1	15,9	2,5	24,6
1967	21,6	14,4	1,8	23,4
1968	24,3	16,4	1,7	26,0
1969	25,9	17,4	1,4	27,3
1970	26,0	17,8	1,4	27,4
1971	25,1	18,1	1,3	26,4
1972	26,0	18,7	1,0	27,0
1973	26,4	19,4	1,1	27,5
1974	26,2	19,9	1,8	28,0
1975	26,3	19,3	1,5	27,8
1976	25,2	18,0	1,9	27,1
1977	25,6	18,3	1,6	27,2
1978	25,6	17,5	1,8	27,4
1979	24,2	16,5	2,6	26,8

(1) Bruttosteuerquote: Steuereinnahmen aus direkten und indirekten Steuern im Verhältnis zum BSP.
(2) Nettosteuerquote: Steuereinnahmen abzüglich Transfers und Subsidien im Verhältnis zum BSP.
Quellen: Daten zur Steuerlast aus BARBOSA/BRANDÃO/FARO (1989), vgl. die Daten zur Inflationssteuer in Tabelle 44 im Anhang.

In den folgenden Jahren setzte eine zunehmend rasante Erhöhung der Steuerlast ein, wobei die zunehmend sinkende Inflationssteuer weit überkompensiert werden konnte. Die gesamte Steuerlast (einschließlich der Inflationssteuer) konnte so trotz sinkender Inflationssteuereinnahmen von 21,5% im Jahr 1963 auf 27,3% im Jahr 1969 erhöht werden. Die erhöhten Steuereinnahmen erlaubten es, die zunehmenden Staatsausgaben zu finanzieren und gleichzeitig das Haushaltsdefizit zu reduzieren. Erst seit dem Ende der 1970er Jahre setzte eine neuerliche Verringerung der Steuerlast ein.[887]

[887] Eine der zentralen Ursachen hierfür lag auch in der erneuten Beschleunigung der Inflation (Olivera-Tanzi-Effekt) und in anderen Formen der Steuervermeidung. Vgl. hierzu BARBOSA (1998), S. 75 ff.

3. Senkung des Haushaltsdefizits

Die Ergebnisse der Reformanstrengungen im fiskalpolitischen Bereichen waren auf Grund höherer Steuereinnahmen und niedrigerer Ausgaben vorbildlich. Von den positiven Ergebnissen im fiskalischen Bereich des Jahres 1965 war selbst die Regierung überrascht.[888]

Abbildung 26: Budgetdefizite in % des BSP (1955 bis 1972)

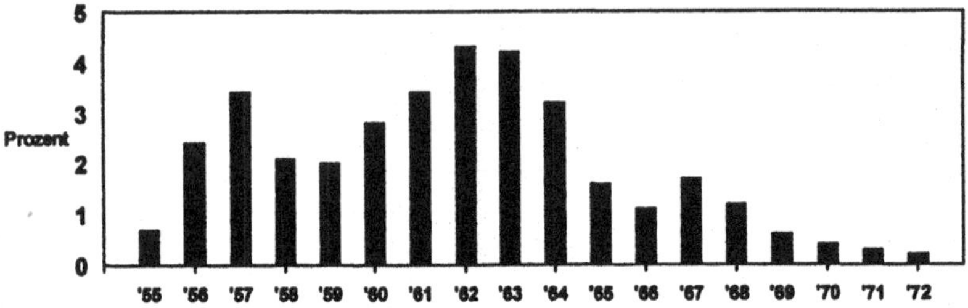

Quelle: BANCO CENTRAL DO BRASIL, Boletim (verschiedene).

Das Haushaltsdefizit fiel von 4,2% im Jahr 1962 auf 3,2% im Jahr 1964, auf 1,6% im Jahr 1965 und auf 1,1% im Jahr 1966. Durch die Kombination einnahmensteigernder und ausgabensenkender Maßnahmen konnte eine erhebliche, schnelle und dauerhafte Reduktion der Haushaltsdefizite erzielt werden. Nach einem vorübergehenden erneuten Anstieg des Defizits im Jahr 1967 kam es zu einer zunehmenden Reduzierung des Haushaltsdefizits bis ins Jahr 1972.

4. Die Rolle der öffentlichen Verschuldung in der Finanzierung des Haushaltsdefizits

Eine ganz entscheidende Maßnahme des fiskalischen Anpassungsprogramms der Regierung Castello Branco bestand in der Etablierung nicht-inflationärer Finanzierungsformen des öffentlichen Defizits. Das Phänomen der fiskalischen Dominanz in der Geldpolitik vor 1964 war auch eine Folge der Inexistenz einer Nachfrage nach öffentlichen Staatsanleihen gewesen.[889] Ein zentrales Ziel der Wirtschaftspolitik bestand vor diesem Hintergrund in der

---

[888] Vgl. SIMONSEN (1970), S. 33.

[889] Die Inflation hatte im Zusammenspiel mit dem „Wuchergesetz" die Nachfrage nach Staatsanleihen Anfang der 1960er nahezu verschwinden lassen. Staatsanleihen wurden am Markt lediglich in Form von Zwangskrediten (verlangt als Zusätze der Einkommensteuer auf natürliche und juristische Personen) oder als Alternative zur Haltung der Mindestreserve der Geschäftsbanken bei den Währungsautoritäten platziert. Es gab keinen freiwilligen Markt für Staatsanleihen, welche nur einen Ertrag von 6% bis 8% brachten, während die Inflation schon 50% im Jahr erreichte. Dies hatte zu erheblichen Restriktionen für die Finanzierung des Haushaltsdefizits

Etablierung eines Marktes für (bzw. eine Nachfrage nach) Staatsanleihen.[890] Die fundamentalen Restriktionen einer Etablierung eines Marktes für Staatsanleihen in einem inflationären Umfeld bestanden einerseits im „Wuchergesetz“ und der darin enthaltenen nominalen Zinsobergrenze von 12% und andererseits im mangelnden Vertrauen in die Staatsanleihen. Das „Wuchergesetz“ wurde (wie schon erwähnt) auch im Rahmen des PAEG nicht abgeschafft. Um dennoch eine Nachfrage nach Staatsanleihen zu schaffen, wurden mit Hilfe des Gesetzes Nr. 4.357 im Rahmen des fiskalischen Notprogramms indexierte Staatsanleihen (ORTN) eingeführt.[891] Diese Obligationen dienten später als Vorbild für die meisten anderen Formen der Geldwertberichtigung von finanziellen Vermögenswerten. In dem Gesetz von 1964 war nicht vorgeschrieben, welcher Index zur Anpassung der Obligationen verwendet werden sollte. Für diese Zwecke wurde jedoch – mit einem „time-lag“ von mehreren Monaten – der Index der Großhandelspreise herangezogen.[892]

Trotz der hohen Rentabilität der ORTN war die Nachfrage nach diesen Obligationen in den Jahren 1964 und 1965, nicht zuletzt auf Grund der im Zuge des fortschreitenden Inflationsprozesses und negativer Realzinsen zuvor erodierten Reputation staatlicher Anleihen, zunächst noch gering.[893] Im Mai 1965 bot die Regierung deshalb eine neue Anleiheserie an, bei der die Käufer zwischen einer Geldwertberichtigung auf Basis des Großhandelspreises oder des Wechselkurses gegenüber dem US-Dollar wählen konnten.[894] Der durchschnittliche Nominalzins auf ORTN betrug im Jahr 1965 53,8% und im Jahr 1966 46,5%. Die Rendite dieser Papiere war damit höher als die anderer Finanzinstrumente.

---

und der Geldpolitik geführt. Das Phänomen der fiskalischen Dominanz der Geldpolitik war auch eine Folge dieses Problems gewesen.

[890] „These actions to restore confidence in the public debt and to develop a market in government bonds became essential to the stabilization effort.“ SYVRUD (1974), S. 133. Vgl. auch WOGART (1972).

[891] Dies waren Titel, deren Nominalwert periodisch (zunächst alle vier Monate, später jeden Monat) entsprechend bestimmter vom Planungsministerium veröffentlichter Inflationsindizes angepasst wurden. Die Fälligkeit dieser Anlagen betrug zunächst zwischen einem und fünf Jahren (später auch bis zu 20 Jahren). Sie wurden mit 6% pro Jahr (real) verzinst. Der Ausgangswert der ORTN war im ersten Quartal 1964 bei 10 Cr$ fixiert worden.

[892] Vgl. GUENTHER (1975), S. 25.

[893] „Another factor, however, was that the Brazilian public did not trust the domestic price index and had grown accustomed to valuing their assets in terms of dollars. To overcome this latter attitude the monetary council added in 1966 a corrective factor option based on the change in the exchange rate during the maturity of ORTN. Thus a bond purchased in November 1965 could be redeemed in November 1966 with a correction based on the exchange rate or the wholesale price index, whichever was higher. Although the exchange rate was devalued only once during this period (by 20 percent) while the wholesale price index increased 41 percent, the exchange rate option proved to be helpful in building confidence in government bonds.“ SYVRUD (1974), S. 134. Ein zweiter Schritt, der zur Erhöhung des Vertrauens in Staatsanleihen dienen sollte, bestand darin, Geschäftsbanken zu gestatten, ihrer Mindestreservepflicht durch die Haltung von ORTN nachzukommen. Diese Maßnahme trug erheblich zur Erhöhung der Haltung von ORTN im Jahr 1965 bei, stellte jedoch keinen Beitrag zur inflationsfreien Finanzierung des Haushaltsdefizits dar.

[894] Die Wahl konnte nachträglich getroffen werden. Nach der Einführung des Crawling Peg lag die Abwertungsrate des Cruzeiro gegenüber dem US-Dollar jedoch regelmäßig unter der Zuwachsrate der Großhandelspreise, so dass die Geldwertberichtigung regelmäßig die günstigere Alternative darstellte.

Tabelle 18: Defizite der öffentlichen Hand und ihre Finanzierung 1960 bis 1970

	Defizit (Mio. NCr$)	Finanzierungsquellen (in % des Defizits)			
Jahr		Banco do Brasil und Zentralbank	Obligationen	Zwangsanleihen	Auslands-kredite
1960	76,6	91	9	-	-
1961	137,5	99	1	-	-
1962	280,9	88	8	4	-
1963	504,7	84	11	5	-
1964	728,2	101	- 7	6	-
1965	592,9	45	55	-	-
1966	586,6	- 32	103	-	29
1967	1224,7	57	43	-	-
1968	1226,7	88	- 7	-	19
1969	755,8	- 136	236	-	-
1970	738,3	- 111	211	-	-

Quelle: CONJUNTURA ECONÔMICA (Januar 1970 und November 1972).

Erst nachdem verschiedene Maßnahmen zur Erhöhung des Vertrauens des Publikums in Staatsanleihen ergriffen wurden, wurde die ORTN seit 1966 zu einem zentralen Instrument einer inflationsfreien Finanzierung des (geringer werdenden) Haushaltsdefizits. War das Defizit im Jahr 1964 noch zu 100% durch die Währungsautoritäten finanziert worden, konnte schon im Jahr 1965 eine Senkung dieses Finanzierungsanteils auf 45% erzielt werden. Im Jahr 1966 war eine vollständige Finanzierung des Defizits per Staatsverschuldung möglich geworden. Nach einer erneuten (vorübergehenden) Erhöhung des Finanzierungsanteils der Währungsautoritäten in den Jahren 1967 und 1968 konnte das Defizit seit 1969 dauerhaft vollständig durch öffentliche Verschuldung finanziert werden.

5. Die Rolle des öffentlichen Sektors in der brasilianischen Wirtschaft

In der Nachkriegszeit war der öffentliche Sektor zunehmend gewachsen, sowohl gemessen an der direkten Partizipation im Wirtschaftsprozess als auch im Sinne einer Kontrolle der maßgeblichen wirtschaftlichen Entscheidungen. „There were few opponents to the growth of the state's presence in the economy in the fifties and sixties since it was mainly motivated by the goal of ISI, to which a large part of Latin America's society gave its support at the time.

(…) During the intensive ISI period in the 1950s and 1960s, the number and size of public enterprises grew substantially."[895] Für die Regierung Castello Branco war klar, dass der hohe Grad an Nationalisierung und Verstaatlichung der Wirtschaft den Entwicklungsprozess behindert hatte. „Federal government investments alone were estimated at 60% of total investments and government expenditures (both current and investments) totalled 33 percent of GDP."[896] Ausgehend von diesen Schätzungen wurde im PAEG eine Begrenzung der Ausgaben und Investitionen des Staates gefordert, um das Wachstum des Privatsektors zu ermöglichen. Der staatliche Interventionsgrad in einer Wirtschaft kann unterschiedlich gemessen werden. Eine Möglichkeit der Messung der Belastung des Privatsektors durch die Staatstätigkeit besteht in der Messung der gesamtwirtschaftlichen Steuerquote. Ihre Entwicklung wurde schon dargestellt. Ein anderer Indikator ist die Staatsquote. „Public sector expenditures of final goods and services rose from 13.4 percent of GNP in 1947 to 17.4 percent in 1963 (…). Total public sector expenditures plus subsidies and transfers to the private sector rose from 17.1 percent of GNP in 1947 to 23.6 percent of GNP in 1963. (…) The upward trend of public sector expenditures on final goods and services reversed and declined to 15.7 percent in 1968, while gross tax collection continued upward to 26.8 percent in 1968, and total expenditures, transfers and subsidies rose to 24.9 percent in 1968."[897] Damit war die Staatsquote im Vergleich zu Ländern mit einem vergleichbaren Entwicklungsstand auch nach 1964 relativ hoch. Der Anteil der staatlichen Investitionen an den Gesamtinvestitionen stieg von 14,5% im Jahr 1947 auf 23% im Jahr 1963, auf 31% im Jahr 1967, fiel vorübergehend auf 25% im Jahr 1968 und stieg erneut auf 34% im Jahr 1969.[898]

Darüber hinaus war der Staat in einer großen Zahl wirtschaftlicher Schlüsselsektoren direkt oder indirekt beteiligt. Er war Eigentümer bzw. kontrollierte den gesamten Bereich öffentlicher Versorgungsbetriebe, Telekommunikation, Eisenbahnlinien, Fluglinien, Schifffahrtgesellschaften, Produktion und Verteilung von Elektrizität, das größte Eisenminenunternehmen, das Monopol in der Erdölverarbeitung und die drei größten Stahlunternehmen, welche 75% der industriellen Produktion ausmachten.[899] Auch dem PAEG lag – wie gezeigt – ein nach wie vor interventionistisches, dem „desenvolvimentismo" entstammendes Planungskonzept zu Grunde. „In the case of Brazil after the 1964 military takeover, although the military governments rationalized and strengthened state enterprises, established new public entities (such as the Housing Bank, expanded the functions of the development bank) they

[895] BAER (1996), S. 367.
[896] SYVRUD (1974), S. 140.
[897] Ebenda.
[898] Vgl. die Daten in Tabelle 47 im Anhang. Dies ist kein besonders hoher Prozentsatz. Mexiko hatte im Jahr 1965 einen Anteil von 41%. In der Türkei, Griechenland, Spanien und Portugal war der Anteil der öffentlichen Investitionen noch höher.
[899] Vgl. SYVRUD (1974), S. 141.

received financial support from the World Bank and the USAID."[900] In der Regierungszeit von Castello Branco wurden verschiedene Staatsunternehmen gegründet: Serpo, Embratel, Embratur, Açominas, Ultrafértil, Engematic, Lloydbrás, Enasa, und staatliche Unternehmen in den Bereichen Häfen und Telekommunikation. Im Kreditwesen waren im Jahr 1970 die fünf größten Banken Staatsbanken (Banco do Brasil, die Nationale Entwicklungsbank, die Nationale Wohnungsbaubank, die Entwicklungsbank für den Nordosten und die Sparkassen) für 39% des gesamten Kredits an den Privatsektor verantwortlich. Am Arbeitsmarkt hatte die Regierung in der Zeit nach 1964 durch die Erhebung der Gewerkschaftsabgaben im Auftrag der Gewerkschaften einen erheblichen Einfluss auf die Arbeitnehmervertretungen und ihre Führung. Mehr als 40% des gesamten Außenhandels wurde direkt von der Regierung kontrolliert. Auf der Exportseite kontrollierte das Brasilianische Kaffee-Institut die inländischen Preise für das wichtigste Exportgut Brasiliens, Kaffee (36% der Gesamtexporte des Jahres 1971). Der Zucker- und Kakao-Export war ebenfalls noch staatlich kontrolliert, während die Eisenexporte fast vollständig vom Staatsunternehmen „Vale do Rio Doce" kamen. Auf der Importseite importierte der Staat direkt Weizen (durch Cibrazem) und Erdöl (durch Petrobrás). Allein diese Importe machten im Jahr 1967 mehr als 32% der Gesamtimporte aus.

Auf Grund der Diagnose eines übermäßigen Grads an Nationalisierung der brasilianischen Wirtschaft zielte die Regierung Castello Branco auf die Reduzierung der Rolle des öffentlichen Sektors. Die Maßnahmen, die dazu ergriffen wurden, lagen im Bereich der Steuerpolitik, in der Entwicklung des Kapitalmarktes, der Bereitstellung von Garantien für ausländische Investoren und die Etablierung von Kreditlinien für den Privatsektor. Steuervergünstigungen wurden eingeräumt, um Investitionen in den Nordosten, spezifische Sektoren wie die Forstwirtschaft, Fischerei, Tourismus, Landwirtschaft und den Kapitalmarkt zu stimulieren. Das Zollsystem, welches das Wachstum der brasilianischen Industrie in den 1950er Jahren stimuliert hatte, gab nach wie vor der privaten Industrie erheblichen Schutz. Das neue Kapitalmarktgesetz und steuerliche Anreize trugen zum Wachstum des Kapitalmarkts bei, an dem der Privatsektor das notwendige Kapital aufnehmen konnte. Die Nationale Entwicklungsbank (BNDE) und der Banco do Brasil vergaben spezielle Kredite für private Investitionen.

Eine der zentralen Kritiken, die heute gegen die Wirtschaftspolitik des Militärregimes (1964-1985) insgesamt vorgebracht wird, bezieht sich auf die in diesem Zeitraum zu beobachtende „übermäßige Verstaatlichung" des Wirtschaftsprozesses.[901] Diese Kritik trifft im Kern aber

[900] BAER (1996), S. 369-370.
[901] CYSNE (1994), S. 2.

vor allem die Wirtschaftspolitik der Militärs in der Zeit nach 1974 (Regierung Geisel) und weniger die der Regierung Castello Branco.

B. Reform der Arbeitsmarktordnung und des Lohnbildungsprozesses

Wie gesagt hatte dem PAEG in der Diagnose der Inflationsursachen letztlich die These der Verteilungskampfinflation zu Grunde gelegen. Auch dem Lohnbildungsprozess, in der Form wie er in der Ära des brasilianischen Populismus existierte, war in diesem Zusammenhang eine zentrale Rolle in der Erklärung der Inflation vor 1964 beigemessen worden. Eine der zentralen Säulen des Anti-Inflationskonzeptes war deshalb die Lohnpolitik und die Beseitigung lohnpolitischer Restriktionen der Stabilisierung.[902] Dennoch war das erste Jahr des PAEG (1964) in lohnpolitischer Hinsicht gescheitert. Die Lohnpolitik stellte den „am wenigsten überzeugenden Politikbereich in der Durchführung der Inflationsbekämpfung im Jahr 1964 dar."[903] Kurz nach dem Regierungsantritt war es – wie schon erwähnt – zu einer starken und stabilitätswidrigen Erhöhung der Löhne im öffentlichen und später auch im privaten Sektor gekommen.[904]

Um ähnliche Fehler in der Zukunft zu vermeiden, wurden in diesem Jahr die gesetzlichen Grundlagen für eine restriktivere Lohnpolitik gelegt, welche dann ab 1965 auch implementiert werden sollte. Die Voraussetzungen für die neue Lohnpolitik wurden zunächst durch eine Zentralisierung des Lohnbildungsprozesses und eine Beschneidung der Macht der Gewerkschaften geschaffen. Bis 1964 war der Mindestlohn und seine Anpassung von der Regierung dekretiert worden. Alle anderen Lohnanpassungen waren in freien Verhandlungen zwischen Arbeitgebern und Gewerkschaften ausgehandelt worden. Im Falle einer Nichteinigung wurde der Streit vor dem Arbeitsgericht geregelt.[905] Die Anpassung der Löhne erfolgte nach der

---

902 Von einigen Autoren wurde die Lohnpolitik gar als das wichtigste und letztlich entscheidende Instrument in der Bekämpfung der Inflation im Rahmen des PAEG bezeichnet. „The ‚average adjustment', which presents an additional degree of freedom for policy makers trying to combat inflation, was the basic tool used to bring yearly inflation down from 91,9 per cent to 24,9 per cent in the period 1964-7 (under the PAEG Plan)." LEES/BOTTS/CYSNE (1990), S. 55. Vgl. auch RESENDE (1982), S. 802. Diese Interpretation scheint die Möglichkeiten einer Inflationsbekämpfung mit Hilfe einkommenspolitischer Maßnahmen jedoch zu überschätzen.

903 SIMONSEN (1970), S. 31. Vgl. zur Lohnpolitik der Regierung Castello Branco auch ALMEIDA (1982), CARVALHO (1973), CARVALHO (1982) und LAGO/ALMEIDA/LIMA (1979).

904 Vgl. SIMONSEN (1970), S. 30. „Ohne Zweifel war eine gewisse Lohnerhöhung unter sozialen Gesichtspunkten notwendig. Dennoch, die Erhöhung lag weit über der seit der letzten Anpassung akkumulierten Inflation [...] und widersprach dem Stabilisierungsziel. Dieser anfängliche Fehler behinderte die Möglichkeiten der Inflationsbekämpfung im Jahr 1964 beträchtlich. Dies führte dazu, dass die Eindämmung des Staatsdefizits vor allem via Reduzierung der Investitionen durchgeführt wurde. Trotz aller späteren Bemühungen der Ausgabensenkung erhöhten sich die Staatsausgaben auf 14,5% des BIP." SIMONSEN (1970), S. 30.

905 Waren die Arbeitnehmer mit dem Ergebnis nicht zufrieden, konnten sie auf das Instrument des Streiks zurückgreifen.

„Spitzenanpassungsmethode". Das Ziel bestand hier in der Herstellung der letzten „Spitze" des Reallohns, also des zum Zeitpunkt der letzten Anpassung vorherrschenden Reallohns. Diese Methode der rückwärtsgerichteten Lohnindexierung führte vor allem zu einem Problem: Sie war nicht kompatibel mit sinkenden Inflationsraten, sondern setzte implizit voraus, dass die Inflation der Folgeperiode der Inflation der vorherigen Periode entsprechen würde. Für SIMONSEN (1995) war durch diese Lohnpolitik die „Lohn-Preis-Spirale" in Brasilien institutionalisiert worden.[906] In dieser Hinsicht änderte sich die brasilianische Lohnpolitik nach dem Militärputsch von 1964 radikal. Mit dem PAEG nahm die Intervention der Regierung in den Lohnbildungsprozess erheblich zu. Gewerkschaftsführer der radikalen Linken waren sofort nach dem Putsch inhaftiert worden.[907] Am 1. Juni 1964 wurde durch das Streikgesetz (Nr. 4.330) das Streikrecht stark eingeschränkt.[908] Streiks von Angestellten des öffentlichen Dienstes (auf allen Ebenen: Bund, Länder und Gemeinden) und Angestellten von Staatsunternehmen sowie in „essentiellen wirtschaftlichen Bereichen" wurden verboten. Ebenso wurden politisch motivierte Streiks untersagt. Für „wirtschaftliche" Streiks wurden strikte Bedingungen und Richtlinien aufgestellt. Die Kontrolle über die Gewerkschaften wurde ausgeweitet. Mit Hilfe des Zirkulars Nr. 10 vom 19. Juni 1964 wurde ein Nationaler Rat der Lohnpolitik eingerichtet, der autorisiert war, Lohnerhöhungen zu genehmigen und abzulehnen, um die Kompatibilität der sektoralen Lohnniveaus und Lohnanpassungen sicherzustellen.

Nachdem der Lohnbildungsprozess so unter die Kontrolle der Exekutive gebracht worden war, wurde – nachdem es im Jahr 1964 noch zu stabilitätswidrigen Lohnerhöhungen (im öffentlichen und privaten Sektor) gekommen war – in einem zweiten Schritt (im Jahr 1965) die sog. „Lohnformel" Simonsens implementiert, die nun direkte Lohnverhandlung zwischen Arbeitnehmern und Arbeitgebern ersetzte.[909] Im Einzelnen setzte sich die Formel aus drei Komponenten zusammen: (a) Die Lohnerhöhung sollte die durchschnittliche Kaufkraft der vergangenen 24 Monate aufrechterhalten, (b) die für das kommende Jahr erwartete Inflation (in Form eines Ausgleichs für 50% der erwarteten Inflation) und (c) Produktivitätssteigerungen des jeweils vorherigen Jahres (sie wurden zunächst auf 2% veranschlagt) zu berücksichtigen. Das Ziel bestand nun also nicht mehr in der Wiederherstellung der letzten Reallohnspitze, sondern in der Erhaltung des durchschnittlichen Reallohns. Das Prinzip der

[906] SIMONSEN (1995), S. 54.
[907] Vgl. LAGO/ALMEIDA/LIMA (1979), S. 157.
[908] Vgl. für eine ausführlichere Darstellung CAMPOS (1994), S. 721-723.
[909] Die drei grundlegenden Ziele der neuen Lohnpolitik wurden in der „Síntese" folgendermaßen formuliert: Erstens sollte die Teilhabe der Lohnempfänger am Volkseinkommen aufrecht erhalten werden. Zweitens sollte verhindert werden, dass unkontrollierte Lohnanpassungen zur Realimentierung des Inflationsprozesses führen. Drittens sollten die lohnpolitischen Verzerrungen, insbesondere im öffentlichen Sektor, den „autarquias" und den „empresas mixtas", also den vom Staat kontrollierten Unternehmen, korrigiert werden. Vgl. MINISTÉRIO DE PLANEJAMENTO E COORDENAÇÃO ECONÔMICA (1965a), S. 83.

„backward-looking indexation" in der Lohnpolitik wurde nun durch eine Form der „forward-looking indexation" ersetzt. Das Dilemma der „average-peak"-Methode und der rückwärtsgerichteten Indexierung, insbesondere das Problem, bei einer Stabilisierung einen zu hohen Reallohn zu generieren, konnte so gelöst werden. Ziel der Formel war es, eine „mit der Inflationsbekämpfung kompatible Lohnpolitik zu formulieren."[910] Ursprünglich sollte die neue Lohnformel schon im Jahr 1964 bei der Anpassung der Löhne des Privatsektors zur Anwendung kommen. Nachdem es aber im Februar des Jahres schon zu einem 100%-igen Anstieg des Mindestlohns gekommen war und die Löhne des öffentlichen Sektors im Juli des Jahres um 110% erhöht worden waren, endeten auch die Verhandlungen um die Löhne des Privatsektors mit Lohnerhöhungen von 80 bis 90%.[911] Die Lohnpolitik des Jahres 1965 sollte um so restriktiver ausfallen.

Tabelle 19: Durchschnittlicher jährlicher Anstieg der Nominallöhne unter der Lohnformel 1964 bis 1971 (in %)

Jahr	Privatsektor	Öffentlicher Sektor	Durchschnittlicher Anstieg der Lebenshaltungskosten
1964	80-90	110	91,4
1965	40-45	-	65,8
1966	30-35	35	41,3
1967	21,0	22.1	30,9
1968	23,5	24,9	22,0
1969	24,4	23,4	22,6
1970	24,0	24,1	22,3
1971	22,3	22,4	20,2

Quelle: Ministério do Trabalho, entnommen aus SYVRUD (1974), S. 157.

Erstmals umgesetzt wurde die Lohnformel im Rahmen der Kalkulation des neuen Mindestlohns (März 1965). Mit Hilfe der Formel wurde eine Erhöhung des Mindestlohns von 57% festgelegt. Die Lebenshaltungskosten waren seit der letzten Anpassung um ca. 90% gestiegen. Damit war der „Beginn des Versuchs der Desindexierung der Löhne unter der Regierung Castello Branco" klar markiert worden.[912]

---

[910] CAMPOS (1994), S. 574.

[911] „Public sector wage adjustments in 1964 of 170 percent for the military and 110 percent for the civilian employees provided a strong additional stimulant to the inflation. Private sector wage adjustments in 1964 followed suit with increases of 80 to 90 percent." SYVRUD (1974), S. 155.

[912] SIMONSEN (1995), S. 56.

Tabelle 20: Gesetzlicher Mindestlohn und Anstieg des Preisniveaus (Jan. 1952 bis April 1972)

Periode	Monatlicher Mindestlohn (NCr$)	Anstieg des Mindestlohns (in%)	Anstieg des Konsumentenpreisindex (IPC Rio de Janeiro)
Jan. 1952	1,20	-	-
Juli 1954	2,40	100,0	54,4
Aug. 1956	3,80	58,3	51,4
Jan. 1959	6,00	57,9	47,8
Okt. 1960	9,60	60,0	70,8
Okt. 1961	13,40	40,0	42,2
Jan. 1963	21,00	56,7	67,1
Feb. 1964	42,00	100,0	109,5
März 1965	66,00	57,1	90,3
März 1966	84,00	27,3	33,7
Feb. 1967	105,00	25,0	32,1
März 1968	129,60	23,4	21,8
März 1969	156,00	20,4	25,6
Mai 1970	187,20	20,0	25,1
Mai 1971	225,60	20,5	19,7
April 1972	268,80	19,2	18,6

Quelle: Berechnet aus IBGE und CONJUNTURA ECONÔMICA (verschiedene Ausgaben).

Die Lohnformel galt zunächst nur für die Löhne des öffentlichen Sektors (Löhne für Regierungs- und Kommunalangestellte und die Löhne der Angestellten in Staatsunternehmen und „empresas mixtas"). Wenige Monate nach der Anpassung des Mindestlohns (13.07.1965) wurden die Kriterien der Lohnformel per Gesetz Nr. 4.725 auch auf den Privatsektor und auf alle vor dem Arbeitsgericht zu entscheidenden „Schlichtungsfälle" übertragen.[913] Die Landwirtschaft blieb völlig frei von Kontrollen.[914] Die Löhne des öffentlichen Sektors wurden in diesem Jahr auf Grund der überhöhten Anpassung des Jahres 1964 überhaupt nicht angepasst; die Löhne des Privatsektors wurden um 40% bis 50% erhöht.[915]

[913] Vgl. für die wichtigsten Artikel dieses Gesetzes im Originaltext ebenda.

[914] Die 1965 etablierte Lohnformel unterschied sich erheblich von einem für die Laufzeit eines Tarifabkommens an die Lebenshaltungskosten gebundenen Indexlohn. Jeder Lohnkontrakt wurde für die Dauer von 12 Monaten geschlossen. Neuabschlüsse für die verschiedenen industriellen Sektoren wurden über das ganze Jahr verteilt. Einmal festgesetzte Löhne wurden nicht mehr an die laufende Preisentwicklung angepasst. Bis zum Auslaufen des Kontrakts fanden keine Veränderungen des Nominallohns mehr statt. Bis 1968 wurden bei Neuabschlüssen keine Kompensationen für vorherige Inflationsverluste gewährt.

[915] In diesem Jahr wurde auch eine entscheidende Maßnahme zur Flexibilisierung des Arbeitsmarktes getroffen. Das System der „Stabilität des Arbeitsplatzes" („garantia de estabilidade de emprego) wurde durch den „Fundo de Garantia por Tempo de Serviço" (FGTS) ersetzt, „a labour indemnification system managed by the recently created ‚Banco Nacional de Habitação' (BNH)". LESS/BOTTS/CYSNE (1990), S. 64.

Ein Vorteil der neuen Lohnformel bestand darin, dass das entscheidende Kriterium für die Höhe der jährlichen Lohnerhöhung nicht die relative politische und Verhandlungsmacht der entsprechenden Gewerkschaften war.[916] Das zentrale Problem der seit 1964 verfolgten Lohnpolitik bestand aber in einem spezifischen lohnpolitischen Dilemma, mit dem die Regierung durch die Anwendung dieser Formel konfrontiert wurde. In einen der drei Koeffizienten der Lohnformel flossen – wie gesagt – die Inflationserwartungen für die folgenden zwölf Monate nach der Lohnanpassung ein. Die Erreichung des Ziels, den Reallohn konstant zu halten, hing damit vor allem von der richtigen Schätzung der zu erwartenden Inflation ab. Darin bestand das fundamentale Problem dieser Lohnpolitik. Würde die zukünftige Inflation zu hoch geschätzt, würde dies die Inflationserwartungen der Wirtschaftssubjekte und somit auch die tatsächliche Inflation in der Folgeperiode schüren. Zu geringe Inflationsschätzungen würden hingegen unweigerlich zu einem sinkenden Niveau des Reallohns führen.

Tabelle 21: Ausgleich in der Lohnformel für erwartete Inflation und Produktivitätsfortschritte (Jul. 1964 bis Jul. 1972 in %)

Periode	Ausgleich für Residualinflation (50% des Schätzwertes)	Ausgleich für den Produktivitätsfortschritt
Jul. 64 – Jul. 65	12,5	
Aug. 1965 - Juli 1966	5,0	-
Aug. 1966 - Juli 1967	5,0	2,0
Aug. 1967 - Juli 1968	7,5	2,0
Aug. 1968 - Juli 1969	7,5	2,0
Aug. 1969 - Juli 1970	6,5	3,0
Aug. 1970 - Juli 1971	6,0	3,5
Aug. 1971 – Juli 1972	6,0	3,5

Quelle: Ministério do Trabalho, entnommen aus CARVALHO (1973), S. 46 und SYVRUD (1974), S. 158.

In der Praxis kam es unter der Regierung Castello Branco zu einer systematischen Unterschätzung der Residualinflation. Während die der Lohnbildung zu Grunde liegenden Schätzungen der Jahresinflation 25% (1965), 10% (1966) und 15% (1967) betrugen, fiel die tatsächliche Inflation (gemessen am IGP-DI) jeweils deutlich stärker (1965: 35%, 1966: 39% und 1967: 22%). Obwohl diese permanenten Schätzfehler natürlich auch von der Wirtschaftsequipe wahrgenommen wurden, wurde an der Lohnformel nichts geändert. Zudem wurden die Schätzfehler der vergangenen Jahre nicht durch einen höheren Ausgleich in den folgenden Anpassungen kompensiert. Unmittelbare Folge dieser Politik war, dass der Reallohn zwischen

[916] Die Lohnpolitik wurde durch die Formel insofern an eine klare Regel gebunden, die zur Erwartungsstabilisierung der Wirtschaftssubjekte beitrug und den Willen zur Stabilisierung klar signalisierte.

1964 und 1967 drastisch sank. Es war also nicht gelungen, den durchschnittlichen Reallohn zu stabilisieren. Ergebnis dieser Politik war entsprechend eine starke Kompression des realen Mindestlohns und des Realeinkommens der Arbeitnehmer. In Tabelle 61 im Anhang befinden sich verschiedene Indizes der Entwicklung des realen Mindestlohns. Legt man den Lebenshaltungskostenindex des DIEESE zu Grunde, lag der durchschnittliche Mindestreallohnindex im Jahr 1964 bei einem Wert von 108,9 (1963 = 100). In den folgenden Jahren fiel der Index abrupt (1965: 101,6; 1966: 86,1 und 1967: 81,5). Dieser Index fiel damit im Zeitraum zwischen 1964 und 1967 um 25%. Diese Entwicklung ist bei der Verwendung anderer Preisindizes (Lebenshaltungskostenindizes von Rio de Janeiro und São Paulo) nicht ganz so ausgeprägt; in beiden Fällen sinkt der Index im gleichen Zeitraum um ca. 18%. Die Tendenz eines stark fallenden Mindestreallohns ist jedoch unabhängig von dem verwendeten Preisindex bei allen Berechnungen deutlich zu erkennen.[917]

Die Entwicklung des Realeinkommens der Arbeitnehmer (in der Industrie) zeigte eine ähnliche Entwicklung. Tabelle 62 im Anhang gibt einen Überblick über die Entwicklung des durchschnittlichen Reallohns in der Industrie („Indústria de Transformação") bei den in der Produktion beschäftigten Arbeitnehmern.[918] Auch dieser Index zeigt eine Reduzierung des Reallohns im ersten Jahr der Anwendung der Lohnformel (1965) gegenüber dem Vorjahr um knapp 7% (Lebenshaltungskostenindex der FGV). Für das Jahr 1966 existieren keine Daten. Im Jahr 1967 variieren die Werte der Reallohnindizes in Abhängigkeit vom zu Grunde gelegten Preisindex relativ stark. Alle weisen jedoch ein weiteres Sinken des Reallohns gegenüber 1965 aus.[919] Der durchschnittliche Reallohn war zwischen 1964 und 1967 um 15% (DIEESE) bzw. 7% (FGV und IPE) gefallen. Das im PAEG festgeschriebene Ziel der Stabilisierung des Reallohns wurde also nicht erreicht.

SKIDMORE (1973) stellt richtigerweise fest: „[...]it is difficult to imagine how such a corrective wage policy could have been carried out by a government that had to face the test at the polls."[920] RESENDE (1990) weist deshalb zu Recht darauf hin, dass der von der Regierung postulierte orthodoxe wirtschaftliche Liberalismus am Arbeitsmarkt und in der

---

[917] Die Senkung des realen Mindestlohnes war in den Jahren 1965 und 1966 besonders ausgeprägt. Der Index des realen Mindestlohns fiel im Jahr 1965, also in dem Jahr, als die Lohnformel eingeführt worden war, um fast 7% (Lebenshaltungskostenindex FGV). Im Jahr 1966 fiel dieser Index um weitere 8%. In den folgenden Jahren fiel dieser Index weiter, jedoch weniger schnell (1967: 4%).

[918] Für die Entwicklung der Löhne in der Landwirtschaft existieren für den hier untersuchten Zeitraum keine Daten. Die Entlohnung der Arbeitskraft in der Landwirtschaft (sie machte mehr als 50% der gesamten Arbeitskraft aus) kann hier deshalb keine Berücksichtigung finden.

[919] Während der mit Hilfe des Lebenshaltungskostenindizes für São Paulo errechnete Reallohnindex für 1967 eine Reduzierung des Reallohns gegenüber 1965 von knapp 4% anzeigt, weist der mit Hilfe des Lebenshaltungskostenindex des DIEESE errechnete Reallohnindex eine Senkung von knapp 10% aus.

[920] SKIDMORE (1973), S. 20.

Lohnbildung am wenigsten sichtbar war.[921] Die Kompression der Reallöhne und die damit verbundene Verschärfung der Einkommensungleichheiten war Anlass für vehemente Kritik am PAEG.

SIMONSEN (1995) argumentiert, dass „eine sorgfältige Analyse zeigt, dass, angesichts anderer Ziele des PAEG, wie die reale Abwertung des Wechselkurses und die Wiederherstellung des Realwertes von Mieten und Tarifen öffentlicher Dienstleistungen, die Senkung der Reallöhne unvermeidbar war. Bei indexierten Löhnen wäre diese Senkung durch die Erhöhung der Inflationsrate provoziert worden. Was die Lohnformel des PAEG zu erreichen vermochte, war die Senkung der Reallöhne und eine Disinflation miteinander vereinbar zu machen."[922] Ähnlich argumentiert CYSNE (1994). Auch er weist darauf hin, dass angesichts des Ziels der Erhöhung der indirekten Steuern, der Eliminierung von Subsidien, der Freigabe von Preisen, den landwirtschaftlichen Schocks der Jahre 1964 und 1966 und der realen Abwertung auch die Reallöhne sinken mussten.[923] Sie wären – soweit das Ziel eine Vermeidung von höherer Arbeitslosigkeit gewesen wäre – zwischen 1964 und 1966 mit oder ohne Lohnregel gesunken. Was lediglich zur Debatte stehe, sei die Höhe des realen Einkommensverlustes, die offensichtlich zu stark ausgefallen sei. Auch SYVRUD (1974) kommt zu dem Ergebnis, dass diese Reallohnsenkung notwendig gewesen sei, um das Gleichgewicht in der Wirtschaft wieder herzustellen.[924]

Sicher ist, dass die Lohnpolitik der Regierung Castello Branco seit 1965 dem Ziel der Inflationsbekämpfung gedient hat und durch die darin zu Grunde gelegte „optimistischen" Inflationsprognosen zur Glaubwürdigkeit der Reform beigetragen hat.[925] Für CYSNE (1985) erlaubte die Lohnformel der Regierung, „eine effektive Kontrolle der Inflation von der Kostenseite her auszuüben."[926] Institutionelle Restriktionen des Arbeitsmarktes, die unter demokratischen Bedingungen den Anpassungsprozess behindert hätten, konnten so beseitigt werden. Der (lohnpolitische) Verteilungskonflikt wurde so mit den Mitteln einer autoritären Lohnpolitik „aufgelöst". Die Bindung der Lohnpolitik an eine Regel hat zudem zur Rationalisierung der Politik geführt und allein schon auf Grund der dadurch verringerten Unsicherheiten zur Erhöhung der Glaubwürdigkeit der Reform beigetragen. Insbesondere die

---

[921] Vgl. RESENDE (1990), S. 226.
[922] SIMONSEN (1995), S. 58.
[923] Vgl. für eine formale Ableitung dieser These CYSNE (1994), S. 14-15.
[924] „To sum up, it seems clear that urban industrial workers did not fare very well from the wage policy formula pursued by the Castello Branco government from 1964 to 1967, but if the 1964 level of wages was, as it appeared to be, above sustainable market levels, given the supply of labor, labor productivity, and the demand for various labor skills, the decline in real wages of industrial workers during these yeas was essential to restoring equilibrium in the economy." SYVRUD (1974), S. 161.
[925] Auf den Effekt einer positiven Beeinflussung der Inflationserwartungen durch diese Politik weist CYSNE (1985), S. 28 hin.
[926] Ebenda, S. 29.

zurückhaltende Lohnpolitik im öffentlichen Sektor hatte – wie gezeigt – erheblich zur fiskalischen Konsolidierung und damit zur Inflationsbekämpfung beigetragen.

Auch in der Lohnpolitik kam es mit dem Antritt der Regierung Costa e Silva zu einem Richtungswechsel. Marschall Costa e Silva war während der Wahlkampagne mit dem Versprechen angetreten, „die Wirtschaftspolitik zu humanisieren".[927] Mit Hilfe des Gesetzes Nr. 5.451 (12. Juni 1968) versuchte die Regierung nun, die systematischen Unterschätzungen der Inflationsentwicklung in der Lohnformel zwischen 1964 und 1967 durch größere Reallohnerhöhungen teilweise zu kompensieren. Die Indizes der Entwicklung des realen Mindestlohns fallen deshalb seit 1967 sehr viel langsamer. Die Indizes zur Entwicklung des durchschnittlichen Reallohns in der Industrie zeigen – unabhängig vom gewählten Preisindex –, dass die Reallöhne seit 1967 wieder stiegen und im Jahr 1969 (bei Zugrundelegung der Lebenshaltungskostenindizes für Rio de Janeiro und São Paulo) wieder das Niveau von 1963 erreichten und somit schon wieder über dem Reallohnniveau von 1964 lagen.

C. Preispolitik

1. Preisliberalisierung

Wie gesagt, war die Inflation vor 1964 durch zahlreiche Preiskontrollen in wichtigen Sektoren zurückgestaut worden. Ein zentrales Ziel der Regierung Castello Branco bestand deshalb in der Herstellung eines effizienten Preissystems und einer Liberalisierung der Preise.[928] Die zurückgestaute Inflation sollte gleich in den ersten Monaten der Regierung Castello Branco bekämpft werden. Durch das Gesetz Nr. 4.380 war das Prinzip der Geldwertberichtigung auf den Wohnungs- und Grundstücksmarkt ausgedehnt worden. Die nach dem Gesetz Nr. 4380 durchgeführten Preiskorrekturen auf dem Wohnungsmarkt begannen im ersten Quartal 1965. Die daran anknüpfend einsetzende Steigerung der Wohnungskosten lag weit über dem durchschnittlichen Anstieg der Lebenshaltungskosten. Da die Ausgaben für Wohnungen einen Anteil von 10,6% an den gesamten Lebenshaltungskosten hatten, erklärt ihre Steigerung um 98,4% somit 10% des Anstiegs der Lebenshaltungskosten im Jahr 1965. Vergleichbares passierte im Bereich der (öffentlichen) Dienstleistungen. Die Tarife für Strom wurden in den Jahren der Regierung Castello Branco um 750% angehoben. Die Eisenbahnlinien setzten die Preiserhöhungen zunächst nur widerwillig um, doch wurden die Tarife für den Nahverkehr um 50% erhöht. Auch die Gebühren für Telefon und Telegramme wurden erheblich erhöht. Insgesamt beliefen sich die Preissteigerungen im Jahr 1964 für öffentliche Dienstleistungen

---

[927] Vgl. SIMONSEN (1995), S. 59.
[928] Vgl. CAMPOS (1994), S. 638.

auf 123,4% und im Jahr 1965 auf 71,3%. Sie hatten also einen erheblichen Anteil an den Erhöhungen der Lebenshaltungskosten. Auch die Preise von Staatsunternehmen, die teilweise oder vollständig in der Hand des Staates waren, wie in der Stahl- und chemischen Industrie, stiegen überproportional.

Tabelle 22: Preisanstieg insgesamt (Lebenshaltungskosten) und bei einzelnen Gütergruppen (vierteljährlich 1964-1965 in %)

Kategorie	Wägung	1964				1964 [1]	1965				1965 [1]
		1. Q.	2. Q.	3. Q.	4. Q.	Total	1. Q.	2. Q.	3. Q.	4. Q.	Total
Ernährung	45,1	28,0	10,4	11,5	11,8	76,0	14,4	5,3	5,8	4,5	33,3
Bekleidung	8,5	26,0	12,1	16,7	30,3	112,8	9,4	6,3	3,9	6,4	28,6
Wohnung	10,6	6,6	4,2	8,9	9,2	32,1	49,2	18,4	12,3	8,9	98,4
Hausrat	11,5	25,0	19,2	12,0	25,5	109,6	12,1	9,8	2,4	2,1	28,6
Körper- und Gesundheitspflege	5,5	15,0	14,0	14,7	16,6	79,6	17,2	19,2	9,8	7,9	65,5
Bildung, Unterhaltung, Erholung	11,1	24,2	19,5	34,4	17,1	133,8	20,4	5,7	10,5	4,0	46,1
Öffentliche Dienstleistungen	7,7	23,4	43,5	0,3	25,8	123,4	30,5	12,5	12,7	3,4	71,3
Index der Verbraucherpreise insg.	100,0	24,0	14,9	12,0	17,0	86,6	19,1	8,6	7,7	4,5	45,5

[1]: Jahresdurchschnitt

Quelle: Berechnet aus CONJUNTURA ECONÔMICA (Dezember 1969).

Zwischen 1964 und 1966 wurden auch die wichtigsten Lebensmittelpreise angepasst. Während die Nahrungsmittelpreise im Jahr 1966 gegenüber 1963 um 300% gestiegen waren, lagen die Preissteigerungen bei einzelnen Nahrungsmitteln im selben Zeitraum sehr viel höher (Milchpreise stiegen um 520%, Fleischpreise um 620% und Brotpreise um 460%).[929] Angesichts dieser Maßnahmen der Preisliberalisierung war es nicht zu vermeiden, dass die Preise in den entsprechenden Sektoren temporär überproportional steigen und das Ziel der Inflationsbekämpfung konterkarieren würden. Roberto Campos hatte für dieses Phänomen den Begriff der „korrektiven Inflation“ geschöpft. Nach einer Übergangsphase würden diese

[929] Vgl. WOGART (1974), S. 55.

Maßnahmen jedoch zu einer Reduzierung des Haushaltsdefizits und zu einer besseren und effizienteren Versorgung in den entsprechenden Bereichen führen.

2. Der Einsatz von (fakultativen) Preiskontrollen

Ein besonderes Instrument, auf das Bulhões und Campos zurückgriffen, war der Einsatz von (zunächst fakultativen) Preiskontrollen. Durch eine interministerielle Verordnung (Portaria Interministerial GB 71 vom 23. Februar 1965) wurde ein Anreizsystem zur Stimulierung der Preiszurückhaltung installiert. Es handelte sich um ein System, dem Unternehmen zunächst auf freiwilliger Basis beitreten und auch wieder austreten konnten. Nur diejenigen Unternehmen, die zu diesem System beitraten, wurden Preiskontrollen und Sanktionen unterworfen, wenn sie Preiserhöhungen über das vorgegebene Maß hinaus vornahmen.[930] Anreize für einen Beitritt zu diesem System wurden durch erweiterte Kreditlinien beim Banco do Brasil und steuerliche Anreize gesetzt. Preiserhöhungen bedurften dann der Zustimmung einer Aufsichtsbehörde (der SUNAB) und wurden nur gestattet, wenn der Nachweis einer mindestens 7%-igen Kostensteigerung erbracht werden konnte.[931] Mitte 1965 kam es zu einer Verschärfung des Kontrollsystems. Einerseits wurden die steuerlichen Anreize durch das Gesetz 4.663 vom 3. Juni 1965 ausgeweitet. Es wurde eine Ermäßigung des Körperschaftssteuersatzes von 28% auf 20% für jene Firmen angekündigt, die sich verpflichteten, die Produktion um mindestens 5% zu erhöhen und die Preise nicht um mehr als 15% ansteigen zu lassen. Andererseits wurde das System insofern auf alle Unternehmen (auch auf die, die nicht freiwillig beigetreten waren) ausgedehnt, in dem nun alle Unternehmen, die ihre Preise im Zeitraum zwischen März und Dezember 1965 gegenüber den bestehenden Preisen vom 28. Februar um mehr als 30% erhöhten, höhere Körperschaftssteuerbeträge zu zahlen hatten.[932] Im zweiten Halbjahr 1965 vervollständigten weitere Gesetze das System der Preiskontrollen. In einem nächsten Schritt wurde eine „Kommission zur Stabilisierung der Preise" (CONEP) gegründet.[933] Im Jahr 1966 kam es zu einer weiteren Ausweitung und Verschärfung der Bestimmungen des Systems. Die Preisüberwachung war jetzt für alle Produktionsbetriebe bindend.[934]

In der einschlägigen Literatur hat sich die Auffassung durchgesetzt, dass es unter der Regierung Castello Branco keine Preiskontrollen im eigentlichen Sinne gegeben habe. Diese

[930] Vgl. für eine detaillierte Darstellung der mit dieser Verordnung verbundenen Bestimmungen KEHRLE (1995), S. 143 ff.
[931] Vgl. KEHRLE (1995), S. 143.
[932] Sie wurde in diesem Fall von 28% auf 35% erhöht.
[933] Die „Comissão Nacional de Estímulo à Estabilização de Preços" (CONEP) war per Dekret Nr. 57.271 vom 18. November 1965 gegründet worden. In vielen Fällen konnten die Anträge auf Preiserhöhung nicht innerhalb der festgelegten Frist bearbeitet werden.
[934] Vgl. hierzu ebenda, S. 145.

These wird von BULHÕES (1990), CAMPOS (1994) und CYSNE (1994) vertreten.[935] Allerdings wird bei einer genauen Analyse der im Jahr 1966 verabschiedeten Dekrete deutlich, dass das zunächst auf freiwilliger Basis funktionierende System der Preiszurückhaltung zunehmend zu einem Zwangssystem umfunktioniert wurde. Insofern ist KEHRLE (1995) zuzustimmen, wenn er feststellt, dass die Restriktivität des Systems der Preiskontrolle unter der Regierung Castello Branco in der einschlägigen Literatur unterschätzt wurde. Die Durchsetzung der Preisüberwachung erwies sich in der Praxis jedoch als schwierig, wenn nicht unmöglich. Die CONEP litt unter chronischem Personalmangel und die Preisstatistiken waren unvollständig. Aus der Tatsache, dass immer neue Bestimmungen erlassen werden mussten, kann gefolgert werden, dass das Ziel der Preiszurückhaltung zunächst nicht erreicht wurde. 1965 waren 6.000 Firmen dem System auf freiwilliger Basis beigetreten; Ende 1966 waren es 11.000 Unternehmen (von denen die Hälfte Preiserhöhungen beantragte). Sieht man, dass seinerzeit in Brasilien 110.000 Unternehmen tätig waren, scheinen die Preiskontrollen nur einen geringen Teil der Wirtschaft erfasst zu haben. „Das System war höchst rational. Allerdings war es ein technokratischer Traum. In einer Zeit, in der man nicht über die heutigen Instrumente der Datenverarbeitung verfügte, bereitete es extreme administrative Probleme, die (tatsächlichen) durchschnittlichen Preise derjenigen Unternehmen zu bestimmen, die die Beitrittserklärung unterschrieben hatten."[936] Fest steht, dass die Verstärkung des Zwangscharakters der Preiskontrollen seit 1966 im Widerspruch zur liberalen Rhetorik der Regierung und ihrer Wirtschaftsequipe stand und unter den Gesichtspunkten der Glaubwürdigkeit entsprechend kritisch zu betrachten ist.

D. Externe Hilfe

Wie im theoretischen Teil erörtert, sind die Glaubwürdigkeitseffekte externer Hilfe nicht eindeutig a priori abzuleiten. Im Rahmen der hier untersuchten Reform spricht jedoch einiges dafür, dass die externe Hilfe und Kontrolle durch den IWF vor allem für die Schaffung von

[935] „Die Preiskontrollen waren fakultativ und fanden nur bei den Unternehmen Anwendung, die freiwillig dem System der Preiszurückhaltung beitraten. Anreize dafür wurden durch steuerliche, kredit- und devisenpolitische Anreize geschaffen. [...] Regelrechte Preiskontrollen wurden erst unter der Regierung Costa e Silva eingeführt, als der CONEP durch den CIP (Conselho Interministerial de Preços) ersetzt wurde." CAMPOS (1994), S. 638. „Im Gegensatz zur offiziellen und generalisierten Intervention in alle Märkte im Rahmen des Plano Cruzado durch die allgemeine und unbegrenzte Einfrierung der Preise gab es keine Form von Zwangskontrollen hinsichtlich der Preise von Gütern und Endprodukten während des PAEG. Es gab lediglich einen freiwilligen Beitritt von Unternehmen zur Portaria GB/71 vom 23. Februar 1965, welche denjenigen steuerliche und kreditpolitische Anreize bot, welche ihre Preise nicht über bestimmte Parameter hinaus erhöhten." CYSNE (1994), S. 239.

[936] CAMPOS (1994), S. 638.

Vertrauen im Ausland förderlich war.[937] Die Ausgangsbedingungen des PAEG waren durch eine akute Verschuldungs- und Zahlungsbilanzkrise gekennzeichnet. Das Vertrauen in die brasilianische Wirtschaftspolitik war nach den zahlreichen gescheiterten Stabilisierungsversuchen und vor dem Hintergrund der Exzesse eines wirtschaftspolitischen Nationalismus vor 1964 (insbesondere nachdem die Beziehungen zum IWF im Jahr 1959 abgebrochen worden waren) völlig zerstört. Die im Rahmen des PAEG erfolgte Umstrukturierung der Auslandsverschuldung war durch die Zusammenarbeit mit dem IWF erleichtert worden. Die „externe Hilfe“ durch den IWF und andere internationale Finanzorganisationen hat das Vertrauen bei internationalen Kreditgebern seinerzeit ohne Zweifel gestärkt. Dennoch, private ausländische Investoren verhielten sich zunächst abwartend, ein stärkerer privater Kapitalzufluss blieb zunächst aus.[938]

Die Zusammenarbeit mit dem IWF führte seinerzeit zu vehementer Kritik seitens der Linken und zum Vorwurf der „Unterwürfigkeit“ gegenüber den Forderungen des IWF.[939] Diese Kritik scheint im Rückblick nicht gerechtfertigt. Vielmehr konnten sich Campos und Bulhões in wesentlichen Punkten gegen zentrale Vorgaben der Vertreter des IWF durchsetzen.[940] Und es spricht in der Tat einiges dafür, dass der aus der „externen Hilfe“ resultierende Glaubwürdigkeitsvorteil nicht unbedingt immer in einem Kompetenzvorsprung des IWF gegenüber der brasilianischen Regierung und einem Import eines möglicherweise nicht in Brasilien vorhandenen „know how“ in der Inflationsbekämpfung gelegen hätte. Zu Recht haben Campos und Bulhões seinerzeit die Forderung des IWF nach einem Schockprogramm abgelehnt. Ein Schockprogramm wäre unter den gegebenen institutionellen Bedingungen nicht durchführbar gewesen. Dennoch, der Handlungsspielraum der brasilianischen Regierung wurde in einigen wesentlichen Bereichen eingeschränkt. Die Festlegung der Geldpolitik auf die Einhaltung bestimmter Geldmengenziele war eine Forderung des IWF gewesen, der sich Campos und Bulhões (widerwillig) unterwarfen. Der Effekt dieser geldpolitischen Regelbindung auf die Glaubwürdigkeit der Reform ist jedoch schwer einzuschätzen. Einerseits war so eine gewisse Einschränkung des Handlungsspielraums in der Geldpolitik gegeben. Und es kann durchaus argumentiert werden, dass diese Begrenzung des diskretionären Spielraums in der Wirtschaftspolitik vor dem Hintergrund der negativen Erfahrungen mit stabilisierungspolitischen Experimenten vor 1964 sich – vor allem im Ausland – positiv auf die Glaubwür-

---

[937] Mit dem IWF war ein „stand-by-Abkommen“ getroffen und ein Kredit von 125 Mio. US$ bewilligt worden. Langfristige Mittel wurden – wie dargestellt – vor allem von der US-amerikanischen Entwicklungshilfe, der Weltbank und der Interamerikanischen Entwicklungsbank bereitgestellt.

[938] Auch andere Faktoren weisen darauf hin, dass das Vertrauen in den Erfolg der Reform zunächst relativ gering war. Die zunächst geringe (freiwillige) Nachfrage nach den indexierten Staatsanleihen (ORTN) ist einer dieser Indikatoren.

[939] Ebenda, S. 621. Dieser Vorwurf wird der seitens der Linken bis heute häufig gegen alle Formen der Zusammenarbeit mit dem IWF erhoben.

[940] Neben der Durchsetzung des Gradualismus und des Instruments der Indexierung konnten sich Bulhões und Campos auch gegen die Forderung einer Veröffentlichung direkter Ziele für die Inflation und die Höhe der Haushaltsdefizite zur Wehr setzen. Vgl. ebenda, S. 612-615.

digkeit der Reform ausgewirkt haben mag. Andererseits mangelte es, wie gezeigt, an der notwendigen Effizienz des geldpolitischen Instrumentariums, um diese Geldmengenziele auch effektiv einzuhalten. Insgesamt zeigt sich, dass die tatsächlichen Wirkungen der externen Hilfe auf die Glaubwürdigkeit des Stabilisierungsprogramms auch ex post nur schwer zu ermitteln sind.

E. Das Instrument der Indexierung im Überblick und seine Rolle für den Disinflationsprozess bzw. der Inflationsbeharrung

Der gradualistische Stabilisierungsansatz hatte bedeutsame Implikationen für die Konzeption der gesamten Währungsreform. Der Rückgriff auf Indexierungsmechanismen im Rahmen der Reform war eine davon. Ausgehend von der Prämisse, dass es nicht möglich sein würde, die Inflation schnell und schockartig auszumerzen, wurde im Jahr 1964 ein System der formellen Indexierung in der brasilianischen Wirtschaft eingeführt.[941] Nachdem in Brasilien über Jahrzehnte hinweg eine Tradition der „juristischen Illusion des stabilen Geldes" gepflegt worden war, begann mit dem PAEG eine neue Phase in der brasilianischen Geldgeschichte. Wie schon erwähnt, mit dem Dekret Nr. 23.501 des Jahres 1933 war (in nationalistischer Manier der Zeit) ein Indexierungsverbot in der brasilianischen Wirtschaftsverfassung niedergelegt worden. Die gesetzlichen Grundlagen der finanziellen Repression waren durch das „Wuchergesetz" des selben Jahres abgerundet worden. Dies hatte zu den dargestellten Ineffizienzen und Erosionserscheinungen in den verschiedenen wirtschaftlichen Teilordnungen (insbesondere dem Kapitalmarkt) geführt.

Vor dem Hintergrund der gradualistischen Stabilisierungsstrategie musste das Ziel der Wirtschaftspolitik neben der Inflationsbekämpfung denn auch eine Verringerung der mit dem Inflationsprozess verbundenen allokativen Ineffizienzen sein, durch die das Preissystem in weiten Teilen außer Kraft gesetzt worden war. Das in der „Gold-Klausel" enthaltene Indexierungsverbot wurde jedoch nicht eliminiert.[942] Vielmehr wurde diese Klausel als Grundregel beibehalten. Statt dessen griff man auf das Instrument der Indexierung („correção monetária") zurück.[943] Aus der Tatsache, dass Indexierungsverbot der 1930er Jahre nicht aufgehoben

[941] Bulhões rechtfertigte die Einführung der Indexierung seinerzeit folgendermassen: „Once the government opted for gradualism in its fight against inflation, which meant a continuation (albeit reduced) of the rise in prices, it was incumbent upon it to offer some guarantee of the preservation of capital values, while the inflation persisted, in order to stimulate savings. Hence it recourse to monetary correction." BULHÕES (1969), S. 163.

[942] Auch das „Wuchergesetz" war nicht beseitigt worden. Campos bemerkt hierzu, dass eine Auflösung des „Wuchergesetzes" seinerzeit politisch undurchführbar gewesen sei. Vgl. CAMPOS (1994), S. 643.

[943] Der Begriff „correção monetária" geht auf das Gesetz Nr. 3.470 des Jahres 1958 der Regierung Kubitschek zurück, durch welches die jährliche Neubewertung des Anlagevermögens der Unternehmen automatisiert worden war. Vgl. SIMONSEN (1995), S. 3.

wurde, wird deutlich, dass die Indexierung zu Beginn ihrer Einführung eindeutig als Ausnahmeregelung, als „ein Artefakt temporärer Anwendung" und nicht als permanenter Bestandteil der brasilianischen Wirtschaft konzipiert worden war. Sie bedurfte in jedem Fall ihrer Anwendung einer gesetzlichen Spezifizierung.[944] Von den Währungsreformern von 1964 wurde sie als notwendiger Bestandteil der gradualistischen Inflationsbekämpfung betrachtet und sollte abgeschafft werden, „sobald die Inflation unter ein kritisches Inflationsniveau von ca. 10% bis 15% gesunken war."[945]

Die Geldwertberichtigungsklauseln fanden zunächst im fiskalischen Bereich Anwendung. Das erste wichtige Gesetz der Regierung Castello Branco, mit dem das Prinzip der Geldwertberichtigung institutionalisiert worden war, war das Gesetz 4.357 vom Juli 1964. Im Rahmen des fiskalischen Notprogramms wurden damit Steuern (zur Vermeidung des Olivera-Tanzi-Effekts) indexiert und die geldwertberichtigte Staatsanleihe (ORTN) eingeführt. Beide Maßnahmen waren fundamentale Säulen der Strategie zur Bekämpfung der Inflation und der Erhöhung der Ersparnisbildung. Insofern kann ohne Zweifel argumentiert werden, dass die Glaubwürdigkeit der Reform durch diese Form der Indexierung zunächst erhöht wurde und die Indexierung „als Instrument der Inflationsbekämpfung konzipiert worden war."[946] Ein zweiter Schritt auf dem Weg zu einer umfassenderen Implementierung der Indexierung wurde mit dem Gesetz 4.380 im August 1964 unternommen. Mit der Gründung der Nationalen Wohnungsbaubank (BNH) wurden verschiedene indexierte Finanzinstrumente geschaffen (Handelswechsel, Termineinlagen). Mit dem Kapitalmarktgesetz (Gesetz 4.728) wurde dieses Prinzip auf den breiteren Finanzmarkt ausgedehnt.

Durch die Einführung der Geldwertberichtigung war es letztlich möglich, fünf Ziele gleichzeitig zu erreichen: Die Erhöhung der Ersparnisbildung und die Wiederbelebung der Aktivität des Immobilien- und Kapitalmarktes (einschließlich einer Schaffung eines freiwilligen Marktes für Staatsschuldpapiere), eine Steigerung der Steuereinnahmen durch die Bekämpfung der (realen) Steuerausfälle durch den Olivera-Tanzi-Effekt, eine Entschärfung des Problems der Besteuerung von Scheingewinnen und die Erhöhung der Rentabilität der „public utilities".[947] Für Simonsen stellte die Institutionalisierung der Geldwertberichtigung

---

[944] Vgl. CHACEL/SIMONSEN/WALD (1976), S. 301 und SIMONSEN (1995), S. 3.
[945] CYSNE (1994), S. 13.
[946] SIMONSEN (1995), S. 33.
[947] Die Generation, die unter den Vorzeichen der chronischen Inflation herangewachsen war, wäre nicht bereit gewesen, in Staatsanleihen zu investieren, hätte es nicht einen Schutz gegen eine (eventuelle) erneute Beschleunigung der Inflation gegeben. Insofern war die Einführung der Indexierung auch eine Folge des Mangels an Glaubwürdigkeit seitens der Regierung. Dennoch, es ist LEES/BOTTS/CYSNE (1990), S. 64, zuzustimmen, wenn sie feststellen, dass die Einführung der Geldwertberichtigung – unter den gegebenen Bedingungen – ein unverzichtbares Instrument zur Stimulierung der privaten Ersparnis und zur Korrektur zahlreicher inflationsbedingter Verzerrungen war.

deshalb „einen der wichtigsten Pfeiler der [...] Beschleunigung der Entwicklung und der gleichzeitigen graduellen Inflationsbekämpfung dar.“[948]

Die These, dass Indexierungsmechanismen den Inflationsprozess schüren bzw. die Inflationsbeharrung stärken, bestätigte sich in Brasilien zunächst nicht. Die Indexierung war über einen Zeitraum von 9 Jahren mit sinkenden Inflationsraten vereinbar. Dies scheint jedoch vor allem eben damit zu erklären zu sein, dass die Indexierung unter der Regierung Castello Branco nur in Bereichen eingesetzt wurde, von denen keine (dauerhaften) inflationären Schübe erwartet wurden, bzw. wo die Indexierung hingegen gar als Instrument der Inflationsbekämpfung eingesetzt werden konnte. Da sich die Währungsreformer über die prinzipiellen Gefahren einer Vollindexierung im klaren waren, wurden die für die Schürung des Inflationsprozesses sensiblen Bereiche (Löhne, Wechselkurs, Sichteinlagen) von der Geldwertberichtigung ausgenommen.[949] Die Lohnformel war gerade als Gegenmodell zu einer (die Kosteninflation anheizenden) rückwärtsgerichteten Lohnindexierung konzipiert worden.[950]

Erst unter der Regierung Costa e Silva wurde die Indexierung auch auf die sensiblen Bereiche der Löhne und Wechselkurse ausgeweitet. Dennoch, auch nach 1967 (bis 1973) sanken die Inflationsraten kontinuierlich weiter. Auch die Ausdehnung des Indexierungsprinzips auf den Wechselkurs im August 1968 führte zunächst noch nicht zu einer Beschleunigung des Inflationsprozesses. Vielmehr zeigte sich, dass die gleitendende Wechselkursanpassungen zunächst mit geringeren Inflationsimpulsen verbunden waren, als die zuvor praktizierte Politik abrupter Maxi-Abwertungen.[951] Einiges deutet darauf hin, dass es bei gleitenden Abwertungen leichter ist, die Preisauftriebskräfte unter Kontrolle zu halten als bei einer abrupten Abwertung.[952] Die These der Theoretiker der Beharrungsinflation wird durch diese Erfahrung also in gewisser Weise entkräftet.[953] FRIEDMAN (1974) ließ sich angesichts der brasilianischen Erfahrung sinkender Inflationsraten bei umfassender Indexierung (bis 1973) und unter dem Eindruck des „brasilianischen Wirtschaftswunders“ gar zu der These hinreißen, dass die Lohnindexierung die Inflationsbekämpfung erleichtere.[954] Gegen diese

---

[948] SIMONSEN (1974), S. 146.

[949] Bulhões hatte schon in den 1960er Jahren darauf hingewiesen, dass der Einsatz der Geldwertberichtigung auf wenige Bereiche beschränkt bleiben müsste. „With the goal of ensuring financial recuperation, the application of monetary correction should be limited to Treasury obligations, private credit instruments with maturity greater than one year, and time deposits of not less than 180 days.“ BULHÕES (1969), S. 172.

[950] Die Forderungen nach einer Lohnindexierung durch führende Arbeitnehmervertreter konnte in dieser Phase noch zurückgedrängt werden.

[951] Vgl. DONGES (1970), S. 10.

[952] DONGES (1970) argumentiert, dass die abwertungsbedingten Teuerungen aus geldpsychologischen Gründen „weniger sichtbar“ sind und das Risiko spiralförmiger Preis-Lohn-Bewegungen bei gleitenden Abwertungen entsprechend geringer sei. Eine ausführliche Diskussion hierzu findet sich ebenda, S. 10 ff.

[953] Vgl. für eine Diskussion der Inflationswirkungen der Wechselkursindexierung in Brasilien auch WACKER (1997), S. 12-15.

[954] Vgl. die Ausführungen in FRIEDMAN (1974), S. 43 ff.

These sprechen jedoch die brasilianischen Erfahrungen mit der Indexierung in den 1970er, 1980er und 1990er Jahren. Exogene Preisschocks werden im Rahmen einer umfassenden Indexierung leichter vom Bereich der handelbaren auf den der nicht-handelbaren Güter übertragen und schlagen so leichter auf das Preisniveau durch. Dies zeigt die brasilianische Erfahrung mit den Erdölpreisschocks der 1970er Jahre.[955] Insofern hatte die Indexierung langfristig, nachdem es zu einer zunehmend umfassenden Indexierung der Wirtschaft gekommen war, durchaus die unbeabsichtigte Folge einer Verstärkung der Beharrungskräfte der Inflation.[956] „Sicherlich, dank des umfassenden Einsatzes der Geldwertberichtigungsklauseln war es möglich, wirtschaftliches Wachstum (zu durchschnittlichen Raten von 11% zwischen 1968 und 1973) mit einer Inflation von ca. 20% pro Jahr zu vereinbaren. Aber die formale Indexierung war ein Realimentator der Inflation. Die internationale Erfahrung bestätigte diese Erfahrung: Die Indexierung institutionalisierte die Preis-Lohn-Spirale."[957]

Deutlich wird, dass es unmöglich ist, von *den* Wirkungen der Indexierung zu sprechen. Es ist immer danach zu differenzieren, wie weit und in welchen Bereichen ein Wirtschaftssystem mit Indexierungsmechanismen durchdrungen ist, welche Art der Indexbindung (ex post oder ex ante-Bindung) existiert und welches die Frequenz der Anpassungen ist. Die brasilianische Erfahrung bestätigt die These, dass ein Indexierungssystem, das nur das Steuersystem und den Kapitalmarkt umfasst, einen geringeren Inflations-Bias aufweist als eines, dass alle Bereiche der Wirtschaftsordnung (einschließlich der Arbeitsmarktordnung, des Wechselkurssystems und des Geldmarkts) umspannt. FELDSIEPER (1975a) hat schon früh darauf hingewiesen, dass der Einsatz von Indexklauseln bei „Bestandsgrößen" weniger inflationsschürend ist als der Einsatz von Indexklauseln bei „Stromgrößen".[958] Zweitens spielt die Frequenz der Anpassung eine große Rolle. Insbesondere auf dem Geldmarkt führt eine Verkürzung der Anpassungszeiträume zur Entstehung einer Parallelwährung, von der erhebliche inflationäre Effekte ausgehen können. Die Indexierung, wie sie ursprünglich von den Währungsreformern der Regierung Castello Branco konzipiert worden war, bezog sich nur auf die Ersparnis und Verträge mit Laufzeiten von 6 Monaten und mehr. In dieser Form besaß dieses Instrument

---

955 „Two policy lessons emerge from this experience with supply shocks. First, it is important to limit the monetary accommodation of adverse supply shocks, since the inflation that is permitted tends to get built into inflation expectations, to become persistent, and to raise the cost of subsequent disinflation. Second, flexibility in labor markets – the ability of both wages and the structure of employment to adjust in response to shocks – plays a crucial role in determining the output and inflation costs of such shocks." IMF (1996), S. 103.

956 SIMONSEN (1970) selbst weist auf die negativen Folgen der Indexierung hin, für deren Implementierung er mitverantwortlich war. „Ein [...] Faktor der Verzögerung der Stabilisierung bestand in der Formel der Geldwertberichtigung. Bekanntlich stellt diese Formel einen Versuch der Neutralisierung der inflationären Effekte dar, es handelt sich also um eine Methode des friedlichen Zusammenlebens mit der Inflation. Es ist eine Formel, die sich auf einige Sektoren beschränken sollte, da eine generalisierte Geldwertberichtigung entweder unwirksam wird oder aber zur Steigerung der Inflation ins Unendliche führt." Ebenda, S. 15.

957 SIMONSEN (1995), S. 5.

958 Vgl. FELDSIEPER (1975a), S. 178-181.

eindeutig nicht das inflationäre Potenzial, das es seit den 1980er Jahren aufwies, nachdem mit der fortschreitenden Frequenzverkürzung ein „Quasi-Geld" in Form von verzinslichen Sichtguthaben geschaffen wurde. Dies erklärt, warum die Einführung der Indexierung über viele Jahre hinweg mit sinkenden Inflationsraten einherging. Sie diente zunächst nur für langfristige Operationen und nur zur Korrektur der Steuerschulden. Nie hat es damals die Idee einer täglichen Geldwertberichtigung gegeben, wie sie dann in den 1990er Jahren Usus geworden ist.

Im Rahmen des gradualistischen Ansatzes stellte sie eine Kompromisslösung dar, die durchaus mit dem Ziel der „Minimierung der Anpassungskosten" gerechtfertigt werden konnte. Es muss jedoch Klarheit darüber bestehen, dass es sich dabei allenfalls um eine Übergangslösung handeln darf. Das Ziel muss in einer möglichst schnellen Beseitigung der Inflation und von Indexierungsmechanismen bestehen. Das zentrale Problem ist hier ein politökonomisches. Ist ein Teil der Wirtschaft erst einmal indexiert, wird es politisch nur sehr schwer möglich sein, eine Ausdehnung des Systems, insbesondere auf die Löhne (selbst unter autoritären Bedingungen), zu verhindern und politisch zu rechtfertigen. Ist aber erst einmal ein System der Vollindexierung installiert worden, sind inflationsbeharrende und inflationsverstärkende Effekte nicht mehr zu verhindern. Die Gefahr ist dann tatsächlich groß, dass sich die Wirtschaftssubjekte an ein „Leben mit der Inflation" gewöhnen, das Ziel der Inflationsbekämpfung im gesellschaftlichen und wirtschaftspolitischen Zielsystem an Gewicht verliert und in einer Wirtschaftsordnung ein inhärenter Inflations-Bias kultiviert wird. Das System der Vollindexierung lässt ein Anreizsystem entstehen, in dem ein „Stabilitätsbewusstsein" sich kaum mehr entwickelt und führt zur Illusion, dass chronische Inflation mit Wachstum vereinbar sei.[959]

Die Wirkungen der Indexierung auf die Glaubwürdigkeit der Währungsreform von 1964 sind also als ambivalent zu bezeichnen. Einerseits erlaubte die Indexierung eine inflationsfreie Finanzierung staatlicher und privater Investitionen. Zudem war durch die Bindung der Preissetzung an eine Index-Regel auch in einem inflationären Umfeld eine gewisse Erwartungsstabilisierung gegeben. Andererseits wurden die „Feed-Back-Mechanismen" der

[959] Auch FREYTAG (2000), S. 151, weist – im Kontext seiner kurzen Analyse des Plano Cruzado – richtigerweise auf die Tatsache hin, dass die Indexierung zur fast völligen Auflösung des gesellschaftlichen Widerstandess gegen die Inflation geführt hat. Der politische Wille zur Reform war entsprechend gering. „A further explanation for chronically high inflation is that institutions have developed that lessen the marginal costs of increases in inflation. In particular, the pervasive indexation of wages and prices (...) partially insulates real activity from inflationary effects." IMF (1996), S. 110. Indexierungsmechanismen können andererseits aber auch die Kosten eines chronischen Inflationsprozesses erhöhen: „Indexation, however, can also increase the ultimate cost of chronic inflation, since a longer lasting and deeper recession will be needed to lower inflation expectations that have become entrenched. A crucial policy lesson, therefore, is that countries should increase incentives for disinflation by modifying institutional features that reduce the cost of continued inflation and thus present obstacles to reform." Ebenda.

Inflation weitgehend eliminiert und Anreize für eine Inflationsbekämpfung so langfristig gesenkt.[960] Die Indexierung trug so langfristig zu einer geringeren Glaubwürdigkeit der Geldpolitik bei.[961] Es ist also genau zu unterscheiden zwischen den kurzfristigen und langfristigen Wirkungen der Indexierung. Kurzfristig – und dies war für die Erwartungen der Wirtschaftssubjekte im Rahmen der Reform zunächst entscheidend – hat die Indexierung zur Erhöhung der Glaubwürdigkeit der Reform beigetragen, langfristig hat sie sie eher untergraben.

[960] Unter Umständen erhöhte die Indexierung auch die Fähigkeit der Regierung, die Steuerbasis der Inflationssteuer aufrecht zu erhalten und gegen Kapitalfluchtstendenzen zu schützen.

[961] „Governments have an interest in using indexed bonds as liabilities, especially in an inflationary context, because it keeps individuals from creating informal techniques which decrease the government's liability to collect seigniorage such as currency substitution." WELCH (1993), S. 150. Inwieweit die Indexierung andererseits dazu beigetragen hat, die Steuerbasis der Inflationssteuer gegen Kapitalflucht zu schützen, ist unklar. „However, the question of whether the existence of indexed bonds improved the Brazilian government's ability to maintain the inflation tax base by avoiding massive capital flight remains unresolved." Ebenda, S. 136.

IV. Die Entwicklung zentraler makroökonomischer Kennzahlen im Überblick

A. Inflation

Im ersten Quartal des Jahres 1964 hatte die Inflation mit 25% ihren (vorläufigen) historischen Höchstwert erreicht. Auf das gesamt Jahr extrapoliert hätte dies bei unveränderter Inflationsentwicklung einer Jahresinflation von 144% entsprochen. Ausgehend von den im Rahmen des PAEG formulierten Geldmengenzielen, bestimmten Schätzwerten für das Wirtschaftswachstum und der Annahme einer stabilen Umlaufgeschwindigkeit des Geldes kalkulierten die Währungsreformer, dass die Inflation im Jahr 1965 auf 25% und im Jahr 1966 auf 10% gesenkt werden könnte. Die Strategie wurde deshalb auch als „schneller Gradualismus" bezeichnet. Die Inflation zeigte jedoch eine sehr viel stärkere Beharrungskraft als von den Währungsreformern antizipiert worden war. Nachdem sie im Jahr 1964 gar noch über das Niveau von 1963 hinausgewachsen und in den Jahren 1965 und 1966 auf 35% bzw. 39% gesunken war, sich zwischen 1967 und 1968 bei ca. 25% bewegte, konnte sie bis ins Jahr 1973 graduell auf 16% gesenkt werden. Damit hatte sie im Jahr 1973 noch immer nicht den Wert erreicht, den man ursprünglich für 1966 anvisiert hatte. Seit 1973 ist eine erneute Beschleunigung des Inflationstempos auf bis dahin ungekannte Ausmaße zu beobachten.

Abbildung 27: Jährliche Inflationsraten 1963 bis 1973 (IGP-DI)

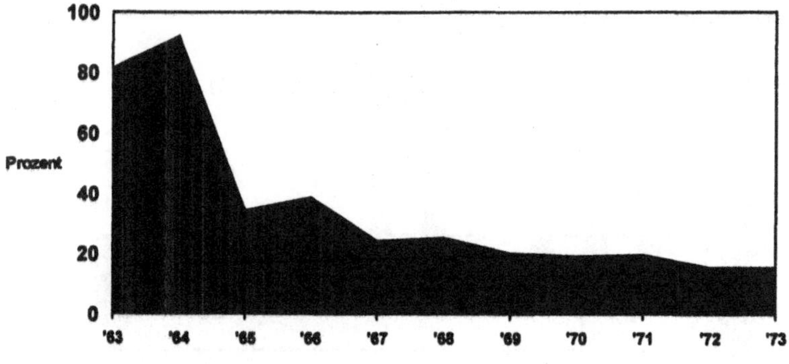

Quelle: CONJUNTURA ECONÔMICA (verschiedene).

Bei der Phase zwischen 1964 und 1973 handelte es sich um die längste Periode kontinuierlich sinkender Inflationsraten (mit Ausnahme des Jahres 1966) der brasilianischen Inflationsgeschichte des 20. Jahrhunderts. Insofern kann der PAEG hinsichtlich der Erreichung des Primärziels einer sanierenden Währungsreform, der Inflationsreduzierung, vor allem im brasilianischen Kontext, durchaus als Erfolg bezeichnet werden. Auch für LAL/MAXIELD (1993) stellte der PAEG deshalb eindeutig einen „Fall einer erfolgreichen Stabilisierung" dar.[962] Die Währungsreform der Regierung Castello Branco kann in der Terminologie von FREYTAG (2000) – er unterscheidet zwischen sehr glaubwürdigen Reformen, moderaten Erfolgen und kompletten Fehlschlägen – als ein „moderater Erfolg" gekennzeichnet werden.[963]

B. Die Entwicklung der Zahlungsbilanz

Die Regierung Castello Branco hatte neben dem binnenwirtschaftlichen auch das außenwirtschaftliche Gleichgewicht im Visier. Durch die Herstellung eines realistischeren Wechselkurses konnte – insbesondere seit dem Übergang zum Crawling Peg im Jahr 1968 – die Zahlungsbilanzrestriktion entschärft werden. In den drei Jahren der Regierung Castello Branco konnte ein Handelsbilanzüberschuss von fast 1,5 Mrd. US-Dollar erwirtschaftet werden. Die chronischen Leistungsbilanzdefizite der Jahre zuvor konnten in den Jahren 1964 bis 1966 in einen Leistungsbilanzüberschuss verwandelt werden. Ab 1967 kam es jedoch – vor allem auf Grund zunehmender Aufwendungen für Zinszahlungen auf die steigende Auslandsschuld – wieder zu steigenden Leistungsbilanzdefiziten.

Abbildung 28: Leistungsbilanzsalden 1960 bis 1970 (in Mio. US$)

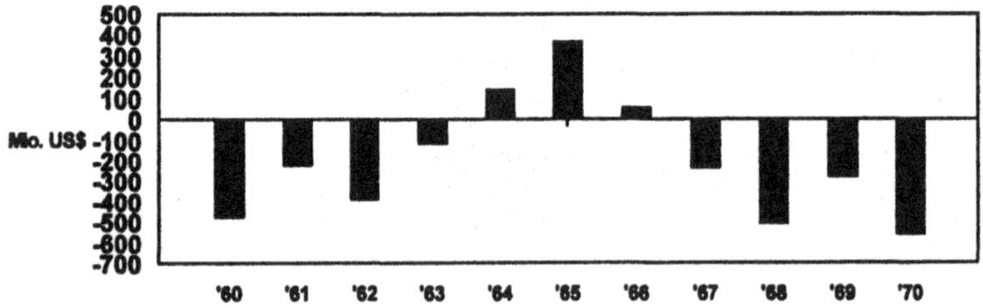

Quelle: CONJUNTURA ECONÔMICA (verschiedene).

[962] Zu diesem Ergebnis kommt auch KAFKA (1967), S. 631.

[963] FREYTAG (2000), S. 138, bezeichnet solche Reformen als moderaten Erfolg, bei denen die Inflation auf Werten von über 10% p.a. verbleibt bzw. die Inflation nach einem vorübergehenden Disinflationsprozess später wieder ansteigt.

Da diese Leistungsbilanzdefizite seit 1968 problemlos durch die zunehmenden Kapitalzuflüsse finanziert werden konnten, kam es dennoch seither regelmäßig zu Zahlungsbilanzüberschüssen. Der damit verbundene Anstieg der Devisenreserven wurde damals zu einem wichtigen Faktor der monetären Expansion.

Abbildung 29: Salden der Kapitalbilanz 1960 bis 1970 (in Mio. US$)

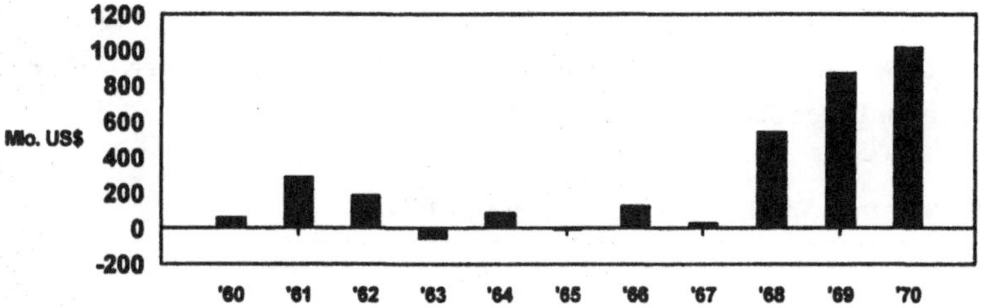

Quelle: CONJUNTURA ECONÔMICA (verschiedene).

C. Die Entwicklung der Wachstumsraten

Der Entwicklung des Produktionsniveaus kommt bei der Analyse der Disinflationseffekte nicht zuletzt deshalb eine besondere Bedeutung zu, weil die politische Akzeptanz von Stabilisierungsprogrammen entscheidend von den realen Anpassungskosten abhängt. In der Literatur werden stabilisierungsbedingte Veränderungen des realen BSP als Indikator für die realen Kosten einer Inflationsbekämpfung herangezogen. Man spricht in diesem Zusammenhang auch von der Opferrate der Disinflation.[964]

Abbildung 30: Anstieg des realen Bruttosozialprodukts 1960 bis 1971 (in %)

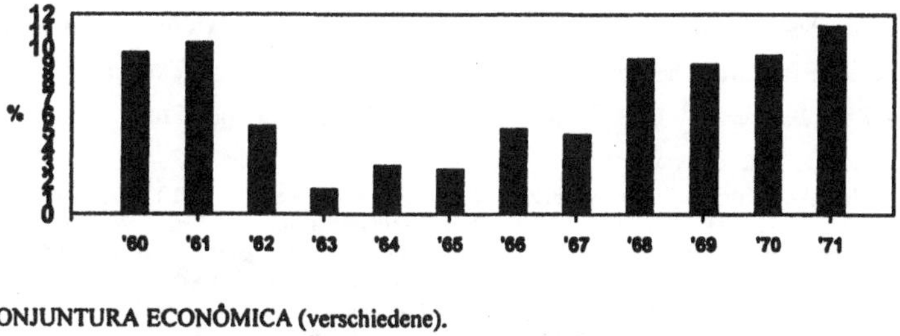

Quelle: CONJUNTURA ECONÔMICA (verschiedene).

[964] Vgl. ENGELS (1999), S. 165. Vgl. für eine Darstellung der „Kosten" des PAEG im Vergleich mit neun anderen Episoden einer Bekämpfung einer chronischen Inflation auch VÉGH (1995), S. 49 ff.

Der PAEG war zunächst mit negativen Wachstumseffekten verbunden. Unterschiedliche Datenreihen existieren für die brasilianischen Wachstumszahlen. Obige Grafik spiegelt die (ausgehend von den Daten der CONJUNTURA ECONÔMICA ermittelten) Entwicklung des realen Bruttosozialprodukts wider. Die Daten zeigen, dass sich die negativen Wachstumseffekte des PAEG insgesamt stark in Grenzen hielten. Die Wachstumsraten des realen Sozialprodukts waren zwischen 1964 und 1970 permanent positiv und höher als im Jahr 1963. Von durchschnittlich 3% in den Jahren 1964/65 stiegen die Wachstumsraten auf durchschnittlich 5% in den Jahren 1966/67 und auf 8% bis 9% in den Jahren 1968-1970. Die negativen Wachstumseffekte der Stabilisierungspolitik werden bei einer Analyse der Wachstumsentwicklung in einzelnen Sektoren deutlicher.

Tabelle 23: Sektorale Wachstumsraten 1964 bis 1970 (in %)

Jahr	BIP Gesamt	Landwirtschaft	Industrie	Dienstleistungen
1964	2,9	1,3	5,2	2,0
1965	2,7	13,8	-4,7	1,3
1966	5,1	-2,2	11,7	5,8
1967	4,8	5,7	3,0	5,8
1968	8,4	1,7	13,2	8,2
1969	9,0	6,0	10,8	8,9
1970	9,5	5,6	11,1	9,0

Quelle: CONJUNTURA ECONÔMICA (Januar 1970).

Es zeigt sich dabei, dass die Entwicklungen in der Landwirtschaft und der Industrie nicht synchron verliefen. Vielmehr sind alternierende und gegenläufige Wachstums- und Rezessionsphasen in der Industrie einerseits und der Landwirtschaft andererseits zu beobachten. Während die Jahre 1964 und 1966 einerseits durch Missernten und andererseits durch industrielle Expansion gekennzeichnet waren, war das Bild im Jahr 1965 ein völlig anderes: Die Wachstumsraten im landwirtschaftlichen Sektor erreichten auf Grund von Förderungsmaßnahmen eine Rekordhöhe von 13,8%, während die Industrie stark negative Wachstumszahlen (-4,7%) aufwies.[965] Die Entwicklung des Dienstleistungssektors verlief hingegen

[965] Vor allem die Schwankungen in der industriellen Produktion zwischen 1964 und 1966 gehen direkt auf die Stabilisierungsmaßnahmen des PAEG zurück. Die Industrie war im Rahmen des PAEG vor allem zwei Phasen industrieller Rezession unterworfen: eine im ersten Quartal 1965 und eine zweite im ersten Quartal 1967. Im Jahr 1965 fiel die industrielle Produktion um fast 5%. „As the inflation proved to be more durable than anticipated, the continued austere stabilization measures cut the sources of credit expansion on which Brazilian businessmen had come to depend. Lacking alternative sources of capital, Brazilian business experienced a record number of bankruptcies, creditors' agreements, and liquidity crises." SYVRUD (1974), S. 34-35. Es war dies auch der Moment, in dem harsche Attacken von allen Seiten gegen die Stabilisierungspolitik der Regierung Castello Branco einsetzten. Sie kamen auch aus den Reihen der „hard-liner" der Militärs. Carlos Lacerda war

gleichmäßiger. Seit 1966 kam es hier zu einer kontinuierlichen Beschleunigung des Wachstums, die vor allem ab 1968 an Fahrt gewann. Seit 1969 kam es in allen Sektoren zu deutlichen Wachstumsschüben.

Die negativen Wachstumseffekte der Stabilisierung waren also – wie zu erwarten – nur temporärer Natur. Auf Grund der extrem hohen Wachstumsraten, die seit 1968 zu beobachten waren, wird die Entwicklung der brasilianischen Wirtschaft in der Zeit zwischen 1968 und 1973 auch als das *brasilianische Wirtschaftswunder* bezeichnet. Die durchschnittliche Wachstumsrate des Sozialproduktes in diesem Zeitraum betrug 11,1%.[966] Im Gegensatz zu den hohen Wachstumsraten zwischen 1957 und 1961 (8,4%) war die Situation nun – Dank der Stabilisierung – im Rahmen des PAEG durch sinkende Inflationsraten gekennzeichnet.

Wenn auch die externen konjunkturellen Bedingungen seinerzeit sehr günstig waren, besteht heute weitgehend Einigkeit darüber, dass erst durch den PAEG und die darin enthaltenen institutionellen Reformen des Kapitalmarktes, die erhöhten Anreize für Ersparnis und Investition, die Reform des Steuersystems und des Wechselkurssystems (Wechselkursrealismus), die erhöhte außenwirtschaftliche Offenheit und die darauf folgenden starken Kapitalzuströme Voraussetzungen für den sich seit 1968 deutlich abzeichnenden Wachstumspfad geschaffen worden waren.[967] Der PAEG war entscheidende Voraussetzung dafür, dass Delfim Netto, der die Wirtschaftspolitik als zuständiger Finanzminister in der folgenden Boomphase koordinierte, Brasilien in das sog. brasilianische Wirtschaftswunder führen konnte.[968] Es sind deshalb neben den Erfolgen in der Inflationsreduzierung auch die mittelfristigen Wachs-

---

einer der schärfsten Kritiker der Wirtschaftspolitik und ihrer negativen Wachstumseffekte. Siehe für eine sehr interessante historische Darstellung der vehementen Kritik Lacerdas an der Wirtschaftspolitik der Regierung Castello Branco und insbesondere der politischen Auseinandersetzung zwischen Lacerda und Campos LACERDA (1998), S. 117-173. Die zeitgenössische und einflussreiche Kritik des Prof. Dias Leite am PAEG ist in CONSPLAN (1965a und 1965b) und LEITE (1966) dokumentiert. SIMONSEN (1990b) berichtet, dass es in diesen Momenten der Krise und Stagnation Octávio Gouvêa de Bulhões war, der am stärksten und beharrlichsten darauf bestand, in der Stabilisierungspolitik keine Kurskorrektur vorzunehmen. Einen Überblick über die zeitgenössische wirtschaftstheoretische Diskussion zwischen den Apologeten und den Kritikern der Wirtschaftspolitik der Regierung Castello Branco gibt KORNIS (1982). Eine der einflussreichsten Kritiken an der Wirtschaftspolitik der Regierung Castello Branco war BRESSER PEREIRA (1968/87). Dieser Autor distanziert sich heute jedoch von der teils stark polemischen Kritik, die er seinerzeit am PAEG übte. Vgl. hierzu das Interview mit Prof. Bresser Pereira im Anhang der Arbeit.

[966] Vgl. CYSNE (1994), S. 15.

[967] Vgl. COES (1994), S. 448. „The measures implemented played an important role in creating a stable environment for the growth-oriented polices of the subsequent administrations. It is tempting to say that even the growth-boom of the late 1960s and early 1970s would not have occurred without the economic "sanitation" carried out by the Castello Branco government.“ BAER/BILLER/MC DONALD (1989), S. 28. Dass die externe Situation zwischen 1968 und 1973 sehr günstig war, lässt sich an der Verbesserung der „terms of trade“, den internationalen Wachstumszahlen und dem großen Angebot an ausländischen Krediten ablesen. Der Option der Aufnahme ausländischer Ersparnisse folgend, die vom PAEG angeregt und effektiv ab 1967 umgesetzt worden war, wurde Brasilien zu einem großen Kapitalimporteur.

[968] Vgl. hierzu auch das Interview mit Delfim Netto im Anhang.

tumseffekte des PAEG, die bei einer Bewertung dieser Währungsreform positiv zu Buche schlagen. „By the end of Castello Branco's voluntarily limited term of three years, his team of advisers had accomplished a comprehensive job of economic transformation in policies, policy instruments, institutions, and attitudes. They had managed to remove, with a few notable exceptions, most of the major distortions and imbalances in the economy. But most important, they had laid the foundation for resumption of a high rate of economic growth [...]."[969]

D. Einkommensverteilung

Eine ganz zentrale Kritik, die seinerzeit sehr vehement und bis heute am PAEG geübt wird, besteht in der mit dieser Reform einhergehenden Verschärfung des Problems der Einkommensungleichheiten.[970] Der Regierung wurde insbesondere vor dem Hintergrund ihrer restriktiven Lohnpolitik „soziale Insensibilität" vorgeworfen.[971] Einer der schärfsten und polemischsten Kritiker am PAEG und seinen Verteilungswirkungen war FISHLOW (1973). Dieser Autor bezeichnete den PAEG auf Grund seiner negativen Verteilungswirkungen als einen Misserfolg auf ganzer Linie.[972] In der Tat stellte sich die These, dass „der Kuchen zunächst wachsen müsse, um dann verteilt zu werden" als ein (bis heute) uneingelöstes Versprechen heraus.[973] Bis heute konnte das Problem der extrem ungleichen Einkommensverteilung in Brasilien nicht gelöst werden. Brasilien hat heute die ausgeprägteste Einkommensungleichheit (den höchsten Gini-Koeffizienten) weltweit.[974] Der Gini-Koeffizient signalisiert insbesondere zwischen 1960 und 1970 eine starke Verschärfung des Problems; er erhöhte sich von 0,50 (im Jahr 1960) auf 0,57 im Jahr 1970. Auch die 1970er und 1980er Jahre sind durch eine Zunahme des Gini-Koeffizienten gekennzeichnet (1980: 0,59 und 1990: 0,61). Der relative Anstieg des Koeffizienten ist seit den 1970er Jahren jedoch nicht mehr so

---

969 SYVRUD (1974), S. 34.

970 Vgl. zur Diskussion der Probleme der Einkommensverteilung in Brasilien in den 1960er und 1970er Jahren auch LANGONI (1973), MACEDO (1977), MORLEY (1978), BACHA (1978 und 1982), BACHA/TAYLOR (1980), CAMARGO/GIAMBIAGI (1991), BULMER-THOMAS (1994), S. 308-322, und CLEMENTS (1997).

971 CAMPOS (1994), S. 611.

972 „[...] the cost of the stabilization program was born by those least able to afford it: the poor. To call such a program a success is a semantic confusion at the least." FISHLOW (1973), S. 70. Derselbe Autor kritisiert zudem das dem PAEG zugrunde liegende stabilisierungspolitische Instrumentarium. CYSNE (1985) beschäftigt sich ausführlich mit den einzelnen (theoretischen) Kritikpunkten FISHLOWS (1973) am PAEG und vermag sie teilweise zu widerlegen.

973 CYSNE (1994), S. 3.

974 Während der durchschnittliche Gini-Koeffizient in den 1990er Jahren in Lateinamerika, dem Kontinent mit dem höchsten Wert weltweit, bei 0,49 lag, lag er in Brasilien bei 0,61.

ausgeprägt wie zwischen 1960 und 1970.[975] Die Daten von LANGONI (1973) zeigen, dass die Teilhabe der Lohnempfänger am Volkseinkommen zwischen 1960 und 1970 fiel, was auf ein ungleiche Verteilung der Kosten der Stabilisierung und des nachfolgenden Wachstums hinweist.

Zwischen 1960 und 1970 verloren die unteren 80% der Einkommensskala fast 9% ihres Anteils am nationalen Einkommen, während die oberen 5% ihren Anteil um einen vergleichbaren Wert erhöhten.[976] Die reichsten 3% bis 4% der Bevölkerung erhöhten ihren Anteil am Volkseinkommen von 27% auf 33%. Insbesondere die Mittelklasse war von den Wirkungen der restriktiven Lohnpolitik betroffen. Das Einkommen in der Landwirtschaft im Allgemeinen und des Kaffee-Sektors im Besonderen wurde hingegen durch die Stützungsprogramme in den Jahren 1964 und 1965 stabilisiert. In den folgenden Jahren wurde die Preispolitik in diesen Sektoren zurückhaltender gehandhabt. Die Gewinne der Kapitalgesellschaften stiegen seit 1964 erheblich.

Auch die Entwicklung der regionalen Einkommensverteilung entsprach nicht den Zielen des Aktionsprogramms. Das Realeinkommen des unterentwickelten Nordostens stieg nur im Jahr 1964 schneller als im Süden und im Osten. In den Jahren 1965 und 1966 wuchs es langsamer, obwohl in den industrialisierten Bundesstaaten des Südens die restriktive Stabilisierungspolitik voll zum Tragen kam, während der Nordosten laufend größere Transferzahlungen erhielt. Die Wachstumsraten im Norden (Amazonas-Gebiet) stiegen schon in den Jahren 1965 und 1966 schneller als im Süden; das Einkommen dieses Gebietes erreichte jedoch nicht mehr als 2% des gesamten brasilianischen Sozialprodukts.[977] Es zeigt sich also insgesamt, dass das Problem der extremen Einkommensdisparitäten, das im Sinne der These der Verteilungskampfinflation maßgeblich zur Inflationsentwicklung vor 1964 beigetragen hatte, auch nach 1964 nicht gelöst werden konnte. Das Militärregime stellte insofern zunächst auch ein Instrument zur Unterdrückung eines offenen Verteilungskonfliktes dar. Legt man der Interpretation der brasilianischen Inflation das Konzept der Verteilungskampfinflation zu Grunde, ergibt sich hieraus auch für die Zukunft eine ernstzunehmende Restriktion für die Sicherung der Geldwertstabilität in Brasilien.[978]

---

[975] Vor diesem Hintergrund argumentieren BAER/BILLER/MC DONALD (1989), S 28, dass sowohl die seit 1964 errungene (relative) Stabilität als auch das vor allem seit 1968 einsetzende Wachstum ihren Preis gehabt hätten, der vor allem von der brasilianischen Arbeiterklasse zu zahlen gewesen sei.
[976] Vgl. BAER/BILLER/MC DONALD (1989), S. 28.
[977] Vgl. WOGART (1974), S. 67.
[978] Auch die erneute Beschleunigung der Inflation seit 1974 – angestoßen durch den externen Ölpreisschock – wurde im Sinne der Verteilungskampfinflation gedeutet. „An analysis of the Brazilian experience in the 1970s and 1980s has also led many economists to point to the „fight for shares“ as one of the major explanations for that country's inflationary resurgence.“ BAER (1991), S. 45.

Bei all der Kritik an den Verteilungsfolgen des PAEG darf jedoch nicht vergessen werden, dass allein durch die (graduelle) Stabilisierung der hohen und kaum mehr korrekt antizipierbaren Inflation nach 1964 ein wichtiger ursächlicher Faktor der Einkommenskonzentration und sozialer Ungleichheit beseitigt worden ist. Die ungerechteste aller Besteuerungsformen, die Inflationssteuer, verlor zunehmend an Bedeutung. Allein die Bekämpfung der Inflation stellte insofern auch eine Maßnahme der Herstellung höherer Einkommensgleichheit dar. Abgesehen davon kann die dramatische Entwicklung des Gini-Koeffizienten nicht allein auf die Stabilisierungspolitik der Regierung Castello Branco zurückgeführt werden. Ein Trend zur zunehmenden Einkommensungleichheit war sowohl vor 1964 als auch nach 1967 zu beobachten.

Die restriktive Lohnpolitik seit 1965 wurde immer wieder als ein zentraler Faktor identifiziert, der zur Verschärfung des Problems in den 1960er Jahren beigetragen habe.[979] Und es ist sicherlich richtig, dass die Systematik der Prä-Fixierung der erwarteten Inflation in der Lohnformel zu einem stärkeren Rückgang der Reallöhne geführt haben mag, als es unter Marktbedingungen geschehen wäre.[980] Es muss in diesem Zusammenhang jedoch berücksichtigt werden, dass der reale Mindestlohn schon seit 1961 gefallen war und dass die kurzfristig negativen Wirkungen der Lohnpolitik durch die positiven Wirkungen der Wiederaufnahme des Wachstums seit 1966 zum Teil kompensiert wurden.

---

[979] Vgl. LANGONI (1973), S. 78.
[980] Vgl. CYSNE (1994), S. 15.

V. Zur Frage der Glaubwürdigkeit der Währungsreform

CYSNE (1985) kommt in seiner Studie, in der er den PAEG mit der gescheiterten Stabilisierungspolitik Anfang der 1980er Jahre vergleicht, zu dem Ergebnis, dass der Versuch der Inflationsbekämpfung im Rahmen des PAEG im Gegensatz zu den nachfolgend durchgeführten Stabilisierungsexperimenten „glaubwürdig" gewesen sei.[981] Wie ist die Frage nach der Glaubwürdigkeit nun vor dem im theoretischen Teil zu Grunde gelegten Konzepte und den Ausführungen zu den konkreten Reformmaßnahmen des PAEG abschließend zu beantworten?

A. Konsistenzbedingungen außerhalb der wirtschaftlichen Ordnung

1. Politische Konsistenz

Die Frage nach der *politischen Konsistenz* im Rahmen der Währungsreform von 1964 ist nicht eindeutig zu beantworten. Einerseits besteht kein Zweifel daran, dass die tiefgreifenden Reformmaßnahmen unter den Bedingungen der enormen politischen Instabilität des demokratischen Systems und der extremen politischen Polarisierung vor 1964 nicht durchführbar gewesen wären. Die Organisationskraft spezifischer Interessengruppen im Rahmen des populistisch-klientelistischen Systems hätte erneut zum Phänomen der Zeitinkonsistenz geführt, das für das Scheitern so zahlreicher Stabilisierungsversuche vor und nach 1964 verantwortlich war. Die autoritäre Regierung war nicht der spezifischen Anreizproblematik ausgesetzt, wie sie typischerweise demokratische Regierungen unterliegen. Insofern hatte der Militärputsch vom März 1964 eine entscheidende Voraussetzung der Währungsreform von 1964 dargestellt und in der Implementierungsphase zu einer erhöhten Durchsetzungsfähigkeit und Glaubwürdigkeit geführt.[982] Mit Hilfe des autoritären Regimes war es möglich, reformhemmende und bestimmte kontraproduktive Aktivitäten von Interessengruppen und Privaten (teilweise) zu verhindern, die vor 1964 sogar in der Lage waren, die Absetzung eines Präsidenten zu erzwingen, sobald er ein rigoroses Stabilisierungsprogramm initiierte.[983] Mit

---

[981] CYSNE (1985), S. 29.

[982] Allein die Tatsache, dass es zu einer grundlegenden „Reform" desjenigen politischen Systems gekommen war, dessen Reputation im Zuge der Währungs-, Wirtschafts- und politischen Krise Anfang der 1960er Jahre vollkommen erodiert war, hatte zur Erhöhung der Glaubwürdigkeit des Reformpaketes der Regierung Castello Branco beigetragen. „Insgesamt zeigen die bisherigen Erfahrungen, daß eine politische Reform beim Vorliegen von politisch bedingten Glaubwürdigkeitsdefiziten von Vorteil und im Grundsatz Vorbedingung ist, wenn die Erfolgswahrscheinlichkeit des Stabilisierungsprogramms erhöht werden soll. Sie gibt ein weiteres Signal für den unumkehrbaren Neubeginn und kann helfen, das Vertrauen in die Politikverantwortlichen wiederherzustellen und eine größere Akzeptanz [...] zu erreichen." BÄHR (1994), S. 89.

[983] Der Handlungsspielraum der Regierung war durch den „AI-2" und die Auflösung des existierenden Parteiensystems stark erweitert worden. Gesetzesvorlagen der Exekutive konnten nun noch leichter im Kongress durchgesetzt werden. In den *politisch sensiblen* Bereichen einer sanierenden Währungsreform, wie der

Hilfe der „Lohnformel" konnten überhöhte Lohnforderung verhindert werden. Auch als die industrielle Rezession des Jahres 1965 zu starker Kritik an der Wirtschaftspolitik seitens der Industrie und zahlreicher Politiker geführt hatte, war man nicht vom eingeschlagenen Kurs abgewichen. Nicht umsonst hat der Zyklus zahlloser gescheiteter Stabilisierungsversuche, Währungsreformen unter demokratischen Vorzeichen in Brasilien und Lateinamerika zur These geführt, eine Stabilisierung sei in Lateinamerika nur unter repressiven politischen Bedingungen möglich.[984] Man ist sich deshalb heute auch darüber einig, dass eine entscheidende Voraussetzung für den Erfolg des PAEG in der politischen (und administrativen) Stabilität des neuen Regimes und im politischen Rückhalt lag, den die Minister Campos und Bulhões vom autoritären Regime und dem festen politischen Willen Castello Brancos zur Stabilisierung und Reform erhalten hatten.[985] Erstmals konnte so die Durchführung der brasilianischen Wirtschaftspolitik in die Hände von Technokraten gegeben werden, welche die Wirtschaftspolitik – mit voller Rückendeckung durch den Staatspräsidenten – in den Dienst der Währungsstabilisierung stellen konnten, ohne unter den Restriktionen des „politischen Konjunkturzyklus" arbeiten zu müssen.

Allerdings darf nicht vergessen werden, dass im Rahmen des Putsches von 1964 zunächst nicht alle demokratischen Kontrollmechanismen außer Kraft gesetzt worden waren. Gesetzesvorlagen wurden nach wie vor im Kongress und öffentlich (vor allem in den Medien) diskutiert. Bestimmte Interessengruppen waren durchaus in der Lage, Einfluss auf die Wirtschaftspolitik zu nehmen. wie z.B. die Aufrechterhaltung gewisser geldpolitischer Kompetenzen beim Banco deutlich werden ließ. Dies kann einerseits als ein Indiz für die enorme Durchsetzungskraft dieser Interessengruppen gewertet werden und spiegelt andererseits den hybriden Charakter des Militärregimes zwischen 1964 und 1967 wider. Der Kongress hat – entgegen zahlreicher anderslautender Interpretationen – in dieser Phase durchaus eine gewisse politische Rolle gespielt und konnte die (wirtschafts-) politischen Entscheidungen zu einem gewissen Grad beeinflussen.[986]

Dennoch war das autoritäre Regime eine Voraussetzung für die Durchführung der Währungsreform. Nichtsdestotrotz sollte sich das selbe Regime im Laufe der Zeit andererseits als zentrale Restriktion der Glaubwürdigkeit der Reform und der Geldpolitik herausstellen. Die

Haushaltspolitik, der Geld- und Kreditpolitik und der Lohnpolitik, konnten durch eine weitgehende Ausschaltung der politischen Opposition auch unpopuläre Maßnahmen implementiert werden.

[984] Vgl. BAER/BILLER/MC DONALD (1989), S. 39.

[985] Diese These findet sich bei SKIDMORE (2001) und SYVRUD (1974). Auch SYVRUD (1974) betont den Faktor „politische Stabilität" als fundamentale Voraussetzung des Reformerfolges im Rahmen des PAEG.

[986] Auch das Verhalten der Privaten, wie etwa die Geldnachfrage, die Nachfrage nach Staatsanleihen oder die Nachfrage nach Devisen, konnte selbst unter den politisch-autoritären Bedingungen natürlich nicht vollkommen kontrolliert werden.

spezifische Form d*er Institutionalisierung* des neuen Regimes, Ergebnis eines vehementen Ziel- und Machtkonfliktes innerhalb der Reihen der Militärs, hatte erhebliche Konsequenzen für die Glaubwürdigkeit der Währungsreform. Hätte das ursprüngliche Ziel Castello Brancos, die Demokratie nach dem Ablauf seiner Amtsperiode wieder herzustellen, umgesetzt werden können, hätte dies langfristig die Glaubwürdigkeit der Reform erheblich erhöht.[987] Nachdem es aber nach 1967 zur Verstetigung und Radikalisierung des Regimes kam, wurde das Militärregime zu einer der bedeutsamsten Restriktionen der Währungsreform.[988] Die Entlassung des kompletten Direktoriums der Zentralbank nach dem Antritt der folgenden Militärregierung, Costa e Silva, war der erste Hinweis darauf, dass das Regime sich durch die formalen Regeln und Gesetze der Geldordnung (die 1964 gelegt worden waren) nicht gebunden fühlte. Das eigentliche Glaubwürdigkeitsproblem des Regimes und seiner Reformmaßnahmen resultierte also gerade aus dem Faktor, der auch zu einer leichteren Durchsetzung reformpolitischer Maßnahmen geführt hatte: der starken Machtkonzentration bei der Exekutive. Die mangelnde Kontrolle der Exekutive durch andere Institutionen und Regeln haben zu einem extremen Grad an „Diskretionarität" in der Wirtschaftspolitik geführt. Das Problem der Zeitinkonsistenz und eine Änderung des zunächst im Jahr 1964 eingeschlagenen Reformkurses war damit quasi vorprogrammiert.

Dies bestätigt die im theoretischen Teil formulierte These, dass es letztlich nur unter demokratischen Bedingungen möglich ist, einer Währungsreform und einer gesetzlich verankerten Unabhängigkeit der Zentralbank Glaubwürdigkeit zu verleihen. Dies bedeutet auch, dass selbst wenn man im Jahr 1964 ein höherer Grad an funktioneller, instrumenteller und finanzieller Unabhängigkeit der brasilianischen Zentralbank festgeschrieben hätte, dieser in der wirtschaftspolitischen Praxis wohl spätestens mit dem Regierungsantritt der autoritären Folgeregierung (Costa e Silva) außer Kraft gesetzt worden wäre. Auch wenn im Jahr 1964 eine formal unabhängige Zentralbank eingeführt worden wäre, hätte dies de facto unter den politischen Bedingungen eines autoritären Regimes nicht verhindert, dass die Notenpresse später, auch gegen die Gesetzeslage, wieder im Namen der „Entwicklung" und des „Fortschritts" in Gang gesetzt worden wäre.

---

[987] „Eins ist sicher. Wenn die Militärperiode direkt nach der Periode der zwischen 1964 und 1966 implantieren Reformen beendet worden wäre, spätestens vor dem erneuten Ansteigen der Inflation von 1973, wäre ihre Verteidigung unter ökonomischen Gesichtspunkten sehr viel leichter gewesen. In dieser Zeit fiel die Inflation, der öffentliche Sektor war organisiert, die Nettoauslandsverschuldung auf einem ihrer niedrigsten Werte und die rückwärtsgerichtete Indexierung erfolgte auf jährlicher Basis und war auf den Finanzsektor beschränkt." CYSNE (1994), S. 33.

[988] Abgesehen davon ist natürlich an die gesellschaftlich und politisch traumatischen Wirkungen zu erinnern, die mit der Verabschiedung des AI-5 und der Unterdrückung zahlreicher Persönlichkeitsrechte verbunden waren.

Ein weiteres Problem für die Glaubwürdigkeit ergab sich aus dem Mangel an Transparenz der wirtschaftspolitischen Maßnahmen, der ebenfalls Folge der politischen Zentralisierung war. Während ein Mangel an Transparenz ein typisches Kennzeichen der Politik und Wirtschaftspolitik unter einem Militärregime ist, traf dies insbesondere für die Regierung Castello Branco – in stärkerem Maße als für die ihr nachfolgende Regierung – zu.[989] „The almost daily volume of new decrees, regulations, laws, and circulars kept the business community in a constant state of confusion. This combination of events, the constant changes in the rules of the game affecting business and the restraints which limited credit availabilities to an undercapitalized business community, precluded development of a favourable investment climate."[990] Die mit Informationsasymmetrien einhergehenden Reibungsverluste in der Anpassung der Inflationserwartungen – sie erhöhen die Anpassungskosten solcher Reformen – waren entsprechend ausgeprägt. Während die Interdependenzen der politischen und wirtschaftlichen Ordnung also in mannigfaltiger Hinsicht den Währungsreformprozess beeinflusst haben, lässt sich im Hinblick auf die Glaubwürdigkeit kein eindeutiger Wirkungszusammenhang feststellen. Es ist zwischen den kurzfristigen (positiven) Wirkungen eines autoritären Regimes auf die Glaubwürdigkeit einer Währungsreform einerseits und den langfristigen (negativen) Wirkungen andererseits zu unterscheiden.

2. Paradigmatisch-konzeptionelle Konsistenz

Ein (in einigen Bereichen radikales) Umdenken in der wirtschaftspolitischen Grundorientierung war eine zentrale Voraussetzung für den relativen Erfolg des PAEG. Die Ersetzung des Strukturalismus durch einen Monetarismus in der Inflationsdiagnose, der Importsubstitution durch ein außenorientiertes Wachstumsmodell waren fundamental für die Erhöhung der Glaubwürdigkeit der Reform. Auch die im Zuge der zunehmenden Beschleunigung des Inflationsprozesses gestiegene Inflationsaversion der brasilianischen Gesellschaft hat zweifelsohne die Glaubwürdigkeit der Reform erhöht. Von einem Paradigmenwechsel in der Wirtschaftspolitik zum Beginn der Ära der Militärs kann aber auf Grund der dem PAEG zu Grunde liegenden Staats- und Planungskonzeption nicht die Rede sein. Das Primat der

[989] Auch CAMPOS (1994) stellt rückblickend selbstkritisch fest: „Es gab ohne Zweifel ein Defizit in der Kommunikation mit der Bevölkerung. Später, als ich die Regierung Castello Branco mit der Regierung Costa e Silva verglich, kam ich zu dem Schluss, dass in der erst genannten die Kommunikation mit der politischen Klasse vernünftig war, die Kommunikation mit der Bevölkerung hingegen ziemlich defizitär. In der zweit genannten gab es größere Anstrengungen hinsichtlich einer besseren Kommunikation mit dem Volk und eine Verschlechterung in der politischen Kommunikation. [...] Die Regierung Castello Branco, vor allem auf Aktion bedacht und unterschätzte die Information. Es gab zudem einen gewissen Grad an fatalistischem Skeptizismus hinsichtlich der Möglichkeit, die blutige ökonomische und politische Chirurgie, welche notwendig war, um Verzerrungen zu korrigieren und Strukturen zu rekonstruieren und zu ändern, zu popularisieren." CAMPOS (1994), S. 809.

[990] SYVRUD (1974), S. 35.

Inflationsbekämpfung wurde durch wachstumspolitische Ziele und zahlreiche im Zentralbankgesetz festgeschriebene (nicht primär währungspolitische) Zielsetzungen abgeschwächt. Die Überbetonung der Rolle des Staates in der Wirtschaft auch nach 1964 stellte eine zentrale Restriktion für die Glaubwürdigkeit der Geld- und Wirtschaftspolitik dar. Der „desenvolvimentismo" war insofern auch nach 1964 noch in der brasilianischen Wirtschaftspolitik lebendig und sollte vor allem nach 1967 wieder an Kraft gewinnen. Zwar war es trotzdem möglich, die Haushaltsdefizite nachhaltig und erheblich zu reduzieren. Es war jedoch abzusehen, dass das (auslands-)schuldeninduzierte Wachstumsmodell, das mit dem PAEG vorbereitet und vor allem nach 1968 voll zum Tragen kommen sollte, bei einer zunehmenden Ausbreitung des öffentlichen Sektors kein tragfähiges Modell sein würde.[991] Es ist jedoch darauf hinzuweisen, dass unter Castello Branco noch nicht der Drang zur Verstaatlichung zu beobachten war, der seit der Regierung Geisel um sich zu greifen begann. Insgesamt und in historischer Perspektive betrachtet war die Konzeption des PAEG in vielerlei Hinsicht richtungsweisend. Zahlreiche Ideen des „Konsens von Washington" waren hier vorweggenommen worden.

Die Strategie des Gradualismus stellte sicherlich kein optimales Zeitprofil, jedoch seinerzeit das einzig mögliche dar. Angesichts der institutionellen Ausgangsbedingungen wäre die Durchführung einer Schocktherapie von vorneherein unglaubwürdig gewesen. Der „Gradualismus" wies den Vorteil auf, dass der Inflationssteuerertrag (auf den die Regierungen vor 1964 zur Finanzierung ihrer Ausgaben angewiesen waren) nicht abrupt, sondern ebenfalls graduell sank. Dies gab der Regierung die (notwendige) Zeit, um die Reformen des Steuersystems durchzusetzen und alternative Mechanismen der Ersparnisbildung zu konstruieren (BNH, FGTS).[992] Die Tatsache, dass es möglich war, die Inflation über einen Zeitraum von sieben Jahren kontinuierlich zu senken, kann einerseits als Indiz für die prinzipielle Tauglichkeit gradualistischer Stabilisierungsansätze gedeutet werden. Andererseits kann natürlich auch das erneute Ansteigen der Inflation nach 1973 auch als Konsequenz eben dieses Ansatzes interpretiert werden. Wenn man berücksichtigt, dass der Einsatz des Instruments der Indexierung eine direkte Folge des gewählten Zeitprofils war und die Indexierung einer der Faktoren war, die zum erneuten Anstieg der Inflation nach 1973 beigetragen hat, lässt sich auch letztere These sicherlich untermauern. Eindeutige und eindimensionale Glaubwürdigkeitseffekte lassen sich also auch im Hinblick auf das Zeitprofil nicht feststellen. Ein Faktor, der die

[991] Der „desenvolvimentismo" und das darin enthaltende interventionistische Staatskonzept sind zentrale Bestandteile einer Erklärung der inflationären Exzesse der 1980er Jahre. Nicht zufällig war es im Rahmen des Plano Real erst möglich, die Inflation erfolgreicher als jemals zuvor in Brasilien zu bekämpfen, nachdem es zu einem umfassenden Paradigmenwechsel gekommen war und erkannt worden war, dass das ungezügelte Wachstum des öffentlichen Sektors (vor 1964 und zwischen 1974 und 1994) zu den primären Ursachen der brasilianischen Inflation zählte.

[992] Vgl. PASTORE (1973a), S. 158.

Unsicherheit sowohl bei den Autoren der Reform als auch bei den Privaten erhöht hat, war, dass man in Brasilien seinerzeit über keine Erfahrungen darüber verfügte, wie die Wirtschaft auf den Instrumenteneinsatz einer (durchgehaltenen) Stabilisierungspolitik reagieren würden.[993]

3. Personelle Voraussetzungen

Die Voraussetzungen auf personeller Ebene waren ebenso bedeutsam für den relativen Erfolg des PAEG. Das „technopol" der Regierung Castello Branco verfügte – wie gezeigt – über das notwendige Maß an ökonomischer Kompetenz, um eine so komplexe Aufgabe wie die Konzeption und Durchführung einer Währungsreform zu bewältigen. Campos und Bulhões selbst führten den relativen Erfolg des PAEG aber vor allem auf „das persönliche Engagement von Castello Branco" zurück, der diesem Plan eine so „starke politische Unterstützung" zuteil werden ließ, wie kein Präsident vor ihm. Es handelte sich bei Castello Branco – im Gegensatz zu seinen Vorgängern – insofern um einen „starken" Präsidenten, dessen unbedingte Rückendeckung und politischer Wille zur Durchsetzung der Reform erheblichen Anteil am relativen Erfolg des PAEG hatte.[994]

4. Rechtliche Voraussetzungen

Eine Rechts*kultur* lässt sich wohl kaum im Rahmen einer Wirtschaftsreform (konstruktivistisch) reformieren. Eines der zentralen Probleme der brasilianischen Rechtsordnung, nämlich das einer mangelnden Bindung des individuellen und gesellschaftlichen Verhaltens durch die formale Rechtsordnung, konnte auch mit den Reformen von 1964 nicht gelöst werden.[995] Aber es war möglich, die Korruption – typisches Kennzeichen und Folge einer solchen Rechtsordnung – (zumindest unter der Regierung Castello Branco) einzudämmen. Ein wichtiger Bestandteil der fiskalischen Reform bestand in diesem Zusammenhang in der Zurückdrängung der Steuerhinterziehung, was vor allem durch eine realistischere Steuerpolitik (mit Hilfe der Indexierung) und die gesteigerte Reputation der neuen Regierung in der Wirtschaftspolitik erreicht wurde.

---

[993] „In Wirklichkeit durchlebte Brasilien erstmals in seiner Geschichte eine Erfahrung der Inflationsbekämpfung, die über einen relativ langen Zeitraum aufrecht erhalten werden konnte, so dass die Ergebnisse dieser Politik beobachtet werden konnten." Ebenda, S. IV. „Es ist nur natürlich, dass die Inexistenz von Informationen darüber, wie die Wirtschaft auf die Stimulierung durch die wirtschaftspolitischen Instrumente reagieren würde, welches die Zeitverzögerungen in den entsprechenden Wirkungsmechanismen sein würden und wie die relative Effizienz jedes einzelnen Instruments sein würde, zu weniger günstigen Ergebnissen führen musste, als zuvor angenommen worden war, und dass einige Ziele nicht erreicht wurden." PASTORE (1973a), S. IV.

[994] CAMPOS (1994), S. 352.

[995] Vgl. hierzu ROSENN (1984).

B. Institutionelle Konsistenz innerhalb der Wirtschaftsordnung

1. Der „institutionelle Ansatz" der Regierung Castello Branco

Die Reform von 1964 stellte die umfassendste Wirtschaftsreform Brasiliens im 20. Jahrhundert dar. Beim PAEG handelt es sich zudem um die einzige Währungsreform der brasilianischen Geschichte, die überhaupt durch eine umfassende Wirtschaftsreform begleitet war.[996] Der Währungsreformprozess wurde von den „Vätern" des PAEG offensichtlich als ein Prozess der „Ordnungskonstitution" und als ordnungspolitisches Problem verstanden. Die Währungsreform von 1964 kann als erster Versuch der Nachkriegszeit verstanden werden – gegen den Strom der Geschichte –, eine funktionale und rationale Wirtschaftsordnung – im konstruktivistischen Sinne – zu schaffen. Die institutionelle Struktur, die hier gelegt worden war, war jedoch im Laufe der Zeit wieder erodiert.[997] „Ohne Zweifel kann man die Regierung Castello Branco nicht nur an den statistischen Ergebnissen der Inflationsbekämpfung messen, weil es eine Regierung war, die sich großen institutionellen Reformen gewidmet hat. Das institutionelle Gerüst des modernen Brasiliens wurde zu großen Teilen in dieser Periode konzipiert."[998] CAMPOS (1994) stellt rückblickend fest: „Die Regierung realisierte sehr viel weniger, als sie im Hinblick auf die Kontrolle der Inflation versprochen hatte. Allerdings erreichte sie im Hinblick auf die Modernisierung der Institutionen des Landes sehr viel mehr, als sie zuvor angekündigt hatte."[999]

2. Fiskalische Konsistenz

Kein Zweifel besteht daran, dass ein ganz entscheidender Faktor, der die Glaubwürdigkeit der Währungsreform erhöht hat, die im Rahmen der Reform errungene fiskalische Konsistenz war. Keine andere Währungsreform, einschließlich des Plano Real, war durch eine solch umfassende und erfolgreiche Reform der Fiskalordnung begleitet wie der PAEG. Die Abhängigkeit der Regierung von der Inflationssteuer konnte so erfolgreich gesenkt werden. Es handelt sich hier um die einzige Währungsreform der brasilianischen Geschichte, in der das Postulat der fiskalischen Konsolidierung als Voraussetzung der monetären Stabilisierung wirklich ernst genommen wurde und durchgesetzt werden konnte. Das seit 1964 kontinuierlich sinkende Haushaltsdefizit und die zunehmende Rolle der Staatsverschuldung in der

---

[996] „Die Überzeugung von der Notwendigkeit institutioneller Reformen begleitete den PAEG von Beginn an." RESENDE (1990), S. 228.

[997] „By the time the military left power in 1985 they had dismantled several mechanisms and cancelled sound reforms that had been introduced during the first stage of the military regime (the Castello Branco administration." BARBOSA (1998), S. 86.

[998] CAMPOS (1996a), S. 51.

[999] CAMPOS (1994), S. 635.

Finanzierung dieser Defizite sprechen hier eine eindeutige Sprache. Dass die Inflation trotz der dargestellten institutionellen Probleme in der Geldordnung bis 1973 kontinuierlich gesenkt werden konnte, lag vor allem auch an den nachhaltigen Effekten der Fiskalreform der Regierung Castello Branco. Diese konsequente fiskalische Flankierung war in der Retrospektive wohl eine der wichtigsten Säulen der (relativen) Glaubwürdigkeit dieser Währungsreform. Es ist die unter währungsreformpolitischen Gesichtspunkten höchst bedeutsame Lehre von Notwendigkeit einer grundlegenden Reform der Fiskalordnung und der Sanierung der Staatsfinanzen, die aus dem PAEG zu ziehen gewesen wäre. Diese blieb jedoch in allen folgenden Währungsreformen unberücksichtigt und hat zur mangelnden Glaubwürdigkeit aller folgenden Währungsreformen Brasiliens geführt.

3. Konsistenz des Arbeitsmarktregimes

Das erste Jahr des PAEG war noch durch eine inflationstreibende Lohnpolitik gekennzeichnet. Insbesondere in der Lohnpolitik war es jedoch auf Grund der politischen Bedingungen seit 1965 möglich, eine stabilitätskompatible Form der Arbeitsmarktpolitik durchzusetzen, die unter demokratischen Bedingungen nicht denkbar gewesen wäre. Die „Lohnformel" hat – wenn auch die Legitimation einer so ausgeprägten Reduzierung des Reallohns in Frage zu stellen ist – ohne Zweifel erheblich zur Glaubwürdigkeit der Reform beigetragen.

4. Konsistenz des Außenwirtschafts- und Wechselkursregimes

Ebenso bedeutsam für den relativen Erfolg des PAEG war eine konsistente außenwirtschaftliche und wechselkurspolitische Flankierung. In der Tat stellt das Jahr 1964 insofern einen fundamentalen Wechsel in der brasilianischen Wechselkurspolitik dar, als dass nun eine Phase begann, die auch als Periode des „realismo cambial" (Wechselkursrealismus) bezeichnet wird. Die zunächst erfolgte Einführung eines Systems der Maxi-Abwertungen und der spätere Übergang zum Crawling Peg sind unter dem Gesichtspunkt der Glaubwürdigkeit vollkommen plausibel. Zunächst wurde der feste Wechselkurs als Wechselkursanker genutzt. In einer zweiten Phase trug das Crawling Peg dazu bei, die Zahlungsbilanzrestriktion zu entschärfen, obwohl darin, wie gezeigt, nicht die primäre Intention der Einführung dieses Systems bestanden hatte. Letztlich war es unvermeidlich, im Rahmen der gradualistischen Stabilisierung eine Form der institutionalisierten Abwertung zu implementieren. Die Ineffizienzen des Systems der Maxi-Abwertungen konnten durch den Übergang zum System des Crawling Peg weitgehend ausgeräumt werden. Ein Faktor, der in diesem Zusammenhang auf eine hohe Glaubwürdigkeit des PAEG hindeutet, ist das seit 1964 abrupt gefallene

Schwarzmarktagio. Für gravierende Kapitalfluchttendenzen, die auf ein Vertrauensproblem zwischen 1964 und 1967 hingewiesen hätten, gibt es entsprechend keine Anhaltspunkte.[1000] Allerdings wurden die mit dem Crawling Peg im Zusammenhang stehenden Zahlungsbilanzüberschüsse später zum wichtigsten Faktor der Expansion der monetären Basis. Dennoch kann das System des Crawling Peg per se nicht für die Inflationsbeschleunigung seit 1973 verantwortlich gemacht werden. Im Gegenteil: Während das System quasi-fixer Wechselkurse vor 1964 in Brasilien mit steigenden Inflationsraten korrelierte, stellte die Phase eines zunehmenden „Wechselkursrealismus" zwischen 1964 und 1973 eine Phase sinkender Inflationsraten dar. Dies ist ein Indiz dafür, dass es im Hinblick auf den Inflations-Bias in einer Wirtschaftsordnung letztlich nicht darauf ankommt, über welches Wechselkurssystem ein Land verfügt. Entscheidender ist hingegen, dass die ordnungspolitischen Vorkehrungen einer stabilitätsorientierten Geld- und Wirtschaftspolitik gelegt werden und der politische Wille zur Inflationsbekämpfung besteht.[1001]

5. Wirtschaftlicher Freiheitsgrad

Wie gesagt, es war im Rahmen des PAEG nicht zu einer wirklichen Reform des dem „desenvolvimentismo" zu Grunde liegenden Staatskonzepts gekommen. Vielmehr war auch der PAEG durch eine gewisse technokratische Naivität und Planungseuphorie gekennzeichnet. So war es auch zwischen 1964 und 1967 nicht zu einer wirklichen Staatsreform bzw. einer Reform der staatspolitischen Grundkonzeption gekommen. Die Dominanz des Staates in der Wirtschaft wurde vielmehr in einigen Bereichen weiter ausgebaut. Die Entwicklung der Staatsquote ist ein Beleg hierfür. Geht man von der These aus, dass Inflation in Brasilien immer mit einer extrem interventionistischen Wirtschaftsordnung und einem geringen politischen und wirtschaftlichen Freiheitsgrad korrelierte, bestand hierin eine entscheidende Restriktion der Glaubwürdigkeit des PAEG.[1002] CAMPOS (1994) gesteht ein, dass der Interventionismus in den Bereichen Arbeitsmarkt und Finanzsystem sehr viel höher war, als er für gewöhnlich in nicht-sozialistischen Ländern ist.[1003] Er rechtfertigte den Interventionismus jedoch mit dem Hinweis darauf, dass es weniger auf den Interventionsgrad

---

[1000] Das Problem bestand, wie gezeigt, vielmehr in den spekulativen Kapitalbewegungen im Zusammenhang mit dem System der Maxi-Abwertungen.

[1001] Vgl. zur Untermauerung dieses Arguments auch WACKER (1997), S. 12-15.

[1002] „Es gibt klare Anzeichen dafür, dass die Erhöhung des Steueraufkommens einerseits und die institutionellen Mechanismen der Aufnahme und Mobilisierung von Ressourcen, wie der FGTS, PIS etc. in der Substituierung des inflationären Finanzierungsmechanismus extrem effizient waren. Es war nicht nur möglich, den Druck auf das Geldangebot zu reduzieren und seine Expansion graduell zu senken, die Summe der mobilisierten Ressourcen war auch höher, was eine erhöhte Staatstätigkeit ermöglichte." PASTORE (1973a), S. 193. Vgl. zur Entwicklung der Rolle des Staates in der brasilianischen Wirtschaft seit den 1930er bis in die 1970er Jahre auch BAER/KERSTENETZKY/VILLELA (1973).

[1003] Vgl. CAMPOS (1994), S. 637.

denn auf die Interventionsart ankommt und beschreibt die Interventionsart unter Castello Branco als eine, die nicht mit Verboten, sondern mit Anreizsystemen arbeitete.[1004] Nichtsdestotrotz lag der Konzeption des PAEG eine marktwirtschaftliche Grundidee zu Grunde und der eigentliche Schub zur Verstaatlichung, der für das Militärregime kennzeichnend werden sollte, setzte erst unter der Regierung Geisel – als wohl eher kontraproduktive Reaktion auf die Verschuldungskrise – ein.

6. Indexierung

Die ambivalenten Effekte der Indexierung im Hinblick auf die Glaubwürdigkeit der Reform wurden ausführlich dargestellt.

7. Konsistenz des Preissystems

Die Liberalisierung der Preise war ein wichtiger Bestandteil der Reform und hat ihre Glaubwürdigkeit erhöht. Das Phänomen der korrektiven Inflation war im Rahmen der Beseitigung der zurückgestauten Inflation unvermeidlich. Die Preisliberalisierung hat jedoch mit dazu beigetragen, dass die Inflationsgeschwindigkeit im Jahr 1964 noch über das Niveau des Jahres 1963 hinauswuchs und die Inflationserwartungen so zunächst geschürt wurden, obwohl das Haushaltsdefizit schneller als erwartet gesenkt werden konnte.[1005] Die Notwendigkeit der Regierung, in das Preissetzungsverhalten der Privaten via (zunächst fakultativer) Preiskontrollen einzugreifen, kann hingegen als ein Indiz für eine nur begrenzte Glaubwürdigkeit der Reform gedeutet werden.

[1004] Vgl. ebenda.

[1005] „Years of repression in rents, prices of public services, some basic foodstuffs, interest rates, and even the exchange rate had created distortions in the price structure which could be corrected only by more rapid increases in these prices than in other prices. [...] As the price controls were gradually removed, rapid increases in prices for housing, public services, and foodstuffs added to the inflationary pressures. Increased prices of imported goods, as the result of exchange rate devaluations, also added to the inflation." SYVRUD (1974), S. 52.

C. Die Reform der Geldordnung und der Grad der geldpolitischen Regelbindung

Vor dem Hintergrund der Analyse der im Jahr 1964 gelegten institutionellen Bedingungen der Geldordndung kann die These von CYSNE (1985) von der Glaubwürdigkeit der Währungsreform der Regierung Castello Branco mit Sicherheit so nicht aufrecht erhalten werden. Zwar wurde im Rahmen des PAEG eine Reform der Geld- und Währungsordnung vorgenommen, die unter dem Gesichtspunkt der Effizienz der Geldpolitik zu gewissen Verbesserungen gegenüber der Situation vor 1964 führte. Zu einem „grundlegenden Regimewechsel", wie er sich aus (geld-) psychologischer Sicht empfohlen hätte, ist es aber im Rahmen der Reform nicht gekommen. Ein wirklicher „Neubeginn" in der Geldpolitik wurde durch die Reform nicht dokumentiert und eine grundlegende Erwartungsänderung entsprechend nicht induziert. Wenn auch bis 1967 durch die Regelungen hinsichtlich der persönlichen Einsetzungs- und Entlassungsmodi des CMN und des Zentralbankdirektoriums noch ein gewisser Grad an personeller Autonomie der Zentralbank bestanden hatte, ging auch dieser einzige Pfeiler der Unabhängigkeit der brasilianischen Zentralbank mit dem Antritt der Regierung Costa e Silva verloren. Seither war ein Prozess einer zunehmenden Beschneidung der Unabhängigkeit der Zentralbank zu beobachten. Durch das Ergänzungsgesetz Nr. 12 vom 8. November 1971 wurde die automatische Finanzierung staatlicher Defizite durch die Zentralbank gar gesetzlich verankert.

Wenn auch der Unabhängigkeitsgrad der Zentralbank bis 1967 in personeller Sicht ausgeprägter war als nach 1967, war die brasilianische Zentralbank – entgegen anderslautender Interpretationen – zu keinem Zeitpunkt seit ihrer Gründung unabhängig. De facto kann man gar erst seit 1986 von einer Zentralbank sprechen, nachdem dem Banco do Brasil seine geldpolitischen Funktionen entzogen wurden. Der Grad der Regelbindung in der Geldordnung war – trotz Geldmengenziel – entsprechend gering.[1006] Vielmehr wäre eine Unabhängigkeit, insbesondere in instrumenteller Hinsicht, eben eine institutionelle Voraussetzung dafür gewesen, dass eine tatsächliche Einhaltung der Geldmengenziele hätte gewährleistet werden können. Die Verringerung der Inflationsrate nach 1964 ist also nicht auf eine wirksame Einschränkung des Handlungsspielraums der für die Geldpolitik Verantwortlichen zurückzuführen. Im Gegenteil: Aus der mangelnden Unabhängigkeit der etablierten Zentralbank folgte ein hohes Glaubwürdigkeitsdefizit dieser und aller später in Brasilien

[1006] Das Geldmengenziel war angesichts der mangelnden Unabhängigkeit der Zentralbank von vorneherein nicht glaubwürdig. Dies lag einerseits an der typischerweise mit Disiflationsprozessen einhergehenden Instabilität der Geldnachfrage. „Such instability of money demand, especially in the context of supply shocks and declines in potential output growth, complicated the task of monetary authorities." IMF (1996), S. 106. Es sei hier jedoch darauf hingewiesen, dass auch ein sehr hoher Grad an Regelbindung in der Geldpolitik angesichts der prekären institutionellen Ausgangsbedingungen von vorneherein nicht glaubwürdig gewesen wäre.

durchgeführten Währungsreformen.[1007] Die brasilianische Erfahrung bestätigt jedoch auch, dass zwischen dem formal-rechtlichen und dem faktischen Status einer Zentralbank erhebliche Differenzen bestehen können. Daraus folgt auch, dass die bloße Einführung einer formal unabhängigen Zentralbank – unabhängig vom jeweiligen institutionellen Kontext, also a priori – kein Patentrezept für erfolgreiche sanierende Währungsreformen darstellt. Dass dies ein Trugschluss ist, wird gerade in einer ordnungsökonomischen Perspektive unmittelbar einleuchtend. Es sollte deutlich geworden sein, dass gerade unter den politisch-institutionellen Bedingungen eines Militärregimes ein nur sehr schwacher Zusammenhang zwischen der formal-rechtlichen und der tatsächlichen Unabhängigkeit einer Zentralbank besteht. Dies bestätigt die im theoretischen Teil formulierte Hypothese, dass eine unabhängige Zentralbank zahlreiche institutionelle Voraussetzungen außerhalb der Geldordnung hat. Ein genereller (a priori-) und direkter Zusammenhang zwischen formaler „Zentralbankunabhängigkeit" und geringen Inflationsraten (bzw. Geldwertstabilität) existiert also nicht. Dies deckt sich auch mit den Ergebnissen empirischer Forschungen.[1008]

Das im Jahr 1964 etablierte Zentralbankgesetz ist bis zum heutigen Tage noch Grundlage der brasilianischen Geldverfassung. Zwar ist man seit 1999 in Brasilien – erstmals in der brasilianischen Geldgeschichte! – zu einer wirklich regelgebundenen und im Hinblick auf die Strategie konsistenten Geld- und Wechselkurspolitik in Form eines „Inflation-Targeting" kombiniert mit einem System flexibler Wechselkurse – übergangen. Es war aber – trotz eines umfassenden Paradigmenwechsels in der brasilianischen Wirtschaftspolitik seit den 1990er Jahren, in dessen Zuge dem Ziel der Geldwertstabilität ein Primat zuerkannt worden ist – bisher noch immer nicht möglich, eine von politischen Weisungen unabhängige Zentralbank im politischen Prozess Brasiliens zu implementieren. Die brasilianische Zentralbankverfassung weist damit, im Lichte der modernen Währungsreformtheorie und eines ordnungstheoretischen Ansatzes und im Vergleich zu vielen anderen lateinamerikanischen Ländern, nach wie vor erhebliche Defizite auf.[1009] Die institutionellen Voraussetzung für eine

---

[1007] Die mangelnde Unabhängigkeit der im Jahr 1964 eingeführten brasilianischen Zentralbank kann als ein zentraler Grund für das Scheitern der nachfolgenden Stabilisierungspläne betrachtet werden. „In Brazil, the failure of various stabilization programs since 1982 has been frequently associated with both insufficient fiscal adjustment and inflationary inertia of monetary contracts, principally wage contracts. However, these explanations do not seem satisfactory. [...] the missing piece in the explanation of Brazilian inflation is the lack of central bank independence and credibility to curb inflation." RONCI (1996), S. 199-200.

[1008] „To summarise, the results of empirical work are ambiguous. The correlation of central bank independence and macroeconomic indicators is rather weak. In industrial countries, there is an expected negative correlation between inflation, growth rates and other variables. However, in developing countries which are of utmost interest for this study inflation is not correlated with legal CBI [Central Bank Independence]." FREYTAG (2000), S. 42.

[1009] Mittelfristig bis langfristig resultiert aus dieser Problematik ein chronisches Glaubwürdigkeitsdefizit für die brasilianische Geldpolitik, das sich bis heute z.B. in einem enorm hohen Zinsniveau in Brasilien widerspiegelt. Auch die Glaubwürdigkeit der derzeit verfolgten geldpolitischen Konzeption (Inflation-Targeting) könnte durch die Einführung einer unabhängigen Zentralbank erheblich gesteigert werden.

glaubwürdige Absicherung des Ziels der Geldwertstabilität in der brasilianischen Wirtschaftsordnung (unter demokratischen Bedingungen) sind damit, angesichts der permanenten und systemimmanenten Risiken einer politischen Manipulation der Geldordnung im Rahmen eines Papiergeldstandards, auch heute noch nicht gelegt. Während es unter den Bedingungen des seit 1967 sich zunehmend verhärtenden Militärregimes de facto kaum einen Unterschied für die Glaubwürdigkeit der brasilianischen Geldpolitik gemacht hätte, ob die brasilianische Zentralbank formal unabhängig gewesen wäre, stellt eine solche Maßnahme heute – nach der Rückkehr zur Demokratie in Brasilien im Jahr 1985 – eine fundamentale Voraussetzung für die Glaubwürdigkeit der brasilianischen Geldpolitik dar. Die heutige Zentralbankverfassung Brasiliens ist insofern ein historisches und institutionelles Legat des Militärregimes, das mit dem modernen und demokratisierten Brasilien einerseits und dem heute in Brasilien – im Gegensatz zu den 1960er Jahren – allgemein vorherrschenden Stabilitätsbewusstsein in der brasilianischen Gesellschaft nicht mehr kompatibel ist. Nicht nur unter dem Gesichtspunkt der Glaubwürdigkeit bedarf es also einer Reform der brasilianischen Zentralbankverfassung, sondern auch aus dem grundlegenden ordnungstheoretischen Gedanken der „institutionellen Konsistenz" heraus, nach dem eine stabile Währungsordnung (auf lange Sicht) eine wesentliche institutionelle Voraussetzung und ein zentraler Pfeiler einer freiheitlich organisierten Gesellschaft ist.

Anhang

Tabelle 24: Bruttosozialprodukt, Bevölkerung und Pro-Kopf-Einkommen (1948 bis 1971)

Jahr	Bruttosozial-produkt in Mio. Cr$	Index des realen BSP (1949 = 100)	Anstieg des realen BSP in %	Bevölke-rung in Mio.	Pro-Kopf-Real-produkt in 1949 NCr$ (1949=100)	Anstieg des Pro-Kopf-Real-produkts (in %)
1948	194,6	93,8	-	49,6	95,8	-
1949	229,9	100,0	6,6	50,8	100,0	4,3
1950	272,1	105,5	5,5	52,0	104,0	4,0
1951	322,7	112,8	6,9	53,6	107,0	2,8
1952	397,3	122,6	8,7	55,1	112,9	5,6
1953	469,5	125,7	2,5	56,8	112,4	-0,5
1954	627,4	138,4	10,1	58,5	120,1	7,0
1955	783,4	147,9	6,9	60,2	124,6	3,7
1956	995,9	152,6	3,2	62,0	124,9	0,2
1957	1.218,0	164,9	8,1	63,0	131,0	4,9
1958	1.457,5	177,6	7,7	65,8	137,0	4,6
1959	1.989,2	187,5	5,6	67,8	140,4	2,4
1960	2.755,5	205,7	9,7	69,8	149,6	6,6
1961	4.052,1	226,9	10,3	72,8	160,4	7,2
1962	6.601,4	238,8	5,3	73,9	164,1	2,3
1963	11.928,6	242,5	1,5	76,0	161,9	-1,3
1964	23.055,0	249,6	2,9	78,2	162,0	0,0
1965	36.817,6	256,4	2,7	80,5	161,7	-0,1
1966	53.724,1	269,5	5,1	82,8	165,2	2,2
1967	71.486,3	282,4	4,8	85,2	168,3	1,8
1968	99.879,3	308,7	9,3	87,6	178,8	6,3
1969	133.116,9	336,5	9,0	90,2	189,4	5,9
1970	174.624,1	368,5	9,5	92,8	201,6	6,4
1971	234.005,3	410,1	11,3	95,4	218,1	8,2

Quellen: CONJUNTURA ECONÔMICA und WOGART (1974).

Tabelle 25: Jahresinflation 1913 bis 1987 IPC-RJ (Verbraucherpreisindex Rio de Janeiro)

Jahr	Inflation in %	Jahr	Inflation in %	Jahr	Inflation in %
1913	2,0	1938	4,3	1963	72,8
1914	0,0	1939	2,6	1964	91,8
1915	8,8	1940	3,0	1965	65,7
1916	7,2	1941	10,7	1966	41,3
1917	10,1	1942	11,4	1967	30,4
1918	12,2	1943	10,2	1968	22,0
1919	3,4	1944	12,9	1969	22,6
1920	9,9	1945	16,7	1970	22,3
1921	3,0	1946	16,5	1971	20,2
1922	9,3	1947	21,9	1972	16,6
1923	10,1	1948	3,4	1973	12,7
1924	16,9	1949	4,3	1974	27,6
1925	7,0	1950	9,4	1975	29,0
1926	2,7	1951	12,1	1976	41,9
1927	2,6	1952	17,3	1977	43,6
1928	–1,5	1953	14,3	1978	38,8
1929	–0,7	1954	22,6	1979	52,7
1930	–9,0	1955	23,0	1980	82,8
1931	–3,7	1956	21,0	1981	105,6
1932	0,4	1957	16,1	1982	98,0
1933	–0,9	1958	14,8	1983	142,0
1934	7,7	1959	39,2	1984	196,7
1935	5,6	1960	29,5	1985	227,0
1936	14,7	1961	33,2	1986	143,7
1937	7,6	1962	49,4	1987	231,0

Quelle: ABREU et al. (1990).

Tabelle 26: Jahresinflation 1947 bis 2002 (IGP-DI)

Jahr	Inflation in %	Jahr	Inflation in %	Jahr	Inflation in %
1947	2,7	1966	38,8	1985	235,1
1948	8,3	1967	24,3	1986	65,0
1949	12,2	1968	25,4	1987	415,8
1950	12,4	1969	20,2	1988	1.037,6
1951	11,9	1970	19,2	1989	1.782,9
1952	12,9	1971	19,8	1990	1.476,6
1953	20,8	1972	15,5	1991	480,2
1954	25,6	1973	15,7	1992	1.157,9
1955	12,4	1974	34,5	1993	2.708,6
1956	24,4	1975	29,4	1994	910,6
1957	7,0	1976	46,3	1995	14,78
1958	24,3	1977	38,8	1996	9,34
1959	39,5	1978	40,8	1997	7,48
1960	30,5	1979	77,2	1998	1,70
1961	47,4	1980	110,2	1999	19,98
1962	51,3	1981	95,1	2000	9,81
1963	81,3	1982	99,8	2001	10,40
1964	91,9	1983	210,9	2002	26,41
1965	34,5	1984	223,8		

Quellen: CONJUNTURA ECONÔMICA und BANCO CENTRAL DO BRASIL (verschiedene).

Tabelle 27: Monatliche Inflationsraten Jan. 1985 bis März 2002 (IGP-DI)

	Jan	Feb	Mär	Apr	Mai	Jun	Jul	Aug	Sep	Okt	Nov	Dez
1985	12,6	10,2	12,7	7,2	7,8	7,8	8,9	14	9,1	9,0	15	13,2
1986	17,8	22,4	-1,0	-0,6	-0,3	0,5	0,6	1,3	1,1	1,4	2,5	7,6
1987	12,0	14,1	15,0	20,1	27,7	25,9	9,3	4,5	8,0	11,2	14,5	15,9
1988	19,1	17,6	18,2	20,3	19,5	20,8	21,5	22,9	25,8	27,6	28	28,2
1989	36,6	11,8	4,2	5,2	12,8	26,8	37,9	36,5	38,9	39,7	44,3	49,4
1990	71,9	71,7	81,3	11,3	9,1	9,0	13,0	12,9	11,7	14,2	17,4	16,5
1991	19,9	21,1	7,2	8,7	6,5	9,9	12,8	15,5	16,2	25,8	25,8	22,1
1992	26,8	24,8	20,7	18,5	22,4	21,4	21,7	25,5	27,4	24,9	24,2	23,7
1993	28,7	26,5	27,8	28,2	32,2	30,7	32,0	33,5	37,0	35,1	37,0	36,2
1994	42,2	42,4	44,8	42,5	40,9	46,6	24,7	3,3	1,5	2,5	2,5	0,6
1995	1,4	1,2	1,8	2,3	0,4	2,6	2,2	1,3	-1,1	0,2	1,3	0,3
1996	1,8	0,8	0,2	0,7	1,7	1,2	1,1	0,0	0,1	0,2	0,3	0,9
1997	1,6	0,4	1,2	0,6	0,3	0,7	0,1	0,0	0,6	0,3	0,5	0,7
1998	0,9	0,0	0,2	- 0,1	0,2	0,3	-0,4	-0,2	0,0	0,0	-0,2	1,0
1999	1,2	4,4	2,0	0,0	-0,3	1,0	1,6	1,5	1,5	1,9	2,5	1,2
2000	1,0	0,2	0,2	0,1	0,7	0,9	2,3	1,8	0,7	0,4	0,4	0,8
2001	0,5	0,3	0,8	1,1	0,4	1,5	1,6	0,9	0,4	1,5	0,8	0,2
2002	0,2	0,2	1,1									

Quelle: BANCO CENTRAL DO BRASIL, Boletim (verschiedene, neueste verwendete Ausgabe Mai 2002).

Tabelle 28: Entwicklung der nominalen Geldmenge (M1) 1947 bis 1971

Jahr	Jährlicher Durchschnitt (Mio. NCr$)	Anstieg in %	31. Dezember des Jahres (Mio. NCr$)	Anstieg in %
1947	47,4	-	46,5	-
1948	47,7	0,63	50,1	7,7
1949	53,9	12,99	58,3	16,36
1950	66,8	23,93	78,3	34,30
1951	84,4	26,34	90,7	15,83
1952	94,9	12,44	104,4	14,89
1953	112,6	18,65	124,1	19,08
1954	136,9	21,58	151,5	22,07
1955	162,7	18,84	177,9	17,42
1956	196,6	20,84	217,3	22,44
1957	243,3	23,75	290,9	33,87
1958	338,7	39,21	353,1	21,38
1959	411,7	21,55	500,6	41,77
1960	568,7	38,13	692,0	38,23
1961	823,1	44,73	1.041,8	50,45
1962	1.266,1	53,82	1.702,3	63,39
1963	2.007,6	58,56	2.792,2	64,02
1964	3.742,2	86,40	5.190,7	85,90
1965	6.838,9	82,75	9.104,0	75,39
1966	9.641,4	40,97	10.636,6	16,83
1967	12.957,0	34,40	14.931,0	40,33
1968	18.356,2	41,67	21.352,0	43,01
1969	23.950,0	30,47	28.348,0	32,76
1970	30.930,0	29,14	35.919,0	26,70
1971	40.492,0	30,81	47.161,0	31,30

Quellen: BANCO CENTRAL DO BRASIL, Relatório und Boletim (verschiedene).

Tabelle 29: Entwicklung der monetären Basis 1961-1971 (Mio. Cr$, Periodenende)

Jahr	Quartal	Bargeld der Nicht-banken	Einlagen der Nichtbanken beim Banco do Brasil	Überschuss-reserven	Mindest-reserve	Monetäre Basis
1961	I	179,792	100,324	89,028	40,780	409,924
	II	187,943	115,983	85,578	33,831	423,335
	III	221,838	138,592	95,394	31,972	487,795
	IV	255,774	179,623	122,572	54,041	612,010
1962	I	253,585	174,441	107,132	60,136	595,295
	II	282,970	189,890	122,945	66,101	661,907
	III	343,611	226,057	136,089	98,155	803,911
	IV	396,678	271,729	209,202	117,125	994,733
1963	I	402,034	280,283	163,935	157,836	1004,088
	II	445,494	301,731	201,368	161,581	1110,176
	III	586,202	343,485	213,820	180,986	1324,492
	IV	683,825	407,347	364,956	237,905	1694,033
1964	I	787,024	500,220	315,000	286,500	1888,745
	II	859,403	608,941	399,800	327,300	2195,445
	III	947,602	783,574	424,700	401,100	2556,977
	IV	1155,779	968,004	618,700	453,500	3195,983
1965	I	1136,700	1152,999	570,800	534,100	3394,600
	II	1274,000	1325,100	785,100	603,700	3987,900
	III	1459,100	1580,200	756,600	854,500	4650,400
	IV	1729,900	1580,200	1058,800	984,900	5353,799
1966	I	1696,800	1796,499	885,400	1053,900	5432,599
	II	1875,600	1951,799	994,400	993,600	5815,400
	III	2008,000	2099,599	1020,100	917,000	6044,700
	IV	2343,200	1960,500	1221,700	989,300	6514,700
1967	I	2229,000	2100,899	1497,900	1092,900	6920,700
	II	2303,300	2475,700	1398,700	1259,700	7437,400
	III	2537,600	2719,299	1282,200	1392,900	7931,999
	IV	2943,700	2431,399	1355,900	1503,500	8234,500
1968	I	3019,800	3008,000	1545,300	1839,700	9412,800
	II	3224,500	3329,700	1465,000	1947,000	9966,201
	III	3463,500	3690,400	1400,000	1813,700	10367,599
	IV	4080,200	3864,700	1910,700	1965,600	11821,201
1969	I	4207,000	4246,000	1459,000	1983,000	11895,001
	II	4174,000	4785,000	1634,000	1984,000	12577,001
	III	4640,000	5058,000	1538,000	1812,000	13048,001
	IV	5390,000	5446,000	2165,000	1981,000	14982,001
1970	I	5215,000	5703,000	1763,000	1685,000	14366,001
	II	5258,000	6441,000	2289,000	1720,000	15708,001
	III	5595,000	6628,000	1863,000	1732,000	15818,001
	IV	6727,000	6896,000	2263,000	1845,000	17731,000
1971	I	6382,000	7201,000	1831,000	1982,000	17396,000
	II	6273,000	7703,000	2949,000	2087,000	19003,000
	III	6677,000	8838,000	2634,000	2257,000	20406,000
	IV	8554,000	9309,000	3097,000	2442,000	23402,000

Quellen: BANCO CENTRAL DO BRASIL, Boletim (verschiedene) und PASTORE (1973a); vgl. zur Erläuterung der Tatsache, dass die Einlagen der Nichtbanken beim Banco do Brasil im hier betrachteten Zeitraum zur monetären Basis zu rechnen sind, die Ausführungen bei PASTORE (1973a), S. 83.

Tabelle 30: Entwicklung der Geldmenge, der monetären Basis 1960-1971 (Mio. Cr$, Periodenende) und des Multiplikators

Jahr	Quartal	M1	Monetäre Basis	Multiplikator
1960	III	549,8	277	1,98
	III	602,0	312	1,93
	IV	692,0	380	1,82
1961	I	745,8	409	1,82
	II	778,5	423	1,84
	III	861,2	487	1,77
	IV	1.042	612	1,70
1962	I	1.080	595	1,82
	II	1.192	661	1,80
	III	1.373	803	1,71
	IV	1.702	994	1,71
1963	I	1.706	1.004	1,70
	II	1.885	1.110	1,69
	III	2.151	1.324	1,62
	IV	2.792	1.694	1,65
1964	I	3.057	1.888	1,62
	II	3.618	2.195	1,65
	III	4.200	2.556	1,64
	IV	5.191	3.195	1,62
1965	I	5.590	3.394	1,65
	II	6.645	3.987	1,67
	III	7.704	4.650	1,66
	IV	9.101	5.353	1,70
1966	I	8.850	5.432	1,63
	II	9.480	5.815	1,63
	III	9.720	6.044	1,61
	IV	10.400	6.514	1,60
1967	I	10.900	6.920	1,58
	II	12.700	7.437	1,71
	III	13.700	7.931	1,73
	IV	14.900	8.234	1,81
1968	I	16.500	9.412	1,75
	II	17.900	9.966	1,80
	III	19.200	10.367	1,85
	IV	21.300	11.821	1,80
1969	I	22.200	11.895	1,87
	II	23.800	12.577	1,89
	III	24.900	13.048	1,91
	IV	28.300	14.982	1,89
1970	I	28.300	14.366	1,97
	II	31.400	15.708	2,00
	III	31.800	15.818	2,01
	IV	35.800	17.731	2,01
1971	I	35.487	17.396	2,04
	II	40.472	19.003	2,13
	III	43.464	20.406	2,13
	IV	47.160	23.402	2,02

Quellen: BANCO CENTRAL DO BRASIL, Boletim (verschiedene) und PASTORE (1973a).

Tabelle 31: Faktoren der Expansion und Kontraktion der monetären Basis 1964 bis 1966 (in Mio. NCr$)

	1964	1965	1966
A. Binnenwirtschaftlich:	+ 1.408,0	+ 893,0	+ 945,9
Kredite an den Staat	+ 743,0	+ 264,4	+ 79,6
Kredite an den Privatsektor	+ 543,4	+ 575,1	+ 829,0
Kredite an Banken	+ 81,1	- 27,7	+166,7
Andere Konten	+ 40,5	+81,0	-129,4
B. Außenwirtschaftlich	+ 69,6	+ 1.282,2	+ 346,7
Cruzeiro-Einlagen der Auslandshilfe	- 146,7	- 44,4	+ 81,0
Devisentransaktionen	+ 267,5	+ 1.087,4	+ 614,1
Fonds für den Ein- und Verkauf wichtiger Exportgüter	- 51,2	+ 239,2	- 348,4
Anstieg der monetären Basis (Dezember gegenüber Dezember)	+ 1.477,6	+ 2.175,2	+ 1.292,2

Quelle: Berechnet aus BANCO CENTRAL DO BRASIL, Relatório (1965 und 1966); CONJUNTURA ECONÔMICA (verschiedene). Auf Grund der Verwendung unterschiedlicher Quellen der Zentralbank ergeben sich bei den Werten zur Entwicklung der monetären Basis leichte Unterschiede zur Tabelle 29.

Tabelle 32: Determinanten des Geldvolumens 1964 bis 1966 (Veränderung in % gegenüber dem Vorjahresende)

Jahr	(1) Anstieg des Geldvolumens (M1)	(2) Beitrag der Geldpolitik	(3) Beitrag der Verhaltens-variablen
1964	+ 85,9	+ 86,88	- 0,98
1965	+75,3	+ 62,60	+ 12,70
1966	+14,3	+ 24,04	-9,74

Quelle: Berechnet aus BANCO CENTRAL DO BRASIL, Relatório (1964, 1965, 1966) und CONJUNTURA ECONÔMICA (verschiedene).

Tabelle 33: Außenwirtschaftliche Einflüsse auf das Geldvolumen 1964 bis 1966 (Veränderung in Mio. NCr$)

Posten	1964	1965	1966
1. Devisentransaktionen (Swaps und Instruktion 289)	487,2 (56,9)	997,3 (328,8)	533,1 (269,6)
2. Kaffee-Fonds	- 128,6	133,1	- 353,6
3. An- und Verkauf von Export- und Importgütern	79,4	106,1	5,2
4. Zwangseinlagen der Importeure	- 219,7	90,1	96,9
5. Counterpart Funds	- 146,7	- 44,4	81,0
Erweiterung des Geldvolumens durch außenwirtschaftliche Transaktionen	+ 69,9	+ 1.282,2	+ 346,4

Quelle: WOGART (1974). Vgl. zu dieser Tabelle die Ausführungen zu den Einflussfaktoren auf die monetäre Basis in Kapitel II.A.2.1 und II.A.3.3 des Dritten Teils dieser Arbeit.

Tabelle 34: Jährliche Veränderung der wichtigsten Determinanten der monetären Basis 1967 bis 1971 (in Mio. Cr$)

	1967	1968	1969	1970	1971
1. Kredit an den öffentlichen Sektor (Netto)	957	314	- 1942	- 2011	- 3.902
Schatzamt (Netto)	699	1.079	- 1.026	- 832	- 3.364
Kaffee-Operationen	48	- 597	- 641	- 919	- 493
Rohstoffkäufe und –verkäufe	145	398	363	343	862
„autarquias"	65	- 566	- 638	- 603	- 907
2. Kredite an den Privatsektor	4.119	7.448	8.186	9.335	16.595
Banco do Brasil	963	2.468	3.103	3.162	5.784
Geschäftsbanken	3.156	4.980	5.083	6.173	10.847
3. Devisentransaktionen	- 112	1.631	4.516	2.523	2.157
4. Einlagen	- 271	- 396	- 69	- 629	- 2.103
5. Alle anderen Konten (Netto)	- 171	- 2.617	- 3727	- 1.647	- 1.506
6. Geldangebot	4.522	6.380	6.964	7.571	11.241

Quelle: SYVRUD (1974), S. 84.

Tabelle 35: Entwicklung der nominalen Geldmenge (M1), der Inflation (IGP-DI) und der realen Geldmenge (1948 bis 1971)

Jahr	Geldmenge M1 (jährlicher Durchschnitt, Mio. NCr$)	Anstieg in %	Anstieg des IGP-DI	Preisindex IGP-DI (1948 = 100)	M1/Preis-index	Reale Geldmenge (1948 = 100)
1948	47,7	0,63	8,3	100	0,477	100
1949	53,9	12,99	12,2	112,2	0,48	100,63
1950	66,8	23,93	12,4	126,11	0,53	111,11
1951	84,4	26,34	11,9	141,12	0,60	125,78
1952	94,9	12,44	12,9	159,32	0,60	125,78
1953	112,6	18,65	20,8	192,46	0,59	123,68
1954	136,9	21,58	25,6	241,74	0,57	119,49
1955	162,7	18,84	12,4	271,71	0,60	125,78
1956	196,6	20,84	24,4	338,00	0,58	121,59
1957	243,3	23,75	7,0	361,67	0,67	140,46
1958	338,7	39,21	24,3	449,55	0,75	157,23
1959	411,7	21,55	39,5	627,12	0,66	138,36
1960	568,7	38,13	30,5	818,40	0,69	144,65
1961	823,1	44,73	47,4	1.206,32	0,68	142,55
1962	1.266,1	53,82	51,3	1.825,16	0,69	144,65
1963	2.007,6	58,56	81,3	3.309,03	0,60	125,78
1964	3.742,2	86,40	91,9	6.350,02	0,59	123,68
1965	6.838,9	82,75	34,5	8.540,78	0,80	167,7
1966	9.641,4	40,97	38,8	11.854,60	0,81	169,80
1967	12.957,0	34,40	24,3	14.735,27	0,88	184,47
1968	18.356,2	41,67	25,4	18.478,03	0,99	207,53
1969	23.950,0	30,47	20,2	22.210,59	1,08	226,40
1970	30.930,0	29,14	19,2	26.475,03	1,17	245,27
1971	40.492,0	30,81	19,8	31.717,08	1,28	268,33

Quellen: Eigene Berechnungen, INTERNATIONAL MONETARY FUND, International Financial Statistics (verschiedene), BANCO CENTRAL DO BRASIL, Boletim (verschiedene).

Tabelle 36: Umlaufgeschwindigkeit des Geldes (M1) 1947 bis 1971

Jahr	BSP (Mio. Cr$) (A)	Geldangebot, jährlicher Durchschnitt (Mio. Cr$) (B)	Umlaufgeschwindigkeit des Geldes (A/B)
1947	164,9	47,4	3,5
1948	194,6	47,7	4,1
1949	229,9	53,9	4,3
1950	272,1	66,8	4,1
1951	322,7	84,4	3,8
1952	397,3	94,9	4,2
1953	469,5	112,6	4,2
1954	627,4	136,9	4,6
1955	783,4	162,7	4,8
1956	995,9	196,6	5,1
1957	1.218,0	243,3	5,0
1958	1.457,5	338,7	4,3
1959	1.989,2	411,7	4,8
1960	2.755,5	568,7	4,8
1961	4.052,1	823,1	4,9
1962	6.601,4	1.266,1	5,2
1963	11.928,6	2.007,6	5,9
1964	23.055,0	3.742,4	6,2
1965	36.817,6	6.838,9	5,4
1966	53.724,1	9.641,4	5,6
1967	71.486,3	12.957,0	5,5
1968	99.879,3	18.356,2	5,4
1969	133.116,9	23.950,0	5,6
1970	174.624,1	30.930,0	5,6
1971	234.005,3	40.492,0	5,8

Quelle: BANCO CENTRAL DO BRASIL, Boletim und CONJUNTURA ECONÔMICA (verschiedene).

Tabelle 37: Sicht- und Termineinlagen bei Geschäftsbanken 1951-1965 (Salden zum 31. Dezember in Mio. Cr$)

Jahr	Sicht-einlagen (A)	Termin-einlagen (B)	Insgesamt (C)	B/C (%)
1951	52,2	16,9	69,1	24,46
1952	60,3	16,9	77,2	21,89
1953	71,2	17,7	88,9	19,91
1954	84,9	20,4	105,3	19,37
1955	102,4	19,8	122,2	16,20
1956	126,6	21,1	147,7	14,29
1957	176,1	24,3	200,4	12,13
1958	216,1	25,8	241,9	10,67
1959	321,6	30,8	352,4	8,74
1960	438,2	47,4	485,6	9,76
1961	610,9	55,2	666,1	8,29
1962	1.037,8	56,3	1.094,1	5,15
1963	1.703,9	89,4	1.793,3	4,99
1964	3.069,6	148,3	3.217,9	4,61
1965	5.799,7	241,7	6.041,4	4,00

Quelle: BANCO CENTRAL DO BRASIL, Relatório (verschiedene).

Tabelle 38: Zinsen und Inflation 1956 bis 1968

Jahr	Halbjahre	(1) Durchschnittl. Zinssatz % (i)	(2) Inflation % (π)	(3) Realzins % (ir)
1956	I	11,5	25,0	- 10,8
	II	13,0	23,6	- 8,6
1957	I	13,0	3,5	9,2
	II	13,0	4,0	8,7
1958	I	14,1	17,5	- 2,9
	II	13,0	48,3	- 23,8
1959	I	15,0	33,8	- 14,1
	II	15,0	32,4	- 13,1
1960	I	15,0	19,9	- 4,1
	II	16,3	44,6	- 19,6
1961	I	17,4	28,3	- 8,5
	II	18,6	68,3	- 29,5
1962	I	19,1	27,0	- 6,2
	II	21,1	56,8	- 22,8
1963	I	22,5	78,5	- 31,4
	II	27,6	63,1	- 21,8
1964	I	28,7	70,9	- 24,7
	II	33,4	71,9	- 22,4
1965	I	37,8	33,9	2,9
	II	33,6	24,7	7,1
1966	I	37,2	50,0	- 8,5
	II	36,8	26,5	8,1
1967	I	32,9	22,0	8,9
	II	32,1	19,8	10,3
1968	I	32,4	24,5	6,3

(1) Der Zinssatz stellt das gewogene Mittel aus den Zinsen der Geschäftsbankenkredite, der Kredite des Banco do Brasil sowie (nach 1962) den Wechselkrediten der Finanzierungsgesellschaften dar.
(2) Großhandelspreise jeweils am 30.6. und am 31.12. des Jahres.
(3) $ir = (100 + i/100 + \pi) - 1$

Quelle: BANCO CENTRAL DO BRASIL, Relatório (1968).

Tabelle 39: Zentralbankpräsidenten Brasiliens und ihre Amtsdauer

Zentralbankpräsidenten	Amtsdauer
Dênio Chagas Nogueira	12.04.1965 bis 21.03.1967
Ruy Aguiar Silva Leme	31.03.1967 bis 12.02.1968
Ernane Galvêas	21.02.1968 bis 15.03.1974
Paulo Hortêncio Pereira Lima	15.03.1974 bis 14.03.1979
Carlos Brandão	15.03.1979 bis 17.08.1979
Ernane Galvêas	17.08.1979 bis 18.01.1980
Carlos Geraldo Langoni	18.01.1980 bis 05.09.1983
Affonso Celso Pastore	05.09.1983 bis 14.03.1985
Antônio Carlos Braga Lemgruber	15.03.1985 bis 28.08.1985
Fernão Carlos Botelho Bracher	28.08.1985 bis 11.02.1987
Francisco Roberto André Gros	11.02.1987 bis 30.04.1987
Fernando Milliet de Oliveira	05.05.1987 bis 09.03.1988
Elmo de Araújo Camões	09.03.1988 bis 22.06.1989
Wadico Waldir Bucchi	25.10.1989 bis 14.03.1990
Ibrahim Eris	15.03.1990 bis 17.05.1991
Francisco Roberto André Gros	17.05.1991 bis 16.11.1992
Gustavo Jorge Laboissière Lodola	13.11.1992 bis 29.03.1993
Paulo César Ximenes Alves Ferriera	26.03.1993 bis 09.09.1993
Pedro Sampaio Malan	09.09.1993 bis 31.12.1994
Persio Arida	11.01.1995 bis 13.06.1995
Gustavo Jorge Laboissière Loyola	13.06.1995 bis 20.08.1997
Gustavo Henrique de Barros Franco	20.08.1997 bis 04.03.1999
Armínio Fraga Neto	04.03.1999 bis 01.01.2003
Henrique de Campos Meirelles	seit 01.01 2003

Quelle: BANCO CENTRAL DO BRASIL (www.bcb.gov.br)

Tabelle 40: Einnahmen, Ausgaben und Defizite des Bundeshaushalts 1950 bis 1972

Jahr	Einnahmen in Mio. Cr$	Ausgaben in Mio. Cr$	Defizite (-) und Überschüsse (+) in Mio. Cr$	Defizite (-) und Überschüsse (+) in % des BSP
1950	20,8	24,0	- 3,2	- 1,2
1951	29,2	26,8	+ 2,4	+ 0,7
1952	32,9	30,4	+ 2,5	+ 0,6
1953	40,9	51,6	- 10,7	- 2,3
1954	50,3	54,3	- 4,0	- 0,6
1955	59,2	64,9	- 5,7	- 0,7
1956	74,5	98,4	- 23,9	- 2,4
1957	96,9	138,1	- 41,2	- 3,4
1958	131,6	162,3	- 30,7	- 2,1
1959	180,9	221,4	- 40,5	- 2,0
1960	247,4	324,0	- 76,6	- 2,8
1961	371,2	508,7	-137,5	- 3,4
1962	565,6	846,5	- 280,9	- 4,3
1963	1.051,2	1.555,9	- 504,7	- 4,2
1964	2.129,0	2.857,2	- 728,2	- 3,2
1965	3.906,7	4.499,6	- 592,9	- 1,6
1966	5.909,8	6.496,4	- 586,6	- 1,1
1967	6.814,1	8.038,8	- 1224,7	- 1,7
1968	10.275,4	1.1502,0	- 1226,7	- 1,2
1969	13.953,1	14.708,9	-755,8	- 0,6
1970	19.193,8	19.932,1	-738,3	- 0,4
1971	26.980,3	27.652,6	-672,3	- 0,3
1972	37. 738,0	38.254,0	-516	- 0,2

Quellen: CONJUNTURA ECONÔMICA (verschiedene) und WOGART (1974).

Tabelle 41: Subventionen des Bundes an den Transportsektor 1962 bis 1966 (reale Werte, Basis 1965) in Mio. NCr$

Jahr	Eisenbahn	Schifffahrt und Häfen	Luftfahrt	Gesamt	In % der Budget-ausgaben
1962	462	180	66	707	17
1963	538	155	155	728	17
1964	498	106	106	632	15
1965	328	89	89	442	12
1966	268	80	80	366	8

Quelle: Rede des Staatspräsidenten zum Haushaltsentwurf für 1967, zitiert in ELLIS (1969), S. 185.

Tabelle 42: Investition und Ersparnis im öffentlichen Sektor 1947 bis 1965 (Fünf-Jahres-Durchschnitte in % der Gesamtinvestition bzw. -ersparnis)

Jahre	Staatliche Investitionen	Investitionen der „empresas mixtas"	Staatliche Ersparnisbildung
1947/50	23,3	2,5	22,2
1951/55	20,3	2,9	18,1
1956/60	25,1	7,5	27,3
1961/65	25,6	13,2	2,7

Quelle: WOGART (1974), S. 84.

Tabelle 43: Öffentliche Haushaltsdefizite des Bundes und ihre Finanzierung 1960 bis 1970

Jahre	Defizit (Mio. Cr$)	Finanzierungsquellen in % des Defizits			
		Banco do Brasil	Staats-anleihen	Zwangs-anleihen	Auslands-kredite
1960	76,6	91	9	-	-
1961	137,5	99	1	-	-
1962	280,9	88	8	4	-
1963	504,7	84	11	5	-
1964	728,2	101	-7	6	-
1965	592,9	45	55	-	-
1966	586,6	-32	103	-	29
1967	1224,7	57	43	-	-
1968	1226,7	88	-7	-	19
1969	755,8	-136	236	-	-
1970	738,3	-111	211	-	-

Quelle: CONJUNTURA ECONÔMICA (Januar 1970 und November 1972).

Tabelle 44: Inflationssteuer (A) und gesamter inflationsbedingter realer Einkommenstransfer an den Bankensektor (B) in % des BSP 1947 bis 1993 (IGP-DI)

Jahr	A	B	Jahr	A	B
1947	0,34	0,50	1971	1,27	2,53
1948	0,94	1,41	1972	1,02	2,06
1949	1,50	2,33	1973	1,08	2,40
1950	1,96	3,27	1974	1,81	3,96
1951	1,53	2,61	1975	1,50	3,56
1952	1,19	2,04	1976	1,89	4,37
1953	2,61	4,43	1977	1,63	3,20
1954	2,29	4,03	1978	1,83	3,46
1955	1,26	2,19	1979	2,60	4,74
1956	2,43	4,33	1980	2,49	6,27
1957	0,48	0,83	1981	1,84	4,48
1958	2,61	4,75	1982	1,97	4,45
1959	2,71	4,96	1983	2,58	5,47
1960	2,39	4,56	1984	2,03	4,26
1961	4,04	7,25	1985	2,11	4,56
1962	4,35	7,63	1986	1,34	3,22
1963	5,40	9,03	1987	3,27	6,69
1964	4,75	7,84	1988	3,45	6,50
1965	2,84	4,86	1989	4,35	6,70
1966	2,46	4,13	1990	3,39	5,28
1967	1,78	3,04	1991	3,08	5,20
1968	1,72	3,06	1992	2,67	4,56
1969	1,41	2,63	1993	2,53	4,24
1970	1,36	2,66			

Quellen: SIMONSEN/CYSNE (1995), S. 174; der gesamte inflationsbedingte reale Einkommenstransfer an den Bankensektor umfasst sowohl die Inflationssteuer als auch den realen inflationsbedingten Einkommenstransfer an die Geschäftsbanken, entspricht also der Gesamtheit des inflationsbedingten Einkommenstransfers des Nichtbanken-Sektors an den Bankensektor (einschl. der Zentralbank).

Tabelle 45: Verteilung der Steuern auf die Gebietskörperschaften (vor und nach 1964)

	Vor 1964	Nach 1964
Bund	Import (II) Konsum (IC) Einkommen und Erträge (IR) Treibstoff und Schmiermittel (IUCL) Elektrizität (IUEE) Briefmarken (IS) „Taxas e Contribuição de Melhorias" Andere	Import (II) Export (IEx) Ländll Besitz an Grund und Boden (ITR) Einkommen und Erträge (IR) Industrialisierte Produkte (IPI) Finanzoperationen (ISOF) Transport und Kommunikation (ISTR) Treibstoff und Schmiermittel (IUCL) Elektrizität (IUEE) Mineralien (IUM)
Länder	Umsatz und Konsignationen (IVC) Erbschaft (ITCM) Export (IEx) Briefmarken (IS) Andere	Übertragung von Immobilien (ITBI) Güterzirkulation (ICM) „Taxas e Contribuição de Melhorias"
Munizipien	Ländlicher Grund und Boden (ITR) Übertragungen (ITIV) Gebäude und städtischer Grund und Boden (IPTU) Lizenzen (IL) Vergnügen („Diversões Públicas") (IDP) Industrie und Beruf Wertmarken (IS)	Städtischer Besitz an Grund und Boden (IPTU) Dienstleistungen (ISS) „Taxas e Contribuição de Melhorias"

Quelle: OLIVEIRA (1995), S. 19. und BARBOSA/BRANDÃO/FARO (1989), S. 16.

Tabelle 46: Anteile der Gebietskörperschaften am Steueraufkommen (1967-1985)

Jahr	Bund	Bundesstaaten	Gemeinden
1967	45,8	49,4	4,8
1968	51,5	44,7	3,8
1969	53,6	42,7	3,7
1970	54,4	41,9	3,7
1971	56,4	40,0	3,6
1972	58,4	37,8	3,8
1973	58,5	37,7	3,8
1974	59,3	36,9	3,8
1975	58,9	37,0	4,1
1976	62,3	33,0	4,7
1977	60,9	34,0	5,1
1978	58,1	36,1	5,8
1979	58,3	35,9	5,8
1980	58,7	36,2	5,1
1981	58,2	36,7	5,1
1982	57,2	37,6	5,2
1983	57,9	37,0	5,1
1984	56,9	38,6	4,5
1985	57,7	38,2	4,1

Quelle: MINISTÉRIO DO TRABALHO .

Tabelle 47: Private und öffentliche Investition und Ersparnis 1947 bis 1969 in Mio. NCr$

Jahr	Private Investitionen (a)	Öffentliche Investitionen	Investit. der „empresas mixtas“	Gesamtinvestitionen (Brutto)	Bruttoinvest. einschl. Veränderung der Lagerbestände	Öffentliche Ersparnis	Private Ersparnis
1947	25,8	4,5	0,8	31,1	30,8	7,0	12,5
1948	23,1	7,0	1,0	31,1	30,9	7,8	12,7
1949	25,3	9,5	1,0	35,8	34,1	9,0	11,5
1950	28,5	11,6	0,7	40,8	39,5	7,1	20,8
1951	47,0	12,1	0,7	59,5	57,4	14,8	17,9
1952	52,7	12,7	1,0	66,4	67,9	13,9	21,0
1953	54,6	15,1	1,9	71,6	69,3	5,8	40,8
1954	80,1	20,9	4,4	105,4	111,5	22,9	50,8
1955	79,0	22,3	5,1	106,4	120,5	16,4	64,2
1956	109,9	26,7	4,1	140,7	140,4	10,8	80,9
1957	114,8	47,5	10,6	172,9	201,8	22,3	104,8
1958	151,1	68,5	17,3	236,9	255,2	66,2	98,7
1959	247,1	85,5	35,2	367,8	427,3	90,7	204,7
1960	286,1	126,5	53,9	466,6	507,5	130,2	182,7
1961	423,3	173,0	100,6	696,9	787,9	54,6	486,4
1962	723,9	297,8	158,9	1.180,6	1.343,0	- 16,4	863,0
1963	1.372,0	488,1	238,7	2.098,8	2.232,3	36,6	1.481,4
1964	2.482,6	964,2	357,5	3.804,3	4.294,1	- 43,4	3.287,1
1965	2.898,5	1.616,7	889,3	5.504,5	6.764,3	316,7	5.174,6
1966	6.059,1	2.140,3	-	8.199,4	8.187,1	1.580,7	3.887,7
1967	7.134,2	3.190,0	-	10.324,2	10.745,6	379,6	6.100,7
1968	12.535,7	4.099,0	-	16.634,7	17.347,0	3.173,0	7.622,9
1969	14.516,7	7.432,2	-	21.948,9	-	1.182,3	13.036,4

(a) Ab 1966 gibt Spalte 1 Investitionen in Privatunternehmen und „empresas mixtas“ an
Quellen: Berechnet aus Statistiken der Getúlio Vargas Stiftung, entnommen aus WOGART (1974).

Tabelle 48: Nominaler Wechselkurs des "dólar oficial" Jan. 1947 bis Dez. 1973 (Monatsende)

	Jan	Feb	Mär	Apr	Mai	Jun	Jul	Aug	Sep	Okt	Nov	Dez
1947	18,72	18,72	18,72	18,72	18,72	18,72	18,72	18,72	18,72	18,72	18,72	18,72
1948	18,72	18,72	18,72	18,72	18,72	18,72	18,72	18,72	18,72	18,72	18,72	18,72
1949	18,72	18,72	18,72	18,72	18,72	18,72	18,72	18,72	18,72	18,72	18,72	18,72
1950	18,72	18,72	18,72	18,72	18,72	18,72	18,72	18,72	18,72	18,72	18,72	18,72
1951	18,72	18,72	18,72	18,72	18,72	18,72	18,72	18,72	18,72	18,72	18,72	18,72
1952	18,72	18,72	18,72	18,72	18,72	18,72	18,72	18,72	18,72	18,72	18,72	18,72
1953	18,72	18,72	18,72	18,72	18,72	18,72	18,72	18,82	18,82	18,82	18,82	18,82
1954	18,82	18,82	18,82	18,82	18,82	18,82	18,82	18,82	18,82	18,82	18,82	18,82
1955	18,82	18,82	18,82	18,82	18,82	18,82	18,82	18,82	18,82	18,82	18,82	18,82
1956	18,82	18,82	18,82	18,82	18,82	18,82	18,82	18,82	18,82	18,82	18,82	18,82
1957	18,82	18,82	18,82	18,82	18,82	18,82	18,82	18,82	18,82	18,82	18,82	18,82
1958	18,82	18,82	18,82	18,82	18,82	18,82	18,82	18,82	18,82	18,82	18,82	18,82
1959	18,92	18,92	18,92	18,92	18,92	18,92	18,92	18,92	18,92	18,92	18,92	18,92
1960	18,92	18,92	18,92	18,92	18,92	18,92	18,92	18,92	18,92	18,92	18,92	18,92
1961	18,92	18,92	272,0	282,0	264,0	263,0	263,0	290,0	298,0	307,0	307,0	307,0
1962	318,0	318,0	318,0	318,0	359,1	358,9	367,0	415,0	475,0	475,0	475,0	475,0
1963	475,0	475,0	475,0	620,0	620,0	620,0	620,0	620,0	620,0	620,0	620,0	620,0
1964	620,0	1090	1200	1200	1200	1200	1200	1255	1610	1610	1610	1850
1965	1850	1850	1850	1850	1850	1850	1850	1850	1850	1850	2220	2220
1966	2220	2220	2220	2220	2220	2220	2220	2220	2220	2220	2220	2220
1967	2220	2,715	2,715	2,715	2,715	2,715	2,715	2,715	2,715	2,715	2,715	2,715
1968	3,220	3,220	3,220	3,220	3,220	3,220	3,220	3,650	3,700	3,700	3,770	3,830
1969	3,830	3,930	4,000	4,000	4,050	4,050	4,100	4,150	4,150	4,210	4,290	4,350
1970	4,350	4,410	4,490	4,490	4,560	4,560	4,650	4,650	4,720	4,720	4,860	4,950
1971	4,950	5,030	5,110	5,110	5,195	5,285	5,285	5,405	5,505	5,505	5,635	5,635
1972	5,785	5,785	5,845	5,845	5,915	5,915	5,965	5,965	6,025	6,095	6,165	6,215
1973	6,215	6,030	6,030	6,100	6,100	6,100	6,130	6,130	6,160	6,160	6,160	6,220

Quelle: ANDIMA (1994); am 13. Februar 1967 wurde der „Cruzeiro Novo“ eingeführt; der Cruzeiro wurde im Verhältnis 1:1000 ersetzt (drei Nullen wurden gestrichen); am 15.Mai 1970 wurde wieder der „Cruzeiro“ etabliert.

Tabelle 49: Nominaler Wechselkurs des "dólar livre" Jan. 1953 bis Februar 1961 (Monatsende)

	Jan	Feb	Mär	Apr	Mai	Jun	Jul	Aug	Sep	Okt	Nov	Dez
1953	38,00	42,00	40,00	44,00	44,50	40,90	38,50	38,10	38,10	38,10	53,00	56,50
1954	54,50	60,00	58,30	52,00	56,50	57,50	60,00	61,30	63,50	65,50	71,00	73,50
1955	71,50	72,50	75,00	75,50	75,50	74,50	71,50	70,50	67,00	65,00	65,50	66,50
1956	69,00	68,50	70,00	72,00	78,00	78,00	72,00	72,00	67,00	67,00	65,00	65,50
1957	65,50	66,30	65,30	68,50	73,50	71,00	73,70	79,00	82,00	86,00	93,30	90,80
1958	98,3	98,80	108,3	122,8	125,5	133,3	135,3	155,3	157,3	142,8	138,3	140,8
1959	144,3	140,	140,5	138,0	132,4	146,4	153,5	153,5	153,5	163,7	184,1	184,1
1960	187,0	186,0	186,0	186,0	186,0	186,0	186,0	186,0	186,0	186,0	186,0	195,0
1961	220,0	220,0										

Quelle: ANDIMA (1994); zwischen 1947 und 1953 mussten alle Devisentransaktionen zum „câmbio oficial" abgewickelt werden; Ende Februar 1961 wurde das Wechselkurssystem wieder vereinheitlicht; seitdem existierte als offizieller Devisenmarkt nur noch der „câmbio oficial".

Tabelle 50: Devisenreserven 1948 bis 1973 (in Mio. US$)

Jahr	US$ Millionen	Jahr	US$-Millionen
1948	758	1961	470
1949	721	1962	379
1950	666	1963	318
1951	517	1964	368
1952	529	1965	688
1953	605	1966	410
1954	483	1967	199
1955	491	1968	257
1956	611	1969	656
1957	476	1970	1.187
1958	465	1971	1.746
1959	366	1972	4.183
1960	345	1973	6.417

Quelle: INTERNATIONAL MONETARY FUND, International Financial Statistics (verschiedene).

Tabelle 51: Devisenschwarzmarktagio (Jan. 1948 bis Dez. 1974 in %, Monatsende)

	Jan	Feb	Mär	Apr	Mai	Jun	Jul	Aug	Sep	Okt	Nov	Dez
1948	23,66	23,93	33,55	34,88	41,56	44,23	46,90	70,94	65,60	62,93	49,57	41,83
1949	41,56	46,9	53,58	52,24	54,91	62,93	65,60	61,59	66,93	73,61	44,23	64,26
1950	61,06	76,28	73,34	74,68	78,95	78,15	64,00	69,07	72,28	77,08	80,56	70,94
1951	65,6	56,25	73,61	73,61	73,08	60,26	54,91	53,85	57,59	49,57	55,98	60,26
1952	66,93	73,61	81,62	81,62	82,96	77,88	78,95	76,28	85,90	100,32	97,65	94,98
1953	104,59	102,99	124,36	113,38	135,04	137,71	118,48	104,57	102,44	102,44	181,62	200,21
1954	189,59	218,81	209,78	176,3	200,21	205,53	218,81	225,72	236,34	248,03	277,26	290,54
1955	279,91	285,23	298,51	301,17	301,17	295,86	279,91	274,60	256,00	245,38	248,03	253,35
1956	266,63	263,97	271,94	282,57	314,45	314,45	282,57	282,57	256,00	256,00	245,38	248,03
1957	248,03	252,28	246,97	263,97	290,54	277,26	291,60	319,77	335,71	356,96	395,75	382,47
1958	422,32	424,97	475,45	552,5	566,84	608,29	618,92	725,19	735,81	658,77	634,86	648,14
1959	662,68	639,96	642,60	629,39	599,79	673,78	711,31	711,31	711,31	765,22	873,04	873,04
1960	888,37	883,09	883,09	883,09	883,09	883,09	883,09	883,09	883,09	883,09	883,09	930,66
1961	1062,79	1062,79	-	-	-	-	-	-	-	-	16,61	25,41
1962	15,72	20,44	14,15	9,43	10,00	23,99	30,25	59,04	41,05	35,79	51,58	68,42
1963	66,32	49,47	33,68	14,52	21,77	25,00	37,58	50,00	82,26	75,81	79,03	96,77
1964	128,23	25,69	42,08	2,92	7,50	8,75	12,92	31,08	11,80	7,45	4,04	0,00
1965	0,54	0,81	-0,27	0,27	0,81	1,35	1,35	1,35	1,08	1,08	0,23	0,45
1966	0,45	0,23	0,45	0,23	0,23	0,00	0,36	0,23	0,00	0,00	-0,45	-0,45
1967	0,90	0,55	0,37	1,29	0,55	2,39	1,29	13,44	16,02	16,02	16,02	22,28
1968	7,14	6,21	4,35	8,07	14,29	14,91	11,8	4,93	4,05	5,41	5,17	12,27
1969	10,97	9,41	7,50	6,25	6,17	9,38	10,98	8,43	8,43	3,79	8,39	6,90
1970	9,20	8,84	5,79	8,02	9,65	10,09	10,11	9,68	9,11	9,11	5,97	4,04
1971	6,06	6,36	6,65	7,63	5,87	13,53	16,37	14,71	14,44	12,62	11,80	11,80
1972	9,77	10,63	9,50	8,64	10,74	13,27	13,16	12,32	11,20	9,93	7,06	7,00
1973	9,41	10,28	6,97	4,10	7,38	5,74	5,22	5,22	9,58	10,39	12,01	11,74
1974	12,78	10,77	6,12	6,03	7,55	4,92	11,11	12,54	10,8	9,42	7,17	6,93

Quelle: ANDIMA (1994); generell handelt es sich hier um das Devisenschwarzmarktagio gegenüber dem „dólar oficial"; nur zwischen Februar 1953 und Februar 1961 handelt es sich um das Agio gegenüber dem „dólar livre"; für die Zeit zwischen März und Oktober 1961 existieren keine Daten.

Tabelle 52: Realer Dollarwechselkurs 1947 bis 1973 (Verbraucherpreisindizes)

Jahr	Preisindex USA (1961=100) (A)	Preisindex Brasilien (1961=100) (B)	Wechselkurs[1] (Jahres-durchschnitt) (C)	Index des nominalen Wechsel-kurses (D)	Realer Wechsel-kurs[2] (E)
1947	77,97	9,66	18,72	6,94	56,02
1948	80,08	9,99	18,72	6,94	55,63
1949	78,63	10,42	18,72	6,94	52,37
1950	83,19	11,39	18,72	6,94	50,69
1951	88,10	12,77	18,72	6,94	47,88
1952	88,90	14,98	18,72	6,94	41,19
1953	89,43	17,13	39,55	14,66	76,53
1954	88,98	21,00	59,78	22,16	93,90
1955	89,34	25,82	71,43	26,48	91,62
1956	91,93	31,25	70,40	26,09	76,75
1957	94,69	36,28	73,82	27,36	71,41
1958	96,39	41,65	127,36	47,21	109,26
1959	97,84	57,97	151,35	56,10	94,68
1960	99,30	75,08	186,47	69,11	91,40
1961	100	100	269,80	100	100
1962	101,2	149,4	384,33	142,45	96,49
1963	102,81	258,16	575,08	213,15	84,89
1964	104,05	495,16	1252,50	464,23	97,55
1965	106,03	820,48	1898,67	703,73	90,94
1966	109,64	1159,33	2220,00	822,83	77,82
1967	112,92	1511,77	2670,0	989,62	73,92
1968	118,23	1844,36	3400,0	1260,19	80,78
1969	125,44	2261,18	4070,0	1508,52	83,69
1970	132,34	2765,43	4590,0	1701,26	81,41
1971	136,84	3324,04	5290,0	1960,71	80,72
1972	141,50	3875,83	5930,0	2197,92	80,24
1973	153,81	4368,06	6130,0	2272,05	80,00

(1) Der durchschn. Jahreswechselkurs wurde als Durchschnitt aus den *durchschnittlichen* Monatswechselkursen berechnet. Prinzipiell wurde der Wechselkurs des „dólar oficial" zu Grunde gelegt. Nur im Zeitraum zwischen 1953 und Februar 1961 (Zeit des multiplen Wechselkurssystems) wurde der Wechselkurs des „dólar livre" als Bezugsgrösse gewählt.

(2) Die Formel zur Berechnung des realen Wechselkurses lautet: E = D x A/B. Ein steigender Index entspricht einer realen Abwertung, ein fallender Index signalisiert eine Abwertung.

Quelle: Eigene Berechnungen; Wechselkurse: ANDIMA (1994), Inflationsraten: U.S. Bureau of Labor Statistics und CONJUNTURA ECONÔMICA (verschiedene).

Tabelle 53: Realer (effektiver) Wechselkurs 1960 bis 1991 (Basis 1970=100)

Jahr	zugrunde gelegter Preisindex: IPA	zugrunde gelegter Preisindex: IPC
1960	81,1	81,0
1961	88,1	95,4
1962	99,2	108,1
1963	86,1	100,3
1964	104,8	112,1
1965	120,8	119,5
1966	102,6	103,1
1967	92,9	93,8
1968	96,3	100,1
1969	100,7	103,0
1970	100,0	100,9
1971	101,5	103,2
1972	104,7	109,9
1973	110,1	116,0
1974	108,8	108,0
1975	113,9	113,5
1976	109,9	110,7
1977	109,2	111,1
1978	115,3	119,5
1979	127,7	133,2
1980	135,2	156,0
1981	114,8	135,4
1982	107,1	123,9
1983	127,0	163,6
1984	135,2	171,4
1985	114,8	176,4
1986	116,7	183,9
1987	118,8	176,9
1988	105,8	160,9
1989	83,4	125,5
1990	78,3	112,9
1991	94,3	130,9

Quelle: ZINI JR. (1993). Der effektive Wechselkurs wurde entsprechend den brasilianischen Exportanteilen in die 15 wichtigsten Handelspartner Brasiliens gebildet; ein fallender Index signalisiert eine Aufwertung. Die verwendete Berechnungsformel lautet:

$$Re_t = \sum_{i=1}^{15} \frac{w_i \cdot e_{it} \cdot P_{it}}{P_t}$$

Re_t: Realer Wechselkurs in der Periode t
w_i: Relatives Gewicht des Landes i (Summe der Gewichte =1)
e_{it}: Wechselkurs zwischen der brasilianischen Währung und der des Landes i in der Periode t (in Devisennotierung)
P_{it}: Preisindex des Landes i in der Periode t
P_t: Preisindex Brasiliens in der Periode t

Tabelle 54: Inländische Effektivpreise für Importe und Exporte einschließlich Protektion (Effektivwechselkurse) 1954 bis 1969

Jahr	Nominale Effektivwechselkurse (Cruzeiros pro Dollar)		Indizes der realen (inflationsbereinigten) Effektivwechselkurse		Differenz zwischen nominalen Effektivwechsel-kursen für Exporte und Importe in %
	Exporte	Importe	Exporte	Importe	
1954	27,00	60,61	68	154	124
1955	41,30	89,96	88	194	118
1956	44,90	115,87	81	211	158
1957	53,00	164,66	86	270	211
1958	65,40	171,35	94	249	162
1959	114	285	115	290	150
1960	160	314	123	243	96
1961	245	584	134	321	138
1962	370	991	135	364	168
1963	553	1.581	114	329	186
1964	1.210	2.863	138	329	137
1965	1.874	3.779	142	288	102
1966	2.200	3.619	122	203	65
1967	2.617	3.718	115	165	42
1968	3,37 (NCr$)	4,57 (NCr$)	123	169	36
1969	4,25	5,90	136	190	39

Quelle: BERGSMAN (1972), S. 78.

Tabelle 55: Tatsächliche Importprotektion und implizite Exportbesteuerung 1954 bis 1970

Jahr	Geschätzter freier Wechselkurs (Cruzeiros pro Dollar)	Netto-Importprotektion	Implizite Exportbesteuerung
1954	39	54	32
1955	58	56	29
1956	69	68	35
1957	87	89	39
1958	99	72	34
1959	170	67	33
1960	220	42	28
1961	350	67	30
1962	570	74	35
1963	850	87	35
1964	1.700	70	28
1965	2.300	63	19
1966	2.700	36	17
1967	3.000	22	14
1968	3,90 (NCr$)	18	13
1969	4,90	22	12
1970	5,50	22	12

Quelle: BERGSMAN (1972), S. 82.

Tabelle 56: Zahlungsbilanz 1950 bis 1970 (in Mio. US$)

	1950	1951	1952	1953	1954	1955	1956	1957	1958	1959	1960
A) Handelsbilanz - FOB	**425**	**68**	**-286**	**424**	**148**	**320**	**437**	**107**	**65**	**72**	**-23**
Export	1359	1771	1416	1540	1558	1419	1483	1392	1244	1282	1270
Import	934	1703	1702	1116	1410	1099	1046	1285	1179	1210	1293
B) Dienstleistungen	**-283**	**-469**	**-336**	**-355**	**-338**	**-308**	**-369**	**-358**	**-309**	**-373**	**-459**
C) Übertragungen	**-2**	**-2**	**-2**	**-14**	**-5**	**-10**	**-11**	**-13**	**-4**	**-10**	**4**
D) Leistungsbilanz (= A+B+C)	**140**	**-403**	**-624**	**55**	**-195**	**2**	**57**	**-264**	**-248**	**-311**	**-478**
E) Kapitalbilanz	**-65**	**-11**	**35**	**59**	**-18**	**3**	**151**	**255**	**184**	**182**	**58**
Nettoinvestitionen	3	-4	9	22	11	43	89	143	110	124	99
Kredite u. Finanz.	28	38	35	44	109	84	231	319	373	439	348
Tilgungen	-85	-27	-33	-46	-134	-140	-187	-242	-324	-377	-417
Forderungen an internat. Finanzinst.											-57
Anderes	-11	-18	24	39	-4	16	18	35	25	-4	85
F) Nicht aufgliederbare Transaktionen	-23	123	-26	-98	10	12	-14	-171	-189	-25	10
G) Überschuss/Defizit (D+E+F)	**52**	**-291**	**-615**	**16**	**-203**	**17**	**194**	**-180**	**-253**	**-154**	**-410**

	1961	1962	1963	1964	1965	1966	1967	1968	1969	1970
A) Handelsbilanz – FOB	**113**	**-89**	**112**	**344**	**655**	**438**	**213**	**26**	**318**	**232**
Export	1405	1215	1406	1430	1596	1741	1654	1881	2311	2739
Import	1292	1304	1294	1086	941	1303	1441	1855	1993	2507
B) Dienstleistungen	**-350**	**-339**	**-269**	**-259**	**-362**	**-463**	**-527**	**-556**	**-630**	**-815**
C) Übertragungen	**15**	**39**	**43**	**55**	**75**	**79**	**77**	**22**	**31**	**21**
D) Leistungsbilanz (= A+B+C)	**-222**	**-389**	**-114**	**140**	**368**	**54**	**-237**	**-508**	**-281**	**-562**
E) Kapitalbilanz	**288**	**181**	**-54**	**82**	**-6**	**124**	**27**	**541**	**871**	**1015**
Nettoinvestitionen	108	69	30	28	70	74	76	61	124	108
Kredite u. Finanz.	579	325	250	221	363	508	530	583	1053	1440
Amortisierungen	-327	-310	-364	-277	-304	-350	-444	-484	-512	-673
Subskriptionen bei Internat. Org.	-26	-20	-15	-20	-11	-81	-	-44	-25	-92
Anderes	-46	117	45	130	-124	-27	-135	425	231	232
F) Nicht aufgliederbare Transaktionen	49	-138	-76	-218	-31	-25	-35	-1	-41	92
G) Überschuß/Defizit (D+E+F)	**115**	**-346**	**-244**	**4**	**331**	**153**	**-245**	**32**	**549**	**545**

Quelle: BANCO CENTRAL DO BRASIL, Boletim (verschiedene) und CONJUNTURA ECONÔMICA (verschiedene); die Kapitalbilanz enthält nicht die reinvestierten Gewinne.

Tabelle 57: Dekadendurchschnitt des Gini-Koeffizienten nach Regionen (1960 bis 1990)

Region	Durch-schnitt	1960er	1970er	1980er	1990er
Osteuropa	0,27	0,25	0,25	0,25	0,29
Ostasien/Pazifik	0,39	0,37	0,40	0,39	0,38
Südasien	0,35	0,36	0,34	0,35	0,32
Mittlerer Osten/Nord Afrika	0,40	0,41	0,42	0,40	0,38
„Sub-Saharan Africa“	0,46	0,50	0,48	0,43	0,47
Latein-amerika	0,50	0,53	0,49	0,50	0,49

Quelle: DEININGER/SQUIRE (1996).

Tabelle 58: Einkommensverteilung in Brasilien (1960 bis 1990)

Jahre	Persönliches Einkommen der ökonom. aktiven Bevölkerung		
	Gini Koeffizient	10+/40- (1)	10+/10- (2)
1960	0,50	3,4	34
1970	0,57	4,6	40
1980	0,59	5,1	47
1990	0,61	6,7	60

Quelle: BENEDICTS (1997), S. 6.

(1) Anteil der obersten 10% der Einkommensskala dividiert durch den Anteil der untersten 40%.
(2) Anteil der obersten 10% der Einkommensskala dividiert durch den Anteil der untersten 10%.

Tabelle 59: Gewinne der Kapitalgesellschaften 1961 bis 1968 (preisbereinigte Indexreihe, 1960 = 100)

	1961	1962	1963	1964	1965	1966	1967	1968
Sämtliche Kapital-gesellschaften	115	131	125	143	143	144	123	162
Industrielle Unternehmen	112	132	127	147	139	125	101	158

Quelle: CONJUNTURA ECONÔMICA (Februar 1971).

Tabelle 60: Mieten und Lebenshaltungskostenindex im Bundesstaat Guanabara (heute Rio de Janeiro), 1953 bis 1968 (1953=100).

Jahr	Mietindex (A)	Lebensshaltungs-kostenindex (B)	A/B
1953	100	100	1,00
1954	120	122	0,984
1955	137	151	0,907
1956	160	182	0,879
1957	191	212	0,901
1958	223	243	0,918
1959	267	338	0,790
1960	317	437	0,725
1961	372	583	0,638
1962	509	884	0,576
1963	774	1507	0,514
1964	1169	2889	0,405
1965	2313	4787	0,483
1966	4050	6764	0,599
1967	6213	8824	0,704
1968	8426	10766	0,783

Quelle: CHACEL/SIMONSEN/WALD (1976).

Tabelle 61: Durchschnittlicher Mindestlohn (pro Monat), Inflationsindizes und Entwicklung des realen Mindestlohns (1963 bis 1978)

Jahr	Nominaler durchschn. Mindestlohn (CrN$)	Lebens-haltungs-kostenindex Rio de Janeiro (FGV)	Lebens-haltungs-kostenindexe São Paulo (IPE)	Lebens-haltungs-kostenindex der „Arbeiter-klasse" São Paulo (DIEESE)	Mindestreallohnindex		
					FGV	IPE	DIEESE
1963	22,75	100	100	100	100	100	100
1964	43,75	191	187,2	176,6	100,4	102,7	108,9
1965	67,50	317,6	302,7	291,9	93,4	98,0	101,6
1966	88,00	448,6	445,0	449,3	86,2	86,9	86,1
1967	110,25	585,6	577,1	594,8	82,8	84,0	81,5
1968	136,3	716,2	713,9	741,2	83,7	83,9	80,8
1969	160,2	873,8	881,6	916,5	80,6	79,9	76,8
1970	192,4	1.072,0	1.049,1	1.082,8	78,9	80,7	78,1
1971	231,6	1.288,2	1.269,4	1.343,7	79,0	80,2	75,8
1972	276,8	1.499,9	1.499,1	1.631,2	81,1	81,2	74,6
1973	323,6	1.689,1	1.728,5	2.057,0	84,2	82,4	69,2
1974	386,6	2.157,6	2.165,8	2.688,5	78,8	78,6	63,2
1975	525,2	2.783,7	2.817,7	3.524,6	82,9	82,0	65,5
1976	753,6	3.950,3	3.818,0	4.962,7	83,9	86,8	66,7
1977	1.085,8	5.675,5	5.360,4	6.977,5	84,1	89,0	68,4
1978	1.538,8	7.869,1	7.413,5	9.684,9	86,0	91,3	69,8

Quelle: IBGE (verschiedene).

Tabelle 62: Entwicklung des durchschnittlichen Reallohns der Industrie-beschäftigten ("Indústria de Transformação"), 1963 bis 1974 (Cr$)

Jahr	Durchschnittl. Lohn	Index des Reallohns bei Zugrundelegung des...		
		...Lebenshaltungs-kostenindex Rio de Janeiro	...Lebenshaltungs-kostenindex São Paulo	...Lebenshaltungs-kostenindex DIEESE
1963	404,22	100	100	100
1964	749,7	97,1	99,1	105,0
1965	1.165,4	90,8	95,3	98,8
1966	-	-	-	-
1967	2.144,3	90,6	91,9	89,2
1968	2.745,1	94,8	95,1	91,6
1969	3.582,2	101,4	100,5	96,7
1970	4.270,3	98,6	100,7	97,6
1971	-	-	-	-
1972	6.739,1	111,2	111,2	102,2
1973	7.856,1	115,1	112,5	94,5
1974	10.747,6	123,2	122,8	98,9

Quelle: IBGE (verschiedene).

INTERVIEWS

Roberto Oliveira Campos

Interview mit Roberto Campos am 8. März 1999 in Ipanema/ Rio de Janeiro.

1. Como o Senhor avalia a relevância do enfoque institucional que ganhou renome principalmente com os trabalhos de Douglass North para explicar o (sub-) desenvolvimento econômico brasileiro?

O enfoque institucional é fundamental. O problema do desenvolvimento é, em grande parte, um problema de „institution building". A preocupação - por exemplo - no período Castello Branco foi naturalmente combater a inflação, preparar a retomada do desenvolvimento. Mas a obsessão principal era „institution building". Isso foi deliberado. Eu disse ao Castello Branco, quando fui convidado, que por causa da difícil situação fiscal brasileira e da necessidade de pagar as contas de outros governos - que haviam feito obras - a sina do governo dele seria reformar as instituições e não – provavelmente – fazer obras. E na realidade foi isso que aconteceu: não houve preocupação „obreirista" do governo. A preocupação foi „institution building". Os principais pilares desse „institution building" foram a criação de um Banco Nacional de Habitação - para responder ao desafio habitacional; a criação de um Banco Central; a instituição de, inicialmente, uma mini-reforma fiscal com correção monetária para restaurar o mercado de títulos públicos. Depois a reforma do mercado de capitais, o Estatuto da Terra, depois o Código de Minas, o Código de Eletricidade. Enfim, a preocupação era realmente institucional.

2. Quais seriam, numa perspectiva histórica, as restricões institucionais do desenvolvimento econômico no Brasil?

Parte da dificuldade cultural brasileira vem da chamada *doença dos ismos.* No meu ver foram cinco *ismos* que têm impedido no Brasil uma programação racional do desenvolvimento. Primeiro o *nacionalismo*, que não é um nacionalismo de tipo integrativo, mas um nacionalismo de tipo rejecionista. Importante é que ele tem muito menor capacidade de mobilização interna do que de rejeição de cooperação externa. O nacionalismo no Brasil tem interferido com a absorção de capitais, com a absorção de tecnologia e quando aliado ao protecionismo, levou à industrialização substitutiva de importações, um modelo inflacionário e ineficiente.

Um segundo *ismo* é o *populismo*, doença que ataca vários países da América Latina e que é, essencialmente, um distributivismo precoce, distribuir antes de produzir. E se caracteriza pela excessiva concessão de subsídios e de privilégios que não são sancionandos pela estrutura produtiva e vão além dos recursos produtivos. Um terceiro obstáculo cultural é o chamado *estruturalismo*, uma doutrina que vicejou muito na América Latina e que não considerava a inflação um fenômeno propriamente monetário, antes um fenômeno estrutural. Como as estruturas só podem ser reformadas a longo prazo, significa que havia grande permessividade a curto prazo em relação à inflação. Um quarto elemento cultural distorcido foi o *estatismo*, a atribuição ao estado de funções superiores àquelas que o estado pode desempenhar. Isso resultou na criação de um grande número de empresas estatais e um grande número de monopólios estatais, que ainda é coisa mais grave do que simplesmente a criação de estatais. E o último dos *ismos* é o *protecionismo*, que é uma especie de síntese desses vários componentes. Esses –ismos têm impedido a criação de uma estrutura institucional adequada ao desenvolvimento.

3. Existe a tese, defendida pelo Prof. José Julio Senna, que a forte tendência ao intervencionismo estatal no Brasil seria uma herança dos colonizadores portugueses. Como o Senhor avalia essa tese?

Ele tem razão. O governo português era extremamente centralista, o que é até concebível num país pequeno como Portugal, mas inadequado, obviamente, para um país de dimensões continentais como o Brasil. Então, a noção do estado como protetor e promotor está fundamentalmente arraigado na cultura não só portuguesa, mas na cultura espanhola também. É um defeito da herança ibérica e que foi fortalecido também porque esses países enquanto o resto da Europa marchava para a reforma que acentuava o individualismo esses países permaneceram católicos e desenvolveram uma espécie de ideário contrário ao individualismo protestante. Foram países da contra-reforma e não países da reforma. E o intervencionismo e o dirigismo são características muito presentes na cultura ibérica, que também sofre de uma deficiência de estruturas intermediárias, estruturas associativas. Isso é uma grande diferença, por exemplo, entre a cultura americana-saxônica e a cultura latina: é que existem grupos associativos entre o povo e a estrutura formal do estado. Isto é muito débil nos países latino-americanos, inclusive o Brasil.

4. O Senhor poderia descrever a situação econômica no começo dos anos 60 no Brasil em algumas palavras?

A situação econômica era absolutamente caótica. A inflação tendencialmente iria para 144%, então havia uma crise inflacionária. Havia também uma crise cambial, total esgotamento de reservas. As reservas eram negativas, negativas no sentido de que tinha atrasados comerciais, faturas não pagas. Havia uma crise social pela proliferação de greves, houve mais que 3.000 greves no trimestre que precedeu a Revolução, greves toleradas e, em parte, até estimuladas pelo poder central porque, não tendo apoio da burguesia, João Goulart procurou valer-se da classe operária como instrumento de intimidação. Então ele era extremamente tolerante em relação a greves. E ao mesmo tempo pregava medidas drásticas, radicais de confisco de terras etc., criou-se então também uma crise social. Foi uma crise inflacionária, uma crise fiscal, um déficit descontrolado, uma crise cambial e uma crise social. Castello Branco recebeu uma herança de crises.

5. Qual era a herança institucional do PAEG da fase anterior ?

As instituições políticas estavam conturbadas pelo fato de que se tinha improvisado um regime parlamentar. Quando houve a renúncia de Jânio Quadros, houve um colapso do sistema presidencialista e de governo. E como o Vice-Presidente, que era João Goulart, era de inclinação esquerdista, havia muita relutância em dar-lhe posse. Um cunhado de Brizola conseguiu dividir o Exército, mobilizando o Sul. Para evitar uma guerra civil chegou-se a um compromisso, que foi o regime parlamentar, que entretanto nunca foi aceito pelo Goulart como uma solução desejável. Foi tolerado como uma imposição e ele passou, então, não a buscar operacionalizar o sistema parlamentar, mas, ao contrário, a pleitear um plebiscito para a revogação do sistema parlamentar. Então, a situação era bastante imprecisa no sentido jurídico, porque era um parlamentarismo não consentido, mas um parlamentarismo imposto. E o país era profundamente dividido entre correntes conservadoras, correntes centristas e correntes de esquerda. E muito possuído da retórica de esquerda, num momento mundial difícil, porque pode se dizer que o começo dos anos 60 foi o apogeu da Guerra Fria. A Guerra Fria tinha atingido enorme intensidade. Em 1961 houve a grande confrontação com a União Soviética, Bahia dos Porcos, a crise do ultimato de Berlim, a crise dos misséis. Havia uma enorme excitação ideológica que também criava pertubações locais.

E mal se sabia quais eram as reais intenções do Presidente Goulart. Certamente ele não cogitava de uma solução democrática normal, porque de outra maneira ele teria procurado fortalecer um determinado partido ou trabalhado para um determinado candidato. Mas ele deixou a coisa vaga, com a idéia de continuar como líder de um movimento de um „Estado Novo". Ele, afinal de contas era um discípulo querido do Getúlio Vargas que tinha criado o Estado Novo, um „Estado Novo" de direita. Ele pretendia provavelmente um „Estado Novo" autoritário de esquerda, a eterna ilusão de querer cavalgar o tigre. Ele não era provavelmente comunista, ele era até um latifundiário, um sujeito de mentalidade burguesa. Mas fazia a retórica de esquerda com esperança de ficar no poder e pilotar então um autoritarismo de esquerda. Provavelmente seria rejeitado. Inicialmente naquela ocasião, no fim do governo Goulart, eu era embaixador em Washington, os jornalistas internacionais só visualizavam três hipóteses para o Brasil, nenhuma delas enfocando uma transição democrática normal. Uma seria uma revolução militar conservadora, outra seria uma revolução de esquerda e outra seria um regime semi-anárquico, levando à hiperinflação.

6. E as instituições econômicas, salariais, fiscais e monetárias? Qual era o estado delas?

A situação era bastante caótica. Basta dizer que não se tinha um Banco Central. Era o Banco do Brasil e a SUMOC. A SUMOC era apenas um conselho encarregado da política monetária, mais fraco face ao Banco do Brasil, que era uma entidade poderosa e que era, ao mesmo tempo, um misto de banco comercial, de banco central e de banco assistencial. Fazia os três papéis.

O regime fiscal bastante caótico, numa total destruição do crédito público, porque, com as obrigações de tesouro só rendendo 6% ao ano e uma inflação tendencialmente 144% ao ano, não havia mais mercado voluntário de títulos públicos. Então o governo não tinha instrumentos de financiamento, não tinha instrumentos de controle monetário e não tinha um Banco Central. Não tinha instrumentos de financiamento, porque as obrigações do tesouro não serviam como instrumento monetário. Só compravam obrigações de tesouro as empresas que quisessem fazer concorrências públicas. Compravam para depositar como caução, as obrigações, mas não havia mercado voluntário de títulos públicos.

Não havia também uma política salarial, porque o governo estimulava os sindicatos politicamente mais agressivos. Como parte da base política do presidente eram os sindicatos, ele tendia a privilegiar os sindicatos mais agressivos, politicamente mais agressivos com capacidade de paralisação econômica. Isso significa eletricitários, portuários, empregados de transportes. Esses, então, obtinham as reivindicações salariais que quisessem em detrimento dos outros grupos salariais e em detrimento de todos, por causa da aceleração da inflação.

7. A idéia original era a criação de um Banco Central independente. Quais eram os problemas na criação de um Banco Central independente na época?

A idéia de um Banco Central era antiga. A própria SUMOC, que era um conselho, a Superintendência de Moeda e do Crédito, era uma espécie de embrião do Banco Central. E havia inúmeros projetos de criação do Banco Central. O assunto foi discutido durante cerca de 14 anos. Mas nunca se chegava à criação de um Banco Central, porque os ministros da Fazenda eram favoráveis ao Banco Central antes de serem Ministro da Fazenda. Quando passavam a serem Ministro da Fazenda, eram seduzidos pelo poder e achavam que um Banco Central seria uma limitação séria. Esse é o primeiro tipo de objeção. Era o egoísmo político dos dirigentes quando chegavam à posição de Ministro da Fazenda. A segunda objeção era do Banco do Brasil, que era um banco todo poderoso, com essas três funções - banco comercial, banco central e banco assistencial - e se opunha muito ao esvaziamento do Banco do Brasil pela criação de um Banco Central. Foi graças à tenacidade do Prof. Bulhões, que defendia essa tese há muito tempo como funcionário público (depois se tornou presidente da SUMOC), que foi criado o Banco Central. Quando foi Ministro da Fazenda, ele insistiu na criação de um Banco Central e de um Banco Central independente. Foi uma ingenuidade tecnocrática, porque o ambiente cultural não estava preparado para isso.

Tal como concebido originalmente, o Banco Central brasileiro, criado em dezembro de 1964, era o mais independente do mundo, porque era governado por um Conselho Monetário composto de 9 membros votantes e dois não votantes. Dos nove membros votantes apenas 3 eram demissíveis ad nutum pelo Governo Federal: era o Ministro da Fazenda, o presidente do Banco do Brasil e o presidente do BNDES. Seis membros eram designados pelo Presidente, mas com mandato fixo de 7 anos, mandato não coincidente com o mandato presidencial. Para acentuar mais ainda a independência, nem o presidente do Banco Central, nem a diretoria do Banco Central eram escolhidos pelo Presidente da República ou pelo Ministro da Fazenda. Eram eleitos dentro dos membros do Conselho Monetário, onde o governo era minoritário. Isto é um grau de independência arquitetônica formal muito maior do que a do Bundesbank, onde o presidente é nomeado por oito anos pelo Primeiro Ministro e os governadores, também conselheiros, por oito anos; ou do Federal Reserve Board, onde o presidente é nomeado por quatro anos pelo Presidente da República e tem mandato de 14 anos. Nesse caso, o Presidente da República e o Ministro da Fazenda não nomeavam nem o Conselho Monetário, nem a diretoria do Banco Central, nem a presidência do Banco Central.

Então, era teoricamente absolutamente independente. Apenas isso não era culturalmente aceito pela comunidade. Na primeira sucessão presidencial com a substituição do Presidente Castello Branco pelo Presidente Costa e Silva foi inteiramente abandonada a idéia de independência do Banco Central. Houve renúncia dos diretores, portanto os mandatos ficaram sem sentido. E este abandono da idéia do mandato fixo permaneceu na legislação até 1984, quando foi formalmente abolido.

8. Isso significaria, então, que sem uma reforma cultural não adianta fazer uma simples reforma institucional do Banco Central?

Duas coisas são essenciais. Primeiro, uma reforma cultural, a idéia de que o controle da moeda, o governo da moeda é algo de sagrado que deve ser preservado da descontinuidade administrativa. Este é o aspecto cultural. E existe também um outro requisito é que, quando se inicia um Banco Central, o país seja vizinho do equilíbrio orçamentário. Se estiver com grave desequilíbrio orçamentário, as pressões para o relaxamento da política monetária pelo Banco Central são tais que a sua independência é comprometida. Então, as duas condições são primeiro, a atribuição de um valor cultural fundamental à estabilidade monetária, coisa que só agora o Brasil está começando a incluir. E, segundo, algo vizinho do equilibrio orçamentário. No momento, por exemplo, essa segunda condição não existe. O governo está com um severo desequilíbrio orçamentário. Então, dar-se independência ao Banco Central seria um conflito permanente, uma guerra entre o Ministro da Fazenda e o presidente do Banco Central.

9. Quais são os fatores mais relevantes para o resultado exemplar do PAEG na área fiscal. O que diferencia esse plano de todos as outras tentativas de estabilização monetária no Brasil?

Houve uma convicção muito firme que a raiz do problema no Brasil estava na desordem fiscal e que era necessário reformar inteiramente a fiscalidade. E era necessário conceber um regime fiscal para um país federal. Então isso levou, por exemplo, à reforma do grande imposto estadual, que é o Imposto de Grandes Consignações. As preocupações eram simplificar o sistema, segundo, evitar a guerra fiscal entre os estados que depois foi ressucitada mais recentemente. Naquela ocasião havia um Imposto de Vendas, chamado de Imposto de Grande Consignações e um Imposto de Vendas ao Varejo, que variava de estado para estado. Então, ensejando toda sorte de sonegações, ou seja, 6% em Minas, 8% em São Paulo, portanto não havia uniformidade de regras. E era um imposto em cascata. Então, a idéia era simplificar o regime tributário pela eliminação de vários impostos, ficaram meia dúzia de impostos básicos.

Segundo, eliminar a tributação em cascata, substituindo pela tributação sobre o valor adicionado, coisa em que o Brasil foi pioneiro, porque àquela ocasião - mesmo na Europa - só tinha havido duas experiências setoriais de impostos de valor adicionado, que eram na Finlândia e na França. Existia o Mercado Comum Europeu, mas não havia o imposto do valor adicionado, era um imposto sobre vendas em cascata. Então o Brasil foi inovador. Implantou-se esse regime de tributação sobre o valor adicionado em quatro meses, quando na Alemanha foi instituído em 4 anos. Houve uma enorme ousadia na implantação.

A reforma tributária tinha então o princípio da simplificação, da substituição do imposto em cascata pelo valor adicionado e a criação do federalismo cooperativo, quer dizer, impostos partilhados. Havia dois tipos de partilha: os estados e municípios teriam uma parcela do Imposto de Renda, do Imposto de Consumo Federal e havia um imposto partilhado também, chamado Imposto Único, dividido em três categorias: Imposto Único sobre combustíveis e lubrificantes, Imposto Único sobre eletricidade e Imposto Único sobre minérios. Esse sistema, mais ou menos, prevaleceu até a Constituição de 1988.

A Constituição de '88 foi um desastre fiscal, porque criou um hiper-fiscalismo, inventou novos impostos. Criou, por exemplo, o imposto sobre as grandes fortunas, que é um sonho socialista que não funciona em nenhum lugar do mundo. Criou o Imposto de Renda para os estados e eliminou o chamado Imposto Único partilhado, que parte da receita de tributação de combustíveis, parte da receita de tributação de energia elétrica, parte da receita de tributação sobre minérios ia para o Governo Federal e parte para os estados. Passou tudo para os estados e municípios, ficando o Governo Federal sem a tributação de eletricidade, sem a tributação de combustíveis e sem a tributação de minérios. Isso foi um erro grave, porque houve uma redistribuição de receitas sem uma redistribuição de funções. As rodovias tronco que ligam os estados, tem que ser federais. E desapareceu o Fundo Rodoviário que financiava essas rodovias. A criação de grandes centrais elétricas em fronteiras estaduais, que são várias, também tem que ser federal e o governo ficou sem o fundo de eletricidade. Para agravar o problema, a tributação sobre comunicação e telecomunicações, que era uma tributação muito rendosa, porque é um setor dinâmico em explosão, passou também para os estados, mas o monopólio da telecomunicação continuou com o Governo Federal. Então houve uma perversa realocação de receitas sem realocação de funções. Isso está na raiz do nosso déficit crônico.

10. Os estados na época do PAEG cooperaram no ajuste fiscal?

Eu diria que os estados estavam um pouco enfraquecidos, porque o regime era militar e, na fase inicial, os governadores estavam muito debilitados, porque aqueles que sobreviveram ao regime militar ficaram numa situação de dependência e havia muito menos agressividade estadual. Assim mesmo houve apreciável oposição estadual, mas a oposição se concentrou, sobretudo na determinação da alíquota, que nós substituímos um imposto sobre as grandes consignações que, na média, era 6% por um imposto sobre o valor adicionado e estabelecemos uma alíquota uniforme para os estados de 12%, que significaria uma incidência de duas vezes o imposto de transações. E os estados queriam mais e acabaram conseguindo 15%, isso depois passou a 17%. Mas a briga era muito mais em torno da alíquota do que em torno da natureza do imposto.

O Imposto de Renda foi modificado e aumentado, mas houve uma atenuação da incidência sobre as firmas, porque foi permitida a correção do valor dos ativos. No regime anterior se tinha „book values", valores de livro, valores contábeis que não eram reajustados pela inflação. Então, uma tributação aparentemente baixa era uma tributação devastadora, porque ela incidia sobre lucros inflacionários. Com a correção monetária dos balanços, a tributação passou a incidir sobre lucros reais. Então as firmas se sentiram muito apertadas, porque começou a haver um regime fiscal severo e houve uma certa elevação de alíquotas. De outro lado se beneficiaram do fato de que tanto a depreciação como o lucro eram calculados sobre um valor real e não simplesmente sobre um valor contábil fictício.

11. O Senhor criticou muito o estatismo na fase anterior ao PAEG. O PAEG conseguiu reverter essa tendência?

A ideologia básica do governo, do Governo Castello Branco, não necessariamente dos outros governos militares, era privatista e capitalista. A idéia era preparar o Brasil para o capitalismo moderno. Era uma opção capitalista e uma opção modernizante, enquanto o regime Goulart era uma opção revolucionária e socialista. Criamos empresas estatais muito poucas. Uma, por exemplo, foi o Banco Nacional de Habitação, mas era um banco de segunda linha, não era um banco que operasse diretamente no setor de construção. Era um banco financiador do setor imobiliário junto com as Sociedades de Crédito e Financiamento. Não se ativaram outras empresas estatais. A PETROBRAS já existia e ficou. A PETROBRAS foi criada em 1953. Eu, pessoalmente, era favorável à abolição do monopólio da PETROBRAS. Eu era favorável a existir uma empresa estatal , porém sem carater de monopólio. E o Presidente Castello Branco também aderiu a essa tese. Mas era um problema político e militar insolúvel, porque em sua origem o monopólio da PETROBRAS tinha sido fervorosamente apoiado pelos militares.

Foi, aliás, uma solidária aliança dos comunistas, militares e um partido conservador, que era a UND, foram eles que criaram a PETROBRAS. Então, a PETROBRAS já existia. Foi criado o BNH, foi criada uma empresa de processamento de dados, que era a SEPRO, e foi praticamente isso que houve de intervenção estatal. Houve um grande movimento de estatização involuntária e considerada provisória durante o Governo Castello Branco. Isso foi no setor de telefonia e no setor de eletricidade. A razão é que o governador Brizola encampou, no Rio Grande do Sul, duas empresas: uma de energia elétrica, outra de telefonia. Fazendo um depósito de valor simbólico, ele estatizou essas empresas. Isso criou uma crise internacional, os E.U.A. protestaram. Uma lei americana que vedava auxílio a países que nacionalizassem empresas americanas sem adequada compensação foi passada. Criou-se todo um conflito internacional.

Quando o presidente João Goulart visitou Washington, em abril de 1962, eu era, então, embaixador. Chegou-se a um acordo com o presidente Kennedy para a transformação do confisco dessas empresas numa nacionalização negociada. Então, o governo do Brasil patricionaria a compra dessas empresas, com financiamento generoso a longo prazo dos Estados Unidos, para evitar a criação desse problema político. O Presidente Kennedy achava que era correto que as empresas americanas abandonassem o ramo de serviços públicos, porque achava que o ramo de serviços públicos, de „public utilities" era muito politizado. Numa situação inflacionária havia sempre um problema de elevação de tarifas. A elevação de tarifas virava um caso político e o caso político virava um caso diplomático. Então, o melhor era que as empresas americanas se afastassem desse setor de public utilities, desde que recebessem compensação adequada, como previsto na Constituição Brasileira. Chegou-se, então, a um acordo para a transformação do confisco de Brizola numa nacionalização negiocada dessas empresas, e eu fui o negociador e viria depois a ser o executor dessa política.

Então criava-se empresas estatais brasileiras para substituir as empresas americanas que tinham sido anteriormente encampadas. Eram 11 empresas de eletricidade e várias empresas de telefonia. Foi, então, um tipo de estatização involuntária e a idéia era que, uma vez saneadas (essas empresas eram todas deficitárias, porque não havia tarifas. O governo represava as tarifas, eram preços politicamente delicados, as empresas não tinham mais rentabilidade), as empresas, elas voltassem a ser privatizadas.

Mas a nossa experiência é, quando você estatiza uma empresa qualquer, você cria um núcleo de interesses. E interesses que, uma vez consolidados, impedem a privatização. Só agora, anos e anos depois, é que se completa o ciclo - por causa da falência do estado - que volta-se a admitir a participação privada. Então, foram criadas várias empresas estatais nos setores de eletricidade e telefonia por essa circunstância. A transformação de confisco em nacionalização negociada. Isto, após todo o governo Castello Branco, foi mais ou menos mantido no governo Médici. A grande estatização dos militares foi, sobretudo, no periodo Geisel, que foi uma resposta um pouco equivocada à Crise de Petróleo. Geisel tinha uma filosofia nacionalista e estatizante, mas acontece que, em resposta à crise de Petróleo, ele resolveu fazer um maciço programa de substituição de importações, particularmente no setor energético. Isso tinha que ser feito às pressas e não havia capitais privados mobilizados. Então, passou-se a criar um grande número de estatais. Esse inchaço do setor estatal é em tudo um fenômeno da era Geisel.

12. Qual foi a intenção básica da lei do mercado de capitais?

A idéia básica era criar uma alternativa de financiamento para as empresas. Porque, em inexistindo um mercado de capitais, o financiamento era um financiamento bancário. Isso levava à expansão monetária. Então havia uma pressão monetária constante para financiar o crédito. E a idéia era, então, desenvolver poupanças privadas e criar uma alternativa para as empresas para se capitalizarem por via acionária, ao invés de por via mutuária, por via de empréstimos.

Criou-se a legislação do mercado de capitais. Adotou-se o modelo americano, não o modelo alemão. O modelo alemão foi muito discutido, nós íamos votar o modelo alemão e japonês, em que os bancos podem ser acionistas majoritários até, controladores de empresas industriais, há uma imbricação entre bancos e indústrias. E o modelo americano, em que se separa as duas coisas, bancos comerciais e bancos de investimentos não podem ser diretamente proprietários de indústrias. Nós optamos pelo modelo americano, porque a tradição brasileira era de Casas Bancárias de grupos industriais que acabavam utilizando o banco como um instrumento de financiamento das empresas. A Alemanha tem conseguido - apesar de os bancos serem co-proprietários das indústrias e participarem da direção de grupos - tem conseguido evitar que falências de grupos industriais e comerciais contaminem o sistema bancário. No Japão isso não ocorreu. Parecia um sistema muito eficiente, mas na realidade se provou perigoso.

Nós adotamos um sistema de separação. Um banco comercial não pode financiar grupos industriais, seja um deles acionista, o máximo é 10% para cada grupo. 10% dos ativos de um banco, no máximo, podem ser vinculados a um determinado grupo, separando-se banco comercial, para o crédito de curto prazo, banco de investimentos, para captura de poupanças de longo prazo, sociedades de crédito e financiamento, financiamento de crédito aos consumidores e sociedades de crédito imobiliário, são quatro diferentes grupos.

Os bancos comerciais se desenvolveram. Os bancos de investimento nunca cumpriram sua função de levantar capital de longo prazo por causa da inflação. A inflação é um poderoso desestímulo à poupança de longo prazo. Ninguém poupa a longo prazo com inflação. Então, os bancos de investimento ficaram em posição muito secundária, nunca atingiram expressão adequada no Brasil. Sociedades de crédito e financiamento avançaram bastante no financiamento do crédito de consumo, e as sociedades de crédito imobiliário durante muito tempo foram importantes, vinculadas ao Banco Nacional de Habitação, que era um banco de segunda linha, banco financiador da atividade privada e não diretamente engajado na construção. Era esse esquema da legislação do mercado de capitais, que foi muito avançada para sua época. Eu acho que a legislação brasileira de mercado de capitais daquela época tinha um avanço de uns 20 anos sobre, talvez mesmo, a legislação européia. Foi uma construção muito bem feita, mas nada resiste à inflação.

13. A performance da política monetária no ano 1965 ficou atrás das projeções feitas anteriormente. Por quê?

Os motivos foram vários. Nós chegamos a um acordo com o Fundo Monetário Internacional de determinadas metas de expansão monetária que foram todas descumpridas, e isso criou um problema com o Fundo. E que aquela ocasião ele era muito mais rígido do que atualmente. O Fundo tinha uma ortodoxia muito mais severa. E os membros do Fundo, os membros da Junta governativa do Fundo, eram muito mais vaidosos, porque os grandes países ainda não tinham experimentado dificuldades de balanço de pagamentos, nem a grande pressão inflacionária que veio depois a ocorrer. A Inglaterra só recorreu ao Fundo Monetário em 76, a França em 74, a crise de pagamentos dos Estados Unidos começou em 1973. O PAEG era de 1964. Então havia uma ortodoxia muito rígida do Fundo Monetário. Nossa disputa com eles era a seguinte: a posição do governo brasileiro, minha e de Bulhões, era que nos devíamos acordar primeiro sobre objetivos do combate à inflação. Segundo, sobre instrumentos básicos de combate à inflação. Agora, o ritmo de êxito era algo que dependia muito profundamente da situação política interna. E não se podia postular uma relação unívoca e firme entre expansão monetária e inflação. Mas o Fundo exigia „bench-marks". Eles queriam metas trimestrais de expansão monetária, achando que isso determinaria o grau de inflação. Nós dizíamos que essa vinculação era muito menos precisa do que eles imaginavam. Se viesse, por exemplo, uma grande expansão monetária e uma grande colheita, o efeito inflacionário seria pequeno. Se você tivesse uma severíssima política monetária e más colheitas, você teria uma inflação alta. Então não se podia postular essa vinculação estreita de meio de pagamento à inflação e muito menos fazê-lo por trimestre.

Resultado: houve dois fatores que impediram a consecução das metas de expansão monetária: o primeiro fator foi uma expansão extraordinária de colheitas invendáveis. Quando se programou a Revolução, se fez o Estatuto da Terra, desapareceu a ameaça do confisco rural, que durante o governo João Goulart intimidava muitos agricultores. Os agricultores deixavam de investir, porque achavam que vinha uma reforma agrária, que o governo ia confiscar terras etc. Quando se estabeleceu um horizonte de tranqüilidade e se garantiu preços mínimos para a agricultura, houve uma enorme expansão da produção agrícola, muito superior ao consumo. Por exemplo: colheitas monstruosas de café, colheitas de algodão, colheitas de açucar. O que fazer então? A única solução: ou você queimava essa coisa voltando aos anos 30, ou o governo adquiria estoques para sustentar o mercado e os preços. Mas para adquirir esses estoques era preciso haver uma expansão monetária. Então houve uma expansão monetária provocada por um sucesso e não por um insucesso. O sucesso agrícola provocou expansão monetária. A segunda fonte de expansão monetária é que no acordo original com o Fundo, se previa a continuação por alguns anos do déficit de balanço de pagamentos. Mas como resultado da política de exportação, do abrandamento da inflação houve um superávit no balanço de pagamentos e o Brasil passou a acumular reservas, isso é inflacionário.

Então, nos argumentávamos com o Fundo de que nós tinhamos falhado, e muito, na consecução das metas da expansão monetária, mas tínhamos tido êxito inesperado na produção agrícola e no balanço de pagamentos. E criou-se, então, essa indecisão e o Fundo acabou concordando em que não havia de suspender os desembolsos para o Brasil, porque havia um „mixed-record": de um lado um fracasso inadmissível, de outro lado, sucesso inesperado. A outra razão, nós não conseguíamos nem a meta de expansão monetária, nem a meta de inflação. Agora, o Fundo basicamente aceitou as explicações: a meta de expansão monetária não foi atingida porque tinha havido um inesperado sucesso agrícola com colheitas monstruosas que ficaram armazenadas. Foi um investimento no futuro. E segundo, porque, ao invés do déficit no balanço de pagamentos, tivemos superávit em conta corrente do balanço de pagamentos. E também não antingimos o objetivo de preços, a taxa de inflação foi superior à esperada. Isso, primeiro, porque não existe essa vinculação que o Fundo imaginava existir, vinculação diréta, unívoca entre expansão monetária e inflação e, segundo, porque nós tinhamos a „inflação corretiva".

Nós argumentávamos com o Fundo que havia duas inflações no Brasil. Havia inflação corrente, essa é contida, e havia inflação corretiva, quer dizer, liberação de tarifas congeladas no passado. Por exemplo, nós aumentamos tarifas de energia elétrica em 300%, tarifas de telefone em 1500%, tarifas ferroviárias em 150%. Tudo isso eram preços políticos, o governo Goulart represou todos esses preços, porque eram preços políticos. Nós fizemos reajustamentos brutais, e isso impactava no índice de custo de vida, mas isso não era inflação corrente, isso era inflação corretiva. Nós chegamos a advogar, mas a FGV não aceitou que se publicassem dois índices, inflação total e inflação corretiva, para se separar precisamente o que era resultado da política monetária, o que era a inflação corrente e o que era correção de desequilíbrios passados. Esse conceito hoje já é mais ou menos universal no „inflation targeting". Nos E.U.A, na Inglaterra, no Canadá, particularmente nos países anglo-saxônicos, que adotam o „inflation targeting", já se distingue hoje entre „currrent inflation" e inflação global. Nós chamamos isso de „inflação corrente" e „inflação corretiva".

14. O historiador Skidmore fala de um afrouxamento da política monetária no ano 1965 e especula que isso poderia ter tido motivos políticos. Ele diz que isso seria para reforçar os candidatos alinhados ao governo nas eleições dos governadores em outubro 1965. O que o Senhor diz a respeito disso?

Isso é uma leitura totalmente errônea. Não houve nada desta ilusão Os motivos foram esses: uma anormal colheita agrícola e o fato de que tivemos - invés de termos um déficit de balança de pagamentos - tivemos um superávit de balanço de pagamentos.

15. A introdução da indexação era uma medida bastante inovadora. Como o Senhor avalia o papel desse instrumento para o sucesso do PAEG no combate à inflação?

Eu acho que foi muito importante. A indexação monetária, tal como era concebida originalmente, foi concebida como remédio temporário, enquanto nós fazíamos uma reforma fiscal e com quatro propósitos específicos: primeiro, reconstruir o mercado de títulos públicos, segmento que não existia, não se conseguia vender um título público. Então o governo não podia fazer „open market policy". Segundo: então nada mais realista do que os balanços das empresas, porque se você aplicasse lucros a um capital histórico não corrigido pela inflação, você tinha uma bruta lucratividade das empresas e, portanto uma bruta tributação sobre nada, porque o lucro era inflacionário. Terceiro, permitir contratos de longo prazo. Para você resolver o problema habitacional, você tinha que fazer um movimento maciço de construção de habitação, mas você não podia construir habitações se não desse financiamento de 15 a 20 anos. Mas você não podia dar financiamento de 15 a 20 anos, sem algum tipo de correção monetária. E quarto: o estímulo à poupança. A correção monetária tinha um viés „buyers for saving" porque você contabilizava a correção monetária nos depósitos a prazo. Contabilizava, mas não pagava correção monetária num depósito de 6 meses. Você podia retirar a qualquer momento, mas sem correção monetária. Se você quisesse ter correção monetária, teria que aplicar por 6 meses. Então era o „reward for saving". Houve esses quatro objetivos.

Os salários não eram indexados segundo o índice de custo de vida. Havia uma fórmula especial para os salários que levava em consideração a inflação passada, uma expectativa de inflação futura, mas tomada pela metade da inflação programada, e um coeficiente de produtividade. Então os salários não tinham a indexação automática. Era uma indexação para poupança, para títulos públicos e para balanços de empresas.

Assim interpretada, a correção monetária foi muito útil. O coeficiente de poupança, que era de 13% chegou a 22 % poucos anos depois. Houve, obviamente, um estímulo à poupança. Foi um dramático estímulo à poupança, comparável ao estímulo à poupança que o Chile obteve com a reforma previdenciária. É um outro esquema de estímulo à poupança, mas foi muito eficaz. O desastre da correção monetária começou quando se eliminou a carência e a correção monetária passou a ser aplicada aos salários. Aí você a transformou em quase-moeda. A partir de 1980 o prazo de correção salarial se encurtou de um ano para 6 meses, e a correção monetária caiu de 6 meses para 3 meses, depois para 1 mês e depois para o „overnight". Então virou quase-moeda e tornou-se um elemento negativo.

Então há duas fases completamente diferentes da correção monetária. A correção monetária, inicialmente, foi um estímulo ao desenvolvimento sem inflação, porque, na verdade, entre 1964 e até a primeira crise de petróleo 1973 a inflação caiu. Aplicou-se a correção monetária e a inflação veio de 144% para 12 ou 13%. Então a correção monetária não causou inflação. Depois sim, ela foi alterada e mudou inteiramente, passou a ser quase-moeda.

16. A indexação - mesmo assim - não pode ter atrapalhado uma mudança mais rápida das expectativas inflacionárias?

Não acredito. Entre 1965, quando a correção monetária se implantou mais amplamente, e 1973 teve-se um „steadily declining inflation", um déclinio constante da inflação. A expectativa inflacionária se reacendeu com a Crise de Petróleo por outros motivos e depois, a partir de 1980, porque a correção monetária passou a ser uma outra coisa, passou a ser quase-moeda.

17. A política das maxidesvalorizações do PAEG foi criticada por levar a dois males: oscilações fortes do câmbio real e a estimulação de ataques especulativas com efeitos negativos para a execução da política monetária. O que o Senhor diz a respeito disso?

Eu acho que essas críticas eram procedentes. Foi o meu único ponto de divergência com o Prof. Bulhões. Desde 1953, nos anos 50, eu defendia a livre flutuação das taxas de câmbio. Tem até um memorando, que foi publicado no anexo das minhas memórias, onde eu defendo a flutuação cambial. O Prof. Bulhões achava que admitir a flutuação cambial era revelar pessimismo em relação ao controle da inflação. Nós dizíamos não, nós iríamos fazer todos os esforços possíveis para controlar a inflação. Se não o conseguirmos, nós damos um ajuste de câmbio periódico, mas sem admitir a livre flutuação, que significaria que nos confessamos impotentes para combater a inflação. E, realmente, o que sucedeu foi que a inflação declinou, mas declinou mais lentamente do que esperado. Para evitar problemas para as exportações, houve desvalorizações periódicas, com todos esses defeitos: criava-se a expectativa de desvalorização. Havia sempre a acusação de que se vazava informação importante para grupos previlegiados. Isso é um defeito natural do sistema de desvalorizações periódicas. Mas predominou a opinião do Prof. Bulhões, eu era favorável a livre flutuação.

18. Qual era o grau da rigidez do controle cambial em comparação as fases anteriores e posteriores? Existia na época uma discussão de avançar na direção de um grau maior de conversibilidade?

Havia controle de câmbio, mas a idéia era marchar para a conversibilidade. Não foi possível fazê-lo. Mas o que se conseguiu fazer foi a unificação das taxas de câmbio. Nós saímos do regime de taxas múltiplas de câmbio para o regime de taxa única de câmbio. Entretanto o câmbio era administrado, não era câmbio livre. Se eu tivesse ficado mais alguns anos, a idéia era marchar para a plena conversibilidade cambial.

19. Qual era a programação para o comércio exterior nesse contexto?

Absoluta prioridade para a exportação. Criou-se então naquela ocasião o slogan: "exportar é a solução". As duas premissas eram: primeiro, é necessário um esforço maciço de exportação, segundo, é necessário diminuir o protecionismo. Por isso foi feita uma reforma das alfândegas para reduzir tarifas. Nós éramos anti-cepalistas. Não aderimos a „import-substituting industrialization".

20. Na época existia a crítica, de que o PAEG causou uma forte recessão, mesmo usando uma estratégia gradualista que, em tese, visava suavizar exatamente esse efeito recessivo?

Era inevitável um viés recessivo, porque nós vínhamos de uma situação de elevadíssimos déficits. Era uma situação semelhante à atual: déficit fiscal e déficit de balança de pagamentos. Ninguém conhece outra solução, se não uma busca do equilíbrio fiscal. Foi injusto imaginar-se que houve um propósito deliberado de enfraquecer o operariado, uma espécie de sadismo monetarista, isso era a teoria do Fishlow. Nada disso existia. O que existia era uma política salarial, baseada no princípio de que você tem que dar aumentos reais de salário em função da produtividade, e não dar aumentos salariais nominais sem produtividade, porque a inflação corrói isso.

O segundo princípio era que a redistribuição salarial não era a melhor. Você tem que procurar outras formas de redistribuição. E imaginava-se, por exemplo, que o programa habitacional fosse um meio de redistribuição de renda sem a mesma pressão inflacionária do aumento direto de salários. Segundo, com acesso a bens de consumo, facilitado pela instalação do crédito ao consumidor, seria um meio de você melhorar o consumo, sem incrementos salariais inflacionários. E terceiro, nós tínhamos um programa de bolsas escolares administradas pelos sindicatos. Era um outro meio, que não se traduzisse diretamente em aumento salarial, porque o aumento salarial provoca imediamente a percepção de aumento de custo e tentação de repasse pelos empresários. Nós cogitávamos de formas de melhoria do salário real por via indireta. Eu acho que isso continua válido até hoje, a via indireta de aumento salarial. Outro era – no caso da renda rural – a reforma agrária, quer dizer, dar acesso à terra.

A filosofia do governo Goulart era melhorar a situação do operário por aumento salarial direto. Nós dizíamos o seguinte: se o aumento salarial direto for superior à produtividade, isso gera inflação ou gera desemprego. Se você anula o lucro das empresas, você gera desemprego. Se você repassa os preços, você gera inflação. Então nós tínhamos que procurar combinar política salarial com redistribuição indireta por via de acesso à terra, no caso dos trabalhadores rurais, e por via de acesso à escola, acesso à habitação e acesso ao consumo.

21. O Senhor poderia comentar a discussão sobre a assim chamada „desnacionalização" das empresas brasileiras ?

Isso foi uma grande tolice. No caso, essa tese, esse fantasma de „desnacionalização" foi levantada por muitas empresas brasileiras que anteriormente não pagavam impostos e passaram a pagar impostos. Isso foi mais punitivo, o maior vigor fiscal. Houve realmente um aperfeiçoamento do mecanismo da arrecadação. O aperfeiçoamento da arrecadação machucou, feriu mais as empresas nacionais do que as estrangeiras, porque as estrangeiras tinham uma tradição de relativa pontualidade e fidelidade de pagamento de impostos. As brasileiras sonegavam amplamente. Então, quando houve um arrocho fiscal, as empresas brasileiras sentiram mais do que as empresas estrangeiras. Mas qual era a alternativa? Você, por nacionalismo, deixar de coletar impostos? Claro que não. Então, não era um tipo de objeção legítima. Nós tentamos compensar isso, por exemplo, facilitando o financiamento do BNDE, mas, sem dúvida nenhuma, muitas empresas brasileiras que derivavam seu capital de giro da sonegação fiscal se sentiram prejudicadas.

Um segundo argumento era que nós criamos a disposição 249, que permitia às firmas estrangeiras trazer capitais sob forma de máquinas e equipamentos sem pagamento de impostos. Em tese, as empresas brasileiras que arranjassem financiamento no exterior podiam ter o mesmo benefício. Na prática, isso tendia a favorecer um pouco as empresas estrangeiras, porque as matrizes financiavam suas subsidiárias aqui. Mas novamente a pergunta é a seguinte: o que é que se vai fazer? É preciso estimular o desenvolvimento industrial. O país não tem divisas, então, se você permitia às empresas estrangeiras trazerem equipamentos como aplicação de capital sem tarifas, você está corrigindo um defeito do balanço de pagamentos. A alternativa seria o governo dar as divisas. Mas o governo não tinha divisas para dar. Então isso foi visto como um favorecimento das empresas estrangeiras, porquanto as empresas nacionais que obtivessem financiamento do exterior podiam ter o mesmo privilégio.

A terceira razão desse argumento era que se estava desnacionalizando a indústria farmacêutica. Mas essa desnacionalização era inevitável. Porque, primeiro, você tinha uma evolução tecnológica muito grande nos remédios, especialmente com os antibióticos, e nós não tínhamos pesquisa nacional. Então as empresas estrangeiras tinham um favorecimento natural. Em segundo lugar, os insumos típicos farmacêuticos eram importados e, como havia escassez de divisas, as empresas matrizes financiavam generosamente suas subsidiárias para a importação desses produtos. O que se devia fazer sem divisas? A alternativa seria não importar e não ter os remédios. Por esses motivos houve uma certa desnacionalização da indústria farmacêutica e levou a reações erradas. Uma reação foi, por exemplo, a proibição de patentes. Isso atrasou enormemente a farmacêutica nacional. Agora, isso era uma visão setorial, porque no global estava havendo nacionalização e não desnacionalização. Por que? Porque se você somar todas essas indústrias desnacionalizadas você tem 100, 200 milhões de dólares, mas só a nacionalização das empresas na energia elétrica foi muito mais do que isso. São uns 400 milhões de dólares, quatro vezes mais. De um lado você estava nacionalizando, de outro desnacionalizando.

No balanço, a nacionalização foi muito maior do que a desnacionalização. Também algumas atividades minerais foram nacionalizadas. No balanço, não houve nenhuma desnacionalização, houve um saldo positivo de nacionalizações. Setorialmente se teve desnacionalizações.

22. A existência de uma ditadura militar foi relevante para proteger a política do PAEG contra grupos de interesse?

Sim e não. O regime militar estava muito dividido. Havia uma divisão muito grande entre a linha dura e a linha moderada, democrática. E a oposição à política econômica era muito forte, mesmo dentro do segmento militar. Havia um segmento militar que acusava a política de não ser suficientemente nacionalista. E havia líderes políticos da Revolução que queriam ser Presidente da República e queriam dissociar-se da política econômica. Carlos Lacerda, Ademar de Barros em São Paulo, Magalhães Pinto em Minas Gerais. Eu acho que poucas vezes houve um núcleo de governadores importantes tão hóstis à política econômica do que no tempo de Castello. O debate econômico era muito intenso. Havia ainda a esquerda, ainda bastante vocal, mas havia dissidentes militares e havia dissidentes civis da política econômica. Havia sido muito fértil o debate, não foi um período de aceitação fácil, não. O Congresso tinha que ser persuadido. É uma visão errônea que se tem. Quem lê o jornal da época, vê a intensidade da crítica que existia. A crítica era muito televisível. Eu, por exemplo, tinha que ir à televisão algumas vezes para responder a governadores que atacavam frontalmente a política do governo. Carlos Lacerda era um desastre.

23. Existiram grupos de interesse que conseguiram influenciar a política econômica?

Eu acho que pouco. Os militares não eram um grupo de interesse econômico. É uma ilusão também de muitos observadores estrangeiros imaginar que havia capitalistas no meio dos militares. Pelo contrário, os militares tinham uma tendência socialista, não socialista no sentido do marxismo, mas eram muito anti-lucro e anti-empresa e tinham preconceito contra a empresa privada. Parte do meu trabalho àquele tempo era persuadir os militares da necessidade do lucro, do lucro empresarial, eles tinham uma atitude anti-empresarial.

24. Quais são os fatores que explicam – depois da caída gradual da inflação até 1973 - a subida da inflação a partir de 1973?

Eu acho que o principal fator foi a crise de petróleo e o fato de que o Brasil, apesar da crise de balança de pagamentos que se delineava, insistiu em continuar uma trajetória de expansão, ao invés de fazer um aperto de cinto. Insistiu em crescer e conseguiu crescer 7% em média quando o mundo todo, depois da crise de petróleo, entrava em recessão. Nós crescemos como? Por endividamento interno e externo. O endividamento interno foi de uma natureza inflacionária. Então havia duas fontes de inflação pelo processo de ajustamento à crise de petróleo: primeiro, o impacto da crise de petróleo em si. Segundo, a tecnologia do reajuste que foi substituição maciça de importações com base em empresas estatais e mediante endividamento.

25. Quais são as críticas centrais que o Senhor faria à política econômica do PAEG?

A ingenuidade tecnocrática, por exemplo, na criação do Banco Central e também o reformismo exagerado. Queriam-se fazer todas as reformas do mundo. Como o Castello Branco não conseguiu organizar sua sucessão, pensava-se que o seu sucessor provável não fizesse nada. Então houve uma pressa reformista que criou grande instabilidade e necessidade para o setor privado de violentos ajustes. Isso foi certamente um erro.

A minha frustração pessoal é não ter conseguido duas coisas durante aquele tempo: primeiro revogar o monopólio da PETROBRAS. Não havia condições nem políticas nem militares para isso, porque a classe militar apoiava muito a idéia de um monopólio estatal em setores estratégicos. E segundo, não ter feito o programa de planejamento familiar. Aí havia três oposições. A igreja se opunha. Os militares se opunham, porque acreditavam no efeito massa. O Brasil era inferior economicamente a Argentina, mas se tornava mais forte pelo fato de poder mobilizar grandes massas e a idéia ingênua de ocupar a Amazônia. Acreditavam que, se há uma alta taxa de crescimento demográfico, vamos ocupar a Amazônia. Acabamos criando favelas.

Terceiro, os próprios empresários achavam que uma taxa alta de crescimento demográfico significaria mão-de-obra barata. A mão-de-obra era barata, mas ineficiente. A mão-de-obra barata significa, conseqüentemente, baixa produtividade, baixo poder aquisitivo e um mercado pequeno. Essas duas frustrações eu tenho.

26. Quais são as lições do PAEG para o Plano Real?

A lição para o Plano Real é que o fator fundamental, em qualquer programa de estabilidade, é fiscal, é a disciplina fiscal. O Plano Real nasceu com uma brilhante ginástica financeira, mas com a âncora errada: a âncora cambial e a âncora monetária sem a âncora fiscal.

Antônio Delfim Netto (Universidade de São Paulo)

Interview mit Antônio Delfim Netto am 19. April 1999 in São Paulo

1. Qual é a idéia que o Senhor tem do PAEG visto de hoje?

O PAEG, eu acho que foi um programa muito interessante. Ele era um misto de políticas ortodoxas e heterodoxas. A heteredoxia era menos importante do que parecia. No PAEG, na verdade, foi construída uma base que permitiu ao país um desenvolvimento muito rápido depois. As mudanças institucionais introduzidas no período de 1964 até 1966 foram extremamente importante. Não só a reforma do estado, o Decreto-Lei 200 foi um grande avanço institucional. E considero a reforma tributária como uma das coisas mais importantes que foram feitas no período. Ela foi feita de uma forma muito cuidadosa. Ela foi feita, primeiro, por alguns professores brasileiros, que produziram um esqueleto. Depois foram ouvidos alguns professores estrangeiros, depois o Congresso aprovou e, finalmente, entrou em vigor. Quando ela entrou em vigor, nós verificamos que tinha algumas dificuldades. Nós tínhamos instituído o imposto de vendas de valor adicionado estadual, que é incompatível com um estado federal. Como não era possível mudar a Constituição, nós criamos um novo organismo, o CONFAS, que coordenava as ações das finanças estaduais. No regime autoritário, isso era bem mais simples. Quando você diminuiu o poder do regime autoritário, já no próprio governo Figueiredo, as coisas foram ficando mais complicadas. Até que hoje o sistema está praticamente não manejável. Tanto que acredito que a coisa mais importante a ser feita hoje é, realmente, uma mudança do sistema tributário. Nós temos o sistema tributário mais ineficiente que existe no mundo, certamente.

No fundo o PAEG era um programa ortodoxo. Ele queria o quê? Superávit fiscal e controle da base monetária, que são dois sintomas de um plano ortodoxo. O PAEG tinha algumas coisas realmente mais modernas. Ele foi feito em 1964 e dava uma grande ênfase, expectativas. Naquele tempo ninguém falava sobre isso. Apresentou uma fórmula de correção salarial e as pessoas, até agora, não entenderam que a correção salarial era uma formula óbvia que pretendia, na verdade, manter o salário real constante. Na verdade ela tinha um viés que reduzia um pouco o salário real. Mas as pessoas imaginam que aquilo era para combater inflação e manter sob controle os trabalhadores. Era também isso. Mas ficou visível o seguinte: como você não tinha liberdade política, era impossível a livre negociação. Então a fórmula salarial era na verdade um expediente burocrático para resolver o problema social, que era o problema da negociação salarial. Quer dizer, ela não foi feita para combater a inflação. Ela foi feita para resolver um problema, que era a inexistência do mercado de trabalho. Depois a correção monetária, outra contribuição decisiva, na minha opinião, foi a criação da ORTN. Você protegia a poupança. Uma outra contribuição que eu acho absolutamente importante - que não era do PAEG, que era paralela - foi a criação do Fundo de Garantia por Tempo de Serviço. Por quê? Porque as empresas brasileiras não valiam nada, porque elas tinham um passivo virtual escondido dentro delas imenso, que era o passivo trabalhista. Então, a empresa vivia até chegar seus 30 ou 35 anos. Depois ela morria junto com o dono, porque quando você dissolvesse a empresa, o passivo trabalhista era de tal ordem que o valor da empresa era zero. O Fundo de Garantia por Tempo de Serviço foi uma outra contribuição muito importante.

E foi realmente um momento de grande mudança institucional. Isso se deve ao Dr. Bulhões e ao Campos, que era um homen lutador que tinha idéias. O Campos sempre foi um homen muito na frente do seu tempo. Uma boa parte da redação do PAEG se deve ao Mário Henrique Simonsen. A fórmula salarial era uma coisa óbvia. A contribuição importante do Mário foi nessa arquitetura junto com o Campos e com o Bulhões, que era uma arquitetura clássica: acabar com o déficit e acabar com o descontrole da base monetária. Institucionalmente a criação do Banco Central também foi um grande avanço. De 1964 até 1967 é certamente um momento revolucionário, em que você usou o poder para acelerar algumas reformas fundamentais. E eu estou convencido que o desenvolvimento posterior, o grande avanço de 1967 até 1974, foi construído sobre essa base. Também o PAEG tinha uma vantagem, era uma coisa puramente indicativa, não era um programa de metas.

2. Também existiam divergências entre o Senhor e Roberto Campos na avaliação da situação econômica entre 1964 e 1967?

Certamente. Uma das coisas em que divergíamos era, na verdade, uma espécie de exagero monetarista. A divergência surgiu quando - eu não me lembro mais direito, mas eu acho que em 1965 - houve um corte de 35% na base monetária. E eu acho que se produziu uma recessão muito superior àquela necessária. A divergência básica era esta: você fez um ajuste monetário. Na verdade, se pressupunha que existia uma relação direta entre preços e base monetária, o que não é verdadeiro, é muito mais tênue do que parece. Tanto era verdade que a inflação resistiu, ela caiu muito pouco. Você produziu um enorme „gap" de produto, o que eu aproveitei depois. Essa é a grande verdade. E continuou caindo a inflação até 1974. A divergência fundamental era essa. O resto não. O resto tinha o meu apoio total. A divergência maior era com o pessoal da Confederação Nacional da Indústria, o Dias Leite e o João Paulo Magalhães. No mais, eu acho que foi um trabalho magnífico que o Brasil ficou devendo ao Bulhões a ao Roberto Campos, um trabalho realmente extraordinário.

3. Quais eram as mudanças mais importantes na condução da economia política a partir de 1967?

O que aconteceu foi que você continuou naquela política tirando proveito daquelas reformas. Tinha um enorme „gap" de produto. O mundo estava começando a se desenvolver. Era visível que o Brasil precisava fazer um ajuste para se voltar para o exterior. A grande mudança foi exatamente a ênfase na exportação, com uma política cambial sólida que dava garantia para o exportador. Você tinha também uma política monetária de um tipo um pouco diferente da anterior, se controlava os juros. Nunca houve juros negativos, na verdade, mas os bancos tinham um certo controle. Isso era possível porque a economia era fechada. E uma coisa que é fundamental: quando chegou 1968 você recolhia o imposto IPI com 120 dias e o ICM com 90 dias. Você deu capital de giro para as empresas a custo zero, o que ajudava fazer um „mix" com a taxa de juros. Isso mobilizou, na verdade, a economia. E uma das coisas que eu acho que ficaram evidentes é que, ao contrário do que muitas pessoas pensam, a poupança sucede ao crescimento, ela não antecede ao crescimento. Muitos dos economistas brasileiros imaginam que a poupança é feita pelo Espírito Santo. Depois tu vai lá e pega as poupanças. E hoje a experiência empírica mostra que a poupança cresce junto ou depois do crescimento. Quando nós mobilizamos o Brasil, o Brasil adquiriu aquela dinâmica interna e começou a crescer 7% ou 8% ao ano, o nível da taxa de poupança foi embora para 26%, 27%, produzido pelo crescimento, ajudado institucionalmente pela criação de um papel protegido pela correção monetária, da caderneta de poupança, por todo um sistema que tinha sendo construído pelo Bulhões.

4. Quais eram os motivos exatos da indexação do câmbio em 1968?

Era o seguinte: o Brasil corrigia o câmbio uma vez por ano. É uma experiência extraordinária do ponto de vista empírico, porque as pessoas nunca observaram que durante anos o Brasil corrigiu o câmbio e a inflação nunca se acelerou. Você corrigiu o câmbio em geral perto do carnaval, e depois ele ia sendo comido ao longo do ano. E depois você corrigia de novo, mas cada vez que se chegava perto da correção, começava essa corrida. Não tinha ataque especulativo porque não tinha movimento de capitais. Mas os brasileiros especulavam, faziam tudo que podiam. Em agosto de 1968 nós decidimos acabar com isso. Fizemos um „crawling peg". Não sei se alguém tinha um „crawling peg". Não sei se existia um „crawling peg" em algum país. O câmbio estava numa posição boa, estava estimulando as exportações. Isso é interessante. A taxa de crescimento das exportações era muito baixa até 1967. Aí ela foi se acelerando, ficou lá em cima até 1974. Em 1974 há uma troca, o Simonsen usa o câmbio como instrumento de combate à inflação e a taxa das exportações cai dramaticamente. Praticamente durante o governo Geisel, as exportações físicas ficam constantes. E o que é pior, fica se cuidando de um programa de substituição de importação, mas não se cuida da coisa mais importante, que era substituir o petróleo. A partir de 1979 se tem, de novo, uma mudança. Se volta para uma política de estímulo à exportação e aí você faz um grande ataque na substituição do petróleo. Então ficou claro, desde 1967, que a restrição do crescimento do Brasil nunca foi a taxa de poupança. A restrição, na verdade, era a restrição externa. Os economistas depois inventaram a teoria do „twin-deficits", do déficit externo e interno, o que é uma identidade que não explica coisa nenhuma. A idéia de que você ia resolver o déficit externo com poupança interna, na minha opinião, confunde causa com efeito.

5. Na época do Senhor também se passou a indexar os salários. Não se tinha medo de uma indexação total?

Não, não. É diferente. A indexação continuou anual todo o tempo até 1979. Aqui é uma questão de poder político. A inflação veio a cair bastante, até 15%, quando começou o governo Geisel. Ela passou para os 45% e ficou constante em 45%. E quando chegou no governo Figueiredo não tinha mais força política para manter a indexação. Foi aqui que se cometeu o primeiro desatino. Mas ele é produto não de um erro da condução. Ele é produto do fato que não tinha mais como manter a correção anual. Com uma inflação de 45% ao ano, não havia mais força para manter a correção anual, se fez a correção semestral. Quando você fez a correção semestral, aconteceu o que era absolutamente esperado. A inflação dobrou, foi para 90%. Todos sabiam que ia acontecer isso, até o governo, só que ele já não tinha mais força para impedir isto.

6. No começo da gestão do Senhor se abandonou a idéia de um Banco Central independente. Por que se fez isso e de quem partiu essa idéia?

Um banco central independente era uma daquelas conversas moles, boa para alemão. Todo mundo acredita que o Bundesbank era o banco mais independente do mundo. O Banco Central tem uma independência relativa mesmo na Alemanha. Essa idéia de um Banco Central independente, que se opõe à política do governo, é uma idéia relativamente mítica. Como, por exemplo, todas essas demonstrações de que os bancos centrais independentes produzem menos inflação. Quando você faz uma análise empírica mais cuidadosa, (essas demonstrações) são extremamente duvidosas.

O que havia era o seguinte. Havia tido uma mudança importante na orientação da política. Antes, a política era recessiva inutilmente. O Banco Central pretendia que era o senhor do Brasil. Tanto é verdade que ele foi-se embora e a inflação continuou caindo, o que era a obrigação dele ter feito e não fez. E o crescimento se realizou. É claro que você não pode dar ao Banco Central dois ou três objetivos e só ter um instrumento, a taxa de câmbio. Hoje ninguém leva muito a sério isso. Na verdade, se controla a taxa de juros. E também todo mundo sabe hoje o seguinte: se você não tiver um regime fiscal adequado, não tem Banco Central que possa manter a taxa de inflação sob controle. Então a discussão era essa. O Banco Central é um instrumento do país para ajudar a obter a estabilidade econômica, mas não necessariamente a obter a estabilidade de preços a custa de qualquer crescimento. Não existe Banco Central no mundo que olhe exclusivamente para os preços. Isso é coisa ingênua. É para criança de berço. E era para pessoas que não sabiam o que estavam fazendo. De onde vem a representação política do Banco Central para fazer isso? De onde vem o poder de um burocrata para decidir: eu vou desempregar fulano ou beltrano, porque eu sei que vai dar certo. Essa é uma pretensão dos economistas que é extravagante, exagerada. Não há nenhum Banco Central no mundo que não diga, „Minha tarefa principal é a taxa de inflação". Mas não tem nenhum que não fica com o olho esquerdo olhando para o nível do emprego. Agora mesmo, no Banco Central Europeu, foi primeiro preciso mandar passear o Ministro Lafontaine para depois poder fazer a política que ele estava pedindo. Porque seria uma grave crise, se um político pede um desenvolvimento e o Banco Central atende. Primeiro você manda o político embora, depois o Banco Central atende.

7. E a idéia de acabar com essa intangibilidade dos mandatos dos diretores foi uma decisão tomada pelo Senhor ou pelo presidente Costa e Silva?

Na verdade isso é uma decisão do Governo. Essa intangibilidade era, na verdade, uma armadilha. Essa sim, montada pelo Campos, pelo Bulhões, que queriam continuar no governo. E a idéia é ridícula, quase infantil, de que alguém ia acreditar naqueles argumentos.

8. No seu mais recente livro chamado „Crônica do debate interditado" o Senhor faz um resumo bastante favorável do PAEG, e parece até achar o PAEG, de certa forma, superior ao Plano Real. Quais as vantagens do PAEG em relação ao Plano Real?

Eu acho que o Plano Real foi um plano brilhante. O Plano Real, na verdade, se inspirou no combate à inflação na Europa depois da Primeira Guerra. Quer dizer, ele procurou uma moeda única, uma moeda que se auto-corrigia. Eles construíram isso olhando o que tinha acontecido na Alemanha, onde aparaceu naturalmente uma moeda que se auto-corrigia. Então, do ponto de vista de combate à inflação, foi absolutamente brilhante. Você fez uma coordenação, conseguiu algumas coisas que pareciam impossíveis. Primeiro, você fixou o salário real pela média, usando a URV. Essa idéia é do PAEG. Essa idéia não é nova. Essa idéia, na verdade, estava em todos os economistas que sabem que, numa larga medida, a inflação é uma batalha pela distribuição da renda. Então você precisava estabilizar a distribuição da renda. A solução do Real foi uma solução muito mais engenhosa. Essa coisa nem estava preparada em 1964. A URV é produto de uma maturação que começou, na verdade, com uma sugestão do Lara-Resende e do Arida de usar a ORTN como moeda. Naquele momento nem sequer nós estávamos preparados para fazer isso, porque não tinha a credibilidade necessária. Isso aqui começou em 1983. O Plano teve sucesso em 1994. Você tem 11 anos, na verdade, de maturação de uma idéia e ia aprendendo. Depois teve um fracasso monumental, que foi o Plano Cruzado. Então, o Plano Real, deste ponto de vista, é brilhante. É um plano que, inclusive, domina os outros com a maior tranqüilidade. Mas cometeu um erro imperdoável, que foi ão ter entendido que , com a abertura de 90, você precisava de um câmbio real maior, e não menor. Com aquela mentira de que o mercado está fixando o preço do dólar, quando você estava com a maior taxa de juros do mundo. Teria sido um plano de sucesso absoluto. Eu não tenho a menor dúvida, ia ser colocado como o „bench-mark" dos planos de estabilização.

O Brasil teria mantido o ritmo de crescimento. Não teria tido os problemas externos que teve. Esse erro foi o erro cometido, na minha opinião, e depois você insistiu sobre ele por um problema de desvio ideológico. Os administradores do Governo diziam duas coisas: primeiro, câmbio valorizado gera produtividade, o que é mentira. O que gera produtividade é a abertura comercial. E segundo, que no mundo novo, de ampla liberdade de capitais, sempre existirá lá fora um mundo suficientemente grande de idiotas para financiar qualquer déficit em contas correntes. O que que foi a crise brasileira ? Foi descobrir que tem mais idiotas aqui dentro do que lá fora. Hoje, por exemplo, nós nos libertamos desse constrangimento. O Brasil está repetindo a experiência coreana, até com um pouco mais de entusiasmo. Eu não tenho dúvidas, se as coisas caminharem de uma maneira um pouco mais calmas, nós vamos sair disso com tranqüilidade, sem inflação.

9. Parece que tem um outro lado fraco do Plano Real, que é o lado fiscal. O Plano Real pode aprender com o PAEG nesse sentido?

Aí, nem se fala. Nem se comenta. Na verdade, qual era a diferença fundamental? É que no PAEG o equilíbrio fiscal - como, depois do PAEG, em todo regime autoritário - o equilíbrio fiscal foi buscado o tempo inteiro. O déficit é uma coisa posterior. Até 1974 ele era uma coisa inexistente. Você foi criando o mercado interno de capitais. Aliás, isso é uma outra coisa importante, uma reforma institucional que só foi possível porque você tinha um título público protegido contra a inflação. A criação do mercado de capitais foi outra contribuição decisiva do PAEG.

Então eu diria o seguinte: esta preocupação com o equilíbrio fiscal sumiu depois. E o que é mais triste, no Plano Real - como no Plano Cruzado - foi o que deixou a coisa ficar pior do que deveria. E com mais um problema ainda é que, cada vez que você tenta fazer o ajuste, você tenta fazer o ajuste pelo aumento de tributos e não pelo corte de despesas. De forma que são ajustes sempre muito mais precários. E aí tem outra coisa talvez fundamental: é a Constituição de 1988. A Constituição de 1988 é uma coisa curiosíssima. Em materia de direitos nao onerosos é uma Constituição fantástica. Dá para os brasileiros uma cidadania equivalente a dos alemães, dos suecos. Agora, quando se trata dos direitos onerosos, ela é uma tragédia. Ela criou, na verdade, despesas que são incompatíveis com a atual estrutura do estado. E o Brasil tem um problema que é o mesmo problema que tem a

Alemanha, tem os Estados Unidos, a França. Se tem uma mudança demográfica muito intensa, e o teu sistema de seguridade social é um desastre. Ou nós acertamos isso, ou em 4, 5 ou 10 anos você está, de novo, numa situação que é de insustentabilidade. A vantagemé que essas coisas hoje estão mais ou menos claras, quer dizer, nós precisamos de uma boa reforma fiscal, nós precisamos de um bom ajuste das despesas públicas e nós precisamos resolver o problema da seguridade social.

10. O Senhor, em 1967, defendeu uma nova interpretação das causas inflacionárias. O Senhor poderia explicar isso?

Isso, na verdade, era o seguinte. Eu dizia que a inflação era muito mais de custos do que de demanda. Quando não existia demanda, como é que podia ser de demanda a inflação? Tem algum livro aí, aquele trabalho sobre inflação. É um livro sobre inflação no Brasil, escrito por mim e pelo Pastore. Aquilo mostra o que era na verdade. Claro que essa diferenciação entre inflação de custo e inflação de demanda é uma coisa muito difícil. É muito mais uma batalha retórica para poder mexer na política. Mas era um fato óbvio. A inflação não tinha cedido e você tinha um „gap" de produto gigantesco.

11. Parece que a partir de 1967 tinha ainda uma discussão com o Roberto Campos. Ele criticava a política do Senhor. Quais foram essas críticas?

Não me lembro do Campos ter feito crítica. Não, o Campos fazia algumas observações, quem fazia também algumas observações era o Dr. Gudin. As observações eram basicamente estas: o aumento da base monetária ia produzir inflação. Deu tudo ao contrário.

12. Uma crítica que fazem hoje alguns economistas na política econômica durante o periodo militar é que teve um aumento da estatização e intervenção estatal. Como o Senhor vê isso em relação ao PAEG?

Isso não estava implícito no PAEG. Pelo contrário, os militares sempre tiveram uma idéia muito clara. Os ideólogos disso são o Dr. Bulhões e o Campos. E depois foram seguidos durante todo tempo. É que você precisava manter uma economia de mercado, que é a única forma de, no futuro, você poder caminhar para um regime de liberdade. De forma que nunca houve como objetivo construir uma sociedade onde o estado fosse a coisa mais importante do ponto de vista produtivo. O grande avanço do estado foi no governo Geisel. A filosofia dele era completamente diferente desta. A filosofia do Geisel era uma filosofia que não era „friendly to the market". Era contra o mercado, a idéia era de que o empresário é um pouco menos do que um ladrão, mas o banqueiro é certamente mais do que um ladrão, e que, portanto, precisa se do estado para regular isto. O estado é um ser moral, ético e eficiente que faz tudo isso. Cada vez que funciona mal o mercado, o estado está lá para substituí-lo. O Campos foi um grande criador de intervenção estatal. O Campos produziu várias intervenções e todas elas eram muito inteligentes e até necessárias. Mas a idéia sempre foi que você precisava de manter uma economia de mercado para poder caminhar para uma sociedade aberta. Isso só diminuiu com o governo Geisel, que tinha sérias dúvidas sobre o mercado.

13. Então essa crítica se aplica só ao regime autoritário a partir do governo Geisel?

Basta ver o seguinte. Eu acho que o Geisel criou 250, até 300 empresas estatais. A ponto de que quando nós voltamos em 1979, não tinha nenhuma lista das empresas estatais. Foi preciso criar uma Secretaria para a gente conseguir saber quantas estatais tinha e quantos filhotes cada estatal tinha produzido. Em 1979 foi um instante de absoluta surpresa, porque não existia uma lista das estatais. O número era tão grande que ninguém sabia mais como é que aquilo estava funcionando.

14. Qual foi o maior sucesso e qual o maior fracasso do PAEG?

Eu acho que o grande sucesso do PAEG, certamente, foi a reforma institucional. Não diria que tinha um fracasso. O PAEG cumpriu a sua missão. Qual era a sua missão na verdade? Era reduzir a inflação e preparar o país para uma volta do crescimento. Eu acho que ele cumpriu essa missão. Eu considero o PAEG um programa muito bem sucedido. Se você fizer um cheque do que ele se propunha logo no início, naquele livrinho verde, como que terminou na verdade em 1967, você vai ver que ele cumpriu largamente a sua missão. O crescimento posterior foi construído sobre o PAEG. Quando começou o mundo a crescer rapidamente, a partir de 1967, se pôde ligar o plugue no mundo, porque o PAEG tinha acontecido.

15. E as críticas a respeito da distribuição da renda?

O que eu acho sobre as críticas à distribuição da renda é que algumas são válidas, e outras não. O que me entusiasma é que, freqüentemente, não se sabe o que está sendo medido. O índice da distribuição da renda mede distância, não mede bem-estar. O que aconteceu? Num momento em que você tinha um crescimento acelerado, realmente você produz algumas distorções na distribuição da renda, porque você tem um exército de reserva aqui, entrando no primeiro decil e tem uma demanda enorme de pessoas preparadas no último decil. Então, é natural que a distribuição salarial se destaque. Cresce o salário do menor, cresce o salário do maior, mas o salário do maior cresce mais depressa do que o salário do menor. É isso que produz um aumento do Gini, porque ele mede distância, não mede bem-estar. Vai ser complicado para a esquerda explicar a seguinte questão: uma ilha só tem dois sujeitos e só tem coqueiro. Um sujeito colhe 100 cocos por ano e o outro colhe 500 cocos por ano. A distribuição de renda é horrível. No ano seguinte você vai lá, esse sujeito que colhia 100 cocos, colhe 200. Mas esse sujeito aqui (que colhia 500) educou o macaco e está colhendo 1200 cocos por ano. A distribuição de renda piorou muito. E o bem-estar? Melhorou. A distância entre eles cresceu.

Essa crítica não começou no Brasil. Essa crítica começou no Banco Mundial. Um cidadão chamado Mc Namara, nos anos 70, muito depois do PAEG, começou chamar atenção para o problema da distribuição da renda. E foi, como um todo, uma coisa importante. E é importante, como o problema ecológico. Eu acho que o Mc Namara, na verdade, reorientou o Banco nessa direção. E aqui no Brasil isso serviu como um grande "issue" para debate. Aliás, isso é um dos campos onde você encontra talvez os melhores e os piores trabalhos de economistas brasileiros e dos „brazilianists".

O que há de pior produzido sobre o Brasil é, provavelmente, sobre a distribuição de renda, porque é uma cópia insensata um do outro, com muito pouco espírito crítico. E você tem também, provavelmente, os melhores trabalhos escritos por eles sobre esse tema. Agora, o que se sabe: Provavelmente toda a concentração foi pior depois do regime autoritário, porque a concentração está ligada às variações da taxa de inflação. Cada vez que a taxa de inflação varia fortemente, você, na verdade, acaba piorando a distribuição da renda.

João Paulo dos Reis Velloso

Interview mit João Paulo dos Reis Velloso am 2. Juni 1999 / Rio deJaneiro

1. Como o Senhor avalia o valor do enfoque institucional, que ganhou renome com os trabalhos de Douglass North, para a explicação do desenvolvimento econômico no Brasil?

Certamente o enfoque de North tem importância. A especificidade brasileira está na dificuldade de construir instituições que sejam permanentes ou, pelo menos, duradouras. Nós vemos, por exemplo, como nos últimos governos houve reestruturações nos Ministérios e na Presidência. Freqüentemente em função de fatores passageiros ou até mesmo de influências políticas personalistas. Nesse sentido eu gostaria de destacar três governos, no período de 1930 até hoje, que são importantes, quer para a construção de instituições, quer para a consolidação de instituições. O governo Getúlio Vargas, nos anos 30, criou importantes instituições para a intervenção na economia dentro da visão da época, de um estado que conduzia a estratégia de desenvolvimento. (Ele) até esboçou a formação de um estado moderno, no sentido de (que estava) voltado para questões econômicas e sociais, embora que permanecesse no patrimonialismo histórico brasileiro. O objetivo era estabelecer no Brasil um estado burocrático no estilo de Max Weber.

Outro governo importante, do ponto de vista institucional, foi o governo Castello Branco. Nós vamos tratar disso nas perguntas seguintes. O terceiro, eu diria que foi o governo Geisel, porque ele consolidou a implantação da reforma administrativa, definida pelo Decreto-Lei 200 de 1967. E o significado, no meu entender, é institucionalizar no Brasil um estado gestor do desenvolvimento econômico e social, inclusive com um sistema de supervisão das empresas estatais e uma preocupação de descentralização.

Em síntese, eu diria que, com altos e baixos, principalmente entre 1964 e 1980, o Brasil avançou no sentido da institucionalização. Infelizmente nos anos 80, e em parte também no início dos anos 90, nós des-institucionalisamos, nós destruímos instituições ou reformulamos apressadamente outras instituições.

2. Quais eram – numa visão histórica – as restrições institucionais e culturais para o desenvolvimento econômico no Brasil? Existe algum papel das estruturas clientelistas na explicação do subdesenvolvimento brasileiro?

Numa visão histórica havia nos anos 30 ainda existia muito na altura do PAEG, o problema do patrimonialismo a la Max Weber com as suas manifestações recentes no Brasil de populismo, clientelismo e corporativismo. Esses problemas foram enfrentados pelo governo Castello Branco e durante o regime militar – expressão que eu prefiro a de ditadura militar ou regime autoritário – alguns problemas foram simplesmente colocados debaixo do tapete, como a questão do sistema político.

3. Qual é, historicamente, o papel do estado no desenvolvimento e subdesenvovlvimento brasileiro? O estado promoveu ou inibiu o desenvolvimento?

A partir de 1930 e até 1980, talvez um pouco mais, o estado teve um papel muito relevante na condução de uma estratégia de desenvolvimento econômico e social no Brasil, a despeito de resíduos patrimonialistas. Era um estado de duas faces, havia um lado moderno e havia um lado arcaico. Nos anos 80 houve uma deterioração do estado, e até mesmo uma grande crise do estado, do ponto de vista operacional, financeiro, ético, com invasão do estado pela lógica clientelista, muitas vezes. De modo que nós tivemos de retomar o assunto onde ele tinha ficado em 1964. E, até hoje, ainda estamos fazendo esforços para eliminar a influência clientelista, principalmente nos setores socais. As áreas de educação, saúde e de assistência eram muito sujeitas a essa influência clientelista. Havia grandes programas da União, programas de caráter nacional, executados por grandes burocracias ligadas a grandes clientelas. A área econômica era menos sujeita a influências clientelistas. Eu disse, era menos sujeita.

4. Antes de entrar em detalhes: qual é a visão que o Senhor tem hoje do PAEG?

Em síntese, eu acho que ele foi extremamente importante nos seguintes pontos de vista: reconstruir a economia, reconstruir a área fiscal do estado; estabelecer políticas monetárias e de balanço de pagamentos adequadas; reformar instituições; criar novas instituições, como o Banco Central, o Banco Nacional de Habitação e o próprio Ministério de Planejamento com o IPEA, que passou a ser - e ainda é - um orgão importante. Porque não havia no Brasil a tradição de „think tanks" dentro do governo, de instituções que pensassem desenvolvimento, afastadas do dia-a-dia da execução da política econômica.

Em geral, o PAEG preparou muito bem as bases para o crescimento que se iria seguir, na fase do chamado „milagre". Do ponto de vista de estabilização, o PAEG teve algum sucesso na redução considerável da taxa de inflação, mas o problema da estabilidade ainda não estava resolvido no final do PAEG. E, por isso mesmo, tinha havido a retomada do crescimento. Nem era de esperar que houvesse. O texto do PAEG foi irrealista quando falou em retomada do crescimento dentro do próprio tempo de vigência do PAEG.

5. Qual foi a posição profissional do Senhor na hora do golpe e durante a execução do PAEG? O Senhor teve alguma participação na elaboração de projetos na época?

Em abril de 1964 eu me encontrava ainda na Universidade de Yale, onde estava concluindo estudos de pós-gradução em economia. Eu retornei ao Brasil em começo de junho. E logo que voltei ao Rio de Janeiro, eu fui requisitado pelo Ministro de Planejamento, Roberto Campos, que me entregou a função de criar o IPEA. Antes mesmo da criação do IPEA houve uma série de reuniões no edifício do Ministério da Fazenda com a presença do Ministro Campos, do Ministro Bulhões e de economistas brasileiros, principalmente o Simonsen, que tinha sido o autor da primeira versão do PAEG. Ou seja, dos capítulos relativos à parte macroeconômica do programa. E havia outros economistas, inclusive o Werner Baer, da Universidade de Yale.

Eram cerca de dez a doze pessoas escolhidas principalmente pelo Campos. Quando nós instalamos o IPEA, a primeira função que nós recebemos foi de preparar a versão final do PAEG. E essa versão foi preparada. São dois grandes volumes dos quais se fez apenas uma pequena tiragem. O primeiro volume se refere às políticas macroeconômicas e à visão global. O segundo volume se refere aos programas setoriais. O que circulou para o grande púlico e o que é conhecido como texto do PAEG é um resumo, síntese, se diz no próprio volume. De modo que muitas vezes é preciso recorrer ao texto original, porque a síntese, necessariamente, contém simplificações. E há uma parte em que ela difere dos dois volumes básicos, porque ela já foi feita em Washington, pelo Simonsen e por mim, a parte que se refere ao financiamento da balança de pagamentos. Nós fomos com o Ministro Campos para Washington, (nós significa o Simonsen, eu e outros assessores) para participar de uma reunião das instituições financeiras internacionais com observadores europeus e do Japão. Estavam presentes o FMI, o Banco Mundial, o EXIMBANK e o Banco Interamericano. Durante dois dias, creio, houve um debate sobre o PAEG. E esse debate foi o ponto de partida para que aquelas instituições resolvessem, então, financiar o PAEG. Logo em seguida, vieram ao Brasil missões do FMI e uma grande missão do Banco Mundial. Uma das maiores missões que o Banco Mundial enviou até hoje para qualquer país. O Banco Mundial estava de relações interrompidas com o Brasil desde o período de Kubitschek. E foi aquela missão o início do contato com projetos aqui no Brasil. E também o início do funcionamento de dois grandes estudos financiados pelo Banco Mundial: um estudo a respeito do programa siderúrgico e outro estudo - que teve uma grande importância para o Brasil - sobre o sistema de transportes, que deu origem, inclusive, à criação de um orgão específico para o planejamento de transportes.

Em essência foi esta a minha participação na fase inicial do PAEG. Pode-se, em síntese, dizer o seguinte: a parte macroeconômica foi de autoria, principalmente, do Simonsen. A parte setorial foi de autoria do IPEA, quase toda. Depois, nós acompanhamos toda a execução do PAEG e o IPEA serviu como Secretaria Executiva do Conselho Consultivo de Planejamento, que foi criado e que serviu de fórum para um grande debate sobre o próprio PAEG.

6. Qual era o estado das instituições (fiscais, monetárias e salariais) na fase anterior ao PAEG? Quais eram os defeitos principais do regime monetário, do regime fiscal, do regime salarial e do regime do comércio exterior?

O estado das instituições fiscais, monetárias e salariais era virtualmente de terra arrasada. O orçamento era praticamente uma piada. No início do governo Castello Branco, as liberações de recursos para os diferentes Ministérios eram feitas pessoalmente pelo Ministro Bulhões, ouvido seu assessor principal para a área de execução financeira. Em matéria de defeitos principais, o que se observava é que o regime monetário era inexistente, era uma sucessão de stop and go. O plano Trienal do Celso Furtado simplesmente tinha sido esquecido pelo Presidente João Goulart. As tentativas do Ministro Santiago Dantas, por exemplo, de dar ao Brasil um mínimo de organicidade na área fiscal e monetária não tiveram êxito. Não havia qualquer regime salarial. O que havia era uma guerra salarial, cada sindicato procurando obter o melhor resultado diante de uma inflação ascensional. E, às vezes, se observava que um sindicato obtinha um reajuste salarial de 5%, enquanto um outro, por exemplo de metalúrgicos, que era muito forte, obtinha um ajuste de 50%, simultaneamente. O comércio exterior era um caos. Havia atrasados comerciais, sucessivos reescalonamentos da dívida com um esforço muito grande do embaixador Campos - que então era o nosso embaixador em Washington - e de outros embaixadores, e dos Ministros da Fazenda, de procurar manter um mínimo de credibilidade para o país, mas o caos político e econômico em que nós estávamos impedia a execução de qualquer política econômica, boa ou má, e levava ao completo descrédito no exterior.

7. Como o Senhor caracterizaria o espírito que orientava as reformas propostas pelo PAEG?

Certamente as reformas emprendidas pelo PAEG tinham um impulso modernizador muito grande. O que se conseguiu no governo Castello Branco nesse sentido foi admirável. Primeiro, as reformas econômicas, a criação do Banco Central e a recuperação do sistema de orçamento, que foi um trabalho de alto nível. Tivemos, também, a reforma do mercado de capitais, do sistema financeiro e o estabelecimento da correção monetária, que na época era muito limitada. Ela se referia apenas a dívidas de longo prazo e aos tributos, ao sistema tributário. Evitou-se, deliberadamente, a aplicação da correção monetaria a algumas áreas, como salários, preços em geral e, principalmente, a taxa de câmbio, na idéia de que ela seria desastrosa nesses setores.

Houve finalmente a reforma administrativa, que apenas foi aprovada. E teve de ser aprovada por decreto-lei, porque não se conseguiu a aprovação pelo Congresso. Havia um projeto de reforma administrativa que estava no Congresso fazia mais de dez anos. E o senador Amaral Peixoto, que era o relator, nunca conseguiu resultados. Provavelmente porque havia um impasse institucional. Por isso o governo Juscelino, para executar o Programa de Metas, tivera de criar todo um sistema de mecanismos paralelos aos Ministérios, de grupos executivos e o BNDES que realmente viabilizaram a execução do Plano. De outra forma ele não teria acontecido.

8. Parece que existia uma ampla discussão do plano na época. Em qual foram envolvidas pessoas como Carlos Lacerda, Antonio Dias Leite, Delfim Netto etc? Qual foi o clima de discussão nessa primeira fase da ditadura?

Realmente houve um grande debate nacional sobre o PAEG e isso foi muito útil. Houve um documento da Confederação Nacional da Indústria altamente crítico ao PAEG, embora a Federação de Indústrias do Rio de Janeiro tivesse feito a defesa do PAEG. É que havia uma recessão e o Brasil não estava acostumado com recessões. E havia também um aperto creditício e monetário muito grande. Houve, ainda, o documento do Prof. Dias Leite, que depois foi Presidente da Vale do Rio Doce e Ministro de Minas e Energia. O Dias Leite representava uma posição que não aceitava aquele caminho que estava sendo seguido na execução do PAEG. O que é diferente do texto do PAEG – eu quero colocar este ponto. A execução do PAEG se afastou do texto principalmente em dois sentidos: primeiro, não foi cumprida a fórmula salarial. O objetivo era assegurar a reposição do salário medio real do período anterior, de 24 meses, 12 meses, porque havia o chamada resíduo inflacionário que era fixado pelo Ministro da Fazenda. E ele sempre foi fixado em 10% para o ano seguinte, independentemente de que a inflação estivesse a 30, 40 ou 50%. Isso é o que causou um achatamento de salários, porque mais ou menos a mesma regra se aplicava ao salário mínimo. Outro ponto em que a execução se afastou do texto foi que houve duas recessões durante o governo Castello Branco. Isso não estava previsto no PAEG. Talvez a primeira fosse inevitável. A segunda resultou, principalmente, de que você tinha feito muita inflação corretiva, como se denominou à época. Significava que tiraram atraso em matéria de tarifas de serviços públicos e preços de empresas estatais.

Um documento que o Delfim Netto entregou ao Presidente Costa Silva - e que foi realizado no âmbito do IPEA por uma equipe coordenada pelo Celso Affonso Pastore - chega à conclusão de que a inflação de custos tinha se tornado um elemento predominante no final da execução do PAEG, e que havia um aperto fiscal e creditício muito grande sobre as empresas e, até mesmo, um tratamento discriminatório contra a empresa nacional, porque as empresas estrangeiras podiam tomar recursos no exterior. De modo que é essa a idéia geral do documento. Este documento serviu de base para o primeiro documento de programação feito pelo governo Costa e Silva. Ele foi usado como uma espécie de diagnóstico.

9. Como o Senhor caracterizaria o espírito que orientava as reformas propostas pelo PAEG? A minha impressão é que o governo brasileiro mostrou com o PAEG - depois do processo de modernização iniciado na década de 1930 - pela primeira vez uma preocupação séria com questões de ordem econômica. Se queria implementar uma ordem econômica que tentava livrar as forças do mercado e era orientada mais pela racionalidade e menos por estruturas clientelistas. Como o Senhor vê isso?

Creio que a colocação está bem feita. Houve esse esforço no período do PAEG com alguns enganos, como aqueles que eu já mencionei. Mas, em geral, foi a tentativa de ter políticas econômicas racionais, instituições bem estruturadas, fundamentos adequados para a economia, um crescimento que fosse sustentável e, até mesmo, desenvolvimento social. Porque naquela época se criou o Banco Nacional de Habitação, que depois foi muito importante para a política habitacional, embora levasse algum tempo até que houvesse realmente uma habitação de caráter popular. Aquela foi muito voltada para a classe média no início. E houve uma importantíssima política de saneamento - principalmente no governo Geisel - que teve grande significação para o aumento da expectativa de vida no Brasil e redução da mortalidade infantil. Fez-se, também, a aprovação de uma reforma agrária, que não foi bem implementada pelos governos seguintes. Principalmente porque o INCRA nunca foi um orgão à altura de fazer uma boa execução. O Estatuto da Terra foi um esforço sério e honesto de fazer uma reforma agrária moderna. Talvez hoje eu colocasse mais ênfase na parte relativa ao acesso à terra. Mas certamente foi um modelo importante que se criou, embora, como eu disse, muito mal executado ou pouco executado.

10. Por que a lei da independência do Banco Central não pegou?

O problema da independência do Banco Central se colocou logo nos dois primeiros meses do governo Costa e Silva. Simplesmente a Presidência da República não aceitava a gestão do presidente do Banco Central e decidiu que tinha de haver uma mudança. Isso selou a sorte do Banco Central, que foi bem implantado, embora com algumas distorções. No meu entender, a pior distorção se refere à tentativa do Banco Central de ser um orgão de fomento. Dentro do Banco Central foram colocados grandes programas de financiamento subsidiado, principalmente à agricultura fora do orçamento geral da União. É importante saber que o orçamento monetário não era aprovado pelo Congresso, ele era aprovado simplesmente pelo Conselho Monetário Nacional. Isso fazia com que os dados relativos ao superávit ou déficit do Tesouro Nacional fossem irrealistas. No governo Geisel se procurou reduzir esses programas que eram muito voltados para a agricultura e exportações, num primeiro passo para a unicidade orçamentaria. Infelizmente, esse trabalho não chegou a ser completado, só foi completado na década de 80. Outra distorção no Banco Central veio depois, quando se fez uma legislação especial para intervenção e liquidação extra-judicial de instituições financeiras.

É um instituto jurídico muito estranho. Alguns juristas o consideram incompatível com um regime capitalista, porque ele cria a figura da responsabilidade solidária dos administradores de instituições financeiras, ou seja, se há um problema numa instituição financeira, todos os administradores são igualmente responsáveis, independentemente de determindado administrador ter ou não tido qualquer envolvimento com os problemas da instituição.

11. Uma inovação institucional do governo Castello Branco foi a correção monetária. Qual era o papel dessa instituição para o sucesso do PAEG?

A correção monetária nasceu da necessidade - que se considerava problema importante - de conciliar o crescimento com a inflação, porque o PAEG fala em relativa estabilidade de preços, o que quer que isso signifique. Então, como não havia idéia de que no período de vigência do PAEG acontecesse a completa estabilidade dos preços, foi criada oa correção monetária, que é a indexação como maneira de fazer com que pudesse haver crescimento, mesmo enquanto ainda persistisse uma certa taxa de inflação que fosse considerada tolerável. É claro que isto encerra uma armadilha que depois ficou visível. O Brasil no final dos anos 80 estava virtualmente com uma hiperinflação indexada. Mas já observamos que a correção monetária era extremamente limitada na época do PAEG. E ela realmente permitiu que houvesse a recuperação do sistema tributário - que havia practicamente desaparecido - e das concessionárias de serviço público - que estavam cobrando tarifas completamente irrealistas, defasadas de anos com a inflação alta. E permitiu a existência de contratos de longo prazo, por exemplo, para execução de grandes projetos para encomenda de bens de capital, que exigem prazos de maturação relativamente longos e assim por diante.

12. Um estudo recente (de Kehrle) mostra que o papel do controle de preços no PAEG foi sempre subestimado e até obscurecido. Qual é a posição do Senhor a respeito disso?

É preciso entender que no período do PAEG não havia propriamente controle de preços. O controle de preços foi estabelecido no governo seguinte, quando se fez a criação do CIP. Na época do PAEG havia estímulos fiscais às empresas que mantivessem os seus reajustes de preços dentro de limites. Isso teve uma certa significação. Não foi muito importante, mas serviu um pouco para arrefecer expectativas de grandes elevações de preços. Mas ficou um problema sem solução, que foi o problema do câmbio. Os reajustes cambiais eram feitos periodicamente e, após certo tempo, qualquer criança de cinco anos já sabia que iria haver uma desvalorização. Isso criou movimentos especulativos muito grandes em relação ao câmbio e foi por isso que, anos depois, se criou o sistema de mini-desvalorizações, que teve um certo sucesso no sentido de assegurar uma taxa de câmbio que não levasse a sobrevalorização da moeda nacional.

13. A reforma tributária era bem sucedida?

Sim! Diria melhor, o que teve grande sucesso no período do PAEG foi a reforma de fato dos tributos, porque não houve reforma tributária, ou seja, o Governo passou a ser capaz de cobrar impostos em geral. E com isso o orçamento pôde ser bem executado. Eu já me referi ao grande trabalho que se fez na construção do orçamento dentro do Ministério de Planejamento, a cobrança dos tributos era feita no Ministério da Fazenda. O que o governo Castello Branco fez foi aprovar a reforma tributária, quer dizer, a lei de reforma tributária, porque ele não chegou a executar. Foi principalmente a mudança de um imposto de vendas e consignações para um imposto de circulação de mercadorias, que tendia a ser um imposto sobre o valor adicionado, antes que houvesse a "value added tax" na Europa. Sob esse ponto de vista o Brasil foi pioneiro até. E, em geral, o sistema tributário estabelecido pela reforma de 1967 era moderno e bom para a época. Infelizmente depois ele foi desfigurado.

14. Qual é o papel do PAEG para o do forte crescimento a partir de 1968?

Creio que já respondemos isso. Eu pessoalmente acho que sem o PAEG não teria havido as altas taxas de crescimento do período 1968 até 1973, a fase do chamado milagre. É claro que faltava resolver um problema. E isso foi resolvido no primeiro ano do governo Costa e Silva, ou seja, depois do PAEG, porque em 1967 foi possível iniciar uma *fase de crescimento com queda* nos preços. E, depois, de alto crescimento com relativa estabilidade de preços, digamos, um aumento do índice geral de preços da ordem de 20% ao ano. Certamente as bases institucionais, e mesmo econômicas, em termos de políticas daquele alto crescimento do final da década estão lá, no PAEG, embora tenha grande mérito o que se fez em 1967, porque foi possível começar a dar estímulo ao setor privado sem perda do controle da inflação. Pelo contrário, com grande redução da taxa de inflação. Eu acho que no final do governo Castello Branco se havia chegado a um virtual impasse, ou seja, fazia-se uma recessão, uma grande redução no nível de atividade econômica para obter pouco resultado em termos de redução da taxa de inflação. Isso por causa das defasagens, claro, na aplicação da política monetária. Isso por causa da inflação corretiva que se fez e por outros fatores. Talvez se possa dizer, também, em parte por causa do sistema de controle de preços que foi estabelecido no governo Costa e Silva e, aí sim, era controle de preços.

15. Visto de hoje o PAEG parece um plano de estabilização bastante moderno com ênfase na reforma das instituições. Os Ministros Campos e Bulhões podem ser chamados de profetas de uma política econômica moderna no Brasil?

Eu acho que os Ministros Campos e Bulhões tem o enorme mérito de ter procurado colocar a política econômica em geral e a política de desenvolvimento no Brasil em bases sólidas. Até então, nós tínhamos aquela coisa do „desenvolvimentismo", que era o desenvolvimento a qualquer custo. Aí se fez um grande progresso que foi de ter crescimento com uma condição: que a inflação estivesse sob controle, embora não se exigisse a estabilidade de preços. Eu creio que foi um papel histórico importante dos dois Ministros que realmente atuavam de forma muito coordenada, porque o Bulhões achava que o Campos era um herói e o Campos achava que o Bulhões era um santo.

16. Pode se falar de uma ruptura com a política da substituição de importações no PAEG?

Não, não houve ruptura. Houve uma racionalização. Isso deve ser enfatizado. Você fez uma reforma no sistema de tarifas com o intuito de liberação. Depois, no governo seguinte, houve a reformulação da reforma. Mas a verdade é que houve a tentativa de iniciar uma abertura econômica. Isso não iria, de maneira alguma, significar o fim da política de substituição de importações e, sim, a simultaneidade de uma forte ênfase no aumtento das exportações com uma política racional moderada de substituição de importações.

17. Um dos pontos mais criticados foi a política salarial, que levou a uma redução do salário real na época. Como o Senhor avalia essa crítica ?

Como já procuramos mostrar, o que levou à redução do salário real foi o descumprimento da política salarial contida no PAEG, que era aquela fórmula - já mencionada - de autoria do Simonsen, que repunha o valor, primeiro, num período de dois anos e, depois, num periodo de um ano. Então o erro foi de execução. A política salarial do PAEG estava certa. Tanto que, quando depois se fizeram os programas baseados no combate à inércia salarial e no próprio Plano Real, a política salarial que se adotou foi exatamente a que está no PAEG. Ou seja, a idéia de fazer a reposição salarial não pelo pico, mas pela média. E é isso que é racional em qualquer política salarial.

18. Outra crítica à política econômica do período militar é a excessiva estatização ocorrida. Essa crítica atinge o período de Castello Branco também?

Não creio que tenha havido nenhuma política de estatização no período militar. Certamente houve a criação de um sistema de empresas estatais que, paradoxalmente, foi completado pelo Ministro Campos, porque ele que negociou a compra das últimas concessionárias estrangeiras de serviços públicos, principalmente na área de energia elétrica e na área de comunicações. Então o grande liberal teve esse papel. E ele agia muito bem, porque era uma situação de fato. O modelo de concessionárias para empresas estrangeiras se havia viabilizado no Brasil por razões de ordem político-econômica. Era uma complicação infernal. O sistema de estatais na área de infra-estrutura permitiu que você construísse uma infra-estrutura moderna. Sem ela não teria havido o período do alto crescimento. Segundo o Campos, isso seria por uma certa fase, de modo que eu acho que quando veio a privatização das estatais, isso já fazia sentido. Inclusive porque o sistema de estatais havia sido destruído pelo próprio Governo, pelas restrições que foram criadas e pela invasão da lógica política. Houve uma grande expansão do estado, certamente. Eu já falei que a reforma administrativa institucionalizou um estado gestor do desenvolvimento econômico e social, mas é interessante notar que, simultaneamente, houve um enorme desenvolvimento do setor privado, tanto estrangeiro como nacional. Evitou-se qualquer política discriminatória contra o capital estrangeiro. A discriminação só veio com a Constituição de 1988, que foi um erro gravíssimo. E, principalmente, através do BNDES e de outros mecanismos, foi possível fortalecer a empresa nacional para que aquela pudesse entrar em setores dinâmicos. Até então, a empresa privada nacional estava limitada a setores manufaturados tradicionais como têxteis, calçados, alimentos. Foi com esses novos mecanismos que ela pôde entrar na área de bens de capital sob encomenda, petroquímica, siderurgia. De modo que simplesmente falar em excessiva estatização é impróprio. Você tem que ver os diversos ângulos. Certamente aquele tipo de modelo, digamos, em meados dos anos 80, estava superado. Infelizmente, no último governo do regime militar, houve problemas complicados que levaram a uma deterioração rápida da situação do estado e, particularmente, das empresas estatais. Houve em 1979/80 um crescimento excessivo que foi um equívoco de estratégia que teve de ser corrigido em 1981. E aí, a custo de uma recessão.

19. Qual foi a relevância da existência de um regime militar para o sucesso do PAEG?

Eu diria que a existência de um regime militar facilitou certas coisas, porque, como já mencionamos, havia muito clientelismo, populismo nos anos 50 e, principalmente, no início dos anos 60. Isto não significa preconizar um regime militar. A minha opinião é que o regime militar deveria ter sido como Castello Branco queria, um regime de exceção com duração muito curta. Isso permitiria reestabelecer logo a normalidade democrática e voltar à experiência de construção da democracia. Você permitiu uma duração excessiva do regime militar - que terminou desmoralizado de diversos pontos de vista - que trouxe o problema muito grave de que se perdeu essa experiência da construção da democracia, embora a sociedade tivesse continuado evoluindo. É interessante notar que o próprio sucesso econômico que houve durante a maior parte do regime militar permitiu que a sociedade se tornasse mais autônoma em relação ao estado. Se passou a ter uma sociedade estruturalmente mais pluralista, embora impedida de funcionar integralmente pelas restrições do regime militar.

20. Qual foi o maior sucesso e qual o maior fracasso do PAEG?

Nós já dissemos, o maior sucesso foi a construção do desenvolvimento futuro. O maior fracasso foi ter feito, desnecessariamente, o achatamento do salário mínimo e dos salários em geral, sem resolver propriamente o problema da estabilidade de preços.

21. Existem lições do PAEG para o Plano Real?

Certamente, muitas. É fácil rever o que dissemos para tirar muitas lições. A primeira, atual hoje em dia, é a importância dos fundamentos. Indo adiante em relação ao PAEG, porque o PAEG aceitava a relativa estabilidade de preços, e isso era muito vago. 20%, por exemplo, era considerado relativa estabilidade de preços. Hoje, nós achamos que o Brasil tem que ter taxas de inflação civilizadas, como os países desenvolvidos: 3%, 4% ao ano. Já se viu, com o Plano Real, que isto é viável, mesmo depois de fazer uma grande desvalorização. Outras lições, como a importância das instituições, das políticas racionais. Tudo isso continua extremamente atualizado. De modo que, mesmo na área social há lições a aprender, porque você procurou fazer políticas sociais com caráter mais racional. A grande oportunidade perdida foi na área de educação. Nós criamos no IPEA um Centro Nacional de Recursos Humanos que fez um diagnóstico sobre a educação brasileira e mostrou tudo isso que o atual governo - quase tudo que o atual governo está tentando modificar - e que o Banco Mundial, depois, quantificou em muitos estudos, o fato de que houve o negligenciamento do ensino fundamental, de que houve uma expansão quantitativa excessiva.

Prof. Luiz Carlos Bresser Pereira (Fundação Getúlio Vargas/ São Paulo)

Interview mit Prof. Bresser Pereira am 16. April 1999 in São Paulo

1. O enfoque da minha tese é institucional-histórico. Por isso eu gostaria de ouvir a opinião do enhor sobre possíveis restricões culturais, históricas e institucionais do desenvolvimento econômico no Brasil.

Uma coisa que me deixa um pouco desanimado é que quando as idéias voltam, idéias velhas de repente viram novas e as pessoas ficam famosas com elas. Tudo isso são coisas muito velhas. O último curso de desenvolvimento econômico que eu dei, antes de entrar no governo em 1995, foi em 1994. Eu dei um curso de pós-graduação na FGV. E uma das aulas era sobre o novo institucionalismo. Então, eu pus dois "papers" nessa classe. Um "paper" era de Douglass North que fazia uma análise do desenvolvimento histórico do capitalismo e quanto as instituições foram importantes para ele etc. E o outro "paper" era um "paper" do Celso Furtado que chama-se "Processo Histórico do Desenvolvimento" - ou coisa parecida - e em que ele examina, mais ou menos, o mesmo período, examina, mais ou menos, as mesmas instituições. Apenas que o artigo do Celso Furtado é muito melhor, porque além de mostrar a importância das instituições na Itália - as instituições que garantem o comércio, as letras de câmbio e assim vai - além de mostrar as instituições, ele mostra também junto com isso a acumulação de capital, o surgimento das classes e a dinâmica do desenvolvimento capitalista de uma maneira mais completa. É um dos textos mais notáveis que o Celso Furtado escreveu na vida. O Douglass North só põe um lado e diz que tudo se explica desse lado. Então o Douglass North que me explique como é que a China se desenvolveu nos últimos 20 anos a taxas incríveis sem ter todas aquelas instituições que eles querem. O desenvolvimento econômico é uma combinação de muitos fatores, um dos quais, evidentemente, são as instituições adequadas ao desenvolvimento. E, portanto, eu acho as idéias dele interessantes, mais parciais, unilaterais e pouco novidadosas. (risos)

2. O Senhor participou no debate sobre o PAEG na época. Como era o clima de discussão entre 64 e 67? Uma leitura dos jornais indica que tinha uma discussão intensiva.

Eu acho que o clima era uma clima emocional, porque havia dois campos. Havia o campo que havia dado o golpe de estado, que havia feito a Revolução de 1964, que apoiava o Governo. E havia o grupo, do qual eu participava, que era democrata e estava indignado com o golpe e que queria o retorno da democracia.

E essa divisão correspondia, não integralmente, correspondia parcialmente a uma divisão entre direita e esquerda. Sempre me definia como centro-esquerda, liberal e sempre democrata. Em nenhum momento da minha vida, graças a Deus, eu tinha qualquer compromisso com qualquer regime autoritário.

Se eu for reler hoje o que eu escrevi em 1967 e publiquei 1968 no meu livro „Desenvolvimento e Crise no Brasil" sobre a política de estabilização do PAEG, feito pelo Campos e o Bulhões (mais pelo Bulhões do que pelo Campos. Bulhões era o mais velho, era o mais importante, era o Ministro da Fazenda). Eu, naquela ocasião, tinha uma posição muito crítica. Eu acho que essa posição crítica tinha um elemento ideológico-emocional. Porque se você me pedir hoje a minha avaliação sobre aquele programa de estabilização, eu acho que foi um programa bem-sucedido. Quem melhor apresentou essa análise foi o André Lara Resende. Eles conseguiram, naquele momento, derrubar a inflação, estabilizar a balança de pagamentos, aquelas duas coisas fundamentais que tinham de ser feitos, e pôr ordem na parte fiscal. O país tinha entrado num desequilíbrio clássico durante o governo Juscelino. Depois, o governo Jânio Quadros e o governo Goulart não conseguiram superar essa crise. Havia uma crise política em cima da crise cambial e da crise fiscal, que havia sido causada pela expansão excessiva do governo Juscelino. De forma de que, quando chegou 1964 o país estava numa crise bastante grave, clássica. E, então, foi feito um ajuste, o ajuste fiscal naturalmente, e foi feito um aperto monetário forte. Claro, como sempre acontece, eu criticava isso, eu ainda critico que o peso caiu mais sobre os trabalhadores do que sobre os capitalistas, mas isso é um pouco inevitável. Depois os salários aumentaram bastante a partir de 1967, 68.

A crítica maior que eu ainda mantenho em relação àquela política é que ela ignorou um aspecto da inflação. O Campos ignorou o que eu chamava, naquela época, de inflação de custos. Ele não conhecia o trabalho do Ignácio Rangel com o título „A inflação brasileira". E era importante ele ter lido „A inflação brasileira" de Ignácio Rangel, que é um dos livros mais importantes que foi feito no Brasil sobre economia. Um livro original e não um texto de simples repetição de teses estrangeiras. Ele combateu toda a inflação brasileira como uma inflação meramente de demanda, quando não era uma inflação de demanda. Nós estávamos em plena recessão e havia ali elementos de custo, o que depois a gente chamaria de elementos de inércia inflacionária. Já havia ali alguma coisa disso, certamente, de custos, pela capacidade que tinham os sindicatos de repor seus salários indexados, o que é uma inércia. Nós não tínhamos, naquela época, um conceito de inércia inflacionária. Tem muitos artigos, tem livro publicado em inglês sobre a inflação inercial, mas isso é coisa dos anos 80, e o PAEG está acontecendo entre 1964 e 1967. Essa é a única crítica que eu mantenho.

Agora, eu tive um episódio pessoal com Roberto Campos que foi muito curioso, desagradável, para não dizer outra coisa (risos). Hoje eu mantenho boas relações com ele, acho ele um intelectual de primeira linha, mas naquele momento a coisa não foi muito elegante. Eu era um jovem economista naquela época. Em 1964 tinha 30 anos, em 1967 tinha 33 anos. Tinha acabado de publicar o meu primeiro livro, em 68. Era professor da Fundação Getúlio Vargas e aí publico um livro que tem um enorme sucesso, esgota-se rapidamente e viajo, uma viajem *para os Estados Unidos de dois meses. E aí, quando estou viajando, recebo uma notícia do diretor da escola,* Gustavo da Silva, que o Roberto Campos havia pedido que eu fosse demitido da FGV. O Roberto Campos já não era mais Ministro e tinha ligações históricas com a FGV e havia feito uma grande doação. Isso foi no final de 68, isto é, novembro de 68, antes do AI 5. O AI 5 foi em dezembro de 68. O livro foi publicado em Agosto de 68.

Ele se esgotou em dois, três meses. Eu viajei logo em seguida. Quando eu voltei, não sei a data exata, certamente foi antes do AI 5, mas o regime já era autoritário, não era tão autoritário quanto depois. O diretor segurou as pontas, e aí o Robero Campos mandou me convidar para um debate público. Eu estava ainda nos Estados Unidos. Ele é 20 anos mais velho que eu, naquela hora é um homen ilustre. De forma que, quando cheguei aqui, eu recebi a notícia e então fomos almoçar num hotel. Foi ele, o diretor da escola e um assessor dele. Foi um almoço muito engraçado, porque o Roberto Campos chegou com meu livro todo riscado, todo anotado e deu as opinões dele e defendeu-se. E eu respondi contra-atacando. E aí, o meu argumento fundamental naquela ocasião foi que o custo do ajuste teria sido menor se eles tivessem levado em consideração o elemento de custo que havia na explicação da inflação. Apesar disso, eu hoje acho que o programa foi bem-sucedido. Sempre pode ser um pouco melhor, mas eu acho que eu fui antes injusto do que justo com ele. O debate foi muito emocional, ideológico, também atrapalhando a minha visão (risos).

O Bulhões sempre foi um liberal. O Roberto Campos não. I'm sorry. O Roberto Campos era um diplomata, um burocrata que se encantou com as idéias do desenvolvimentismo nos anos 50. Nesse período, ele ainda foi responsável pelas nacionalizações. O Roberto Campos nacionalizou muito corretamente toda a indústria de telefonia no Brasil e o fez, muito corretamente, porque dessa forma ele pôde aumentar - conforme ele me disse há 4 anos atrás, quando eu o perguntei - , ele pôde aumentar em 150% os preços dos serviços telefônicos, que eram incrivelmente baixos. E com esses grandes lucros foi possível a TELEBRAS, que então foi criada por ele, reinvestir e termos um enorme desenvolvimento da telefonia no Brasil. Era um monopólio que reeinvestia lucros. Então o Roberto Campos estava fazendo a sua mudança para o neo-liberalismo hoje. Tem um outro artigo meu, que seria interessante você ler, sobre as idéias do desenvolvimento no Brasil, o artigo mais recente chama-se „Interpretações sobre o Brasil". Eu era nacional-desenvolvimentista. Hoje não sou mais. Nós estávamos contra o regime autoritário, graças a Deus, fui contra o regime militar desde o primeiro dia. Porém, dos presidentes militares, a meu ver, o único que foi realmente um bom presidente - esquece o golpe - o único que foi realmente um bom presidente foi o Castello Branco. O próprio Geisel não foi um grande presidente. Ele tinha grandes qualidades como pessoa, mas ele não foi um grande presidente, ele interveniu demais.

3. Mas teria sido possível uma reforma econômica dessa forma nesse regime democrático que existia antes do golpe?

Provavelmente não, mas não é por isso que eu vou justificar o regime autoritário. Claro que foi mais fácil fazer. O golpe de 64 foi um golpe que aconteceu porque havia um processo de crise econômica e, em cima desse processo de crise econômica, havia um processo de radiacalização política decorrente do colapso do pacto nacional-desenvolvimentista, populista que Getúlio Vargas havia estabelecido nos anos 30. Eu tenho toda uma análise sobre isso, analisando o período de 1960 a 1964 como crise econômica e de vácuo político, porque não há uma aliança de classes, aquela aliança dos industriais com os trabalhadores. Tem um radicalismo tanto da esquerda quanto da direita. E as idéias da esquerda eram absolutamente irresponsáveis. E, em certo momento, a idéia de uma revolução militar ganhou apoio na classe média. A classe média no Rio e São Paulo marchou em massa. Eu nunca participei disso. Quando veio o regime militar, eu fiquei fora.

É impossível entender as reações contra o PAEG por mim sem esse contexto. Na verdade, anos depois, você pode fazer uma avaliação um pouco melhor. Inclusive, se você vai olhar o Plano Trienal, o Plano do Celso Furtado, que ele fez exatamente durante esse período de 1960 a 64, ele era muito parecido com o PAEG.

O PAEG copiou muito do Plano Trienal. Porque a economia é uma maldita ciência que permite muitos errors, mas existe um quorum de conhecimentos e verdades em que há consenso sobre elas. Você não pode ter um déficit público eternamente, você não pode ter um déficit de pagamentos eternamente, a taxa de câmbio tem que estar em equilíbrio, coisa desse tipo. Os grandes economistas são aqueles que são capazes, em certos momentos, de irem contra os fundamentos, para depois corrigí-los, isso é Keynes, por exemplo. No resto você tem que obedecer aos fundamentos. E a economia brasileira em 64 não estava obedecendo aos fundamentos, estava entrando num desequilíbrio crescente. Então, realmente era preciso intervir e a intervenção foi bem feita. E as reformas também foram bem feitas. A reforma tributária foi bem feita, a reforma do Sistema de Habitação foi razoavelmente bem feita. O Banco Central foi criado. As estatizações foram bem feitas, não as privatizações, por favor, não adianta você querer inverter a coisa (risos). A coisa mais trágica que existe é o pensamento linear, „the conventional wisdom". De qualquer forma, a coisa pior é o saber convencional, é o bom senso, é dizer o que todo mundo diz. A sua função é ir contra o bom-senso. Ou é correto, mas não quer dizer nada, porque você não vai contribuir nada para o debate. Ou, muitas vezes, é uma grande bobagem que continua se repetindo. E aí a tua função é dizer: "Olha que besteira". Uma das coisas mais comuns do saber convencional é dividir o mundo em duas partes e dizer que um está certo e outro está errado. E só pode ser o outro.

4. Voltando para o lado institucional do PAEG. Qual era o papel da criação do Banco Central?

Veja, muitas daquelas reformas que foram feitas pelo Roberto Campos eram reformas tocadas pela democracia no período anterior, que não podiam ser feitas porque estavam imobilizadas politicamente. Rapidamente você tinha um estoque de propostas e de reformas, o que facilitava muito o processo. Tem essa reforma do Banco Central, a reforma tributária, eu já falei das estatizações.

5. A Reforma administrativa

Tem uma outra reforma muito importante de 67, que é a reforma administrativa, quer dizer o Decreto-Lei 200. Em 67 o Brasil é um país pioneiro também em fazer uma reforma administrativa. Foi menos o Roberto Campos, foi mais um outro Ministro, chamado Hélio Beltrão, mas foi no governo Castello Branco. A reforma foi muito importante, ela pôs ordem, foi a melhor reforma que foi feita naquela ocasião, e ajudou a pôr ordem no aspecto fiscal no Brasil. O ajuste fiscal que foi feito, mais a reforma fiscal e tributária que foi implementada permitiram que o Brasil em 67 tivesse as suas finanças razoavelmente equilibradas, e a partir de 68 tivesse o „milagre", com um crescimento de mais de 10% ao ano. Então, foram muito importante as duas coisas: corte de despesa de um lado e reforma tributária do outro. Uma reforma tributária que durou vinte anos e poderia ter durado mais. Só foi mudada em 88, mas era uma boa estrutura. Criou o valor adicionado, tinha um bom fundamento jurídico, era uma reforma moderna.

6. E a questão da distribuição da renda?

Não havia nem o interesse da parte do Roberto Campos na distribuição da renda, pelo menos que eu tenha visto na minha vida. O Bulhões também não estava muito interessado nisso. Foram governos conservadores. A prioridade era a estabilidade. Agora, naquele momento, voltando ao PAEG, não havia como não ser, vamos pôr assim objetivamente. Há certos momentos que você pode decidir se você vai ser de um jeito ou de outro. Agora, mas naquele momento dizendo "vamos estabilizar a economia distribuindo renda", isso é brincadeira. Não dá para fazer isso, e eles não fizeram. Estava correto isso.

7. E a importância do PAEG para o assim chamado "milagre"

Já respondi isso. De um lado você estabilizou a economia, de outro lado você pôs ordem nas finanças públicas. Além disso, você estatizou as telecomunicações, também foi importante. Então, isto foi muito importante para o "milagre" naquela época. E aí o Delfim aproveitou. Em vez de continuar numa política de contenção de demanda, ele usou a teoria da deflação de custos de Ignácio Rangel e expandiu a economia. Expandindo a economia e o próprio déficit público continuou baixando. O Delfim tentou depois repetir a mesma história em '79. E aí se arrebentou. Se arrebentou porquê? Porque ele fez a mesma história partindo de uma economia com um alto déficit público. A situação era completamente diferente.

8. Existem lições do PAEG para o Plano Real?

O PAEG é um caso de estabilização clássica, eu diria quase clássica, porque o excesso de demanda aconteceu quatro anos antes, durante o governo Juscelino. Depois, nos quatro anos de Jânio e Jango, você não tem excesso de demanda, a economia entra em recessão e, portanto, a inflação já está aumentando exatamente pelos elementos de custos envolvidos. Ou pela teoria do Ignácio Rangel de que quanto maior a crise, maior a inflação, porque a inflação é um mecanismo de defesa da economia contra crises. Rangel foi um dos maiores economistas que o Brasil já teve. Um dos meus mestres, já morreu. Apesar disso, não havia muita inércia, havia elementos de inércia. De forma que foi possível ao Bulhões e ao Roberto Campos fazer um plano de estabilização clássico, cortando demanda, aumentando a taxa de juros, cortando moeda e com isso se estabilizou. Os elementos inerciais ainda eram fracos, mas é claro que a recessão foi grande, a perda de renda foi grande naqueles anos, quase inevitável. Mas talvez fosse possível haver um pouco menos, se você tivesse combatido mais os monopólios e os elementos indexadores informais que havia na economia. Pelo contrário, ele criaram a indexação. A herança pior do PAEG é que o Bulhões cria em '64 a indexação da economia. E a indexação da economia teria efeitos trágicos na economia brasileira nos anos '80. E aí foi desenvolvida toda uma teoria da inflação inercial que está aí. E só em 1994 foi, afinal, neutralizada com o Real. O Plano Real tem nada a ver com o PAEG. O Plano Real é um plano de estabilização muito heterodoxo, completamente heterodoxo, não teve ajuste fiscal, teve pouco ajuste monetário. O que teve foi uma neutralização da inércia através da URV. Havia necessidade de ajuste fiscal. E até que o Fernando Henrique tentou, mas o Itamar não deixava (risos). E não havia excesso de demanda também.

9. Qual foi o maior sucesso e qual o maior fracasso do PAEG?

O maior sucesso foi ter controlado a inflação e equilibrado as finanças públicas, que é um grande sucesso. O fracasso foi não ter considerado na estratégia os elementos de custos da inflação e talvez por aí, não ter diminuído um pouco o custo social dele.

10. Qual foi a relevância da existência do regime militar para o sucesso do PAEG?

Há uma discussão antiga, se é mais fácil fazer reformas numa democracia ou numa ditadura. Eu tenho horror dessa discussão. Eu jamais trocaria uma democracia por mais reformas. Agora, naquele momento, entre 64 e 67, as reformas que foram realizadas, a estabilização que foi feita, foi ajudada pelo regime autoritário de Castello Branco, que era um monarca iluminado. As ditaduras podem ser iluminadas, o que raramente acontece, e podem ser tiranias. Não foi uma tirania, foi uma monarquia iluminada naquele momento. (risos)

11. Como o senhor avalia a continuação da política econômica a partir de 67 com Delfim Netto?

O Delfim aproveitou a estabilização e o ajuste fiscal, ele conhecia o Ignácio Rangel. Ele tinha feito um seminário junto comigo, lendo Ignácio Rangel. Ele adotou as idéias da inflação de custos de Ignácio Rangel. E viu que ali era para expandir a economia. E expandiu fortemente a economia. E por isso a sua gestão, naqueles 5 anos que ele fica no Ministério da Fazenda, foi muito bem sucedida. Ele viveu junto com o milagre. Ele era o herdeiro do milagre, mas era um homem muito inteligente, muito ativo, muito autoritário. Também tinha sido desenvolvimentista, mas logo abandonou seu desenvolvimentismo, porque viu que era melhor se ajustar aos ventos da época. Eu acho que ele foi um bom Ministro da Fazenda, na sua primeira gestão. O desastre do Delfim foi 79/80. Ele faz um desastre na economia brasileira, depois ele percebe o desastre e em 81 ele corrige. E então ele desvalorizou o câmbio em '83. Isso foi correto. Ele entrega a economia para os democratas em '85 numa situação não de equilibrio, mas em melhor estado do que estava. O grande drama era que ele e o Pastore - que foi o seu último Presidente do Banco Central, que é um excelente economista- não perceberam o caráter agora totalmente inercial da economia brasileira. Eu sempre me lembro de eu ter levado dois artigos ao Pastore em '83 sobre inflação inercial. Eu era presidente do BANESPA e ele do Banco Central. E um ano depois, no final de '84, estava terminando o mandato dele. Eu me encontro outra vez com Pastore e ele me diz: "Bresser, fiz tudo que tinha que fazer para combater a inflação, e ela não cai." Eu falei: "Pastore, mas é porque você não leu os meus artigos." Querer fazer cair uma inflação inercial através de recessão, através de políticas clássicas monetárias e fiscais é inútil. Ele aprendeu isso só muitos anos depois (risos). Em 1991, 1992 ele já tinha aprendido isso.

Prof. Werner Baer (University of Illinois/USA)

Interview mit Prof. Werner Baer am 28. März 1999 / Rio de Janeiro

1. Como senhor avalia o valor do enfoque institucional, que ganhou renome com os trabalhos de Douglass North, para a explicação do desenvolvimento econômico no Brasil?

Well, Douglass North, I think he is very important. I think it is important for economists to look at institutions again. I think he and his followers have been very influential in the United States, at least in having an impact on what economists do besides doing simplistic models with sophisticated regressions. His institutional focus however is only on rules. His institutionalism does not say much about how institutions function internally, which I think is important too, but it's still a step in the right direction.

2. Quais eram – numa visão histórica - restrições institucionais e culturais para o desenvolvimento econômico no Brasil? Existe algum papel para estruturas clientelistas na explicação do subdesenvolvimento brasileiro?

Well, obviously yes. I think what prevails in Brazil and many countries like Brazil is still a loyalty to family and friends. Loyalty to an abstract concept, like society, is something that is not well known. And so, if anyone is in a position of power, he will have also some friends and family pressuring him to give them favors in terms of employment or contracts and so on. And there is a tremendous difficulty, because on the one hand, high values are placed on loyalty to friends and loyalty to family and if, on the other hand, you insist on the merit-system, then you are going to be really shunned or isolated by your friends. So it seems me, that this is one of the major problems that Brazil still faces today.

3. Qual é historicamente o papel do estado no desenvolvimento e subdesenvovlvimento brasileiro? O estado promoveu ou inibiu o desenvolvimento?

I think the state was extremely important in the modernization and industrialization of the country. I don't think that without the state, industrialization would have been as rapid as it was. I think the state was important in setting up heavy industries like steel, because neither the domestic nor the foreign private sector were interested in doing so. It was important in developing infrastructure. Setting up companies in electricity, in telecommunications was again something that was of no interest formerly to the private sector and yet that had to be developed with industrialization. I think the state was important in the development of the banking system. There was not enough credit available from the private sector for agriculture. That is why the Banco do Brasil did it. There were no capital markets, that's why it was important to have a BNDES. So I think the state was extremely important. It acted as a crowding-in phenomenon rather than crowding-out phenomenon during many years. Later on, for various reasons, the state became more a crowding-out phenomenon, especially from de 1980s onwards.

4. Antes de entrar em detalhes: Qual é a visão que o Senhor tem hoje do PAEG?

I think the PAEG was an important step in the institutional development of Brazil. It set up important mechanisms, that were fundamental in the growth experience of the late 60s and early 70s.

5. O Senhor teve alguma participação na discussão ou na elaboração do PAEG?

When PAEG was set up this was in the years when I was just initially learning about Brazil. It was instituted after I had visited Brazil for a year and I came back a year after and occasionally I would be asked to participate in readings on specific issues with Mário Simonsen, João Paulo dos Reis Velloso, who in turn were very influential in the policies developed by Roberto Campos.

6. Qual era o estado das instituições (fiscais, monetários e salariais) na fase anterior ao PAEG? Quais eram os defeitos principais do regime monetário, do regime fiscal e do regime salarial?

Well, this question I can only answer very briefly. I think first of all Brazil didn't have a Central Bank, therefore that made things difficult. Of course, even once a Central Bank was established, the Central Bank was still subordinated to the Finance Minister, so it was never an independent Central Bank. The fiscal problem was that it was very hard to collect taxes. That has been an endemic problem of Brazil. And that certainly was not changed with PAEG. The salary adjustments that varied certainly in the period of Getúlio Vargas, and especially in the period just prior to the coup of 1964, the regime was very favorable to the working classes. In other words, the salaries were increasing very rapidly, maybe too rapidly relative to the capacity of both, domestic and foreign firms to make adequate profits, but then of course after the coup the real salaries declined at least for a while.

7. Como o senhor caracterizaria o espírito que orientava as reformas propostas pelo PAEG?

Well, I think basically the group that influenced PAEG, Campos, Mário Henrique Simonsen and also Bulhões, was basically market-oriented. They felt a greater emphasis should be placed on the market. They certainly believed that inflation should be eradicated as soon as possible to have a balanced growth. They not necessarily were all convinced that it ought to be a purely market-economy. Certainly Roberto Campos was one of the earlier advisers and even presidents of the development bank. Basically, some of the spirit of avoiding price distortions prevailed among the people who idealized and developed the PAEG.

8. Parece que existia uma ampla discussão do plano na época, em qual foram envolvidas pessoas como Carlos Lacerda, Antônio Dias Leite, Delfim Netto etc? Qual foi o clima de discussão nessa primeria fase do regime militar?

Carlos Lacerda was really the governor of Rio de Janeiro. He was very anti the labor party and anti the previous regime. And from that point of view he favored the new regime. But I don't think that he was an economist. Delfim Netto was consulted quite frequently by Roberto Campos. It was Roberto Campos who was really responsible for bringing Delfim Netto to be the Secretary of Fazenda in the State of São Paulo. That was the beginning of the rise of Delfim Netto. Dias Leite, I don't know if he was that important, in influencing Roberto Campos.

9. A minha impressão é que o governo brasileiro mostrou com o PAEG a primeira vez um preocupação séria com questões de ordem econômica, quer dizer: se queria implementar uma ordem econômica que tentava livrar as forças do mercado, e era orientada mais pela racionalidade e menos por estruturas clientelistas. Como o senhor vê isso?

That is true. That is true probably in the early days of PAEG. That was certainly the spirit that Roberto Campos tried to instill, but you don't overnight change the structure of government.

10. Quais foram as reformas institucionais mais importantes do PAEG?

Well, I think besides the classic stabilization effort, there was also a tremendous effort to collect taxes. The military, as I remember, they had lists of people belonging to the exclusive clubs and then they asked people, in São Paulo and Rio for example, to come with their tax-statements. And if they came and showed, that they paid very little taxes, then they would be asked: Why do you belong to the expensive clubs? How can you afford it? So, then they pressured them to pay up. So there was quite a bit at first being done to moralize the system. But that lasted only during the years of Castello Branco and disappeared soon afterwards. I think the introduction of indexation was fundamental. It was fundamental because it made it possible to, first of all, finance the continuing government deficit in a non-inflationary way, by selling it to the public at large. Then very important, there was a capital market reform with indexation introduced. I think, what was very important, was the setting up of various funds, Fundo de Garantia do Tempo de Serviço, for example, and these funds represented forced savings, but these forced savings of workers were indexed, and then were placed in organizations as the development bank, BNDE, and also the BNH, which then made loans that were also indexed. So basically it made it possible for Brazil to save more. It was forced savings, but not in the sense that the savings disappeared. And they made substantial investments in various sectors of the economy. So I think that was a positive accomplishment. I think another one was the use of fiscal incentives, first to invest in less advantaged parts of Brazil, like the Northeast and the Amazon, fiscal incentives for exports, fiscal incentives for reforestation and so on. It was an interesting way of allocating resources. It made some sense, but in the long run it was abused and did not contribute much, for example, to develop the Northeast. There were investments in the Northeast through the fiscal incentives, but most of the industries set up bought most of the inputs outside from the Northeast. So it was very superficial. But still it was an interesting accomplishment. Then, I think the introduction of mini-devaluations was important. You would have a continued inflation at first, because controlled prices, which had lagged behind were readjusted in 1964. Therefore there was for a while an inflation called corrective inflation. To make sure that this corrective inflation would not distort resources you had indexation introduced and also, in order to prevent the currency of being overvalued, the "mini-desvalorizações" were introduced.

"Mini-desvalorizações" were important to prevent the currency of becoming overvalued and also to prevent speculation against the currency. If a currency is not devalued for a long period of time and than obviously is overvalued there will be speculation. But if you have mini-devaluations, which are introduced frequently, speculation is prevented. That I think was an important introduction of the PAEG. Than I think, a lot of planning took place about infrastructure. The necessity to invest heavily in road-construction and in power generation. That I think was introduced by PAEG, where the Brazilian government in cooperation with the American Aid Agency (USAID) and the World Bank did a lot of fundamental studies, which later resulted in huge amounts of investments. Many of these investments were in state companies. And that is very interesting, there was no talk about "privatização". The PAEG started it – and Delfim continued it –, to make these huge investments in which the United States government and the World Bank made loans to state enterprises, which also later on contributed substantially to the "miracle" of 1968 to 1973.

11. Por que a lei da independência do Banco Central não pegou?

I don't know. It is still not a tradition in Brazil, neither in Latin America, to have an independent central bank like the Bundesbank. The central bank is always subordinated to the Ministry of Finance. It would be interesting if you had an independent central bank, whose president and board of directors would be appointed for a longer period of time, so that they overlap different governments. And that would certainly change the power-structure in Brazil. But that has never been done so far. But certainly this did not occur under the military.

12. Uma inovação institucional do governo Castello Branco foi a correção monetária. Qual era o papel dessa instituição para o sucesso do PAEG?

I already mentioned that. The indexing was a fundamental to increase savings, it was fundamental in expanding activities of the BNDE, of BNH and of the Caixas Econômicas, it was fundamental in increasing forced savings and justifying forced savings and therefore financing many investments.

13. Um estudo recente (de Kehrle) mostra que o papel dos controles de preços no PAEG foi sempre subestimado e até obscurecido. Qual é a posição do Senhor a respeito disso?

Price controls continued, there is no doubt about this. But at first under PAEG prices were readjusted considerably in order to avoid distortions. The problem was that, since price controls were not abolished, they were abused by later governments, which then would not readjust prices.

14. O Senhor poderia comentar o significado da reforma do estado e da reforma tributária dentro do PAEG?

I know very little about that. The only "reforma do estado" would be new institutions, that is to say the BNH and fiscal incentives, reforma tributária, indexing of taxes was important in tax-collection.

15. Quais eram os defeitos principais do então instituido sistema monetário?

All I can say is again, the Central Bank was not independent. And there was no mechanism to prevent future governments from financing deficits through money creation. Another thing is, there were state banks. State banks could be irresponsibly abused by governors. But it was not a big problem at that time. Again that is a phenomenon that was early created, decades before, but really only was abused much more in the 1980's. and 1990's.

16. Qual é o papel do PAEG para o do forte crescimento a partir de 1968?

Well, these reforms were fundamental. The coup was in the middle of 1964. You needed time to institute the indexing system, to plan investments, negotiations with the World Bank and USAID etc., that took time. It also took time for foreign capital to realize that the new regime would be friendly and therefore there is a lag of a year or two before the reforms of the system could be felt. So you can say the reforms led to the growth of 1968 onwards. And Delfim really benefited from the reforms that have taken place from 1964 to 1968. Because of the reforms it was possible to have the high rates of growth.

17. A reforma fiscal foi bem sucedida?

I don't think so. I mean, for a while the military forced people to pay up, but later on it became lax again.

18. Pode se falar de uma ruptura com a política da substituição de importações no PAEG?

No. The economy didn't open up and certainly the investments that were made in the 1970s and 1980s were of an import substituting nature. So I don't think import substitution really disappeared, even nobody officially talked about it. It remained a closed economy really until the 1990s. What they did realize in 1964 is that they had to diversify exports, because up to 1964 exports where still the traditional ones, coffee etc. It was only from 1964 on, especially with the fiscal incentives, that they began to work on diversifying exports. That was important. The economy never did really open until the 1990s.

19. Um dos pontos mais criticados foi a política salarial que levou à uma redução do salário real na época. Como o senhor avalia essa crítica ?

Yes, the burden of the adjustment was borne to a large extent by the working-classes. And this was easy to do because under the military regime unions were not free, unions were controlled by the military regime. And certainly PAEG and the large growth did not do anything to improve distribution of income, actually it worsened the distribution of income. That is really a negative aspect of PAEG.

20. Outra crítica à política econômica do periodo militar é a excessiva estatização ocorrida. Essa crítica atinge o período de Castello Branco também?

Yes, as I said, with Castello Branco you began negotiations with the International Aid Agencies and the United States and many of the loans at first went to state enterprises, in the fields of steel, electricity and so on. The role of the BNDES grew substantially after PAEG and the BNH too. So the financial system was more and more in the hands of the state. So I would say that, although officially the rhetoric was not so, that is what happened.

21. Qual foi a relevância da existência de um regime militar para o sucesso do PAEG?

It was fundamental. The military made sure that it was possible to weaken the power of the unions and weaken the power of the labor-force. And that was a fundamental tool for the success of PAEG. And the idea was basically: "Lets have growth. And once we have growth, then we can have distribution. If you redistribute first, before you have growth, you redistribute poverty, nothing else." That was the "desculpa".

22. Qual foi o maior sucesso e qual o maior fracasso do PAEG?

The biggest success of PAEG, I think, was, it made it possible for Brazil to increase savings, to make huge infrastructure and fundamental investments. It made it possible to reallocate resources to the export sector and it certainly brought about some degree of stabilization. The biggest "fracasso" I think was basically in terms of income distribution.

23. Existem lições do PAEG para o Plano Real?

In the first months of the Plano Real they thought that you could have growth and equity, because there was redistribution in favor of the working classes. But it soon turned out that this was an illusion. After 1995 the degree of wage adjustment in favor of working classes was not as favorable. And certainly with the crisis in 1998/ 1999, those who suffered most were the working classes, whose real income would begin to decline, you had huge amounts of unemployment etc. What the Plano Real has done, it accelerated privatization. But privatization means, that hundreds of thousands of peoples have lost their jobs and they had to go to the informal sector and that worsened the distribution of income. So you may say again: In the name of market efficiency and rationality you are sacrifying the working classes, who supposedly would benefit later on, which is quite similar to what happened under PAEG.

Prof. Rubens Penha Cysne (Fundação Getúlio Vargas/Rio de Janeiro)

Interview mit Prof. Rubens Penha Cysne am 13. April 1999 / Rio deJaneiro

1. Como Senhor avalia o valor do enfoque institucional que ganhou renome com os trabalhos de Douglass North para uma análise do PAEG?

Olha, o PAEG tem um enfoque institucional muito grande. Por exemplo, a parte do mercado de capitais foi toda reformulada. O Sistema de Habitação foi também. Naquele tempo, a partir de 1964, foi introduzido o FGTS e o Sistema Financeiro de Habitação. Teve uma parte institucional na política salarial, teve uma parte institucional na mudança de mentalidade quanto ao setor externo, houve um maior fomento à abertura às exportações. Mas é importante, também, não deixar de lado a contribuição do PAEG para e teoria econômica que depois você teve novamente utilizada no Plano Cruzado, no Plano Collor, no Plano Real, embora sem sucesso. Mas no PAEG deu certo, que é a passagem dos salários à média. Então, sugeria que você desse uma abordagem um pouquinho além do institucional, falando sobre essa grande mudança de concepção já em 1964 no Brasil. Isso foi elaborado pelo Prof. Mário Henrique Simonsen, que é a idéia de fazer uma passagem dos salários à média. O prof. Simonsen uma vez disse para mim e o Fernando Holanda Barbosa que isso havia sido feito uma vez no Chile, ao que parece na década de 50, e que ele teria observado essa experiência do Chile quando ele elaborou a política salarial do PAEG. Seria interessante, talvez, você levantar na política econômica do Chile - que eu não conheço ninguém que tenha feito isso - se realmente foi utilizada essa idéia em algum plano de estabilização lá, a idéia de você vencer o "dilema média-pico" com passagem dos salários à média. Quer dizer, o problema claro é que se você estabilizar a inflação, como os salários eram reajustados para o pico, todos os salários ficariam acima da média. Então, é até uma sugestão que faço à tua pesquisa, de averiguar se existe alguma vez na história - e lhe dou até a dica do Chile em 1955, que parece que é o caso - em que tenha sido utilizado essa construção teórica num plano de estabilização.

2. Qual era o estado das instituições (fiscais, monetárias e salariais) na fase anterior ao PAEG? Quais eram os defeitos principais do regime monetário, do regime fiscal, do regime salarial?

Na fase anterior ao PAEG havia consciência da neccessidade de austeridade monetária e fiscal. O Plano Trienal, conduzido por Celso Furtado que na verdade não foi implementado, ele foi politicamente deixado de lado, previa austerididade monetária e austeridade fiscal, mas acontece que não havia suporte político em 1963 ou 1962 para se implementar um plano de aperto monetário. E esse suporte político só houve após a Revolução. E inclusive, o aperto monetário realmente só se deu em 1966, porque a expansão monetária em '64 e '65 não foi feita no sentido de haver uma grande contração de liquidez. Havia uma regra pela qual os meios de pagamento se expandiriam na razão direta do crédito ao setor privado. Você pode encontrar a expressão analítica dessa regra no livro „Gradualismo versus tratamento de choque", do Dr. Simonsen, ou na tese de doutorado que eu defendi.

Entre 1956 e 1961, foi a fase do Plano de Metas do Juscelino Kubitschek, em que a capital foi transferida para Brasília. Isso gerou um gasto que é calculado por alguns de 1 a 2 % do PIB. A idéia do Plano de Metas, sintetizado numa única frase, era crescer 50 anos em 5, ou seja, a idéia era bastante ambiciosa. Mas o Plano de Metas, nas palavras do prof. Simonsen, era um plano de engenheiros, não era um plano de economistas, no sentido de que elencaram-se várias metas, mas não se pensava como é que ele ia ser financiado. E, evidentemente, um imposto inflacionário acabou sendo uma das fontes do financiamento. Então, sintetizando as instituições monetárias, em 1964 e já numa fase imediatamente anterior, já havia consciência da necessidade de aperto, devido ao fato de que a inflação já estava acelerando desde 1961. Então, já havia essa consciência. Contudo, politicamente, apenas após a Revolução houve realmente uma contração monetária e, mesmo assim, não foi muito forte - a contração monetária de 1964 até 1966 - ela foi principalmente obtida em 1966.

3. Quais eram as características do regime fiscal na fase anterior ao PAEG?

O regime fiscal era muito deficiente. Primeiro que do lado dos impostos havia impostos muito difíceis a serem cobrados, e também ineficientes, por exemplo, o imposto sobre selo. Apenas após o PAEG - principalmente em 1967, com uma reforma tributária - que se criaram impostos de valor adicionado. Contudo, contrariamente ao que seria razoável, o imposto sobre o valor adicionado deve ser centralizado pela Federação, e não deve ser colocado à discrição dos Estados, porque senão gera o problema de guerra tributária entre os Estados. Então, até 1964 a estrutura tributária era ineficiente e um pouco já caduca. Além disso, os gastos eram pouco controlados em relação ao que houve depois de 1964. Se bem que houve um aumento do funcionalismo público dos militares em 1964. Mas havia um outro ponto importante - e aí já não é a questão do tamanho do déficit, mas do financiamento do déficit - que é o fato de que o déficit era financiado na proporção de 3:1 com moeda, antes do PAEG, e depois da criação das ORTN, passou a ser financiado na proporção de 3:1 por títulos. E isso, essa mudança na composição do financiamento no PAEG - e ai agora não falando do montante do déficit, mas do financiamento do déficit - só foi possível com a ORTN, porque o Brasil conjugava o controle do juros nominal no valor de 12% com a "cláusula ouro".

4. Quais são as restrições culturais e institucionais que tipicamente inibiram o desenvolvimento econômico no Brasil?

Primeiro tem que falar do clima. Outra coisa é a igreja. A igreja calvinista era a igreja da idéia da purificação pelo trabalho. Isso contribuiu para vários países, em particular os Estados Unidos, ao passo que aqui a tradição religiosa não era essa. Curiosamente, se você pega no latim a palavra „lucro", o radical da palavra lucro é „lucrare". Mas acontece que „lucrare" também é radical da palavra „lograr". „Lograr" em português pode ser „lograr exito", mas também pode ser „enganar". Então, o mesmo radical da palavra „lucrar" e o radical da palavra „enganar", o que mostra que existe na cultura latina um certo grau de baixo reconhecimento da renumeração do capital. Em geral, a idéia é bastante diferente. Nos Estados Unidos a idéia do dinheiro é a idéia de trabalho acumulado. Quando um homen dá um presente monetário para a namorada, significa que ele está dando tantas horas do trabalho dele. Ao passo que aqui isso é diferente. Quando alguém tem dinheiro, as pessoas imaginam que ele tenha se apropriado ilegalmente de alguma coisa. Então, a questão da idéia religiosa foi importante também. Para ter uma idéia de certas raízes dessa cultura, se tem que ler o livro „Os Donos do Poder", de Raymundo Faoro, e também as Memórias do Roberto Campos, que é um livro fantástico.

5. Como o Senhor explica a forte tendência ao intervencionismo estatal e ao descontrole fiscal na fase anterior ao PAEG? Será que a tese de Senna, que esses fenômenos são uma herança dos portugueses, é válida ainda até hoje?

Houve essa herança dos portugueses. Mas a sua pergunta é interessante. Será que esse herança continua arraigada até hoje ? Tem um trabalho do João Paulo dos Reis Velloso - que agora não me lembro do nome, mas foi apresentado no Fórum Nacional no ano passado - em que ele elenca os dois grandes erros históricos do Brasil. Vale a pena você dar uma olhada nesse livro. Um teria sido a falta de preocupação - inclusive alguns dizem que é uma coisa ate proposital das elites - de educação geral. E essa falta de educação faz com que as heranças antigas se perpetuem, que as pessoas não parem para questionar isso. E a outra coisa que o Reis Velloso falou, que é interessante, é a falta de preocupação com o meio-ambiente. Então ele cita no estudo dele muita atividade agrícola que não foi bem planejada, como a extração de minérios etc., que também não foi bem planejada e assim por adiante. Ele considera esses os dois grandes erros na história brasileira. Mas essa questão do estado patriarcal, acho que existe ainda. Basta você ir para Brasília. Uma coisa que você observa claramente é a idéia da passividade do funcionário público, principalmente na questão da estabilidade que é garantida pela Constituição. Então, essa herança cultural ainda está arraigada. E embora haja no Brasil setores muito dinâmicos, inclusive extraordinariamente resistentes às interferes causadas pelo governo, há também uma percepção grande da idéia do estado protetor.

6. Agora voltando para o PAEG. O Senhor poderia agora descrever um pouco o regime salarial na fase anterior ao PAEG?

Na fase anterior ao PAEG os salários se reajustavam pelo pico. E na primeira vez - foi na verdade bem depois do PAEG, em fevereiro do ano 1965 - a primeira vez que foi implementada fortemente a idéia da passagem à média, foi com o salário mínimo, que foi colocado na média. E depois os salários do funcionalismo, e todos aqueles salários que de alguma forma tinham influência direta ou indireta do governo. Bem, e muita gente diz que a fórmula da política salarial fez com que os salários médios caíssem. Realmente os salários médios caíram, uma coisa em torno de 20%. Inclusive a participação dos salários na renda também caiu, como foi avaliado por Carlos Geraldo Langoni na tese dele. Mas é importante observar que, por exemplo, entre 1982 e 1984 no Brasil, os salários reais também caíram 20%. Por quê? Porque houve uma desvalorização do câmbio real de 30%. Então boa parte da queda dos salários reais do PAEG não foi em decorrência direta da fórmula. A fórmula apenas viabilizou um ajuste em termos de redução de subsídios como, por exemplo, os preços das passagens públicas, de aumento de impostos indiretos e também de desvalorização do câmbio. Então a queda dos salários reais se explica também em função dessas medidas corretivas, que tiveram de ser efetuadas entre 1964 e 1966.

7. Existe a tese de que não se poderia tirar lições do PAEG, porque essa política salarial só foi possível num regime autoritário. O que o Senhor acha dessa crítica?

Bem, claramente, no que diz respeito a utilização da passagem à média, isso não é verdade, pois a passagem à média foi utilizada em 1986 no Plano Cruzado e 1989 no Plano Verão. Também no Plano Collor em 90. Agora, a outra questão é a seguinte: será que é viável a passagem à média com posterior queda dos salários reais, politicamente? Bem, isso não se observou, por exemplo, no Cruzado. No Cruzado, realmente os salários reais não caíram. Inclusive porque, para que os salários passassem à média, era necessário que os salários nominais caíssem e eles não foram reduzidos, porque constitucionalmente não se podia reduzir salários nominais. Nos demais planos, cabe avaliar direitinho a evolução dos salários. Mas, de uma forma geral, acredito que essa política pudesse ser implementada em outras circunstâncias também. Só não com a mesma facilidade. Num contexto que houvesse desvalorização do câmbio real e que houvesse um plano de estabilização e que houvesse a percepção de que é bom fazer um sacrifício temporário, eu acho que a política poderia ser implementada em outras circunstâncias também. Não acho que haja necessidade de uma Revolução para se implementar uma política como no PAEG. Naquela época foi necessário, mas num contexto de democracia com uma percepção da necessidade de desvalorização do câmbio real, ou redução dos subsídios ou aumento de impostos e estabilização, é perfeitamente factível que se tenha uma política salarial com passagem à média.

8. Então o Senhor acha a fórmula salarial do PAEG uma fórmual bem sucedida?

A fórmula salarial do PAEG foi bem-sucedida. Bem sucedida nos termos de combate à inflação. O que se questiona é a distribuição dos sacrifícios. Há sérios trabalhos do Alfred Stepan, do Fishlow, do Bacha, da Conçeiçao Tavares, do Bresser Pereira, que questionam o fato de que houve uma piora na distribuição da renda nos anos 60 e também depois nos anos 70. Mas falando especificamente da política salarial do PAEG, eu acho que o saldo foi positivo, porque realmente, pela primeira vez no Brasil, conseguiu-se estancar um processo inflacionário com sucesso, ainda que realmente tenha havido uma queda na participação dos salários na renda. Talvez um pouco mais agressividade na renumeração ao capital e, portanto, um pouco mais de equilíbrio nessa questão fosse mais adequado. Mas infelizmente houve uma queda na participação dos salários.

9. O Roberto Campos justificou-se contra essa crítica do arrouxo salarial falando que houve uma mudança de enfoque. Ele argumentou que ele queria substituir a distribuição direta por via salarial pela criação de modalidades de salários indiretos, através dos mecanismos do Banco Nacional de Habitação, Bolsa de Estudos, Estatuto da Terra etc. O que o Senhor acha disso?

Você pode dizer que a estabilização e a reforma institucional, de certa forma, ajudaram a compensar isso. O deputado talvez pudesse ter citado também a própria queda do imposto inflacionário. O imposto inflacionário de

1964, '65 e '66 foi recordista no Brasil naquela época e isso perdurou pelo menos até 1988. Por quê? Porque a base monatéria era muito grande, comparativamente ao PIB. Em 88, por exemplo, quando a inflação já foi mais elevada, a base monetária já era pequena. Então, claro, num processo de estabilização existem perdas e existem ganhos. Só que os que perdem não são necessariamente os que ganham. Então, diria que o raciocínio do deputado é um raciocíncio agregativista. Ele observa a economia como um todo, o que pode ser questionado, tendo em vista que são diferentes grupos que perdem e que ganham. Mas, de uma forma geral, é razoável a argumentação.

10. Roberto Campos me disse que ele acha que o Banco Central de 1964 era o mais independente do mundo. O Banco Central era realmente independente na época?

Acredito que o deputado esteja fazendo uma ironia em torno da diferença entre a independência factual e a independência institucional. Em termos legais, realmente, a lei que criou o Banco Central, de dezembro 1964, estipulava uma série de provisos, como mandatos fixos, uma série de provisos para que houvesse realmente indepêndencia do Banco Central. Então, essa era a independência institucional, a independência legislativa, na lei que criou o Banco Central. Então, acho que é nesse sentido que o deputado está se reportando e me parece que há um pouco de ironia nas palavras, porque claramente, de facto, o Banco Central -observou-se em 1967, quando foi substituído o Ministro pelo Ministro Delfim Netto - que o então Presidente do Banco Central na época, Dênio Nogueira, recebeu um claro aviso, de que o Presidente do Banco Central era o Presidente da República e não ele. De forma que, na prática, não havia independência do Banco Central.

11. E se a gente só olha os primeiros três anos da existência do Banco Central?

Nos primeiros três anos, na prática, acredito que tenha havido uma conjugação de interesses de estabilização muito grande entre Roberto Campos - que estava no Planejamento - e Bulhões - na Fazenda - e o Dênio Nogueira no Banco Central. Agora, independência do Banco Central a gente mensura exatamente quando o Ministro da Fazenda e o Ministro do Planejamento têm objetivos desenvolvimentistas e o Presidente do Banco Central tem objetivos de estabilização. Então, eu acho que é difícil dizer se o Banco Central era dependente ou independente, quando os interesses são confluentes entre os Ministros e o Presidente do Banco Central, como aconteceu em 1964 até 1966.

12. Uma inovação institucional da época foi a correção monetária. Como o Senhor vê esse instrumento e qual é o papel dele para o sucesso do PAEG?

Ela foi muito importante para o sucesso do PAEG, porque possibilitou o financiamento do déficit público por títulos e não com moeda. Mas a melhor definição que eu ouvi de correção monetária é do deputado Roberto Campos. Ele diz que a correção monetária nasceu um carneiro e virou um bode, ou seja, nasceu de uma forma e depois passou a ser outra. Por quê? Porque ela foi incorporada aos salários. A idéia inicial não era essa. A idéia inicial era que a correção monetária seria abandonada, quando a inflação caísse abaixo de 10%. Isso não aconteceu. Ela se incorporou aos salários a partir de 1968, quando a política já passou a fazer uma revisão em função da perda dos salários. E depois, se manteve isso até 74 e 79 e só foi modificado isso - o regime da correção pelo pico - em 1986 com o Plano Cruzado.

13. Quais são os fatores mais relevantes para o resultado exemplar do PAEG na área fiscal?

O déficit público foi reduzido de 3,1% do PIB para 1,1 % do PIB. Os números que eu tenho mostram que o resultado foi fruto muito mais do aumento da arrecadação do que da redução de gastos. Esse aumento de arrecadação se deu, em parte, devido à racionalização da estrutura tributária, com a eliminação de alguns impostos e a criação de outros.

14. Como o Senhor avalia o Código Tributário de 1966, inclusive em comparação com a Constituição de 1988?

O Código Tributário de 1966 foi inovador. Para começar, ele instituiu uma coisa que no mundo todo não havia - se eu não me engano só havia na Dinamarca - que era a idéia da taxação do imposto pelo valor adicionado e, entretanto, havia um problema implícito na legislação. Porque uma taxação do valor adicionado numa estrutura federativa, onde o poder de fixação é do estado, pode gerar guerras fiscais e outros problemas. Então, ele era inovador. Ele tinha uma falha que durante muito tempo não foi problemática, mas que, mais recentemente, agora, tem sido - especialmente depois de 88 - tem sido muito acirrado, que é a guerra em torno do estado produtor e do estado recolhedor de tributos. E essa reforma de 1966, comparativamente a de 1988, evidentemente que havia uma centralização muito maior do que em '88. Em '88 houve a idéia de distribuição de impostos, mas, como se sabe, os encargos não foram distribuidos na mesma proporção. A Federação continua responsável por várias coisas e aí gerou uma necessidade de compensação pelo imposto inflacionário em '88. Então, diria que a reforma de 1966 foi mais salutar do que a de 1988.

15. Agora uma pergunta sobre a política de comércio exterior a partir do PAEG. O PAEG significou uma ruptura com a política de substituição de importações?

Houve um fomento muito maior de exportações e houve uma ruptura. Principalmente em termos de formulação e em termos de percepção. Talvez, na prática, não tenha havido tanta diferença. Mas houve uma clara ruptura. O Brasil passou a ser um país com mais abertura comercial.

16. Outra crítica à política econômica do período militar é a excessiva estatização ocorrida. Essa crítica também atinge o período de Castello Branco?

Não diria que o PAEG se caracterizou por estatização, não. Houve várias estatizações no Brasil que foram anteriores ao PAEG. A criação do BNDES - que é uma grande estatização da poupança, se bem que naquele tempo era justificável, mas hoje em dia já é mais complicado defender na sua amplitude - foi de 52. O que realmente houve de aumento da estatização foi mais no período posterior ao PAEG.

17. Qual foi a relevância da existência de uma ditadura militar para o sucesso do PAEG? Qual é o papel das instituições políticas para o sucesso do PAEG?

O PAEG teria sido bom se ele tivesse acabado em 1966, quer dizer, não o PAEG em si, mas o regime, eu acho, porque seriam três anos em que teria sido feito uma cirurgia, mas aí depois se postergou por 21 anos, em vez de 3 anos ou 4 anos. Mas a idéia inicial - o deputado Campos deve ter confirmado isso para você - era de uma coisa bastante curta da intervenção militar. A intervenção militar do PAEG foi bem sucedida no sentido de ter feito o combate à inflação. Mas a intervenção militar, em si, foi péssima no sentido de restrições que não são mensuráveis, restrições pessoais etc. A ruptura do estado de direito é uma coisa realmente péssima. A intervenção teria sido mais interessante se tivesse acabado em 1966 e restaurada a prática democrática. Inclusive porque deixa de treinar algumas gerações na política, depois tem que reaprender etc. Hoje em dia existem alguns problemas, como o excesso do número de partidos, que faz com que as coalizões governamentais sejam pouco críveis, pouco duráveis e a „acountability" da votação dos partidos nas coalizões, perante os olhos do povo, é muito ruim. Ninguém sabe quem está votando o quê. De forma que, do ponto de vista político, nós precisamos ainda de uma reforma. O Brasil é recordista na América Latina de índices de partidos, em termos de índice efetivo. Precisamos de uma reforma para tornar mais ágil esse processo de ajuste fiscal.

18. Visto de hoje o PAEG parece um plano de estabilização bastante moderno com ênfase nas reformas institucionais. O Senhor vê o Campos e o Bulhões como profetas de uma política econômica moderna?

Eu vejo o Campos e o Bulhões como tendo feito um grande trabalho entre 1964 e 66. Infelizmente numa circunstância política pouco defensável, do ponto de vista de longo prazo principalmente. Mas tecnicamente o trabalho deles foi muito interessante.

19. Quais eram as mudanças institucionais mais importantes a partir de 1967?

A partir de 1967 a economia já estava num outro rumo. Já houve a percepção da necessidade de crescimento. Depois, em 1974, novamente o crescimento ganhou sobre a austeridade, porque havia uma percepção de que o Brasil tinha passado pelo milagre e o novo Presidente, como você pode observar em vários textos do João Paulo dos Reis Velloso, ou no texto « Brasil em marcha forçada », de Antonio Barros Castro, havia uma percepção do novo governo Geisel de que não seria interessante baixar o crescimento, comparativamente ao que tinha acontecido no governo Médici. Então houve, tanto em 1967, quanto em 1974, uma opção por crescimento que gerou uma certa dívida externa. De forma que mudaram os rumos iniciais da política do PAEG, que era de estabilização. Então, é difícil o exercício contra-factual e dizer o que teria sido melhor. Há necessidade de estudos históricos contra-factuais - que é sempre difícil de fazer - tentando avaliar qual teria sido a trajetória se não tivesse havido a continuidade do regime militar por 21 anos, se tivesse parado em 1966. Isso é uma pergunta interessante. Ninguém vai poder responder, mas, a princípio, já vi várias colocações, das quais compartilho, que uma intervenção mais curta teria sido mais adequada.

20. Qual é o papel do PAEG para o crescimento forte a partir de 1968?

Ele tinha um papel fundamental. Ele estabilizou, criou poupança, criou instituições, criou o Sistema Financeiro de Habitação. O PAEG foi a fase de plantio. Infelizmente em economia você observa muitas estatísticas de colheita, colheram-se tantos acres de feijão, mas você não observa estatísticas de plantio. O PAEG foi, claramente, um período de plantação, em que alguns males ocorridos entre 1956 e 1962 foram corrigidos e foram implantadas reformas importantes para o período de milagre.

21. Qual foi o maior sucesso e qual o maior fracasso do PAEG?

O maior sucesso foi a vitória no combate à inflação. A inflação ficou caindo até 1972, até o primeiro choque do petróleo. E o maior fracasso foi, primeiro, não ter sido viabilizado num ambiente político mais democrático e, segundo, foi ter sido mais concentrado na queda da participação dos salários do que na participação do capital, embora essas estatísticas sejam muito pouco claras. Isso foi mensurado por Carlos Langoni na tese dele, mas as estatísticas são sujeitas a problemas de mensuração primária. De forma que a queda é muito pouco clara para ser estatisticamente significativa. Mas o PAEG foi criticado muito por isso, por se basear muito num lado só da balança. Então eu acho que é uma crítica que ele podia ter evitado, se tivesse optado mais por tentar controlar a renumeração de ambos os fatores de produção, se bem que isso é muito difícil na prática.

22. Existem lições do PAEG para o Plano Real?

Claro, a lição é que só passar os salários à média não adianta. Tem que passar à média e reduzir o déficit fiscal. Essa é a maior lição. Todo mundo já aprendeu, mas não aprendeu ainda a viabilizar politicamente.

Prof. Manuel Fonseca (Universidade Federal do Rio de Janeiro)

Interview von Heiko Wacker mit Manuel Fonseca am 20. April 1999 in Rio de Janeiro

1. Qual é a visão que o Senhor tem do PAEG visto de hoje?

Eu acho que o PAEG foi a única experiência de estabilização bem-sucedida no Brasil, porque, a partir daí, nós tivemos, na década de 80 e de 90, experiências exóticas - e o Real é o último caso de uma experiência exótica - que foram totalmente mal-sucedidas. No caso do Real, não está claro ainda se é totalmente mal-sucedida, mas essa crise toda - com o desdobramento das crises financeiras internacionais - pelo menos nos deixa com sérias dúvidas sobre o resultado da experiência do Real.

2. O enfoque da minha tese é institucional. Queria saber que o Senhor acha da aplicabilidade desse enfoque para explicar o desenvolvimento brasileiro.

Eu acho que a parte institucional talvez seja o lado mais importante do PAEG. Nesse aspecto você está totalmente correto. A coisa mais importante no PAEG talvez tenha sido a reestruturação completa, a mudança total da estrutura que você tinha no Brasil. Em termos de política monetária, se criou o Banco Central, se criaram um títulos da dívida, que se permitiu fazer política monetária efetivamente. Em termos de situação fiscal, se reestruturou toda a parte das tarifas, toda a estrutura tributária do país, se desenvolveu o sistema financeiro, propriamente, no Brasil, se buscaram criar instituições para promover crédito de longo prazo no Brasil - que é um problema crônico até hoje. No Brasil, você não tem disponibilidade de crédito de longo prazo efetivamente. Então, a minha visão pessoal é que a estrutura econômica que nós temos, a estrutura institucional que nós temos no Brasil hoje ainda é resultado da experiência do PAEG. E aquilo que não funciona, também, é porque distorceram, desvirtuaram as idéias originais do Roberto Campos e do Octávio Gouveia de Bulhões. A estrutura tributária foi piorada etc.

3. O Senhor poderia explicar essa deterioração do regime fiscal um pouco mais detalhadamente?

Sinceramente, eu não me sinto seguro de mostrar a deterioração do regime fiscal, mas a realidade é a seguinte: a estrutura tributária que nós temos hoje no Brasil é aquela construída no PAEG. Só que determinados aspectos que existiam no PAEG, na estrutura tributária do PAEG, foram distorcidos. Por exemplo, você tinha a transferência de recursos federais ou de impostos federais para estados e municípios. Então estrutura tributária do PAEG contemplava uma forte arrecadação federal e uma transferência de parte dessa arrecadação para estados e municípios. Com a constituição de 88, aumentou-se demasiadamente as transferências, sem que houvesse uma transferência correspondente dos encargos, ou seja, das responsabilidades, de educação etc. Só para citar um aspecto. E até hoje temos no Brasil uma neccessidade gritante de uma reestruturação fiscal, que não está resolvida.

4. Quais eram as maiores deficiências do regime monetário na fase anterior ao PAEG?

Talvez a maior deficiência seja institucional. Por exemplo, eu vejo muito a experiência recente do Brasil do ponto de vista das séries de dados macroeconômicos. Então, eu tento construir séries de dados macroeconômicos. Para te dar um exemplo da deficiência antes do PAEG, as séries de informações para receita fiscal, despesa fiscal e déficit fiscal - uma coisa fundamental para um país, saber qual é o déficit fiscal do governo - não existe. Elas são inconfiáveis - antes do PAEG, quer dizer, a situação em termos de estatísticas, do próprio conhecimento, a própria maneira de fazer despesa - de tal forma que você não tem séries confiáveis do déficit fical antes do PAEG. Então, qual é a conclusão que nós podemos tirar ? A estrutura de receitas e despesas do governo era um caos total. Não ficava claro a situação com aquela mistura entre Banco Central e o Banco do Brasil. Então, eu pessoalmente vejo a situação institucional pré-PAEG como um verdadeiro caos. E a partir daí, claro, o PAEG contribuiu para colocar ordem nessa confusão interior com a reforma tributária e reforma fiscal etc. Em termos de política fiscal, o problema básico era a incapacidade do governo de financiar déficits. Muito embora esses déficits não fossem totalmente conhecidos ou registrados, eles existiam na prática e, certamente, tinham que ser financiados. E não havia condições de financiar esses déficits. Por quê? Porque a inflação era elevada e você, obviamente, não ia comprar títulos com a perspectiva de perder dinheiro em função de aumentos de preços e de desvalorização da moeda. Então a importância crucial do PAEG foi a criação de um título com correção cambial e com reajuste pela inflação anterior, e aí permitiu financiar déficits através da colocação de títulos da dívida no mercado.

5. E como o Senhor vê a experiência com o Banco Central? O Roberto Campos me disse que ele acha que foi o Banco Central mais independente do mundo na época.

(Risos) Você falou que o Roberto Campos afirma que era o Banco Central mais independente (risos). Obviamente o sentido disso é que - isso não é uma coisa muito simpática de se dizer, mas do ponto de vista econômico talvez tenha sido positivo - na época você tinha um governo forte que permitiu se implementar uma série de mudanças, muitas delas com prejuízo de grupos, grupos de poder na sociedade. E essas mudanças foram feitas porque você tinha um governo forte. Então, nesse sentido, talvez fosse um banco central independente, porque o executivo podia reduzir despesas de maneira importante, podia fazer uma série de coisas para equilibrar o orçamento e, com isso, viabilizar o cumprimento de metas monetárias. Então, de certa forma faz sentido para mim. Eu acho que uma coisa importante no PAEG - isso não é uma coisa muito agradável de dizer, mas é uma realidade - é que uma série de mudanças institucionais - e a própria reforma da parte fiscal - foram possíveis por causa de um estado forte. Existe uma entrevista do Bulhões dizendo que, quando eles assumiram o poder com o golpe militar, a previsão de despesas era várias vezes maior do que a previsão de receita. A situação orçamentária era um caos e eles acabaram reestruturando toda essa previsão de despesas pelo fato que tinha um governo forte e um Presidente que apoiava os seus Ministros da área econômica, que foi o Castello Branco. Então tem esse aspecto.

6. Como o Senhor avalia o papel da indexação para o relativo sucesso do PAEG no combate na inflação?

A introdução da indexação, como várias coisas feitas no PAEG, foi uma inovação. E, naquele momento, foi algo fundamentalmente positivo. A indexação dos títulos da dívida permitiu o financiamento não inflacionário - ou seja, não pela emissão de moeda - das despesas do governo. O que aconteceu depois é mais um exemplo de distorção, de deturpação. O que aconteceu? Com a aceleração da inflação ocorrida principalmente a partir de 1986 - ou ocorreu antes também esse fenômeno, mas acentuou a partir de 1986 - você teve duas tendências importantes: primeira, a passagem da indexação para outros segmentos da economia. Então, passou-se a indexar salários, passou-se a indexar contratos em geral, passou-se a indexar alguns preços, então houve a generalização do processo de indexação. E a segunda transformação é que se teve um encurtamento dos prazos de indexação. Isso não é culpa dos formuladores do PAEG. O PAEG reduziu a inflação, inclusive de forma importante e de uma forma consistente. A inflação se acelerou depois por outras razões. Então, é mais um exemplo de deturpação das idéais contidas no PAEG.

7. Como o Senhor vê nesse contexto a ampliação da indexação ao câmbio em 1968?

Indexação do câmbio num país de inflação relativamente elevada é quase inevitável. Não posso falar de outras experiências de outros países. Você precisa pensar que a moeda brasileira está, historicamente, atrelada ao dólar, e que a inflação brasileira é, historicamente, mais elevada do que a inflação americana. Então necessariamente tem que ter um desvalorização da moeda nacional, visando manter o equilíbrio nas relações externas, na balança comercial, etc. Isso é inevitável. A questão da indexação do câmbio é um aspecto dessas duas tendências que eu mencionei. O problema é que, com a aceleração da inflação, você teve um encurtamento do período da indexação. E claro, a questão do câmbio passa a ser crucial, o câmbio é um elemento crucial na economia brasileira. Então, você teve vários momentos, nos últimos 20 ou 30 anos, em que através de mudanças na política cambial, você conseguiu promover reajustes fundamentais na economia brasileira. Um exemplo é o reajuste que o Delfim promoveu em 1981, quando o Brasil tinha déficits comercias, derivados basicamente da crise do Pertróleo. E, a partir de 81, com a crise da dívida do México, o Brasil teve que passar a obter superávit comercias. Houve uma maxi-desvalorização cambial. A partir daí se seguiu uma política cambial neutra, à excessão dos períodos de congelamentos de preços e do câmbio. E na verdade, a minha idéia pessoal é que uma razão importante para os fracassos dos planos não convencionais, heterodoxos de combate a inflação - o Plano Cruzado, o Plano Verão, o Plano Collor - é que eles não puderam manter o câmbio congelado. Eles congelavam todos os preços e você tinha uma queda da inflação. O preço que normalmente se descolava primeiro era o câmbio. Por quê? Porque com o congelamento do câmbio, se passava a ter déficits comerciais. Então eles tinham que promover uma desvalorização do câmbio. E isso, então, desencadeava a volta da inflação. A minha visão é que nesses planos todos - Plano Cruzado, Verão, Collor - a volta da inflação se deu pela retomada das desvalorizações cambiais. Uma visão que eu também tenho é que a razão pela qual o Plano Real se mantém tanto tempo funcionando é porque eles puderam primeiro promover uma brutal sobrevalorização cambial, que contribuiu para baratear os preços das importações e, certamente, contribuiu para reduzir a inflação. E, a partir daí, eles puderam manter o câmbio no patamar mais ou menos dado a partir dos meses iniciais. E o que que mudou, fundamentalmente, a partir do Real? É que o Brasil, a partir de 1992, 1993, passou a ter condições de captar recursos no mercado externo. Coisa que antes não podia por uma série de razões, principalmente porque a dívida externa não estava resolvida. Era um país que tinha um calote, estava em „default".

8. As idéias e retórica do Roberto Campos e Bulhões eram liberais e eles criticaram muito o clima do estatismo na fase anterior ao PAEG. O PAEG conseguiu reverter essa tendência estatizante?

Eu concordo com você. Eu acho que uma coisa é a idéia do Bulhões e do Campos, que tinham uma visão liberal. E é uma avaliação correta. A estrutura brasileira é muito intervencionista, intervencionista demais. Agora eu acho que o que prevaleceu nos governos militares não foi a posição deles. Os governos militares brasileiros tinham uma visão totalmente estatizante da economia. Eles criaram inúmeras empresas estatais e desenvolveram as empresas que já existiam. Então eles tinham uma visão totalmente estatizante da economia. A gente percebe isso pelo aumento da importância nas empresas estatais. Então, os nossos militares foram estatizantes, diferentemente dos militares chilenos, que foram liberalizantes. E me parece, de certa forma, que você tem aí um pouco da explicação das diferenças macroeconômicas do Chile e do Brasil hoje. Os militares chilenos foram liberalizantes, fizeram uma série de ajustes que os nossos militares não fizeram. Nesse aspecto eu acho que a visão do Bulhões e do Campos não prevaleceu.

9. Como o Senhor vê a questão da substituição das importações? Esse modelo se esgotou no começo dos anos 60, ou talvez nunca foi um modelo eficiente? Pode-se falar de uma ruptura com a política da substituição de importações no PAEG?

O PAEG, em relação a política industrial, de substituição de importações, não me parece que tenha introduzido mudanças importantes. O PAEG foi uma experiência mais de sentido fiscal-monetário, não propriamente ligada à política industrial, de substituição de importações. Em relação à substituição de importações propriamente ditas, eu acho que na década de '50, provavelmente, foi positiva. Para você ter um dado concreto, olha o seguinte. A economia brasileira é uma das que mais cresceu nesse século, apesar de toda crise no final do século. Foi uma das economias que mais cresceu no mundo. E a minha opinão pessoal é que parte da explicação está na substituição de importações. O que eu acho que aconteceu foi um esgotamento, de fato, pelo problema, talvez, de falta de competição e perda de eficiência de empresas. E você teve um processo totalmente equivocado na década de '70, já após a crise do petróleo - aí é aquela visão estatizante dos militares, do Geisel particularmente - de você manter o crescimento, a industrialização através de um novo surto de substituições de importações. Aí já em cima de bens de capital, indústrias pesadas, com recursos do estado. Essa experiência, do ponto de vista macroeconômico, foi uma catástrofe. Gerou a dívida interna, dívida externa, inflação, uma série de coisas. E aí era totalmente contra o espírito do Bulhões e do Campos. Novamente chegamos à conclusão que muitos dos problemas que nós temos no Brasil é porque as idéias, o espírito básico da visão do Campos e do Bulhões nunca prevaleceram.

10. Então se poderia dizer que os dois seriam profetas de uma política econômica moderna para o Brasil, que não foram ouvidos?

Em geral sim, sendo que o Roberto Campos, que está vivo até hoje, é muito polêmico (risos). Eu, pessoalmente, não diria que o Campos é o meu „guru", pelo fato de que uma série de coisas que ele vem colocando, não digo que estejam erradas, mas ele é muito radical. Ele é muito polêmico e, nesse sentido, eu não diria que o Campos é o meu guru. Mas para mim o Bulhões talvez seja o maior economista do Brasil, no sentido de ter uma idéia da evolução do Brasil. Ele promoveu uma série de mudanças. Para mim ele é, sem dúvida, um „guru".

11. Tem um livro do Prof. Senna, „Os Parceiros do Rei", onde ele explica o (sub)desenvolvimento do Brasil e a tendência intervencionista através da herança cultural dos portugueses. Qual é a visão do Senhor a respeito disso?

Existe bastante pessoas divulgando essas idéias. Nesse ponto, eu prefiro adotar os desenvolvimentos de um alemão, bastante conhecido, chamado Karl Marx, que tinha a idéia do materialismo histórico. Não que eu seja marxista, mas em termos de explicação da história, eu acho que o materialismo histórico tem muito mais substância. Acho tolo explicar subdesenvolvimento ou desenvolvimento basicamente a partir de tradições culturais, religiosas etc. Por uma razão: é so nós pegarmos regiões do globo colonizadas por países protestantes, com fortíssimas tradições comerciais, capitalistas, e que não se desenvolveram. O caso, por exemplo, do Sul dos Estados Unidos que até hoje talvez seja uma região subdesenvolvida. E o que explicaria isso? É a forma de colonização, que é a escravidão. Para não falar no Haiti, em colônias da Holanda na África, em colônias da Bélgica. Eu, particularmente, discordo. Eu diria até mais, eu acho estúpida.

13. E quando a gente compara, por exemplo, aqui dentro do Brasil, o desenvolvimento do Sul, onde tem uma forte tradição européia, com o desenvolvimento do Nordeste? Isso seria um fator que indicaria uma importância da cultura?

Isso é muito importante, veja bem. A questão aqui lida até com um aspecto de filosofia da ciência, ou melhor, de lógica. É uma questão de lógica. Duas coisas acontecem ao mesmo tempo, uma é causa da outra. Isso é uma falácia lógica, é um erro lógico, uma inconsistência lógica. Então, se você vê duas coisas acontecendo ao mesmo tempo, é preciso ter cuidado pra não dizer que uma é função da outra. Então essa é a questão Nordeste/Sul do Brasil. Você tem duas regiões, uma que tem um aspecto cultural menos ligado à Europa Ocidental, que é o caso do Nordeste, que é mais atrasado, e uma mais influenciada pela cultura e por populações da Europa Ocidental. Você tem que perceber que até hoje no Nordeste você tem desdobramentos da época da colonização original, ou seja, grandes culturas, cana-de-açúcar, em cima de mão-de-obra escrava. Até hoje no Nordeste você tem uma importância grande das grandes propriedades, dos latifúndios, que continuam plantando cana-de- açucar, com o baixo desenvolvimento social, baixos salários. Enquanto no Sul, você teve, desde há muito tempo, a introdução da mão-de-obra assalariada. Enfim, uma outra forma de desenvolvimento econômico e social. Então eu acho que nós temos que ter cuidado para não cometer essa falácia, essa inconsistência lógica de ver duas coisas e deduzir que uma é causa da outra. Eu continuo dizendo que a explicação da diferença entre Nordeste e Sul continua sendo a forma de desenvolvimento que, até hoje, aparece nas tradições culturais e econômicas do Nordeste.

14. Qual é o papel das reformas do PAEG para a fase do assim chamado „milagre econômico" a partir 1968?

O milagre econômico - do final de '60 até '70, que aconteceu durante o tempo quando o Delfim era Ministro da Fazenda - está ligado, basicamente, a investimentos, a um surto de investimentos muito grande, isso é um aspecto importante. Se você pegar os dados de investimentos no Brasil na proporção do PIB, por exemplo, você vai ver uma aceleração violenta de investimentos na época no final da década de '60 e início da década de '70. Então, a minha idéia, a minha avaliação é que a explicação está no aumento de investimento. Não teve, eu creio, um grande aumento de exportações. Então aparentemente foi um processo de aumento da demanda interna. Então foi aumento do investimento, aumento da demanda interna e crescimento gerado por esses aumentos. A minha impressão é que o papel do estado aí foi, talvez, na parte de crédito, de promover crédito para desenvolvimentos na áera privada e pública. Ou seja, o papel do governo foi através da criação de pólos de petroquímicos, centros de produção industrial, que demandam muitos recursos, um grande capital. Então a criação de pólos petroquímicos, refinarias, etc. foi diretamente feita pelo estado. E também me parece que o estado teve um papel importante no financiamento, com recursos do BNDES, e outras instituições públicas que, com a ausência de capitais de longo prazo no Brasil, eu creio que foram importantes para promover esse crescimento. Em resumo, o milagre foi investimento público direto, investimentos privados ligados aos investimentos públicos ou a contribuição de crédito pelas instituições públicas. Então, nesse ponto podemos concluir que o papel do estado acabou sendo positivo. E a importância do PAEG me parece estar em que você necessitiva de um equilíbrio fiscal. Se nós concluimos que o Estado foi importante no milagre, você tinha que ter, necessariamente, um equilíbrio fiscal para promover despesas posteriores e para resolver o problema da inflação. Então o que o PAEG fez? O que o Bulhões e o Campos propiciaram? Eles equilibraram as contas do governo, permitiram que a partir de um certo momento se pudesse fazer mais despesas na áera produtiva e eles resolveram, efetivamente, o problema da inflação. Então você teve um crescimento sem alta de preços, porque havia uma estabilidade monetária e fiscal. Então o PAEG foi fundamental. Se nós pegarmos a experiência recente, quais são os problemas no Brasil? Exatamente a falta de equilíbrio fiscal e uma política monetária consistente com a estabilidade de preços. Se tivéssemos um outro PAEG, provavelmente poderíamos crescer de novo, tenho certeza disso, como o Brasil cresceu no final da década de '60 e no início da década de '70.

15. Um dos pontos mais criticados foi a política salarial que levou à uma redução do salário real na época. Como o Senhor avalia essa crítica?

Essa crítica é válida. Realmente você tinha uma inflação elevada na época do PAEG, alguma coisa em torno de 100% ao ano, com tendências de aceleração - isso aí em 1963, 1964. E além da política fiscal e monetária uma das medidas que se implementou, que contribuiu para a reduzir a inflação, foi uma política salarial compatível (risos) com a redução da inflação. Ou seja, na época o Simonsen introduziu um mecanismo que era de propiciar reajustes salariais baseado numa média projetada, antecipada, que seria um resultado da inflação prevista, eu acho que era isso. A inflação prevista era sempre menor do que a inflação real, então você tinha um arrouxo salarial. Então, de fato, você teve perda salarial na época do PAEG, sem dúvida. Mas a questão básica é a seguinte, eu acredito que o principal elemento que explica a perda salarial - que não aconteceu somente no PAEG, ela vem acontecendo já há muitos, muitos anos - é a inflação. Para mim não há a menor dúvida que a alta de preços é o principal fator que causa perdas reais de salários para a média da população. O que a gente percebe é que os críticos do PAEG foram aqueles responsáveis pelos planos heterodoxos que geraram, na verdade, acelerações incríveis da inflação. Então esses críticos do PAEG foram alguns dos promotores das piores perdas salariais na história do Brasil (risos).

16. Em quem o Senhor está pensando, por exemplo? Eu vou falar na semana que vem com o Prof. Bresser Pereira. O Senhor fala dele também?

(Risos) Bom, ele participou, ele participou da idéia dos plano heterodoxos. Eu tenho uma visão bastante pessoal em relação à questão dos planos de estabilização. Eu acho que se cometeu um grande equívoco, em termos de pensamento econômico no Brasil, de enfatizar a questão da indexação de preços e salários como fator fundamental para explicar a inflação. A partir da identificação da indexação de preços e salários como principal fator para explicar a inflação no Brasil, você passou, então, a desenvolver todo uma série de planos heterodoxos, exóticos, para combater a inflação. Todos eles, pelo menos até o Plano Real, levaram sempre a inflações maiores do que existiam antes. Então foi uma falha total. É claro que não são só os economistas os culpados. A classe política tem muito da culpa, porque é muito cômodo você de repente tentar combater a inflação sem nenhum ônus político, sem cortar despesas, sem reduzir o número de funcionários públicos. Então, na verdade, os economistas foram talvez um pouco ingênuos em propor coisas que não me parecem corretas e que foram usadas pelos políticos para implementar planos de estabilização, planos de redução da inflação, sem nenhum custo político. Só que isso nunca funcionou, eu acho, em país algum. Mesmo na Argentina a experiência de estabilização só funcionou, para usar um caso próximo ao Brasil, a partir de uma total reformulação do setor público. Então a minha posição é essa, você nunca vai ter uma real estabilização sem uma total reformulação do setor público brasileiro. É o desequilíbrio financeiro do setor público brasileiro que explica a inflação, fundamentalmente. Daí a importância do Bulhões e do Campos. Eles nunca tiveram dúvidas sobre isso. Toda a idéia do PAEG foi centrar o ajuste em cima da área pública e também da parte institucional. E funcionou. Do meu ponto de vista, a principal explicação para esse constante processo inflacionário e a constante crise econômica, que tem a ver com a inflação, está sempre no adiamento da reforma do setor público brasileiro, que cada vez se torna mais importante. Então, os economistas ligados às idéias heterodoxas erraram e contribuíram, na verdade, para todo esse período de crise econômica ligado ao processo inflacionário.

17. Uma vantagem do Campos e do Bulhões era, obviamente, que eles tinham um estado forte e um regime militar do lado deles que os deixava agir com mais liberdade. Qual foi a relevância da existência de uma ditadura militar para o sucesso do PAEG?

É claro que ninguém sensível, inteligente apóia um regime ditatorial. Ninguém pode apoiar um regime de ditadura e militar. Agora, tendo dito isso, eu acho que é claro para todos que o sistema democrático brasileiro tem falhas graves, falhas gravíssimas. E a maior delas, talvez, é que ele vem permitindo que grupos de interesse cada vez mais consigam vantagens que são inaceitáveis. Peguemos as democracias ocidentais como referência. Como é que fica nossa democracia em relação à democracia da Suécia, da democracia da Inglaterra, dos Estados Unidos? Nós temos uma democracia muito falha. E o problema básico é que grupos de interesse têm conseguido vantagens cada vez maiores no sistema político brasileiro. E essas vantagens correspondem a despesas. São despesas no sistema judiciário, que agora nós começamos a levantar, são despesas injustificadas do Legislativo. Então, a minha posição é que a nossa democracia ainda é incipiente. Nós temos que avançar muito no sentido de promover ajustes, de promover reformas para que ela seja durável. E a questão básica, voltamos ao mesmo ponto, é uma total reforma do setor público. Nós temos que sair disso. Ele é caro, ineficiente e vem contribuindo para o processo crônico da inflação, impedindo o nosso crescimento.

18. Então podemos dizer que o regime militar na época do PAEG tinha uma relevância para o sucesso do PAEG?

(Risos) Se nós pensarmos que fazer uma reforma de um estado levanta uma série de questões, de oposições, de obstáculos... Nós estamos vendo isso agora na questão do judiciário. As pessoas no judiciário estão totalmente contra que se toque nas suas regalias. É óbvio que o sistema autoritário contribuiu para resolver essa questão. Não estou dizendo (risos), de nenhuma forma, que a gente deve voltar ao regime ditatorial, isso é uma dedução lógica apenas. Nosso desafio é promover reformas com um sistema democrático que seja cada vez mais eficiente e defenda cada vez mais os interesses da coletividade.

19. Qual foi o maior sucesso do PAEG?

O sucesso do PAEG, eu acho, foi promover a estabilidade de preços, efetivamente, através de uma reforma do estado brasileiro na época, de um ajuste fiscal e, também, de uma reestruturação do sistema monetário que permitiu realizar uma política monetária consistente com a estabilidade de preços. E o PAEG sinalizou muito claramente aquilo que é o desafio do Brasil hoje, no final do século: a promoção de uma reforma do estado que permita buscar o equilíbrio fiscal, o equilíbrio monetário e, uma vez conseguido esse equilíbrio, é perfeitamente possível que o Brasil volte a crescer como cresceu na época do PAEG. Se nós pensarmos, da forma que eu falei, que o principal fator que explica o crescimento brasileiro na época do milagre, pós-Paeg, foi o aumento de investimentos, então nós temos de criar condições hoje para que se possa ter aumento de investimento, redução de juros e disponibilidade de crédito, créditos de longo prazo para investimentos. Agora, nós estamos na posição totalmente oposta. Devido ao desequilíbrio fiscal, nós temos taxas de juros elevadíssimas, praticamente todos recursos da poupança interna acabam sendo utilizadas pelo estado e, no fundo, pessimamente utilizadas, porque nós sabemos que o estado brasileiro gasta mal, despesas totalmente injustificáveis no sistema jurídico e no sistema legislativo. Então, é preciso reestruturar o estado brasileiro. E a partir daí, nós temos condições de crescer novamente como crescemos depois do PAEG.

20. Qual foi o lado mais fraco do PAEG?

Talvez a perda salarial ocorrida. A perda salarial na época do PAEG era algo ruim e contribuiu para um certo aprofundamento da concentração da renda. Eu acho que essa perda salarial contribuiu para uma maior concentração da renda. Talvez, pensando melhor, diria que a falha do PAEG foi os formuladores do PAEG não terem pensado nada no sentido de melhorar a distribuição de renda no Brasil, que é uma coisa dramática. Essa foi a maior falha do PAEG: não ter promovido nada no sentido de melhorar a distribuição de renda no Brasil, é horrível.

21. A respeito disso o Roberto Campos disse que eles tentaram, na época, melhorar a distribuição da renda através do Estatuto da Terra, do BNH etc. Ele argumentou que eles queriam procurar meios não-inflacionários para melhor a distribuição da renda. O que o Senhor acha disso?

Isso não me parece muito defensável. É válido, mas me parece que a experiência mostra que o Sistema da Habitação foi usado para financiar imóveis da classe média. E a reforma da Terra não saiu do papel. Então, infelizmente não ajudou muito.

Literaturverzeichnis

ABOUCHAR, Alan (1969): Public Investment Allocation and Pricing Policy for Transportation, in: The Economy of Brazil ed. by Howard S. Elllis, Berkeley, S. 345-375.

ABREU, Marcelo de Paiva et al. (Ed.) (1990): A Ordem do Progresso: Cem Anos de Política Econômica Republicana, 1889-1989, 18. Aufl.

AGÉNOR, P.-R. (1994): Credibility and Exchange Rate Management in Developing Countries, in: Journal of Development Economics, Vol. 45 (1), S. 1-16.

ALESINA, Alberto (1989): Politics and Business Cycles in Industrial Democracies, in: Economic Policy, No. 8, April, S. 55-98.

ALESINA, Alberto/ SUMMERS, L. H. (1993): Central Bank Independence and Macroeconomic Performance: Some Comparative Evidence, in: Journal of Money, Credit and Banking, Vol. 25, No. 2, S. 151-162.

ALMEIDA, Fernando Bessa de (1967): A Fiscalização Financeira e Orçamentária na Constituição de 1967, in: Revista de Administração Pública, Janeiro/ Março 1967, FGV, Rio de Janeiro.

ALMEIDA, Fernando Lopes de Almeida (1982): Política Salarial, Emprego e Sindicalismo 1964-1981, Petrópolis.

ALMEIDA, José Oliveira (1994): Evolução dos Controles Cambiais no Brasil, Centro de Treinamento do Banco Central do Brasil, Brasilia.

ALMEIDA, José Roberto Novaes de (1992): Essays on Brazilian Monetary Policies and History, 1945-88, George Washington University, New York.

ALMEIDA, Júlio Sérgio Gomes de (1980): A Reforma Financeira de 1964/66, FEA/ UFRJ, Rio de Janeiro.

ALMEIDA, Júlio Sérgio Gomes de (1984): As Reformas Financeiras de 1964-65: Objetivos, Rumos e Desvios, Texto para Discussão No. 59, Universidade Federal do Rio de Janeiro (UFRJ), Rio de Janeiro.

AMELUNG, Torsten (1987): Zum Einfluß von Interessengruppen auf die Wirtschaftspolitik in Entwicklungsländern, in: Die Weltwirtschaft, Heft 1, S. 158-171.

ANDIMA (1994): Câmbio – Séries Históricas, Associação Nacional de Instituições do Mercado Aberto, Rio de Janeiro.

APEC: A Economia Brasileira e Suas Perspectivas, Rio de Janeiro, verschiedene Jahrgänge.

ARNOLD, Steven (1972): The Politics of Export Promotion: Economic Problem-Solving in Brazil, 1956-68, John Hopkins University, Washington.

BACHA, Edmar L. (1978): Política Econômica e Distribuição de Renda, Rio de Janeiro.

BACHA, Edmar L. (1982): Os Mitos de Uma Década, Rio de Janeiro.

BACHA, Edmar L./ TAYLOR, Lance (1980): Brazilian Income Distribution in the 1960s. "Facts", Model, Results, and the Controversy, in: Models of Growth and Distribution for Brazil ed. by Lance Taylor, Edmar. L. Bacha, Eliana. A. Cardoso and Frank J. Lysy, Oxford University Press, New York et al..

BAER, Werner (1962/63): Inflation and Economic Growth: An Intepretation of the Brazilian Case, in: Economic Development and Cultural Change, Vol. 11, S. 85-97.

BAER, Werner (1965): Industrialization and Economic Development in Brazil, Homewood.

BAER, Werner (1967): The Inflation Controversy in Latin America: a Survey, in: Latin American Research Review, Vol. 3, S. 4-19.

BAER, Werner (1991): Social Aspects of Latin American Inflation, in: Quarterly Review of Economics and Business, Vol. 31, No. 3, 1991, Champaign, S. 45-57.

BAER, Werner (1996): Changing Paradigms: Changing Interpretations of the Public Sector in Latin America´s Economies, in: Public Choice, Vol. 88, S. 365-379.

BAER, Werner (2001): The Brazilian Economy: Growth and Development, Westport/Connecticut and London.

BAER, Werner/ BILLER, Dan/ MC DONALD, Curtis T. (1989): Austerity under Different Politcal Regimes: the Case of Brazil, in: Paying the Costs of Austerity in Latin America ed. by Howard Handelmann and Werner Baer, San Francisco and London, S. 19-42.

BAER, Werner/ KERSTENETZKY, Isaac/ VILLELA, Annibal (1973): As Modificações no Papel do Estado na Economia Brasileira, in: Pesquisa e Planejamento Econômico, Vol. 3, No. 4, Dezember 1973, S. 847-882.

BAER, Werner./ KERSTENETZKY Isaac. (Ed.) (1965): Inflation and Growth in Latin America, Homewood, Illinois.

BAER, Werner/ PAIVA, Cláudio (1996): Brasiliens Erblast und der Plano Real, in: Inflation und Stabilisierung in Brasilien: Probleme einer Gesellschaft im Wandel hrsg. von Gilberto Calganotto und Barabara Fritz, Frankfurt am Main, S. 66-93.

BAER, Werner/ KERSTENETZKY, Isaac/ VILLELA, Annibal (1973): As Modifações no Papel do Estado na Economia Brasileira, in: Pesquisa e Planejamento Ecconômico, Vol. 3, No. 4, 1973, S. 884-887.

BÄHR, Christa (1994): Ansätze zu einer Theorie der Währungsreform: Währungsreformen nach offenen und zurückgestauten Inflationen, Köln

BALASSA, Bela/ BERGSMAN, Joel (1971): Derivation of the Free Trade Exchange Rate in Brazil, in: The Structure of Protection in Developing Countries ed. by Bela Belassa, Baltimore and London, S. 345-348.

BANCO CENTRAL DO BRASIL: Boletim do Banco Central do Brasil, verschiedene Ausgaben.

BANCO CENTRAL DO BRASIL: Relatório do Banco Central do Brasil, verschiedene Jahrgänge.

BARBOSA, Fernando de Holanda (1983): A Inflação Brasileira no Pós-Guerra – Monetarismo versus Estruturalismo, Rio de Janeiro.

BARBOSA, Fernando de Holanda (1989): As Origens e Conseqüências da Inflação da América Latina, in: Pesquisa e Planejamento, Vol. 19, No. 3 (Dezember 1989), S. 505 – 524.

BARBOSA, Fernando de Holanda (1993): Inflação e Cidadania, in: Na Corda da Bamba: Doze Estudos sobre a Cultura da Inflação ed. de José Ribas Vieira, Rio de Janeiro, S. 33-41.

BARBOSA, Fernando de Holanda (1998): Economic Development: The Brazilian Experience, in: Development Strategies in East Asia and Latin America ed. by Akio Hasano and Neantro Saavedra-Rivano, New York, S. 69-87.

BARBOSA, Fernando de Holanda/ BRANDÃO, Antônio Salazar/ FARO, Clovis de (1989): Fiscal Reform and Stabilization: the Brazilian Experience, Ensaio Econômico da EPGE No. 147, Fundação Getúlio Vargas, Rio de Janeiro.

BARRO, Robert J. (1995): Inflation and Economic Growth, in: Bank of England Quarterly Bulletin, Vol. 35, S. 166-175.

BARRO, Robert J./ GORDON, David B. (1983): Rules, Discretion and Reputation in a Model of Monetary Policy, in: Journal of Monetary Economics, Vol. 12, Glasgow, S. 101-121.

BEDDIES, Christian H. (2000): Selected Issues Concerning Monetary Policy and Institutional Design for Central Banks: A Review of Theories, IMF Working Paper WP/00/140, Washington.

BELOCH, Israel/ABREU, Alzira Alves de (1984) (Ed.): Dicionário Histórico-Bibliográfico Brasileiro: 1930-1983, Fundação Getúlio Vargas, Centro de Pesquisa e Documentação de História Contemporânea do Brasil, Rio de Janeiro.

BELTRÃO, Hélio (1967): Reforma Administrativa, Ministério de Planejemento e Coordenação Geral, Rio de Janeiro.

BENEVIDES, Maria Vitória (1976): O Governo Kubitschek: Desenvolvimento Econômico e Estabilidade, Rio de Janeiro.

BERGSMAN, Joel (1970): Brazil: Industrialization and Trade Policies, London, Oxford University Press.

BERGSMAN, Joel (1972): Foreign Trade Policy and Development, in: Contemporary Brazil: Issues in Economic and Political Development ed. by H. Jon Rosenbaum and William G. Tyler, New York, Washington, London, S. 29-50.

BERGSMAN, Joel/ CANDAL Arthur (1969): Industrialization: Past Success and Future Problems, in: The Economy of Brazil ed. by Howard Ellis and Lincoln Gordon, Berkeley and Los Angeles, S. 29-73.

BERGSMAN, Joel/ MALAN, Pedro S. (1971): The Structure of Protection in Brazil, in: The Structure of Protection in Developing Countries ed. by Bella Balassa, Baltimore and London, S. 103-136.

BERLEMANN, Michael (1999): Politökonomische Theorien der Inflation und der Konjunktur, Marburg.

BERNHOLZ, Peter (1989): Geldwertstabilität und Währungsordnung, Tübingen.

BERNHOLZ, Peter (1990): Notwendige und hinreichende Bedingungen zur Beendigung von Hyperinflationen, in: Theorie der Wirtschaftspolitik, Festschrift zum 75. Geburtstag von Hans Möller, hrsg. von J. M. Graf von Schulenburg und H.W. Sinn, Tübingen, S. 62-88.

BIDERMAN, Ciro/ COZAC, Luis Felipe L./ REGO, José Marcio (1997): Conversas com Economistas Brasileiros, São Paulo, 2. Aufl.

BIELSCHOWSKY, Ricardo (1996): Pensamento Econômico Brasileiro: O Ciclo Ideológico do Desenvolvimento, Rio de Janeiro, 3. Aufl.

BOECKLE, Hardy Gunther (1997): Währungsstabilisierung in Brasilien: Eine Untersuchung unter dem Blickwinkel der Neuen Institutionenökonomik, Köln.

BOFINGER, Peter/ REISCHLE, Julian/ SCHÄCHTER, Andrea (1996): Geldpolitik: Ziele, Institutionen, Strategien und Instrumente, München.

BOTZENHARDT, PHILIPP (2000): Konzepte zur Messung der Unabhängigkeit von Zentralbanken, Marburg.

BRENNAN, Geoffrey H./ BUCHANAN, James M. (1981): Monopoly in Money and Inflation: The Case for a Constitution to Discipline Government, Institute for Economic Affairs, Hobart Paper 88, London.

BRESCIANI–TURRONI, Constantino (1937/68): The Economics of Inflation, A Study of Currency Depreciation in Post-War Germany, London (Englische Übersetzung von: Le Vicende del Marco Tedesco, Mailand 1931).

BRESSER PEREIRA, Luiz Carlos (1968/87): Desenvolvimento e Crise no Brasil, 15. Aufl, São Paulo.

BRESSER PEREIRA, Luiz Carlos (1991): Populism and Economic Policy in Brazil, in: Journal of Interamerican Studies and World Affairs, Vol. 33, No. 2, S. 1-22.

BRESSER PEREIRA, Luiz Carlos (1992): 1992 – A Estabilização Necessária, in: Revista de Economia Política, Vol. 12, Nr. 3 (47), Julho-Setembro 1992, S. 91-106.

BUCH, Claudia M./ KOOP, Michael, J./ SCHWEICKERT, Rainer/ WOLF, Hartmut (1995): Währungsreformen im Vergleich: Monetäre Strategien in Rußland, Weißrußland, Estland und der Ukraine, Kieler Studien Nr. 270, Tübingen.

BUCHANAN, James M./ TOLLISON, R.D./ TULLOCK, G. (1980): Towards a Theory of the Rent-Seeking Society, Texas.

BUESCU, Mircea (1973): 300 Anos de Inflação, Rio de Janeiro.

BULHÕES, Octávio Gouvêa de (1969): Financial Recuperation for Economic Expansion, in: The Economy of Brazil ed. by Howard S. Ellis, Berkeley and Los Angeles, S. 162-176.

BULHÕES, Octávio Gouvêa de (1990): Octávio Gouvêa Bulhões: Depoimento, Memória do Banco Central, Programma de História Oral do CPDOC/ FGV, Brasilia.

BULMER-THOMAS, Victor (1994): The Economic History of Latin America Since Independence, Cambridge University Press.

BURDEKIN, Richard C. K./ LANEY, Leroy O. (1988): Fiscal Policymaking and the Central Bank Institutional Constraint, in: Kyklos, Vol. 41, S. 647-662.

CAGAN, Philip (1956): The Monetary Dynamics of Hyperinflation, in: Studies in the Quantity Theory of Money, ed. by M. Friedman, Chicago, S. 25-120.

CALLICCHIO, Vera/ FLAKSMAN, Dora (1984): Atos Institucionais, in: Dicionário Histórico-Biográfico Brasileiro 1930-1983 ed. de Israel Beloch und Alzira Alves de Abreu, Rio de Janeiro.

CALVO, Guillermo A./ VÉGH, Carlos A. (1999): Inflation Stabilization and BOP Crises in Developing Countries, in: Handbook of Macroeconomics, NBER Working Paper No. 6925.

CAMARGO, José Márcio/ GIAMBIAGI, Fábio (Ed.) (1991): Distribuição de Renda no Brasil, Rio de Janeiro.

CAMPILO, Marta/ MIRON, Jeffrey A. (1997): Why does Inflation Differ Across Countries:, in: Reducing Inflation: Motivation and Strategy ed. by Christina D. Romer und David H. Romer, Chicago und London, S. 335-362.

CAMPOS, Roberto de Oliveira (1961): Two Views on Inflation in Latin America, in: Latin American Issues: Essays and Comments, ed. by Albert O. Hirschman, New York: Twentieth Century Fund, S. 69-79.

CAMPOS, Roberto de Oliveira (1963): Inflação e Crescimento Equilibrado, in: Economia, Planejamento e Nacionalismo de Roberto Campos, Rio de Janeiro.

CAMPOS, Roberto do Oliveira (1966): Economic and Financial Policies of the Brazilian Government, in: A Economia Brasileira e Suas Perspectivas ed. de APEC, Rio de Janeiro, S. 317-321.

CAMPOS, Roberto de Oliveira (1994): A Lanterna na Popa, Rio de Janeiro.

CAMPOS, Roberto de Oliveira (1996a): Roberto Campos, in: Conversas com Economistas Brasileiros ed. de Ciro Biderman, Luis Felipe L. Cozac e José Marcio Rego, São Paulo, S. 31-59.

CAMPOS, Roberto de Oliveira (1996b): Antologia do Bom Senso: Ensaios, Rio de Janeiro.

CAPIE, F. (1986): Conditions under which Very Rapid Inflation Has Appeared, in: Carnegie–Rochester Conference Series on Public Policy, Vol. 24, North–Holland, Amsterdam, S. 115–168.

CARDOSO, Eliana/ HELWEGE, Ann (1992): Latin America's Economy: Diversity, Trends, and Conflicts, Cambridge.

CARDOSO, Eliana/ BARROS, Ricardo Paes de/ URANI, Andre (1995): Inflation and Unemployment as Determinants of Inequality in Brazil: The 1908s, in: Reform, Recovery and Growth: Latin America and the Middle East ed. by Rudiger Dornbusch and Sebastian Edwards, Chicago and London, p. 151-175.

CARNEIRO, Dionísio Dias/ GARCIA, Márcio G. P. (1995): Private International Capital Flows to Brazil, Texto para Discussão No. 333, Pontifícia Universidade Católica do Rio de Janeiro, Departamento de Economia, Rio.

CARVALHO, Fernando J. Cardim (1995): A Independência do Banco Central e a Disciplina Monetária: Observações Céticas, in: Revista de Economia Política, Vol. 15, Nr. 4 (60), S. 134-141.

CARVALHO, Lívio de (1973): Principios e Aplicação da Política Salarial Pós-1964, Departamento de Economia da Universidade de Brasilia, Texto para Discussão, No. 9, 1973.

CARVALHO, Lívio de (1982): Políticas Salarias Brasileiras no Período 1964-81, in: Revista Brasileira de Economia, Vol. 36, No. 1, S. 51-84.

CASTRO, Celso (2000): The Military and Politics in Brazil: 1964-2000, University of Oxford Centre for Brazilian Studies, Working Paper CBS-10-00, Oxford.

CASTRO, Paulo Rabello de/ RONCI, Marcio (1991): Sixty Years of Populism in Brazil, in: The Macroeconomics of Populism in Latin America ed. by Rudiger Dornbusch and Sebastian Edwards, Chicago, pp. 151-169.

CHACEL, Julian (1996): Preisindizes und Stabilisierungspolitik in Brasilien, in: Inflation und Stabilisierung in Brasilien: Probleme einer Gesellschaft im Wandel hrsg. von Gilberto Calganotto und Barbara Fritz, Frankfurt am Main, S. 267-281.

CHACEL, Julian M./ SIMONSEN, Mário Henrique/ WALD, Arnoldo (1970): A Correção Monetária, Rio de Janeiro.

CIALDINI, Alexandre Sobreira (1997): Os Fundos de Participação no Contexto do Federalismo Fiscal Brasileiro, Universidade Federal do Ceará, hektographiert, Fortaleza.

CLEMENTS, Benedicts (1997): Income Distribution and Social Expenditures in Brazil, International Monetary Fund, Working Paper 97/120, Washington.

COES, Donald V. (1994): Macroeconomic Stabilisation and Trade Liberalisation: Brazilian Experience and Choices, in: The World Economy, Vol 17, No. 4, S. 433-450.

COES, Donald V. (1995): Macroeconomic Crises, Policies, and Growth in Brazil, 1964-90, World Bank Comparative Macroeconomic Studies, Washington.
CONIFF, M. (1982) (Ed.) : Latin American Populism in Comparative Perspective, Albuquerque.

CONJUNTURA ECONÔMICA: Rio de Janeiro, verschiedene Jahrgänge.

CONSPLAN (1965a): O Debate do Programa de Ação (Documento de Trabalho No. 3), Secretária Executiva do Conselho Consultivo do Planejamento, Ministério Extraordinário para o Planejamento e Coordenação Econômica, Brasilia.

CONSPLAN (1965b): O Programa de Ação e o Documento do Dr. Dias Leite, Secretária Executiva do Conselho Consultivo do Planejamento, Ministério Extraordinário para o Planejamento e Coordenação Econômica, Brasilia.

CONTADOR, Claudio/ HADDAD, Claudio (1975): Produto Real, Moeda e Preços: a Experiência Brasileira no Período 1867-1970, in: Revista Brasileira de Estatística, Juli/ September, 1975.

CORBO, Vittorio (1992): Development Strategies and Policies in Latin America: A Historical Perspective, Occasional Papers No. 22, International Center of Economic Growth, San Francisco.

CORBO, Vittorio (2000): Stabilisation Policies in Latin America: The Decade of Reckoning, in: The Transformation of Latin America: Economic Development in the Early 1990s ed. by Federico Foders and Manfred Feldsieper, Cheltenham.

COTTARELLI, Carlo/ GIANNINI, Curzio (1997): Credibility without Rules? Monetary Frameworks in the Post–Bretton Woods Era, Internatioal Monetary Fund, Occasional Paper 154, Washington.

COUTO, Ronaldo Costa (1998): História Indiscreta da Ditadura e da Abertura: Brasil: 1964-1985, Rio de Janeiro.

CUKIERMAN, Alex (1992a). Central Bank Strategy, Credibility and Independence: Theory and Evidence, Cambridge.

CUKIERMAN, Alex (1992b): Central Bank Independence, in: The New Palgrave Dictionary of Money and Finance ed. by Peter Newman, Murray Milgate and John Eatwell, S. 320-321.

CUKIERMAN, Alex/ EDWARDS, Sebastian/ TABELLINI, Guido (1992). Seigniorage and Political Instability, in: American Economic Review, Vol. 82 (June), S. 537–555.

CUKIERMAN, Alex/ WEBB, Sven B./ NEYAPTI, Bilin (1992): Measuring the Independence of Central Banks and Its Effect on Policy Outcomes, in: The World Bank Economic Review, No. 6, Vol. 3, S. 353-398.

CYSNE, Rubens Penha (1985): Política Macroeconômica no Brasil 1964/66 e 1980/84, Rio de Janeiro.

CYSNE, Rubens Penha Cysne (1994): A Economia Brasileira no Período Militar, Ensaios Econômicos No. 227, Escola de Pós-Graduação em Economia da Fundação Getúlio Vargas, Rio de Janeiro.

D'ARAÚJO, Maria Celina/ SOARES, Gláucio Ary Dillon/ CASTRO, Celso (1994): Visões do Golpe: a Memoria Militar sobre 1964, Rio de Janeiro.

DEININGER, Klaus/ SQUIRE, Lyn (1996): Measuring Income Inequality: A New Data-Base, in: The World Bank Economic Review, Vol. 10, No. 3, September, pp. 565-591.

DELFIM NETTO, Antônio (1966): Tentativa de Explicação das Causas que Determinaram a Expansão dos Meios de Pagamentos em 1964-1965, in: A Economia Brasileira e suas Perspecitvas, Rio de Janeiro, APEC, 1966, S. 197-204.

DELFIM NETTO, Antônio (1998): Crônica do Debate Interditado, Rio de Janeiro.

DELFIM NETTO, Antônio/PASTORE, Affonso Celso/CIPOLLARI, Pedro/CARVALHO, Eduardo P. de (1965): Alguns Aspectos da Inflação Brasileira, São Paulo.

DÍAZ-ALEJANDRO, Carlos (1981): Southern Cone Stabilization Plans, in: Economic Stabilization in Developing Countries ed. by William R. Cline and Sydney Weintraub, Washington, D.C., S. 119-141.

DÍAZ ALEJANDRO, C. F. (1984): Latin America in the 1930s, in: Latin America in the 1930s: The Role of the Periphery in World Crsis ed. by R. Thorp, New York.

DIEHL, Markus/ SCHWEICKERT, Rainer (1997): Wechselkurspolitik im Aufholprozeß: Erfahrungen lateinamerikanischer, europäischer und asiatischer Länder, Kieler Studien Nr. 286, Tübingen.

DOEBEL, Rüdiger (1965): Devisenbewirtschaftung in Entwicklungsländern, Institut für Wirtschaftspolitik der Universität zu Köln, Untersuchungen Nr. 17, Köln.

DOELLINGER, Carlos von (1977): Política e Estrutura das Importações Brasileiras, Rio de Janeiro.

DOELLINGER, Carlos von/ FARIA, Hugo Barros de Castro/ RAMOS, Raimundo Nonato Mendonça/ CAVALCANTI, Leonardo Caserta (1973): Transformação da Estrutura das Exportações Brasileiras: 1964/70, IPEA, Relatório de Pesquisa No. 14, Rio de Janeiro.

DONGES, Jürgen B. (1969): Über das Inflationsproblem in Entwicklungsländern, Saarbrücken, 1969.

DONGES, Jürgen B. (1970): Neue Wege in der Wechselkurspolitik der Entwicklungsländer? – Brasiliens „trotting peg", Kieler Diskussionsbeiträge Nr, 8, Kiel.

DONGES, Juergen B./ FREYTAG, Andreas (2001): Allgemeine Wirtschaftspolitik, Stuttgart.

DONNELLY, John (1973): External Debt and Long-Term Servicing capacity in: Contemporary Brazil: Issues in Economic and Political Development ed. by H. Jon Rosenbaum and William G. Tyler, New York, Washington, London, S. 95-124.

DORNBUSCH, Rudiger (1990): Policies to Move from Stabilization to Growth, Proceedings of the World Bank Annual Conference on Development Economics, World Bank, Washington.

DORNBUSCH, Rudiger/ STURZENEGGER, Frederico/ WOLF, Holger (1990): Extreme Inflation: Dynamic and Stabilization, in: Brooking Papers on Economic Activity 2, S. 1-84.

DORNBUSCH, Rudiger (1991): Credibility and Stabilization, in: Quarterly Journal of Economicy, Vol. 106, 1991, S. 837-850.

DORNBUSCH, Rudiger/ EDWARDS, Sebastian (1995): Introduction, in: Reform, Recovery, and Growth: Latin America and the Middle East ed. by Rudiger Dornbusch and Sebastian Edwards, Chicago and London, p. 1-9.

DORNBUSCH, Rudiger/ EDWARDS, Sebastian (1991): The Macroeconomics of Populism, in: The Macroeconomics of Populism in Latin America ed. by Rudiger Dornbusch and Sebastian Edwards, Chicago, pp. 7-13.

DORNBUSCH, Rudiger/ FISCHER, Stanley (1986): Stopping Hyperinflation Past and Present, in: Weltwirtschaftliches Archiv, Bd. 122, S. 1-47.

DORNBUSCH, Rudiger/ FISCHER, Stanley (1992): Makroökonomik, 5. Auflage, München.

DORNBUSCH, Rudiger/ FISCHER, Stanley (1993): Moderate Inflation, in: The World Bank Economic Review, Vol. 7, No. 1, S. 1-44.

DORNBUSCH, R./ SIMONSEN, M.H. (1987): Inflation Stabilization with Income Policy Support: A Review of the Recent Experience in Argentina, Brazil, and Israel, New York.

DORNBUSCH, Rudiger/ STURZENEGGER, Federico/ WOLF, Holger (1990): Extreme Inflation: Dynamics and Stabilization, in: Brooking Papers on Economic Activity, Nr. 2, S.1-84.

EDWARDS, Sebastian (1993): Exchange Rates as Nominal Anchors, in: Weltwirtschaftliches Archiv, Bd. 129, Heft 1, S. 1-32.

EDWARDS, Sebastian (1995): Crisis and Reform in Latin America: From Despair To Hope, The World Bank, Washington.

EIJFFINGER, C. W./ DE HAAN, Jakob (1996): The Political Economy of Central–Bank Independence, Special Papers in International Economics, No 19, Princeton.

ELLIS, Howard S. (ed.) (1969 a): The Economy of Brazil, Berkeley: Universitiy of California Press.

ELLIS, Howard S. (1969 b): Corrective Inflation, in: The Economy of Brazil ed. by Howard Ellis, Berkeley, S. 177-212.

ENGELS, Frank (1999): Neuere Theorien zur Inflationsbekämpfung und Relevanz für Lateinamerika, Frankfurt am Main u.a..

EUCKEN, W. (1952/90): Grundsätze der Wirtschaftspolitik, 6. Auflage, Tübingen 1990.

EUCKEN, W. (1949): Die Wettbewerbsordnung und ihre Verwirklichung, in. ORDO, Bd. 2, S. 1-99.

FACHADA, Pedro (2001): Inflation Targeting in Brasil: Reviewing Two Years of Monetary Policy 1999/00, Working Papers Series No. 25, Banco Central do Brasil, Brasilia. (www.bcb.gov.br)

FARIA, Lauro Vieira de (1996): On Central Bank Independence for Brazil, in: The Quest For Monetary Stability ed. by Carlos Geraldo Langoni, James Ferrer Jr. and Marcio Ronci, Washington, S. 179-189.

FASANO-FILHO, Ugo (1987): On the Determinants of Brazil's Manufactured Exports: an Empirical Analysis, Kieler Studien Nr. 212, Tübingen.

FELDSIEPER, Manfred (1975a): Indexklauseln und Inflation, in: Jahrbuch für Sozialwissenschaft, Bd. 26, S. 175-188.

FELDSIEPER, Manfred (1975b): Staatshaushalt und Inflation (I), in: Das Wirtschaftsstudium, 4. Jg., S. 593–597.

FELDSIEPER, Manfred (1976): Staatshaushalt und Inflation (II), in: Das Wirtschaftsstudium, 5. Jg., S. 23–27.

FELDSIEPER, Manfred (1983): Zum Begriff und zur Messung der realen Bewertung einer Währung, in: Währungs- und Geldpolitik in weltoffener Wirtschaft hrsg. von M. Feldsieper und R. Groß, Berlin, S. 47-64.

FELDSIEPER, Manfred (1987a): Wechselkurssystem, in: Vahlens Großes Wirtschaftslexikon hrsg. von Erwin Dichtl und Otmar Issing, München.

FELDSIEPER, M. (1987b): Konvertibilität, in: Vahlens Großes Wirtschaftslexikon hrsg. von Erwin Dichtl und Otmar Issing, München.

FELDSIEPER, M. (1994): Inflation und Inflationsfolgen in Brasilien, in: Zeitschrift zur portugiesischsprachigen Welt, Jg. 1, Nr. 1, S. 33-44.

FERNANDES, Rubem César (1993): Inflação e Desconfiança, in: Na Corda Bamba: Doze Estudos sobre a Cultura da Inflação hrsg. von José Ribas Vieira et al., Rio de Janeiro.

FILHO, André Franco Montoro (1982): Moeda e Sistema Financeiro no Brasil, Rio de Janeiro.

FIPE (1991): Sistema Financeiro Nacional: Diagnóstico e Sugestões para Reforma, Fundação Instituto de Pesquisas Econômicas (FIPE), USP, São Paulo.

FISCHER, S./ MODIGLIANI, F. (1978): Towards an Understanding of the Real Effects and Costs of Inflation, Weltwirtschaftliches Archiv, 114, S. 810–833.

FISCHER, S./ SUMMERS, L. H. (1989): Should Governments Learn to Live with Inflation?, in: American Economic Review, Papers and Proceedings, Vol. 79 (May 1989), S. 382-387.

FISCHLOW, Albert (1973): Some Reflections on Post-1964 Brazilian Economic Policy, in: Authoritarian Brazil: Origins, Policies and Future, ed. by A. Stepan, New Haven, Yale University Press, S. 69-118.

FODERS, Federico (2001a): Latin America: The Long and Winding Road to Growth, in. World Economics, Vol.2, No.2, S. 1-20.

FODERS, Federico (2001b): Die ökonomische und wirtschaftspolitische Entwicklung Lateinamerikas nach dem Zweiten Weltkrieg, Kiel.

FODERS, Federico/ FELDSIEPER, Manfred (Ed.) (2000): The Transformation of Latin America: Economic Development in the Early 1990s, Cheltenham.

FONSECA, Manuel Alcino R. (1995): O Processo Inflacionário: Análise da Experiência Brasileira, Petrópolis.

FONSECA, Manuel Alcino R. (1998): Brazil's Real Plan, in: Journal of Latin American Studies, Vol. 30, S. 619-639.

FRANCO, Gustavo H. B. (1987): Reforma Monetária e Instabilidade durante a Transição Republicana, Rio de Janeiro.

FRANCO, Gustavo H. B. (1995): O Plano Real e Outros Ensaios, Rio de Janeiro.

FRANCO, Gustavo H. B. (2000): The Real Plan and the Exchange Rate, in: Essays in International Finance, No. 217, April 2000.

FREYTAG, Andreas (1998a): Einige Anmerkungen zur Wahl der Reservewährung eines Currency Boards, in: Zeitschrift für Wirtschaftspolitik, Vol. 47, S. 3-19.

FREYTAG, Andreas (2000): Monetary Commitment and the Role of Institutions – Theory and Evidence of Monetary Reform, Köln.

FREYTAG, Andreas (2001): Why Have Some Monetary Reforms Succeeded and Others Not? – An Empirical Assessment, Institut für Wirtschaftspolitik an der Universität zu Köln, IWP Discussion Paper 2001/ 4.

FRIEDMAN, Milton (1974): Monetary Correction, in: Essays on Inflation and Indexation ed. by Herbert Giersch et al., American Enterprise Institute for Public Policy Research, Washington D.C., p. 25-61.

FUNDAÇÃO GETÚLIO VARGAS (Ed.) (1967): A Reforma do Ministério da Fazenda e Sua Metodologia: Relatório Final, Rio de Janeiro.

FUNKE, Norbert (1991): Die Glaubwürdigkeit von Wirtschaftsreformen: Bedeutung, Ursachen und Ansatzpunkte zur Lösung von Glaubwürdigkeitsproblemen, in: Die Weltwirtschaft, Heft 2, S. 175-186.

FUNKE, Norbert (1995): Nominale Anker als geldpolitische Koordinationsziele, Kieler Studien Nr. 267, Tübingen.

FURTADO, Celso (1959): Formação Econômica do Brasil, São Paulo.

GALVÊAS, Ernane (1976): Brasil: Desenvolvimento e Inflação, Rio de Janeiro.

GALVÊAS, Ernane (1985): Sistema Financeiro e Mercado de Capitais, Rio de Janeiro.

GERSTENBERGER, Björn (2000): Die Stellung der Zentralbank im wirtschaftspolitischen System Brasiliens, Marburg.

GIANETTI DA FONSECA, Eduardo (1995): As Partes e o Todo, São Paulo.

GOLDSMITH, Raymond W. (1986): Brasil 1850-1984, Desenvolvimento sob um Século de Inflação, São Paulo.

GOMES, Gustavo Maia (1986): The Roots of State Intervention in the Brazilian Economy, New York.

GUENTHER, Jack D. (1975): Indexierung versus diskretionäre Aktionen – Brasiliens Kampf gegen die Inflation, in: Finanzierung und Entwicklung, 12. Jg., Heft 3, September 1975, S. 24-29.

GUIMARÃES, Cláudia Maria Cavalcanti Barros (1990): 1964 – Estado e Economia: a Nova Relação, Campinas.

GUIMARÃES, Cesar/ VIANNA, Maria L. T. Werneck (1987): Planejamento e Centralização Decisória: o Conselho Monetário Nacional e o Conselho de Desenvolvimento Econômico, in: As Origens da Crise: Estado Autoritário e Planejamento no Brasil ed. de Olavo Brasil de Lima Jr. e Sérgio Henrique Abranches, São Paulo.

GWARTNEY, James D./ LAWSON, Robert A. (1997): Economic Freedom of the World, 1997 Annual Report, The Fraser Institute, Vancouver.

GWARTNEY, James D./ LAWSON, Robert A. / SAMIDA, Dexter (2000): Economic Freedom of the World, 2000 Anual Report, The Fraser Institute, Vancouver.

HAGGARD, S./ KAUFMAN, R. R. (1992): The Political Economy of Inflation and Stabilization in Middle-Income Countries, in: The Politics of Economic Adjustment: International Constraints, Distributive Conflicts, and the State ed. by Stephan Haggard and Robert R. Kaufman, Princeton, S. 270-315.

HARBERGER A. C. (1981): In Step and out of Step with the World Inflation: A Summary History of Countries, 1952-1976, in: Development in an Inflationary World ed. by M.J. Flanders and A. Razin, New York, S. 35-46.

HAYEK, Friedrich A. von (1976): Der Weg zur Knechtschaft, 3. Aufl., München.

HAYEK, Friedrich A. von (1977): Entnationalisierung des Geldes: eine Analyse der Theorie und Praxis konkurrierender Umlaufsmittel, Tübingen.

HAYEK, Friedrich A. von (1972): Die Theorie komplexer Phänomene, Tübingen, 1972.

HAYO, Bernd (1998): Inflation Culture, Central Bank Independence and Price Stability, in: European Journal of Political Economy, Vol. 14, S. 241-263.

HENTSCHKE, Jens R. (1999): Die Entstehung des interventionistischen Staates in Brasilien, in: Ibero-Amerikanisches Archiv, Jg. 25, Heft 3-4, S. 239-267.

HIGGINS, Benjamin (1964): The 1964-1966 Action Program of the Brazilian Government, Analytical Summary Prepared for the Ministry of Planning, Rio de Janeiro.

HIRSCHMAN, Alberto O. (1961): Ideologies of Economic Development in Latin America, in: Latin American Issues - Essays and Comments ed. by Albert Hirschmann, The Twentieth Century Fund, New York, S. 3-42.

HIRSCHMAN, Alberto O. (1961): Latin American Issues, The Twentieht Century Fund, New York.

HOLANDA, Sérgio Buarque de (1936/95): Die Wurzeln Brasiliens, deutsche Übersetzung von „Os Raízes do Brasil", 1. Aufl. 1936, Frankfurt.

HOLTFRERICH, Carl-Ludwig (1980): Die deutsche Inflation 1914-1923 – Ursachen und Folgen in internationaler Perspektive, Berlin und New York.

HUDDLE, D.(1964): Balança de Pagamentos e Controle de Câmbio no Brasil, in: Revista Brasileira de Economia, Juni 1964, S. 5-46.

HÜGLE, Wolfgang J. (2001): Finanzsysteme, wirtschaftliches Wachstum und die Rolle des Staates: Ein funktionaler Ansatz unter Berücksichtigung der Reformerfahrung lateinamerikanischer Länder, Marburg.

IBGE: Anuário Estatístico, Rio de Janeiro, verschiedene Jahrgänge.

INTERNATIONAL MONETARY FUND (1996): The Rise and Fall of Inflation – Lessons from the Postwar Experience, in: World Economic Outlook, Washington, S. 100-134.

INTERNATIONAL MONETARY FUND (2002): World Economic Outlook, Washington.

INTERNATIONAL MONETARY FUND: International Financial Statistics, verschiedene Jahrgänge.

ISSING, Otmar (1973): Indexklauseln und Inflation, Tübingen.

ISSING, Otmar (1985): Disinflation: Kosten und Nutzen der Inflationsbekämpfung, in: Wirtschaftswissenschaftliches Studium, 14 Jg., S. 9-14.

ISSING, Otmar (1989): Vom Primat der Währungspolitik, in: ORDO, Bd. 40, S. 351-361.

ISSSING, Otmar (1993a): Einführung in die Geldtheorie, 9. Auflage, München.

ISSING, Otmar (1993b): Unabhängigkeit der Notenbank und Geldwertstabilität, Mainz.

ISSING, Otmar (1997): Geldwertstabilität als ordnungspolitisches Problem, in: ORDO, 1997, Bd. 48, S. 167-178.

ISSING, Otmar (1999): Stabiles Geld – Fundament der Sozialen Marktwirtschaft, Ulm.

JÁCOME, Luis. I. (2001): Legal Central Bank Independence and Inflation in Latin America during the 1990s, IMF Working Paper 01/212, Washington.

JARCHOW, Hans-Joachim/ RÜHMANN, Peter (1993): Monetäre Außenwirtschaft, II. Internationale Währungspolitik, Göttingen.

JARCHOW, Hans-Joachim (1996): Internationale Währungssysteme – Theorie und Realität, Diskussionsbeiträge aus dem Volkswirtschaftlichen Seminar der Universität Göttingen, Beitrag N. 87, Göttingen.

JOHNSON, Bryan T./ HOLMES, Kim R. /KIRPATRICK, Melanie (1999): 1999 Index of Economic Freedom, Heritage Foundation and the Wall Street Journal, Washington D.C. and New York.

KAFKA, Alexandre (1956): The Brazilian Exchange Auction System, in: Review of Economics and Statistics, August 1965, Vol. 18, S. 308-322.

KAFKA, Alexandre (1967): The Brazilian Stabilization Program 1964-1966, in: Journal of Political Economy, Vol. 75, S. 596-631.

KAHIL, Raouf (1973): Inflation and Economic Development in Brazil, 1946-1963, London und New York.

KASTNER, Steffen (1994): Glaubwürdigkeit und Reputation der Geldpolitik: Das strategische Verhalten von Zentralbanken, Wiesbaden.

KAY, Cristóbal (1989): Latin American Theories of Development and Underdevelopment, London & New York.

KEHRLE, Luiz Rodrigues (1995): Controle de Preços no Primeiro Governo Militar, in: Encontro Nacional de Economia, Vol. 23, Anais do 23. Encontro Nacional, Salvador.

KELLER, Vilma/ PENCHEL, Marcos (1984): Roberto Campos, in. Dicionário Histórico-Biográfico Brasileiro: 1930-1983 ed. de Israel Beloch und Alzira Alves de Abreu, Rio de Janeiro, S. 590-596.

KELLER, Vilma/ BENJAMIN, Cid (1984): Octávio Gouvêa de Bulhões, in: Dicionário Histórico-Biográfico Brasileiro 1930-1983 ed. de Israel Beloch und Alzira Alves de Abreu, Rio de Janeiro, S. 502-506.

KEYNES, John Maynard (1920): The Economic Consequences of the Peace, London.

KEYNES, J. M. (1923): A Tract on Monetary Reform, London.

KINZO, Maria D'Alva (1993): Radiografia do Quadro Partidário Brasileiro, Pesquisas No.1, Konrad-Adenauer-Stiftung, São Paulo.

KIRSCH, Guy (1993): Verbandspluralismus, in: Vahlens Großes Wirtschaftslexikon hrsg. von Erwin Dichtl und Otmar Issing, 2. Aufl., S. 2188-2189.

KOCH, Gisela (1996): Einkommensverteilung und Inflation, in: Inflation und Stabilisierung in Brasilien: Probleme einer Gesellschaft im Wandel hrsg. von Gilberto Calganotto und Barbara Fritz, Frankfurt am Main.

KORNIS, G. (1982): Repensando o PAEG: Uma Análise das Análises da Política Econômica Brasileira de 1964 a 1966, Tese de Mestrado, Universidade Estadual de Campinas, Campinas.

KORNIS, G. (1984): Programa de Ação Econômica do Governo (PAEG), in: Dicionário Histórico-Biográfico Brasileiro: 1930-1983 ed. de Israel Bloch und Alzira Alves de Abreu, S.2832-2834.

KRÜSSELBERG, Hans–Günter (1989): Zur Interdependenz von Wirtschaftsordnung und Gesellschaftsordnung: Euckens Plädoyer für ein umfassendes Denken in Ordnungen, in: Jahrbuch für die Ordnung von Wirtschaft und Gesellschaft, Bd. 40, S. 223–241.

KYDLAND, F./ PRESCOTT, E. (1977): Rules Rather than Discretion - The Inconsistency of Optimal Plans, in: Journal of Political Economy, Vol. 85, S. 473-491.

LACERDA, Claudio (1998): Carlos Lacerda e os Anos Sessenta: Oposição, 2. Aufl. Rio de Janeiro.

LAFER, Betty Mindlin (1975): Planejamento no Brasil, 3. Aufl., São Paulo.

LAGO, Luiz A. Corrêa do/ ALMEIDA, Fernando L/ LIMA, Beatriz M.F (1979): O Sistema de Relações Trabalhistas no Brasil e Suas Implicações Econômicas e Sociais, 1940-1979, Rio de Janeiro, IBRE/FGV.

LAIDLER, D./ PARKIN, M. (1975): Inflation: a Survey, in: Economic Journal Vol. 85, December, S. 741–809.

LAL, Deepak (1984): The Poverty of Development Economics, London.

LAL, Deepak (1985): Mißverständnisse in der "Entwicklungsökonomik", in: Finanzierung und Entwicklung, Juni 1985, S. 10-13.

LAL, Deepak/ MAXFIELD, Sylvia (1993): The Political Economy of Stabilization in Brazil, in: Political and Economic Interactions in Economic Policy Reform: Evidence from Eight Countries ed. by Robert H. Bates and Anne O. Krüger, Cambridge Massachusetts, S. 27-77.

LANGONI, Carlos Geraldo (1973): Distribuição da Renda e Desenvolvimento Econômico do Brasil, Rio de Janeiro.

LANGONI, Carlos Geraldo/ FERRER JR., James/ RONCI, Marcio (1996): The Quest for Monetary Stability, Washington DC.

LEES, Francis A./ BOTTS, James M./ CYSNE, Rubens Penha (1990): Banking and Financial Deepening in Brazil, New York.

LEFF, Nathaniel (1968): Política Econômica e Desenvolvimento no Brasil, 1947-1964, São Paulo.

LEITE, Antonio Dias (1966): Caminhos do Desenvolvimento, Rio de Janeiro.

LEVY, Maria Bárbara (1980): O Encilhamento, in: Economia Brasileira: Uma Visão Histórica ed. de Paulo Neuhaus, Rio de Janeiro, S. 191-255.

LOEF, Hans-Edi/ ZIEMES, Georg (1989): Zeitinkonsistenz, in: Wirtschaftswissenschaftliches Studium, 18. Jg., S. 446-451.

LUNDBERG, Eduardo Luis (1993): Banco Central do Brasil e suas Funções, hektographiert, São Paulo.

LUTZ, F. A. (1949): Geldpolitik und Wirtschaftsordnung, in: ORDO, Bd. 2, S. 207-228.

MACEDO, Roberto B. (1977): A Critical Review of the Relation Between Post-1964 Wage Policy and the Worsening of Brazil's Income Distribution in the 1960's, Explorations in Economic Research, 4, 1977, S. 117-140.

MALAN, Pedro (1984): Superintendência da Moeda e Crédito, in: Dicionário Histórico-Biográfico Brasileiro: 1930-1983 ed. de Israel Beloch und Alzira Alves de Abreu, Rio de Janeiro.

MARENGO, Silvia/ VILLAR, Agustín (2000): Central Bank Policies in Transition Economies: The Latin American Case, in: The Transformation of Latin America: Economic Development in the Early 1990s ed. by Federico Foders and Manfred Feldsieper, Cheltenham, S. 35-62.

MARTONE, Celso (1975): Análise do Plano de Ação Econômica do Governo (PAEG) (1964-1966), in: Planejamento no Brasil ed. de Betty Mindlin Lafer, São Paulo.

MC CANDLESS, George T. Jr./ WEBER, Warren E. (1995): Some Monetary Facts, in: Federal Reserve Bank Minneapolis, Quarterly Review, S. 2-11.

MEYER, F. W. (1948): Geldpolitik, Vollbeschäftigung und Wirtschaftsordnung, in: ORDO, Bd.1, S. 91-124.

MICHLER, /THIEME (1998): Bundesbankverfassung und Stabilitätsgesetz: Zur Adäquanz der institutionellen Grundlagen erfolgreicher Stabilitätspolitik, in: 50 Jahre Soziale Marktwirtschaft: Ordnungstheoretische Grundlagen, Realisierungsprobleme und Zukunftsperspektiven einer wirtschaftspolitischen Konzeption hrsg. von Dieter Cassel, Stuttgart, S. 243-286.

MINISTÉRIO DE PLANEJAMENTO E COORDENAÇÃO ECONÔMICA (1965a): Programa de Ação Econômica do Governo, 1946-66, Documentos EPEA, Rio de Janeiro, 2. Auflage.

MINISTÉRIO DE PLANEJAMENTO E COORDENAÇÃO ECONÔMICA (1965b): O Programma de Ação e as Reformas de Base, Rio de Janeiro, Documentos EPEA.

MONTEIRO, Sérgio Marley Modesto (1999): Política Econômica e Credibilidade: Uma Análise dos Governos Jânio Quadros e João Goulart, Porto Alegre.

MORLEY, Samuel A. (1971): Inflation and Stagflation in Brazil, in: Economic Development and Cultural Change, Vol. XIX, No. 2 (Januar 1971), S. 184-203.

MORLEY, Samuel A. (1978): Growth and Inequality in Brazil, Vanderbilt University.

MUNDELL, Robert A. (2000): A Reconsideration of the Twentieth Century, in: The American Economic Review, June 2000, S. 327-340.

NAZMI, Nader (1996): Economic Policy and Stabilization in Latin America, New York.

NELDNER, Manfred (1998): Geld- und Währungsordnungen: Gestaltungsmöglichkeiten und konkrete Erscheinungsformen, in: WiST, Heft 6, Juni 1998, S, 287-294.

NELLIßEN, Frank J. (1997): Das Mannesmann-Engagement in Brasilien von 1892 bis 1995, München.

NESS (1972): Some Effects of Inflation on Financing Investment in Argentina and Brazil, in: Financial Development and Economic Growth: The Economic Consequences of Underdeveloped Capital Markets ed. by Arnold W. Sametz, New York.

NESS, Walter L. J. (1974): Financial Markets Innovation as a Development Strategy. Initial Results from the Brazilian Experience, in: Economic Development and Cultural Change, April, Vol. 22, No. 3.

NESS, Walter L. J. (1977): A Influência da Correção Monetária no Sistema Financeiro, Rio de Janeiro.

NEUHAUS, Paulo (1975): História Monetária do Brasil: 1900-45, Rio de Janeiro.

NEUHAUS, Paulo (1978): A Inflação Brasileira em Perspectíva Histórica, in: Revista Brasileira de Economia, Rio de Janeiro, Vol. 32, No. 2, S. 293-315.

NEUMANN, Manfred J. M. (1992): Monetary Reform, in: The New Palgrave Dictionary of Money & Finance ed. by Peter Newman, Murray Milgate and John Eatwell, S. 751–756.

NIEHANS (1980): Theorie des Geldes, Synthese der monetären Mikro- und Makroökonomik, Bern und Stuttgart (deutsche Übersetzung von: Theory of Money, Baltimore 1978).

NOGUEIRA, Dênio (1992): Duas Questões sobre a Reforma do Sistema Financeiro, in: Conjuntura Econômica, Vol. 46, abril de 1992, S. 14-15.

NOGUEIRA, Dênio (1993): Dênio Nogueira: Depoimento, Memória do Banco Central, Programe de História Oral do CPDOC/FGV, Brasilia.

NORTH, D. C. (1998): Institutions, Institutional Change and Economic Performance, Cambridge.

NUNNENKAMP, Peter (1995): Wirtschaftsreformen in Entwicklungs- und Transformationsländern - Anreizprobleme, Glaubwürdigkeitsdefizite und die Erfolgschancen umfassender Reformen, in: Die Weltwirtschaft, Heft 1, 1995, S. 99-116.

NUNNENKAMP, Peter/ FUNKE, Norbert (1992): Woran scheitern Stabilisierungs- und Liberalisierungsprogramme? Lehren aus Entwicklungsländern für den Transformationsprozess in Osteuropa, in: Wirtschaftliche Liberalisierung in Industrie- und Entwicklungsländern hrsg. von R. Herrmann und F. L. Sell, Hamburg, S. 153-174.

OLIVEIRA, Fabrício Augusto de (1981): A Reforma Tributária de 1966 e a Acumulação de Capital no Brasil, São Paulo.

OLIVEIRA, Fabrício Augusto de (1995): Autoritarismo e Crise Fiscal no Brasil (1964-1984), São Paulo.

ONODY, Oliver (1960): A Inflação Brasileira (1820-1958), Rio de Janeiro.

PALADAM, Martin (1987): Inflation and Political Instability in Eight Latin American Countries 1946-83, in: Public Choice, Vol. 52, 1987, S. 143-168.

PARASKEWOPOULOS, Spiridion (Hrsg.) (1997): Wirtschaftsordnung und wirtschaftliche Entwicklung, Stuttgart.

PASTORE. A. C. (1973a): Observações Sobre a Política Monetária no Programa Brasileiro de Estabilização, São Paulo, hektographiert.

PASTORE, A. C. (1973b): A Oferta de Moeda no Brasil – 1961-72, in: Pesquisa e Planejamento Econômico, Vol. 3, No. 4, Dezember, S. 993-1044.

PASTORE, A. C. (1973c): Aspectos da Política Monetária Recente no Brasil, in: Estudos Econômicos, Vol. 3, No. 3, S. 7-58.

PAULUS, Wolfgang F. (1967): Die wirtschaftliche Entwicklung und Wirtschaftspolitik Brasiliens in der Phase des Übergangs zur Industriegesellschaft (1930-1965), Freiburg.

PAZOS, F. (1972): Chronic Inflation in Latin America, New York.

PECHMAN, Clarice (1984): O Dólar Paralelo no Brasil, Rio de Janeiro.

PELÁEZ, Manuel/ SUZIGAN, Wilson (1976): História Monetária do Brasil, Rio de Janeiro.

PEREIRA, José Eduardo de Carvalho (1974): Financiamento Externo e Crescimento Econômico no Brasil: 1966/73, IPEA, Relatório de Pesquisa No. 27, Rio de Janeiro.

PEREZ, Reginaldo Teixeira (1999): O Pensamento Político de Roberto Campos: Da Razão do Estado á Razão do Mercado (1950-95), Rio de Janeiro.

PERSSON, Torsten/ TABELLINI, Guido (1990): Macroeconomic Policy, Credibility and Politics, London.

PINTO, S. C. A. (1961): El Análisis de la Inflación, Estructuralistas y Monetaristas: um Recuento, in: Revista Econômica Latinoamericana, Vol. 4.

POHL, Rüdiger (1981): Theorie der Inflation: Grundzüge der monetären Makroökonomik, München.

POSEN, Adam (1993): Why Central Bank Independence Does Not Cause Low Inflation: There Is No Institutional Fix for Policies, in: Finance and International Economy, Vol. 7, S. 335-359.

PREBISCH, Raúl (1961): Economic Development or Monetary Stability: The False Dilemma, in: Economic Bulletin for Latin America, Vol. 6. No. 1, S. 1-25.

PRITZL, Rupert F. J. (1997): Korruption und Rent-Seeking in Lateinamerika, Baden-Baden.

QUIRK, P. J. (1989): The Case for Open Foreign Exchange Systems, in: Finance & Development, 26 (3), S. 30-33.

QUIRK, Peter J. (1996). Wechselkurssysteme als Inflationsanker, in: Finanzierung und Entwicklung, Jg. 33, Nr. 1, S. 42-45.

RESENDE, André Lara (1982): A Política Brasileira de Estabilização: 1963/68, in: Política e Planejamento Econômico, 12 (3), Dezember 1982, S. 757-806.

RESENDE, André Lara (1990): Estabilização e Reforma: 1964-1967, in: A Ordem do Progresso: Cem Anos de Política Econômica Republicana 1889-1989 ed. de Marcelo de Paiva Abreu et al., S. 213-231.

RICHTER, R. (1994): Institutionen ökonomisch analysiert. Zur jüngeren Entwicklung auf dem Gebiet der Wirtschaftstheorie, Tübingen u.a..

ROETT, Riordan (Ed.) (1969): Brazil in the Sixties, Nashville, Vanderblit.

ROETT, Riordan (1984): Brazil: Politics in a Patrimonial Society, New York u.a..

ROMER, D. (1993): Openness and Inflation: Theory and Evidence, in: Quarterly Journal of Economics, Vol. 108 (November 1993), S. 869-903.

RONCI, Marcio (1996): In Search of a Monetary Constitution for Brazil, in: The Quest for Monetary Stability ed. by Langoni et al. (1996), Washington, S. 199-216.

ROSENBAUM, H. Jon/ TYLER, William G. (Hrsg.) (1972): Contemporary Brazil: Issues in Economic and Political Development, New York, Washington, London.

ROSENN, Keith S. (1984): Brazil's Legal Culture: The Jeito Revisited, in: Florida International Law Journal, Vol. 1, Fall 1984, No. 1.

ROUBINI, N./ SALA-I-MARTIN, X. (1992): Financial Repression and Economic Growth, in: Journal of Development Economics, Vol. 39, S. 5-30.

RÖPKE, Wilhelm (1954): Wege zur Konvertibilität, in: Die Konvertibilität der europäischen Währungen hrsg. von Gottfried Haberler et al., Erlenbach-Zürich und Stuttgart, S. 76-122.

SACHS, Jeffrey D. (1989): Social Conflict and Populist Policies in Latin America, NBER Working Paper No. 2897, Cambridge.

SACHS, Jeffrey. D. (1993): O Estado e o Mercado, in: Braudel Papers, No. 2, Março/ Abril, Documento do Instituto Fernand Braudel de Economia Mundial, São Paulo, S. 3-8.

SACHS, Jeffrey. D./ZINI Jr., Álvaro (1996): Brazilian Inflation and the Plano Real, in: The World Economy 19 (1), S. 13-37.

SCHAFFER, Thomas (2001): Institutionen und Erkenntnis: Eine Analyse im Lichte der Popperschen Erkenntnis- und Wissenschaftstheorie, Köln.

SCHULER, Kurt (1996): Should Developing Countries Have Central Banks? Currency Quality and Monetary Systems in 155 Countries, Institute of Economic Affairs, Research Monograph No. 52, London.

SCHWEICKERT, Rainer (1993): Geld- und Wechselkurspolitik in Entwicklungsländern. Eine Analyse alternativer Stabilisierungs- und Anpassungsstrategien, Kieler Studien Nr. 256, Tübingen.

SCHWEICKERT, Rainer (1998): Chancen und Risiken eines Currency Board Systems, in: Die Weltwirtschaft, 1998, Heft 4, S. 421-442

SCHWOLGIN, Achim (1993): Regulative Rahmenbedingungen und Finanzinnovationen in einem Hochinflationsland – Das Beispiel Brasilien, in: Bank- und Finanzmangement, Marketing – Rechnungswesen – Finanzierung: Reflexionen aus der Praxis hrsg. von Dieter Boening und Heinz J. Hockmann, S. 45-80.

SEERS, D. (1962): A Theory of Inflation and Growth in Underdeveloped Economies Based on the Experience of Latin America, in: Oxford Economic Papers, New Series, Vol. 14, June 1962, S. 173-195.

SELL, Friedrich L. (1988): Geld- und Währungspolitik in Schwellenländern, am Beispiel der ASEAN-Staaten: ein Beitrag zu der Kontroverse zwischen „Liberalisierungsökonomen" und „Neostrukturalisten", Berlin.

SENNA, José Júlio (1995): Os Parceiros do Rei: Herança Cultural e Desenvolvimento Econômico no Brasil, Rio de Janeiro.

SHOUP, Carl S. (1965): O Sistema Tributário Brasileiro, Rio de Janeiro, Fundação Getúlio Vargas, Comissão de Reforma do Ministério da Fazenda.

SIKKINK, Kathryn (1991): Ideas and Institutions: Developmentalism in Brazil and Argentina, Ithaca, N.Y.

SIKLOS, Pierre L. (ed.) (1995): Great Inflations of the 20th Century: Theories, Policies, and Evidence, Aldershot.

SIMONS, Henry C. (1936): Rules versus Authority in Monetary Policy, in: Journal of Political Economy, Vol. 44, No. 1, S. 1-30.

SIMONSEN, Mário Henrique (1964): A Experiência Inflacionária no Brasil, Rio de Janeiro.

SIMONSEN, Mário Henrique (1967): Brazilian Inflation: Postwar Experience and Outcome of the 1964 Reform, in: Economic Development Issues: Latin America, Supplement Paper No. 21 (Committee for Economic Development), New York, Washington and London, S. 261-340.

SIMONSEN, Mário Henrique (1969): Inflation and the Money and Capital Markets of Brazil, in: The Economy of Brazil ed. by Howard S. Ellis and Lincoln Gordon, Berkeley and Los Angeles, S. 133-161.

SIMONSEN, Mário Henrique (1970): Inflação: Gradualismo e Tratamento de Choque, Rio de Janeiro.

SIMONSEN, Mário Henrique (1974): A Imaginação Reformista, in: A Nova Economia Brasileira ed. de Mário Henrique Simonsen und Roberto de Oliveira Campos, Rio de Janeiro, S. 119-150.

SIMONSEN, Mário Henrique (1990a): A Inflação e o Pensamento Econômico Brasileiro, in: Brasil: Agenda para Sair da Crise - Inflação e Déficit Público, ed de. João Paulo dos Reis Velloso et al. Rio de Janeiro, S. 15-25.

SIMONSEN, Mário Henrique (1990b): A Reforma do Século, in: A vida e a Obra do Prof. Octávio Gouvêa de Bulhões, in: Conjuntura Econômica, Novembro 1990, Rio de Janeiro, S. 11.

SIMONSEN, Mário Henrique (1993): O Brasil Não Tem Moeda, in: Conjuntura Econômica, Vol. 47, No. 9, S. 7-10.

SIMONSEN, Mário Henrique (1995): A Indexação no Brasil, Rio de Janeiro.

SIMONSEN, Mário Henrique/CAMPOS, Roberto de Oliveira (1974): A Nova Economia Brasileira, Rio de Janeiro.

SKIDMORE, Thomas E. (1967): Politics in Brazil, 1930-64: An Experiment in Democracy, New York.

SKIDMORE, Thomas E. (1973): Politics and Economic Policy Making in Authoritarian Brazil, 1937-71, in: Authorian Brazil: Origins, Policies and Future ed. by Alfred Stepan, New Haven: Yale University Press.

SKIDMORE, Thomas E. (1988): The Politics of Military Rule in Brazil 1964-1985, New York.

SKIDMORE, Thomas E. (1998): Uma História do Brasil, São Paulo.

SKIDMORE,Thomas E. (2001): Campos Conjugou Desenvolvimentismo e Neoliberalismo, in: Folha de São Paulo vom 10.Oktober 2001, S. A 10.

SMALLMAN, Shawn C. (1997): Corruption in the Brazilian Army before 1954, in: Latin American Research Review, Vol. 32, No. 3, S. 39-62.

SOARES, Gláucio Ary Dillon/ D' ARAUJO, Maria Celina (Ed.) (1994): 21 anos de regime militar – balanços e perspectivas, Rio de Janeiro.

SOARES, Gláucio Ary Dillon (1994): O Golpe de 64, in: 21 Anos de Regime Militar – Balanços e Perspectivas ed. de Gláucio A. D. Soares e Maria C. D' Araujo, Rio de Janeiro, S. 9-51.

SOCHACZEWSKI, Antônio Claudio (1984): Sistema Financeiro, in: Dicionário Histórico-Bibliográfico Brasileiro: 1930-1983 ed de. Israel Beloch und Alzira Alves de Abreu, Rio de Janeiro, S. 3214-3219.

SOCHACZEWSKI, Antônio Claudio (1993): Desenvolvimento Econômico e Financeiro do Brasil: 1952-1968, São Paulo.

SOHMEN, Egon (1973): Wechselkurs und Währungsordnung, Tübingen.

STEPAN, Alfred (Ed.) (1973): Authoritarian Brazil: Origins, Policies and Future, New Haven: Yale University Press.

STREIT, Manfred/ WOHLGEMUTH, Michael (1999): Walter Eucken und Friedrich A. von Hayek: Initiatoren der Ordnungsökonomik, Max-Planck-Institut zur Erforschung von Wirtschaftssystemen, Diskussionsbeitrag 11-99, Jena.

SUNKEL, O. (1958): La Inflación Chilena: un Enfoque Heterodoxo, in: El Trimestre Económico, Vol. 25, S. 570-599.

SUPLICY, Eduardo Matarazzo (1976): Os Efeitos das Minidesvalorizações na Economia Brasileira, Rio de Janeiro.

SYVRUD, Donald E. (1974): Foundations of Brazilian Economic Growth, Stanford.

TAVARES, Maria da Conceição Tavares (1976): Da Substituição de Importações ao Capitalismo Financeiro, Rio de Janeiro, 5. Aufl.

TEIXEIRA, Ib (1990): Octávio Gouveia de Bulhões – O Inimigo Número Um Da Inflação Brasileira, in: Conjuntura Econômica, Setembro 1990, Rio de Janeiro, S. 120-124.

TERRES, Paul (1999): Die Logik einer wettbewerblichen Geldordnung, Tübingen.

TULLIO, Giuseppe/ RONCI, Marcio (1996): Brazilian Inflation from 1980 to 1993: Causes, Consequences and Dynamics, in: Journal of Latin American Studies, Vol. 28, No. 3, S. 635-666.

VARSANO, Ricardo (1996): A Evolução do Sistema Tributário Brasileiro ao Longo do Século: Anotações e Reflexões para Futuras Reformas, IPEA, Texto para Discussão No. 405, Rio de Janeiro.

VÁSQUEZ, J. Noyola (1956): El Desarollo Econômico y la Inflación en Méjico y Otros Países Latinoamericannos, in: Investigación Econômica, Vol. 16, S. 603-616.

VÉGH, Carlos A. (1995): Stopping High Inflation: An Analytical Overview, in: Great Inflations of the 20th Century: Theories, Policies and Evidence ed. by Pierre L. Siklos, Aldershot.

VIANNA, Maria L. T. Werneck. (1982): A Administração do "Milagre": o Conselho Monetário Nacional, 1964-1974, Petrópolis.

VIEIRA, Dorival Teixeira (1962): Evolução do Sistema Monetário Brasileiro, São Paulo.

VIEIRA, José Ribas et al. (Ed.) (1993): Na Corda Bamba: Doze Estudos sobre a Cultura da Inflação, Rio de Janeiro.

VOLLMER, Uwe (1997): Der wirtschaftliche Entwicklungsbeitrag der Geld- und Währungssysteme, in: Wirtschaftsordnung und wirtschaftliche Entwicklung hrsg. von Spiridion Paraskewopoulos, Stuttgart, S. 158-179.

WACKER, Heiko (1997): Das brasilianische Wechselkurssystem, Marburg.

WALD, Arnoldo et. al.(1970): O Mercado de Capitais, Rio de Janeiro.

WEHINGER, Gert (1996): Hohe und chronische Inflation: Probleme, Entstehung und Stabilisierung in theoretischer Analyse, Wien.

WELCH, John (1993): Capital Markets in the Development Process: The Case of Brazil, Pittsburgh.

WILLEKE, Caroline (1993) Zentralbanken und Inflation: Ein institutionenökonomischer Ansatz, Berlin.

WILLIAMSON, John (Ed.) (1985): Inflation and Indexation: Argentina, Brazil, and Israel, Washington.

WILLIAMSON, John (Ed.) (1994): The Political Economy of Policy Reform, Institute for International Economics, Washington.

WILLMS, Manfred (1992): Internationale Währungspolitik, München.

WORLDBANK (1985): Brasil: Análise dos Sistemas Financeiros, Rio de Janeiro.

WORLDBANK (1994): Brazil – An Assessment of the Private Sector, 2. Vol, Report No. 11775-BR, Washington.

WOGART, Jan Peter (1972): Mobilizing Resources for Economic Growth: From Inflation to Tax and Debt-asset Financing, in: Contemporary Brazil: Issues in Economic and Political Development ed. by H. Jon Rosenbaum and William G. Tyler, New York, Washington, London, S. 167-190.

WOGART, Jan Peter (1974): Stabilisierungs- und Wachstumspolitik in Brasilien: Die Bekämpfung der Inflation nach 1964, Schriftenreihe des Instituts für Iberoamerika-Kunde, Bd. 23, Stuttgart.

YEAGER, Leland B. (1976): International Monetary Relations: Theory, History, and Policy, New York, Evanston, San Francisco, London.

ZINI JR., Álvaro Antônio (1982): Uma Avaliação do Setor Financeiro no Brasil: da Reforma de 1964/75 á Crise dos Anos Oitenta, UNICAMP, Campinas.

ZINI JR., Álvaro Antônio (1993): Taxa de Câmbio e Política Cambial no Brasil, São Paulo.

ZOLLER, Rüdiger (2000): Präsidenten – Diktatoren – Erlöser: Das lange 20. Jahrhundert, in: Eine kleine Geschichte Brasiliens hrsg. von Walther L. Bernecker, Horst Pietschmann und Rüdiger Zoller, Frankfurt am Main, S. 215-316.

Ricardo Villas Bôas Cueva

Wirtschaftliche Anreize für den Umweltschutz

Eine vergleichende Untersuchung von System und Recht der Wasserbewirtschaftung in Deutschland und Brasilien

Frankfurt/M., Berlin, Bern, Bruxelles, New York, Oxford, Wien, 2001.
192 S., 1 Tab.
Europäische Hochschulschriften: Reihe 2, Rechtswissenschaft. Bd. 3154
ISBN 3-631-37924-2 · br. € 40.–*

In Brasilien werden Wassernutzungsabgaben nach dem französischen Modell geplant. Sie sollen in Verzahnung mit dem ordnungsrechtlichen Instrumentarium angewandt werden, wobei die Einnahmen aus der Wassernutzung in den Ausbau des Wasserbewirtschaftungssystems der jeweiligen Flußeinzugsgebiete investiert werden sollen. Eine Anreizfunktion ist nicht vorgesehen. Im Spiegel der Erfahrung Deutschlands mit der Abwasserabgabe und der Wasserentnahmegebühren werden die Möglichkeiten und Grenzen des Einsatzes von Umweltlenkungsabgaben in Brasilien im Wasserschutzbereich thematisiert.

Aus dem Inhalt: Problemstellung und begriffliche Bestimmung · Wasserbewirtschaftungssysteme im Vergleich · Verfassungsrechtliche Rahmenbedingungen für die Erhebung von Umweltabgaben in Deutschland · Wasserentnahmegebühren in Deutschland · Das Abwasserabgabengesetz · Rechtliche Rahmenbedingungen für die Erhebung von Wassernutzungsentgelten in Brasilien · Das Wasserbewirtschaftungssystem von São Paulo · Das nationale Wasserbewirtschaftungssystem von Brasilien · Rechtsvergleichende Zusammenfassung

FSC
www.fsc.org
MIX
Papier | Fördert
gute Waldnutzung
FSC® C083411

Kolibri 360 GmbH
Ferdinand-Jühlke-Straße 7
99095 Erfurt, Deutschland
produktsicherheit@kolibri360.de

Druck:
CPI Druckdienstleistungen GmbH
im Auftrag der
Kolibri 360 GmbH
Ferdinand-Jühlke-Str. 7
99095 Erfurt